D1921613

Manfred Bruhn/Heribert Meffert

Exzellenz im Dienstleistungsmarketing

QQ 250 3892

Manfred Bruhn/Heribert Meffert

Exzellenz im Dienstleistungs-marketing

Fallstudien zur Kundenorientierung

GABLER

Die Deutsche Bibliothek – CIP-Einheitsaufnahme
Ein Titeldatensatz für diese Publikation ist bei
Der Deutschen Bibliothek erhältlich

FHTW Berlin
Ausgeschieden
Bibliothek
91
HTW
ungültig
03/2384
4

Prof. Dr. Manfred Bruhn ist Ordinarius für Betriebswirtschaftslehre, insbesondere Marketing und Unternehmensführung, am Wirtschaftswissenschaftlichen Zentrum (WWZ) der Universität Basel.

Anschrift:
Universität Basel (WWZ), Lehrstuhl für Marketing und Unternehmensführung,
Postfach, Petersgraben 51, CH-4003 Basel

☎ +41(0) 61 267 3222 — www.wwz.unibas.ch/marketing
Fax +41(0) 61 267 2838 — Email manfred.bruhn@unibas.ch

Prof. Dr. Dr. h.c. mult. Heribert Meffert ist Professor der Betriebswirtschaftslehre, insbesondere Marketing, und emeritierter Direktor des Instituts für Marketing am Marketing Centrum der Universität Münster (MCM). Er ist Vorsitzender der Bertelsmann Stiftung, Gütersloh.

Anschrift:
Westfälische Wilhelms-Universität, Institut für Marketing, Am Stadtgraben 13 – 15, D-48143 Münster

☎ +49(0) 251 83 22931 — www.marketing-centrum.de
Fax +49(0) 251 83 28356 — Email meffert@uni-muenster.de

1. Auflage September 2002

Alle Rechte vorbehalten
© Betriebswirtschaftlicher Verlag Dr. Th. Gabler GmbH, Wiesbaden 2002

Lektorat: Barbara Roscher / Ute Grünberg

Der Gabler Verlag ist ein Unternehmen der Fachverlagsgruppe BertelsmannSpringer.
www.gabler.de

Das Werk einschließlich aller seiner Teile ist urheberrechtlich geschützt. Jede Verwertung außerhalb der engen Grenzen des Urheberrechtsgesetzes ist ohne Zustimmung des Verlags unzulässig und strafbar. Das gilt insbesondere für Vervielfältigungen, Übersetzungen, Mikroverfilmungen und die Einspeicherung und Verarbeitung in elektronischen Systemen.

Die Wiedergabe von Gebrauchsnamen, Handelsnamen, Warenbezeichnungen usw. in diesem Werk berechtigt auch ohne besondere Kennzeichnung nicht zu der Annahme, dass solche Namen im Sinne der Warenzeichen- und Markenschutz-Gesetzgebung als frei zu betrachten wären und daher von jedermann benutzt werden dürften.

Umschlaggestaltung: Regine Zimmer, Dipl.-Designerin, Wiesbaden
Druck und buchbinderische Verarbeitung: Thomas Müntzer, Bad Langensalza
Gedruckt auf säurefreiem und chlorfrei gebleichtem Papier
Printed in Germany

ISBN 3-409-11923-X

Vorwort

Der langfristige Unternehmenserfolg hängt entscheidend von wenigen, aber grundlegenden Einflussgrößen ab. Die Identifikation dieser zentralen Erfolgsfaktoren bildet die Voraussetzung für den strategischen Erfolg und ist somit ein zentrales Anliegen der Unternehmenspraxis. Dienstleistungsunternehmen stehen dabei vor einer Vielzahl komplexer Entscheidungsprobleme. Auf der Grundlage der charakteristischen Besonderheiten des jeweiligen Dienstleistungsangebotes muss über die Gewinnung der relevanten Marktinformationen, die Marktbearbeitungsstrategien, das Qualitätsmanagement, den Einsatz von Marketinginstrumenten, die Überwindung von Implementierungsbarrieren u.a. entschieden werden. Dies verlangt ein hohes Maß an konzeptioneller und kreativer Arbeit, um den Markterfolg sicherzustellen.

Die aktuelle Situation der Dienstleistungsmärkte stellt neue Anforderungen an das Management von Dienstleistungsunternehmen. Dabei muss ein professionelles Dienstleistungsmarketing in der Lage sein, eine eng am Markt orientierte Analyse, Planung, Umsetzung und Kontrolle sämtlicher Marktaktivitäten vorzunehmen. Die intensive Interaktion zwischen dem Dienstleistungsanbieter und -nachfrager bei der Leistungserstellung erfordert zunehmende Kundenorientierung. Erfahrungen auf vielen Dienstleistungsmärkten haben gezeigt, dass letztlich nur durch eine konsequente Kundenorientierung Chancen zur Erlangung von Wettbewerbsvorteilen bestehen.

Anhand von acht Fallstudien ausgewählter Dienstleistungsunternehmen aus unterschiedlichen Branchen wird exemplarisch aufgezeigt, wie sich Unternehmen in Dienstleistungsmärkten durch ein systematisches und konsequentes Vorgehen in der Unternehmung und im Markt durchgesetzt haben. Sämtliche dargestellten Unternehmen zeichnen sich durch eine Ausrichtung der Unternehmensleistung am Kundennutzen im Sinne einer konsequenten Kundenorientierung aus. Diese bildet die zentrale Grundlage der absatzmarktorientierten Zielerreichung und damit ihres Markterfolges. Die Umsetzung der Kundenorientierung spiegelt sich bei den aufgeführten Unternehmen in Bausteinen wie Qualitäts-, Service-, Kundenbindungs- und Beschwerdemanagement wider.

Von besonderer Bedeutung ist die Orientierung der Unternehmen an der Dienstleistungsqualität. Die Fallstudien sollen zeigen, dass eine interne und externe Qualitätsorientierung die Voraussetzungen für eine marktorientierte Unternehmensführung darstellt, die vom Markt auch honoriert wird.

Die Darstellung der einzelnen Fallstudien erfolgt in einer relativ ähnlichen Struktur. So setzt die Bestimmung der Erfolgsfaktoren in Dienstleistungsunternehmen eine genaue Kenntnis der jeweiligen Markt- und Unternehmenssituation voraus. Auf dieser Grundlage dienen Unternehmensphilosophie und -strategien dazu, die Richtung der Marktbearbeitung aufzuzeigen. Dabei kommt es darauf an, die spezifischen Anforderungen an die Dienstleistungsqualität aus Unternehmens- und Kundensicht zu erkennen und in Spezifikationen für die Erbringung der Dienstleistung umzusetzen. Einem System des Qualitätsmanagements kommt besondere Bedeutung zu. Hierin werden die verschiedenen unternehmensintern und -extern ausgerichteten Qualitätssicherungsinstrumente zusammengefasst. Wie die vom Management geplante Qualitätsstrategie durch Marketing- und Personalmaßnahmen umgesetzt werden kann und welche organisatorische Verankerung im Unternehmen dabei zweckmäßig ist, wird im einzelnen aufgezeigt.

Die Fallstudien erfolgreicher Dienstleistungsunternehmen richten sich an Studierende, Wissenschaftler und Praktiker gleichermaßen. Sie sollen Hilfestellung geben bei der Umsetzung der Theorie des Dienstleistungsmarketing auf spezifische Markt- und Unternehmenssituationen. Der Leser soll erkennen, dass ein erfolgreiches Dienstleistungsmarketing in hohem Maße davon abhängt, das die Anforderungen der Kunden an die Dienstleistungen richtig wahrgenommen und in eine konsequente, marktorientierte Qualitätsstrategie umgesetzt werden.

Unser Dank geht zunächst an die Ansprechpartner in den Unternehmen Advance Bank AG, Swiss International Airlines (ehemals Crossair AG), Hotel Schindlerhof, Migros-Genossenschafts-Bund, OBI Bau- und Heimwerkermärkte GmbH & Co. Franchise Center KG, Deutsche Post AG, Systor Gruppe und United Parcel Service Europe S.A./N.V., die zu intensiven Gesprächen bereit waren und Informationsmaterial zur Verfügung gestellt haben. Des Weiteren gilt der Dank insbesondere den Wissenschaftlichen Mitarbeitern Frau Dipl.-Ök. Astrid Frommeyer (Universität Basel) und Herrn Dipl.-Ing. Karsten Hadwich (Universität Basel), die als Projektleiter mit viel Engagement die Kontakte und Koordination mit den Unternehmen wesentlich begleitet und unterstützt haben. Dem Studierenden Joachim Waffenschmidt an der Universität Basel danken wir für die Erstellung der druckfertigen Vorlage. Wir erhoffen uns für die Wissenschaft und Praxis eine intensive Diskussion über Erfolgsfaktoren im Dienstleistungsmarketing und freuen uns über jede Art von Anregung.

Basel und Münster
im Sommer 2002

Manfred Bruhn
Heribert Meffert

Inhaltsverzeichnis

Autorenverzeichnis

Dipl.-Kfm. Martin Ahlert
Wissenschaftlicher Mitarbeiter am Lehrstuhl für Marketing
und Unternehmensführung
Universität Basel

Dipl.-Betriebswirt (VWA) Michael Bremecker
Manager Industrial Engineering
United Parcel Service Europe S.A./N.Y.

Prof. Dr. Manfred Bruhn
Professor für Betriebswirtschaftslehre, insb. Marketing
und Unternehmensführung
Universität Basel

lic.rer.pol. Boris Brunow
Mitarbeiter am Lehrstuhl für Marketing und Unternehmensführung
Universität Basel

Dipl.-Kfm. Christian Ebert
Wissenschaftlicher Mitarbeiter am Institut für Marketing
Westfälische Wilhelms-Universität Münster

Dipl.-Ök. Astrid Frommeyer
Wissenschaftliche Mitarbeiterin am Lehrstuhl für Marketing
und Unternehmensführung
Universität Basel

lic.rer.pol. Alexander Fuchs
Manager Qualitity & Market Research
Swiss International Air Lines
Crossair Ltd.

cand.rer.pol. Philipp Grossheutschi
Werkstudent in der Abteilung Marketing und Salessupport
Swiss International Air Lines
Crossair Ltd.

lic.rer.pol. Petra Hess
Mitarbeiterin am Lehrstuhl für Marketing und Unternehmensführung
Universität Basel

lic.rer.pol. Janine List
Trainee im Bereich Firmenkunden
Credit Suisse Group

Prof. Dr. Dr. h.c. mult. Heribert Meffert
Professor für Betriebswirtschaftslehre, insb. Marketing
Direktor des Institutes für Marketing
Westfälische Wilhelms-Universität Münster

Dr. Dr. Helmut Schneider
Akademischer Rat und Habilitand am Institut für Marketing
Westfälische Wilhelms-Universität Münster

Dr. Kirsten Schrick
Leiterin Communication Center und Service Management
Advance Bank AG

lic.rer.pol. Dominique Specht
Strategic planning
J. Walter Thompson

Michael Walterspiel
Projektleiter Multikanalmanagement
Advance Bank AG

Bernhard Weinlich
Manager Qualität- und Kundenbindung
Advance Bank AG

1 Wettbewerbsüberlegenheit durch exzellentes Dienstleistungsmarketing

Heribert Meffert und Manfred Bruhn

1. Bedeutung und Trends des Dienstleistungsmarketing

Die marktorientierte Unternehmensführung steht seit geraumer Zeit vor großen Herausforderungen. Dabei hinterlässt vor allem der viel zitierte „**Marsch in die Dienstleistungsgesellschaft**" vielfältige Spuren. Diskussionen über „Service-Wüste" und „Service-Oase" zeigen schlagwortartig auf, dass viele Unternehmen einen Nachholbedarf im professionellen Dienstleistungsmarketing haben. Dies gilt nicht nur für jene Unternehmen, die in regulierten Märkten vom Wettbewerbsschutz profitiert haben (z.B. Versicherungen, Telekommunikation, Energieversorgung). Vielmehr haben sich in nahezu allen Branchen in Folge der Globalisierung, Technisierung und Polarisierung der Märkte die Bedingungen und Spielregeln des Wettbewerbs verändert. Herausragende Unternehmen verbessern ihr Dienstleistungsangebot, während in weniger profilierten Unternehmen und Branchen Kundenzufriedenheit stagniert oder sinkt. Vor diesem Hintergrund stellt sich die Frage, wie Unternehmen durch exzellentes Dienstleistungsmarketing die Herausforderungen des Marktes aufgreifen und für ein wettbewerbsüberlegenes, profitables Dienstleistungsmanagement nutzen können.

Die strategische Bedeutung von Dienstleistungen hat in den letzten 30 Jahren einen deutlichen Wandel vollzogen. Dienstleistungen gewinnen in der Wirtschaft der Bundesrepublik Deutschland – und darüber hinaus in allen hoch entwickelten Ländern – in zunehmenden Maße an Bedeutung. Gegenüber der Land- und Forstwirtschaft (primärer Sektor) und dem produzierenden Gewerbe (sekundärer Sektor) nimmt das Gewicht des tertiären Sektors (Handel und Verkehr, Dienstleistungsunternehmen, Staat, private Haushalt u.Ä.) seit Jahrzehnten zu. Eine Untersuchung der Bruttowertschöpfung zeigt, dass in der Bundesrepublik Deutschland durch den überproportionalen Anstieg in den 80er Jahren bereits 1990 mehr als die Hälfte der Bruttowertschöpfung im Dienstleistungsbereich erzielt wurde (2001: 69,9 Prozent; 1970: 45 Prozent; 1950: 39,6 Prozent). Im tertiären Sektor waren im Jahre 2001 68,9 Prozent der Erwerbstätigen beschäftigt (1970: 42,6 Prozent; 1950: 32,5 Prozent) (Statistisches Bundesamt 2002). Dabei sind nach wie vor Zuwachsraten zu verzeichnen.

Die **Zunahme der Dienstleistungsnachfrage** hat vielfältige Ursachen, die in Abbildung 1 im Überblick dargestellt sind (Meffert/Bruhn 2000, S. 7ff.).

Zunächst sind generelle **gesellschaftliche Veränderungen** zu verzeichnen. Der gestiegene Anteil erwerbstätiger Frauen hat zu einer Verlagerung der bisher im Haushalt selbst erbrachten Dienstleistungen auf kommerzielle Dienstleister, zum Beispiel die Gastronomie, geführt. Die zunehmende Verkürzung der Arbeitszeit bewirkt zudem eine Steigerung des Angebotes der Freizeitindustrie.

Abbildung 1 **Ursache der zunehmenden Nachfrage nach Dienstleistungen**

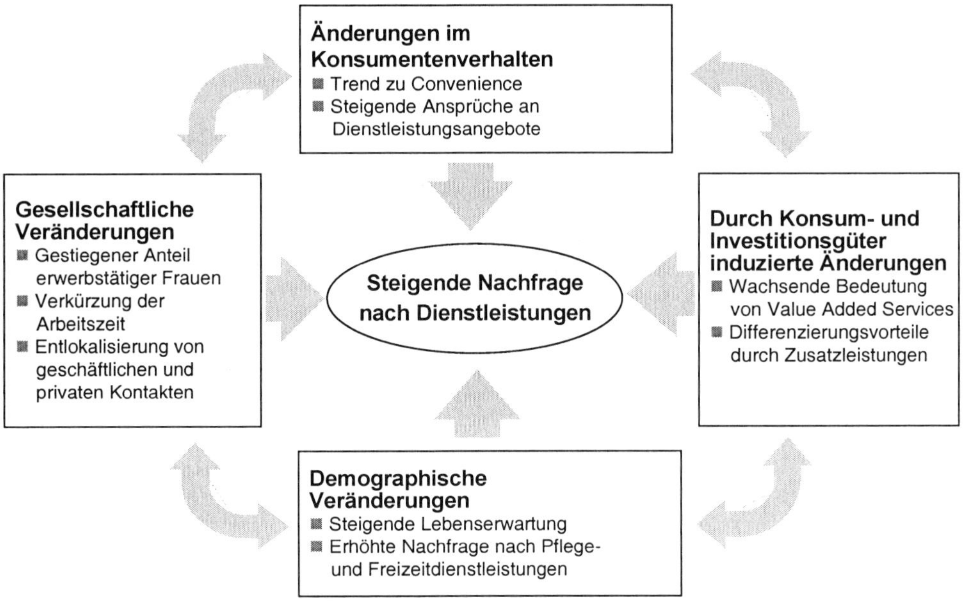

GABLER GRAFIK

Quelle: Meffert/Bruhn 2000, S. 7

Zu den **Änderungen im Konsumentenverhalten** zählt unter anderem der Trend zu mehr Komfort und Bequemlichkeit („Convenience“), der durch das Angebot zahlreicher Dienstleistungen unterstützt wird. Auch die steigende Markenwechselbereitschaft sowie das gestiegene Qualitätsbewusstsein der Konsumenten führen zu den Bemühungen, die Kundenbindung durch ein größeres und besseres Serviceangebot zu intensivieren. Schließlich führen die guten Erfahrungen, die Konsumenten mit qualitätsorientierten Angeboten erfolgreicher Dienstleistungsunternehmen verschiedener Branchen, wie z.B. einzelner Luftfahrtgesellschaften, oder mit sehr guten Serviceangeboten im Ausland, wie z.B. den USA, machen, zu steigenden Ansprüchen und somit auch zu neuen Bewertungsmaßstäben für andere Dienstleistungen, wie z.B. Fahrten mit der Deutschen Bahn.

Bei den **demographischen Veränderungen** ist insbesondere die gestiegene Lebenserwartung der Bevölkerung zu nennen, die in einer überproportionalen Zunahme des Anteils älterer Menschen und somit in einem steigenden Bedarf an Pflegeleistungen, aber auch altersgerechten Dienstleistungen des Freizeitsektors und des Versicherungsgewerbes resultiert.

Darüber hinaus sind **durch das Angebot von Konsum- und Investitionsgütern** induzierte Veränderungen der Dienstleistungsnachfrage anzuführen. Die zunehmende technische Komplexität vieler Güter erfordert die Bereitstellung unterstützender Dienstleistungen, wie zum Beispiel Computerschulungen oder Installationsdienste. Auch haben viele Unternehmen inzwischen verstanden, dass das Angebot von Dienstleistungen zumindest temporär eine Loslösung vom Kosten- und Ertragsdruck einer Branche bietet und bei ansonsten homogenen Produkten und Leistungen eine Differenzierung im Wettbewerb ermöglicht.

Schließlich ist das steigende Angebot von „**Value Added Services**" durch die wachsende Homogenität der von der Industrie angebotenen Produkte eine in der Angebotsseite begründete Ursache für die zunehmende Bedeutung von Dienstleistungen. Hersteller sehen gerade in produktbegleitenden Dienstleistungen die größte Chance für eine langfristig wirksame Wettbewerbsdifferenzierung, so dass davon ausgegangen werden kann, dass der Dienstleistungsanteil an „Problemlösungspaketen" auch weiter kontinuierlich steigen wird (Simon 1993, S. 5ff.).

Die stärkere Fokussierung der Volkswirtschaft auf den Dienstleistungssektor spiegelt sich schließlich in der Ausrichtung der Dienstleistungsangebote auf den Kundenwunsch (**Kundenorientierung**) und in der **Qualitätsorientierung** wider. Dieser Wandel im Marketingdenken ist geprägt von Schlagworten wie „Kundenorientierte Problemlösungen anbieten" und „Überlegene Dienstleistungsqualität sicherstellen". In diesem Zusammenhang sind verschiedene Entwicklungen zu nennen, welche die wachsende Bedeutung der Kundenorientierung und Dienstleistungsqualität unterstreichen (Haist/Fromm 1991, S.1ff.; Bruhn 2001b, S. 2f.):

- Sowohl der **Markteintritt von jungen und innovativen Unternehmen** als auch von international tätigen und bereits im Ausland profilierten Unternehmen führt zu einer deutlichen Zunahme des Wettbewerbs.
- Da **Imitation** aufgrund der Immaterialität von Dienstleistungen vergleichsweise einfach vollzogen werden kann, ist die Entwicklung von einer Homogenisierung des Dienstleistungsangebots begleitet. Für viele Unternehmen erschwert sich infolgedessen das Erreichen einer differenzierten Positionierung gegenüber konkurrierenden Unternehmen.
- Zudem ermöglicht die dynamische **Entwicklung der Informationstechnologien** auf Ebene der Konsumenten eine bisher unbekannte Dimension der Markttransparenz, die es den Unternehmen immer schwerer macht, ihre Kunden an sich zu binden. Nicht zuletzt dadurch ist ein Qualitäts-, Kosten- und Zeitwettbewerb auf den Dienstleistungsmärkten entstanden.

Einige Dienstleistungsmärkte haben bereits das Stadium der Reife, Stagnation oder sogar Schrumpfung erreicht. Eine wesentliche Ausweitung des Marktvolumens ist in diesen Märkten ohne tief greifende Leistungsinnovationen kurz- und mittelfristig nicht mehr möglich. Angesichts dieser Rahmenbedingungen rückt die langfristige Bindung der vorhandenen Kunden an Stelle der Gewinnung von neuen Kunden in das Zentrum der marketingpolitischen Überlegungen. Durch eine **systematische Kundenbindung** kann der Erfolg eines Unternehmens wesentlich gesteigert werden. In empirischen Studien aus den USA wurde nachgewiesen, dass eine Verhinderung der Kundenabwanderung um 5 Prozent langfristig zu einer Steigerung des Gewinns pro Kunde von bis 85 Prozent führen kann (Reichheld/Sasser 1991, S. 110; vgl. Abbildung 2). Weder das „nackte" Angebot von Sachleistungen noch das undifferenzierte Angebot von Standard-Dienstleistungen werden in Zukunft ausreichen, um ein Unternehmen vom Wettbewerb zu differenzieren, eine stabile Bindung der Kunden zu erreichen und damit den Unternehmenserfolg langfristig zu sichern.

Abbildung 2 **Bedeutung der Kundenbindung für den Unternehmenserfolg**

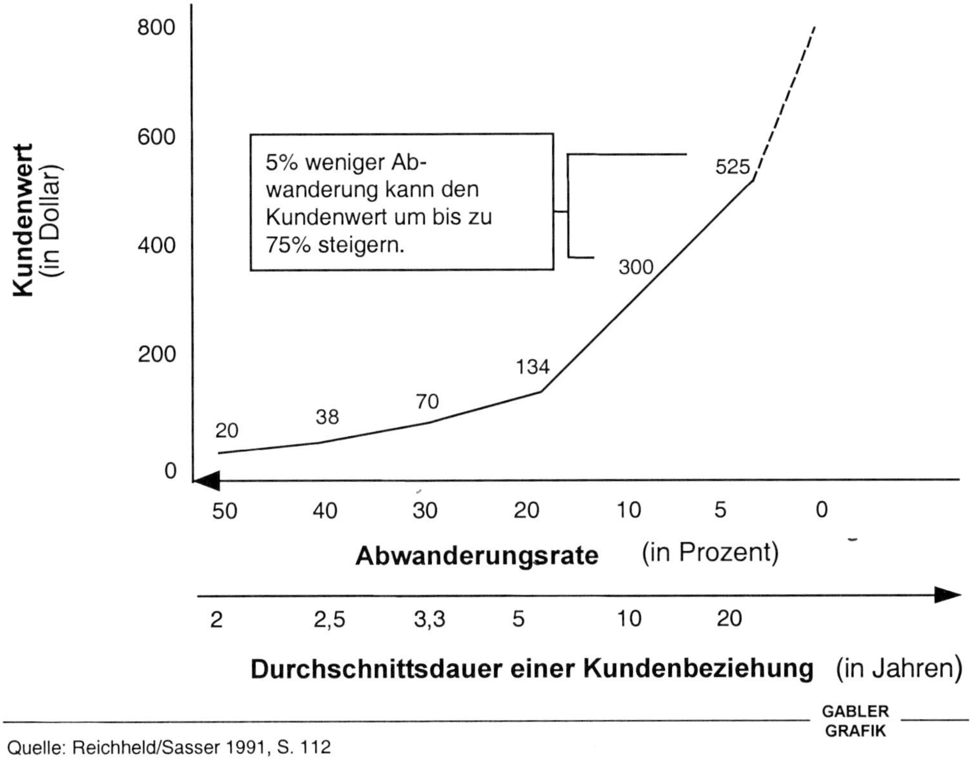

Quelle: Reichheld/Sasser 1991, S. 112

Das Spektrum von Dienstleistungsangeboten ist äußerst breit, wobei sich die Abgrenzung gegenüber Sachleistungen im Einzelfall als schwierig darstellt. So kann sowohl die Möglichkeit der Anprobe beim Fabrikverkauf von Kleidungsstücken als auch die Vermittlung von Ehepartnern als Dienstleistung aufgefasst werden. Während im ersten Fall der Anteil der Dienstleistung an der Gesamtleistung des herstellenden Unternehmens als vergleichsweise gering anzusehen ist, kann die Beratung durch eine Partnervermittlung als „annähernd" reine Dienstleistung verstanden werden.

Eine **Abgrenzung von Dienstleistungen** gegenüber Sachgütern ist am sinnvollsten über die Charakteristika durchzuführen (Meffert/Bruhn 2000, S. 51ff.). Im Gegensatz zu Gütern zeichnen sich Dienstleistungen zunächst durch ihre Immaterialität aus. Dienstleistungen sind real nicht fassbar und somit immateriell. Folge dieser **Immaterialität** sind die Nichtlagerfähigkeit sowie die Nichttransportfähigkeit der Dienstleistung. Hieraus folgt, dass nicht in Anspruch genommene Servicekapazitäten verfallen und den damit entstandenen Kosten keine Erlöse gegenüberstehen. Ein zweites wesentliches Merkmal von Dienstleistungen stellt die **Leistungsfähigkeit des Anbieters** dar. Keine Dienstleistung kann ohne spezifische Leistungsfähigkeiten z.B. in Form von Know-how erstellt werden. Dabei ist unwesentlich, ob es sich bei den entsprechenden Leistungspotenzialen um Menschen oder Maschinen handelt. Schließlich kann als drittes Merkmal von Dienstleistungen die **Integration eines externen Faktors** in den Dienstleistungserstellungsprozess herausgestellt werden. Dies bedeutet, dass bei der Erbringung einer Dienstleistung zwangsläufig der Kunde selbst (z.B. beim Friseur) oder ein bestimmtes Objekt (z.B. Auto des Kunden) in den Leistungserstellungsprozess einbezogen wird.

Unter Dienstleistungen sollen im Folgenden selbständige oder produktbegleitende Leistungen verstanden werden, die durch Bereitstellung und/oder den Einsatz von Potenzialfaktoren verbunden sind (**Potenzialorientierung**). Unternehmensinterne und -externe Faktoren werden im Rahmen des Erstellungsprozesses kombiniert (**Prozessorientierung**), um an externen Faktoren, also an Menschen oder deren Objekten nutzenstiftend Wirkungen zu erzielen (**Ergebnisorientierung**) (Meffert/ Bruhn 2000, S. 30). Obwohl der Begriff „Services" im deutschsprachigen Raum vielfach lediglich für Zusatzdienstleistungen von Konsumgüter- und Investitionsgüterherstellern Verwendung findet, soll er im Folgenden, auch um keine Differenzen zum angloamerikanischen Wortgebrauch entstehen zu lassen, synonym zum Dienstleistungsbegriff verwendet werden.

2. Ansatzpunkte der Erfolgsfaktorenforschung

Die Suche nach besonders erfolgreichen, „exzellenten" Unternehmen und nach den Ursachen ihres Erfolges beschäftigt Wissenschaftler und Praktiker seit jeher gleichermaßen. Als Folge der Dynamik und Komplexität der Umwelt sowie der grundsätzlichen Unterschiede zwischen Unternehmen sind gerade Einblicke in die Ursachen des Unternehmenserfolges erforderlich, um auch unter veränderten Bedingungen fundierte Entscheidungen treffen zu können. Fehlt es an Einsicht in die kausalen **Zusammenhänge zwischen Ursache und Wirkung**, besteht die Gefahr, dass vermeintliche Erfolgsrezepte unreflektiert nachgeahmt werden, obgleich sie lediglich unter spezifischen situativen Bedingungen Gültigkeit besitzen (Wiedmann 1985, S. 150).

Während bei der Suche nach den Ursachen für Misserfolg vermeintlich rationale Erklärungen häufig schnell gefunden sind, werden die Ursachen für Erfolg ebenso häufig mit dem Schleier des Geheimnisvollen und rational nicht Erklärbaren umgeben (vgl. Albach 1987, S. 636). Einerseits bleiben somit die Hintergründe des Erfolges in vielen Arbeiten der Erfolgsfaktorenforschung im Dunkeln, wohingegen andererseits oftmals einfache Erfolgsrezepte postuliert werden, die der Komplexität des Untersuchungsobjektes in keiner Weise Rechnung tragen (vgl. Scholz 1986, S. 635). Dies gilt in erster Linie für die Flut überwiegend populärwissenschaftlich geprägter Veröffentlichungen in der Manage-mentliteratur der 80er und 90er Jahre.

Mittlerweile sind indes eine Reihe theoretischer und methodischer Weiterentwicklungen zu beobachten. In diesem Zusammenhang wurden zunächst programmatisch und später in empirisch fundierter Form auch die **Erfolgsfaktoren und Erfolgsbedingungen der marktorientierten Unternehmensführung** untersucht (Meffert 1999, S. 2). Dabei stehen Fragestellungen nach

- dem Erfolgsbeitrag der Marktorientierung und
- den Erfolgsfaktoren des Marketing-Management

im Vordergrund der Untersuchungen.

Die Betrachtung unterschiedlicher **Ansätze der Erfolgsforschung** im Marketing zeigt ein sehr heterogenes Bild im Hinblick auf die Erfolgsmessung und die methodischen Ansatzpunkte zur Identifikation von Spitzenleistungen und die sie begründenden Erfolgsfaktoren.

Empirische Untersuchungen des Unternehmenserfolges bedienen sich zur **Erfolgsmessung** bevorzugt **ökonomischer, insbesondere finanzieller Erfolgskriterien**, unter denen verschiedene Rentabilitätskriterien, wie z.B. der im Rahmen des PIMS-Projektes („Profit Impact of Market Strategies“) verwendete Return on Investment, eine besondere Popularität genießen. Eine weitere, in jüngster Zeit auch in der Unternehmenspraxis intensiv diskutierte ökonomische Erfolgsgröße stellt der Shareholder Value dar. Die wachsende Bedeutung dieser kapitalmarktorientierten Erfolgsgröße ist mit der zunehmenden Konkurrenz auf den Kapitalmärkten zu begründen, die zu einer verstärkten Berücksichtigung der Eigentümerinteressen bei börsennotierten Unternehmen führt (Jenner 1999, S. 237).

Aus Marketingperspektive sind für Dienstleistungsunternehmen neben ökonomischen Zielen wie dem Deckungsbeitrag, dem Marktanteil und dem wert- oder mengenmäßigen Absatz von Dienstleistungen vor allem **vorgelagerte marktbezogene Erfolgsgrößen** von Interesse. Ihre Erreichung trägt indirekt zur Realisierung der ökonomischen Ziele bei. Von besonderer Bedeutung sind (Meffert/Bruhn 2000, S. 155ff.):

- Verbesserung der Dienstleistungsqualität,
- Erhöhung der Kundenzufriedenheit,
- Erhöhung der Kundenbindung,
- Steigerung von Kunden- und Markenwert sowie
- Erhöhung der Mitarbeiterzufriedenheit und -motivation.

Die Spannweite der **methodischen Ansatzpunkte zur Identifikation von Spitzenleistungen** und ihrer Ursachen reicht von Einzelfallstudien bis hin zu großzahligen und international weit gehend repräsentativen Forschungsarbeiten. Stark vereinfacht lassen sich die Untersuchungen in auf konkrete Einzelfälle bezogene Benchmarking- und Best-Practice-Analysen einerseits und die einzelfallübergreifende Erfolgsfaktorenforschung andererseits unterscheiden (Meffert 1999; vgl. auch Grünig/Heckner/Zeus 1996 und Fritz 1990).

Benchmarking- und **Best-Practice-Studien** suchen Spitzenleistungen zur Ermittlung von erfolgreichen Unternehmen, um aus den gewonnenen Erkenntnissen zu lernen. So vermittelt der Bestseller „In Search of Excellence" von Peters und Waterman (1982), dass sich exzellente Unternehmen nicht nur durch „harte" (z.B. Organisationsstruktur oder Produktionstechnologie), sondern auch und insbesondere durch die Gestaltung „weicher" Erfolgsfaktoren auszeichnen. Unter dem Gesichtspunkt des Marketing wird dabei insbesondere die Kundennähe und die überragende Bedeutung der Unternehmenskultur für den Erfolg hervorgehoben.

Abbildung 3 **Methodische Ansätze der Erfolgsforschung**

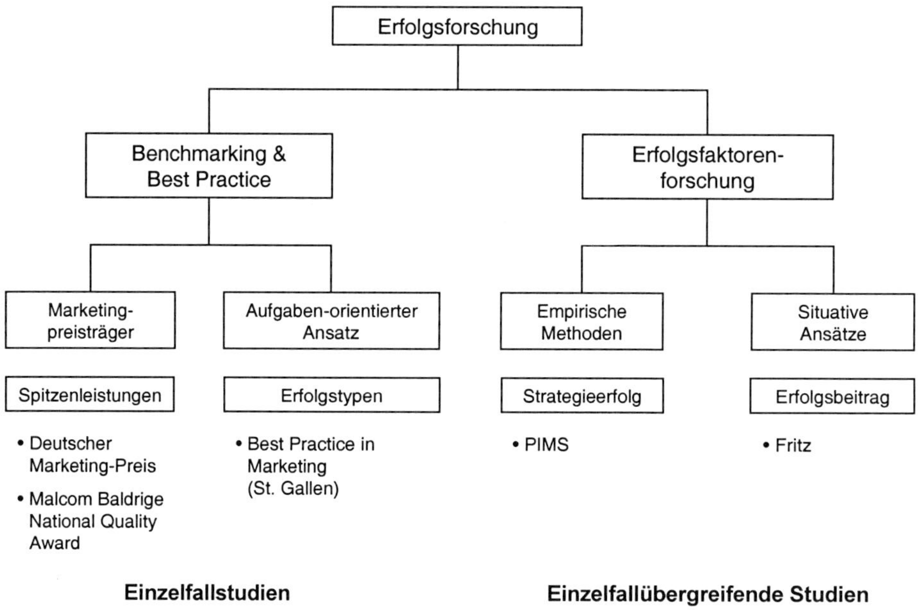

GABLER GRAFIK

Quelle: Meffert 1999, S. 3ff.

Konkrete Hinweise für Marketingerfolge sind auch den zahlreichen nationalen und internationalen **Marketing-Awards** zu entnehmen. So zeichnet der deutsche Marketing-Preis Unternehmen aus, die für kompetentes Marketing stehen und bei denen die nachvollziehbare „Marktleistung" zählt. Dabei wird neben der Erfüllung charakteristischer Merkmale des Marketing-Management, wie Kundenorientierung, Marketingforschung, Marktsegmentierung, integrierter Einsatz der Marketinginstrumente vor allem die Nachvollziehbarkeit, Nachhaltigkeit und Beispielhaftigkeit der Marktleistungen beachtet. Wenngleich mit solchen Auswahlkriterien keine Erfolgsgarantie verbunden ist, so zeigen Untersuchungen aus den USA über Qualitätsauszeichnungen im Dienstleistungsbereich doch, dass beispielsweise die Gewinner des Malcom Baldrige National Quality Award an der Börse deutlich besser abschneiden als die Top-500-Unternehmen (Bruhn 1998, S. 16f.).

Dies erklärt nicht zuletzt das Aufkommen einer Vielzahl von Benchmarking- und Best-Practice-Studien in den 90er Jahren. Beispielhaft sei hier die aktuelle Studie „**Best Practice in Marketing**" des Forschungsinstitutes für Absatz und Handel an der Universität St. Gallen genannt. Letztere wählt einen aufgabenbezogenen Ansatz und gelangt zu einer Typologie der „Best Practice in Marketing" in den so genannten Kernaufgaben der Kundenbindung, Kundenakquisition, Leistungspflege und Leistungsinnovation (Tomczak/Reinecke 1998).

Die **unternehmensübergreifende Erfolgsfaktorenforschung** zielt auf die Ermittlung wesentlicher, langfristig gültiger Determinanten bzw. Schlüsselfaktoren des Unternehmenserfolges. In **empirisch-quantitativen Verfahren** sowie subjektiv-qualitativen Interpretationen werden jene Größen ermittelt, durch die sich erfolgreiche von weniger erfolgreichen Unternehmen unterscheiden. Besonders hervorzuheben ist in diesem Zusammenhang das bereits erwähnte **PIMS-Projekt**, das in über 100 Studien die zentralen Dimensionen des Return on Investment und des Cash Flow strategischer Geschäftseinheiten von Unternehmen zu identifizieren versucht. Von herausragender Bedeutung für das Marketing erwies sich dabei die relative, wahrgenommene und überlegene Produktqualität. Sie ermöglicht nicht nur die Durchsetzung relativ höherer Preise, sondern sichert über Marktanteilsgewinne und damit verbundene Kostensenkungspotenziale höhere Renditen (vgl. Buzzell/Gale 1989).

Ein weiterer Zweig der Erfolgsfaktorenforschung ist stark auf die **situativen Bedingungen des Marketing** ausgerichtet. Hierbei steht nicht nur die Frage nach den Ursachen, sondern auch nach dem Beitrag der Marktorientierung zum Unternehmenserfolg im Mittelpunkt. Eine der umfassendsten Untersuchungen über den Erfolgsbeitrag der Marktorientierung wurde im deutschsprachigen Raum von Fritz (1995) durchgeführt. Er analysierte den Einfluss marktorientierter Unternehmensführung auf den Unternehmenserfolg im Vergleich zu anderen Grundhaltungen. Den Ergebnissen seiner Studie zufolge liefert die Marktorientierung einen wesentlichen Beitrag zum Unternehmenserfolg. Daneben tragen jedoch in mindestens gleichem Ausmaß Produktions-, Kosten- sowie Mitarbeiterorientierung dazu bei. Diese Befunde entsprechen der Erkenntnis, dass erfolgreiche Unternehmen neben einer marktorientierten Outside-In-Perspektive auch eine auf den Kernkompetenzen aufbauende Inside-Out-Perspektive benötigen. Auch die Ergebnisse einer am Institut für Marketing der westfälischen Wilhelms-Universität Münster durchgeführten Untersuchung machen deutlich, dass unterschiedliche unternehmerische Grundhaltungen existieren, die letztlich auf eine Steigerung des Unternehmenserfolges abzielen. Gleichzeitig wird auch aufgezeigt, dass die interne und externe Kundenorientierung als Bestandteil einer übergeordneten Marktorientierung die dominante Grundausrichtung der befragten Unternehmen darstellt (Meffert 1999, S. 6).

Zusammenfassend stimmen die Ergebnisse dieser Untersuchungen darin überein, dass erfolgreiche Unternehmen über ein **ausgeprägtes marktorientiertes Selbstverständnis** verfügen und ihre Marketingstrategien konsequent verfolgen. Marketing verstanden als marktorientierte Unternehmensführung leistet somit einen hohen Beitrag zum Unternehmenserfolg und bildet einen zentralen Erfolgsfaktor.

3. Erfolgsfaktoren eines exzellenten Dienstleistungsmarketing

Übertragen auf den Dienstleistungsbereich lässt sich folgern, dass ein exzellentes Dienstleistungsmarketing in der Lage sein muss, eine eng am Markt orientierte Analyse, Planung, Durchführung und Kontrolle sämtlicher Aktivitäten vorzunehmen. Die intensive Interaktion zwischen Dienstleistungsanbieter und -nachfrager bei der Leistungserstellung erfordert ein hohes Maß an **Kundenorientierung**, da letztlich nur durch eine konsequente Kundenorientierung Chancen zur Erlangung von Wettbewerbsvorteilen bestehen.

Dienstleistungen können nur dann zum ökonomischen Erfolg eines Unternehmens beitragen, wenn durch sie tatsächlich Wettbewerbsvorteile erlangt werden können. Wettbewerbsvorteile müssen dabei die drei folgenden **Anforderungen** erfüllen, um als Erfolgsfaktoren gelten zu können (Simon 1987, S. 368; Meffert 1985, S. 14):

- Die angebotene Dienstleistung muss für den Kunden wichtig sein.
- Der mit dem Dienstleistungsangebot verbundene Leistungsvorsprung muss vom Kunden wahrgenommen werden.
- Der durch das Dienstleistungsangebot erlangte Leistungsvorsprung muss dauerhaft sein.

Erfolgsfaktoren bauen also nicht auf objektiv gegebenen, sondern vom Konsumenten subjektiv wahrgenommenen Positionierungsvorteilen auf (Simon 1988, S. 474).

Von besonderer Bedeutung ist die Orientierung der Unternehmen an der **Dienstleistungsqualität**. Die Immaterialität der Leistung und die Integration des Kunden in den Dienstleistungserstellungsprozess führen in ihrem Zusammenspiel dazu, dass die Qualität von Dienstleistungen vor Inanspruchnahme kaum oder nur sehr schwer beurteilt werden kann. Dienstleistungen werden deshalb zuweilen als Vertrauensgüter bezeichnet. Dies macht den hohen Stellenwert der Forderung nach „Sicherung einer überlegenen Dienstleistungsqualität" deutlich. Unter Dienstleistungsqualität wird die Fähigkeit eines Anbieters verstanden, die Beschaffenheit einer primär intangiblen und der Kundenbeteiligung bedürfenden Leistung gemäß den Kundenerwartungen auf einem bestimmten Anforderungsniveau zu erstellen (Bruhn 2001b, S. 31).

Die erlössteigernden Auswirkungen auf den Unternehmenserfolg, die der Sicherung einer überlegenen Dienstleistungsqualität zugeschrieben werden können, lassen sich anhand der **Service-Erfolgskette** des Dienstleistungsmarketing aufzeigen. Über eine Erfüllung der (heterogenen) Kundenerwartungen kann eine Steigerung der Kundenzufriedenheit erreicht werden (vgl. Abbildung 4; Heskett/Sasser/Schlesinger 1997). Die Kundenzufriedenheit beeinflusst wiederum kundenbezogene Verhaltenswirkungen, insbesondere die Kundenbindung. Dabei wird von der Annahme ausgegangen, dass ein zufriedener Kunde eher bereit ist, die Leistungen eines Unternehmens erneut (Wiederwahl des Anbieters) oder sogar in stärkerem Umfang (z.B. in Form von Cross Buying) in Anspruch zu nehmen und darüber hinaus das Unternehmen aktiv weiterempfiehlt.

Abbildung 4 **Erfolgskette des Dienstleistungsmarketing**

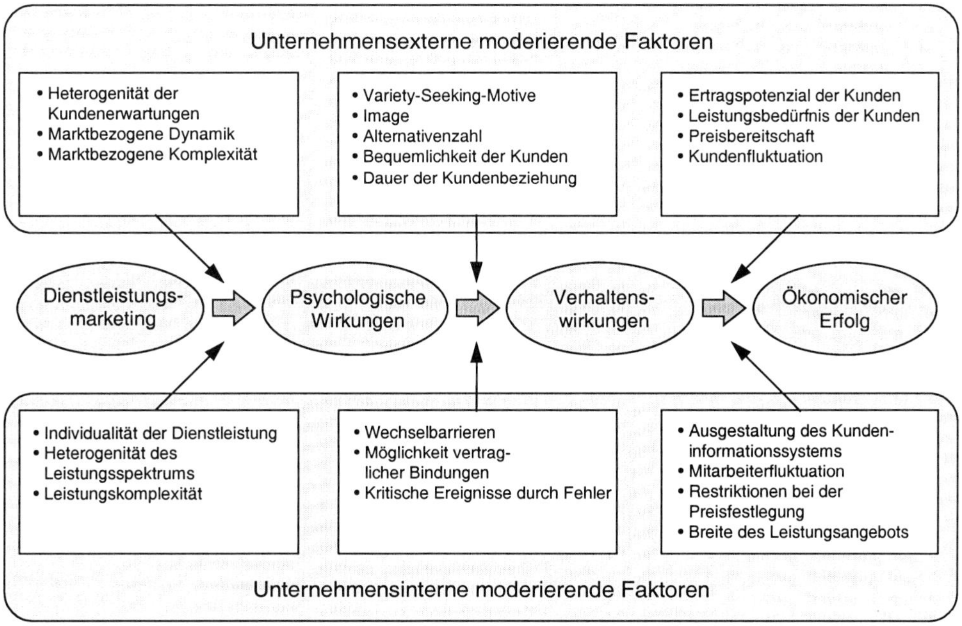

GABLER GRAFIK

Quelle: in Anlehnung an Bruhn 2001a, S. 58

Die Plausibilität dieser Erfolgskette hat dazu geführt, dass in den letzten Jahren zahlreiche Unternehmen intensive Bemühungen um die Sicherstellung einer hohen Qualität ihrer Dienstleistungen unternommen haben. Allerdings handelt es sich bei den Wirkungen innerhalb der Erfolgskette um **keine allgemein gültigen Zusammenhänge** (Bruhn 1998, S. 8f.). Nicht jede Maßnahme des Dienstleistungsmarketing zur Qualitätsverbesserung führt zu einer Erhöhung der Kundenzufriedenheit, nicht jede Zufriedenheitssteigerung zu einer besseren Kundenbindung und nicht jede Erhöhung der Kundenbindung zu einer Erfolgssteigerung. Dies ist vor allem auf moderierende Faktoren zurückzuführen, durch die die einzelnen Kettenglieder beeinflusst werden.

Die zentralen **Dimensionen der Dienstleistungsqualität** wurden in der 80er Jahren in den USA in einer branchenübergreifenden Untersuchung ermittelt (Parasuraman/Zeithaml/Berry 1985) und auch in Deutschland in unterschiedlichen Branchen in ähnlicher Form mehrfach identifiziert. Demnach legen die Konsumenten ihrem Urteil über die Qualität einer Dienstleistung folgende Aspekte zugrunde:

- Die **Leistungskompetenz** bezieht sich auf das Urteil, ob das Unternehmen grundsätzlich in der Lage ist, die zugesagte Dienstleistung angemessen zu erfüllen.
- Die **Zuverlässigkeit** bezieht sich auf die Fähigkeit des Dienstleistungsunternehmens, die versprochenen Leistungen auf dem avisierten Niveau zu erfüllen.
- Bei der **Reaktionsfähigkeit** beurteilt der Kunde, ob das Unternehmen in der Lage ist, mit seinen Services auf spezifische Wünsche des Kunden einzugehen, und diese zu erfüllen; auch die Schnelligkeit der Reaktion spielt eine Rolle.
- Die Kunden beurteilen das **Einfühlungsvermögen** und die Empathie des Dienstleistungsunternehmens und seiner Mitarbeiter.
- Schließlich wird die Qualität einer Dienstleistung auch durch die **Annehmlichkeiten des Umfeldes**, also das äußere Erscheinungsbild der Räumlichkeiten oder der Mitarbeiter des Dienstleistungsunternehmens, beeinflusst.

Die Zufriedenheitsurteile der Kunden in nationalen und internationalen Untersuchungen wie beispielsweise Kundenbarometern (z.B. Schweizer Kundenbarometer – SWICS; European Customer Satisfaction Index – ECSI) zeigen in den skizzierten Qualitätsdimensionen z.T. erhebliche Leistungslücken auf. Dies macht deutlich, dass mit dem Angebot qualitativ hochwertiger Dienstleistungen Chancen im Ausbau und der Festigung rentabler Kundenbeziehungen sowie in der Möglichkeit bestehen, durch überlegene Dienstleistungen von der Konkurrenz Kunden zu gewinnen (Bruhn/Murmann 1998).

In engem Zusammenhang mit der Dienstleistungsqualität stehen für ein exzellentes Dienstleistungsmarketing fünf weitere Erfolgsfaktoren (vgl. Abbildung 5).

Ein kundenorientiertes Qualitätsverständnis bedeutet die konsequente **Ausrichtung aller Serviceaktivitäten am Kundennutzen**. Ziel eines erfolgreichen Dienstleistungsmarketing ist es nicht, jedem Kunden alle Dienstleistungen zu offerieren, sondern die angebotenen Dienstleistungen daran auszurichten, ob sie für die relevante Zielgruppe von Bedeutung sind. Die konsequente Ausrichtung aller Serviceaktivitäten am Kundennutzen bezieht sich nicht nur auf das aktuelle Leistungsangebot. Vielmehr müssen im Rahmen der Kundenorientierung auch Leistungen generiert werden, die latent vorhandene, jedoch nicht artikulierte Erwartungen erfüllen. Gelingt es Unternehmen, diese „versteckten" Bedürfnisse und Erwartungen anzusprechen, so eröffnet sich eine weitere Möglichkeit, die Kundenorientierung zu steigern. Am Kundennutzen ausgerichtete **Innovationen** stellen somit einen wichtigen Erfolgsfaktor im Dienstleistungsmarketing dar.

Abbildung 5 **Erfolgsfaktoren eines exzellenten Dienstleistungsmarketing**

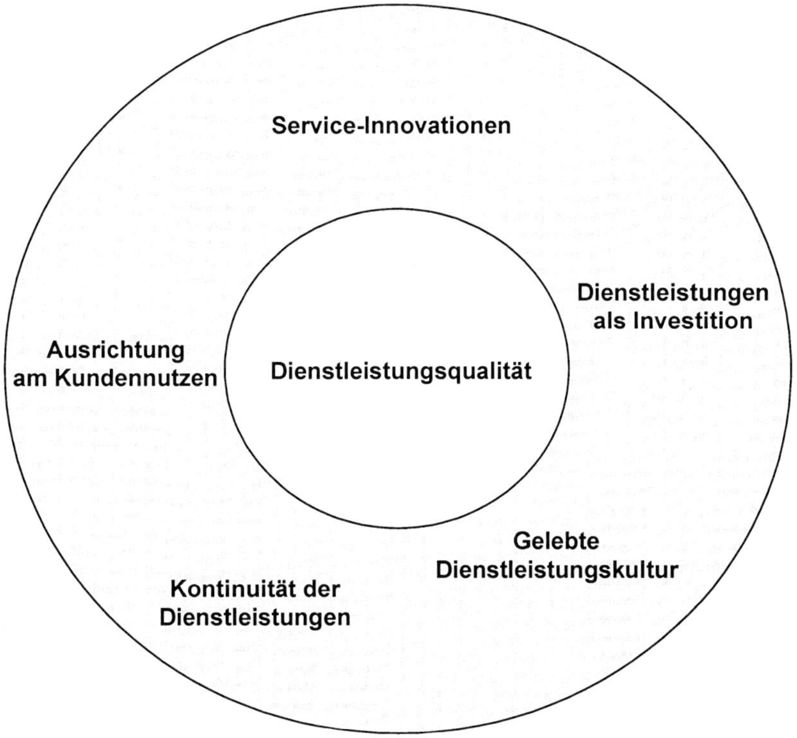

GABLER GRAFIK

Als weiterer Erfolgsfaktor eines exzellenten Dienstleistungsmarketing ist das **Verständnis von qualitativ hochwertigen Dienstleistungen als Investition** zu sehen. Der Aufbau des notwendigen Know-hows, aber auch das Schaffen von Vertrauen der Kunden in die Dienstleistungen erfordern Zeit, so dass sich der wirtschaftliche Erfolg vieler Dienstleistungen z.T. erst nach mehreren Jahren einstellt. Auch gibt es eine Vielzahl von Dienstleistungen, die ausschließlich der Profilierung im Wettbewerb dienen und daher gerade kostendeckend oder gar verlustbringend angeboten werden.

Eng damit zusammen hängt die **Kontinuität der Dienstleistungen**. Viele Unternehmen nehmen Dienstleistungen nach kurzer Zeit wieder aus dem Programm, weil sie den Leistungen nur unzureichende Erträge zurechnen können. Hierdurch nehmen sich diese Unternehmen aber nicht nur die Chance, langfristig Gewinne aus diesen Dienstleistungen zu erwirtschaften. Unternehmen stellen sich häufig sogar deutlich schlechter, als wenn sie die Dienstleistung erst gar nicht eingeführt hätten. Schließlich wecken Unternehmen mit dem Angebot von Dienstleistungen bei ihren Kunden die Erwartung, diesen Service auch in Zukunft anzubieten.

Der letzte Erfolgsfaktor greift nochmals die Besonderheiten von Dienstleistungen auf. Bei der Serviceerstellung wird oftmals ein Objekt des Kunden oder der Kunde selbst in den Prozess der Serviceerstellung einbezogen. Die Qualität der Dienstleistung wird dann insbesondere durch das Verhalten der Mitarbeiter im Kundenkontakt bestimmt („Moment of Truth“) (vgl. Stauss 2000). Von besonderer Bedeutung ist daher die im Unternehmen **gelebte Dienstleistungskultur**. Eine solche Servicekultur setzt gleichzeitig eine Unternehmensorganisation voraus, die den Mitarbeitern die Möglichkeit bietet, auf individuelle Kundenbedürfnisse einzugehen. An Stelle fester Normen und Vorschriften bedarf es eines Empowerments der im Kundenkontakt stehenden Mitarbeiter. Weiterhin ist eine Anpassung der Systeme an das Servicekonzept des Unternehmens erforderlich; so kennen serviceorientierte Unternehmen die Kundenbedürfnisse und das Kaufverhalten ihrer Kunden deutlich besser als nicht serviceorientierte Unternehmen. Damit ist einem ausgefeilten Database Marketing und einem ständigen Zufriedenheitsmonitoring in diesem Zusammenhang eine besondere Bedeutung beizumessen.

Alle Untersuchungen zu exzellentem Dienstleistungsmarketing machen deutlich, dass es auf ein Zusammenspiel dieser Erfolgsfaktoren bei der Umsetzung eines schlüssigen, integrierten Dienstleistungskonzeptes ankommt. Die Ausgestaltung des **Konzeptes eines erfolgreichen Dienstleistungsmarketing** folgt dabei im Wesentlichen drei Schritten:

1. Die Kundensegmentierung und eine darauf aufbauende Zielgruppenpriorisierung sowie die gezielte Leistungspriorisierung und Positionierung im Wettbewerbsumfeld (Abschnitt 4).
2. Die Gestaltung konkreter Maßnahmen eines integrierten Dienstleistungsmarketing (Abschnitt 5).
3. Die Umsetzung der Servicestrategie im integrierten Servicemix (Abschnitt 6).

4. Kundensegmentierung und Servicestrategien zur Sicherung von Wettbewerbsvorteilen

Die klassische Marktsegmentierung nach demographischen oder psychographischen Kriterien wie Alter, Einkommen, Lifestyle usw. hat sich im Dienstleistungsbereich zunehmend als problematisch erwiesen. In jüngster Zeit wird die Marktsegmentierung daher beispielsweise auf Basis der **Nutzenerwartungen der Konsumenten** mit Hilfe sog. Conjoint-Analyse vorgenommen. Das Institut für Marketing der Westfälischen Wilhelms-Universität Münster hat z.B. in einer Segmentierungsstudie für den Fernverkehr der Deutschen Bahn AG auf Basis einer solchen Nutzensegmentierung die drei Kundensegmente der Komfortorientierten, der Zeitminimierer und der Preissensiblen ermitteln können. Für die Komfortorientierten haben Aspekte wie der Sitzkomfort, die Gepäckaufbewahrung, die Verpflegung oder das Unterhaltsangebot einen hohen Stellenwert, wohingegen die Zeitminimierer insbesondere der Reisegeschwindigkeit, den Verspätungen oder der Anbindung zum ÖPNV eine hohe Bedeutung beimessen (Perrey 1998).

Für jedes im Rahmen einer solchen Nutzensegmentierung ermittelte Kundensegment muss sich das Unternehmen dann in einem nächsten Schritt entscheiden, wie es sich im Vergleich zur Konkurrenz mit seinem Serviceangebot positionieren will. So kann sich das Unternehmen z.B. als Anbieter mit sehr weit reichendem Serviceprogramm oder mit einer starken Fokussierung auf die notwendigsten Dienstleistungen positionieren.

Die mögliche Bandbreite der Dienstleistungen, die im Rahmen dieser strategischen Entscheidung in Betracht kommen, lässt sich in Muss-, Soll- und Kann-Leistungen einteilen (vgl. Bailom et al. 1996, S. 118; Kano 1984). Diese Erwartungsdimensionen zeigen, inwieweit eine angebotene Dienstleistung vom Kunden zwingend erwartet oder als Zusatzleistung lediglich positiv bewertet wird und können als Ansatzpunkte zur Generierung von Wettbewerbsvorteilen dienen. Von **Muss-Leistungen** erwartet der Kunde die uneingeschränkte Erfüllung der Muss-Anforderungen an eine Dienstleistung. Die Nicht-Erfüllung dieser Ansprüche bewirkt große Unzufriedenheit, wohingegen die Erfüllung noch nicht zu Zufriedenheit führt. Werden Muss-Leistungen von einem Unternehmen nicht erbracht, so wird auch die Hauptleistung des Unternehmens nicht nachgefragt. Muss-Leistungen werden damit zum Quasi-Bestandteil des originären Produktes eines Unternehmens. Da die Kunden solche Muss-Leistungen als selbstverständlich voraussetzen, sind sie in der Regel auch nicht bereit, für solche Dienstleistungen ein zusätzliches Entgelt zu entrichten. So können z.B. im Finanzdienstleistungsbereich die Bereitstellung eines Geldausgabeautomaten oder die rechtzeitige und fehlerfreie Ausführung des Zahlungsverkehrs als solche Muss-Leistung angesehen werden (Grund 1998, S. 21).

Demgegenüber werden **Soll-Leistungen** zwar von einem Großteil der Wettbewerber angeboten und daher vom Kunden grundsätzlich erwartet, dennoch ist der Kunde unter Umständen bereit, auch ohne Existenz dieser Leistungen das Kernprodukt des

Unternehmens nachzufragen. Das ausschließliche Angebot von Muss- und Soll-Services bietet jedoch einem Unternehmen noch nicht die Chance, sich beim Kunden als serviceorientierter Anbieter zu profilieren und entsprechend am Markt zu positionieren. Als Beispiel von Soll-Services für einen Automobilhändler können die TÜV-Untersuchung oder auch die Mietwagenvermittlung angeführt werden.

Erst das zusätzliche Angebot von **Kann-Leistungen** ermöglicht eine klare Differenzierung von den Wettbewerbern. Kann-Services zeichnen sich dadurch aus, dass bisher kein oder erst wenige Anbieter dem Kunden diesen Service anbieten und der Kunde daher diese Dienstleistung (noch) nicht erwartet („Do more than expected"). Die Erfüllung von Kann-Leistungen führt beim Kunden zu besonderer Zufriedenheit, die Nichterfüllung allerdings nicht zu Unzufriedenheit. Vielfach zählen solche Kann-Leistungen aufgrund einer geringen Affinität zur Kernleistung nicht zu den Kernkompetenzen des Unternehmens. Es bietet sich dann eventuell an, diese Leistungen durch Netzwerkpartner erbringen zu lassen oder strategische Allianzen einzugehen, innerhalb derer diese Serviceleistungen von allen Allianzpartnern zusammen und damit weitaus wirtschaftlicher angeboten werden können.

Der kompetitive Vorsprung, der durch eine solche **Differenzierung von Leistungen** erreicht werden kann, ist im Hinblick auf die Kundenbindung und damit den Unternehmenserfolg häufig notwendig, aber sicherlich nicht hinreichend. Gerade eine statische Betrachtungsweise solcher Muss-, Kann- und Soll-Leistungen ist in fast allen Branchen unzureichend. Zum einen haben sich die Kunden vielfach im Zeitablauf so sehr an Soll-Leistungen gewöhnt, dass diese sich aus Konsumentensicht zu absolut notwendigen Muss-Leistungen entwickeln. Zum anderen können aufgrund einer weit gehenden Transparenz der Angebote Soll- und Kann-Leistungen von Wettbewerbern sehr schnell imitiert werden. Eine längerfristige Differenzierung vom Wettbewerb ist für Dienstleistungsunternehmen im Bereich der Soll- und Kann-Leistungen damit nur für eine begrenzte Zeitspanne möglich. Aus dieser Erkenntnis heraus werden nochmals die Bedeutung des Erfolgsfaktors eines **kontinuierlichen Angebotes von Dienstleistungen** und die **Notwendigkeit von Serviceinnovationen** deutlich.

Für das Verständnis eines exzellenten Dienstleistungsmarketing ist in diesem Zusammenhang auch von entscheidender Bedeutung, dass eine identische Dienstleistung von unterschiedlichen Zielgruppen einerseits als Muss-Leistung (z.B. Vermögensberatung einer Bank für vermögende Privatkunden), andererseits auch als Kann-Leistung (z.B. Vermögensberatung für Schüler und Studenten) angesehen werden kann. Dem entsprechend muss auch die Positionierung eines Unternehmens im Wettbewerbsumfeld stets aus der Perspektive der anzusprechenden Zielgruppe betrachtet werden. In Bezug auf das Angebot von Dienstleistungen können – unabhängig von der Zielgruppendefinition – vereinfacht zwei wettbewerbsstrategische Positionierungen unterschieden werden. Bei der **Strategie der Kostenführerschaft** wird ein eng definiertes Serviceniveau zu einem möglichst geringen Preis angeboten. Hierbei bieten Unternehmen ihren Kunden ausschließlich Muss-Leistungen an und versuchen, über den Preis Kundenpräferenzen zu erlangen. Demgegenüber wird im Rahmen einer vom Unternehmen angestrebten **Qualitätsführerschaft** ein umfangreiches, innovatives und flexibles Servicespektrum offeriert. Serviceorientierte Unternehmen, die eine strategische Ausrichtung als Qualitätsführer anstreben, verstehen dabei ihre Anstrengungen als **Investition in den zukünftigen Geschäftserfolg**.

5. Maßnahmen eines integrierten Dienstleistungsmarketing

Kundensegmentierung und strategische Positionierung stecken den Rahmen für die Gestaltung konkreter Maßnahmen eines integrierten Dienstleistungsmarketing ab. Dabei kommt es darauf an, die so genannten 7 P's (4 klassische und 3 erweiterte P's des Dienstleistungsmarketing) des Servicemix auf die Kundensegmente zielgerecht abzustimmen. Im Folgenden wird zunächst auf die klassischen 4 P's des Marketing Product, Price, Promotion und Place eingegangen.

Im Rahmen der **Produktpolitik** von Dienstleistungen ist zunächst festzulegen, welche konkreten Leistungen in welcher Ausgestaltungsform angeboten werden sollen. Beispielsweise können Dienstleistungen grundsätzlich in unterschiedlichen Verkaufsphasen angeboten werden. Üblich ist es, den Verkauf in die Phasen Pre Sales, Sales und After Sales zu unterteilen. In der Maschinenbauindustrie umfassen Dienstleistungen in der Pre-Sales-Phase z.B. die Konzeption, Beratung, Feasibility Studien und das Financial Engineering, in der Sales-Phase die Montage, Softwareanpassungen und die Produktoptimierung und in der After-Sales-Phase die Instandhaltung, Inspektion, Wartung oder Garantieleistung. Durch eine Integration der Leistungsbausteine in den einzelnen Phasen des Verkaufs gelingt eine Individualisierung des Angebots. So kann z.B. ein Systemdienstleister in der Investitionsgüterbranche kundenindividuell zugeschnittene Leistungsbündel anbieten, indem er dem Kundenbedarf in den einzelnen Phasen entsprechend Leistungsbündel zusammenstellt.

Ein anderes Beispiel kommt aus dem Bereich der Verkehrsdienstleistungen: Die Kernleistung Zugfahrt der Deutschen Bahn AG kann z.B. um weitere intelligente Services über die gesamte Reisekette ergänzt werden. Diese horizontale Integration der Dienstleistungen führt zu einer Erweiterung des Leistungscharakters. So kann der Reisende direkt vor seiner Haustür durch einen Taxiservice abgeholt werden. Sein Gepäck wird von seinem Haus an seinen reservierten Platz im Zug transportiert, wobei die Sicherheit des Gepäcks garantiert wird. Nach der eigentlichen Zugfahrt erwartet den Reisenden am Zielbahnhof – direkt am Bahnsteig – der Gepäckservice. Das Taxi wartet bereits und befördert den Reisenden an seinen gewünschten Zielort. Somit wird dem Kunden die gesamte Reisekette angeboten, dem Unternehmen gelingt der Schritt vom reinen Verkehrsdienstleister zum Mobilitätsdienstleister. Dieser neu geschaffene Charakter Mobilitätsdienstleistung hat zur Konsequenz, dass eine Abgrenzung zu reinen Verkehrsdienstleistern gelingt und somit zur Wettbewerbsüberlegenheit beiträgt.

Neben der Produktpolitik sind Maßnahmen im Rahmen der **Preispolitik** von entscheidender Bedeutung für den Erfolg von Dienstleistungen. Unter Beachtung der Besonderheiten von Dienstleistungen wie z.B. ihrer Funktion als Qualitätsindikator oder der schwierigen Ermittlung der nachfragerseitigen Preisbereitschaft muss es zur Festlegung eines servicegerechten Preises kommen (Meffert/Bruhn 2000, S. 409ff.). Im Rahmen der Preisfestlegung sind insbesondere die unmittelbaren Ertragswirkungen von Dienstleistungen zu beachten, die verlustbringend, kostendeckend oder Gewinn bringend sein können. So sind z.B. bei der Deutschen Bahn AG innerhalb der Muss-Leistungen Wegeleitsysteme und Auskünfte verlustbringend, während Schließfächer und Catering Services durchaus Gewinn erwirtschaften. Ebenso können auch Soll-Leistungen wie eine Fahrplan-CD-ROM und Kann-Leistungen wie Reisegepäckversicherungen Gewinn bringend sein. Hinter den Entscheidungen über die Preise von verlustbringenden Dienstleistungen steht das Verständnis von Dienstleistungen als Investitionen. Diese führen erst langfristig durch eine dauerhaft gesteigerte Kundenzufriedenheit zu den bereits dargestellten Erfolgswirkungen und letztlich zum ökonomischen Erfolg des Unternehmens.

Ebenso wie bei den Entscheidungen der Produkt- und Preispolitik nehmen die spezifischen Besonderheiten von Dienstleistungen auch Einfluss auf die **Kommunikationspolitik** von Unternehmen. Dabei sind die Besonderheiten des Dienstleistungsmarketing wie die Materialisierung und Visualisierung von Dienstleistungen, das Wecken von Aufmerksamkeit mittels materieller Servicekomponenten oder die Nutzung von Cross-Selling-Potenzialen zu beachten (Meffert/Bruhn 2000, S. 341f.). Im Bereich der Kommunikationspolitik ist die richtige Auswahl der Instrumente und die genaue Ansprache der Zielgruppe von besonderer Bedeutung. Dabei stellt eine Integrierte Kommunikation den Ausgangspunkt eines exzellenten Dienstleistungsmarketing dar. Unter Integrierter Kommunikation wird ein Prozess verstanden, der darauf ausgerichtet ist, aus den unterschiedlichsten Quellen und Ebenen der Kommunikation eine Einheit herzustellen, um ein für sämtliche Zielgruppen des Unternehmens konsistentes Erscheinungsbild zu vermitteln (Meffert/Bruhn 2000, S. 332ff.).

Im Rahmen der **Distributionspolitik** von Dienstleistungen müssen Entscheidungen über die physische Bewegung der Dienstleistungen zwischen Hersteller und Kunde und über den Ort der Serviceerstellung getroffen werden. Die Auswahl des Ortes der Serviceerstellung ist wiederum davon abhängig, ob es sich um Muss-, Soll- oder Kann-Leistungen handelt. In der Informations- und Telekommunikationsbranche sind EDV-Schulungen beim Anbieter bzw. Hersteller von Hardware Muss-Leistungen. Ebenso ist es in der Elektrobranche notwendig, einen Reparatur-Service wenigstens beim Hersteller selbst anzubieten. Den Charakter von Soll-Services hätten z.B. Schulungen bei Vertriebspartnern oder in Filialen sowie Reparaturen von TV-Geräten direkt beim Händler. Kann-Leistungen sind in diesem Zusammenhang z.B. Schulungen direkt beim Kunden sowie Reparaturleistungen beim Kunden oder Pick Up Services.

Die Besonderheiten von Dienstleistungen machen es erforderlich, neben den klassischen Maßnahmebereichen weitere einzubeziehen, um so zu einer „Exzellenz" von

Dienstleistungen zu gelangen, die zu Wettbewerbsüberlegenheit führt. Dabei sind die klassischen 4 P's um weitere 3 P's – und zwar Personnel, Physical Facilities und Process – zu erweitern.

Im Rahmen der **Personalpolitik** sind insbesondere die Personalauswahl und die Personalentwicklung hervorzuheben. Zum einen sind innerhalb der Personalauswahl z.B. Entscheidungen über den Bewerbungsprozess, Referenzeinholung, psychologische Testverfahren und Assessment-Center zu treffen. Zum anderen ist darauf zu achten, dass die Personalentwicklung wichtige Elemente wie z.B. Schulungen, Empowerment-Maßnahmen und Karrieremöglichkeiten umfasst. Konsequenz der genannten Maßnahmen ist eine Steigerung der Personalqualität, die letztlich zur Steigerung der Dienstleistungsqualität führt (Meffert/Bruhn 2000, S. 515ff.).

Die **Ausstattungspolitik** besteht aus den Bereichen Kapazitätsmanagement und Imagetransfer. Ein erfolgreiches Kapazitätsmanagement hat die Sicherstellung ausreichender Personal- und Sachressourcen zur Voraussetzung. Beispiele hierfür sind beim Call Center Telefonleitungen, Mitarbeiter und Computeranlagen, bei einem Verpackungsservice Mitarbeiter und Material und beim Abholservice Pkw und Fahrer. Das zweite Element der Ausstattungspolitik betrifft die Möglichkeit des Imagetransfers. Das äußere Erscheinungsbild und die Qualität der Serviceausstattung können einen positiven Imagetransfer bewirken. So haben z.B. eine moderne Computerausstattungen oder ein ansprechendes räumliches Ambiente einen positiven Imagetransfer zur Folge. Gerade hier besteht die Möglichkeit, die der Dienstleistung immanente Immaterialität für den Kunden fassbar bzw. berührbar zu gestalten. Die Ausstattungspolitik bietet so im Sinne eines „make the intagible tangible" Möglichkeiten, sich von anderen Unternehmen durch intelligente Ausstattungen zu differenzieren.

Bezüglich der **Prozesspolitik** ist festzustellen, dass früher in Unternehmen häufig ein Denken in Abteilungen und Funktionen vorherrschend war. Dies kann an dem einfachen Beispiel einer PKW-Reparaturleistung der Automobilindustrie verdeutlicht werden: Im Rahmen der Reparatur nahm die Buchhaltung zunächst Aufträge an. Danach musste der PKW zur Werkstatt gebracht werden, eventuell übernahm auch der Kundendienst diese Leistung. Nach der eigentlichen Reparatur konnte der Pkw vom Kunden selbst abgeholt werden und die Rechnung wurde wieder von der Buchhaltung ausgestellt. Schon die Darstellung der Autoreparatur verdeutlicht den Prozesscharakter dieser Leistung. Darüber hinaus erfordert die Integration des Kunden in viele Bereiche der Dienstleistung ein Denken in Prozessen. So könnte z.B. ein Kundendienstmanager den Auftrag annehmen. Er könnte auch dafür sorgen, dass der Pkw schnellstmöglich von einem Mitarbeiter abgeholt und nach der Reparatur auch zurückgebracht wird. Und er könnte sich schließlich nach erfolgter Reparaturleistung – im Sinne eines After Sales Services – beim Kunden versichern, ob der Pkw zur Zufriedenheit des Kunden repariert worden ist. Das Beispiel zeigt eindrucksvoll, wie ein Denken in Prozessen anstatt ein Denken in Abteilungen und Funktionen dazu führt, dass Dienstleistungen exzellent ausgeführt werden können. Konsequenz ist eine Steigerung der Kundenzufriedenheit und der Kundenbindung, die wiederum ökonomischen Erfolg zur Folge haben.

6. Erfolgreiche Umsetzung des Dienstleistungsmarketing

Letztlich ausschlaggebend und notwendige Voraussetzung eines exzellenten Dienstleistungsmarketing ist seine erfolgreiche Umsetzung. Hier zeigen sich gerade in der Praxis bei der Befriedigung der heterogenen Kundenerwartungen und bei der Gewährleistung einer gleich bleibend hohen Dienstleistungsqualität zahlreiche Probleme.

In der Wissenschaft wurden verschiedene Modelle zur Ermittlung der Dienstleistungsqualität entwickelt. Besondere Beachtung hat in diesem Zusammenhang der von Parasuraman/Zeithaml/Berry (1985, 1988) entwickelte Ansatz – das so genannte **GAP-Modell** – gefunden. Im Rahmen dieses Qualitätsmodells wurden verschiedene Diskrepanzen („Gaps") zwischen den Wahrnehmungen der Kunden in Bezug auf die Dienstleistungsqualität und den Vorstellungen in den Unternehmen identifiziert (Parasuraman/Zeithaml/Berry 1985; Zeithaml/Parasuraman/Berry 1992, S. 28f.):

- **GAP 1**: Diskrepanz zwischen den tatsächlichen Kundenerwartungen und den vom Management wahrgenommenen Kundenerwartungen.
- **GAP 2**: Diskrepanz zwischen den vom Management wahrgenommenen Kundenerwartungen und deren Umsetzung in Spezifikationen der Dienstleistungsqualität.
- **GAP 3**: Diskrepanz zwischen den Spezifikationen der Dienstleistungsqualität und der tatsächlich erstellten Leistung.
- **GAP 4**: Diskrepanz zwischen tatsächlich erstellter Dienstleistung und der an den Kunden gerichteten Kommunikation über diese Dienstleistung.
- **GAP 5**: Diskrepanz zwischen den Erwartungen an die Dienstleistung durch den Kunden und der tatsächlich wahrgenommenen Dienstleistung.

GAP 1 weist auf die Schwäche hin, dass Unternehmen fehlende oder falsche Vorstellungen über die Bedeutung einzelner Merkmale für die Qualitätseinschätzung der Kunden und das von ihnen geforderte Leistungsniveau haben. Mögliche Ursachen dieser Lücke können aus einer unzureichenden Orientierung an vorhandenen Marktforschungsergebnissen bzw. dem Nicht-Vorhandensein dieser Informationen liegen. Die Entstehung dieser Diskrepanz könnte ferner in einer unzulänglichen Kommunikation zwischen Kundenkontaktpersonal und Management und/oder einer zu großen Anzahl von Hierarchiestufen begründet sein.

GAP 2 erfasst die Diskrepanz in der Umsetzung der Kundenerwartungen in konkrete Spezifikationen der Dienstleistungsqualität, beispielsweise in Form von Dienstleistungsstandards. Dieses Umsetzungsdefizit besteht in der Praxis häufig durch folgende Faktoren: Mangelnde Entschlossenheit des Managements zur Verbesserung der Dienstleistungsqualität, unklare Zielsetzungen in Bezug auf die

Dienstleistungsqualität, unzureichende Nutzung von Instrumenten und Verfahren zur Standardisierung von Dienstleistungen.

Abbildung 6 **GAP-Modell der Dienstleistungsqualität**

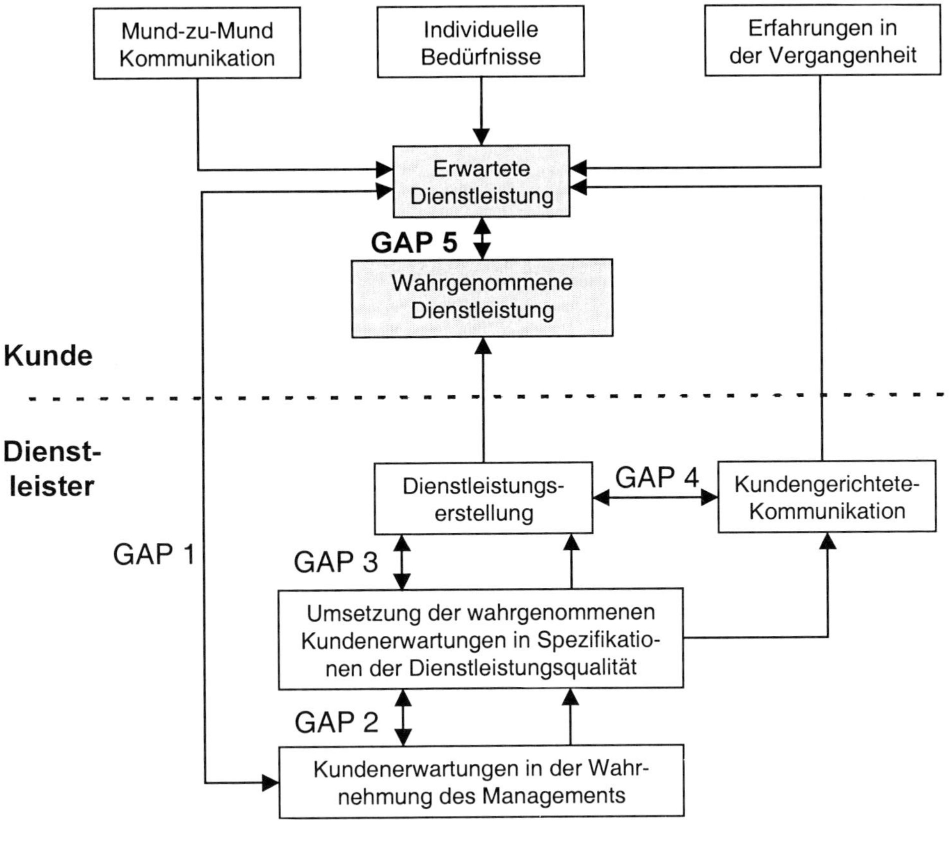

GABLER GRAFIK

Quelle: Parasuraman/Zeithaml/Berry 1985, S. 44

GAP 3 spiegelt das Ausmaß wider, in dem das Kundenkontaktpersonal die Leistung nicht auf dem vom Management erwarteten Niveau erbringt. Verursachende Faktoren sind in diesem Zusammenhang insbesondere eine mangelnde Qualifikation der Mitarbeiter, falsche Kriterien der Leistungsüberwachung, mangelhafte Teamarbeit oder Rollenkonflikte bzw. ein falsches Rollenverständnis des Servicepersonals.

GAP 4 entsteht, wenn die Wahrnehmung des Kunden bezüglich der Dienstleistungsqualität durch übertriebene Versprechungen in der Kommunikation oder auch durch fehlende Informationen so beeinflusst wird, dass eine Diskrepanz zwischen versprochener und tatsächlich erstellter Leistung entsteht. Ursachen können eine unzureichende horizontale Kommunikation, z.B. zwischen Marketing- und Vertriebsabteilung, oder eine Tendenz der Unternehmung zu übertriebenen Versprechungen z.B. in Werbekampagnen sein.

GAP 5 stellt die zentrale Lücke des Modells dar, die weitgehend von den intern bedingten Gaps 1 bis 4 abhängig ist. Die hier zugrundeliegende Diskrepanz zwischen erwarteter und real erlebter Dienstleistung kann durch die Minimierung der übrigen vier Gaps verringert werden und bedeutet insofern den Schlüssel zu „gutem Service". Die fünf Qualitätsdimensionen von Dienstleistungen (Zuverlässigkeit, Einfühlungsvermögen, Reaktionsfähigkeit, Annehmlichkeiten des tangiblen Umfelds und Leistungskompetenz) können zur Messung dieser Lücke herangezogen werden und erlauben Unternehmen eine Strukturierung und Identifikation von Leistungslücken und damit von Ansatzpunkten, um diese Lücken durch konkrete Maßnahmen schließen zu können.

Die genannten Gaps führen zur **Unzufriedenheit der Kunden**. Dieses – auch als Zufriedenheitslücke bezeichnete – Umsetzungsproblem durchbricht die erwähnte Wirkungskette von Dienstleistungen (vgl. Abbildung 4). Letztlich zeigen diese Lücken eine ungenügende Kundenorientierung und führen zu einer geringeren Kundenbindung, die wiederum Ergebniseinbußen und Wettbewerbsnachteile zur Folge haben. Exzellente Dienstleistungen sind gerade dadurch gekennzeichnet, dass sie die Sicht bzw. Wahrnehmung des Kunden in die Ausgestaltung der Dienstleistungen mit einbeziehen. Zur Differenzierung und Überlegenheit im Wettbewerb führt nicht nur die Zufriedenheit in der Wahrnehmung der Unternehmen, sondern vielmehr die Wahrnehmung der Dienstleistungen aus Sicht der Kunden, die – wie bereits dargestellt – zentrales Merkmal von Wettbewerbsvorteilen ist.

Die permanente Sicherstellung der vom Unternehmen definierten Dienstleistungsqualität ist **Aufgabe des Qualitätsmanagements** eines Dienstleistungsunternehmens. Die auf Basis des GAP-Modells ermittelten Lücken zwischen Kunden- und Dienstleistungsanbieterperspektive können durch Maßnahmen des Qualitätsmanagements geschlossen werden. Die Instrumente des Qualitätsmanagements können in vier Phasen Einsatz finden (Bruhn 2001b, S. 176ff.):

- Qualitätsplanung,
- Qualitätslenkung,
- Qualitätsprüfung,
- Qualitätsmanagementdarlegung.

Die Aufgabe der **Qualitätsplanung** ist in der Erfassung der Kundenerwartungen zu sehen, die den Ausgangspunkt für die Dienstleistungsplanung im Rahmen der Potenzialphase der Leistungserstellung repräsentieren. Mittels Marktforschung gelingt es, geplante und angebotene Dienstleistungen aus Sicht der Kunden zu beurteilen und darauf aufbauend das Serviceprogramm kundenorientiert statt unternehmensorientiert auszurichten. Hierbei lassen sich externe (z.B. Kundenbefragungen) und interne Instrumente (z.B. Mitarbeiterbefragungen) zur Erwartungsmessung einsetzen. In der **Qualitätslenkung** gilt es, Maßnahmen zur Erfüllung der Kundenanforderungen zu ergreifen. In dieser Phase werden vor allem mitarbeiterbezogene (z.B. Qualitätsschulungen), organisationsbezogene (z.B. Qualitätszirkel, Informations- und Kommunikationssysteme) sowie kulturbezogene Instrumente (z.B. Verbreitung einer Qualitätskultur im Unternehmen) genutzt. Die **Qualitätsprüfung** dient der Feststellung, inwiefern die Maßnahmen der Leistungserstellung den Kundenanforderungen gerecht wurden. Vergleichbar mit den Maßnahmen der Qualitätsplanung lassen sich auch hier interne (z.B. Mitarbeiterbeurteilung und -gespräche) und externe (z.B. Zufriedenheitsanalysen) Instrumente differenzieren. Schließlich ist es die Aufgabe der **Qualitätsmanagementdarlegung**, nach innen und außen Vertrauen in die Qualitätsfähigkeit des Anbieters zu schaffen, d.h. seine Fähigkeit, die Kundenanforderungen zu erfüllen. Auch in dieser Phase können interne (z.B. Qualitätsmanagementhandbuch) und externe Instrumente (z.B. Zertifizierung) unterschieden werden.

Abbildung 7 **Regelkreis des Qualitätsmanagements von Dienstleistungsunternehmen**

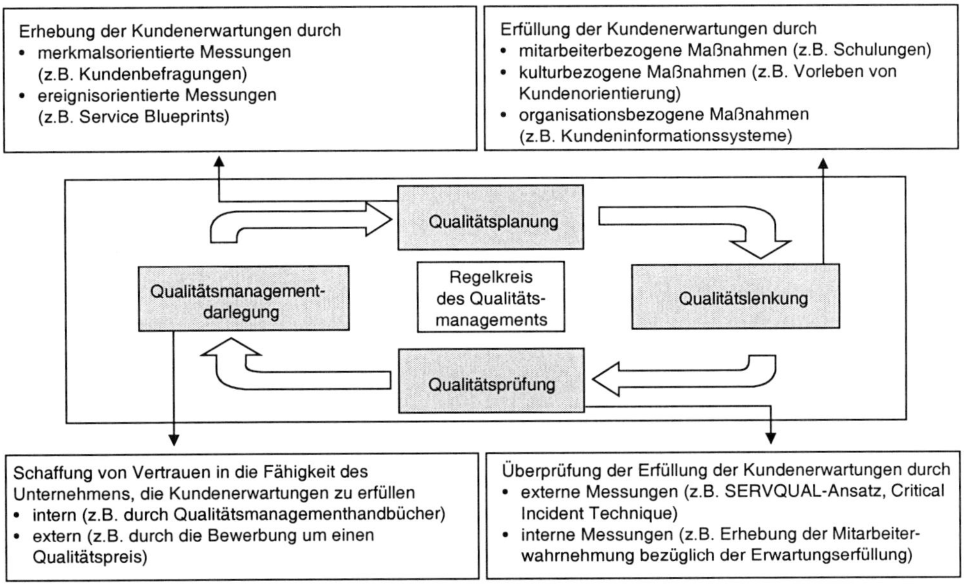

GABLER GRAFIK

Quelle: Bruhn 2001b, S. 176

Aufgrund der Maßnahmen zur **Reduktion von Implementierungslücken** sind Unternehmen in der Lage, die Diskrepanz zwischen den Erwartungen der Kunden und dem tatsächlichen Serviceangebot und somit die Zufriedenheitslücke zu reduzieren.

Dadurch gelingt es, die Kundenzufriedenheit zu erhöhen und die Wirkungskette wieder herzustellen. Dies hat wiederum zur Folge, dass Kundenbindung und Kundenwert gesteigert werden können. In zahlreichen Branchen konnte auf diese Weise eindrucksvoll der Nachweis einer Steigerung des ökonomischen Erfolgs erbracht werden.

Das Wissen über die Möglichkeit einer Schließung der Zufriedenheitslücke ist jedoch **kein Garant für eine erfolgreiche Umsetzung** der dargestellten Maßnahmen. Vielmehr ist eine Kultur notwendig, deren Inhalt es ist, Dienstleistungen kundenorientiert zu planen, zu erstellen und anzubieten. Falls solch eine **Dienstleistungskultur** noch nicht existiert, ist es sehr schwierig – selbst bei genauem Erkennen und Analysieren der Situation – Maßnahmen erfolgreich umzusetzen. Es ist daher geboten, proaktiv eine serviceorientierte Kultur aufzubauen. Dies muss sowohl Top-down als auch Bottom-up kommuniziert werden. Die Schaffung einer Kultur der Akzeptanz für das Anbieten exzellenter Dienstleistungen bei allen betroffenen Unternehmensmitgliedern ist somit ein entscheidender Erfolgsfaktor, der gerade im Wettbewerb hohes Differenzierungspotenzial besitzt.

Ebenso sind **intelligente Servicesysteme** zur Umsetzung exzellenter Dienstleistungen erforderlich. Diesen Systemen müssen leistungsfähige Informations- und Kommunikationstechnologien, die ein ausgeklügeltes Database Marketing sowie ein Zufriedenheitsmonitoring ermöglichen, zugrunde liegen. Es ist allerdings darauf zu achten, dass die implementierten Systeme nicht „over engineered" sind, sondern vielmehr dem Unternehmen als auch Kunden einen Mehrwert bieten. Erst solche funktionierenden Systeme gewährleisten, dass Dienstleistungen zur Zufriedenheit der Kunden beitragen.

Es bedarf aber auch **serviceorientierter Organisationsstrukturen**, um ein exzellentes Dienstleistungsmarketing sicherstellen zu können. Klassische Strukturen wie die rein funktionsorientierte Organisation sind veraltet und gerade im Dienstleistungsbereich prozessorientierten Unternehmensstrukturen unterlegen. Für eine einheitliche Koordination der Schnittstellen zum Kunden hat sich vielerorts die Einrichtung von Servicezentren bewährt. Darüber hinaus können durch den Abbau von Hierarchiestufen ein besserer Informationsfluss und damit eine effektive Koordination sichergestellt werden. Zudem kommt es zu einer Steigerung der Motivation des Kundenkontaktpersonals. Dieser Abbau von Hierarchien ist verbunden mit einer sinnvollen Delegation von Aufgaben an untere Hierarchiestufen. Hohe Delegationsgrade haben zwei zentrale Vorteile: eine effiziente Koordination von serviceorientierten Aufgaben und eine größtmögliche Markt- und Kundennähe.

7. Fazit

Der Marsch in die Dienstleistungsgesellschaft wird sich unvermindert fortsetzen und jenen Unternehmen Vorteile verschaffen, die dies als Chance begreifen. Für ein langfristig erfolgreiches Dienstleistungsmarketing sind vier **Elemente** von zentraler Bedeutung:

1. Der Nutzen der Dienstleistung für den Kunden ist zu erkennen.
2. Wege zur Bereitstellung dieses Kundennutzens in der Organisation sind aufzuzeigen.
3. Führungs- und Entwicklungslinien für das Unternehmen müssen richtungsweisend sein.
4. Das Zusammenspiel in der Organisation ist so zu steuern, dass der Kundennutzen erreicht und die Ziele der beteiligten Partner erfüllt werden.

Diese vier Elemente stellen sicher, dass die Kundenerwartungen mit Hilfe der 7 P's des Dienstleistungsmarketing erfüllt werden können und hierdurch Kundenzufriedenheit sichergestellt werden kann. Diese Kundenzufriedenheit führt zu höherer Kundenbindung und letztendlich zu dem gewünschten ökonomischen Erfolg.

Literatur

Albach, H. (1987), Innovationspolitik erfolgreicher Unternehmen, in: Zeitschrift für Betriebswirtschaft, 57. Jg., Nr. 7, S. 636-661.

Bailom, F./Hinterhuber, H.H./Matzler, K./Sauerwein, E. (1996), Das Kano-Modell der Kundenzufriedenheit, in: Marketing ZFP, 18. Jg., Nr. 2, S. 117-126.

Bruhn, M. (1998), Wirtschaftlichkeit des Qualitätsmanagements, Heidelberg.

Bruhn, M. (2001a), Relationship Marketing. Das Management von Kundenbeziehungen, München.

Bruhn, M. (2001b), Qualitätsmanagement für Dienstleistungen. Grundlagen, Konzepte, Methoden, 3. Aufl., Berlin u.a.

Bruhn, M./Murmann, B. (1998), Nationale Kundenbarometer. Messung von Qualität und Zufriedenheit. Methodenvergleich und Entwurf eines Schweizer Kundenbarometers, Basler Schriften zum Marketing, Band 1, Wiesbaden.

Buzzell, R.D./Gale, B.T. (1989), Das PIMS-Programm. Strategien und Unternehmenserfolg, Wiesbaden.

Fritz, W. (1990), Marketing – ein Schlüsselfaktor des Unternehmenserfolges?, in: Marketing ZFP, 18. Jg., Nr. 2, S. 91-110.

Fritz, W. (1995), Marketing-Management und Unternehmenserfolg: Grundlagen und Ergebnisse einer empirischen Untersuchung, 2. Aufl., Stuttgart.

Grund, M.A. (1998), Interaktionsbeziehungen im Dienstleistungsmarketing. Zusammenhänge zwischen Zufriedenheit und Bindung von Kunden und Mitarbeitern, Wiesbaden.

Grünig, R./Heckner, F./Zeus, A. (1996), Methoden zur Identifikation strategischer Erfolgsfaktoren, in: Die Unternehmung, Nr.1, S. 3-12.

Haist, F./Fromm, H. (1991), Qualität im Unternehmen. Prinzipien, Methoden, Techniken, 2. Aufl., München/Wien.

Heskett, J.L./Sasser, W.E./Schlesinger, L.A. (1997), The Service Profit Chain: How Leading Companies Link Profit and Growth to Loyality, Satisfaction, and Value, New York.

Jenner, T. (1999), Determinanten des Unternehmenserfolges, Stuttgart.

Kano, N. (1984), Attractive Quality and Must-be Quality, in: Hinshitsu: The Journal of the Japanese Society for Quality Control, S. 39-48.

Meffert, H. (1985), Zur Bedeutung von Konkurrenzstrategien im Marketing, in: Marketing ZFP, Nr. 1, S. 13-19.

Meffert, H. (1999), Erfolgsfaktorenforschung im Marketing. Auf der Suche nach dem „Stein der Weisen", Unterlagen zum 5. Münsteraner Marketing-Symposium, S. 1-13.

Meffert, H./Bruhn, M. (2000), Dienstleistungsmarketing. Grundlagen, Konzepte, Methoden, 3. Aufl., Wiesbaden.

Parasuraman, A./Zeithaml, V.A./Berry, L.L. (1985), A Conceptual Model of Service Quality and Its Implications for Future Research, in: Journal of Marketing, Vol. 49, No. 1, S. 41-50.

Parasuraman, A./Zeithaml, V.A./Berry, L.L. (1988), SERVQUAL. A Multiple Item Scale for Measuring Consumer Perceptions of Service Quality, in: Journal of Retailing, Vol. 64, No. 1, S. 12-40.

Perrey, J. (1998), Nutzenorientierte Marktsegmentierung – Ein integrativer Ansatz zum Zielgruppenmarketing im Verkehrsdienstleistungsbereich, Wiesbaden.

Peters, T./Waterman, R.H. (1982), In Search of Excellence. Lessons to learn from America's Best Run Companies, New York.

Reichheld, F.F./Sasser, W.E. (1991), Zero Migration. Dienstleister im Sog der Qualitätsrevolution, in: Harvard Manager, 13. Jg., Nr. 4, S. 108–116.

Scholz, C. (1986), Strategisches Management – Auf zu neuen Unfern, in: Die Betriebswirtschaft, 6. Jg., S. 625-637.

Simon, H. (1987), Schwächen bei der Umsetzung strategischer Wettbewerbsvorteile, in: Dichtl, E./Gerke, W./Kieser, A. (Hrsg.), Innovation und Wettbewerbsfähigkeit, Wiesbaden, S. 367-376.

Simon, H. (1988), Management strategischer Wettbewerbsvorteile, in: Zeitschrift für Betriebswirtschaft, 58. Jg., Nr. 4, S. 461-480.

Simon, H. (Hrsg.) (1993), Industrielle Dienstleistungen, Stuttgart.

Statistisches Bundesamt (2002), http://www.destatis.de/basis/d/vgr/vgrtab3.htm (Zugriff: 2.5.2002).

Stauss, B. (2000), „Augenblicke der Wahrheit" in der Dienstleistungserstellung. Ihre Relevanz und ihre Messung mit Hilfe der Kontaktpunkt-Analyse, in: Bruhn, M./Stauss, B. (Hrsg.), Dienstleistungsqualität. Konzepte, Methoden, Erfahrungen, 3. Aufl., Wiesbaden, S. 321–340.

Tomczak, T./Reinecke, S. (1998): Best Practice in Marketing - Erfolgsbeispiele zu den vier Kernaufgaben im Marketing, Wien.

Wiedmann, K.-P. (1985), Entwicklungsperspektiven der strategischen Unternehmensführung und des strategischen Marketing, in: Marketing ZFP, 7. Jg., Nr. 3, S. 149-160.

Zeithaml, V.A./Parasuraman, A./Berry, L.L. (1992), Qualitätsservice. Was Ihre Kunden erwarten – was Sie leisten müssen, Frankfurt am Main.

2 Management der Servicequalität im Communication Center der Advance Bank

Kirsten Schrick, Michael Walterspiel
und Bernhard Weinlich

1. Herausforderung „Service" im Markt für Direktbanken

Der Bankenmarkt befindet sich in einem tiefgreifenden Umbruch. Global Player suchen nach neuer strategischer Ausrichtung, sei es als Multikanalanbieter und/oder als Spezialist für definierte Kundensegmente oder Geschäftssparten. Zudem stehen die derzeitigen Veränderungsprozesse unter einem enormen Kostendruck, da die wirtschaftliche Entwicklung an sich und in diesem Zusammenhang auch die Börsensituation die Erträge der Banken deutlichst reduziert haben.

Gerade die **Direktbanken** befinden sich in einer starken **Wandlungsphase**. Im Jahr 1999 und 2000 stieg die Zahl der Direktbank-Kunden in Deutschland im Rahmen des Börsenbooms noch um 50 Prozent an. Die Direktbanken haben damit nachweisbar Marktanteile gewonnen, wenn auch ihre absoluten Anteile noch nicht signifikant sind.

Die **Advance Bank** ist im März 1996 als hundertprozentige Tochter der Bayerischen Vereinsbank mit folgender strategischer Ausrichtung an den Markt gegangen:

- Kompetente, objektive Vermögensberatung am Telefon,
- Individuelle Betreuung der Kunden,
- Service- und Qualitätsführerschaft.

Zum 1. Januar 1998 wurde die Advance Bank ein hundertprozentiges Unternehmen der Dresdner Bank-Gruppe.

Gerade in Zeiten der Börsenflaute ab dem Jahr 2001 hat sich die Ausrichtung der Advance Bank bewährt. Im Vergleich zum Mitbewerb konnte die Advance Bank ihr Wachstum fortsetzen. Zum Jahresende 2001 betreute die Advance Bank über 285.000 Privatkunden, was einer Steigerung von 90 Prozent in den vergangenen beiden Jahren 2000 und 2001 entspricht. Das Depotvolumen hat sich in den beiden vergangenen Jahren nahezu verdoppelt, das gesamte Wertevolumen insgesamt belief sich per Ultimo 2001 auf 4,1 Mrd. €.

Aufgrund der Fusion von dem Versicherungskonzern Allianz und der Dresdner Bank gehört die Advance Bank im Sommer 2002 der Allianz Group an. Hier bildet die Advance Bank gemeinsam mit ihrem Schwesterunternehmen – der Advance Finanzplanung AG – die dritte Vertriebssäule im Privatkundengeschäft der Allianz Gruppe, dargestellt in Abbildung 1, neben dem Bankvertrieb (Dresdner Bank) und den klassischen Agenturen. Damit ist die Advance Bank ein wesentlicher Bestandteil in dem neuen Multikanalkonzept der Advance Gruppe.

Multikanal heißt hier, den individuellen Bedürfnissen des Kunden noch besser zu entsprechen. Neben den bereits vorhanden Vertriebskanälen Internet und Telefon kann der Kunde auch die Kompetenzen eines persönlichen Beraters im Face-to-Face-Kontakt nutzen. Der Kunde bestimmt seinen persönlichen Kanalmix bei vollständiger Transparenz von Information, Transaktion und Service (vgl. Abbildung 2).

Abbildung 1 **Die Advance Gruppe als dritte Säule im Privatkundenvertrieb der Allianz Gruppe**

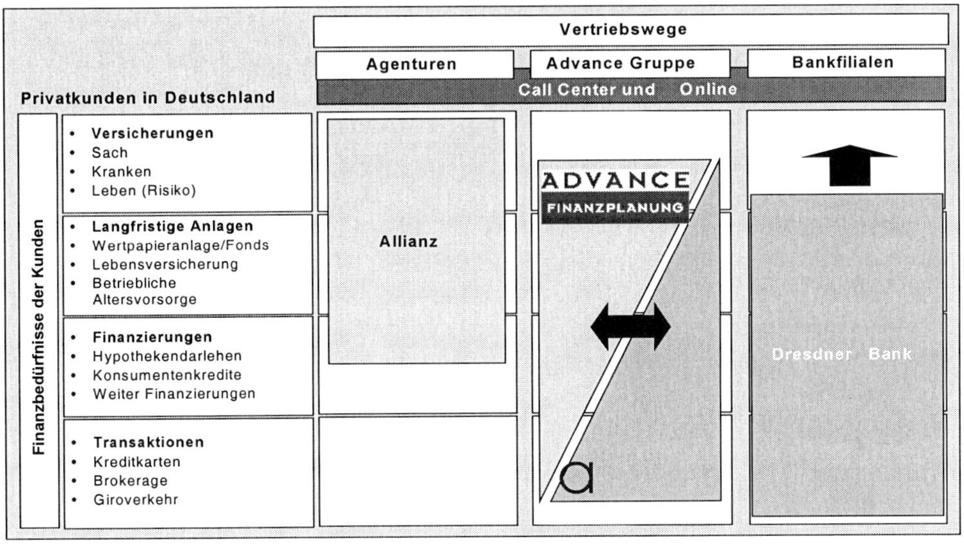

GABLER GRAFIK

Abbildung 2 **Der Multikanalansatz der Advance Gruppe**

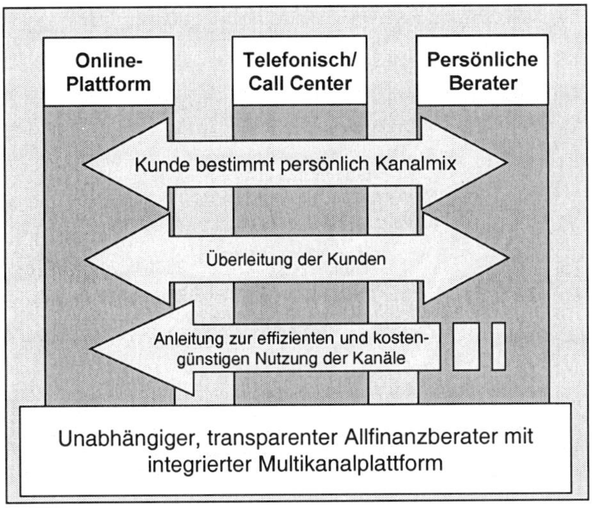

GABLER GRAFIK

2. Unternehmensphilosophie der Advance Bank

2.1 Unternehmenswerte

Als das Gründungsteam der Advance Bank, bestehend aus Vorstand und Führungskräften, 1995 mit dem Aufbau begann, war klar, dass sich die neue Direktbank von den Wettbewerbern durch innovative Produkte, objektive und unabhängige Beratung am Telefon sowie umfassende Kunden- und Serviceorientierung unterscheiden sollte. Erklärtes Ziel der zu gründenden Bank war die **Qualitätsführerschaft** in Deutschland. Man war sich einig, nicht nur die hochtechnische Plattform, sondern vor allem die Menschen der neuen Bank würden das Unternehmen seinen Zielen näher bringen. Im Mittelpunkt standen die Überlegungen eines rasanten Mitarbeiteraufbaues (am Start 1995 waren es 17 Kollegen, im Frühjahr 2002 sind es über 600 Kollegen) – die neue Company würde von ihren Mitarbeitern ein hohes Maß an Offenheit, Flexibilität und Integrationskraft fordern. Um diesen Herausforderungen gerecht zu werden, waren **Mitarbeiter** notwendig, die

- begeistert und motiviert sind,
- über eine hohe kommunikative, soziale Kompetenz/Empathie und
- Lernfähigkeit verfügen,
- Neugierde auf Kunden besitzen,
- über eine hohe Integrationsfähigkeit verfügen,
- die Servicekultur intern leben und
- somit den externen Kunden von der Bank überzeugen können (Dollinger 1999, S. 201).

Noch bevor der erste Kunde gewonnen war, begannen Vorstände und Führungskräfte an der Unternehmenskultur zu arbeiten. Im Focus stand der zukünftige Bankkunde und seine Bedürfnisse. Die Ergebnisse der Diskussionen waren die Grundlage für die Definition der Markenpersönlichkeit und definierten ebenso den Werterahmen für die Entwicklung der Unternehmenskultur.

In mehreren Workshops erarbeiteten die Führungskräfte die Leitlinien der Zusammenarbeit, die unter dem Begriff **„Permanent Principles“** in die Bank eingeführt wurden. Das Besondere an den Permanent Principles ist, dass sie keine Werbeagentur und kein Texter mitformuliert hat. Sie mögen daher für manchen externen Betrachter holprig oder nicht trennscharf genug erscheinen, durch die gemeinsame Arbeit wurde aber eine hohe Identifikation erzielt.

Seit Bestehen der Bank wurden die Permanent Principles im Rahmen der Weiterentwicklung der Advance Bank zu einer Multikanalanlagebank einer Überprüfung unterzogen, bei der die Mitarbeiter und der Betriebsrat aktiv miteinbezogen wurden. Die sieben Permanent Principles der Advance Bank bestehen aus einer Überschrift und konkreten Spielregeln, die einen handlungsauslösenden Charakter besitzen. Somit sind sie konkret, unverwechselbar, verhaltensorientiert formuliert und gelten für alle Unternehmensmitglieder. Sie sind für jeden überprüfbar und einklagbar.

Permanent Principles existieren zu den **Themen**:

- Selbstverantwortung,
- Teamfähigkeit,
- Offenheit,
- Veränderungswille,
- Serviceorientierung,
- Ergebnisorientierung und
- Führen.

Das Zusammenspiel von Permanent Principles und den Spielregeln sei hier am Beispiel Offenheit demonstriert:

Offenheit:

Dem internen und externen Kunden mit einer positiven Haltung begegnen.

Ich spreche Unklarheiten/Dissens offen an.

Ich beziehe Stellung.

Ich trete anderen mit Wertschätzung gegenüber und respektiere sie.

Ich suche aktiv nach Lösungen und nicht nach Schuldigen.

Ich verhalte mich gegenüber meinen Kollegen fair und handle aufrichtig.

Ich vertraue anderen und andere können mir vertrauen.

Ich darf mir Fehler leisten – möglichst denselben nur einmal.

Verschiedene **Instrumente** haben die Permanent Principles im Unternehmen verankert. Bereits am „1. Tag für neue Mitarbeiter“ stellt der Vorstand die Unternehmensphilosophie und die Permanent Principles vor, jeder Mitarbeiter erhält sie als gedrucktes Booklet. Beim **Mitarbeitergespräch**, das zweimal jährlich zwischen

Führungskraft und Mitarbeiter durchgeführt wird, vereinbart jeder Mitarbeiter neben den arbeitsspezifischen auch verhaltensorientierte Ziele, die sich aus den Unternehmensgrundsätzen ableiten. Er hat die Möglichkeit, jeweils für ein halbes Jahr intensiv mit einer Spielregel zu arbeiten, die sein tägliches Handeln beeinflusst. Ebenso gibt es mehrere, im Unternehmen aufgehängte Schiefertafeln (**Principle Boards**), auf denen die Mitarbeiter ihre Überlegungen und Assoziationen zu einer alle vier Wochen wechselnden Spielregel festhalten können. Die Unternehmensleitung reflektiert die Inhalte regelmäßig und initiiert weiterführende Diskussionen und Maßnahmen.

Alle Maßnahmen zielen auf eine intensive Auseinandersetzung der Mitarbeiter mit den Permanent Principles im Arbeitsalltag, im Umgang mit dem internen und externen Kunden. Denn am Anfang steht der Kunde und sein Nutzen, er ist das Maß und der Prüfstand aller internen Aktivitäten. Maßnahmen, die nicht auf das Konto messbarer Kundenzufriedenheit einzahlen, sind verfehlt.

2.2 Strategische Grundsätze der Advance Bank

Im Rahmen der strategischen Weiterentwicklung der Advance Bank hat die Unternehmensleitung – Vorstand und Leiterebene – ebenfalls in einem Workshop ein **Mission Statement** erarbeitet. Das Mission Statement ist die komprimierte Beschreibung des Auftrages der Advance Bank und erklärt in prägnanter Form, was die Advance Bank als Unternehmen erreichen will:

> „Wir wollen der führende Finanzberater in Deutschland sein, der Maßstäbe in der Branche setzt – eben das Unternehmen, das den Menschen als Erstes einfällt, die mehr aus ihrem Geld machen wollen."

Ergänzt wird das Mission Statement um **Erfolgsfaktoren**, welche die wichtigsten Rahmenbedingungen beschreiben, die sichergestellt werden müssen, damit die Advance Bank als Unternehmen erfolgreich ist. Diese Commitments konkretisieren die Verpflichtung aller Mitarbeiter, auf dem Weg zur Erreichung des Unternehmensauftrags (vgl. Abbildung 3).

2.3 Qualitätsorientierte Strategieausrichtung

Für die Advance Bank als junges Unternehmen ist die **Neukundengewinnung** naturgemäß von herausragender Bedeutung. Die Expansion der Advance Bank wird zügig vorangetrieben. Im Jahr 2002 soll die Kundenzahl die Marke von 320.000 überschreiten. Die Interessenten werden mit einer einheitlichen und integrierten Kommunikationsstrategie und mittels diverser Kommunikationsmittel (inklusive neuer Medien) angesprochen.

Abbildung 3 **Module der Unternehmensphilosophie**

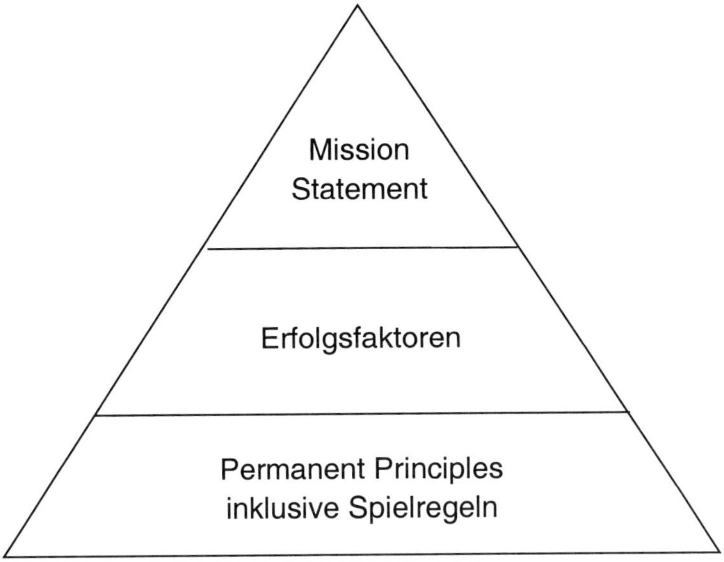

GABLER GRAFIK

Der Schwerpunkt liegt aber gleichermaßen auch auf einer **langfristigen Kundenbindung**. Mit der intensiven und langen Produktnutzung sowie der hohen Weiterempfehlungsbereitschaft lassen sich erst im Zeitablauf Kostensenkungspotenziale und Ertragssteigerungen realisieren. Eine Voraussetzung für die Kundenbindung ist die Kundenzufriedenheit. Diese ist das Ergebnis eines permanenten Vergleichsprozesses der Erwartungen eines Kunden mit seinen tatsächlichen Erfahrungen mit der Bank (Stauss/Seidel 1998, S. 37ff.). Um diese **Kundenzufriedenheit permanent sicher zu stellen**, wird die vom Kunden wahrgenommene Servicequalität kontinuierlich gemessen. Im Sinne eines ständigen Optimierungs- und Verbesserungsprozesses werden die Ergebnisse zur Kundenzufriedenheit analysiert und daraus Maßnahmen abgeleitet. Diese Ergebnisse und Maßnahmen werden in die Bank zurückgespiegelt, damit sie die notwendigen Veränderungen oder Anpassungen im Produkt- und Leistungsangebot vornehmen kann.

Zur Sicherung dieser konsequenten Kundenorientierung und Ausrichtung auf den Kunden hat die Advance Bank den Bereich **Servicemanagement** gegründet. Dieser Bereich bündelt alle wichtigen Instrumente zur Sicherstellung und Verfolgung sowohl interner, für den Mitarbeiter erlebbarer, als auch externer, für den Kunden wahrnehmbarer, Servicequalität. Der Bereich Servicemanagement versteht sich als Dienstleister für alle Bereiche der Advance Bank. Interne Hauptkunden sind die Call-Center-Einheiten, die für die konsequente Ausrichtung auf Kundenbedürfnisse und erfolgreiches Beziehungsmanagement zum Kunden in erster Linie verantwortlich sind. Dabei setzt Servicemanagement für das Call Center nicht nur Arbeits- und Optimierungsimpulse, sondern verfolgt moderierend den Verbesserungsprozess bis zum festgesetzten Ziel.

2.4 Vom Call Center zum Communication Center

Durch die starke Konzentration im deutschen Bankenmarkt ergibt sich eine hohe Wettbewerbsintensität zwischen den Banken. Hohe Akquisitionskosten (cost per order) pro Kunde stellen die Akquisitionskraft als auch die Bindungsfähigkeit des Beratungs-Call-Centers bei jedem Anruf auf die Probe. **Ziel des Call Centers** der Advance Bank ist deshalb nicht nur die effiziente Akquisition der Kunden, sondern auch die Verpflichtung, den Kunden bei der Bank zu halten und ihm im Laufe der Kundenbeziehung immer wieder als Partner für neue Produkte zur Verfügung zu stehen. Beide Prozesse sind sehr arbeitsteilig organisiert und müssen kosteneffizient bewältigt werden. Aus diesen Gründen sind die meisten Mitarbeiter im Call Center **Generalisten**, die Interessenten und Kunden an sieben Tagen die Woche beraten und betreuen. Eine feste Mitarbeiter-Kunden-Zuordnung besteht deshalb bei den Generalisten nicht. Dafür wird jedoch die Qualifikation der Mitarbeiter auf einem hohen und einheitlichen Niveau gehalten, um dem Kunden eine stets gleiche Kontaktgüte bieten zu können (vgl. Abbildung 4).

Nur das **Spezialisten-Call-Center** wie die Vermögensberatung hat eine Mitarbeiter-Kunden-Verantwortung, da die dort vertriebenen Produkte eine persönliche Beziehung sinnvoll machen und vom Kunden honoriert werden.

Der heutige Kunde einer Direktbank erwartet von seiner Bank aber noch mehr, nämlich dass sie nicht nur telefonisch erreichbar ist, sondern mit ihm auch über E-Mail, Fax, Internet, Handy, Brief usw. kommunizieren kann. Beispielsweise möchte der Kunde die Antwort auf einen Telefonanruf schriftlich, oder die hinterlassene Nachricht auf der Homepage soll die Bank veranlassen, sich bei ihm telefonisch zu melden. Dieser Anspruch stellt die Direktbanken vor die Herausforderung, unterschiedliche Kontaktmedien zu integrieren und gleichzeitig zu einheitlichen Aussagen zu kommen.

Abbildung 4 **Generalisten- und Spezialisten-Call-Center**

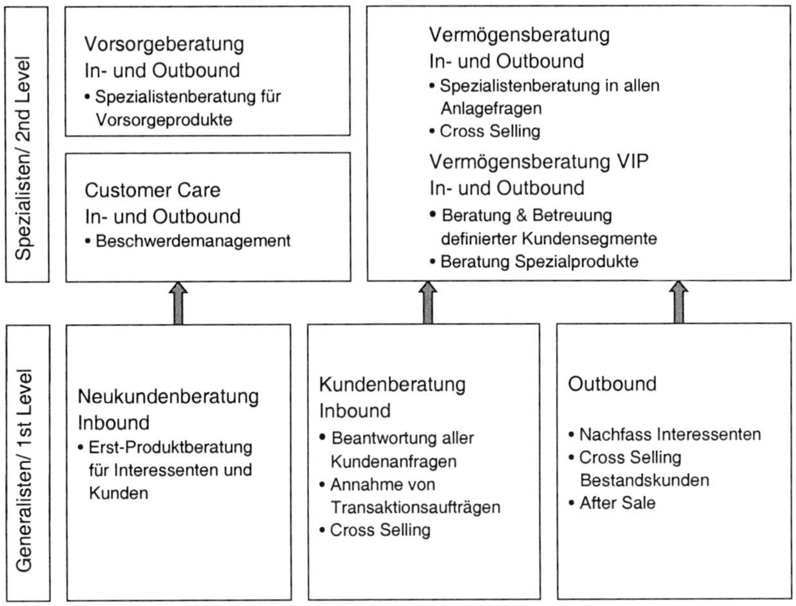

GABLER GRAFIK

Der Lösungsansatz für diese Fragestellung ist das **Communication Center**, in dem alle Kommunikationsströme aus den unterschiedlichen Medien zusammenlaufen und nach gleichen Standards bearbeitet werden. Der Medienmix im Communication Center und damit die Bedeutung von einzelnen Medien ist immer dem Bedarf des Kunden angepasst. Ein Online-Zugang hat sich zum Muss entwickelt, aber gemäß dem Gesetz der Medienkomplementarität wird er zwar an Stärke gewinnen und wahrscheinlich sogar dominant werden, aber er wird nicht die tradierten Medien verdrängen, sondern sie ergänzen. Das Call Center der Advance Bank hat sich dieser Herausforderung gestellt und bearbeitet als Communication Center Anfragen und Antworten auf den unterschiedlichsten Kanälen. Um eine gleichbleibende Qualität zu gewährleisten und einheitliche Aussagen gegenüber dem Kunden zu machen, wird die Kommunikation von den Mitarbeitern des Communication Centers wahrgenommen. Dadurch können zusätzlich auch die vorhandenen Mitarbeiterkapazitäten besser ausgelastet werden, indem z.B. Briefe oder E-Mails in anrufschwachen Zeiten beantwortet werden.

In welchem Umfeld agiert nun so ein Communication Center? Auf welche Marktteilnehmer und Erwartungen trifft und reagiert es? Und was bedeuten diese Rahmenbedingungen für die Erstellung und Pflege der Servicequalität?

Das heutige **Wettbewerbsumfeld** wird dominiert durch den Begriff Online Banking, also die Verlagerung der Geschäftstätigkeit auf das Internet, da dieses Akquisitionen und Transaktionen zu einem Bruchteil der bisherigen Kosten zulässt. Allein der Kundenkontakt in der Bank via Internet beansprucht nur ein Zehntel der finanziellen Ressourcen gegenüber einem telefonischen Kontakt und dieser kostet bereits nur noch ein Viertel eines gewöhnlichen Filialkontaktes, d.h., der Internet-Kontakt ist vierzigmal billiger als der Kontakt über die Filiale.

Aber es sind nicht die transaktionsorientierten Kosten allein, die die Öffnung der Unternehmen und Call Center zum E-Commerce erzwingen, sondern ein Bündel von derzeit wirksamen Faktoren verlangt ebenfalls nach einer Integration:

Globalisierung

- Margendruck durch erweiterte Ressourcenallokation,
- Neue Wettbewerber auf neuen (Europa) und alten Märkten,
- Internet wird innerhalb der nächsten 5 Jahren zur dominierenden WP-Plattform,
- Trend zum hybriden Kunden,
- Hohe Bereitschaft zur Selbstbedienung,
- Beratung zu Discountpreisen (neben Heavy Tradern und Deep Discountern gewinnt das Midtier-Segment an Bedeutung).

Informatisierung

- Wissen des Kunden ist mindestens ebenbürtig mit dem des Beraters,
- Anbieter sind gezwungen die Spezialisierung zu Lasten der klassischen Vollbank voranzutreiben,
- Netzwerk,
- Bislang akzeptierte Know-how-Träger werden durch neue ergänzt/ersetzt (Banken vs. Telcos) und verlieren ihre Dominanz,
- Kunden organisieren und verbünden sich untereinander (Online Communities, usw.).

Mobilität

- M-Commerce ergänzt den E-Commerce um die Komponenten,
- Anywhere,
- Anytime,
- Aber nicht Anybody, d.h. die M-Commerce inkludiert eine wesentliche Sicherheitskomponente.

Security

- Digitale Signaturen und sichere Transaktionwege steigern die Akzeptanz.

Wettbewerb um Konsumentenzeit

- Bis zum Jahr 2005 wird die gesamte Mediennutzung nur leicht zunehmen. Allerdings verdoppelt sich der Anteil der Online-Nutzung, zu Lasten der bisherigen Medien (Trappel/Schrappe 2000).

Content-Orientierung

- Die bislang Entertainment-orientierte Nutzung der Medien fokussiert sich auf redaktionell betreute, Content-orientierte Medien. Insbesondere das Internet gewinnt dadurch weiter an Mehrwertpotenzial.

Verkürzung der Wertschöpfungskette

- Schaffung neuer Märkte durch elektronische Kanäle (z.B. Börsen wie www.holzboerse.de) für Märkte, die vorher nicht transparent waren,
- Eliminierung von Zwischenhändlern.

Diese Faktoren (auch Attraktoren genannt) kumulieren ihre Wirkung und verändern die Banking-Landschaft. Der Verbraucher wird souveräner, anspruchsvoller und erwartet souveräne Lieferanten.

Den E-Commerce-Ansatz konsequent zu Ende gedacht, würde er letztendlich in der Aufgabe der persönlichen Beratung münden. Telefongespräche im Communication Center würde es nicht mehr geben, E-Mail-Beantwortung, gemeinsames Navigieren von Berater und Kunde im Netz und Chat würden von Software-Robotern übernommen werden, die auf Regeln der künstlichen Intelligenz basieren.

Realistisch ist diese Option nicht, da die Variationen der menschlichen Kommunikation eine reine Mensch-Maschine-Kommunikation in allen Fragen nicht glaubhaft macht. Wahrscheinlich ist vielmehr eine Koexistenz zwischen beiden. Das Internet, oder überhaupt die elektronischen Kanäle insgesamt, werden den Berater im Communication Center von Routinetätigkeiten befreien und dem Kunden eine reichhaltige Möglichkeit der Vorinformation bieten. Wo allerdings der Standard endet, auch wenn die Seite personalisiert, vertikal oder horizontal portalisiert ist, und das weite Spektrum der offenen Fragen beginnt, tritt der Berater als Navigator auf, nimmt den Online-Kunden „an die Hand“ und erarbeitet mit ihm gemeinsam eine Problemlösung.

Also: Internet und Communication Center sind keine Kontrahenten, sondern aufeinander angewiesen bei der Erstellung von Mehrwerten und durchgängigen Wertschöpfungsketten für den Online-Kunden!

3. Management der Servicequalität im Communication Center

Viele Call Center sind klassisch als Serviceanbieter mit Transaktionsauftrag positioniert; sei es als Help Desk oder Hotline in der IT-Branche, sei es als Auskunft oder als schneller und immer erreichbarer Partner bei Bestellungen. Das Management von Servicekennzahlen konzentrierte sich deswegen bislang auf einen der wichtigsten Investitionsgründe für ein Call Center: die günstige und hohe Erreichbarkeit. Somit standen und stehen alle Messgrößen, die eine Telefonanlage (gemeinsam mit der ACD) liefert, im Mittelpunkt der Handlungsrelevanz: Gesprächs- und Nachbearbeitungszeiten, Servicelevel, Annahmequote, Lost Calls usw. waren die entscheidenden Stellgrößen. Dabei stellt die Erreichbarkeit eine notwendige Qualität dar, die vom Endkunden aufgrund des Mediums Telefon vorausgesetzt wird. Aber welche Erwartungen hegt der Kunde sonst noch? Muss die Erreichbarkeit für jedes Call Center im Fokus stehen? Ist sie hinreichend für Kundenzufriedenheit?

Gerade im Zeitalter des **Customer Relationship Managements** gilt, dass der Endkunde nicht das unbekannte Wesen sein darf, seine Erwartungen müssen bekannt sein, damit der Service auf den Punkt genau und damit auch finanzierbar geleistet werden kann. Gerade für nicht selbstbetriebene Call Center oder große Telemarketing-Anbieter gilt es, doppelte Überzeugungsarbeit zu leisten: Als Dienstleister müssen sie zum einen ihren Kunden überzeugen, in Qualität zu investieren und zum anderen im eigenen Call Center ein auf unterschiedlichste Kundenprofile abgestimmtes Qualitätsmanagement aufbauen. Mit dem Schritt zum Communication Center steigt der Anspruch an die Beratungsqualität, Interaktionsfähigkeit und Medienkompetenz des Mitarbeiters. Der Mitarbeiter des Communication Centers als Navigator ist vielleicht nicht mehr der meistgenutzte Kontaktpunkt, als persönliche Nahtstelle in einer unübersichtlichen E-Commerce Welt bekommt er jedoch für den Kunden zentrale Bedeutung. Deshalb ist es eine Verpflichtung für das Communication Center, dem Kunden, Entscheidungshilfen zu bieten. Das ist für den Kunden der zweiten Internet-Welle Service. Das freundliche Lächeln am Telefon, Zuverlässigkeit und Schnelligkeit sind zu selbstverständlichen Merkmalen geworden. Als herausragenden Service empfindet der Kunde Content, der vom Mitarbeiter interpretiert und bewertet wird und durch Navigationshilfe Orientierung schafft.

Zum konsequenten Arbeiten an der Servicequalität im Communication Center gehört neben der kundenorientierten Planung und Umsetzung ebenfalls die Kontrolle der erreichten Leistung (vgl. Abbildung 5). Um Kundenzufriedenheit permanent sicherzustellen, muss das Management des Communication Centers kontinuierlich die vom Kunden wahrgenommene Servicequalität messen. Im Sinne eines **ständigen Optimierungs- und Verbesserungsprozesses** werden dabei die Ergebnisse zur Kundenzufriedenheit analysiert und Maßnahmen abgeleitet. Ergebnisse und Maßnahmen werden in das Communication Center zurückgespiegelt, um gegebenenfalls Veränderungen oder Anpassungen im Leistungsangebot vorzunehmen.

Abbildung 5 **Regelkreis zur Sicherstellung der Servicequalität**

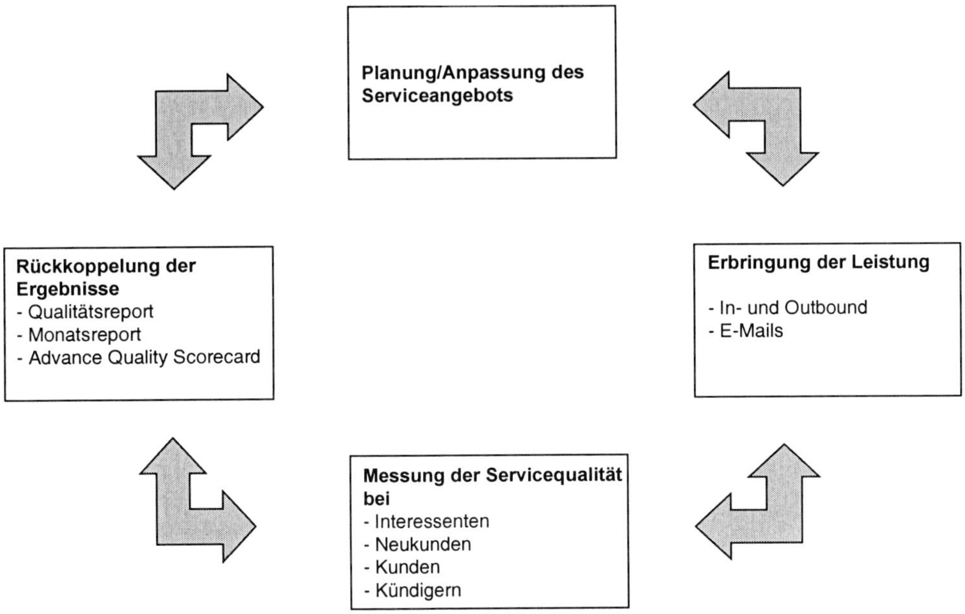

GABLER GRAFIK

Die nun folgenden Kapitel sollen konkrete Instrumente zur Messung von Servicequalität beschreiben, die Umsetzung der Qualitätsstrategie im Communication Center verdeutlichen, Hürden und Chancen auf dem Weg zu einem Qualitätsmanagement im Communication Center vorstellen.

3.1 Planung des Communication-Center-Serviceangebotes

Die Planung des Serviceangebots orientiert sich an der Positionierung des Unternehmens als Betreiber oder Auftraggeber des Communication Centers im Wettbewerbsumfeld und an den Erwartungen des Kunden. Neben der in Kapitel 2 erläuterten Unternehmenskultur existieren zwei weitere wichtige Felder für die Planung von Servicequalität in einem Communication Center:

- Technische Ausstattung,
- Erfolgsfaktor Mensch.

3.11 Technische Ausstattung

Neue Medien bilden die Grundlage für die erfolgreiche Service- und Beratungsqualität von Communication Centern. Eckpfeiler sind die **problemlose und schnelle Abwicklung** von standardisierten Vorgängen durch zuverlässige, kostengünstige und für den Kunden leicht verfügbare Technik. Zudem muss sich die Technik schnell auf geänderte Kundenbedürfnisse und Gewohnheiten anpassen lassen.

Die persönliche Kommunikation durch das Communication Center kann neben neuen Selbstbedienungsmedien wie dem Internet das zentrale Rückgrat der Kundenkommunikation sein. Deshalb muss der Mitarbeiter im Rahmen eines Customer Relationship Management-Systems auf ein **Front-End-System** zurückgreifen, das transparent alle kundenrelevanten Informationen über alle Vertriebskanäle beinhaltet und somit für jeden Mitarbeiter eine sofortige persönliche Ansprache des Anrufers möglich macht. Alle unternehmensbezogenen Daten, wie abgeschlossene Produkte, Bestellungen, sonstige Dienstleistungen oder historische Kontakte mit dem Communication Center inklusive Internet Transaktionen sollten für den Berater auf Einzelinformationsebene strukturiert oder in aggregierter Form zur Verfügung stehen können. Darüber hinaus erweitern die im Beratungs- oder Verkaufsgespräch gewonnenen personenbezogene Merkmale wie Lifestyle oder Referenzen das **Datawarehouse** des Database Marketing. Diese Informationen werden zur individuellen Ansprache – sowohl telefonisch als auch schriftlich – des Endkunden genutzt (One-to-One-Marketing). Zusätzlich sollte die Technik neben dem reibungslosen Abarbeiten von Standardfällen auch vom Standard abweichende Geschäftsvorfälle über **Workflow-Systeme** zur manuellen Nachbearbeitung an eventuell nachgelagerte Back-Office-Bereiche weitergeben können.

3.12 Erfolgsfaktor Mensch

Neben der Beurteilung des Communication-Center-Erfolgs durch den erreichten Technikstandard und die numerische Performance setzt sich in der Branche die Kenntnis durch, dass die Technik und deren Benutzung ein notwendiges Instrument ist, die Uniqueness der einzelnen Communication Center/Anbieter und die Erfüllung der Servicequalität aber wesentlich vom Menschen abhängt. Der Mensch ist derjenige, der die Balance zwischen High Tech und High Touch immer wieder herstellen kann – in seiner letzten Publikation hat der Zukunftsforscher John Naisbitt (1999) die Suche nach diesem Gleichgewicht treffend pointiert.

Es klingt einfach: Ohne Mitarbeiterzufriedenheit keine Kundenzufriedenheit! Es ist nur kurios, dass die notwendigen Investitionen in die Ressource Mitarbeiter als „Mensch“ als überflüssige Kosten abgeschmettert oder eingespart werden. Meyer und Dornach (1998) gehen präzise auf die Wechselwirkung von **Mitarbeiterorientierung, Kundenzufriedenheit und Unternehmenserfolg** ein. Der Communication

Center Mitarbeiter steht im persönlichen Kontakt mit dem Kunden, er muss das Leistungsangebot, den Anspruch und das Image eines Unternehmen/Auftraggebers glaubhaft nach außen repräsentieren. Und dieser Anspruch potenziert sich in der Welt vielfältigster elektronischer Vertriebswege, die der Mitarbeiter im Communication Center souverän dirigieren muss. Der Mitarbeiter steht an vorderster Front nicht nur für die Leistungsbereitschaft des Unternehmens, sondern auch für den Kundennutzen gerade. Das kann er nur erfolgreich tun, wenn das Unternehmen bzw. der Auftraggeber gleichermaßen in die Leistungsbereitschaft des Mitarbeiters investieren.

Auch beim Mitarbeiter des Communication Center muss das Management den Quantensprung vom zufriedenen zum begeisterten Mitarbeiter schaffen. Denn nur **überzeugte Mitarbeiter**

- identifizieren sich mit dem Unternehmen und seinen Leistungen,
- wollen und können eine Beziehung zum Kunden aufbauen,
- werden durch diese Beziehungsfähigkeit die erfolgreicheren Verkäufer sein,
- werden dem Unternehmen treu bleiben,
- und durch eigene Loyalität die Bindung der Kunden erhöhen,
- werden als Ohr am Kunden bereit sein, für das Unternehmen kostenlose Marktforschung zu betreiben,
- werden versuchen, abwanderungsgefährdete Kunden zu halten.

Die Planung von Servicequalität setzt beim Mitarbeiter an. Wichtige **Schritte** auf diesem Weg seien an dieser Stelle nur stichpunktartig genannt:

- Rekrutierung servicebereiter und -fähiger Mitarbeiter,
- Einarbeitung und Weiterbildung, die den Anforderungen der schnellen Welt des E-Commerce gerecht wird,
- Faire Bezahlung, angemessene Weiterentwicklung,
- Führung, die Rahmenbedingungen für Motivation bereitstellt,
- Leistungsstarkes und motivierendes Arbeitsumfeld.

3.2 Erbringung der Leistung

In der täglichen Kundenbeziehung treffen Mitarbeiter des Communication Centers und Kunde aufeinander und bestimmen durch ihre Interaktion die Qualität und das Ergebnis des Kontaktes (Meyer 1994, S. 89ff.). Erste Voraussetzung dazu ist die **Erreichbarkeit der Mitarbeiter**. Diese Minimalqualität für den Kunden stellt für das Communication Center, das bis zu 365 Tagen im Jahr und täglich bis zu 24

Stunden verfügbar ist, vor eine größere Planungsaufgabe, die komplexe Communication Center mit mehren Kunden- oder Qualifikationsprofilen nur dank einer kundenorientierten Kapazitätsplanung bewältigen können. Zweite Voraussetzung ist, dass der erreichte Mitarbeiter schnell auf alle **kundenrelevanten Informationen** zugreifen kann, d.h. die angeschlossenen Fachabteilungen müssen genau das für den Kontakt relevante Wissen zur Verfügung stellen. Dritte Voraussetzung: Bei der Erbringung der Serviceleistung muss man mit Qualitätsschwankungen rechnen, da die Erbringer, die Mitarbeiter, unterschiedliche Voraussetzungen und wechselnde Tagesform besitzen. Ziel eines jeden serviceorientierten Communication Centers aber muss es sein, trotzdem durch **einheitliche Beratungs- und Verkaufsphilosophie** den Anspruch „One Face to the Customer“ zu gewährleisten.

3.21 Kapazitätsplanung

Zur Erfüllung der Vertriebs- und Serviceziele und selbstverständlich auch zur Befriedigung der beim Kunden vorliegenden Aufträge ist es sehr wichtig, dass ein Communication Center zu der vom Interessenten oder Kunden gewünschten Zeit erreichbar ist. Die Erfüllung dieses Ziels ist vergleichbar mit dem Austarieren einer Waage: in der einen Waagschale liegt das nachgefragte Arbeitsvolumen, das sich aus dem Produkt der Bearbeitungszeiten und der Anzahl der Anrufe zusammensetzt, und in der anderen Waagschale stehen die Mitarbeiter im Communication Center, die das angebotene Arbeitsvolumen bearbeiten.

Um nun die Waage auszugleichen, können sich Communication Center einer zentralen Kapazitätsplanung bedienen, deren Hauptaufgabe es ist, die Waagschale auszutarieren, also das nachgefragte Arbeitsvolumen (Anrufe und Durchlaufzeit) abzuschätzen und dementsprechend die Call-Center-Mitarbeiter, zeitlich gestaffelt, zur Beantwortung der Anrufe einzuplanen.

3.22 Informations- und Wissensmanagement im Call Center

Communication Center, insbesondere die großen Telemarketinganbieter, bei denen ein Mitarbeiter für zehn und mehr Kundenprofile arbeitet, stellen ganz spezifische Anforderungen an das Informations- und Wissensmanagement.

Diese **Anforderungen** können sein:

- Schneller Zugriff auf Information,
- Einfache Handhabung, bzw. leichtes Auffinden der gewünschten Information,
- Zuverlässigkeit und Aktualität der Information,
- Einheitlichkeit der Informationsverbreitung,

- Nachvollziehbarkeit und Verständlichkeit der Information.

Ziel ist es, schnell verfügbare Information in Wissen und damit in Know-how verstanden als kompetente und schnelle Information oder Beratung für den Kunden umzuwandeln. Wichtiger als technische Medien wie Datenbanken selbst ist jedoch die Qualitätssicherung des Informationsmanagements. Dabei sollte im Mittelpunkt stehen, wie Informationen so aufbereitet, dargestellt und vermittelt werden können, dass sich die vom Kunden wahrgenommene Informations- und Beratungsqualität erhöht. Aber auch der Mitarbeiter hat eine Informationspflicht. So sollte in jeder Kapazitätsplanung eine ausreichende Informationszeit vor Schichtantritt berücksichtigt werden (Rüstzeit). Die Führungskräfte im Communication Center unterstützen den Mitarbeiter nach der Informationserfassung bei den Schritten Verstehen und Umsetzen. Mit diesem Support wandelt sich die bloße Information in verwertbaren Beratungsnutzen für den Kunden um. Informations- und Wissensmanagement ist für die Qualität der Leistungserbringung unerlässlich und verursacht nicht nur die Kosten zum Aufbau einer technischen Plattform. Wesentlich aufwändiger ist die Bereitstellung von Ressourcen zur Pflege der Informationsqualität sowie die Rüstzeit, die dem Communication-Center-Mitarbeiter täglich zur Verfügung gestellt werden muss.

3.23 Erfolgreiches Vernetzen: Nahtstellen-Management

Das Informations- und Wissensmanagement sollte in einem Communication Center durch ein so genanntes „Nahtstellenmanagement“ ergänzt werden. Hinter diesem Begriff verbirgt sich ein **intensiver und kanalisierter Informationsaustausch** zwischen dem Communication Center und ihm nahestehenden Fachbereichen/ Leistungszentren wie Marketing, Produktmanagement, Abwicklung, IT usw. Bei nicht selbstbetriebenen Communication Centern oder Telemarketing-Anbietern übernimmt diese Aufgabe meist der Key Account Manager.

Die **Aufgabe** des jeweils verantwortlichen Nahtstellenmanagers besteht darin, sich in regelmäßigen Abständen mit den Verantwortlichen der jeweiligen Abteilung zusammenzusetzen und aktuelle, für den Vertreib relevante Informationen zu besprechen und neue geplante Aktionen abzustimmen. Umgekehrt werden Kundenwünsche aus dem Communication Center zeitnah in den Fachbereich zurückgekoppelt und können somit schnell bei Produktinnovationen und -variationen Berücksichtigung finden. Geplante Marketingaktionen werden ebenso terminlich mit den vorhandenen Communication Center Kapazitäten abgeglichen. Damit diese Kommunikation reibungslos funktioniert, sollte man konkrete interne, messbare Servicevereinbarungen auf der Basis von internen Kunden-Lieferanten-Partnerschaften treffen.

3.24 Interne Kunden-Lieferanten-Partnerschaften

Serviceorientierung beginnt und endet nicht mit dem Anruf oder der E-Mail im Communication Center, somit ist es auch kurzsichtig zu schlussfolgern, dass einzig und allein das Communication Center für die Servicequalität verantwortlich ist. Wesentlich für beste Qualität und Kundenorientierung am Front End ist die Kundenorientierung des gesamten Unternehmens. Denn was nutzt der motivierteste Communication-Center-Mitarbeiter, wenn sein Umfeld, Kollegen aus anderen Abteilungen das Wort Kunde weder gehört noch schätzen gelernt haben? Dieser Mitarbeiter wird seinen Qualitätsanspruch nicht lange aufrecht halten können: zum einen wird seine Arbeit nur wenig Wertschätzung genießen, was ihm die Lust auf den Kunden stark verleiden wird, zum anderen wird er wenig oder überhaupt keine Unterstützung anderer Bereiche bei der Umsetzung der Kundenorientierung erhalten. Extern spürbare Servicequalität für den Kunden bedarf einer spürbaren **internen Serviceorientierung**. Interne Serviceorientierung heißt nichts weiter, als dass Mitarbeiter und Kollegen sich gegenseitig auch als Kunden sehen und bemüht sind, eben diesen internen Kundenerwartungen gerecht zu werden.

Voraussetzung dafür ist, dass jeder in einem Unternehmen genau weiß, wo er selber Kunde eines Fachbereiches ist, und wann er als Lieferant andere Kollegen versorgt. Interne Kundenorientierung setzt also das Wissen um die Tätigkeit des anderen voraus, ebenso wie das Wissen um die Notwendigkeit der eigenen Marktfähigkeit im Unternehmen. Dazu müssen Mitarbeiter und Fachbereiche über den Tellerrand schauen, Abteilungsgrenzen überwinden, sich nicht als Konkurrenz, sondern als Partner mit unterschiedlichen Lieferverpflichtungen gegenüber internen und externen Kunden begreifen lernen. Allen voran muss die Führung als Vorbild agieren. Wenn hier keine Bereitschaft zur Kooperation vorhanden ist, werden interne Kunden-Lieferanten-Partnerschaften nicht erfolgreich sein können. Und das bedeutet konkret, dass sich verantwortliche Führungskräfte aktiv als Träger in den Prozess mit einbringen und den Erfolg einer solchen Partnerschaft damit zu einer persönlichen Angelegenheit machen.

So sind die Aussagen, die gern im Rahmen der Unternehmenskultur oder des Mission Statements fixiert werden, „nice“. „Necessary“ hingegen sind fest vereinbarte, messbare Vereinbarungen, die genau demonstrieren, wie es um die internen Kunden-Lieferanten-Partnerschaften, verstanden als die von allen Prozessbeteiligten gemeinsam getragene, ständige Optimierung der Wertschöpfungsketten, bestellt ist. Nur durch das Eingehen von Lieferverpflichtungen gegenüber dem internen Kunden wird das Bewusstsein der Kundenorientierung unternehmensweit implementiert.

Ziele der internen Kunden-Lieferanten-Partnerschaften sind:

- Die Ausrichtung interner Kunden-Lieferanten-Beziehungen auf die Kundenerwartung (intern und extern).
- Die Sicherstellung des Leistungsniveaus an allen internen Nahtstellen als Voraussetzung für ein zufriedenstellendes Gesamtprozessergebnis.

- Die Erhöhung der Wertschöpfung im Prozessverlauf, somit Qualitätssteigerung und Kostenreduzierung (Abbau von Doppelarbeit, Reduzierung von Liegezeiten, Reduzierung von Fehlern und Unklarheiten, Bereitstellen von notwendigen Informationen).
- Die verbindlichen Vereinbarungen zwischen am Prozess beteiligten internen Kunden und Lieferanten über ein zu erbringendes Leistungsniveau.

Durch die **Messbarkeit des Arbeitsverhältnisses** lassen sich konkrete Ansatzpunkte zur Diskussion und Verbesserung der Zusammenarbeit ableiten. Die Arbeitssituation des anderen zu verstehen und wertzuschätzen – hierfür sind interne Liefervereinbarungen ein geeigneter Impulsgeber. Dennoch ist das Thema der internen Kundenorientierung nur wenig Mitarbeitern vertraut. „1995 gaben über 50 Prozent der Unternehmen an, dass dieses Thema ihren Mitarbeitern gar nicht oder nur sehr wenig bekannt sei. Diese Zahl hat sich in 1996 auf rund 30 Prozent reduziert..." (Droege & Company 1996, S. 27). Ebenso verbesserungsbedürftig ist die Arbeit mit definierten Standards für die interne Serviceorientierung. Hier arbeiteten laut der Studie 1996 nur 23 Prozent der befragten Unternehmen mit Standards (Droege & Company 1996, S. 28). Auch das Deutsche Kundenbarometer 1998 bestätigt die These, dass „...Mitarbeiter, die mit der internen Servicequalität zufrieden sind, eher ein hohes Serviceniveau dem externen Kunden gegenüber gewährleisten" (Meyer/Dornach 1998, S. 25). In gleichem Maße aber wirkt die externe Kundenzufriedenheit wieder zurück in das Unternehmen: „Hohe externe Kundenzufriedenheit wirkt durchaus motivationssteigernd auf die Mitarbeiter und erhöht deren Zufriedenheit sowie Einsatz- und Leistungsbereitschaft..." (Meyer/Dornach 1998, S. 26); und zwar dann, wenn die gemessene Kundenzufriedenheit auch Gehaltsbestandteile, Weiterbildungsmaßnahmen oder Urlaubstage beeinflussen kann – auch bei Mitarbeitern ohne direkten, externen Kundenkontakt.

Die **Effekte** von internen Kunden-Lieferanten-Partnerschaften für das Management der Communication-Center-Servicequalität liegen auf der Hand:

- Communication-Center-Mitarbeiter, die mit der internen Zusammenarbeit zufrieden sind, können auch dauerhaft für den Service am externen Kunden gewonnen werden.
- Mitarbeiterzufriedenheit führt zur Mitarbeiterbindung, eine wesentliche Grundlage für Kundenbindung.
- Eine reduzierte Mitarbeiterfluktuation führt einerseits gerade im engen Call-Center-Arbeitsmarkt zu sinkenden Rekrutierungskosten, andererseits zur Sicherung vorhandener, vom Communication Center selbst aufgebauter Kompetenzträger.
- Ebenso positiv sind die Effekte auf die Ausbildungskosten, nachdem es für dieses Berufsbild am Markt noch keine einheitliche Ausbildung gibt und jedes Communication Center die Ressourcen für das Training bereithalten muss.

3.3 Messung der Servicequalität

Im Folgenden werden verschiedene Verfahren zur Messung der erbrachten qualitativen Leistung vorgestellt. Dabei muss für das Communication Center der Advance Bank insbesondere der Aspekt der Dienstleistungen und ihrer spezifischen Rahmenbedingungen berücksichtigt werden. „Eine Dienstleistung ist jede einem anderen angebotene Tätigkeit oder Leistung, die im wesentlichen immaterieller Natur ist und keine direkten Besitz- oder Eigentumsveränderungen mit sich bringt. Die Leistungserbringung kann – muss jedoch nicht – mit einem Sachgut verbunden sein" (Kotler/Bliemel 1995, S. 708). Soweit eine der Definitionen von Dienstleistung. Bei der näheren Betrachtung sind nach Kotler/Bliemel (1995, S. 711) vier **Besonderheiten von Dienstleistungen** zu berücksichtigen:

- **Immaterialität**: Der Leistungsempfänger kann das Resultat der Leistung erst nach deren Erstellung sehen. Deshalb sucht der Leistungsabnehmer nach Zeichen und Hinweisen zur Bezeugung der Dienstleistungsqualität.
- **Enger Transaktionsverbund**: Erstellung und Konsum der Dienstleistung erfolgen meist zur gleichen Zeit. Bei Anwesenheit des Leistungsempfängers bei der Leistungserstellung interagiert dieser mit dem Leistungsersteller.
- **Hohe Schwankungsbreite der Ausführung**: Die Qualität der Dienstleistung wird stark durch situative Faktoren determiniert.
- **Fehlende Lagerfähigkeit**: Dies stellt ein komplexes Kapazitätsproblem dar, wenn die Nachfrage nach der Dienstleistung Schwankungen unterliegt.

Diese **Merkmale von Dienstleistungen** haben Konsequenzen für das Betreiben des Communication Centers der Advance Bank:

- Abstrakte Dienstleistungen müssen durch die Mitarbeiter des Communication Centers zu einem **Erlebnis** gestaltet werden. Jeder Call muss Image, Anspruchshaltung und Leistungsversprechen des Anbieters „rüberbringen". Beim Anrufer müssen Bilder im Kopf entstehen: Nur so wird der Anbieter in die emotionale Präferenzliste des Kunden kommen können. All dies ist Ergebnis einer auf Anbieter und Zielkunde abgestimmten Gesprächs-, Beratungs-, oder Verkaufsphilosophie, die der Mitarbeiter durch intensives Coaching trainieren kann. Scripting Module hingegen werden einem solchen Anspruch nur eingeschränkt gerecht werden, da sie durch ihre Standardisierung zwar Gesprächsschnelligkeit und -sicherheit vermitteln, ein individuelles Eingehen auf den Anrufer hingegen schwerer darstellen können.
- Die Advance Bank ermöglicht dem Kunden die **„Rücknahme"/„Reparatur"** der Dienstleistung. Wie kann das geschehen? Nun, z.B. durch ein Beschwerdemanagement – eine Einheit, die Reklamationen sachkundig entgegennimmt, das Anliegen des Kunden kompetent löst und jederzeit in der Lage ist, Ansprüche kulant im Sinne des Kunden und des Unternehmens zu lösen.

- Die **optimale Bereitstellung von Ressourcen** heißt in die Sprache des Communication Centers übersetzt, ein gutes Kapazitätsmanagement, das eine für den Anrufer zufriedenstellende Erreichbarkeit garantiert. Der Umgang mit ungeplanten Spitzen ist für jedes Communication Center keine Ausnahme – insofern stellt dieser Punkt für viele Betreiber in einer boomenden Branche die größte Herausforderung dar.
- **Individuelle Qualitätsschwankungen** sind zu akzeptieren und zwar auf interpersonellem wie intrapersonellem Niveau. Menschen sind unterschiedlich. Die Kunden sind im Übrigen die ersten, die individuelle Unterschiede auf einem guten qualitativen Niveau sogar schätzen und honorieren. So wie sie als Menschen ernstgenommen und nicht als beliebige Nummer abgewickelt werden wollen, respektieren sie die Berater als Individuen. Weitere Qualitätsschwankungen können in der Person selbst angelegt sein. So wird die Gesprächsqualität eines Mitarbeiters nach Beendigung einer achtstündigen Schicht anders sein als zu ihrem Beginn. Diese Schwankungen können u.a. proaktiv durch eine einheitliche, professionelle Rekrutierung, ein regelmäßiges Coaching und den Aufbau einer Führungskultur ausgeglichen werden.
- Einzig und allein der **Kontakt**, die gelungene Interaktion – und die spielt sich nicht nur auf der kognitiven, sondern gerade auf der emotionalen Ebene ab – entscheidet über Erfüllung oder Nicht-Erfüllung der Dienstleistungsqualität.

Die **Messung der Dienstleistungsqualität** kann durch objektive und subjektive Messverfahren vollzogen werden. **Objektive Messverfahren** beziehen sich z.B. auf die Messung der Annahmequoten, der verlorenen Gespräche usw. Objektive Messverfahren haben allerdings den Nachteil, dass sie die Sicht und die Wahrnehmung des Kunden nur indirekt berücksichtigen. Ob ein Kunde bei 40 Prozent Annahmequote zufrieden ist oder erst bei 80 Prozent lässt sich allein anhand der Quote nicht bestimmen.

Subjektive Verfahren setzen dagegen direkt beim Kunden an, seinem Kontakt mit dem Call Center und messen die Übereinstimmung zwischen seinen Erwartungen und deren Erfüllung. Hier sind zum einen **merkmalgestützte Verfahren** zu nennen, die leicht auswertbar sind. Ein häufig angewendetes merkmalgestütztes Verfahren ist das Multiattribut-Verfahren. Hierbei werden Fragebögen mit fest definierten Antwortmöglichkeiten und fixer Skalierung verwendet (z.B. Kundenmonitor Deutschland).

Diese Vorgehensweise hat wiederum den **Nachteil**, dass sie die Ereignisse, die hinter der Zufriedenheit/Nicht-Zufriedenheit stehen, nicht vollständig betrachten kann. Diese Lücke schließen **ereignisorientierte Methoden** wie Beschwerdeanalyse, Critical Incident Technique und Sequenzielle Ereignismethode.

Die Spezifika von Dienstleistungen lassen daher die subjektiven und ereignisgestützten Messverfahren als am geeignetsten erscheinen. Um Dienstleistungsqualität auf einer breiten Basis zu erfassen, ist die **Kombination verschiedener Messinstrumente** sinnvoll. Dadurch werden bestimmte Nachteile von einzelnen Instrumenten ausgeglichen. Erst die Kombination sich ergänzender Daten erhöht die Aussagefähigkeit der gemessenen Inhalte.

3.31 Messlandschaft des Communication Centers

Servicequalität und Kundenorientierung kann man nur aufbauen, wenn eine aussagefähige und handlungsauslösende Fülle an **Daten über Kundenprofile, Erwartungen und Wünsche** vorliegt.

Deshalb hat sich die Advance Bank nicht nur für die Kombination verschiedener Messinstrumente entschlossen, sondern auch für die Ergänzung verschiedener Sichtweisen auf die erbrachte Dienstleistung. Das Qualitätsmanagement hat deshalb folgerichtig die **Perspektiven**

1. des Kunden,
2. des Profis (Telemarketing Agenturen),
3. der Innensicht: Leistungssicht sowie der Sicht der Mitarbeiter und Führungskräfte,
4. des Marktes

für die Messung der Dienstleistungsqualität nutzbar gemacht (vgl. Abbildung 6). Wichtig ist, dass die Messergebnisse auch die **Grundlage für die qualitativen Ziele** der unterschiedlichen Bereiche im Communication Center darstellen. Somit übernimmt die Entwicklung am Markt auch eine Rolle bei der Beurteilung der Mitarbeiter und bestimmt so auch einen Teil ihres leistungsbezogenen Gehaltes.

Die Messung aus den vier Perspektiven nutzt mündliche, schriftliche und elektronische Kanäle und erstreckt sich über den gesamten **Lebenszyklus des Kunden** (in Anlehnung an Stauss/Seidel 1995)

- vom Interessenten,
- Neukunden über den
- zufriedenen Kunden,
- unzufriedenen Kunden bis hin zum
- abgewanderten Kunden (Kündiger).

Abbildung 6 **Messlandschaft**

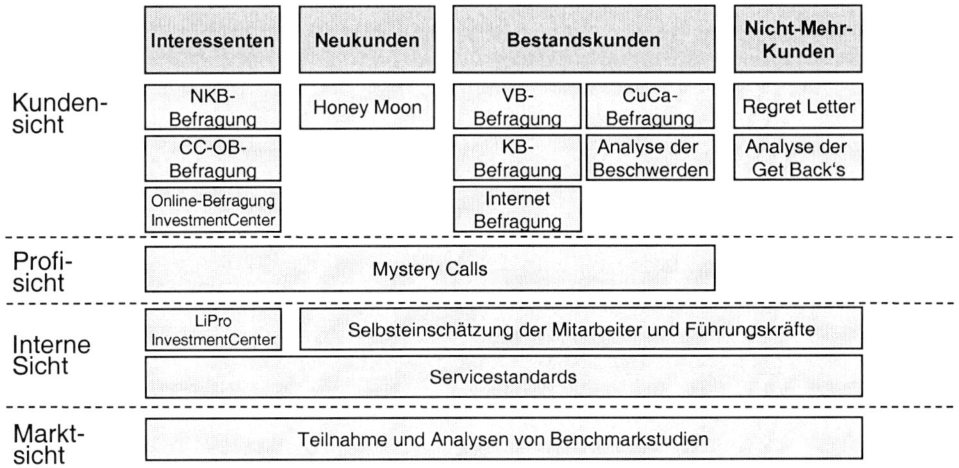

GABLER GRAFIK

3.32 Sicht des Interessenten

Für den ersten Eindruck gibt es keine zweite Chance – und dieses Sprichwort gilt erst recht für das Communication Center einer Direktbank, die sich das Ziel der Beratung auf ihre Fahne geschrieben hat. Gerade beim ersten Kontakt mit der Advance Bank entscheidet der Kunde blitzschnell, ob das Leistungsversprechen über schriftliche und elektronische Kontaktmedien vom Berater eingehalten werden kann. Dieser erste Kontakt wird in der Advance Bank von den Neukundenberatern entgegengenommen, die sich als Generalisten für alle Lösungsangebote der Advance Bank – angefangen von Fragen rund um den Zahlungsverkehr bis hin zu Vorsorge- und Vermögensanliegen – verstehen. Sie sind Verkaufsprofis und versuchen beim ersten Kontakt mit einer **strukturierten Analyse die Bedürfnisse des Interessenten** zu eruieren und unterbreiten dem Anrufer ein erstes Lösungsangebot, das aus ein oder mehreren Produkten bestehen kann. Sie stellen den Vorfilter für nachfolgende Spezialistenkontakte dar. Das Ziel ist, den Interessenten bis hin zu einer definierten Beratungstiefe kompetent zu lotsen, um Folgekontakte für den Interessenten so gering wie möglich zu halten.

Mit Hilfe der Interessentenbefragung sollen dabei folgende **Ziele** erreicht werden:

- Beurteilung des Skills der „Neukundenberatung" aus Kundensicht,

- Zufriedenheit mit den Qualitäts- und Leistungsmerkmalen,
- Ermittlung der Erwartungen der Anrufer an die „Neukundenberatung“,
- Ermittlung der Einflussfaktoren auf die Zufriedenheit der Interessenten,
- Analyse der Stärken und Schwächen der „Neukundenberatung“.

Befragt werden Anrufer, die mindestens einen telefonischen Kontakt mit der „Neukundenberatung“ hatten; dazu gehören alle Interessenten, die mit der „Neukundenberatung“ telefonieren, aber auch Bestandskunden, die nach einem Mailing anrufen. Dieses Zufriedenheitsmonitoring ist für die Steuerung der Qualität des Communication Centers wertvoll. Hier können zeitnah Tendenzen zur Entwicklung der Servicequalität mess- und damit veränderbar gemacht werden. Gerade in Phasen starken Kundenwachstums oder starker Mitarbeiterrekrutierung sind Schwankungen in der Qualität durch diese Abfrage zeitnah erkennbar. Die Interessentenbefragung dient dabei als Indikator für Qualitätsschwankungen, die dann durch tiefergehende Analysen, wie Reklamationsreports, konkretisiert werden können. Damit bekommt das Management konkrete Handlungsanweisungen, die sich in veränderten Coachings oder Fresh-Up-Trainings äußern können.

Neben den direkten Befragungen der Interessenten überprüft die Advance Bank in regelmäßigen Abständen die Qualität der „Neukundenberatung“ auch mit Hilfe von Mystery Calls. Unter Mystery Calls versteht man **anonymisierte Testanrufe**, die subjektive und objektive Qualitätsmerkmale in einem Prozess der Leistungserbringung prüfen. Eines der **Ziele** kann sein, die Gesprächsqualität des Communication Centers transparent zu machen, um einen weiteren messbaren Hebel zur Verbesserung von Dienstleistungsqualität zu erhalten. Zur Durchführung kann eine interne Communication-Center-Einheit oder ein externer Dienstleister beauftragt werden. Letzterer hat den Vorteil einer größeren Objektivität und Professionalität in der Durchführung und Bewertung dieser Anrufe. Die zu prüfenden Merkmale werden auf Grundlage der Kundenerwartung gemeinsam mit den beteiligten Mitarbeitern und Führungskräften des Communication Centers und unter Einbeziehung des Betriebsrates entwickelt.

Wesentliche **Voraussetzung** für eine Unterstützung seitens der beteiligten Mitarbeiter und des Betriebsrates ist die Sicherstellung, dass die Anrufe nur auf den Bereich des Communication Centers, nicht aber auf die Mitarbeiter zurückgeführt werden können. Die Absprachen und der Vertrag mit dem Provider werden in einer gemeinsamen Betriebsvereinbarung festgehalten. Die Integration aller Beteiligter ist eine elementare Voraussetzung für die Akzeptanz der Ergebnisse als Grundlage für die konsequente Umsetzung der Optimierungsmaßnahmen. Die Testanrufer führen den Anruf anhand eines Fragen-Antwort-Kataloges und eines Bewertungsbogens. Pro geprüftem Merkmal ist eine Punktzahl von 0,1 oder 2 zu vergeben, die dann im Verhältnis zur möglichen Höchstpunktzahl prozentual dargestellt wird. Ein Zielerreichungsgrad von 100 Prozent bedeutet beispielsweise, dass alle Gespräche bezüglich eines Merkmals mit zwei Punkten bewertet wurden (vgl. Abbildung 7).

Abbildung 7 **Ergebnisse Mystery Calling**

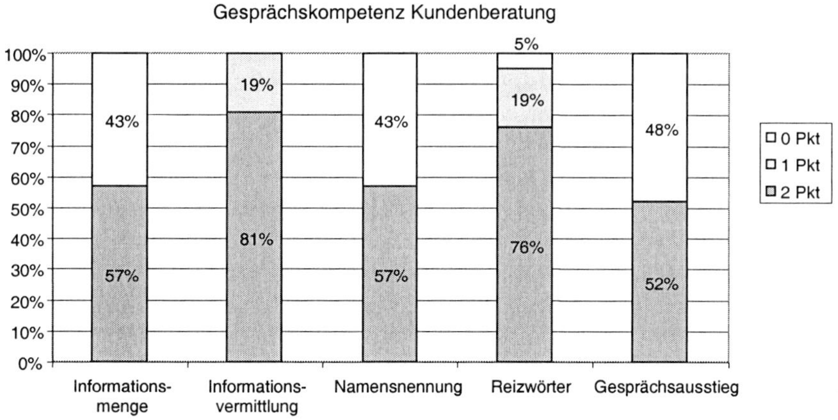

Erläuterung der einzelnen Merkmale

Informationsmenge: Informationsmenge ist den Kundenbedürfnissen angepasst.
Informationsvermittlung: Informationen sind aus Kundensicht verständlich (inhaltlich und sprachlich).
Namensnennung: Kundenname wird richtig dosiert im Gespräch eingesetzt.
Reizwörter: Berater vermeidet Reizwörter und Weichmacher.
Gesprächsaustieg: z.B. "Vielen Dank für das nette Gespräch. Ich freue mich, auf Ihren nächsten Anruf".

GABLER GRAFIK

Bis zu drei Merkmale werden zur **Maßnahmenentwicklung** priorisiert. Die Einordnung erfolgt nach zwei Kriterien. Als Hauptkriterium wird die Bedeutung der Merkmale für die Kunden herangezogen, die z.B. durch Messung aus Kundenzufriedenheitsbefragungen (Korrelationskoeffizient) ermittelt werden. Die Höhe der Zielwertverletzung bestimmt ebenso die Dringlichkeit der Priorisierung. Maßnahmen sollten immer von den betroffenen Mitarbeitern und Führungskräften, idealerweise in Zusammenarbeit mit dem Qualitätsmanagement des Communication Centers erarbeitet werden. Der Ist-/Zielwertvergleich und der endgültige Umsetzungsplan werden anschließend allen beteiligten Mitarbeitern zur Verfügung gestellt. Transparenz ist hier ein Hauptgebot, gerade wenn Mitarbeiter von einem externen Dienstleister anonym gemessen und bewertet werden. Transparenz heißt Klarheit über die Gründe, die zu einem Monitoring führen, heißt Wissen um das Verfahren, die Bewertung, heißt vor allem Integration in die Umsetzung der Ergebnisse.

3.33 Sicht des Neukunden – die Honey-Moon-Befragung

Eine hervorragende Möglichkeit, Kundenzufriedenheit kontinuierlich zu monitoren bietet bereits der Beginn einer Geschäftsbeziehung. Gerade zum Einstieg befindet sich der neue Kunde noch in einer Honey-Moon-Phase und ist auskunftswillig zu Stärken und Schwächen des neuen Geschäftspartners. Zum einen kann die Advance Bank auf diese Weise leichter beim Neukunden eine emotionale Bestätigung erzielen, die richtige Entscheidung bei seiner Auswahl getroffen zu haben. Zum anderen wird der Kunde auf die beginnende Zusammenarbeit mit dem neuen Finanzpartner eingestimmt und gleichzeitig nach seiner Meinung zu relevanten Punkten seines „Kundenwerdens" befragt. Abgefragt werden die **Globalzufriedenheit** mit der Advance Bank sowie **konkrete Leistungsaspekte** des Kontoeröffnungsprozesses, der sich paradoxerweise bei einer Direktbank komplexer gestaltet als bei einer Filialbank. Eine offene Frage kann dem Kunden zudem die Möglichkeit geben, zusätzliche Bemerkungen, Erläuterungen oder Reklamationen zu äußern. Aber Achtung: Gerade auf verbessernde Bemerkungen sollte das Unternehmen reagieren, ansonsten hat die Befragung eine kontraproduktive Wirkung.

Abbildung 8 **Ergebnisgrafiken Neukundenberatung**

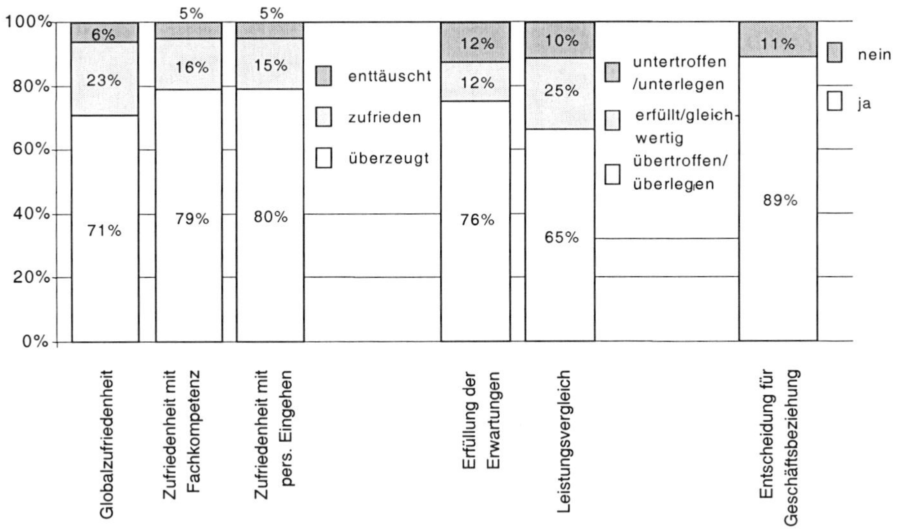

GABLER GRAFIK

Ebenso fragt die Advance Bank das Interesse des Neukunden zu weiteren Lösungsangeboten der Advance Bank ab. Bei einer Responsequote von ca 30 Prozent wünschen ca. 10 Prozent der Rückläufer ein konkretes Angebot. Diese interessierten Neukunden erhalten einen Anruf der Outbound Einheit und schließen dann auch überdurchschnittlich gut ab.

Für eine erfolgreiche, d.h. responsestarke Befragung gilt: Der Fragebogen muss kurz und knackig sein, endlose Fragen wirken sich negativ auf die Response aus. Ein beigefügter Brief der Geschäftsleitung mit dem Wunsch der Teilnahme wirkt zudem responseverstärkend. Die Zufriedenheitswerte sollten in einem regelmäßigen Intervall zu den abgefragten Merkmalen ausgewertet und dokumentiert werden.

3.34 Die Sicht des (zufriedenen) Kunden: Kundenbefragungen, Servicestandards und Mitarbeiterbefragungen

Kundenbefragungen

Bereits seit ihrer Gründung holt sich die Advance Bank die repräsentative Sicht ihres Kundenstammes ein. In jüngster Zeit bedient sich die Advance Bank hierfür neben schriftlicher Befragungen insbesondere einer breit angelegten Online-Befragung. Eine derartige Online-Befragung bietet eine ganze Reihe von Vorteilen (vgl. auch: Theobald, 2000, S. 309f.):

- **Nutzung moderner Medien**: Online-Umfragen werden positiver vom potentiellen Teilnehmer betrachtet als herkömmliche Umfragen. Dies erhöht die Bereitschaft zur Teilnahme.
- **Realisierung komplexer Befragungsstrukturen**: Die von der Advance Bank eingesetzte Software ermöglicht es, in die Befragung intelligente Filter einzubauen. So können ganz gezielt Rückfragen gestellt werden oder per Zufallsprinzip die Antwortenden in verschiedene Zweige der Befragung geleitet werden.
- **Reduzierung des Aufwandes**: Eine Online Befragung reduziert den Aufwand einer Befragung sowohl für den Kunden wie auch für das Unternehmen. Der Kunde erspart sich die Mühen des Briefversandes, das Unternehmen den nicht zu unterschätzenden Aufwand der Datenaufbereitung, insbesondere der Übertragung der rückgesendeten Fragebogen in eine Datenbank.
- **Schnelligkeit der Ergebnisbereitstellung**: Die Erfahrungen zeigen, dass die Antworten bei einer Online-Befragung sehr viel schneller eintreffen, wie bei einer schriftlichen Befragung. Während es bei der schriftlichen Befragung circa 2 Wochen gedauert hat, bis nach Versand der Briefe 80 Prozent der Antworten eingetroffen sind, reduziert sich diese Zeit bei selektierten Online-Befragungen auf 2-3 Tage.

Die Advance Bank führt diese Online-Befragung permanent durch. Wöchentlich werden 500 selektierte Kunden um Ihre Teilnahme gebeten. Befragt wird der Kunde zum kompletten Leistungsspektrum der Advance Bank, d.h. zu den Produkten, den Abläufen und dem Vertrieb, also auch dem Communication Center.

Am Beispiel des Communication Centers soll exemplarisch die Anlage dieser Kundenbefragung erläutert werden. Gemessen werden folgende **Dimensionen**, die mit Hilfe einer 5-er Skala bewertet werden:

Kompetenz:	Zufriedenheit mit der Kompetenz der Mitarbeiter sowie eine ergänzende offene Frage nach kritischen Ereignissen.
Freundlichkeit:	Zufriedenheit mit der Freundlichkeit der Mitarbeiter.
Zuverlässigkeit:	Zufriedenheit mit der Zuverlässigkeit der Bank mit einer ergänzenden offenen Frage, Frage nach der Erfahrung mit Rückrufen, dem Einhalten von Zusagen und der Schnelligkeit der Bearbeitung.
Individualität:	Zufriedenheit mit dem persönlichen Eingehen.
Erreichbarkeit:	Zufriedenheit mit der Erreichbarkeit.

Daneben wird die **Globalzufriedenheit** erhoben sowie eine offene Stärken/ Schwächen-Frage gestellt. Abbildung 9 stellt beispielhaft die Messergebnisse zur Kundenberatung dar.

In den Auswertungen haben sich folgende **Analysepunkte** bewährt:

- Die Korrelation einzelner Leistungsmerkmale auf die Globalzufriedenheit: Hat die Freundlichkeit der Mitarbeiter im Call Center für die Gesamtzufriedenheit einen höheren Einfluss als die Gestaltung von Angeboten, Dienstleistungen, Produkten oder Preisen?
- Die Erhebung der subjektiven Wichtigkeit der Merkmale neben der Zufriedenheit mit den Merkmalen: Sollte das Call Center Management die Erreichbarkeit an erster Stelle sehen oder ist dem Kunden mehr gedient, die Mitarbeiter immer wieder zu trainieren und zu coachen, um die Kompetenz aufrecht zu erhalten und damit gerade bei Anrufspitzen kleine Einbußen bei der Erreichbarkeit zu akzeptieren.
- Der Wirkungszusammenhang einzelner Leistungsmerkmale auf die Wiederwahl- und Weiterempfehlungsbereitschaft sowie das Cross Buying.

Abbildung 9 **Befragung der Kundenberatung**

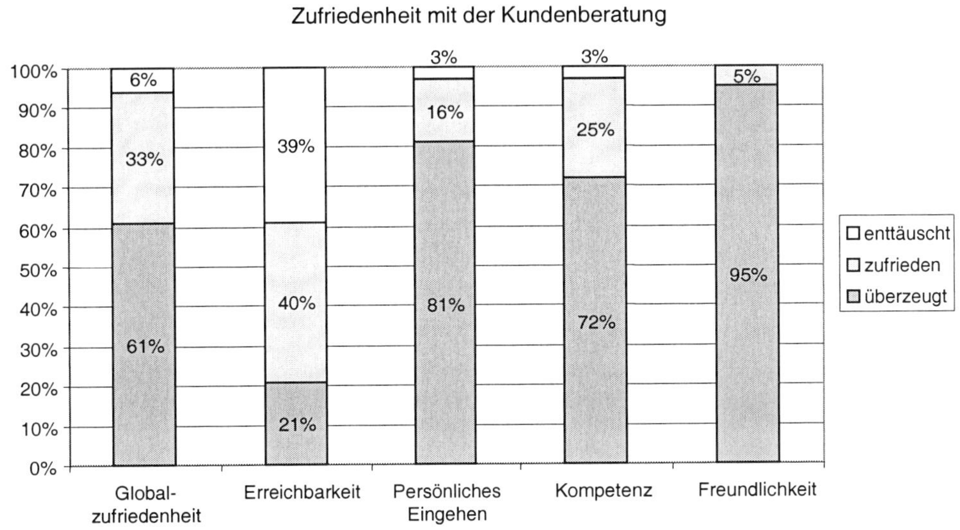

⇨ Durchgängig hohe Zufriedenheiten bei den „weichen" Qualitätsmerkmalen.
⇨ Die Unzufriedenheit mit der Erreichbarkeit hat einen deutlichen Einfluss auf die Globalzufriedenheit.

GABLER GRAFIK

Für ein Beratungs- und Communication Center ist insbesondere der letzte Aspekt von Bedeutung. Zeigt sich doch hier, ob das Beratungs- und Gesprächsniveau, eben die erbrachte Servicequalität jenseits von Produktabsatzzahlen und durchgeführten Gesprächen zur Weiterempfehlung und Cross Selling führt.

Servicestandards

Wie kann nun ein Communication Center ein gleichbleibend hohes Niveau seiner Leistungen garantieren? Unterstützend ist die Einführung von Servicestandards, die Vereinbarungen über ein definiertes, messbares und primär qualitatives Niveau der Leistungserstellung darstellen. „Denn nur, was ich messe" – so ein Sprichwort – „kann ich verändern". Mit Servicestandards ist es möglich, die in den Communication-Center-Zielen definierten und in Reports gemessene Qualität auf einem vom Kunden aber auch von Interessenten vorgegebenen Niveau zu fixieren und messbar zu machen. Servicestandards fördern die Integration der Kundenerwartungen in die Gestaltung von Prozessen, schaffen Transparenz über die erbrachte Qualität innerhalb von Prozessen, sind Indikator für das aktuelle Leistungsniveau und verpflichten zur Qualitätssteigerung. Servicestandards setzen sich aus Kennzahl, Messquelle und Zielgröße zusammen. Voraussetzungen für die erfolgreiche Arbeit mit Servicestandards sind die Übernahme der Verantwortung für Servicestandards durch das Management des Communication Center und die Integration in die Zielvereinbarungen aller Mitarbeiter.

Ein Servicestandard, der sich innerhalb des Communication Centers bewährt hat, ist der **Kompetenzindex** (vgl. Abbildung 10). Der Index misst auf der Basis der Reklamationen und aller tatsächlich geführten Gespräche die Kompetenz der unterschiedlichen Communication-Center-Bereiche. Der Kompetenzindex ist ein wirksames Frühwarnsystem und ein wichtiger Indikator zur Verschärfung von Kompetenz-, Coachings-, oder Trainingsoffensiven. Durch Cross-Validierung mit den Ergebnissen aus Kundenbefragungen aber auch aus den Ergebnissen von Mitarbeiterbefragungen entsteht ein aussagefähiges Kennzahlengitter, das Aussagen sowohl zum Stand der Qualität im Communication Center als auch über ihre Entwicklung ermöglicht.

Abbildung 10 **Kompetenzindex Kundenberatung**

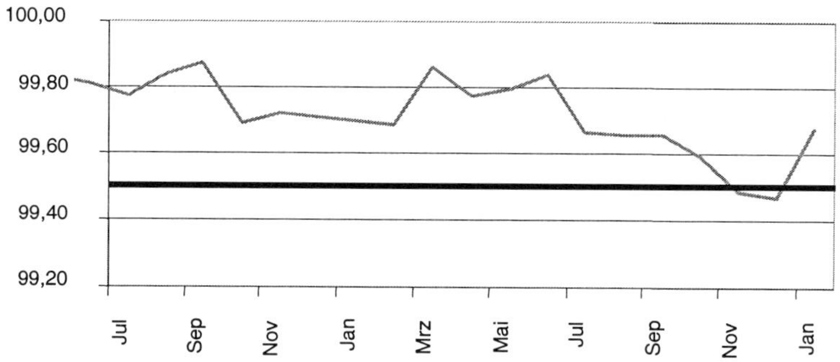

Erläuterungen zum Kompetenzindex

Der Kompetenzindex setzt die erfassten Reklamationen zur Kompetenz in Relation zu den geführten Calls (In- und Outbound).

GABLER GRAFIK

Mitarbeiterbefragungen

Die Einschätzung von Kunden und Profis sind wichtige Rückmeldungen des Marktes, um die Leistung des Communication Centers gezielt in Richtung Kundenbedürfnis und Kundenerwartung zu verbessern. Ebenso wichtig ist es, neben das Fremdbild des Marktes auch das **Selbstbild der Mitarbeiter** zu stellen, um die Eigenwahrnehmung zu schärfen, mit dem Ziel, dass der Mitarbeiter ein immer besseres und zielgenaueres Gefühl entwickelt, wie passgenau der Kunde seine Dienstleistung einschätzt. Nur so kann der Mitarbeiter eigenverantwortlich an seiner Dienstleistung arbeiten. Die Gegenüberstellung von Selbst- und Fremdbild wirkt wie ein Dünger für die Bereitschaft des Beraters zur Selbstreflektion. Deshalb komplettiert das Qualitätsmanagement des Communication Centers der Advance Bank die Messlandschaft um die Sicht der Mitarbeiter und Führungskräfte. Auch hier hat die Gegenüberstellung der Einschätzungen von Mitarbeitern, Teamleitern und Managern gezeigt, dass die Vorstellung über die Performance bei den unterschiedlichen Merkmalen differiert. Dabei kann sich sowohl eine zu positive Einschätzung wie auch eine zu kritische Haltung kontraproduktiv auswirken.

Ziele der Mitarbeiterbefragungen:

- Qualitätsbewusstsein auf Mitarbeiterebene stärken,
- Handlungsbedarf zur Verbesserung aus Mitarbeitersicht ermitteln,
- Darstellung des GAP‘s „Qualitätseinschätzung aus Kunden- und Mitarbeitersicht“. Je nach dem Grad der Übereinstimmung beider Sichtweisen sind unterschiedliche Maßnahmen abzuleiten.

Befragt werden die Mitarbeiter analog zur Kundenbefragung zu folgenden **Merkmalen**:

- Produktkenntnis/Kompetenz,
- Freundlichkeit,
- Persönliches Eingehen,
- Zuverlässigkeit.

Zu jeder merkmalsgestützten Frage gibt es auch eine offene Frage, um qualitative Hintergrundinformationen, Ursachen zu ermitteln. Nicht selten entstehen, der „Critical Incident Technique“ vergleichbar, Geschichten, die einen ungeschminkten Blick hinter die Kulissen gestatten und konkrete Ansatzpunkte zur Verbesserung bieten.

Die Befragungen werden zwei bis dreimal jährlich anonym vom Qualitätsmanagement durchgeführt. Qualitätsmanagement wertet die gewonnenen Informationen aus, vergleicht die Ergebnisse mit denen aus anderen Messquellen, leitet seine Interpretationen an die verantwortlichen Führungskräfte weiter und arbeitet gemeinsam Verbesserungsmaßnahmen aus, die dann mit den Teammitgliedern diskutiert und im bankweiten Qualitätsreport kommuniziert werden.

Ein **Beispiel** für das Merkmal Fachkompetenz ist in Abbildung 11 dargestellt. In dem Beispiel könnte die Kundenberatung mit der positiven Rückmeldung der Kunden zufrieden sein. 70 Prozent der Kunden sind von der Fachkompetenz der Kundenberater überzeugt. Der Mitarbeiter aber schätzt diese Leistung als verbesserungswürdig ein. Hier ist es natürlich wichtig, die Mitarbeiter über die guten erbrachten Leistungen „aufzuklären“ und ebenso die Ansatzpunkte für Optimierungen zu erfragen. Denn wer als die betroffenen Mitarbeiter weiß besser, wo verborgene Potenziale liegen, die für den Kunden gehoben werden können.

Abbildung 11 **Einschätzung der Fachkompetenz im Spiegel von Führungskraft, Mitarbeiter und Kunde**

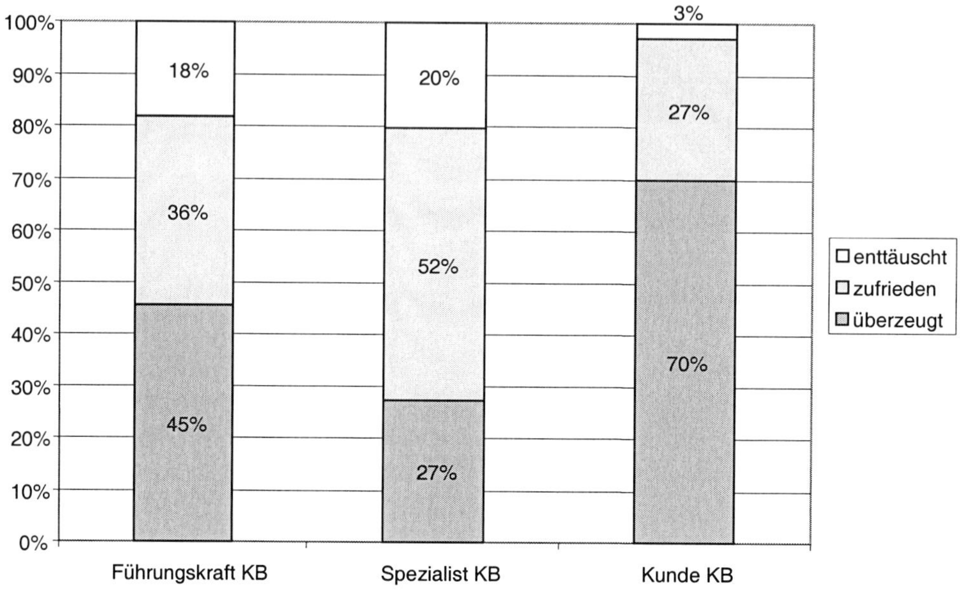

GABLER GRAFIK

3.35 Der unzufriedene Kunde – das Beschwerdemanagement

Im Rahmen einer ganzheitlichen Kundenbindungsstrategie sind nicht nur die Beziehungen zu zufriedenen Kunden zu stärken. Die Zielsetzung besteht gerade darin, gefährdete Beziehungen zu unzufriedenen Kunden zu stabilisieren, denn unzufriedene Kunden sind latent **abwanderungsbedroht** und Angeboten von Wettbewerbern gegenüber sehr empfänglich. Gelingt es nun, die Zufriedenheit wieder herzustellen und diese Kunden zu halten, so sind bei einer Senkung der Abwanderungsrate um 5 Prozent Gewinnsteigerungen um 100 Prozent realistisch (Reichheld 1996, S. 60). Weiterhin konnte nachgewiesen werden, dass eine mehr als zufriedenstellende Reaktion auf die Beschwerde eines Kunden die Gesamtzufriedenheit des Kunden mit dem Anbieter positiv. Kunden, die sich beschweren, zeigen nichts anderes, als dass sie sich für das Unternehmen stark interessieren. Sie geben letztlich dem Anbieter die Chance, „...durch kundengerechte Abwicklung der Beschwerde seine Leistungsfähigkeit und -bereitschaft erneut unter Beweis zu stellen und auf diesem Weg seine Kunden zu überzeugen und wieder stärker an das Unternehmen zu binden" (Meyer/Dornach 1998, S. 63). Durch **professionelles Beschwerdemanagement** kann aus einem enttäuschten Kunden ein überzeugter, aus einem Wechsler ein loyaler Kunde werden.

Die Behandlung von Beschwerden ist in der Advance Bank zweistufig gegliedert. Für häufige, abgegrenzte Beschwerdefälle sind die Generalisten direkte Ansprechpartner und helfen dem Kunden mit bereits erprobten Lösungsmöglichkeiten weiter. Für die Ausarbeitung dieser Lösungsmöglichkeiten und allen weiteren komplexen Problemfällen hat die Advance Bank eine organisatorische Einheit geschaffen – das **Customer Care Team**.

Entscheidet man sich für eine dezentrale, also über alle Mitarbeiter und Qualifikationsprofile gehende Entgegennahme von Reklamationen, so sollten folgende **Anforderungen** erfüllt sein:

- alle Mitarbeiter können auf eine zentrale Datenbank zur Erfassung der Reklamationen zugreifen,
- den Mitarbeitern ist die Art der Zuordnung und Erfassung von Reklamationen in einem Front-End-System vertraut,
- das Verständnis von Reklamationen ist im ganzen Call Center einheitlich,
- die Gesprächsführung bei Reklamationen ist eingeübt,
- jeder Mitarbeiter besitzt eine monetäre Basiskompetenz zur Erledigung von Schadensersatzforderungen oder Kulanzen,
- ein durchgängiges Verständnis dafür, dass Reklamationen keine persönlichen Fehler, sondern Lernchancen für das Call Center sind.

Bei Reklamationen handelt es sich um zeitnahe und kostenlose Rückmeldungen des Kunden, die in den meisten Fällen wertvolle Verbesserungsvorschläge beinhalten. Dieses Potenzial für das Communication Center nutzbar zu machen, Leistungsmerkmale zu verbessern und dem Kunden aktiv seine Rolle bei der Optimierung zurückzuspiegeln, ist Aufgabe des Beschwerdemanagements. Um alle Reaktionen des Kunden aufnehmen zu können, hat die Advance Bank den Beschwerdebegriff auf eine breite Plattform gestellt. Reklamationen umfassen deshalb nicht nur Äußerungen unzufriedener Kunden, sondern auch Anregungen oder Wünsche der Kunden zu Produkten und Abläufen sowie themenspezifischen Anfragen. Zwecks flexibler Lösung bei der Reklamationsbearbeitung hat jeder Customer-Care-Mitarbeiter einen erhöhten Kompetenzrahmen zur sofortigen Vergabe von Kulanzen oder der Leistung von Schadensersatz.

Beschwerdemanagement wird durch das Prinzip der **„Complaint Ownership"** trotz der Virtualität der Direktbank zum persönlichen Dialog: Jeder Mitarbeiter ist von der Annahme bis zur Lösung der Beschwerde für den Kunden verantwortlich.

Die Lösung und Bearbeitung der Beschwerden ist allerdings nur eine der zentralen Aufgaben von Customer Care. Für die Bank und insbesondere das Communication Center ist aber gleichermaßen die Visualisierung der Reklamationen in einem Reporting wichtig. Damit wird vermieden, dass Beschwerden im Alltagsbetrieb untergehen. Ganz im Gegenteil: der Kunde treibt damit den Motor für die Verbesserung der Servicequalität in der Bank an.

Customer Care erstellt diese **Reports** über die behandelten Reklamationen in einem monatlichen Turnus für die gesamte Bank. Diese Zeitspanne ermöglicht es, sowohl Marktveränderungen zeitnah abzubilden als auch interne Maßnahmen anzustoßen.

Inhalt dieser Reklamationsreports sind die

- Aufteilung der Reklamationen in definierte Reklamationskategorien,
- Darstellung des Verlaufs der Reklamationsquote: d.h. Anzahl der Reklamationen in einer Zeiteinheit/Anzahl der Kunden,
- Analyse und Formulierung von Handlungsempfehlungen an betroffene Abteilungen.

Daneben kann jeder Prozessverantwortliche auf Anfrage seine eigenen Detailauswertungen für die ihn betreffenden Bereiche separat bei Customer Care abrufen. Hier erhält er dann für jeden einzelnen Reklamationsfall detaillierte Zusatzinformationen, die ihm bei der Steuerung seiner Prozesse helfen. So verwendet die Leitung des Communication Centers diese Detailreports, um bestehende Kompetenz- oder Ablaufschwächen bei den Mitarbeitern zu erkennen und zu verbessern.

So paradox es klingt: ein Unternehmen bzw. ein Communication Center sollte seine Kunden zur Reklamation motivieren. Nicht die Anzahl der Beschwerden gilt es zu reduzieren sondern den Reklamationsanlass. Die Ergebnisse des Deutschen Kundenbarometers 1998/99 bestätigen die These, dass Reklamation kein notwendiges Übel sind, sondern das Beste, was einem Unternehmen passieren kann. Es ist nachgewiesen, „...dass in einzelnen Branchen und bei einzelnen Unternehmen im Sinne des **Recovery Paradoxon** die Globalzufriedenheit von Beschwerdeführern höher ist als von denjenigen Kunden, die überhaupt keine Beschwerden hatten..." (Meyer/Dornach 1998, S. 29).

Noch immer aber haftet Beschwerden der Geruch des Fehlers an und mit Fehlern haben wenig Unternehmen gelernt, entspannt und produktiv im Sinne einer sich entwickelnden, lernenden Organisation umzugehen. So belegen die Erhebungen des Deutschen Kundenbarometers von 1998 deutlich, dass nur vier Branchen es geschafft haben, mehr als 50 Prozent ihrer Beschwerdeführer zufrieden zu stellen. „Demgegenüber stehen elf Branchen, die 50 Prozent und mehr ihrer Beschwerdeführer enttäuscht haben..." (Meyer/Dornach 1998, S. 14).

3.36 Die Sicht der abwanderungsgefährdeten bzw. abgewanderten Kunden

Selbst mit einem professionellen Beschwerdemanagement wird man jedoch nur einen Teil der unzufriedenen Kunden erreichen. Empirische Untersuchungen beweisen, dass sich ein Großteil der unzufriedenen Kunden nicht beschweren (Weiser, 1995, S. 115). Damit entgeht dem Unternehmen auch die Chance, aus den unzufriedenen Kunden wieder zufriedene bzw. begeisterte Kunden zu machen, was wiederum die Abwanderungsgefahr deutlich erhöht.

Neben Unzufriedenheit gibt es eine Reihe weiterer Gründe, die Geschäftsbeziehung mit einem Finanzdienstleister zu reduzieren oder ganz zu kündigen, wie z.B.:

- Der Kunde benötigt sein Geld für eine Investition.
- Die Angebote der Konkurrenz sprechen den Kunden stärker an.
- Die Kontoverbindung wurde nur auf Grund eines besonderen Angebotes eröffnet und nie aktiv genutzt.

Da es – wie in der Literatur vielfach beschrieben – deutlich teurer ist, einen neuen Kunden zu gewinnen, als einen bestehenden zu halten, ist die Advance Bank stark daran interessiert, die Geschäftsbeziehung zu abwanderungsgefährdeten Kunden mit stabilisieren bzw. abgebrochene Geschäftsbeziehungen wieder zu beleben. Neben dem Ziel, negative Auswirkungen von Abwanderungen zu minimieren, lassen sich aus der Analyse von Abwanderungsursachen Informationen für die Verbesserung von Leistungen und Prozessen gewinnen (Stauss 2000, S. 456).

Die Advance Bank unterteilt die Aufgaben des Rückgewinnungs- und Reaktivierungsmanagements in die Bereiche proaktives, aktives und reaktives Get Back.

Beim proaktiven Get Back liegt noch keine Kündigung oder Kündigungsandrohung vor. Vielmehr ermittelt die Advance Bank mit Hilfe eines Scoringverfahrens abwanderungsgefährdete Kunden. Das Scoringmodel berücksichtigt insbesondere Aktivitäten des Kunden. Nimmt beispielsweise die Nutzung der Kreditkarte ab, ist dies ein Indiz dafür, dass der Kunde stärker mit einer anderen Bankverbindung arbeitet. Für Kunden, die vom Scoring als abwanderungsgefährdet eingestuft werden, werden Maßnahmen zur Wiederbelebung der Geschäftsbeziehung eingeleitet.

Das aktive Get-Back richtet sich hingegen an Kunden, die entweder bei einem direkten Kontakt oder im Rahmen einer Befragung die Kündigung angedroht haben. Insofern diese Kunden bestimmten Kundensegmenten angehören, werden diese von Spezialisten angerufen. Diese Mitarbeitern erfragen die Hintergründe für die meist vorliegende Unzufriedenheit und versuchen gemeinsam mit dem Kunden eine Lösung für eine zukünftige Zusammenarbeit zu finden.

Reaktive Get Back's zielen auf bereits eingegangene Kündigungen. Bei dieser Form der Get Backs steht insbesondere die Informationsgewinnung im Fordergrund. Die Advance Bank will von ihren Kündigern wissen, warum diese die Kündigungen eingereicht haben. Diese Informationen sind wertvoll, um die Produkte, Leistungen und Prozesse kontinuierlich zu verbessern. Daneben steht im Fokus dieser Gespräche, den Kunden positiv zu verabschieden. Der Kunde soll letztendlich mit einem guten Gefühl die Geschäftsbeziehung beenden. In vielen Fällen entscheiden sich die Kündiger nach einem klärenden Gespräch sogar dazu, die Kündigung zurückzuziehen und die Geschäftsbeziehung weiter fortzuführen.

Bei all diesen Maßnahmen ist es wichtig, dass die gewonnen Informationen in einer Datenbank gesammelt werden. Sowohl die Auswertung der „Stimme des Kunden“ wie auch die Aggregation der Kündigungsgründe ermöglicht letztendlich, die Ursachen zu ermitteln, die vermehrt zu Kündigungen führen.

Get Backs werden – wie oben ausgeführt – nur mit bestimmten Kundensegmenten geführt. Die Zielsetzung, Kunden positiv aus der Geschäftsbeziehung zu verabschieden, gilt selbstverständlich auch für die übrigen Kunden. Daher verschickt die Advance Bank nach Eingang der Kündigung so genannte Regret Letter. In diesen Briefen bedankt sich die Advance Bank für die Zusammenarbeit und das Vertrauen, das der Kunde ihr entgegengebracht hat. Zusätzlich ist dem Brief ein Fragebogen beigelegt, in dem der Kunde noch mal um seine abschließende Einschätzung bzw. auch um die Nennung der Kündigungsgründe gebeten wird. Dieser Fragebogen wird von den (ehemaligen) Kunden sehr gut angenommen. Über 30 Prozent der angeschriebenen Personen schicken die Befragung zurück.

Auf Basis der Informationen aus der Regret-Befragung und den Get-Back-Gesprächen kann das Qualitätsmanagement der Advance Bank auf die Schwächen rückschließen, die vermehrt zu Kündigungen führen. Zusätzlich wird zu jedem Kündigungsgrund das abgeflossene Volumen ermittelt. Dies versetzt die Advance Bank in die Lage, die Maßnahmen zur Behebung der Schwächen gezielt zu priorisieren.

3.4 Rückkoppelung der Ergebnisse

Um die geleistet Servicequalität einerseits zu dokumentieren, andererseits aber auch zu optimieren, bedarf es der Bündelung diverser Instrumente zur Messung, der eingehenden Analyse, Bewertung und Interpretation der geleisteten Qualitätsarbeit eines Communication Centers. Dies basiert auf einem Abgleich zwischen Kundenzufriedenheit, objektiver Qualitätskennzahlen und den intern vereinbarten Leistungsanforderungen, jeweils durch Zielwerte konkretisiert.

Um ein zielgruppengerechtes Reporting zu gewährleisten, hat das Qualitätsmanagement der Advance Bank ein drei-stufiges Reportinginstrumentarium entwickelt (vgl. Abbildung 12). Die Mitarbeiter werden über den Qualitätsreport informiert, das Management erhält ein monatliches, detailliertes Reporting über den eigenen Verantwortungsbereich. Für die Communication Center Leitung bzw. Unternehmensleitung werden die Ergebnisse aggregiert und in der Advance Quality Scorecard dargestellt.

Abbildung 12 **Reportinginstrumente**

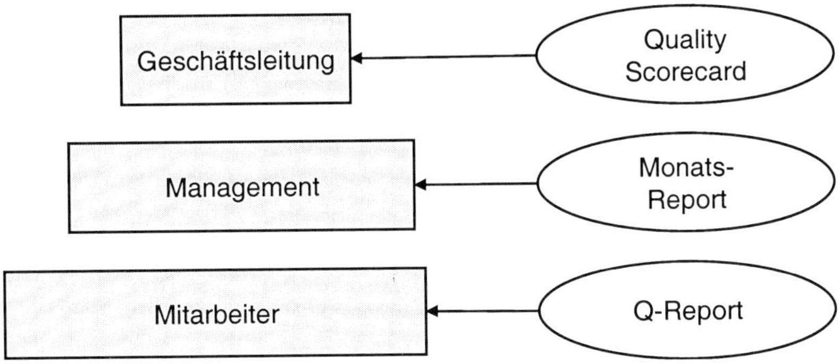

GABLER GRAFIK

3.41 Der Qualitätsreport

Die Mitarbeiter sollen laufend über den aktuellen Stand der Qualität wie auch über die geplanten und ergriffenen Maßnahmen informiert werden. Die Advance Bank gibt daher seit dem ersten Jahr ihres Bestehens einen **Qualitätsreport** heraus, der regelmäßig quartalsweise erscheint und **allen Mitarbeitern** ungekürzt zur Verfügung gestellt wird.

Ziele und **Nutzen** des Reportings:

- Dokumentation der qualitativen Entwicklung im Zeitablauf,
- Konkretmachen von Qualität für jeden Mitarbeiter,
- Verankern des Qualitätsgedankens im Unternehmen,
- Auslösen von Handlungen,
- Qualitatives Frühwarninstrument,
- Dokumentation der insbesondere durch das Communication Center geleisteten Kundenorientierung als Basis einer internen Positionierung.

In die Reportings werden die Daten aufgenommen, die eine Relevanz für die Kundenzufriedenheit, die Kosten- und Ertragslage des Unternehmens aufweisen. Hierbei handelt es sich konkret um Ergebnisse aus dem gesammelten Kundenfeedback, basierend auf Reklamationen und Kundenbefragungen, internen und externen

Standards, den Kosten von Kompensationen, Kulanzen und Schadensersatz durch Nicht-Qualität und Erfahrungswerten aus Kündigungen.

Die Darstellung der ausgewählten **Themen** in dem Qualitätsreporting erfolgt nach einem einheitlichem Muster. Aufgezeigt werden sollten:

- die genaue Bezeichnung des Messinstruments,
- der exakte, zu erreichende Zielwert der Messzahl,
- der aktuelle Ist-Wert,
- eine Anmerkung zum Sachverhalt (Ursachenanalyse und Beschreibung der Auswirkungen),
- die Bewertung der aktuellen Lage durch die herausgebende Einheit des Reportings und
- klaren Handlungsempfehlungen.

Zur Steuerung der Servicequalität eines Communication Centers hat sich die Einrichtung des Qualitätsreports bewährt:

- Die Abläufe in einer Direktbank sind stark arbeitsteilig organisiert. Das Ergebnis aus der Verflechtung des Communication Centers mit der Leistung angeschlossener Fachabteilungen spürt ein Qualitätsreporting auf. Zulieferfunktionen von und für ein erfolgreiches Communication Center werden messbar konkretisiert und dokumentiert.
- Durch die Veröffentlichung des Reports wird Qualität zu einer Aufgabe aller und nicht nur des Direktvertriebs.
- Alle Mitarbeiter können den Stand der Qualität aktiv verfolgen und erfahren zeitnah Handlungsanweisungen auf dem Weg zur Servicequalität für den Kunden.

Dieser Qualitätsreport hat sich in der Advance Bank zu einem genutzten Instrument entwickelt. 82 Prozent aller Mitarbeiter kennen und lesen den Qualitätsreport. Das liegt insbesondere in seiner bedienerfreundlichen, interaktiven Führung und Gestaltung des Reports. Einem Menü vergleichbar kann der Nutzer die für ihn relevanten Daten aufrufen. Eine Ampel, die eine sofortige Einschätzung der Informationen zulässt, erleichtert zudem die Auswahl. Mit drei „klicks" kann jeder Nutzer sofort in der Tiefenanalyse zu einer Qualitätsdimension landen (vgl. Abbildung 13).

Abbildung 13 **Auszug aus dem Qualitätsreport**

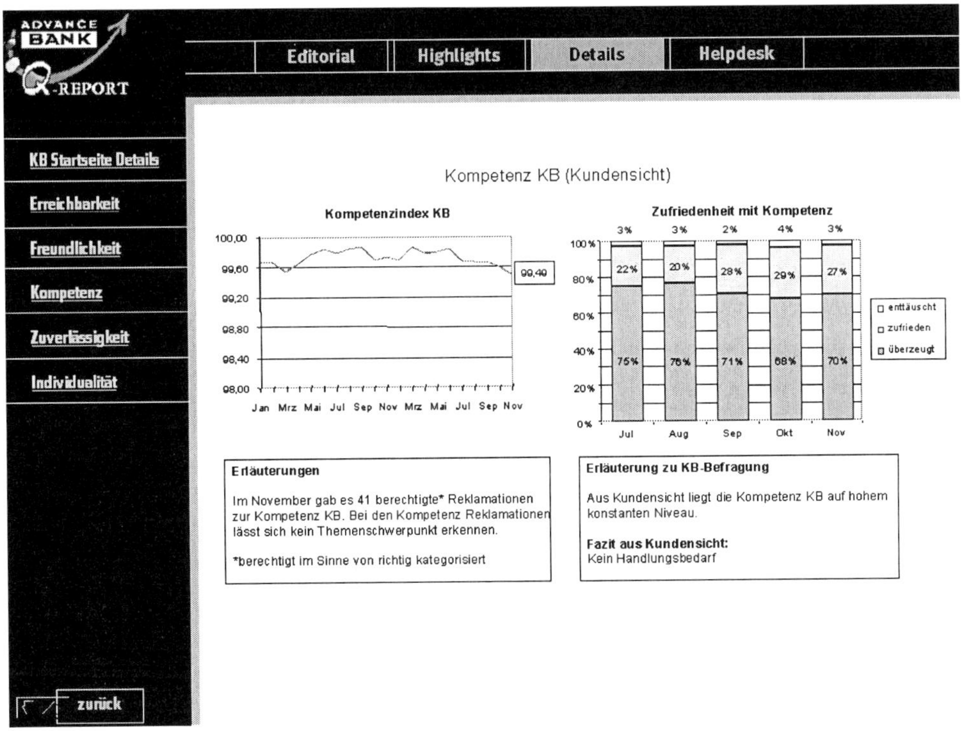

GABLER GRAFIK

3.42 Der Monatsreport

Während der Qualitätsreport quartalsweise eine allgemeine Information über den Stand der Qualität in der Advance Bank liefert, benötigt das Management zur gezielten Steuerung des Communication Centers häufigere und auch detailliertere Informationen. Daher wird dem Management ein monatliches Reporting zur Verfügung gestellt. Das monatliche Reporting besteht im Wesentlichen in einer Dokumentation aller gemessener Merkmale des jeweiligen Skills.

Alle drei Monate wird dieses Reporting um Detailanalysen und Interpretationen ergänzt. Ein wesentliches Hilfsmittel für diese Detailanalysen sind so genannte Handlungs-Relevanz Matrizen. Die Zufriedenheit der Merkmale wird in einem Koordinatensystem der Bedeutung gegenübergestellt. Die Bedeutung wird mit Hilfe einer Korrelation auf die Gesamtzufriedenheit ermittelt. Die Gesamtzufriedenheit sowie der Median der Korrelationskoeffizienten unterteilt das Koordinatensystem in vier Felder (vgl. Abbildung 14).

Abbildung 14 **Handlungsrelevanzmatrix**

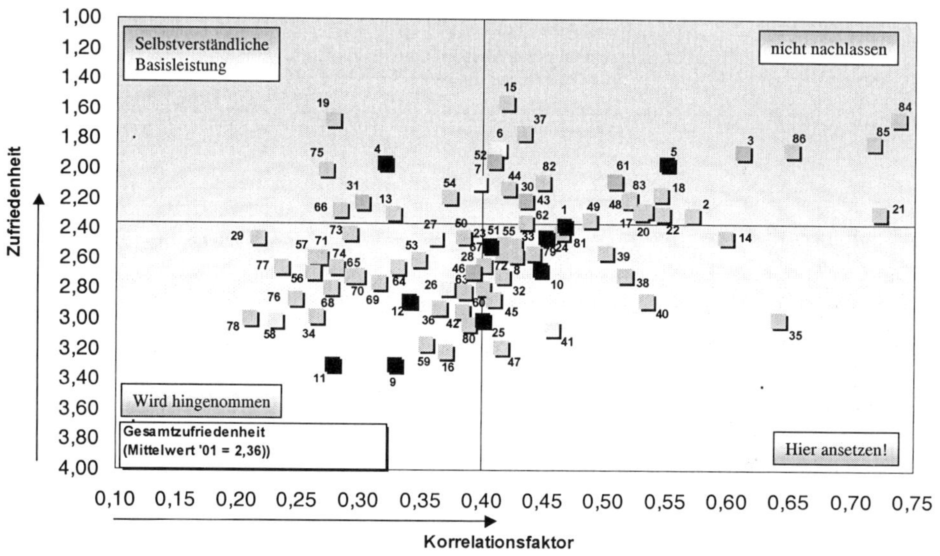

GABLER GRAFIK

Für jedes dieser Felder kann nun eine Handlungsempfehlung gegeben werden. Für die Steigerung der Qualität sind insbesondere die Merkmale, die im rechten unterene Feld stehen, relevant. Mit diesen Merkmalen ist der Kunden weniger zufrieden, allerdings ist die Bedeutung dieser Merkmale sehr hoch. Bei diesen Merkmalen anzusetzen bedeutet, mit einem besonders großen Hebel an der Gesamtzufriedenheit der Kunden zu arbeiten.

Ist ein Merkmal identifiziert, das auch unter Kosten-Nutzen-Gesichtspunkten optimiert werden soll, sind entsprechende Maßnahmen abzuleiten. Je nach Bedeutung der angestrebte Optimierung findet die Maßnahmendefinition in unterschiedlichem Rahmen statt. Dieser spannt sich von einem Gespräch mit dem Verantwortlichen bis hin zu moderierten Workshops.

Der Regelkreis von Erhebung der Daten, Reporting an die Verantwortlichen, Ableitung von Maßnahmen bis hin zum Controlling der ergriffenen Maßnahmen wird bei der Advance Bank Quality Loop genannt.

3.43 Die Advance Quality Scorecard

Während bei dem Qualitätsreport und dem Monatsreporting die Werte der einzelnen Bereiche und Skills im Mittelpunkt stehen, ist für die Communication Center Leitung von Relevanz, wie der Kunde die Leistung des Communication Centers insgesamt einschätzt, um bei Bedarf tiefer zu recherchieren. Diese Anforderungen weisen einen hohen Deckungsgrad mit den Zielsetzungen einer Balanced Scorecard auf (Friedag/Schmidt 2001). Daher war das Bestreben, die Vorteile, die dieses Konzept bietet, zu nutzen, es aber soweit zu adaptieren, dass es auch die Anforderungen der Advance Bank erfüllt. Ergebnis ist die Advance Quality Scorecard, die folgende Vorteile bietet:

- Das unternehmerische Ziel der Serviceorientierung wird messbar und daher auch steuerbar.
- Ausrichtung aller qualitativen Bemühungen des Communication Centers auf die qualitativen Zeile auf Advance Bank-Ebene.
- Für jeden Fachbereich (so auch für das Communication Center) können qualitative (gehaltsrelevante) Ziele festgelegt werden.
- Qualität bzw. die Kosten der Minderqualität werden höher priorisiert.
- Dies führt letztendlich zu sinkenden Fehlerkosten (z.B. Kosten für Reklamati onen (inkl. Kulanzen, Kompetenzen), entgangene Erträge aufgrund sinkender Kundenzufriedenheit).
- Last but not least dient die Advance Quality Scorecard als Frühwarninstrument, um auftretende Schwächen rechtzeitig zu erkennen.

Als Basis für die Entwicklung der Advance Quality Scorecard dient die Definition einer Quality Vision, die den Stellenwert der Qualität in der Advance Bank beschreibt. Auf dieses langfristige Ziel sollen alle qualitativen Bemühungen einzahlen. Die Quality Vision der Advance Bank lautet:

> „Unsere Arbeit zeichnet sich durch Professionalität und Qualität aus."

Wir bieten unseren Kunden attraktive Leistungen und Produkte in für sie optimaler Qualität mit der Zielsetzung der Ertragssteigerung und der langfristigen Kundenbindung.

Ausgehend von dieser Quality Vision hat die Advance Bank für sich vier Erfolgsfaktoren definiert, mit Hilfe derer die Erreichung der Vision überprüft werden können:

- **Kundenbindung**: Eine langfristige Geschäftsbeziehung ist das Ergebnis einer hohen Qualität der Produkte und Leistungen.
- **Mitarbeiter**: Unsere Mitarbeiter sind die Basis und die Garanten für die qualitativ hochwertige Leistungserbringung.
- **Produktqualität**: Produkte und Leistungen sind das Aushängeschild eines Finanzdienstleisters. Sie sind „fassbar" und „erlebbar" und können von den Kunden/Interessenten mit den Mitbewerbern verglichen werden.
- **Prozessqualität**: Ineffizienzen und Fehler bei den internen und externen Prozessen führt zu hoher Unzufriedenheit bei Kunden/Interessenten bzw. bei den Mitarbeitern.

Um diese Erfolgsfaktoren näher zu beschreiben, werden Zielgrößen definiert, die wiederum durch quantifizierbare Kennzahlen konkretisiert werden. Das so entstandene Modell ist in Abbildung 15 dargestellt.

Abbildung 15 Modell der Advance Quality Matrix

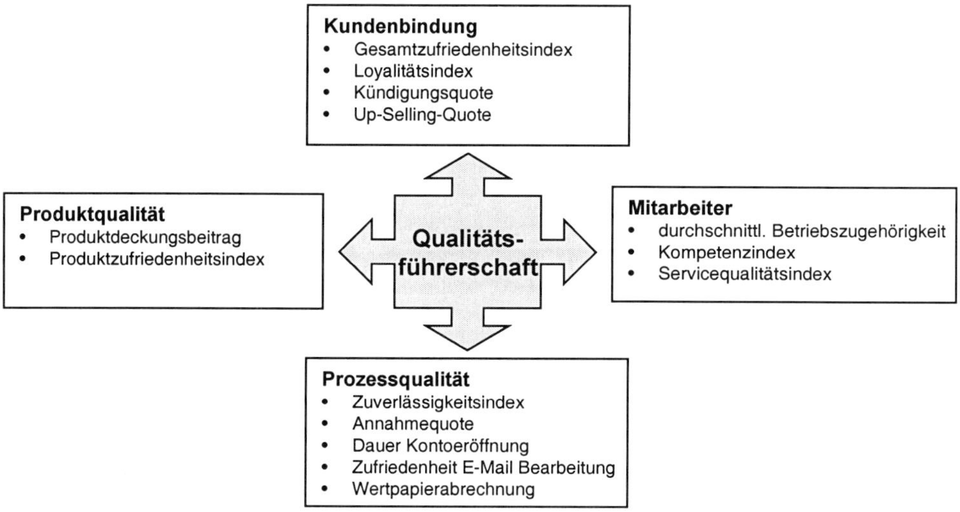

GABLER GRAFIK

Der Anspruch der Advance Quality Scorecard geht jedoch über das reine Berichtswesen hinaus. Sie soll vielmehr als qualitatives Steuerungsinstrument dienen. Dies impliziert, dass für jede Kennzahl Zielwerte definiert sind, sowie Maßnahmen zur Zielerreichung aufgesetzt werden. Die Darstellung der Zielerreichung fließt in die

Visualisierung der Scorecard mit ein. Gleiches gilt auch für einen Trendindikator (vgl. Abbildung 16). Somit verfügt die Leitung des Communication Centers über ein Tool, das ihr auf einen Blick verrät, welche der gesetzten Ziele erreicht werden und in welchem Bereich zusätzliche Aktivitäten ergriffen werden müssen.

Abbildung 16 **Visualisierung der Advance Quality Scorecard**

Produktqualität

	Ist	? -Jahr	Ziel	ZE	Trend
Produktdeckungsbeitrag	###	###	###	100%	
Produktzufriedenheitsindex	###	###	###	88%	?

Kundenbindung

	Ist	? -Jahr	Ziel	ZE	Trend
Gesamtzufriedenheitsindex	###	###	###	97%	?
Loyalitätsindex	###	###	###	97%	?
Kündigungsquote	###	###	###	72%	?
Up-Selling-Quote	###	###	###	80%	?

Prozessqualität

	Ist	? -Jahr	Ziel	ZE	Trend
Zuverlässigkeitsindex	###	###	###	99%	?
Annahmequote	###	###	###	96%	?
Dauer Kontoeröffnung	###	###	###	100%	
E-Mail Bearbeitung	###	###	###	84%	?
WP-Abwicklung	###	###	###	100%	

Mitarbeiter

	Ist	? -Jahr	Ziel	ZE	Trend
durch. Betriebszugehörigkeit	###	###	###	101%	?
Kompetenzindex	###	###	###	99,7%	?
Servicequalitätsindex	###	###	###	95%	?

GABLER GRAFIK

Bei einer Zielwertverfehlung besteht darüber hinaus die Möglichkeit, tiefergehende Analysen anzufertigen. So kann dann quasi auf Knopfdruck gezeigt werden, welcher Einflussfaktor sich wie auf den Zielwert auswirkt und ob ein spezifischer Skill für die Zielwertverfehlung verantwortlich ist.

4. Umsetzung der Qualitätsstrategie durch Personalmaßnahmen

4.1 Rekrutierung

Die Anforderungen an einen Servicemitarbeiter im Telemarketing können nicht allein durch Training und Weiterentwicklung erfüllt werden. Deshalb ist die Auswahl der richtigen Mitarbeiter der Schlüssel zum erfolgreichen Verkauf sowie zur dauerhaften Mitarbeitermotivation und Kundenbindung. Dieses spezifische Berufsbild des Arbeitnehmers im Communication Center bildet sich auf dem deutschen Arbeitsmarkt zusehends heraus. Durch E-Commerce erhält es eine weitere Aufwertung, verliert doch der telefonische Abwickler zugunsten des Navigators mit Medienkompetenz an Bedeutung. Ziel der Advance Bank Rekrutierung sind Mitarbeiter, die den Advance USP – Service und Qualität – einlösen und durch ihre Leistung Zufriedenheit beim Kunden schaffen und ihn an die Advance Bank binden. Wichtig ist, die **Anforderungen des jeweiligen Arbeitsplatzes** im Communication Center zu definieren. Unter Anforderungen werden dabei die benötigten Fähigkeiten und Fertigkeiten für die Position verstanden. Dazu passen muss die Eignung des Bewerbers, also seine Leistungsvoraussetzungen und Potenziale. Die Anforderungs- und Eignungskategorien beziehen sich dabei auf kenntnisbezogene und psychische Merkmale.

Die **Auswahl der Mitarbeiter** findet über ein mehrstufiges Verfahren statt:

- Das Telefoninterview testet Stimme, Dialekt und sprachliche Kompetenz des Bewerbers.
- Das so genannte JobFidence-Messverfahren – ein anerkannter psychologischer Test – wird zur Auswertung der Leistungsvoraussetzungen des Bewerbers eingesetzt (Lernfähigkeit, Flexibilität, Ergebnisorientierung, Sensibilität, Einfühlungsvermögen).
- Das Assessment Center erhebt mit Rollenspielen, Gruppendiskussionen und Interviews die Fähigkeit zum aktiven Zuhören, die Freude am Kontakt mit Menschen sowie die Hartnäckigkeit.

Abschließend entscheidet das Urteil der Beobachter – einer Gruppe von Führungskräften aus der Bank – im Anschluss an das Assessment Center über die Einstellung des Bewerbers.

Das Rekrutierungsverfahren der Advance Bank testet die für exzellente Kundenbindung erforderlichen Eignungen des Bewerbers durch das gekonnte Zusammenspiel dieser verschiedenen Instrumente.

4.2 Job Enlargement und Personalentwicklung

Aufgrund der Vielzahl der Anrufe und der sich immer noch stark wiederholenden Tätigkeit eines Communication Center Beraters und der damit verbundenen Frustrationsgefahr ist die **permanente Erweiterung des Aufgabenspektrums** wichtig. Falls es das Anrufvolumen zulässt, können Mitarbeiter auch Aufgaben außerhalb der Communication Center – Tätigkeit wahrnehmen – Job Enlargement. So bezieht die Bank die Berater beispielsweise in Aufgaben der Trainingsplanung und -durchführung oder der internen Kommunikation mit ein. Eine wesentliche Erweiterung erfährt das Aufgabenprofil durch die Integration des Internets. Immer neuere Techniken bringen den Mitarbeiter in das Netz hinein. Die Zeiten, in denen der Mensch nicht direkt im Internet vertreten war, gehen ihrem Ende entgegen. Elektronische Faxe, E-Mails und kollaboratives Web-Browsing steigern die Interaktivität soweit, dass der Kunde beim Surfen die Natürlichkeit des persönlichen Kontaktes kaum mehr vermisst. Eine neue, besonders interessante Technik ist dabei das kollaborative Web-Browsing (coBrowsing), denn es vereint den derzeit größten Grad an Interaktivität und Darstellungsmöglichkeit. Beim kollaborativen Web-Browsing kann der Kunde auf seinem Wunsch hin den Berater im Call Center als Navigator während seinem Surfen hinzurufen und ihn um Orientierung und Hilfe bitten. Die Kontaktaufnahme erfolgt dabei via eines Call-Me-Back-Buttons (der im weniger interaktiven und synchronen Stufen bereits bekannt ist) und wahlweise über Text-Chat oder Internet-Telephonie.

Abbildung 17 zeigt dabei die Evolution des Call-Me-Back-Buttons auf, der je nach Ausstattung den Kundenwunsch nach Kommunikationsaufnahme lediglich ausdrückt, in ein E-Mail-Briefkasten einstellt, eine Wiedervorlage erstellt und diese mit der Personaleinsatzplanung (PEP) verknüpft oder eine direkte (synchrone) Kommunikation mit visueller Darstellung (Anzeige von Web-Seiten) und gleichzeitiger sprachlicher/textueller Kommunikation (Voice-over-IP/Text-Chat) ermöglicht.

Abbildung 17 Evolutionsstufen Call-Me-Back-Button

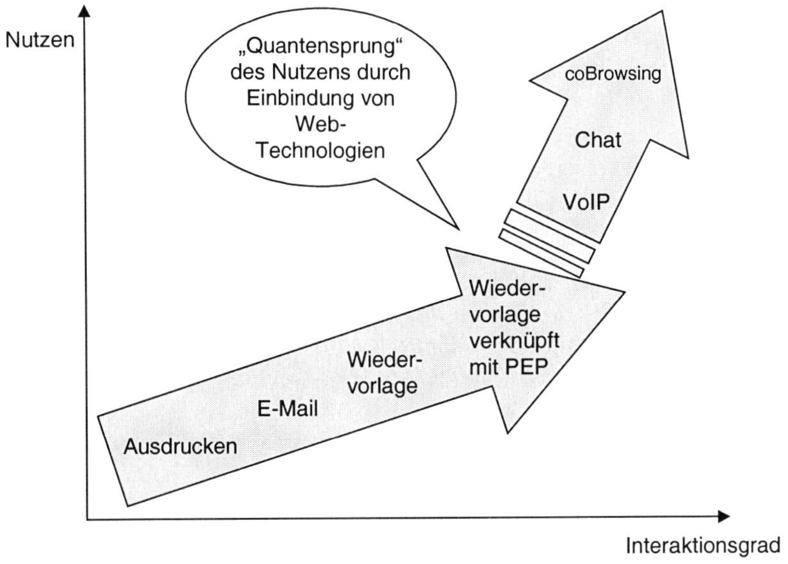

GABLER GRAFIK

Jeder Berater kann sein **Qualifikationsprofil** bestimmen und verändern. So kann sich jeder Einzelne von der Neukundenberatung für das Outbound (aktiver Telefonverkauf) oder für die Vermögensberatung weiterentwickeln. Darüber hinaus ermöglicht ein vom Communication Center konzipiertes Programm zur Teamleiter-Ausbildung, die Weiterentwicklung zur Führungskraft. Ein Teamleiter betreut in der Regel mindestens zehn Berater. Die Kandidaten zur Führungskräftelaufbahn müssen das Anforderungsprofil erfüllen und erhalten eine dreimonatige intensive Ausbildung in verschiedenen Bereichen des Communication Centers. Am Ende dieser Zeit beschließen die beteiligten Ausbilder gemeinsam, ob der Bewerber das Potenzial für die neue Aufgabe mitbringt.

4.3 Leadership

So wie die Bank von jedem Berater fordert, sich auf die individuellen Bedürfnisse des Kunden einzulassen, fordert sie von den Führungskräften, sich immer wieder für jeden Einzelnen neu zu öffnen und ihm als Ansprechpartner in fachlichen und persönlichen Fragen zur Seite zu stehen. Mitarbeiter in einem beratungsintensiven Communication Center sind Individualisten und möchten ebenso wenig „abgewikkelt" werden wie Kunden. Neugierde auf den Mitarbeiter und seine Persönlichkeit ist daher eine **Grundhaltung aller Führungskräfte**. In drei verschiedenen Trainingsmodulen wird den Führungskräften das notwendige Handwerkszeug für den Führungsalltag vermittelt. Dieses intensive Training ist notwendig, denn Führen im Communication Center ist Führen unter erschwerten Rahmenbedingungen: Sieben-Tage-Betrieb, Schichtarbeit und die Mischung von Voll- und Teilzeitkräften erschweren den Teamgedanken als Voraussetzung für Motivation und Mitarbeiterbindung und damit die Führung.

4.4 Arbeitsplatzausstattung

Die Arbeit in einem Communication Center ist körperlich sehr anspruchsvoll. Mitarbeiter kennen keinen eigenen Arbeitsplatz, sind stark abhängig von der Systemunterstützung und bekommen ihren Arbeitsrhythmus in Form der Schichtplanung vorgeschrieben. Die ACD (Automatic Call Distribution) sorgt für eine gleichmäßige Auslastung aller Berater (100-180 Calls per Achtstunden-Schicht). Alleine die gesetzlich vorgeschriebenen Pausen (halbe Stunde Mittagspause, alle zwei Stunden zehn Minuten Bildschirmpause) geben dem Mitarbeiter Zeit zum Verschnaufen. Call-Center-Arbeit ist sitzende Bildschirmarbeit, die Auswirkung auf Rücken und Augen haben kann, ebenso kann die Stimme bei falscher Atemtechnik stark belastet werden.

Call-Center-Arbeitsplätze stehen im Spannungsfeld zwischen Virtualität, Kosteneffizienz, Wachstumserfordernissen, Raumökonomie und menschlichen Grundanforderungen an einen Arbeitsplatz. Schlecht gestaltete, nach reinen Kostengründen lieblos geplante Arbeitsplätze, verhindern ein erfolgreiches Arbeiten des Mitarbeiters. Moderne Call-Center-Arbeitsplätze müssen deshalb nicht nur die in der Arbeitsrichtlinie festgelegten Mindestanforderungen erfüllen, sondern sollten **ergonomische Anforderungen** in einem hohen Maße berücksichtigen: Lichtverhältnisse, Griffweiten, Sitzverhältnisse sowie technische Ausrüstungen sind entscheidend für die Arbeitszufriedenheit und damit für die Kundenzufriedenheit.

Zudem plant die Advance Bank insbesondere für die Mitarbeiter im Communication Center eine Gesundheitsinitiative, die einen ersten konkreten Niederschlag in regelmäßig stattfinden Atem- und Sprechtrainings gefunden hat. Weitere Angebote, wie Massagen, Rückenschule werden folgen.

4.5 Motivierende Bezahlung

Eine wichtige Rahmenbedingung für die Servicequalität in einem Communication Center ist Fairness und Transparenz der Bezahlung. Die Advance Bank zahlt ein tarifunabhängiges Gehalt, das die Leistungen und die Qualifikation der Mitarbeiter berücksichtigt. Es setzt sich aus zwei oder drei Teilen, je nach Gehaltsgruppe, zusammen: einem **fixen Grundgehalt**, einem **variablen Leistungsbonus** und – für die oberen Vergütungsgruppen – einem **Erfolgsbonus**. Der Leistungsbonus bemisst sich nach der individuellen Leistung – unabhängig vom Unternehmenserfolg. Er berücksichtigt die Erfüllung der Verkaufs- und Qualitätsziele sowie das Teamverhalten des Einzelnen und wird rückwirkend ausbezahlt. Maßgeblich dafür ist das zweimal jährlich stattfindende Mitarbeitergespräch mit der jeweiligen Führungskraft. Der Erfolgsbonus knüpft ausschließlich am Ergebnis der Bank an. Auch dieser Bonus ist variabler Bestandteil, aber unabhängig von der persönlichen Leistung. Er bemisst sich nach der Erfüllung der Unternehmensziele: Kosten, Ertrag und Kundenzufriedenheit. Der variable Gehaltsanteil nimmt an Bedeutung zu, je mehr der Mitarbeiter die unternehmerischen Entscheidungen beeinflussen kann.

Das Gehaltsmodell des Communication Centers verzichtet aber bewusst auf die Provisionierung von Produktabschlüssen, da diese sich kontraproduktiv auf die Werthaltigkeit der Kundenbeziehung ausüben würde. Kundenbindung, die sich auch in Weiterempfehlungsbereitschaft und Wiederkaufabsicht niederschlägt, muss für den Mitarbeiter auch gehaltsrelevant sein.

5. Hürden und Chancen auf dem Weg zur Servicequalität

Neben dem konzeptionellen und operativen Aufwand eines Qualitätsmanagements schrecken viele Unternehmen und damit auch Verantwortliche eines Communication Centers vor der Messung und somit dem Management von Servicequalität zurück. Welche Gründe könnten dazu führen?

Transparenz: Gerade das Call Center ist durch den Einsatz einer ACD ein gläserner Bereich. Fast jeder „Schritt" des Call Center Mitarbeiters kann überprüft und mit Daten hinterlegt werden. Wieso also sollte sich die Leitung eines Communication Centers neben der Quantität auch bei der Qualität in die Karten schauen lassen?

Angst vor Kontrolle: Akzeptanz von zum größten Teil subjektiven Messresultaten, gemessen, dokumentiert und interpretiert durch den nicht „eigenen" Unternehmensbereich und die Veröffentlichung all dieser Ergebnisse stellt die Beteiligten, allen voran das Management des Direktvertriebs vor eine große persönliche Herausforderung.

Quantität vor Qualität: Häufig stellt sich bei Unternehmen die Frage, ob man sich denn die Qualität überhaupt leisten kann. Gerade in Aufbauphasen geht es doch erst einmal darum, alle Kräfte darauf auszurichten, die notwendige Kundenanzahl, die kritische Größe des Communication Center durch Volumen aufzubauen. Die kurzfristige Erfolgsperspektive und überspannte Erwartungen an den Erfolg verhindern den Aufbau einer Fokussierung auch auf das Thema Qualität.

Mangelndes Commitment: Häufig ist das Bekenntnis des Top-Managements zum Thema Servicequalität sehr unsicher, finden sich keine oder nur unklare strategische Aussagen dazu wieder.

Unklarheiten zu Ressourcen: Aus der mangelnden Unterstützung des Top-Managements resultiert die Folgefrage: Werden denn überhaupt Ressourcen zur Umsetzung von Servicequalität genehmigt?

Klima: Ressortegoismen, Profilierungsstreben und Machtbewusstsein anderer Abteilungen erschweren ein gemeinsames Bekenntnis zur Servicequalität.

Dabei liegen gerade für Verantwortliche des Communication Centers die **Vorteile** eines aktiven Managements von Servicequalität auf der Hand:

Lernen: Nur wenn man konsequent Daten über Kundenerwartungen und ihre Erfüllung erhebt, wenn man weiß, was die Kundenzufriedenheit konkret beeinflusst – sich dem „Gemessen-werden" bewusst aussetzt – kann man Fehler gezielt erkennen und die richtigen Stellschrauben für Veränderungen in Bewegung setzen. Den Kunden zum Mitgestalter und Motor des Lernens im Communication Center zu machen, heißt damit auch, erfolgreicher für den Kunden zu werden. Und hier hat das Communication Center durch den direkten Kundenkontakt wesentlich mehr Möglichkeiten, sich schnell in „Richtung Kunde“ weiter zu entwickeln als nachgelagerte Back-Office-Abteilungen.

Vernetzung sichtbar machen: Durch ein Gitter an Kundendaten und internen Liefervereinbarungen kann das Communication Center messbar verdeutlichen, wie stark externe Service Exzellenz vom Commitment und der Unterstützung anderer Partner/Abteilungen abhängt. Nur durch die Fixierung dieser internen Absprachen kann es gelingen, das Communication Center von seiner Alleinverantwortung zur Servicequalität zu befreien und sich der Unterstützung anderer Fachbereiche auf dem Weg zur Kundenbindung zu versichern.

Empowerment der Mitarbeiter: Mitarbeiter, die um Quellen zur Kundenzufriedenheit wissen, die permanent über den aktuellen Stand der Kundenzufriedenheit informiert sind, die genau wissen, wie ihr Beitrag dazu aussieht, werden ihre Tätigkeit mit mehr Verantwortung und Engagement ausüben. Gerade für stark getaktet arbeitende Mitarbeiter bietet sich hier die Möglichkeit einer aktiven Beteiligung und Gestaltungsmöglichkeit, denn sie sitzen an der direkten Nahtstelle zum Kunden, sind Marktforscher zur Servicequalität und können auf dieser Basis das Communication Center und angeschlossene Bereiche weiter entwickeln.

Verringerte Mitarbeiterfluktuation: Gerade die Call-Center-Branche zeichnet sich derzeitig noch mit Fluktuationsraten bis zu 30 Prozent aus. Mitarbeiter, die in einem Umfeld arbeiten, das interne und externe Kundenorientierung wert schätzt, das ihnen die Möglichkeit der Mitgestaltung bietet, wird motivierte Mitarbeiter haben, die ihrem Arbeitgeber loyaler verbunden sind.

Kooperationsklima: In einem Unternehmen, das neben den quantitativen auch qualitative Ziele wie die Kundenzufriedenheit ernst nimmt, werden sich Ressortegoismen schwerer am Leben halten können. Denn Kundenbindung kann auf Dauer nur im Miteinander, in der Vernetzung erreicht werden.

Positionierung des Communication Centers: Durch das aktive Vorantreiben des Managements der Servicequalität kann sich das Communication Center innerhalb des Unternehmens nicht nur als Keimzelle für Kundenorientierung, sondern auch als Motor für Lernen und Veränderungen positionieren. Communication Center können auf diese Weise vom telefonischen Abwickler zum Gestalter von Vertriebs- und Servicekulturen in einem Unternehmen werden. Wer selbst vor der Überprüfbarkeit nicht zurückschreckt und den Willen zur Weiterentwicklung aktiv vorlebt, kann dies auch von andern Partnern einfordern.

Das Management von Servicequalität stellt so für innovative Communication-Center-Strukturen eine wesentliche Positionierungs- und Entwicklungsmöglichkeit im Sinne des Endkunden dar. Verantwortliche eines Communication Centers sollten deshalb die Chancen eines gesteuerten Kundenmanagements aufnehmen, vorwärtstreiben und sich so zum Gestalter und damit zum Promoter des Prozesses machen. Auf dem Weg dahin gibt es wenig zu verlieren, aber viel zu gewinnen: Motivierte Mitarbeiter sowie gebundene und damit werthaltigere Kundenbeziehungen.

Literatur

Dollinger, A. (1999), Business Case „Advance Bank“, in: Schrick, K./Dollinger, A. (Hrsg.), Das innovative Call Center, München.

Droege & Company (Hrsg.) (1996), Triebfeder Kunde II. „In Search of Service Excellence”. Eine Zeitverlaufsstudie zur Kundenorientierung deutscher Unternehmen.

Friedag, H./Schmidt, W. (2001), My Balanced Scorecard, 2. Aufl., Freiburg, München, Berlin.

Meyer, A. (1994), Dienstleistungs-Marketing, 6. Aufl., Augsburg.

Meyer, A./Dornach, F. (1998), Jahrbuch der Kundenzufriedenheit in Deutschland 1998. Das Deutsche Kundenbarometer 1998 – Qualität und Zufriedenheit, München.

Naisbitt, J. (1999), High Tech – High Touch. Auf der Suche nach Balance zwischen Technologie und Mensch, Wien, Hamburg.

Reichhall, F. F. (1996), The Loyalty Effect. The Hidden Force Behind Growth, Profits and Lasting Value, Boston.

Stauss, B (2000), Rückgewinnungsmanagement. Verlorene Kunden als Zielgruppe, in: Bruhn, M./Stauss, B. (Hrsg.), Dienstleistungsmanagement Jahrbuch 2000. Kundenbeziehungen im Dienstleistungsbereich, Wiesbaden, S. 449-471.

Stauss, B./Seidel, W. (1995), Beschwerdemanagement, Personalpolitische Konsequenzen für Dienstleistungsunternehmen, in Qualität und Zuverlässigkeit, 40. Jg, Nr. 8, S. 915-920.

Stauss, B./Seidel, W. (1998), Beschwerdemanagement. Fehler vermeiden, Leistung verbessern, Kunden binden, 2. Aufl., München.

Theobald, A. (2000), Marktforschung im Internet, in: Bliemel, F./Fassolt, G./Theobald, A. (Hrsg), Electronic Commerce, Wiesbaden.

Trappel, J./Schrappe, K. (2000), Medienlandschaft 2005 im deutschsprachigen Raum, in: c't, 4/2000.

Weiser, R.W. (1995), Championing the Customer, in: Harvard Business Review, Vol. 73, Nov/Dec, S. 113-116.

3 Qualität als gelebte Unternehmenskultur der Crossair AG

Manfred Bruhn, Alexander Fuchs und Philipp Grossheutschi

1. Besonderheiten des Dienstleistungsmarketing und Daten zur Crossair AG

1.1 Daten zum Unternehmen und seiner Entwicklung

Crossair ist die größte europäische und weltweit sechstgrößte Regional-Fluggesellschaft und bietet von der Schweiz aus (vor allem vom EuroAirport Basel-Mulhouse-Freiburg) Linien- sowie Charterverbindungen an. Das Unternehmen hat es sich zur Aufgabe gemacht, mit kleinen Flugzeugen und einem überdurchschnittlichen Service an Bord die Regionen in Europa zu verbinden. Wie kam es dazu?

Im Jahre 1978, dem Gründungsjahr der Crossair, war die Luftfahrt in Europa reguliert und von staatlichen Fluggesellschaften kontrolliert. Newcomer wurden in diesem Umfeld durch etablierte staatliche Gesellschaften fern gehalten. Regionalluftfahrt war zu dieser Zeit in Europa nicht existent, nur Flughäfen mit großem Passagieraufkommen wurden angeflogen. Moritz Suter, der Gründer der Crossair, bemerkte auf seinen Flügen als Swissair Pilot immer wieder das Problem von nicht ausgelasteten großen Flugzeugen. Seine Idee war es, mit kostengünstigeren kleinen Flugzeugen Nebenflughäfen anzufliegen, um so auch das Bedürfnis nach schnelleren Verbindungen zu befriedigen. In diesem Umfeld konkretisierte der junge Swissair-Pilot und heutige Verwaltungsratspräsident Moritz Suter seine Idee von einer **Regional-Fluggesellschaft** und nahm am 2. Juli 1979 die ersten Linienflüge auf. Mit drei kleinen Propellerflugzeugen à 18 Plätzen flog die Gesellschaft anfänglich von Zürich nach Nürnberg (vgl. Abbildung 1), Klagenfurt und Innsbruck. Das benötigte Kapital wurde Moritz Suter von Freunden und Bekannten zur Verfügung gestellt. Die Zeiteinsparungen dieser Strecken waren erheblich und wurden prompt von den Konsumenten rege nachgefragt. Das Geschäftsvorhaben war zu diesem Zeitpunkt ein Novum in Europa.

Dank guten Geschäftsergebnissen während den ersten paar Jahren konnten laufend neue Strecken und Frequenzen eingerichtet werden, die Nachfrage vor allem von Geschäftsleuten nach schnellen Verbindungen war sehr groß. Laufend mussten neue Flugzeuge hinzugekauft werden, um der erhöhten Nachfrage Rechnung zu tragen. Aus der „kleinen“ Crossair von damals (1979) mit anfänglich zwei Mitarbeitern wurde innerhalb weniger Jahre die größte Regional-Fluggesellschaft Europas mit mittlerweile über 3.500 Angestellten aus über 50 Ländern. Heute fliegt die Crossair von den schweizerischen Flughäfen EuroAirport Basel-Mulhouse-Freiburg, Bern-Belp, Genève-Cointrin, Lugano-Agno und Zürich-Kloten aus nach über 100 Destinationen in mehr als 30 europäische und nordafrikanische Länder sowie nach den Staaten des Nahen Ostens (vgl. Abbildung 2).

Abbildung 1 **2. Juli 1979: Erste Strecke Zürich – Nürnberg, und die damit verbundene Zeitersparnis**

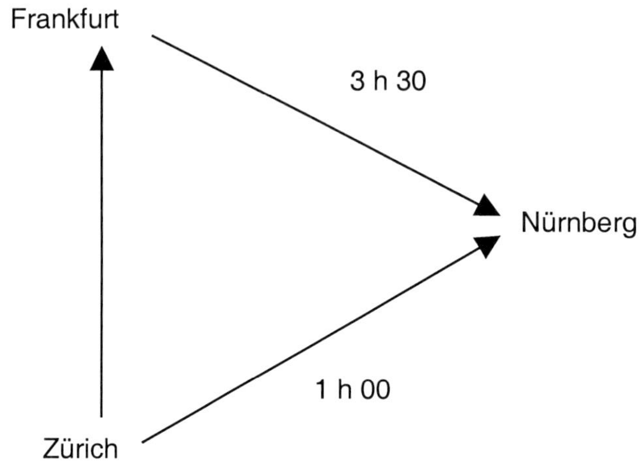

Quelle: Crossair 2001

GABLER GRAFIK

Die technischen Dienste und die Administration sind zentral auf dem EuroAirport Basel-Mulhouse-Freiburg untergebracht. Hier befinden sich Hangar, Lager, Technik, Schulungszentrum, Flugsimulatoren und Büros.

Waren es im ersten Betriebsjahr rund 13.000 Fluggäste, die die Dienste der Crossair in Anspruch nahmen, so befördert sie heute mit einer Flotte von 77 Flugzeugen pro Jahr mehr als 6,3 Mio. Passagiere. Die Erträge generiert das Unternehmen neben den Passagen und dem Chartergeschäft aus Fracht und Posttransporten sowie aus Fremdwartung. Dabei konnte in den letzten fünf Jahren bis auf das Chartergeschäft 2000 immer eine stetige Steigerung der jeweiligen Umsätze verzeichnet werden. Bis zum Jahre 1998 konnte ebenfalls der Gewinn kontinuierlich ausgeweitet werden, wobei er im darauffolgenden Jahr stagnierte und im Jahre 2000 ein Verlust ausgewiesen wurde (vgl. Abbildung 3).

Diese Entwicklung erklärt sich einerseits mit dem gewaltigen Ausbau des Personalbestandes, der wegen der starken Expansion nötig wurde, andererseits mit der Entwicklung des Wechselkurses und der starken Erhöhung der Kerosinpreise. Die Gesellschaft hat darauf reagiert und will mit dem Kosteneinsparprogramm „Columbus" wieder in die schwarzen Zahlen gelangen.

Dabei setzten sich die Betriebserträge 2000 folgendermaßen zusammen: 57 Prozent ihres Umsatzes erwirtschaftete das Unternehmen mit Linien-Passage, 18 Prozent mit

Wet-lease-Passage und 16 Prozent mit Charter. Übrige Erträge haben 6 Prozent zum Total beigetragen und Fremdwartungs- und Frachterträge 2 resp. 1 Prozent.

Abbildung 2 **Streckennetz Crossair, Linienflüge, Saisonflüge**

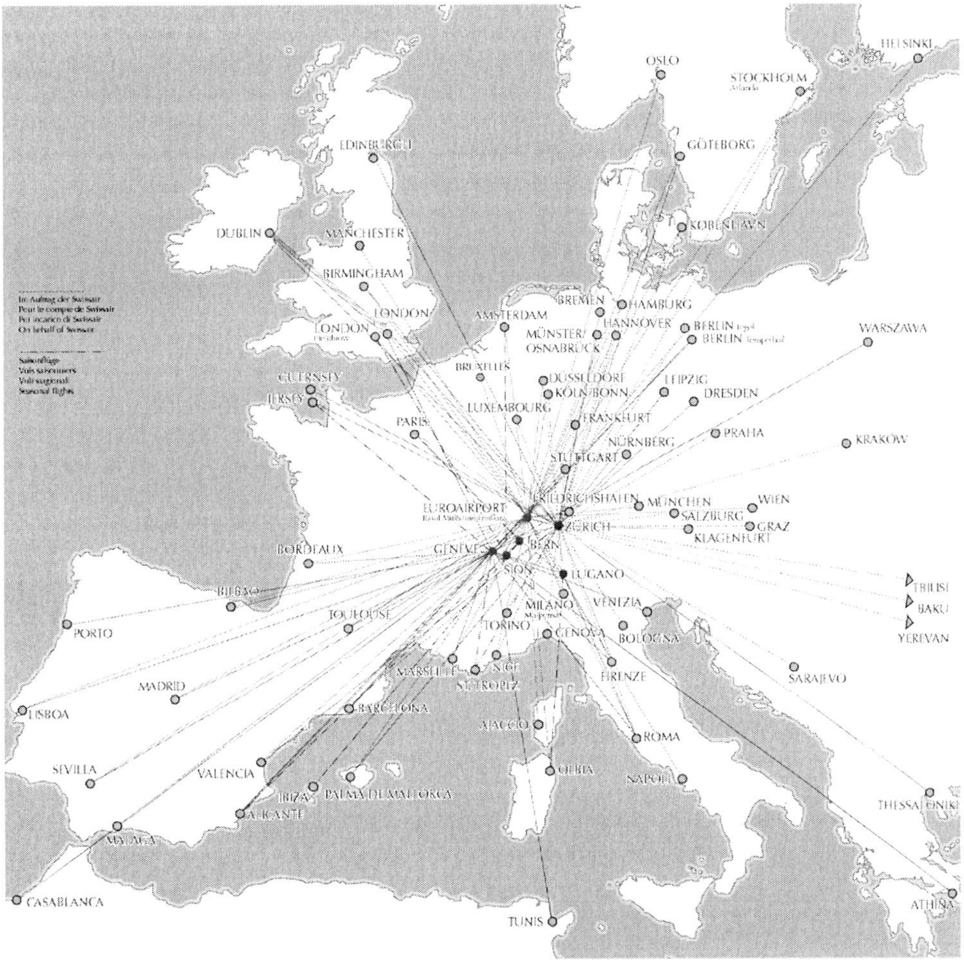

Quelle: Crossair 2001

GABLER GRAFIK

Die in Basel ansässige Firma musste ihr Aktienkapital laufend ausweiten, um die Flotte weiter auszubauen. Die Crossair-Aktie wurde erstmals im Juni 1985 an den Hauptbörsen von Zürich, Basel und Genf kotiert. Im Rahmen einer Kapitalerhöhung im Jahre 1988 auf 160 Mio. CHF beteiligte sich die nationale Fluggesellschaft der Schweiz, Swissair, mit 38 Prozent des Kapitals und 41 Prozent der Stimmrechte an der Crossair. Im Jahre 1991 wurde die Swissair Mehrheitsaktionärin. Die nationale Fluggesellschaft besaß im Jahre 2000 rund 70 Prozent der Aktien der Regional-Fluggesellschaft. Crossair hat heute ein Aktienkapital von 330 Mio. CHF, wobei sich 1,1 Prozent in ausländischer Hand befinden.

Abbildung 3 **Entwicklung Ertrag, Aufwand und Jahresgewinn (Nur Crossair AG für europäischen Regionalflugverkehr)**

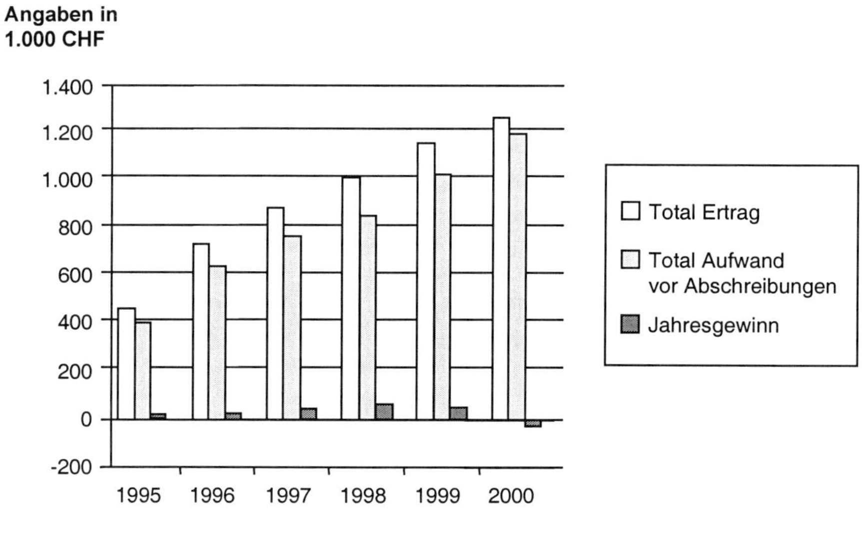

GABLER GRAFIK

Quelle: Crossair Jahresrechnung 2000, S. 43

Die Beteiligungen des Crossair Konzerns an Firmen kann folgender Tabelle 1 entnommen werden:

Tabelle 1 **Firmenbeteiligungen der Crossair**

Beteiligungen	Nominelles Aktienkapital
A.F.S. AG, Kloten (CH)	CHF 1.000.000
Alpar AG, Bern (CH)	CHF 5.517.000
CPS AG, Basel (CH)	CHF 2.000.000
Crossair Catering AG, Kloten (CH)	CHF 1.000.000
Crossair Enging Repair AG, Winterthur (CH)	CHF 3.000.000
Cross Travel Club AG, Basel (CH)	CHF 400.000
CROSSCAT AG, Basel (CH)	CHF 100.000
Europe Continental Airways, Saint-Louis (F)	FRF 20.000.000
Luganair AG, Agno (CH)	CHF 400.000
Qualiflyer Loyality AG, Kloten (CH)	CHF 6.000.000

Im Jahre 1982 wurde die **Zusammenarbeit mit der Swissair**, der nationalen Fluggesellschaft der Schweiz, beschlossen und die Tätigkeitsbereiche klar abgegrenzt. Die Crossair bedient kleine und mittlere Distanzen, während sich die Swissair auf die Langstrecken konzentriert. Die Crossair dient auch als Zubringer von Passagieren zur Swissair. Dies hatte zur Folge, dass sich die Aktivitäten der Crossair mehr und mehr dezentralisierten (mit heutigem Schwerpunkten am Hauptsitz Basel und den Flughäfen Zürich, Genf und Lugano). Um die Verbindungen noch kostengünstiger und kundenfreundlicher zu gestalten führte Crossair im Jahre 1998 das „EuroCross" ein, das den EuroAirport Basel-Mulhouse-Freiburg als führendes Drehkreuz (so genannter Hub) im innereuropäischen Anschlussverkehr profilieren soll. Aufgrund genau aufeinander abgestimmter Flugzeiten verbindet Crossair mit dem EuroCross eine Vielzahl europäischer Städte, die der Kunde mit kurzen Umsteigezeiten in Basel schnell und bequem erreichen kann.

Das Chartergeschäft der Balair/CTA wurde im Jahre 1995 in die Swissair (Langstrecken) und in die Crossair (Kurz- und Mittelstrecken) eingegliedert. Die Crossair konnte damit ihre starke Position als kostengünstige Regional-Fluggesellschaft weiter ausbauen und wurde damit auch eine der bedeutendsten Ferienfluggesellschaften Europas. Mit Düsenflugzeugen der Marke Boeing MD-83 werden Feriendestinationen in Europa, Nordafrika und dem Nahen Osten bedient. Im Jahre 2000 wurden rund 7 Prozent aller Etappenflüge im Rahmen des Charter realisiert, dabei konnten rund 935.000 Charterpassagiere transportiert werden. Gleichzeitig übergab die Swissair den Betrieb ihrer Flugzeuge bis zu 100 Plätzen der Crossair. 1998 wurde Crossair Vollmitglied der Qualiflyer-Group (zusammen mit Air Littoral, Air Portugal, AOM, Austrian Airlines, Lauda Air, Sabena, Swissair, Turkish Airlines und Tyrolean Airways). Diese von der Swissair gegründete Allianz will sich gegenüber der immer stärkeren Konkurrenz anderer Fluggesellschaften und Allianzen einen Wettbewerbsvorteil erarbeiten. In dem der Kunde mit einer der oben erwähnten Fluggesellschaften fliegt, kann dieser Meilen sammeln, die er dann wiederum für Freiflüge oder andere „Geschenke" verwenden kann. Der Kunde soll mit diesem Programm für seine Treue zur Allianz belohnt werden und langfristig gehalten werden.

Im Jahre 1999 wurde der **wichtigste Flottenentscheid** der Unternehmensgeschichte gefällt. Die bestehende Flotte soll durch Jet-Flugzeuge des brasilianischen Flugzeugherstellers Embraer ersetzt werden (vgl. Tabelle 2). Die Flottenerneuerung wird bis 2006 abgeschlossen sein. Es wurden 25 ERJ 145 Flugzeuge mit 49 Sitzplätzen bestellt. Im Gegenzug werden die Turboprob-Flugzeuge Saab 340 Cityliner ausgemustert. Ferner wird Crossair später je 30 größere Jets der Typen ERJ 170 und ERJ 190-200 erhalten, mit denen das Segment von 70 bis 108 Sitzplätze abgedeckte werden kann. Das gesamte Beschaffungsvolumen stellt inklusive Optionen einen Wert von 7,6 Mrd. CHF dar. Ferner werden die größten Flugzeuge der Flotte, die Boeing MD-83, die vor allem für Chartereinsätze gebraucht werden, kontinuierlich durch Airbus Flugzeuge ersetzt. Mit diesen beiden Flottenentscheiden wird die Crossair eine sehr junge und moderne Flotte führen.

Tabelle 2 **Flotte Februar 2001**

Anzahl	Typ	Anzahl Sitzplätze
2	Saab 340B Cityliner	33
28	Saab 2000 Concordino	50
20	Avro RJ 85/100 Jumbolino	82/97
12	Boeing MD-83	161
18	Embraer 145	49

Quelle: Crossair Corporate Communications 2001

Die Ausbildung der Piloten und des Kabinenpersonals spielt eine große Rolle. Schon früh wurde die nötige Infrastruktur geschaffen, diese selbst auszubilden. Die Crossair hat mit General Electric Capital Aviation Training (GECAT) im Januar 2000 beschlossen, am Crossair Hauptsitz in Basel ein europäisches Ausbildungszentrum für Regionalluftverkehr zu gründen. An diesem Standort sollen dereinst mehrere Flugsimulatoren eigene Piloten wie auch solche von anderen Airlines ausbilden. Die Wartung der eigenen Flugzeuge wird zum größten Teil selbst in Basel realisiert. Diese Dienstleistung wird auch anderen Unternehmen angeboten. Die Qualität der Crossair wurde immer wieder durch **Auszeichnungen** unterstrichen, so z.B. als „beste Regionalfluggesellschaft" vom britischen Tourismusmagazin „Executive Travel" sowie zur „beliebtesten Regionalfluggesellschaft" durch das deutsche Reisemagazin „Business Traveller". Auch die Cateringkonzepte wurden mehrfach als innovativ anerkannt und ausgezeichnet.

.2 Analyse des Marktes

Die zivile Luftfahrtindustrie entstand nach dem Zweiten Weltkrieg. Dabei wurde sie wesentlich vom technischen Fortschritt der militärischen Luftfahrt gefördert. Wegen der Kriegsvergangenheit identifizierten die meisten Länder die Luftfahrt mit nationaler Sicherheit, so dass nationale Fluggesellschaften unter Staatsaufsicht geleitet wurden. Anders als in Europa griff die USA mit Regeln in den Markt ein, ließ die Fluggesellschaften aber in privater Hand. In bilateralen Verhandlungen wurde international definiert, welche Gesellschaft wohin, wann und zu welchem Preis flog. Resultat dieser Umstände war ein hochgradig regulierte Industrie die aber einwandfrei funktionierte. Der Transport einer Person von Ort A nach Ort B in einer gewissen Zeitdauer war die wichtigste Herausforderung der Fluggesellschaften. Marketing war mit einem Wachstum von 15-20 Prozent überflüssig. Erst am Anfang der siebziger Jahre, als das natürliche Wachstum abflachte, stieg das Interesse für mehr Wettbewerb und die USA begannen mit der **Deregulierung der Märkte**. 15 Jahre später folgte auch Europa diesem Beispiel und privatisierte ihre staatlichen Fluggesellschaften. Mit der Liberalisierung begann der Preiszerfall der sich anhand folgender Daten eindrücklich unterstreichen lässt: Der durchschnittliche Konsument zahlt heute rund 70 Prozent weniger pro Passagiermeile in realen Werten als 20 Jahre bevor und der Umsatz pro Sitz sinkt durchschnittlich um rund 2 Prozent/Jahr.

Nachdem die ganze Industrie Anfang der 90er Jahre einen kumulierten Verlust von ca. 15 Mrd. US-$ hatte, besserte sich das in den letzten Jahren. Der Nettogewinn aller Linienfluggesellschaften stieg von 4,5 Mrd. US-$ 1995, als der Boom begann, auf 8,5 Mrd. US-$ zwei Jahre später. In den letzten Jahren wurden jedoch die Gewinne durch die Asien Krise sowie die Verdreifachung der Ölpreise beeinträchtigt. Allein im Jahre 1999 verursachte der Faktor Treibstoff bei der Crossair rund 40 Prozent **höhere Kosten**, was mit ein Grund für das weniger schnelle Wachstum der Gesellschaft in diesem Jahr war. Diese Faktoren verdeutlichen die Abhängigkeit der Industrie von der Konjunkturlage. Während der letzten 20 Jahren wurde ein durchschnittliches Wachstum des Luftverkehrs von 5,9 Prozent festgestellt. In den nun folgenden 20 Jahren soll dieses Wachstum durchschnittlich 4,9 Prozent pro Jahr betragen und das Verkehrsvolumen im Jahre 2018 soll 2,6 mal höher als das des Jahres 1998 sein.

Der Luftverkehr innerhalb Europas wurde in den letzten Jahren durch ein überdurchschnittliches Verkehrswachstum (durchschnittlich 10 Prozent) geprägt und die Anzahl der Wettbewerber hat zugenommen. Im Jahre 2000 sind rund 80 verschiedene Regionalfluggesellschaften bei der ERA, der European Regions Airline Association, angemeldet, sie haben rund 72,1 Mio. Passagiere transportiert. Crossair ist mit rund 6,3 Mio. transportierten Passagieren (Linie und Charter) **Marktführerin** in Europa (vgl. Tabelle 3).

Multinationale Gesellschaften mit Fabriken und Büros, die auf der ganzen Welt verteilt sind, wollen schnelle, weltweite Verbindungen. In diesem Nachfragerverhalten liegt die Begründung von Luftfahrt-Allianzen, wo durch Zusammenarbeit von verschiedenen Gesellschaften Netzwerke zusammengefügt werden, ohne dass diese Airlines fusionieren. Die Konsolidierung der Luftfahrtindustrie wird laut der Zeitschrift „The Economist“ weiterschreiten. Entgegen diesem Trend entwickeln sich aber vor allem in den USA und Europa **Billig-Fluggesellschaften** mit einfachen Distributionswegen und minimalem Service, die mit günstigen Kurzstreckenflügen den traditionellen Fluggesellschaften immer mehr Konkurrenz bieten.

Tabelle 3 **Passagierzahlen der zehn größten Regionalfluggesellschaften Europas**

Airline	Land	Passagiere 2000 (in Mio.)	Wachstum 2000/1999 (in Prozent)
Crossair	CH	6,290	5,0
Lufthansa City Line	D	5,660	15,5
KLM UK	UK	3,778	-8,1
Delta Air Transport	B	3,300	5,2
Eurowings	D	3,175	5,8
Air Nostrum	E	2,758	49,2
British Regional Airlines	UK	2,523	8,4
British European	UK	2,444	15,9
KLM cityhopper	NL	2,167	1,5
Binter Canarias	E	2,116	10,6

Quelle: o.V. 2001, S. 62

Eine große Herausforderung für die Luftfahrtindustrie stellt gegenwärtig auch die **Umweltdiskussion** dar, sowohl Lärm- wie auch Abgasemissionen werden immer häufiger in der Bevölkerung angeprangert. Die Luftfahrtindustrie muss Maßnahmen zur nachhaltigeren Entwicklung ihrer Industrie ergreifen, damit sie nicht noch größerer Kritik ausgesetzt ist.

Die Nachfragerseite ist einerseits durch ein geändertes Kundenverhalten gekennzeichnet, andererseits stellt man innerhalb der Branche einen **Wandel von der Produzenten- zur Handelsmacht** fest. Den Großteil ihrer Leistungen verkaufen die Fluggesellschaften über selbständige Reisebüros, die mitten in einer Konzentrationsphase stehen. Hiermit erlangen diese eine Handelsmacht, so dass Crossair wie jede andere Fluggesellschaft keine bzw. nur geringe Kontrolle über die Vertriebskanäle hat. Der Verkauf über das Internet hat zwar markante Zuwachsraten, stellt aber immer noch einen ganz kleinen Teil der Verkaufserlöse dar. Die Geschäfts- und Privatkunden zeichnen sich darüber hinaus durch **steigende Preissensitivität** und **abnehmende Kundenloyalität** aus. Der Kunde ist kritischer betreffend der Leistungen der Fluggesellschaft und des Preis-Leistungs-Verhältnisses geworden, daher müssen sich Fluggesellschaften ständig höheren wettbewerblichen Anforderungen stellen.

Viele regionale Fluggesellschaften konzentrieren sich auf ihre meist nationalen Märkte und haben deshalb oft monopolartige Macht. Nicht selten gelten sie als Zulieferer von Kunden zu den großen Hubs und damit einer nationalen Fluggesellschaft, mit der sie auch durch die Kapitalstruktur verbunden sind. Die Tendenz zeigt aber auf, dass die regionalen Fluggesellschaften immer größere Netzwerke bilden um ganz Europa zu bedienen. Andere zeichnen sich dadurch aus, dass sie konsequent Nischenmärkte bedienen, vor allem dem Segment „Business“ gilt eine hohe Aufmerksamkeit, werden dort doch die größten Erträge generiert.

Wenn es vor allem zwischen großen Zentren zu Wettbewerb kommt, so kennzeichnet sich dieser durch die drei Komponenten **Preis**, **Zeit** und **Anschlussverbindungen**. Der Preisfaktor ist beim „Leisure-Segment“, also dem klassischen Touristen, sehr wichtig, wobei dem „Business-Segment“ die Zeit der wesentliche Faktor ist. Dieses Segment fragt möglichst viele Verbindungen zwischen zwei Orten nach, um eine höchstmögliche Flexibilität zu erreichen und damit Zeit zu gewinnen. Die Anzahl der Anschlussmöglichkeiten (Möglichkeiten, vom Zielort aus andere Destinationen zu erreichen) entscheiden ebenfalls über die Wettbewerbsfähigkeit und werden dementsprechend von den Unternehmen kommuniziert. Die regionalen Luftfahrtsgesellschaften, die das Segment „Business“ prioritär behandeln, konzentrieren sich wie oben erwähnt auf den Zeitfaktor. Daher gelten große Bestrebungen dem Finden von zeitgünstigen Slots (Zeitfenster zum Landen und Starten) in stadtnahen Flughäfen. Diese zeichnen sich oft (wie z.B. London City) durch beschränkte Länge der Landebahn aus und verlangen nach geeignetem Flugmaterial. Gelingt es der Airline, diese Zeitfenster zu ergattern und das geeignete Flugzeug zur Verfügung zu stellen, so kann sie dem Geschäftskunden eine minimale Transferzeit anbieten.

Das **Wetlease** ist eine willkommene Einnahmequelle für die regionalen Fluggesellschaften. Die großen Fluggesellschaften können Strecken, die sie nicht wirtschaftlich bedienen können, einer regionalen Gesellschaft mit kleineren Flugzeugen übergeben. Diese stellt die Crew und das Flugmaterial zur Verfügung, wobei die große

Gesellschaft das ganze finanzielle Risiko übernimmt. Die Wet-lease Flüge dienen der großen Fluggesellschaft oft als Zubringer für ihre lukrativen Interkontinentalflüge und ergänzen ihr Streckennetz.

Die Crossair hat auf den meisten Strecken eine **Monopolstellung**, außer auf den Verbindungen Zürich–London, Zürich–Nürnberg, Genf–London. Die Monopole auf den meisten Strecken hat die Crossair einer konsequenten Nischenpolitik zu verdanken, die darauf zielt, Destinationen mit kleinem Verkehrsaufkommen anzufliegen. Hierbei kann vom Kunden ein Monopolpreis verlangt werden. Wichtigste Märkte der Crossair sind nebst dem Heimmarkt England, Deutschland, Spanien und Frankreich. Die Nord-Süd Verbindungen, die am EuroAirport Basel-Mulhouse-Freiburg zwischenlanden um sich dann netzwerkförmig über Europa zu verteilen, beschreiben die Hauptachse. Abbildung 4 stellt die Nettoumsätze nach Regionen dar.

Abbildung 4 **Marktaufteilung Flugbetrieb (Nettoumsatz, Flugbetrieb nach Regionen)**

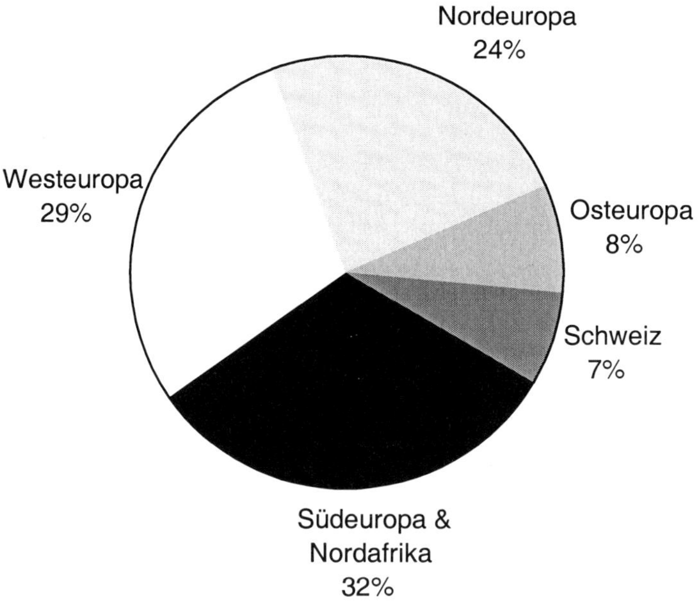

GABLER GRAFIK

Quelle: Crossair Jahresrechnung 2000

Die Passagiersegmentierung sieht heute über das ganze Unternehmen gesehen folgendermaßen aus (Prozent der transportierten Passagiere):

Business ~ 25 Prozent

Economy ~ 75 Prozent

Jedoch kann das je nach Markt recht unterschiedlich aussehen. So hat Spanien einen Anteil an Business-Passagen von 10 Prozent und Economy von 90 Prozent. Zu erklären ist dies mit größerer Anzahl an Ferienreisenden (Leisure), die in den Süden verreisen. Deutschland hat ein ausgewogenes Verhältnis zwischen dem billigeren Economy und dem teureren Business. Einen Anteil von 40 Prozent Business hat England, dort stellt das Unternehmen überdurchschnittliche Buchungen für geschäftliche Reisen fest.

Da die großen Fluggesellschaften mit Flugzeugen wirtschaften, die erheblich mehr Sitzplätze haben und mit denen sie nur große Flughäfen bedienen, besitzen diese weniger Netzabdeckung als die Crossair. Dies ist für die Crossair, die hauptsächlich mit kleinen Flugzeugen operiert, ein entscheidender Wettbewerbsvorteil. Von Basel aus wird ein intraeuropäischer Hub betrieben, der sich vor allem durch seine schnellen Umsteigezeiten von der Konkurrenz abheben soll und für das Unternehmen einen wichtigen strategischen, wenn auch politisch erzwungenen, Vorteil ergibt. Da die Schweiz nicht in der EU ist, sind Direktflüge zwischen zwei europäischen Ländern für eine Schweizer Fluggesellschaft nicht erlaubt. Darum werden die Passagiere mit einer Zwischenlandung in Basel indirekt zu ihrer Zieldestination geflogen. Die Entwicklung dieses Konzepts, das den Namen EuroCross trägt, ist sehr erfreulich, so dass das Netzwerk im Jahre 2000 48 Destinationen in 13 Ländern erreichte. Dadurch ergeben sich 1.480 mögliche Verbindungen. Entwicklungspläne sehen vor, EuroCross in den nächsten Jahren auf bis zu 88 Destinationen mit 3.500 Umsteigemöglichkeiten auszubauen.

Die Crossair kooperiert auch mit anderen Fluggesellschaften. Zum Beispiel betreibt das Unternehmen ein so genanntes „**Code Sharing**" mit British Airways (BA). Vorteil dieser Zusammenarbeit ist die Optimierung des Flugmaterials und damit der Kosten. So fliegt in diesem Beispiel die Crossair von Basel nach London, wobei der Kunde das Ticket sowohl von der BA wie auch von Crossair beziehen kann. Die BA zahlt der Crossair einen Fixbetrag für die Unkosten und kann diesen Flug auch unter ihrem Namen verkaufen. Dies hat zusätzlich den Vorteil, dass der Verkauf einfacher und flexibler gestaltet werden kann.

1.3 Besonderheiten des Dienstleistungsmarketing und Implikationen für die Crossair

Die Kernleistung der Fluggesellschaften, das heißt der sichere Transport von Punkt A nach Punkt B, ist so homogen geworden, dass eine Differenzierung gegenüber den

Wettbewerbern allein darüber nicht mehr möglich ist, die Leistungspotenziale sind weitgehend ausgeglichen. Es gilt, dem Kunden einen **Zusatznutzen mit hoher Servicequalität** anzubieten. Aufgabe des Dienstleistungsmarketing ist es also, ein unverwechselbares Produkt zu entwickeln, zu sichern und zu kommunizieren, um dem Unternehmen langfristig einen Wettbewerbsvorteil zu schaffen. Die Aufmerksamkeit der Fluggesellschaft muss dem gesamten Dienstleistungsprozess des Reisens, vom Informieren bis ans Ende der Reise, gelten.

Dienstleistungsanbieter wie die Luftfahrtgesellschaften stehen zudem vor der Schwierigkeit, dass ihre Absatzobjekte immaterielle Leistungsfähigkeiten in Form interner Produktionsfaktoren darstellen, zu deren Konkretisierung ein externer Faktor, der Kunde, notwendig ist. Wegen der Immaterialität des verkauften Gegenstandes entzieht sich das Produkt einer Beurteilung der Leistung vor dem Kauf, so dass ein spezielles Kaufrisiko für den Kunden besteht. Das Vertrauen in den Leistungsanbieter ist daher wesentlich, zumal auch eine Nachbesserung der Produkt- und Serviceleistung wie bei Sachgütern schwer möglich ist. An das Dienstleistungsmarketing der Luftfahrtsgesellschaften ergeben sich daher spezielle **Anforderungen**:

Produktcharakter: Eine streng standardisierte Produktionsweise ist in diesem Bereich nicht möglich, jede einzelne Kundenbeziehung ist individuell. Das Produkt ist stark von der Interaktion des Mitarbeiters mit dem Kunden abhängig (Call Center, Kabinenpersonal, Piloten, Flughafenpersonal). Die Art und Weise, wie das Produkt auf die Kunden wirkt, kann dabei entscheidend durch die Hygiene und Sauberkeit des Flugmaterials, des Personals und weiterer Orte mit Kundenkontakt beeinflusst werden. Hieraus leitet der Passagier sein Wohlbefinden und sein Gefühl der Sicherheit der Airline ab, was wiederum sein Kaufverhalten determiniert.

Leistungserstellungsprozess: Im Leistungserstellungsprozess muss der Kunde speziell berücksichtigt und integriert werden, er kann nicht nur einseitig unter funktionalen Aspekten erfolgen. Es gilt zu beachten, dass der Kunde das Unternehmen heutzutage für den ganzen Prozess des Transports verantwortlich macht, auch wenn die Firma keinen direkten Einfluss auf ein Ergebnis hat (z.B. Flugsicherung und damit verbundene Verzögerungen). Daher wird die Zusammenarbeit mit Drittunternehmen immer wesentlicher. Durch Probleme im europäischen Flugsicherheitssystems ergaben sich im Jahre 1999 umfangreiche Verspätungen, die das Produkt erheblich beeinträchtigt haben. Die Crossair hat auf diese Stelle keinen Einfluss, wird aber vom Kunden direkt dafür verantwortlich gemacht. So ist das Produkt der Crossair auch darauf angewiesen, dass der Transport vom und zum Flughafen sowie die Infrastruktur am Boden reibungslos funktionieren, die Qualität wird auch dort vom Kunden gemessen. Abbildung 5 stellt am Beispiel eines Charterfluges Berührungspunkte zum Kunden dar, die für den Leistungserstellungsprozess wesentlich sind.

Markenartikel: Da der Kunde das Produkt vor dem Kauf nicht eingehend beurteilen kann, gilt es, das vom Kunden subjektiv wahrgenommene Kaufrisiko zu minimieren und das Unternehmen in den Augen des Kunden vorteilhaft zu positionieren. Der Marke Crossair und damit verbunden der Kommunikation zwischen Unternehmen und Kunden sowie der internen Kommunikation fällt daher eine wichtige Rolle zu.

Abbildung 5 **Kundenkontaktpunkte am Beispiel eines Charterfluges**

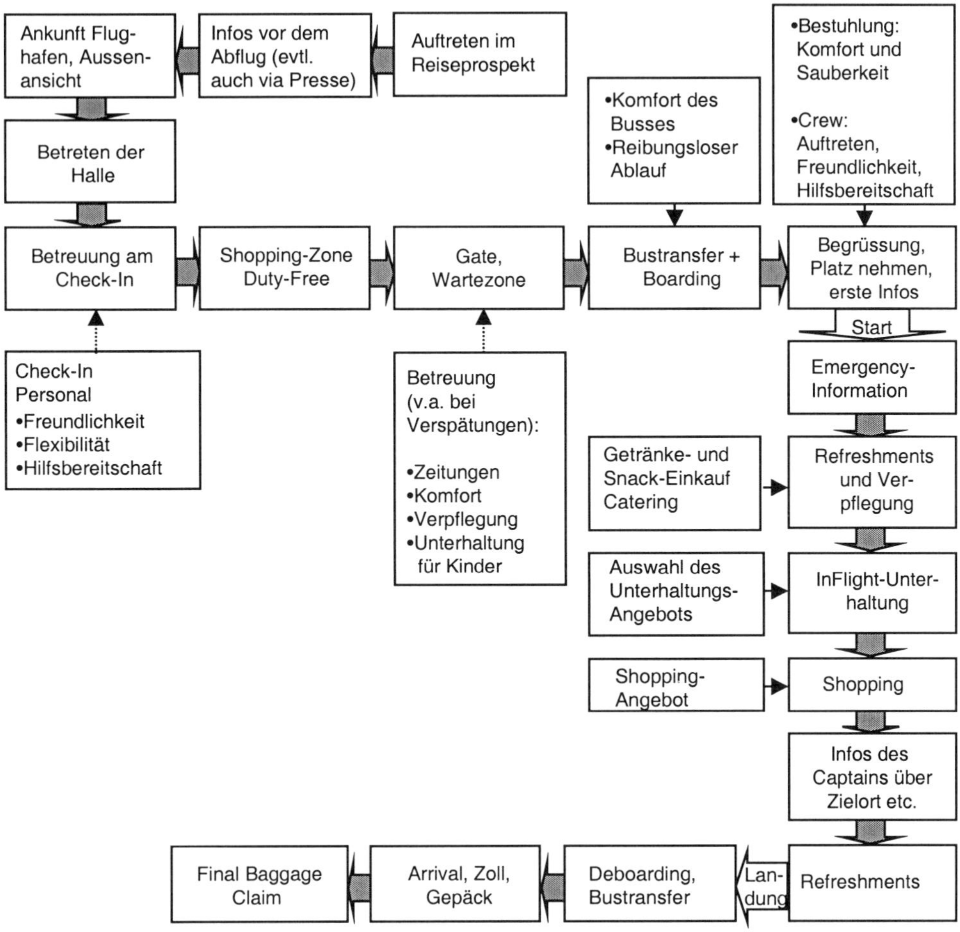

GABLER GRAFIK

Mitarbeiter: Es ist im Rahmen des Dienstleistungsmarketing dafür Sorge zu tragen, dass alle Mitarbeiter eine positive Einstellung zur Serviceleistung am Kunden haben, besonders während der Interaktion des Kunden mit dem Unternehmen muss die Qualität einen hohen Stellenwert haben. Eine besondere Schwierigkeit liegt darum in der Auswahl von geeignetem Personal, das den hohen menschlichen und technischen Ansprüchen genügt. Gerade bei den Cabin Attendants herrschen Engpässe im Schweizer Arbeitsmarkt, so dass Crossair in ganz Europa auf die Suche gehen muss. Daraus entstehen ein Mehraufwand bei der Rekrutierung sowie Kommunikationsprobleme aufgrund der verschiedenen Nationen. Hingegen besitzt der Standort Basel, an dem ein Großteil der Belegschaft arbeitet, einen schweizweiten Standortvorteil, was die Rekrutierung anbelangt. Im Vergleich mit dem Standort Zürich, wo Ausländerkontingente bestehen, ist es in Basel juristisch einfacher, die notwendigen Ausländer anzuwerben. Das fliegende Personal ist für das Management schwierig erreichbar, da das Kabinenpersonal und die Piloten verschiedene Aufenthaltsorte haben. So ist die Kommunikation schwierig und führt notgedrungen zu Konflikten.

Ziel aller Maßnahmen muss es sein, sich beim Kunden unverwechselbar zu profilieren, um so eine hohe Kundenloyalität zu erhalten und damit die geschäftlichen Ziele zu erreichen.

2. Unternehmensphilosophie und Strategien der Crossair AG

2.1 Unternehmensphilosophie

Wie schon bei ihrer Gründung versteht sich die Crossair als Marktnischengesellschaft. Sie deckt auf Strecken, die bisher nicht angeflogen wurden, die Nachfrage, indem sie diese mit kleinen Flugzeugen anfliegt. Vor allem Geschäftsleuten schenkt sie damit eine der wichtigsten Ressourcen: Zeit. Werden gewisse Destinationen nur indirekt über einen großen Flughafen angeflogen, so fliegt Crossair diese Nebendestinationen direkt und damit schneller an. Immer wieder sucht die Gesellschaft neue Marktnischen und wird dabei nicht selten belächelt. Doch wenn es dem Unternehmen wie so oft gelingt, die Nachfrage zu stimulieren, so kann Crossair diese Strecken durchaus profitabel bedienen. Den transportierten Personen will man dabei einen möglichst angenehmen Flug bieten.

Verschiedene Einrichtungen und Dienstleistungen unterstreichen ihre Bemühungen. Dazu gehören die Ledersitze, die in jedem Flugzeug Standard sind. Ebenfalls legt die Crossair Wert auf einen guten Service an Bord. Orangensaft wird nur frischgepresst serviert, Champagner wird Sekt vorgezogen und das Geschirr ist aus Keramik, was das hohe Niveau unterstreichen soll. All diese Maßnahmen würden den gewollten Effekt nicht erreichen, wenn die Mitarbeiter und insbesondere das Flugpersonal nicht motiviert wären. Genau dort liegt der **Kernpunkt der Firmenphilosophie**.

> „Never open a shop if you cannot smile!"

Dieses alte asiatische Sprichwort soll bezeichnend sein für die Crossair, die im Geschäft mit direktem Kundenkontakt Erfolg haben will. Sie sieht den motivierten

Mitarbeiter als Kern und Basis für den Erfolg, denn dieser trägt die gute Stimmung nach außen und prägt das Image der Firma. Die Mitarbeiter stehen demnach zuoberst in der Zielpyramide des Crossair Gründers Moritz Suter (vgl. Abbildung 6).

Gemäß der Zielpyramide der gilt der Mitarbeitermotivation große Aufmerksamkeit, um darauf aufbauend Kundenzufriedenheit zu erreichen. Nur ein zufriedener und motivierter Mitarbeiter liefert qualitativ hochstehende Arbeit, die der Kunde honoriert. Aufgrund dieser Folgerungen wird ein Unternehmenserfolg erreicht, der den verschiedenen Anspruchsgruppen der Unternehmung entsprechen soll.

Abbildung 6 **Zielpyramide der Crossair**

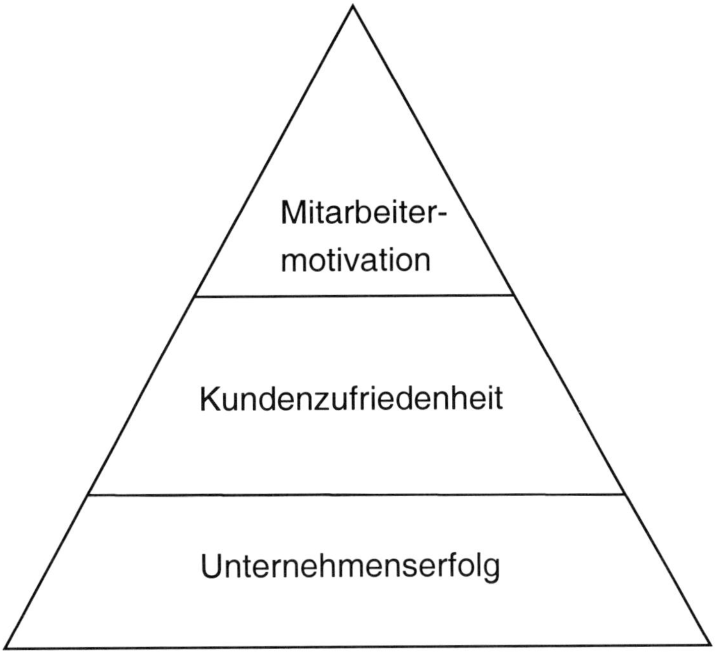

GABLER GRAFIK

Unternehmensleitlinien, die die Philosophie wiedergeben, kennt die Crossair nicht. Vielmehr soll die Crossair Führung und alle Mitarbeiter diese **Philosophie vorleben** und weiterreichen. Leitbilder werden als statisch angesehen, die viel Zeit brauchen und nicht beachtet werden. Die Firma will ein angenehmes, offenes Arbeitsklima schaffen, in dem sich die Mitarbeiter wohl fühlen und die ihre gute Stimmung nach außen tragen. Die hohen Standards, die der Kunde empfängt, sollen auch innerhalb der Firma gelebt werden. So wird z.B. die Kantine auf einem sehr hohen Niveau geleitet und soll eine der besten der Schweiz sein. Die Toiletten für die Mitarbeiter werden mit den gleichen Kriterien behandelt, wie diejenigen in den Flugzeugen. Wenn die Qualität intern auf einem hohen Niveau gepflegt wird, so wird diese auch nach außen zum Kunden vorgelebt.

2.2 Strategische Grundsätze

Crossair kann und muss als größte regionale Fluggesellschaft Europas flexibel auf die Marktveränderungen reagieren können. Diesen strategischen Grundsatz will das Unternehmen durch die Schaffung flexibler Strukturen und sinnvolle Diversifikation der Kern- sowie Nebenprodukte erreichen. Als oberstes Ziel wird das Finden einer innovativen Idee gesehen. Nicht die Imitation soll im Vordergrund stehen, sondern das **Kreieren von neuen Produkten**. Bei den bestehenden Produkten ist der Zeitvorteil ein wichtiger Faktor, er wird bei jeder strategischen Betrachtung in der Zukunft ein wichtiger Entscheidungsfaktor sein. Jede strategische Unternehmensentscheidung wird hinsichtlich des **Kundennutzens** kritisch hinterfragt.

So soll der Kunde schon beim ersten Kontakt, der Buchung, einem einfachen System gegenüber stehen, das seine Wünsche komfortabel erfüllt. Die Art und Weise wie der Kunde vom und zum Flughafen gelangt, will das Unternehmen ebenfalls optimieren. Darum setzt sich die Crossair z.B. stark dafür ein, dass die Zufahrt zum Flughafen Basel ausgebaut wird, oder dass die Parkplätze erweitert und die öffentlichen Verkehrsmittel an den Flughafen angebunden werden. Da bis jetzt nur eine spärliche Busverbindung zum Flughafen besteht, wird unter anderem ein Bahnhof am Flughafen angestrebt. Wenn der Kunde am Flughafen selbst ist, soll er sich auf diesem wohl fühlen. Crossair richtet dafür eine neue Lounge ein, wo der Kunde angenehm auf den Flug warten kann. Das Flugzeug soll einen guten Eindruck hinterlassen. Es muss daher gepflegt sein, damit sich der Mensch darin sicher fühlt. Darum hat die Gesellschaft der Reinigung der Maschinen einen noch höheren Stellenwert gegeben.

2.3 Qualitätsorientierte Strategieausrichtung

Die Crossair versteht unter Qualität nicht eine absolute, sondern eine sich im Wandel befindende und immer wieder neu definierte Größe. Dabei will sie immer das beste Preis-Leistungs-Verhältnis erreichen. Die Qualität muss während des ganzen Reiseprozesses sichtbar sein, um vom Kunden als solche erkannt und honoriert zu werden. Die wichtigsten qualitätsrelevanten Bereiche sollen nun näher beschrieben werden.

(a) Sicherheit

Oberstes qualitatives Ziel der Airline ist die Sicherheit. Es bedarf eines großen zeitlichen und finanziellen Aufwands, um Flüge anbieten zu können. Dieser Aspekt geschieht im Hintergrund und ist direkt für den Kunden nicht sichtbar. Doch durch einen professionellen Auftritt der Firma soll diese Sicherheitsqualität vermittelt werden (z.B. durch gehobene Standards, saubere Flugzeuge, professionelles Auftreten der Crossair-Mitarbeiter, Ansagen der Piloten, modernes Flugmaterial usw.). Ein souveräner und fehlerfreier Ablauf der Reise schafft beim Kunden ein großes Vertrauen in die Sicherheit, eine offene Informationspolitik unterstützt dabei die Firma, diese dem Kunden zu vermitteln. Die Wartung der Flugzeuge untersteht hohen Sicherheitsvorschriften, sie werden durch staatliche Stellen regelmäßig kontrolliert und zertifiziert. Beim Kauf eines Flugzeuges gilt der Sicherheit größte Aufmerksamkeit.

(b) Sauberkeit

Eine Firma wirkt professionell, wenn sie es versteht, Sauberkeit zu vermitteln. Daher werden die Flugzeuge außen wie auch innen peinlichst genau geputzt. Dies hat für den Kunden den psychologischen Effekt des Wohl- und Sicherfühlens und unterstreicht die Qualitätsbemühungen.

(c) Imageträger

Crossair will mit Imageträgern ein USP (Unique Selling Proposition) erreichen. Dazu gehören die blauen Ledersitze, der Champagner, der Rotwein, der aus der großen Flasche serviert wird, der frischgepresste Orangensaft und die Tatsache, dass Porzellan, Kristall und Silberbesteck verwendet wird. Das alles ist nur durch große zusätzliche Aufwände zu erreichen, die von der Crossair in wirtschaftlich schlechten Zeiten nicht aufgegeben werden, da sie zum Image gehören. Der Aufwand für den Champagner z.B. liegt bei 3 Mio. CHF pro Jahr, wird aber mit der Crossair assoziiert und ist daher wichtiger Träger der Marke.

(d) Corporate Identity

Unter Corporate Identity versteht die Crossair das Markenbewusstsein sowohl nach außen wie auch nach innen. Der Gesellschaft ist es wichtig, dass sich nicht nur der Kunde in einer freundlichen Atmosphäre aufhalten kann, sondern auch der Mitarbeiter. Ziel soll es sein, dass sich der Mitarbeiter mit der Corporate Identity identifizieren kann und daher auch Werte authentischer vorlebt. Darum findet man überall in den Crossair Gebäude die Farben des Logos rot, blau, weiß sowohl in den Büros wie auch in der Kantine. Wenn der Kunde an Bord einen ledernen Sitz genießt, so soll auch der Mitarbeiter am Boden in einem ledernen Bürosessel sitzen dürfen. Mit dieser Philosophie soll die Wichtigkeit des Mitarbeiters unterstrichen werden und dem Mitarbeiter das Vorleben der Corporate Identity einfacher fallen. Der Teppich in den Büros ist ebenfalls derselbe wie in den Flugzeugen. Zum Geburtstag erhalten die Angestellten vom CEO den Haus-Champagner, der auch den Gästen an Bord angeboten wird.

Der CEO hat es sich zur Aufgabe gemacht, jeder Ausbildungsklasse (Mechaniker, Piloten, Kabinenpersonal und anderen) die Crossair Geschichte, Firmenphilosophie und Erwartungshaltung zu erzählen. Jeder Mitarbeiter der Firma wird ermuntert, den Kontakt mit den Entscheidungsträgern zu suchen und diesen ein Feedback zu geben. Tagtäglich lebt der CEO und das Management die Firmenkultur vor, da diese sonst keine Glaubwürdigkeit hat.

(e) Mitarbeiter

Aus den bisherigen Ausführungen wird klar, dass der Mitarbeiter eine sehr wichtige Rolle in der Qualitätsstrategie inne hat. Die Motivation des Mitarbeiters ist ausschlaggebend für gute Qualität. Um diese Motivation zu erreichen, setzt sich die Crossair dafür ein, flache Hierarchien zu schaffen. Ein Höchstmaß an Aufgaben, aber auch an Kompetenz und Verantwortung wird an jeden einzelnen Mitarbeiter delegiert. Ein breites Arbeitsfeld soll die Selbständigkeit und das Mitdenken fördern. Dies macht die Arbeit interessanter und erhöht die Kompetenz jedes einzelnen, aber stellt auch sicher, dass bei Ausfall eines Mitarbeiters ein anderer die Arbeit weiterführen kann. Das breite Arbeitsfeld soll die Mitarbeiter zu einer regen Kommunikation ermuntern und damit das Zusammengehörigkeitsgefühl fördern. Jährlich stattfindende Feste und Anlässe für die Mitarbeiter sollen die Motivation innerhalb der Firma stärken.

(f) Beschwerdewesen

Bei Beschwerden oder Lob kann direkt dem CEO geschrieben werden, der persönlich Stellung nimmt, sich entschuldigt und eventuell auch ein kleines Geschenk überreicht. Dies schafft bei den Kunden sehr viel Vertrauen und Goodwill.

3. Qualitätsmanagement der Crossair AG

3.1 Anforderungen an die Dienstleistungsqualität aus Unternehmenssicht

Die Qualitätsansprüche lassen sich in 3 Ebenen unterteilen (vgl. Abbildung 7). Die unternehmensweiten Qualitätsanforderungen orientieren sich anhand verschiedener Einflussgrößen. Zum einen ist Qualität ein Teil des **europäischen Gesetzes**, das jede Fluggesellschaft beachten muss (Ebene 1). Erfüllt die Gesellschaft nicht den erforderlichen Mindestanspruch an Qualität, kann ihr die Betriebserlaubnis entzogen werden. Zusätzliche Anforderungen an Qualität leiten sich durch die **Forderungen der Kunden** ab (Ebene 2). Das unternehmensweite Qualitätsniveau ergibt sich also aus diesen Vorschriften, den Forderungen der Kunden und aus zusätzlich definierten Standards der Gesellschaft (Ebene 3), die versuchen durch das Einhalten von Qualitätsnormen einen Standardisierungsgrad und damit verbundene Effizienzsteigerungen zu erreichen. Diese zusätzlichen Standards sollen helfen, Qualität als einen zentralen Erfolgsfaktor im Unternehmen zu etablieren.

Unternehmensweit versucht man daher die zahlreichen Qualitätsansprüche an folgenden, zentralen **Kriterien** auszurichten:

- Sicherheit,
- Pünktlichkeit,
- Passagierkomfort,
- Wirtschaftlichkeit.

Abbildung 7 **Ebenen der Qualitätsansprüche**

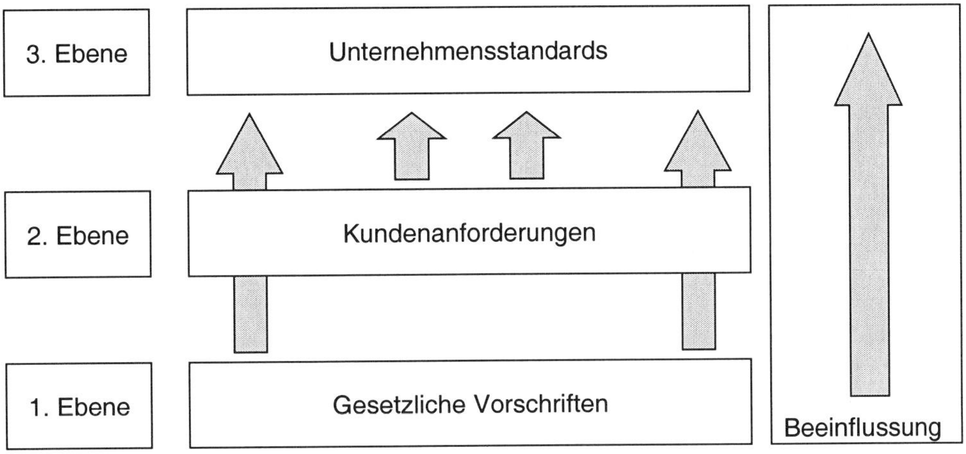

GABLER GRAFIK

Regelmäßig finden Vergleiche mit anderen Airlines statt. Ziel ist es, einen der vordersten Ränge zu belegen. **Umfragen** innerhalb der Qualiflyergroup, der Airlines wie Swissair, Sabena, Turkish Airlines und AOM angehören, geben Aufschluss über die eigene Position des Unternehmens im europäischen Markt. Der Vergleich zu anderen Fluggesellschaften ist aber schwierig. Ein Beispiel soll dies verdeutlichen: Durch die unterschiedlichen Flugzeugtypen, die bei den verschiedenen Gesellschaften zum Einsatz kommen, lassen sich keine Vergleiche über die Qualität der Technikabteilungen anstellen. Ähnlich verhält es sich mit anderen Abteilungen und Kriterien.

Aus den zentralen Qualitätsansprüchen ergeben sich zahlreiche **Teilqualitäten**, die erfüllt sein müssen. Da es in der Crossair kein Total-Quality-Management-System gibt, das sich durch die ganze Unternehmung zieht, werden diese Teilqualitäten nicht auf oberster Unternehmensebene, sondern auf **Ebene der einzelnen Abteilungen** definiert. Die Abteilungen verfügen über große Freiheiten in der Definition ihrer eigenen Strategien und der Art und Weise, wie die Unternehmensziele erreicht werden. Oftmals sind diese zentralen Kriterien gar nicht schriftlich festgehalten, sondern werden vielmehr von den Mitarbeitern gelebt und neuen Mitarbeitern einmal bei ihrem Eintritt vorgestellt. Dieses Verfahren gewährt einen hohen Faktor an Flexibilität und die teilweise sehr stark spezialisierten Abteilungen können ihre Teilziele nach eigenen Vorstellungen und nach wirtschaftlichen Maßstäben verfolgen. Durch die klaren Informationsstrukturen und kurzen Informationswege innerhalb der Abteilungen können diese Vorgänge effizient bearbeitet werden. Da die Abteilungen sowohl ihre eigenen Strategien entwickeln, als auch selber das Controlling vornehmen, fehlt allerdings eine neutrale überprüfende Instanz, die das Erreichen der Qualitätsziele unabhängig überprüft. Als ein Nachteil dieses System kann daher die gehemmte unternehmensweite Kommunikation bei der Verfolgung von solchen Qualitätszielen genannt werden. Per 1. April 2000 ist die Crossair in folgende **Abteilungen** gegliedert:

- Finances,
- Human Resources,
- Marketing,
- Flight Operations,
- Technical.

Jede Abteilung verfügt über Qualitätsstandards, die sie von Gesetz wegen einhalten muss. Dabei sind die Richtlinien in umfangreichen Manuals festgehalten, die detailliert Auskunft über alle Verpflichtungen aufgrund der Gesetzgebung geben. Besonders in den Bereichen Technik und Flugbetrieb findet man eine große Menge solcher Vorschriften, deren Einhaltung Grundlage der Betriebslizenz sind. Die Manuals sind zusätzlich um unternehmensinterne Richtlinien erweitert worden, da man erkannt hat, dass man durch die Festlegung von hohen Qualitätsstandards eine zentrale Erfolgsposition einnehmen kann, um sich von der Konkurrenz zu differenzieren und sich als sichere und zuverlässige Gesellschaft mit herausragenden Dienstleistungen zu positionieren.

Im Folgenden sollen die Teilqualitäten nach den Unternehmensbereichen differenziert betrachtet werden. Ein **Beispiel** anhand der Abteilung Technik soll dies verdeutlichen:

Der **Unternehmensbereich Technik** unterliegt zahlreichen Vorschriften zur Qualitätssicherung. Dies sind zentrale Vorschriften, um den sicheren und pünktlichen Transport von Passagieren zu gewährleisten. Auch soll durch die technischen Eingriffe der Passagierkomfort und eine große Sauberkeit der Flugzeuge gewährleistet sein. Im Einzelnen orientiert sich die Technik dabei an folgenden **Kriterien**, deren Ansprüche zu berücksichtigen sind:

- Safety Influence,
- Network Operations Influence,
- Passenger Motivation Influence,
- Cockpit Crew Influence,
- Cabin Crew Influence,
- Airline Service Influence,
- Airline Cost Influence,
- Image Influence.

Diese acht Kriterien lassen sich anhand verschiedener Parameter wie Safety, Dispatch Reliability Aircraft Functionality, Cabin Functionality, Aircraft Appearence, Aircraft Availability beschreiben. Dies bedeutet im Einzelnen, dass die Art der Zwischenfälle und Ereignisse aufgrund technischer Faktoren erfasst werden, dass die Aircraft Functionality gewährleistet ist und den Ansprüchen der Crew gerecht wird, und dass die Funktionen, die der Passagier in der Kabine erwartet, gewährleistet sind. Dazu gehören vor allen Dingen eine saubere Kabine, funktionierende Sitze, Beleuchtung, Passenger Entertainment System, Fenster, Toiletten sowie Coffemakers usw. Zudem muss gewährleistet sein, dass ein sauberes, dem Image der Crossair entsprechendes Flugzeug vorhanden ist, dass die Wartung die Verfügbarkeit von Flugzeugen nicht einschränkt, somit also die Wartungszeit auf ein Minimum verkürzt ist. Dabei ist zu beachten, dass der Kunde eine konsistente Qualität dieser Parameter erwartet.

Die Erfüllung dieser Vorgaben soll sich natürlich am **Wirtschaftlichkeitssystem** orientieren. Um die Teilziele der Abteilung zu definieren, hat man eine Engineering Gruppe ins Leben gerufen, die den Auftrag hatte, nicht nur diese Ziele festzulegen, sondern auch die Überwachung sicherzustellen.

Die einzelnen Ansprüche an Qualität hat man dabei in **Reliabilityprogrammen** festgelegt. Bei diesen Programmen handelt es sich um die schriftliche Fixierung der Qualitätsansprüche. Diese beruhen zunächst auf den Anweisungen der Flugzeughersteller, die ein genaues Programm zur Wartung und Betreuung der Flugzeuge und deren Ersatzteilen liefern. Zudem integrierte man die zentralen Ansprüche an Sicherheit, Sauberkeit und Wirtschaftlichkeit der Wartungs- und Pflegeprozesse. Ein Reliabilityboard, das sich alle drei Monate trifft, kontrolliert die Einhaltung der Richtlinien und ergänzt sie um neue, modernere Verfahren. Das Reliability Board Meeting wird genutzt, um Ziele zu formulieren und deren Einhaltung zu überwachen. Als Ziel wird z.B. eine hohe Rate an Technical Dispatch Reliability gefordert. Diese Rate beschreibt die technische Zuverlässigkeit der einzelnen Flugzeugteile nach Eingriffen durch die Abteilung Technik. Die monatlichen Raten der Dispatch Reliability werden dabei überwacht und schließlich ausgewertet. Man verfolgt die

Nutzen und Dispatch Reliability Rate und kann durch die Korrelation der beiden Kurven feststellen, dass sich mit der Steigerung der Reliability Rate auch ein hoher Nutzen einstellt. Sind solche Raten vorhanden und ist ein erwünschtes Ziel definiert, lassen sich aufgrund der beobachteten Abweichungen erste Schritte zur Verbesserung und Erreichung des gesetzten Ziels tun. Zudem werden die Top Delay und Cancellation Drivers bestimmt, die zum Board Meeting grafisch ausgewertet werden. Diese beiden Driver repräsentieren die technischen Gründe für Verspätungen und Flugabsagen. Man erhält so wichtige Informationen über die technischen Einflussfaktoren, die den reibungslosen Flugbetrieb in der Vergangenheit negativ beeinflusst haben.

Ein Hauptgrund für Verspätungen und Cancellations war im Jahre 1999 im technischen Bereich, wie z.B. Probleme mit dem Propeller eines Flugzeugtyps. Durch die unvorhergesehenen Vibrationen eines Propellertyps kam es zu einer Beeinträchtigung des Passagierkomforts. Somit war das hohe Niveau an Komfort, das man garantieren möchte, nicht mehr gewährleistet. Man kann aufgrund der Verfolgung solcher Drivers und der Unterschreitung von vorher definierten Qualitätsniveaus nun Rücksprache mit dem Hersteller halten oder auf andere Modelle umsteigen. Führt man nun aufgrund solcher Probleme Änderungen aus, werden diese aufgezeichnet und mit Hilfe einer Modification-Success-Rate verfolgt. Durch den Vergleich der Modification-Success-Rate-Kurve mit der Percentage Modified Rate kann man durch Korrelation der beiden Kurven einen Erfolg grafisch darstellen. Schließlich gibt eine weitere Statistik unter dem Namen „Avoidable Delays/Cancellations" Auskunft über die Gründe für vermeidbare Verspätungen oder Cancellations im Flugbetrieb der Crossair. Dabei sind lediglich 24 Prozent der gesamten Verspätungen oder Cancellations vermeidbar gewesen. Diese 24 Prozent teilen sich auf in Gruppen wie 39 Prozent Fehler beim technischen Arbeitsablauf (Procedure), 27 Prozent Trouble Shooting, 34 Prozent Spare Shortage. Aus der Beobachtung des Spare-Shortage-Problems hat man Konsequenzen gezogen. Um dem Problem entgegenzuwirken setzt man daher Computersysteme ein, die sich automatisiert um eine optimale Lagergestaltung bemühen. Aufgrund der Wirtschaftlichkeitsbedingung muss der Umschlag von Ersatzteilen, die hohe Lagerkosten verursachen und im Fall eines Ausfalls eines Flugzeugs kurze Lieferzeiten benötigen, abgewogen werden. Es gilt nicht nur hier, sondern im ganzen Unternehmen, Qualitätsniveaus und die damit verbundenen Kosten so zu gestalten, dass ein Maximum an Qualität bei vertretbaren (minimalen) Kosten erreicht wird. Der Umschlag an Ersatzteilen ist so gestaltet, dass innerhalb eines Jahre ein komplettes Lager umgeschlagen wird. Diese Überwachung der mehreren tausend Lagerteile wird dabei durch eine Software vorgenommen, welche die Verweildauer der einzelnen Teile an Lager bestimmt und anhand dieser Daten eine Auswertung Ende des Jahres vornimmt. Wenig gebrauchte Ersatzteile können reduziert werden. Aufgrund der schnell reagierenden Software kann man jederzeit eine hohe Verfügbarkeit und kurze Lieferzeit von Ersatzteilen garantieren, während andererseits Missstände in der Lagerwirtschaft gezielt beseitigt werden können. Mit dieser Methode erreicht man das Wirtschaftlichkeitsziel, Maintenance zu einem günstigen Preis anzubieten. Um eine Erfolgskontrolle durchzuführen, werden die getroffenen Maßnahmen anschließend bewertet. Dazu nimmt man eine Corrective-Action-Success-Analyse vor. Bei dieser Analyse wird abgeklärt inwiefern sich durch die getroffenen Aktionen bei Delays und Cancellations aufgrund technischer Probleme Erfolg eingestellt hat. Dadurch erreicht man eine Überprüfung der technischen Prozesse und kann Aussagen treffen, inwiefern diese wirklich zu einer Qualitätssteigerung auf das gewünschte Zielniveau beitragen.

Auch in der **Abteilung Flugbetrieb** (Flight Operations) sind Qualitätsstandards fest verankert. Wiederum lassen sie sich auf gesetzliche Auflagen zurückführen, die ebenfalls stark erweitert worden sind. Die Teilqualitäten im Bereich Flugbetrieb erfassen sowohl die Aus- und Weiterbildung der Piloten als auch die Abwicklung des täglichen Flugbetriebs. Das Qualitätsniveau der Ausbildung ist schriftlich festgehalten. Alle 6 Monate müssen Trainings im Simulator durchgeführt werden. Diese Trainings werden mit Tests abgeschlossen, die jeder Pilot bestehen muss. Besonderen Wert legt man auf die regelmäßige Wiederholung solcher Schulungen und Tests. Das so genannte Operations Manual (OM) erfasst alle Ansprüche an die Crews, deren Aufgaben und Verpflichtungen. Dort sind einzelne Verfahren und Policies zur Erreichung der Qualitätsziele festgelegt. Diese Kriterien werden schon zur Selektion der Pilotenanwärter angewendet und ziehen sich durch die ganze Ausbildung bis schließlich zum täglichen Ablauf des Flugverkehrs durch. Unter anderem enthält das Operations Manual so grundlegende Informationen zur Flugplanung wie Angaben über das zulässige Flugzeuggewicht, Flugzeiten und Flugstrecken. Zusätzlich existiert ein Qualitätsmanual. Ein Pilotenhandbuch für jeden eingesetzten Flugzeugtyp spezifiziert diese allgemeinen Bestimmungen. Zudem sind alle internen Abteilungsprozesse schriftlich festgehalten und können als Prozessdefinitionen nachgelesen werden. Auch hier gilt es, die Erfüllung eines hohen Standards an Sicherheit zu gewährleisten. Dieser Standard zieht sich durch das ganze Unternehmen und ist natürlich besonders im operationellen Bereich wie dem Flugbetrieb verankert. Laufend finden Überprüfungen der Qualitätsstandards durch die Behörden, durch interne Audits, aber auch durch den Vergleich im Rahmen von Benchmarkingstudien mit anderen Gesellschaften statt. Zusammen mit der Swissair nimmt man an einem Flight Safety Board teil, dass den Vergleich mit anderen Airlines gestattet. Die Crossair ist zudem Mitglied in einer Flight Safety Foundation. Deren Ziel ist die Verbesserung der Flugsicherheit, die Erstellung von Benchmarks mit anderen Gesellschaften und die Erarbeitung von allgemein gültigen Richtlinien zur Erhöhung der Sicherheit im Luftverkehr. Die European Regional Airline Association, welcher die Crossair ebenfalls angehört, verfügt über eine Zentrale in London, wo alle Vorfälle, welche die Sicherheit an Bord beeinflussten, so genannte Incident Reports, aufgezeichnet und in einer zentralen Datenbank verwaltet werden.

3.2 Anforderungen an die Dienstleistungsqualität aus Kundensicht

Ein eindeutiges Kundenprofil ist nicht vorhanden. Man weiß aber, dass es sich bei den Kunden um Reisende handelt, die einen **hohen Anspruch an Servicequalität** mit dem Flug der Crossair verbinden. Der Kunde weiß, dass es sich bei der Crossair um eine erfolgreiche Unternehmung handelt und setzt dementsprechend **hohe Erwartungen an die Qualität** seiner Reise. Die Crossair wird oft als eine Champagner Airline bezeichnet, da auch in den günstigeren Klassen Champagner gratis an alle Fluggäste ausgeschenkt wird. Der sehr gute Bordservice der Crossair ist insbesondere unter Geschäftsleuten und Vielfliegern sehr bekannt. Die Crossair sieht sich daher einer überdurchschnittlichen Erwartungshaltung der Kunden ausgesetzt, der sie mit ihrem Service gerecht werden muss.

Aus dem Feedback an die Customer-Relations-Abteilung kann man sagen, dass bei kritischen Äußerungen von Kunden diese in 95 Prozent der Fälle an **Verspätungen** sowie **verlorene oder fehlgeleitete Gepäckstücke** gebunden waren. Durch Umfragen, die zusammen mit anderen Airlines innerhalb der Qualiflyergroup durchgeführt werden, erhält man weitere Auskünfte über die Kundenansprüche. Aufgrund der unterschiedlichen Gesellschaften und deren Marktbedienung innerhalb der Qualiflyergroup lassen die durch die Umfrage gewonnenen Ergebnisse jedoch nicht immer eindeutige Aussagen zu. So kann beispielsweise kein Swissair Langstreckenflug Asien mit einem Crossair Kurzstreckenflug von Basel nach Berlin verglichen werden.

Aufgrund dieser Umstände führt die Crossair eine **eigene Umfrage** durch. In dieser Umfrage soll besonders auf die anderen Rahmenbedingungen im europäischen Kurz- und Mittelstreckenverkehr eingegangen werden.

Bevor man die Kundengruppen differenziert betrachtet kann man einige, grundlegende und gemeinsame Ansprüche an das Unternehmen festhalten:

Jeder Passagier möchte

- sicher transportiert werden,
- komfortabel reisen und
- den Service erhalten, den er erwartet.

Dabei können sich die Erwartungen an den Service in zahlreichen Kriterien unterscheiden. Prinzipiell kann man zwei **Kundengruppen** unterscheiden. Zum einen die Geschäftsreisenden und zum anderen die Privatreisenden. Beide benutzen Crossair-Flugzeuge um von Ort A nach Ort B zu reisen. Dabei haben sie jedoch ganz unterschiedliche Ansprüche. Während der **Business-Class-Reisende** einen wesentlichen höheren Reisepreis bezahlt, verlangt er dafür eine hohe Flexibilität und einen besseren Service an Bord und am Boden. Der wohl bedeutendste Anspruch der von Geschäftsreisenden an die Crossair gestellt wird, ist das Verlangen nach Zeitvorteilen.

Durch das ausgebaute Hub-System am Euroairport Basel-Mulhouse-Freiburg, kann die Crossair Zeitvorteile offerieren, die im Vergleich mit anderen europäischen Flughäfen die vordersten Plätze belegen (vgl. Abbildung 8). Zusätzlich stehen für Business-Class-Reisende separate Check-In-Schalter zur Verfügung, die eine schnelle Check-In-Zeit garantieren sollen.

Den **Privatreisenden** interessieren diese Zeitvorteile weitaus weniger. Für diesen preissensiblen Passagier zählen vor allen Dingen der günstige Ticketpreis und die Qualität der angebotenen Dienstleistungen wie zum Beispiel die Beinfreiheit oder das Angebot alkoholischer Getränke und dergleichen. Hauptgründe zur Differenzierung dieser beiden Kundengruppen sind daher bei den Kurzstreckenflügen der Crossair die Ticketrestriktionen oder aus Sicht der Privatreisenden der Preis, also die Freiheiten, die der Kunde beim Umbuchen genießt.

Abbildung 8 **Umsteigzeiten europäischer Flughäfen**

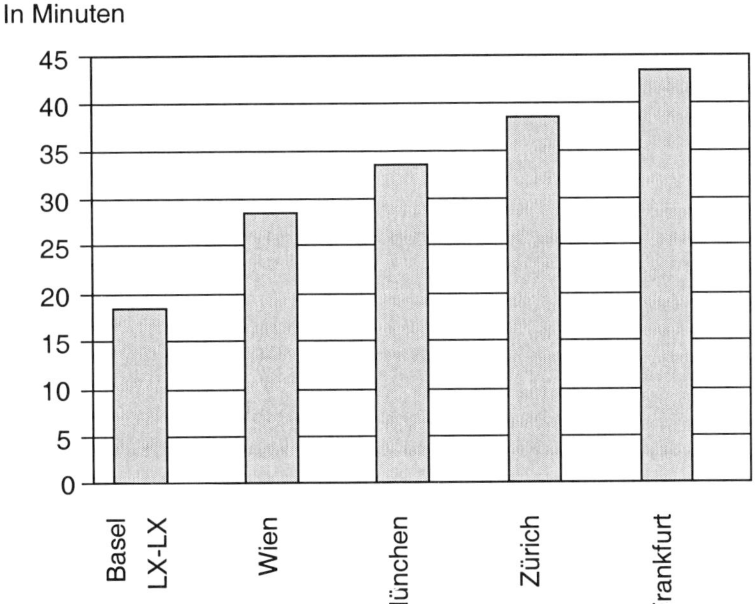

GABLER GRAFIK

3.3 Aufgaben des Qualitätsmanagements

Die einzelnen Aufgaben des Qualitätsmanagements werden darin gesehen, den Mitarbeitern das notwendige Potenzial zur Verfügung zu stellen, um ihre Aufgaben in einem Rahmen ausführen zu können, der den Anforderungen an die hohe Qualität aus Kundensicht gerecht wird (vgl. Abbildung 9).

Abbildung 9 **Aufgaben des Qualitätsmanagements**

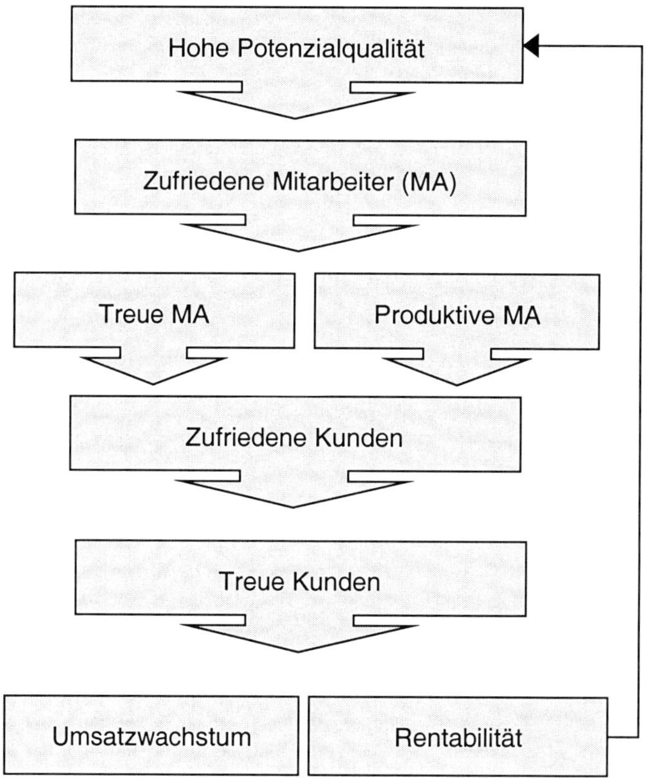

GABLER GRAFIK

Die **externe Aufgabe des Qualitätsmanagements** ist es vor allen Dingen, einen reibungslosen Reiseablauf unter dem Begriff „Seamless Travel" zu offerieren. Ziel ist es beim „Seamless Travel"-Ansatz, einen möglichst nahtlosen Reiseablauf zu garantieren, der auf einem hohen und standardisierten Qualitätsniveau basiert. Im

Rahmen dieses Zielsystems müssen Abweichungen der Qualität zwischen Bodenservice, Flug, Verkaufs- und nachgelagerten Flugtätigkeiten wie Customer Relations möglichst minimiert werden.

Internes Ziel des Qualitätsmanagements ist der Gedanke, die Teillieferungen von Dienstleistungen an andere Abteilungen als Lieferung an interne Kunden zu betrachten. Der Dienstleistungsgedanke soll aufgrund dieses Verständnisses auch intern gefördert werden. Gleichzeitig erreichen die Mitarbeiter im Innendienst auf dieser Basis ein besseres Verständnis für die Mitarbeiter im direkten Kundenkontakt und deren Ansprüche an das Produkt.

Die Vorstellung, das Produkt auch intern „verkaufen" zu müssen, wird vor allen Dingen in Workshops erarbeitet, die das Mitarbeiterverständnis erhöhen sollen. Dort werden gemeinsame Ziele erarbeitet und schriftlich festgehalten. Diese schriftlich fixierten Ziele werden verfolgt, durch neue ergänzt und durch Veränderungen in den Anforderungen der Kundengruppen oder anderen Abteilung verändert oder eliminiert.

Die Unterscheidung zwischen internen und externen Kunden erhöht die Dienstleistungsbereitschaft der Mitarbeiter. Auch bei Mitarbeitern ohne direkten, externen Kundenkontakt soll der Qualitätsgedanke einen zentralen Aspekt der Unternehmensphilosophie darstellen. Die Förderung von internen Leistungen zwischen Abteilungen und Einheiten des Unternehmens trägt im großen Umfang zum Erreichen dieses Ziels bei.

3.4 Struktur und Instrumente des Qualitätsmanagements

Zunächst ist zwischen dem Qualitätsmanagement, wie es in der Technik eingesetzt wird, und dem Qualitätsmanagement der Dienstleistungen zu unterscheiden. Das technische Qualitätsmanagement ist durch eine Vielzahl von Vorschriften durch das schweizerische Bundesamt für Zivilluftfahrt reglementiert. Das dienstleistungsorientierte Qualitätsmanagement basiert auf Initiative des Unternehmens und ist primär an den Kundenbedürfnissen orientiert. Zusätzlich wird es natürlich auch von Aspekten wie Sicherheit und dem Kostenrahmen beeinflusst. Im Gegensatz zum Qualitätsmanagement der Technik gibt es im zuständigen Bereich Product und Services noch keinen Qualitätsmanager.

Die dazugehörigen Aufgaben sind beim Leiter des Bereiches angesiedelt. Durch zahlreiche bereichsübergreifende Aktivitäten wird der Gedanke zudem gemeinschaftlich gefördert. Als **Instrument** können Workshops, die Mitarbeiter aus verschiedenen Abteilungen zusammenbringen, genannt werden. Aufgabe der Workshops ist es, Qualitätsziele für Abteilungen und Bereiche zu entwickeln und diese zu kommunizieren. Für die Umsetzung der gewählten Strategien ist der jeweilige Abteilungsleiter unter Aufsicht des Bereichsleiters verantwortlich.

Zahlreiche Instrumente helfen bei der Zieldefinition und der Entscheidungsfindung. Zentrale Hilfsmittel kommen hauptsächlich aus der Marktforschung. Die Kundenbedürfnisse lassen sich durch eine Palette von **Inputs**, die ausgewertet werden, beschreiben. Entsprechende Instrumente helfen, die gewonnenen Informationen zu verarbeiten und die Bedürfnisse in Kundengruppen zusammenzufassen. In der Regel wird zwischen dem Geschäftsreisendem und dem touristischen Kunden unterschieden. Die einzelnen Inputfaktoren und dazugehörigen Instrumente sind in Abbildung 10 dargestellt.

Herzstück der Analyse von Kundenbedürfnissen ist die zweimal im Jahr stattfindende **Umfrage der Qualiflyergroup**. Dort belegte die Crossair in den letzten Jahren jeweils einen der oberen drei Ränge und insbesondere das Kabinenpersonal erhält regelmäßig hervorragende Bewertungen. Ein weiteres Schwergewicht liegt auch auf der Auswertung von Rapporten, die in elektronischer Form verarbeitet werden. Dort fließen nicht nur die Inputs der Besatzungen, sondern auch die Kommentare der Passagier auf Flügen ein. Ein in letzter Zeit sehr populär gewordener Ansatz ist im Benchmarking zu sehen. Im Rahmen dieses Ansatzes werden Kontrollflüge bei anderen Gesellschaften durchgeführt.

Abbildung 10 **Instrumente des Qualitätsmanagements**

Inputs	Instrumente
- Customer Relations	Datenbank
- Electronic Crew Report	Datenbank
- Personal Feedback	Hotline, persönlich
- Qualiflyer-Umfrage	Auswertung durch U-Beratung
- Eigene Umfrage	Interne Auswertung
- Benchmarking	Testflüge, Besuch bei Airlines, insbesondere innovative, andere Branchen
- Erkenntnisse aus Forschung und Universität	Uni, Spezialisten
- Workshops (intern + extern)	Mitarbeiter, Reisebüro-Angestellte

GABLER GRAFIK

Somit wird es möglich, dass Produkt im Konkurrenzumfeld zu positionieren und zu evaluieren. Durch ein komplexes Punktebewertungssystem der einzelnen Dienstleistungen und Produkte an Bord wird es möglich, den unterschiedlichen Angeboten der

Konkurrenz eine Rangordnung zu verleihen und das eigene Angebot darin einzuordnen. Dabei errechnet sich anhand der Fluglänge, dem Umfang des Angebots und weiteren, detaillierteren Faktoren, wie beispielsweise Anzahl des Kabinenpersonals, ein numerischer Wert, der auf einer Ordinalskala mit den Werten anderer Gesellschaften und natürlich dem der eigenen verglichen werden kann.

Zur Erfassung der Bedürfnisse gibt es zudem ein interne Gruppe, die sich mit der Entwicklung der zahlreichen Inflight-Produkte befasst. Hier werden die Designs von neu bestellten Flugzeugen, moderne Kommunikationsmittel, wie z.B. Bordtelefone, sowie abwechslungsreiche Menus und innovative Produkte für den Bordverkauf kreiert. Eine weitere Gruppe setzt sich aus Vertretern der Crossair und Repräsentanten von Reiseketten und Reisebüros zusammen. Zusätzlich werden Vielflieger eingeladen, um ihre Ansichten darzustellen. Dort werden die häufigsten Kundenbeschwerden, von denen viele in den Reisebüros entgegen genommen werden, aufgegriffen und nach innovativen Lösungsansätzen für diese Probleme gesucht. Die Erfahrung der Mitarbeiter und die Meinungen der externen Verkäufer aus den Reisebüros ergänzen die Inputs der Kunden. Die Gruppe, die unter dem Namen „Customer Advisory Board" operiert.

3.5 Erfolgskontrolle im Rahmen des Qualitätsmanagements

Kundenzufriedenheit und wahrgenommene Qualität werden hauptsächlich durch die Platzierung im Rahmen der Qualiflyer-Passagierumfragen ermittelt. Selbstverständlich liefern aber auch alle im Abschnitt 3.3 beschriebenen Marktforschungsinstrumente wichtige Ergebnisse, anhand derer eine Erfolgskontrolle vorgenommen werden kann. Eigene Umfragen werden seit dem Jahre 1999 nicht mehr vorgenommen, weil diesen der Aspekt des Benchmarking mit den anderen Qualiflyergroup Mitgliedern fehlt.

Am Beispiel der Qualiflyerumfrage soll verdeutlicht werden, wie anhand von Umfragen eine Erfolgskontrolle erreicht werden kann. Zu Beginn der Umfrage steht zunächst der Entwurf und die Auswahl der passenden Fragen. Diese decken eine umfangreiche Palette von Serviceleistungen, wie z.B. die Freundlichkeit des Kabinenpersonals oder die Sauberkeit des Flugzeugs ab. Nach erfolgter Umfrage und Auswertung lässt sich für die einzelnen Bereiche ein jeweiliger Customer Satisfaction Index ermitteln. Dieser Index bezeichnet einen Wert, bei dem der Kunde gerade mit dem angebotenen Produkt zufrieden ist. Diesem Index wird die aktuelle Bewertung durch die Passagiere gegenübergestellt. Man kann somit Aussagen über den Erreichungsgrad der Kundenzufriedenheit treffen. Mit der Umfrage lassen sich also Aussagen über die Stärken und Schwächen der einzelnen Gesellschaften treffen. Zudem erlaubt die Umfrage die Identifizierung von Produktfeldern, in denen der Kundenservice verbessert werden muss. Auch die Wichtigkeit der einzelnen Servicefaktoren lässt sich ermitteln und in einer Rangordnung darstellen. Für die

Crossair bedeutet dies, dass z.B. dem Service der Kabinenbesatzung mehr Bedeutung zukommt als der Sauberkeit oder dem Kabineninterieur.

Nicht erreichte Customer Satisfaction Levels stellen Bereiche dar, die verbessert werden müssen. Häufen sich Beschwerden über eine unzureichende Sauberkeit der Flugzeuge wird ein Programm zur Verbesserung der Reinigung der Flugzeuge am Flughafen ins Leben gerufen. Mit den folgenden Umfragen lässt sich der Erfolg des Programms messen. Diese Resultate können durch direkte Feedbacks von Kunden an die Customer-Relations-Abteilung bestätigt werden. Dort lässt sich durch die Anzahl der eingehenden Beschwerden nochmals die Aussagekraft der Umfrage und die Wirksamkeit der daraus resultierenden Programme bestätigen.

4. Umsetzung der Qualitätspolitik durch Marketing- und Personalmaßnahmen

4.1 Umsetzung der Qualitätsstrategie im Rahmen der Angebotspolitik

Die von der Crossair erbrachten Dienstleistungen sind sehr vielseitig (vgl. Abbildung 11). Zum einen ist hier das **Basisprodukt Personentransport** zu nennen. Dieser Transport ist zu unterteilen in Linienflüge und Charterflüge. In großem Umfang und mit einer sehr hohen Rentabilität wird auch Fracht befördert. Zudem führt Crossair-Technik Wartungsmaßnahmen an Flugzeugen von Fremdgesellschaften durch. Mit dem Crossair Catering in Zürich werden die dort positionierten Flugzeuge versorgt. Seit Ende des Jahres 1999 hat die Crossair einen völlig neuen Geschäftsbereich erschlossen. Mit der Übernahme der Firma Sulzer Triebwerke AG wurde ein neues Unternehmen unter dem Namen Crossarc (Crossair Aircraft Engine Repair Center) geschaffen. Aufgabe von Crossarc ist es, die Wartungs- und Reparaturarbeiten von Flugzeugtriebwerken sowohl für Crossair als auch für Fremdunternehmen vorzunehmen. Dieser Bereich soll in Zukunft kräftig ausgebaut werden und in einigen Jahren sollen dort 150 Beschäftigte arbeiten. Diese unterschiedlichen Geschäftsbereich arbeiten alle mit dem gleichen Logo und unterliegen auch den gleichen Ansprüchen an die hohen Qualitätsstandard der Crossair. Gerade diese Integration der einzelnen Geschäftsbereiche hat einen außerordentlichen Beitrag zum Wachstum der Qualitätsniveaus geliefert. Durch die Crossair eigene Cateringversorgung und die eigene Technikabteilung konnten die Qualitätsstandards stets selbst definiert und überwacht werden. Dabei sind die Abteilungen selbst für die Definition und Überwachung verantwortlich. Es bleibt somit ein hoher Flexibilitätsgrad erhalten, indem sich jeder Unternehmensbereich kurz und unabhängig an veränderte Marktsituationen anpassen kann.

Abbildung 11 **Produkte der Crossair**

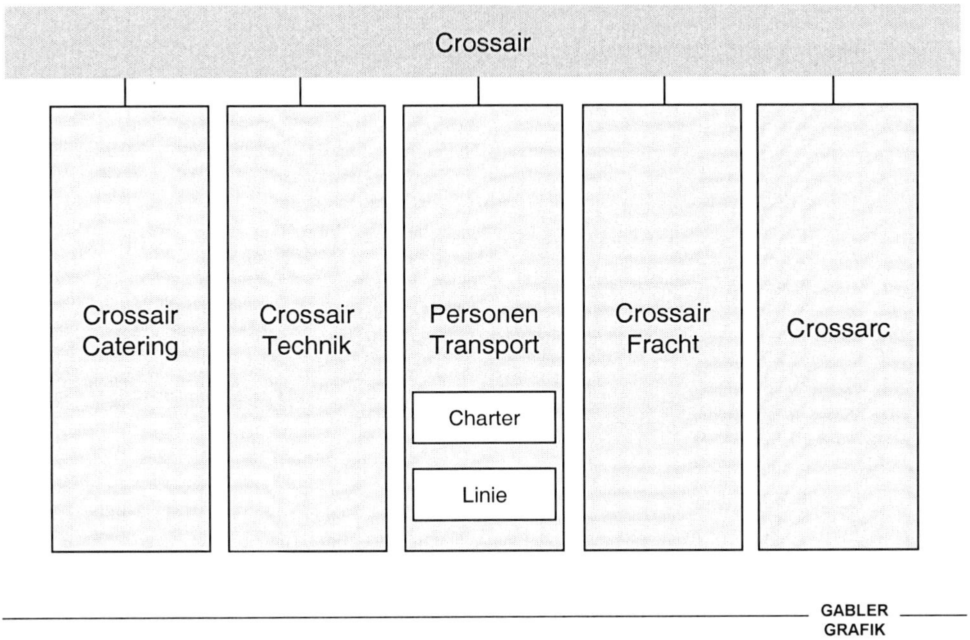

Der Kunde selbst merkt von diesen internen Dienstleitungen nichts oder nur wenig. Für ihn steht das eigentliche Produkt der Crossair, der Personentransport im Luftverkehr, im Mittelpunkt. Dieses Produkt lässt sich als einen **mehrstufigen Prozess** beschreiben. Er beginnt bei der Informationsbeschaffung, im nächsten Schritt der Buchung, führt von der Anreise zum Flughafen, über den Check-In, zum Flug an Bord einer Crossairmaschine, zum Baggage Claim und dem Verlassen des Zielflughafens. Der Reisende unterscheidet dabei nicht zwischen den einzelnen Prozessstufen, sondern empfindet die Reise vielmehr als ein zusammengehöriges Produkt. Ziel ist es, dieses Produkt als einen rundum perfekten Prozess unter dem Begriff „seamless travel" (nahtloses Reisen) zu verkaufen, bei dem die einzelnen Schritte so aufeinander abgestimmt sind, dass sie ein komplettes und rundes Bild ergeben. Erst wenn der ganze Prozess vom Kunden als eine angenehme Reise bezeichnet werden kann, ist das umfassende Qualitätsziel des „seamless travel" Produkts erreicht. Dabei gilt es die einzelnen Prozessfolgen konstant zu optimieren, damit nicht das Versagen einer einzelnen Stufe den Gesamteindruck der Reise so negativ beeinflusst, dass diese als nicht zufriedenstellend empfunden wird.

Da die Ansprüche an das Angebot der Crossair sehr hoch sind, müssen höchste Qualitätsstandards erreicht werden. Dies ist bei einer Dienstleitung, die einen so umfangreichen Prozess abdeckt, nicht einfach. Auch heute noch sind die Ansprüche an Flugreisen bedingt durch deren historische Entwicklung als außergewöhnliche

Reiseform für einige wenige Wohlhabende in Vergleich zu Bahnfahrten wesentlich höher angesiedelt. Insbesondere die Crossair, die den Ruf einer „Champagner-Airline mit Ledersitzen" besitzt, muss diesen hohen Anforderungen gerecht werden. Um diese umfangreiche „seamless travel" Leistung zu erbringen, müssen unzählige interne Prozesse koordiniert werden, die den Kunden aber nicht interessieren. Nur das Endprodukt wird von ihm bewertet.

Zahlreiche externe Faktoren haben zudem einen Einfluss auf die Qualität des Produkts. Zu diesen Faktoren gehören das Handling am Flughafen durch die Flughafenbetreiber, Abfertigung durch Fremdanbieter, Catering von Fremdlieferanten und nicht zuletzt die überfüllten Luftstraßen in Europa. Durch die unzureichend koordinierte Flugsicherung in Europa und der Schweiz kommt es regelmäßig zu Flugverspätungen, denen die Crossair tatenlos zusehen muss.

Da diese externen Faktoren gar nicht oder nur zum Teil von der Crossair kontrolliert werden können, muss die Verbesserung des Angebots dort ansetzen, wo die Crossair dieses aktiv gestalten und verändern kann. Zu diesen Angeboten gehören zum Beispiel der Service an Bord und der Umfang des Catering- und Entertainmentangebots auf den Flügen. Die Streckenplanung und insbesondere die Abstimmung der An- und Abflüge liegen ebenfalls im Spielraum der Gesellschaft. Die durch ihr hervorragend abgestimmtes Streckensystem erworbenen Zeitvorteile, die dem Passagier offeriert werden können, zählen zu einem der Hauptwettbewerbsvorteile der Crossair. Zeitvorteile gegenüber anderen Gesellschaften und kurze Umsteigzeiten sind bei Geschäftsreisenden ein ausschlaggebendes Kriterium, das über den Kauf eines Tickets entscheidet. Durch das umfangreiche Netzwerk innerhalb Europas ist es möglich, den hohen Qualitätsansprüchen, die von den Geschäftskunden an die Auswahl von Destinationen und Verbindungen gestellt werden, gerecht zu werden.

4.2 Umsetzung der Qualitätsstrategie im Rahmen der Kommunikationspolitik

Während die Umsetzung der Qualitätsstrategie vor allen Dingen den einzelnen Abteilung unterliegt versteht sich die Kommunikationspolitik der Crossair als der „rote Faden" der Unternehmung mit einem straff geführten Konzept, das sich durch das ganze Unternehmen zieht.

Dieses Konzept spiegelt sich in den Vorschriften zur **Corporate Identity (CI)** wider. Es umfasst all jene Elemente und Schnittstellen, bei denen die Gesellschaft nach Innen und nach Außen auftritt. Zu diesen Elementen gehören in erster Linie das operative Tagesgeschäft, also die Flüge und der Service am Boden, zudem auch Auftritte an Messen und anderen Veranstaltungen und das Erscheinungsbild des Inflight- und des Mitarbeitermagazins. Aber auch die tägliche Korrespondenz, Aufkleber, Ausweise und viele andere Produkte unterliegen den einheitlichen CI-Bestimmungen. Wichtig bei diesen Elementen ist es, dass jugendliche Image der

Crossair und die dynamische Unternehmenskultur zu präsentieren. Diese Faktoren sollen die Crossair von konkurrierenden Gesellschaften abheben und dementsprechend kommuniziert werden.

Corporate Identity und das damit verbunden Corporate-Design gewinnt in allen Branchen an Bedeutung. Die Crossair setzt seit Beginn des Jahres 2000 mit ihrem neuen Erscheinungsbild hohe Maßstäbe: Sowohl mit einem neuen, eigenständigen Schriftzug als auch mit neuen Uniformen und neuem Geschirr für die Bordverpflegung. Schon in der Pionierzeit tat sich die Crossair mit einem elegant-frechen Logo hervor. Mit der Einführung der neuen, hochmodernen und umweltfreundlichen Flotte, bestehend aus Flugzeugen des brasilianischen Herstellers Embraer, im Frühjahr 2000, gibt sich die Crossair ein neues, eigenständiges Erscheinungsbild: Klassisch-eleganter Schriftzug mit dynamisch aktivem Schweiz Symbol. Das weiße Kreuz steht in einem Dynamik ausstrahlenden roten Feld, so wie die Schweiz sich anschickt, ihre Grenzen zu überspringen und zu neuen Ufern in Europa aufzubrechen. Das neue Corporate Design soll helfen, Kosten zu sparen und wird darum auch über einen Zeitraum von mehreren Jahren eingeführt. Es umfasst sämtliche Maßnahmen in Zusammenhang mit dem neuen Erscheinungsbild.

Durch eine starke PR-Arbeit und eine intensive Betreuung von Journalisten und Medienschaffenden versucht die Crossair ihren niedrigen Werbeetat auszugleichen. Die starke Zusammenarbeit mit den Journalisten ist vor allen Dingen zu Beginn des Jahres 2000 von enormer Wichtigkeit, um bei den anstehenden Pilotenverhandlungen, die zu einem großen Teil in der Öffentlichkeit ausgetragen werden, ein neutrales Bild der Crossair an die Öffentlichkeit abzugeben. Dabei versucht man, durch transparente Informationen sowie durch rasche Informationsweitergabe wichtige Informationen vom Management an die Front zu bringen. Dies geschieht durch die Gestaltung von klassischen, eleganten und professionellen Broschüren, die Durchführung von internen Informationsveranstaltungen, Mailings an Mitarbeiter und an Kunden und Lieferanten. Nicht zuletzt spielt auch der persönliche Kontakt und die umfassende Betreuung von Journalisten durch die Abteilung Corporate Communications eine große Rolle. Bei all diesen Kommunikationsformen zieht sich die Corporate Identity wie ein roter Faden durch das Unternehmen. Eine geplante Broschüre zum Thema Corporate Design soll helfen, die Mitarbeiter bei der Gestaltung von Unterlagen zu unterstützen. Sie enthält alle Richtlinien zur Gestaltung von Akten und jeglichen Korrespondenzunterlagen mit Anweisungen über Verwendung des Logos und der verschiedenen Schriftarten.

Die Kommunikation nach außen gilt es mit den Bedürfnissen der **Zielgruppen** abzustimmen. Da die Geschäftsflieger den größten Kundenanteil stellen, der vor allen Dingen auch den größten Teil des Gewinns generiert, ist die Werbung hauptsächlich auf diese Kundengruppe zugeschnitten. Beworben werden hauptsächlich die Wettbewerbsvorteile der Crossair, also das Streckennetz mit vielen Nischenangeboten in Europa und die hohe tägliche Frequenz der Flüge. Des Weiteren bewirbt man den Flughafen Basel als Umsteigflughafen. Dieses Produkt wird unter dem Namen „Eurocross“ angeboten. Durch die kurzen Umsteigzeiten und die zahlreichen Verbindungen, die mit der Crossair über Basel möglich sind, besitzt man mit diesem Flughafen einen eindeutigen Wettbewerbsvorteil gegenüber konkurrierenden Gesellschaften. Die Vorteile dieses Hubs werden daher auch entsprechend beworben.

Die **interne Kommunikation** soll im Rahmen des raschen Wachstums der Crossair weiter verbessert werden. Wie in vielen Unternehmen führt auch die Crossair ein eigenes Mitarbeitermagazin unter dem Namen „Journalino". Dieses erhält jeder Mitarbeiter einmal pro Monat. Dort werden nicht nur aktuelle Themen rund um die Crossair und den Luftverkehr aufgegriffen, sondern auch neue Mitarbeiter und neue Ausbildungskurse vorgestellt. Für den Bereich Kabinenpersonal ist ein weiteres Magazin geplant, das den besonderen Ansprüchen des fliegenden Personals gerecht werden soll. Moderne IT-Systeme sollen helfen, den Ansprüchen einer dynamisch und beständig wachsenden Unternehmung gerecht zu werden. Durch ein schnelles und präzises Emailsystem wird es der Corporate Communications Leitstelle ermöglicht, zielgruppengerechte Mailings mit kurzer Verteilungszeit an alle Mitarbeiter zu senden. Zudem stehen öffentliche Verzeichnisse im Emailsystem bereit, wo interne Ankündigungen publik gemacht werden können. Diese Verzeichnisse sind nach einzelnen Abteilungen gegliedert, so dass die relevanten Information jeweils schnell und einfach aufzufinden sind.

Durch die Entwicklung von Broschüren und Richtlinien für den internen Gebrauch soll auch der Dienstleistungscharakter der Abteilung Corporate Communications für die Mitarbeiter verdeutlicht werden. Diese intern vorgelebte Dienstleistungshaltung sollen die Mitarbeiter in einem einheitlichen Erscheinungsbild mit ihrem Auftreten und ihrer Haltung nach Außen tragen.

4.3 Umsetzung der Qualitätsstrategie im Rahmen der Preis- und Konditionenpolitik

Die Preissegmentierung im Luftverkehr ist sehr hoch. Unzählige Tarife gelten auf ein und derselben Strecke. Zweck der vielen unterschiedlichen Preise ist eine Anpassung des Angebots auf die unterschiedlichen Ansprüche der Kunden. Im Luftverkehr sieht sich eine Unternehmung vielen verschiedenen Gruppen von Nachfragern ausgesetzt. Man unterscheidet grundlegend zwei Gruppen: Geschäftsreisende und Privatreisende.

Die **Privatreisenden** wiederum lassen sich in Segmente wie Kinder, Jugendliche (Schüler, Studenten), Rentner, Reisegruppen und Kurzentschlossene (Last Minute) unterteilen. Für all diese unterschiedlichen Segmente gibt es eigene Preisangebote, die sich an den individuellen Kundenansprüchen ausrichten. So unterscheiden sich beispielsweise die Preise von einem Mittagsflug von einem Flug am Abend, da man davon ausgeht, dass viele **Geschäftsreisende**, die am morgen ihr Ziel anreisen und abends zurück, in der Regel einen Morgen- und einen Abendflug buchen. Ein Urlauber ist hier flexibler und kann so den günstigeren Tarif über Mittag wählen. Vor allem die Flexibilität eines Tickets, also die Möglichkeit auch kurzfristig Reisedaten zu wechseln und Umbuchungen vorzunehmen, wird dem Kunden in Rechnung gestellt. Da viele Geschäftstermine kurzfristig geändert werden müssen, sind solche flexiblen Tickets teurer als Tickets, die mit vielen Restriktionen versehen sind, da Geschäftsleute auf solche Umbuchungsmöglichkeiten in großem Umfang angewiesen sind.

Die Preispolitik wird hier vor allen Dingen durch den **Faktor Flexibilität** bestimmt und der Tatsache, dass man den Ansprüchen der einzelnen Kundenarten sehr preisdifferenziert gerecht werden kann. Es wird jeder Kundenart die Qualität geboten, die von ihr verlangt wird. Zudem orientiert sich der Preis an diesen Ansprüchen. Der Kunde erhält also genau das Preis-Leistungs-Verhältnis, das er sich erwünscht. Mit den unterschiedlichen Preismodellen sind aber noch andere Zusatznutzen verbunden. Mit einem Business-Class-Ticket erhält der Passagier weitere Vorteile. Der Kunde kann einen separaten Check-In Schalter benutzen, erhält mehr Meilen (Qualiflyer-Programm) für den Flug, darf eine größere Menge Freigepäck mitnehmen, darf im voraus Sitzplatzreservationen vornehmen und die Lounge benutzen. Der Service an Bord unterscheidet sich aufgrund der kurzen Flugzeiten nicht immer von dem der Economy Class. Jeder Businesspassagier erhält aber zumindest einen Sitzplatz im vorderen Teil des Flugzeugs. Je nach Typ des Flugzeugs findet man eine durchgängige Kabine, in manchen Fällen aber auch eine Zwei-Klassen-Kabine vor. Während der Service an Bord auf Flugzeugen mit Ein-Klassen-Kabine gleich ist, unterscheidet sich der Service auf Zwei-Klassen-Flugzeugen zum Beispiel durch ein besseres Catering und durch einen größeren Sitzabstand. Mit dem Kauf eines teuren Business-Class-Tickets bezahlt man also nicht nur für die höhere Flexibilität des Tickets sondern auch für einen Zusatznutzen, der dem verbesserten Service an Bord und am Flughafen entspricht. Hauptmerkmal der Preisdifferenzierung bei der Crossair ist aufgrund des innereuropäischen Streckenangebots und den damit verbunden kurzen Flugzeiten aber die Flexibilität im Umgang mit dem Ticket.

4.4 Umsetzung der Qualitätsstrategie im Rahmen der Distributionspolitik

Der Vertrieb der Crossair findet zum größten Teil über **Absatzmittler** wie Reiseketten und deren Reisebüros statt. Dabei haben sich beide Parteien durch Agenturverträge aneinander gebunden. Es bestehen Verträge mit den fünf größten Schweizer Reiseketten. Dies verspricht insofern ein grundlegendes Qualitätsniveau, als dass auch die Reiseketten bemüht sind, ihren Kunden eine hohe Qualität zu bieten und ohne dies nicht zu den erfolgreichsten Ketten zählen würden.

Weitere, spezifische Qualitätsanforderungen gibt es nicht. Um sich aber auch hier zusätzlich abzusichern und sich aus diesem Abhängigkeitsverhältnis zu lösen, versucht die Crossair ihren **Direktvertrieb** auszubauen. Die Maßnahmen, die dazu getroffen werden, beinhalten vor allen Dingen einen massiven Ausbau der Internetplattform sowie eine Förderung und Integration der Telephone Sales durch das eigene Call Center. Dieser massive Ausbau soll vermeiden, dass man auf Partner, die man nicht kontrollieren kann, angewiesen ist. Zudem liegt ein beachtliches **ökonomisches Potenzial** im Verkauf via Internet. Der direkte Verkauf führt zu keinerlei Provisionszahlungen an die Absatzmittler und kann auf elektronischem Wege abgewickelt werden. Zudem ist es über das Internet möglich, schnell und ohne großen Aufwand Last-Minute-Angebote auf der firmeneigenen Homepage zu integrieren und so im Rahmen der differenzierten Preispolitik kurzfristig Angebote zur Verfügung zu stellen, welche sonst nicht benutzte Restplätze füllen.

Das **Internet**, das im Frühjahr 2000 komplett überarbeitet worden ist, beinhaltet jetzt ein umfangreiches und sehr komfortables Angebot. Die Crossair war eine der ersten Unternehmen, die es ihren Internetbenutzern erlaubte mittels einem „Call Button" auf der Homepage direkt Kontakt per „Chat" zu einem Call-Center-Mitarbeiter aufzunehmen. Zu den zusätzlichen Angeboten zählen ein Informationsservice über Verspätungen per SMS auf beliebige Handys und vor allen Dingen ein kinderleichter Buchungsvorgang mit wenigen, einfachen Schritten. Mit diesen zusätzlichen Dienstleistungen soll die Attraktivität des Direktverkaufs erhöht werden.

Durch die Mitarbeiter im **Call Center** erfolgt eine schnelle und fachkundige Abwicklung aller Kundenanfragen. Das Internet mit seinen riesigen Wachstumspotenzialen soll durch seine modernen Eigenschaften den innovativen Charakter der Crossair verdeutlichen. Durch den Einsatz moderner Software soll das Internet als Direktvertriebsmedium profiliert und gefördert werden. Im Rahmen des „seamless travel"-Programms kann der Kunde auf diese Weise elektronisch buchen, sich dabei ein elektronisches Ticket ausstellen lassen und daher beim Abflug auch elektronisch einchecken. Die Kommunikation mit dem Kunden wird also ausschließlich elektronisch abgewickelt. Vorteile dieser Elektronisierung sind Personaleinsparungen, eine Beschleunigung des Buchungs- und Check-In-Vorgangs und eine papierlose Abwicklung der Reisedokumentation.

4.5 Umsetzung der Qualitätsstrategie im Rahmen der Personalpolitik

Bedingt durch das rasche Wachstum und einen äußerst eigenverantwortlichen Führungsstil als Managementprinzip gab es bei der Crossair bisher nie eine eigenständige Personalabteilung. Um dem rasanten Wachstum gerecht zu werden, gab es im Frühling/Sommer 2000 eine Reorganisation. Im Rahmen dieser Reorganisation wurde auch eine Human-Ressources-Abteilung geschaffen, die sich mit den Aufgaben der Rekrutierung, Personalentwicklung und der Personaladministration beschäftigt. Die Abteilung Human Ressources hat dabei die veraltete Personaladministration abgelöst. Dort wurden lediglich die Lohnbuchhaltung und die administrative Betreuung der Angestellten vorgenommen. Für die Rekrutierung, die Aufgabe der Stellenanzeigen, der Einführung und der Ausbildung waren davor die einzelnen Fachabteilungen selbst verantwortlich.

Innerhalb der gesamten Organisation ist der Mitarbeiter einer **flachen Hierarchie** ausgesetzt. Dies soll eigenverantwortliches Denken und Handeln fördern. Jeder Mitarbeiter soll auf seine individuelle Art das Ziel erreichen, den Kunden zufrieden zustellen. Innerhalb des Unternehmens möchte man nicht durch schriftlich abgefasste Leitlinien, sondern durch eine **gelebte Unternehmenskultur** und eine qualitative hochwertige Ausrichtung der Angebote für den Mitarbeiter und den Kunden ein gutes und schönes Umfeld erreichen, das auf den Mitarbeiter ausstrahlt und einwirkt. Mit diesem Gedanken versucht man zu erreichen, dass ein gutes und ansprechendes Produkt angeboten wird mit dem sich jeder Mitarbeiter identifizieren kann. Diese Gedanken flossen bei der Gestaltung der Büros, des Personalrestaurants, dem Garten ein. Beispiele sind die hellen, großzügigen und sauberen Umkleideräume und sanitären Einrichtungen der Mechaniker. Sämtliche Büros sind mit dem gleichen Teppich wie die Flugzeuge ausgestattet. Jedes Büro verfügt über Ledersessel, das dem Leder der Bestuhlung der Flugzeuge entspricht. Man erreicht somit eine Verbindung der Umgebung des Mitarbeiters mit dem angebotenen Produkt.

Am Beispiel der **Abteilung Kabinenpersonal** soll die Qualitätsstrategie im Rahmen der Personalpolitik erläutert werden (vgl. Abbildung 12). Bei der Crossair werden nur weibliche Cabin Attendants eingestellt.

Die höflichen, hilfsbereiten und dienstleistungsbereiten Flugbegleiterinnen werden dabei schon ab dem Zeitpunkt der Anwerbung auf den hohen und kundenorientierten Qualitätsstandard im Servicebereich der Crossair aufmerksam gemacht.

Durch gezielte **Werbung** in Zeitungen und Zeitschriften in ganz Europa soll die Aufmerksamkeit der zukünftigen Mitarbeiterin auf die Crossair gelenkt werden. Dabei ist die Werbung bewusst so gestaltet, dass die freundliche und zuvorkommende Art der Flugbegleiterinnen auf Anzeigen und Prospekten sofort zur Geltung kommt. Man versucht durch die Gestaltung der Werbung zielgerichtet ein dienstleistungsbereites und serviceorientiertes Publikum anzusprechen.

Eine **hohe Dienstleistungsbereitschaft** ist Voraussetzung für eine erfolgreiche Laufbahn als Cabin Attendant. Auch in der Betreuung der Bewerberinnen soll sich die bekannte Dienstleistungsqualität widerspiegeln. Das Bewerberteam, welches im Cabin Attendant Recruiting angesiedelt ist, beschäftigt sich zunächst mit dem Versenden der standardisierten Bewerbungsunterlagen. Jede Bewerberin erhält ein standardisiertes Bewerbungsformular. Dieses enthält detaillierte Informationen über das Unternehmen Crossair und die bevorstehende Ausbildung. In diesen Unterlagen wird nochmals ausdrücklich auf die hohen Ansprüche der Kunden hingewiesen. Eine genaue Beschreibung der Tätigkeit und Aufgabenbereiche einer Flugbegleiterin ist ebenfalls integriert, so dass schon am Anfang des Bewerbungsprozesses falsche Vorstellungen über diesen Berufs beseitigt werden können. Zur Beantwortung der vielen Fragen, die im Zusammenhang mit der Bewerbung entstehen, steht ein eigenes Team zur Verfügung, das Auskünfte schnell und unkompliziert sowohl schriftlich als auch am Telefon erteilt.

Abbildung 12 **Laufbahn Cabin Attendant**

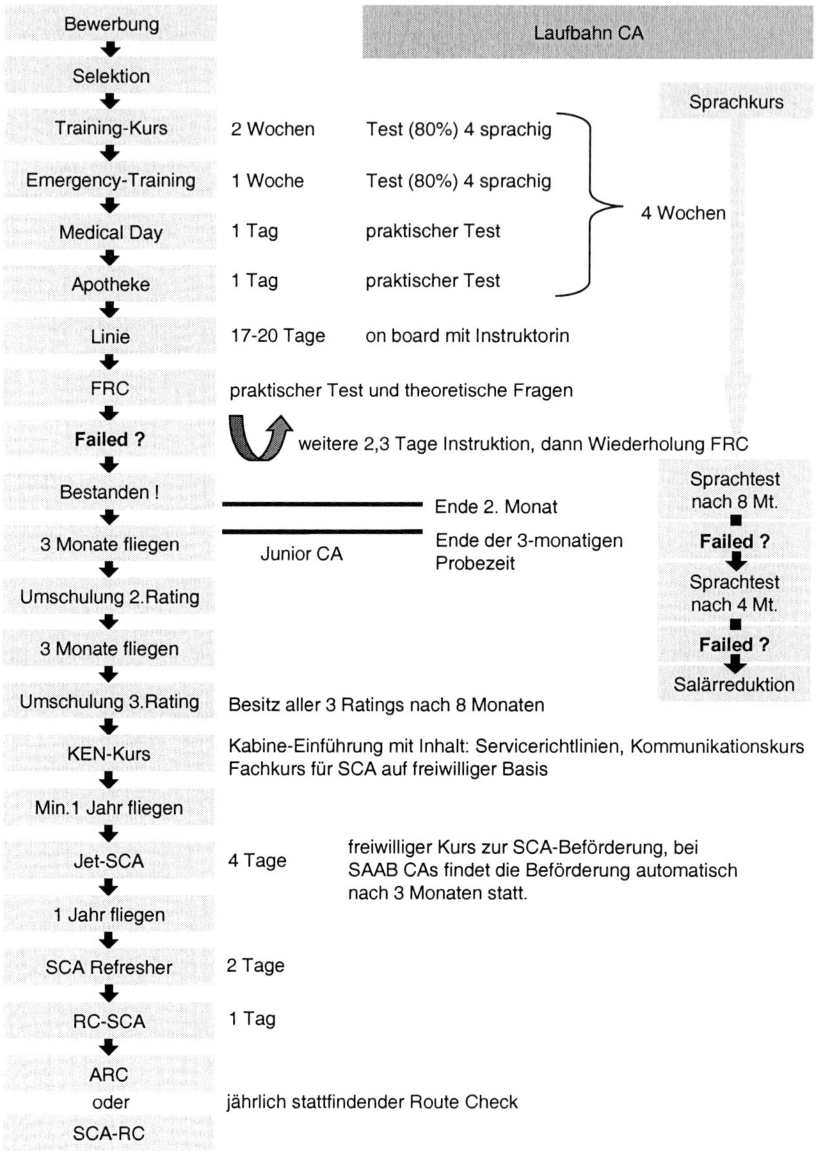

GABLER GRAFIK

Ist eine Bewerbung ausgefüllt und beim **Recruiting** eingetroffen, werden die Bewerbungsbögen bearbeitet und eine Vorselektion durchgeführt. Hier werden die eingegangenen Unterlagen nach Kriterien wie Sprachkenntnissen und Mindestalter differenziert. Bestimmte Ausbildungen oder Abschlüsse werden nicht vorausgesetzt, da man der Ansicht ist, diese würden keine Aussagen zum Dienstleistungsbewusstsein zulassen. Ein hoher Anteil der Bewerberinnen werden zu einer persönlichen Vorstellung eingeladen. In diesen Vorstellungen, die einen Tag dauern, werden Bewerberinnen zu Gruppen von 5 bis 10 Personen eingeladen. Dies setzt ein geschultes und qualitätsbewusstes Management und Selektions-Team voraus. In einem umfangreichen Programm müssen sich die Anwärter in einem Vortrag auf Englisch präsentieren, Fragen beantworten und in einer Simulation mehrere Passagiere bedienen. Dabei sind die Bewerberinnen auf diese Aufgaben nicht vorbereitet. Man möchte hier durch eine möglichst individuelle Konfrontation, die Spontanität, Hilfsbereitschaft und Freundlichkeit der zukünftigen Cabin Attendants bewerten. Das setzt eine hervorragende Menschenkenntnis der mit der Selektion betrauten Mitarbeiter und viel Erfahrung im Management voraus. Im Jahre 1999 wurden von über 4.816 Bewerberinnen 3.002 Personen zu den Selektionen zugelassen. Davon wurden 439 Personen permanent eingestellt und 108 Bewerberinnen als saisonale Arbeitskraft zugelassen.

Hat man diese Tests erfolgreich bestanden, beginnt im nächsten Schritt die **Ausbildung**. Diese wird von der Crossair eigenen Trainingsabteilung durchgeführt. Dabei stehen eigene Schulungsräume, Simulatoren und ein hervorragend ausgebildetes Team zur Verfügung. Zu Beginn des Kurses werden die angehenden Cabin Attendants von dem CEO persönlich begrüßt, was zur persönlichen Atmosphäre des Unternehmens beitragen soll. Dort werden sie auch mit den Unternehmensgrundsätzen und den Vorstellungen des Managements vertraut gemacht. Da die zukünftigen Cabin Attendants an vorderster Front das Unternehmen vertreten, ist es besonders wichtig, sie dieser Position bewusst zu machen. Während der Ausbildung werden nicht nur technische und fachliche Kenntnisse vermittelt sondern auch der Umgang mit komplizierten Passagieren geübt und die Betreuung von Kindern und behinderten Passagieren einstudiert. Während der gesamten Ausbildungszeit im Crossair-Gebäude wird Qualität in Form von Klassenzimmer, Ausrüstungen und durch die Ausbilder vorgelebt. Man geht davon aus, dass sich dieses hochqualitative Umfeld auch auf den Angestellten überträgt und von ihm weitergelebt wird.

Gemessen wird schließlich der Ausbildungserfolg in Form von **Tests**, die im Rahmen des Ausbildungsprogramms durchgeführt werden. Diese schriftlichen Tests beinhalten Fragen zur Sicherheit, dem Emergency Training und natürlich zu den täglichen Aufgaben und Pflichten einer Flugbegleiterin. Des Weiteren werden die Auszubildenden durch ihre Ausbilder auch charakterlich beurteilt. So werden Merkmale wie Hilfsbereitschaft, Charme und Leistungsbereitschaft in individuellen Berichten festgehalten. Durch **jährliche Checks** der Dienstleistung an Bord wird die Cabin Attendant während ihrer gesamten Laufbahn ständig überprüft. Zudem finden Jahresgespräche zwischen jedem Mitarbeiter und einem Vorgesetzten statt, die noch einmal die Möglichkeit geben sollen, den Charakter und die Einstellung zur Dienstleistung eines jeden Angestellten individuell zu überprüfen. Auch auf vertraglicher

Basis wird die außergewöhnliche Leistung des Personals festgehalten. Eine nur mittelmäßige Performance wird nicht akzeptiert und kann sogar ein Kündigungsgrund sein.

Die **persönliche Führung** durch das Management und ein breites Netz an Teamleadern sollen den Kontakt zwischen Vorgesetzten und Angestellten sicherstellen und eine Kontrolle und persönliche Betreuung garantieren. Bei den Teamleadern handelt es sich dabei um Führungsstellen, die eine kleine, überschaubare Gruppe Cabin Attendants betreuen und die den Cabin Attendants als Ansprechpartner dienen. So werden kurze und einfach Kommunikationswege realisiert. Die Kommunikation erhält dabei einen persönlichen Stil wie er für die Crossair typisch ist. Die große Flexibilität soll auch durch möglichst wenig Führungsprinzipien eingeschränkt werden. Es liegen keinerlei schriftliche Führungsdefinitionen vor.

Ebenso wie man schnell und flexibel auf die wechselnden Kundenbedürfnisse eingehen will, ist dem Management die **individuelle Führung** wichtiger, um so schneller und flexibler auf die Ansprüche der Mitarbeiter eingehen zu können. So bildet das interne Führungssystem das Vorbild für die Verhaltensweise gegenüber dem Kunden. Ein weiterer Pluspunkt, der durch Passagierumfragen immer wieder bestätigt wird, ist das ausschließlich weibliche Personal auf der Strecke. Von den hauptsächlich männlichen Geschäftsreisenden wird der dynamische Service dieses jungen Teams mit einem Durchschnittsalter von 25 Jahren sehr geschätzt. Um die hervorragenden Leistungen dieses Teams zu würdigen werden keinerlei standardisierte Personalmotivations- oder Lenkungssysteme eingesetzt. Auch hier will man mittels individueller Lobesbriefe, Geldpräsenten oder zusätzlichen Freitagen individuell positive und außergewöhnliche Leistungen fördern. Zudem besteht bei der Einführung eines solchen Motivationssystems die Angst, dass andere Mitarbeiter sich benachteiligt fühlen würden.

Unabhängig von den Kriterien der Abteilung Cabin Attendants hat sich auch in anderen Bereichen eine eigene, **qualitätsorientierte Personalpolitik** entwickelt. Diese unterschiedliche Personalpolitik soll die individuellen Bedürfnisse der einzelnen Abteilung befriedigen. Ebenso wie bei den Cabin Attendants setzen auch hier die Ansprüche auf einem hohen Niveau an. Die Anforderungen müssen dem Mitarbeiter dabei zu Beginn verdeutlicht und deren Wichtigkeit bekannt gemacht werden.

Im Bereich der **Abteilung Technik** hat man vergleichbare Ansprüche an das Personal. Während die Ansprüche der Abteilung Kabine in den zahlreichen schriftlichen Ausbildungsunterlagen und den Cabin Attendant und Quality Manuals festgehalten sind, findet sich im Bereich Technik ein schriftlich erfasstes, so genanntes Quality Statement. Auch hier soll bei der Mitarbeitereinstellung der hohe qualitative Anspruch an die Tätigkeit durch eine Einführung, die jeder Mitarbeiter der Abteilung Technik erhält, dargelegt werden. Dabei wird anhand eines Mission Statements und diverser Verhaltensregeln das qualitätsfördernde, personalpolitische Ziel erläutert.

Das **Mission Statement** lautet:

> We provide outstanding aviation maintenance and support services cost efficiently within deadlines for Crossair and international customers.

Anhand verschiedener Verhaltensregeln soll dieses Ziel erreicht werden. Im Einzelnen bestehen folgende Regeln:

- I think, understand and I do it right the first time.
- I keep things as simple as possible to fit the purpose
- I recognize, understand and use processes. The processes serve as a guideline and we shall continuously improve them.
- I am part of the team and only organized team-work will make us strong and successful.
- What I plant now is precious and needs care to ensure future growth.
- The correct on time information, structured and at the right place, will help to avoid or solve problems.
- I compare myself with others in order to continuously improve. I contribute by making the most efficient use of processes, material and time. The better I am the bigger the benefit.
- I treat others as I would like to be treated.

Die einzelnen Regeln sollen schon bei der Einstellung die Ziele und Prozesse der Abteilung Technik beschreiben. Die Ziele sind allerdings lediglich innerhalb dieser Abteilung bekannt und müssen nicht unbedingt mit denen der anderen Abteilungen übereinstimmen.

Die einzelnen personalpolitischen Ansätze gestatten es, einen **hohen Flexibilisierungsgrad** zu gewährleisten, sollten aber in Zukunft im Rahmen einer unternehmensweiten Harmonisierung der Qualitätsansprüche mit der bevorstehenden Umstrukturierung angeglichen werden. Diese zentralisierten Aufgaben sollen dann von der Abteilung Human Ressources übernommen werden.

5. Organisatorische Verankerung des Qualitätsmanagements

„Quality and Operations Controll, Special Projects" nennt sich die Stabsstelle, die sich der Qualitätssicherung der technischen Belange widmet. Dabei stützt sich diese Stabsposition auf das EU-Gesetz JAA (Joint Aviation Authority). Es werden in diversen Schriften Standards gegeben, die eingehalten werden müssen, damit die Fluggesellschaft ihre Flugerlaubnis behalten kann. Folgende Gebiete werden abgedeckt:

- Flight Operations,
- Maintenance,
- Ground Operations,
- Training.

Die Stabsstelle hat in dieser Beziehung eine beratende Funktion. Sie überprüft die Arbeitsabläufe, schreibt darüber einen Rapport und meldet die Ergebnisse der untersuchten Abteilung. In den einzelnen Abteilungen werden Auditoren ausgebildet, die das Qualitätsmanagement der Abteilung übernehmen. Es gibt vier Arten der **Qualitätschecks**:

▮ Audits	Ausgebildete Mitarbeiter der Abteilung, die die Qualität kontrollieren.
▮ Quality Checks	Momentchecks an einem bestimmten Zeitpunkt.
▮ Monitoring	Ein Check über eine gewisse Zeitspanne hinweg.
▮ Investigations	Größere Untersuchungen.

Hinsichtlich der Dienstleistungsqualität hat die Crossair jedoch noch kein Qualitätsmanagement. Dieses ist jedoch mit der Uni Basel im Aufbau begriffen. Die Zuständigkeit hierfür obliegt dem Marketingchef. Ziel soll es sein, Frühindikatoren und Trends zu erfassen und diese in die Strategien einfließen zu lassen.

Organisatorisch ist das Marketing und die Stabstelle Qualität – wie in Abbildung 13 dargestellt – verankert.

Abbildung 13 **Organigramm Crossair AG**

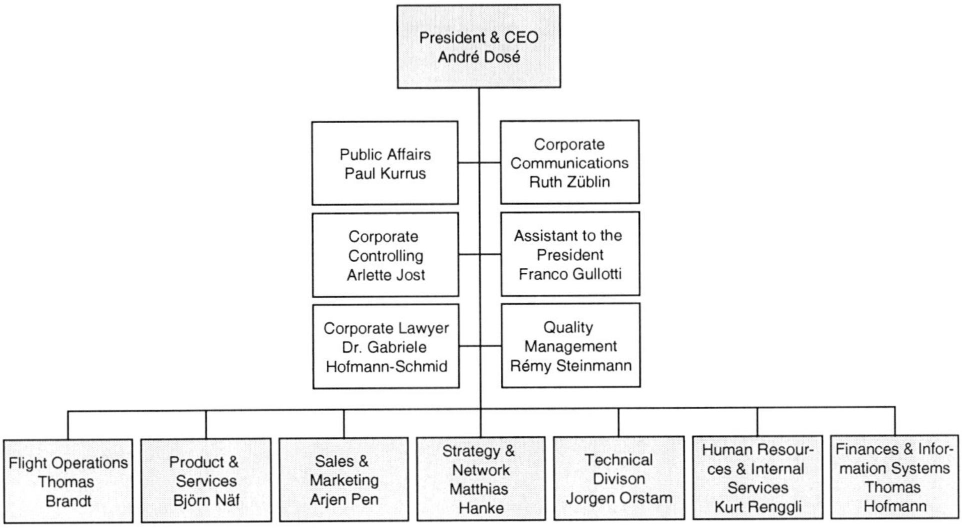

GABLER GRAFIK

5. Rechtliche Besonderheiten

Da die Schweiz kein Mitglied der Europäischen Union ist, entstehen der Crossair rechtliche Nachteile an den Flughäfen. Die Crossair wird gleich behandelt wie jede außereuropäische Fluggesellschaft und darf keine Destinationen innerhalb der EU mittels Direktflug verbinden. Sollte im Jahre 2001 das Referendum jedoch abgelehnt werden, so wäre die Schweiz, was die Luftfahrt anbelangt, der EU gleichgestellt. Die Kontingente für ausländische Arbeitskräfte, wie sie z.B. in Zürich bestehen, schränken die Anstellungsbestrebungen der Crossair für Kabinenpersonal ein. So hat die Firma Mühe, genügend Arbeitsbestätigungen für mögliches Kabinenpersonal zu erhalten. In Basel ist die Lage zwar besser, aber auch dort bestehen gewisse Einschränkungen. Durch die Zunahme des Luftverkehrs entstand ein Lärmproblem, das politische Folgen hatte. Zeitliche Flugeinschränkungen sowie Emissionsobergrenzen beeinflussen und lenken nun die Fluggesellschaften bei der Planung ihrer Flüge. Eine der wichtigsten und auch problematischsten Besonderheiten speziell für die Dienstleistungsqualität ist das europäische Flugsicherungssystem. Verspätungen, die durch Probleme des Systems hervorgerufen wurden, haben Kunden wie auch Mitarbeiter der Crossair verärgert. Auf diese Probleme kann die Crossair nicht direkt Einfluss nehmen und wird trotzdem vom Kunden verantwortlich gemacht.

7. Erfolgsfaktoren der Qualitätssicherung

Quantitativ wie auch qualitativ wird der Erfolg des Unternehmens und ihrer Qualitätssicherung grob in der Bilanz und der Erfolgsrechnung nachgewiesen. Die Crossair konnte seit ihrer Gründung vor 25 Jahren ihre Marktposition, die Gewinne, die Anzahl Mitarbeiter und die transportierten Personen stetig steigern und ist zu einem Unternehmen stattlicher Größe herangewachsen. Die permanente Steigerung lag oft über dem Marktwachstum, was den Erfolg ihrer Strategie unterstreicht. Ebenfalls erhielt Crossair unzählige Auszeichnungen, u.a. für die beste Regional-Fluggesellschaft in verschiedenen Jahren. Crossair führt auch interne Marktforschungen sowie Benchmark-Studien durch, in denen Ihre Strategie honoriert und verbessert wird. Die im Aufbau begriffene Zusammenarbeit mit der Universität Basel im Bereich der Qualitätssicherung soll zum Ziel haben, die Qualität quartalsweise nachzuweisen. Ebenso will man die Reports und Feedbacks systematisieren, um aussagekräftigere Informationen zu erhalten.

Der **Faktor Mensch** ist dabei der wichtigste Faktor für den Erfolg der Qualitätspolitik. Mit ihm steht oder fällt die Beziehung zum Kunden. Dies wiederum spürt der Kunde, der seinerseits die Dienstleistung besser quittiert. Dabei darf aber die Infrastruktur nicht verachtet werden. Dem Kunden soll ein hoher Standard geboten werden, der mit der Crossair assoziiert werden soll. Dazu gehören die Ledersitze, Champagner, frisch gepresster Orangensaft und das Keramikgeschirr. Auch bei den neuen Flugzeugen, den brasilianischen Embraer, hat Crossair aktiv bei der Kabinengestaltung mitgearbeitet, um diese den Mitarbeiter- und Kundenbedürfnissen anzupassen.

Innerbetriebliche Erfolgsfaktoren bestehen laut Crossair vor allem bei den Mitarbeitern, die jung und dynamisch etwas verändern wollen. Es ist im Sinne der Unternehmung, dass die einzelne Person ihr Umfeld beobachtet und kritisiert. Organisatorisch wird dies durch den Abbau der früher patriarchalisch aufgebauten Unternehmung erreicht, in der Teams eine immer größere Bedeutung erhalten. Neu wurde auch die Abteilung „Human Ressources" eingerichtet, mit der nun die Belange der Mitarbeiter einen noch höheren Stellenwert erhalten. Trotz der großen Konzentration der Geschäftstätigkeiten in Basel ist die Firma dezentral organisiert, was sich in einer großen Eigenverantwortung der Außenstellen kennzeichnet. Durch das große Netzwerk kann das Unternehmen dem Kunden eine große Palette an Destinationen anbieten. Diese Vielfalt macht die Crossair auf dem Flugverkehr innerhalb Europas attraktiv. Vor allem Geschäftskunden profitieren von schnellen und komfortablen Verbindungen von A nach B. Die Flotte wird durch den Ersatz des jetzigen Fluggeräts mit den neuen Embraer sehr modern und kontinuierlich verjüngt. Dies hat zur Folge, dass sich die Kunden sicherer und wohler an Bord fühlen als in älterem Flugmaterial. Insgesamt aber liegt der externe Erfolgsfaktor bei der wirtschaftlichen und sozialen Entwicklung innerhalb Europas. Die Vermischung der Menschen nimmt zu und damit auch ihre Verkehrsnachfrage. Ein Teil dieser neuen Nachfrage will Crossair mit ihren Qualitäten erreichen. Weder die Eisenbahn noch das Automobil stellen für die Crossair eine große Konkurrenz dar. Durch die Schnelleisenbahnen wird aus Sicht der Crossair nur ein geringer Teil des Marktes verloren gehen. Auch im Auto sieht Crossair keine Konkurrenz. Das Auto hat zusätzlich eine Reihe von Nachteilen, wie z.B. Geschwindigkeit, Möglichkeit des Arbeitens, keinen Service, usw. Schwächen bei der Kommunikation der Mitarbeiter möchte man mit der internen Hauszeitschrift „Crosstalk" beheben. Obwohl wie oben erwähnt viel für die Mitarbeiter investiert wird, soll nach Meinung der Crossair noch mehr das „Wir-Gefühl" gestärkt werden. Besonders die Betreuung der Piloten soll ausgebaut werden, da sie wegen ihrer Reisetätigkeit sehr wenig Verbindung zu den anderen Mitarbeitern haben.

Als große Stärke hingegen wird das Qualitätsdenken genannt. Alle Mitarbeiter, vom Mechaniker bis zum Manager fühlen sich für ihr Handeln verantwortlich und geben der Qualität gegenüber der Quantität den Vorrang. Dabei ist wichtig, dass die Mitarbeiter dieselbe Qualität erfahren wie die Kunden.

Trotzdem muss die Crossair daran interessiert sein, ihr Niveau weiter auszubauen. Hier sieht sie einen großen Handlungsbedarf bei den Prozessen, die sie nicht selber produziert. Speziell ist damit der Transport zum Flughafen aber auch die Art und Weise, wie der Kunde mit der Infrastruktur des Flughafens in Kontakt kommt, gemeint. Hier soll mit den betreffenden Institutionen Lösungen gesucht werden, wie die Interaktion mit dem Kunden besser gestaltet werden kann. Ein Ziel, das mit dem Flughafen koordiniert werden muss, ist die Vorgabe einer Länge der Warteschlange, die es zu definieren gilt. Andere Anstrengungen werden mit den Bus- und Taxigesellschaften gemacht um einen besseren Rundum-Service zu erreichen.

Abschließend sollen noch die aus Sicht der Crossair wichtigsten Anforderungen an eine erfolgreiche Qualitätssicherung aufgezeigt werden. Dazu gehört zuerst die Messbarkeit aller Gebiete. Die Qualität eines Prozesses soll bewertet werden können um Fort- oder Rückschritte festzustellen. Ebenfalls müssen die Qualitätsuntersuchungen zeitnah sein, das heißt sie sollten mehrmals pro Jahr stattfinden, um schnell reagieren zu können. Alle Bemühungen wären umsonst, wenn sie nicht umsetzungsorientiert wären. Es wird verlangt, dass die Erkenntnisse aus den Qualitätsreports konkret angewendet werden können, ohne diese Voraussetzungen wären die ganzen Bemühungen nutzlos. Bei allen Überlegungen der geschäftlichen Prozesse sollen immer die Wünsche der Kunden im Vordergrund stehen und alle Bestrebungen sind nach diesem Grundsatz zu Hinterfragen.

Literatur

Crossair (2000), Jahresrechnung 2000 der Crossair AG, Basel.

Crossair (2001), Interne Dokumentation der Crossair AG, Basel.

o.V. (2001), Regional Airlines, in: Airline Business, May 2001, S. 62.

Nachtrag

Diese Fallstudie ist auf dem Stand des Jahres 2001. Durch den Zusammenfall der Swissair ist aus der Crossair die neue Swiss International Air Lines entstanden. Die Prinzipien und Erfolgsfaktoren der Crossair haben sich bewährt und sollen nun auf die Swiss International Air Lines übertragen werden.

4 Kundenorientierung durch Mitarbeiterorientierung im Schindlerhof

Manfred Bruhn, Boris Brunow
und Dominique Specht

1. Besonderheiten des Dienstleistungsmarketing und Daten zum Landgasthof Schindlerhof

1.1 Daten zum Unternehmen und seiner Entwicklung

Der Schindlerhof ist eines der **„Erst-Adresse-Hotels“** in der deutschen Tagungshotellerie. Sein Domizil liegt im fränkischen Boxdorf in der Peripherie von Nürnberg. Die bauhistorische Grundsubstanz des Schindlerhofes existiert schon nahezu 400 Jahre. Doch erst seit dem Jahre 1984 gelangte der Schindlerhof kontinuierlich ansteigend zu seinem nationalen und internationalen Renommee, das sich mittlerweile nicht mehr ausschließlich auf einen engen Fachkreis beschränkt, sondern auch auf eine breitere deutschsprachige Öffentlichkeit übergegriffen hat.

Untrennbar vereint ist die **Entwicklung des Schindlerhofes** mit der besonderen unternehmerischen Initiativkraft des Ehepaars Klaus und Renate Kobjoll, die den Schindlerhof im Jahre 1984 übernahmen. Zuvor sammelten sie mit einigen erfolgreichen Unternehmensgründungen im Ballungsgebiet Nürnberg-Erlangen sukzessiv Erfahrungen. Mehr als ein halbes Dutzend Betriebsgründungen im Bereich der Gastronomie beziehungsweise Erlebnisgastronomie und später der Hotellerie, die je nach persönlichen Präferenzen und Startkapital realisiert werden konnten, sind im Zeitraum 1970 bis 1983 durch das Unternehmerehepaar zu notieren.

Seit dem Jahre 1984 gilt der Fokus des Ehepaars ausschließlich dem Landgasthof Schindlerhof, der vorerst per Pachtverhältnis übernommen wurde. Damals bestand die Infrastruktur des primär als Businesshotel geplanten Schindlerhofes aus 37 Hotelzimmern und einem maximalen Fassungsvermögen von 200 Personen, das sich auf mehrere Restaurant- und Banketträume inklusive der Gartenanlage verteilte. Nach einer positiven Geschäftsentwicklung gelangte der Schindlerhof 1988 für 7,3 Mio. DM in den Besitz des Ehepaars Kobjoll. Gleichzeitig wurde eine Erweiterung und Neuorientierung beschlossen, die den Bau des „Kreativzentrums“ im Jahre 1990 in einem angrenzenden Grundstück zur Folge hatte. Damit wurden die bestehenden Kapazitäten um 34 Hotelzimmer und eine Tiefgarage aufgestockt, wobei die Baukosten 6 Mio. DM betrugen. Die neuen 200 qm Tagungsfläche dokumentierten eine Geschäftsfelderweiterung, da der latente Bedarf der bestehenden Kundschaft an einem professionellen Tagungsumfeld erkannt wurde. Durch den insbesondere im Tagungsbereich weiter prosperierenden Geschäftsverlauf expandierte der Schindlerhof erneut mit dem Bauvorhaben „DenkArt“, das im Frühjahr 1999 für 5,7 Mio. DM realisiert wurde. In diesem Gebäudekomplex befinden sich zusätzlich 400 qm Tagungsfläche und eine weitere, größere Tiefgarage. Da mit der Zeit die Symmetrie zwischen der Kapazität des Tagungsbereiches und der gestiegenen Nachfrage nach Hotelbetten eine leichte Schieflage vorwies, wurde mit der Errichtung des vorerst letzten Gebäudekomplexes das „Hoteldorf" Schindlerhof mit den Bau „Ryokan" im Jahre 2001, vervollständigt. Die Errichtungskosten betrugen hierbei 4 Mio. DM und erweiterten das Hotelangebot um 24 Zimmer und einen japanischen Garten.

Zur Gewährleistung von weiteren Investitionsvorhaben und der Optimierung der Steuerlast gestaltet sich die Finanzierung zu mehr als 80 Prozent über Fremdkapital. Der größte Anteil des Eigenkapitals wiederum setzt sich aus einem eigenkapitalersetzenden Darlehen der Bayrischen Kapitalgesellschaft BKG, einer Vereinigung des Freistaates Bayern, und circa 20 Großbanken und Versicherungen zusammen. Dieses Risikokapital wird lediglich dann dem Antragsteller gewährt, wenn sein Unternehmensmodell nachhaltige Erfolgsaussichten aufweist. Zudem sind im Rahmen des deutschen Steuerrechtes die einzelnen Immobilien als unabhängige Grundstücksgesellschaften und das bewegliche Anlagevermögen als Gesellschaft des bürgerlichen Rechts firmiert worden, die ihre Leistungen an die Klaus Kobjoll Landhotel GmbH (Schindlerhof) verpachten.

Die **Umsatzentwicklung** des Schindlerhofes beschreibt einen branchenunüblichen Verlauf für ein Individualhotel in dem stark umkämpften Hotelmarkt. Von Beginn an erzielte der Schindlerhof konstant-positive jährliche Zuwachsraten bis auf einen konjunkturell bedingten, leichten Einbruch im Jahre 1993. Speziell die letzten drei Jahre dokumentieren die nachhaltige Umsatzentwicklung besonders deutlich. 1998, dem Jahr der Verleihung von zwei bedeutenden Qualitätspreisen an den Schindlerhof, wurde ein Umsatz von knapp 8,7 Mio. DM erzielt, der im darauffolgenden Jahr um ein Viertel auf 10,8 Mio. DM gesteigert werden konnte. Im Jahre 2000 war das bisher beste finanzielle Resultat in der Geschichte des Schindlerhofes mit einem Umsatz von knapp 14 Mio. DM bei 70 Mitarbeitern (56 Festangestellte und 15 Auszubildende) zu verzeichnen. Der Umsatzanteil der einzelnen Leistungsbereiche zum Gesamterfolg gestaltet sich folgendermaßen: Das Hotel steuerte 37 Prozent, das Restaurant 29 Prozent, der Tagungsbereich 18 Prozent und die Bankettdienstleistungen knapp 16 Prozent zum Umsatz bei. Jedoch können diese Zahlen nicht als getrennter Absolutbeitrag zum Unternehmenserfolg angesehen werden, da die verschiedenen Dienstleistungen synergetisch zusammenhängen und an dieser Stelle eine idealtypische Form des Cross Selling vorliegt.

Die Nachhaltigkeit der Entwicklung ist auf das außerordentlich weitgehende Faible von Klaus Kobjoll bezüglich einer intensiven Beschäftigung mit Managementmodellen und -techniken zurückzuführen. Früher als der Branchendurchschnitt erkannte er, dass langfristig nur die außerökonomischen, vorgelagerten Erfolgsgrößen, wie z.B. die Kundenzufriedenheit, die langfristigen, finanziellen Ergebnisse determinieren. Deshalb beschäftigte sich der Schindlerhof schon frühzeitig mit der **Technik und Implementierung der Steuerung von Dienstleistungsqualität** und ließ sich 1995 als erstes deutsches Hotel nach DIN EN ISO 9001 erfolgreich zertifizieren. Für die Qualitätssteuerung und -kontrolle wurde eigens ein Arbeitsplatz eingerichtet, was nicht dem Branchenusus entspricht. Doch diese Zertifizierung war nur ein Zwischenschritt auf dem Wege der externen Dokumentation eines exzellenten Dienstleistungsunternehmens.

Unter erheblichen internen Anstrengungen und unter Zuratnahme von externen Beratern wurde das ambitionierte Ziel verfolgt, als erstes deutsches Unternehmen den **Preis der „Business Excellence" der European Foundation for Quality Management (EFQM)**, landläufig auch als „Wirtschaftsoskar" bezeichnet, für unabhängige kleine und mittelständische Unternehmen zu gewinnen. 1997 scheitert der Schindlerhof als Finalist nur knapp, wobei jedoch unter einer erneuten Bündelung der Tatkräfte das Ziel 1998 verwirklicht werden konnte. Noch im gleichen Jahr gewann der Schindlerhof das deutsche Pendant zum EFQM-Preis, den Ludwig-Erhard-Preis.

Abbildung 1 **Preise und Auszeichnungen des Schindlerhofes**

- 1989: Managementpreis des Josef Schmidt Collegs in Bayreuth
- 1990: „Hotelier des Jahres" in der Kategorie Privathotel (Deutscher Fachverlag)
- 1993: Silbermedallie „Umweltfreundlicher Betrieb" (Bayrisches Umweltministerium)
- 1994: Deutscher Marketingpreis der HSMA (Hotel Sales & Marketing Association)
- 1994: Silbermedallie „Umweltfreundlicher Betrieb" (Bayrisches Umweltministerium)
- 1995: ISO-9001 Zertifizierung (als erstes Hotel in Deutschland)
- 1997: Unternehmer des Jahres (Akademie für Führungskräfte/Leonberg)
- 1998: Special Award der Zeitschrift „Business Traveller" für das innovativste Hotelkonzept
- 1998: European Quality Award Independent SME der EFQM/Brüssel
- 1998: Ludwig Erhard Preis der Deutschen Gesellschaft für Qualität (DGQ)
- 1999: Nr. 1 der „Ausgewählten Tagungshotels zum Wohlfühlen"
- 2000: Nr. 1 der „Ausgewählten Tagungshotels zum Wohlfühlen"
- 2001: Nr. 1 der „Ausgewählten Tagungshotels zum Wohlfühlen"

GABLER GRAFIK

Die Einrichtung des **TQM-Systems** hatte intern die konsequente Kundenorientierung und damit die Steuerung der Kundenzufriedenheit, durch den Schindlerhof als Kundenbegeisterung bezeichnet, zur Folge. Diese wiederum wirkte sich positiv auf die Geschäftsresultate aus. Extern wird das TQM-System des Schindlerhofes proaktiv über ein eigens gegründetes Unternehmen Glow & Tingle vermarktet. Unter Glow & Tingle halten Klaus Kobjoll und die Qualitätsmanagementbeauftragte Elke Fischer zahlreiche Seminare und Tagungen im In- und Ausland vornehmlich zum Thema TQM und deren Implementierung ab. Zusätzlich wird unter Glow & Tingle eigene Literatur über das TQM vertrieben und insgesamt im Jahre 2000 knapp 2 Mio. DM Umsatz generiert. Da hauptsächlich das „Modell Schindlerhof " in diesen Seminaren vorgestellt wird, steigert das die Bekanntheit und das Interesse im Fachkreis von Qualitätsverantwortlichen respektive -interessierten und damit auch bei potenziellen Kunden. Außer der Tätigkeit bei Glow & Tingle ist Klaus Kobjoll noch Dozent bei der Schmidt College GmbH, für die er über das Managementmodell „UnternehmerEnergie" bei dem Fachpublikum für Hotellerie referiert. Neben den **Qualitätspreisen** erhielt der Schindlerhof (bzw. Klaus Kobjoll) noch zahlreiche weitere Preise, wovon die wichtigeren Preise in Abbildung 1 aufgeführt sind.

Durch die gewonnenen Auszeichnung für das exzellente Qualitätsmanagement und die innovative Mitarbeiterführung erhielt der Schindlerhof in der Folge eine starke Medienresonanz und Medienpräsenz, die sich nicht nur in Berichten von Fachzeitschriften niederschlug.

1.2 Analyse des Marktes

Seit der Übernahme des Schindlerhofes 1984 ist der **Wettbewerb im Hotelgewerbe** wesentlich kompetitiver und dynamischer geworden. Während sich allgemein die Bettentage (Produkt aus Anzahl angebotener Betten und Tage) und damit das gesamtdeutsche anbieterbezogene Marktpotenzial in der Vergleichsperiode 1984 bis 1999 um 47,4 Prozent auf 560 Mio. erhöht hat, wuchs die Nachfrage nur marginal schwächer von 46 Prozent bei 183,5 Mio. Übernachtungen (vgl. Abbildung 2; Luthe 2000, S. 2ff.). Im Nürnberger Großraum waren im gleichen Zeitraum laut Fremdenverkehrsamt höhere Zuwachsraten zu verzeichnen.

Speziell in den 90er Jahren setzte trotz der ansteigenden Übernachtungsanzahl ein **nachhaltiger Konsolidierungsprozess und Verdrängungswettbewerb** zu Ungunsten der mittelständischen und kleinen Hotelbetriebe ein. Insbesondere nicht touristisch ausgerichtete Individualhotels, die keinen Rückhalt durch regionale Leistungsverbunde oder durch ihre geographische Lage aufweisen konnten, waren durch die aufgebauten Überkapazitäten und die Entwicklungen der Markenhotellerie in erheblichem Maße betroffen.

Als Folge der bestehenden Überkapazitäten und in Kombination mit der wiedervereinigungsbedingten Konjunkturabschwächung entwickelte sich eine starke **Preissensibilisierung der Nachfrage**, die sich in einer nominalen wie realen Umsatzabschwächung der Hotelbetriebe auswirkte. Gerade Hotels, die ihr Kernangebot auf Geschäftsreisende und Tagungsteilnehmer zugeschnitten haben, bekamen die deutlich gestiegene Preissensitivität der Kundschaft erheblich zu spüren, da Unternehmen hauptsächlich im Zeitraum 1993 bis 1996 rigorose Kostensparprogramme initiierten und damit auch die Firmenreiseetats als auch Weiterbildungsetats einfroren. Oftmals wurde der Preis und nicht das Leistungsangebot bzw. der Value Added Service zum kaufentscheidenden Kriterium.

Abbildung 2 **Quantitative Entwicklung des deutschen Beherbergungsgewerbes**

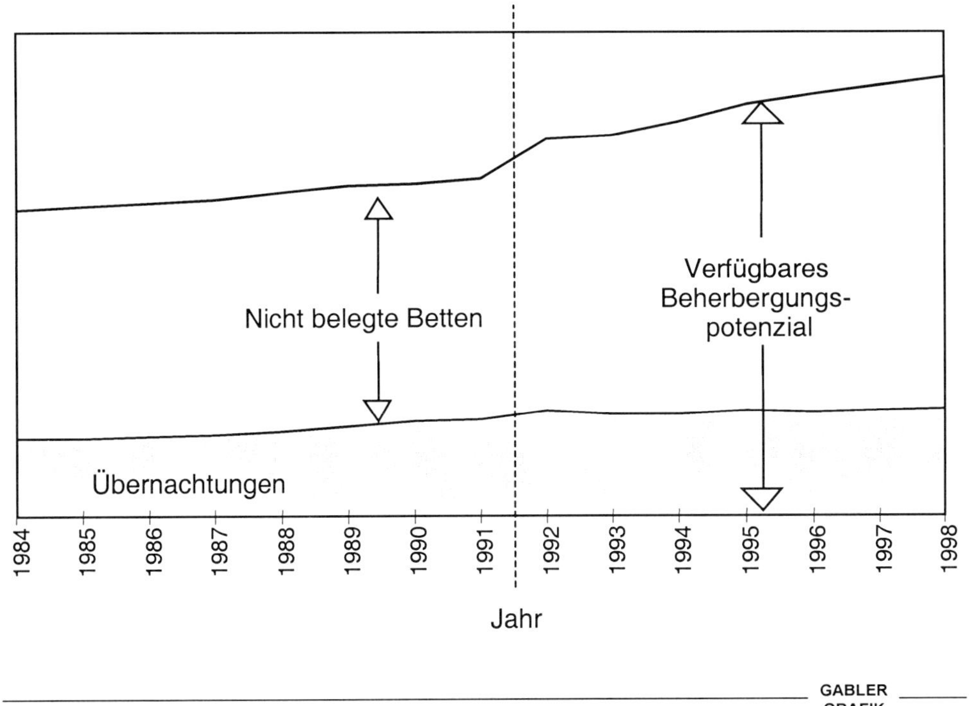

Quelle: Statistisches Bundesamt, DEHOGA Berechnungen

Des Weiteren setzte die **Premiumhotellerie** durch ihre Preispolitik als erste dem gehobenen Preissegment des Marktes erheblich zu, indem sie versuchten, die verlorengegangene Auslastung ihrer Kapazitäten durch erhebliche Preiszugeständnisse zurückzugewinnen. Dabei „wilderten" sie speziell in den Preisregionen der Mittelklasse, um die eigenen Marktanteile halten zu können. Das drückte sich zwischen 1993 und 1996 in einem um 15 Prozent gefallenen Preisniveau und einem deutlichen Unterschreiten der 200 DM Preisgrenze des gehobenen Segmentes aus. Dies mündete in einem harten Verdrängungswettbewerb und schmälerte die Ertragslage der Individualhotels ohne Kettenbindung in existenzbedrohendem Maße und setzte sie folglich unter Zugzwang, um langfristig den eigenen Fortbestand zu sichern. Diese Betriebe mussten korrigierende Maßnahmen einleiten, um die nachhaltige Existenzbedrohung abzuwenden. Neben der effizienteren Gestaltung des operativen Geschäftes, die sich zumeist in Personalfreisetzungen widerspiegelte, hatte eine grundlegende Überprüfung und Neuordnung der strategische Ausrichtung zu erfolgen.

Hier blieben im Wesentlichen nur zwei Handlungsalternativen als Entscheidungsoptionen offen. Entweder konnten Individualhotels durch klar profilierte Konzepte und eine daraus abgeleitete **kreative Nischenpositionierung** mit innovativen Speziallösungen dem aufgekommenen Druck standhalten oder sie entschieden sich, im Rahmen von **Allianzen** oder **Fusionen** an Hotelkooperationen oder Franchisesystemen der Markenhotellerie anzuschließen, um von einer gemeinsamen Dachmarke profitieren zu können.

Auch die Hotelleriebranche ist längst in die **Epoche globaler Verflechtungen** eingetreten. Mit zunehmenden Markenauftritten der nationalen und internationalen Hotelketten werden die Zukunftsperspektiven von Individualhotels zu einem vieldiskutierten Thema. Seit der Übernahme des Schindlerhofes hat die Markenhotellerie in Deutschland einen regelrechten Boom durchlaufen. Bestanden im Jahre 1985 genau 41 Hotelgesellschaften mit 1.068 angeschlossenen Hotels, so hat sich deren Anzahl im Jahre 2000 auf 130 Gesellschaften mehr als verdreifacht und bei den angeschlossenen Hotels auf 3.166 ebenfalls knapp verdreifacht (vgl. Abbildung 3; Luthe 2000, S. 5ff.).

Die **„Markenhotellerie“** wird von der DEHOGA wie folgt definiert: Es ist zumindest ein Standort in Deutschland vorhanden und insgesamt sind mindestens zwei Hotels zusammengeschlossen. Die Hotels haben eine gemeinsame Dachmarkenstrategie, mit der sie am Hotelmarkt den Gästen gegenüber auftreten. Die Markenhotellerie teilt sich in Hotelkooperationen und -ketten auf.

Abbildung 3 **Entwicklung der Markenhotellerie in Deutschland**

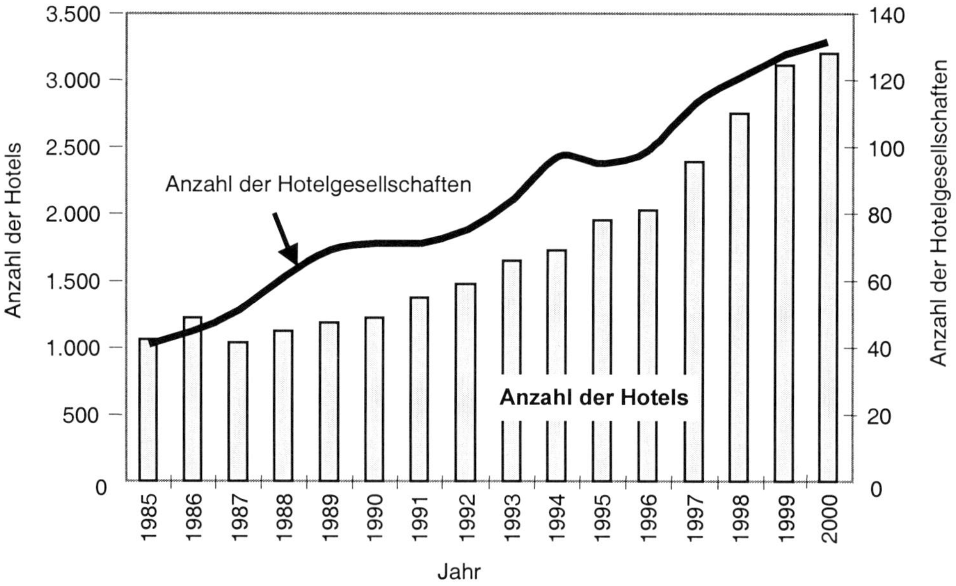

Quelle: DEHOGA-Erhebungen

GABLER GRAFIK

Hotelkooperationen sind im Wesentlichen Marketingverbünde einzelner Individualhotels unter einer Dachorganisation (beispielsweise AKZENT-Hotels, TOP INTERNATIONAL Hotels, Minotels und Landidyll). Die einzelnen Hotels bleiben in ihrer unternehmerischen Freiheit weitgehend autark, müssen aber gewisse Konzessionen gegenüber Corporate-Identity-Regeln (etwa bei Namen, Logos, Werbemitteln) und Servicestandards machen. Im Gegenzug kümmert sich die Dachmarke um Marketing, Vertrieb und PR ihrer Mitglieder. Teilweise bieten sie sogar eigene Kundenbindungsprogramme an, die zusätzliches Business-Klientel bringen. Der größte Bonus einer Dachorganisation aber ist die Unterstützung im Vertrieb, die den Anschluss an das GDS (Global Distribution Systems) und Internet, Präsenz in Hotelbuchungssystemen und der Verkauf über Call Center und Sales Offices gewährleistet, eine Bandbreite, die sich kein Einzelhotel leisten kann.

Hotelketten wiederum, die bekanntesten in Deutschland sind Hilton, Holiday Inn, Maritim, Mövenpick, Intercontinental und Steigenberger, sind zumeist international operierende Dienstleister, die ein Filialsystem an neuralgisch entscheidenden Standorten unterhalten und standardisierten Marktauftritt zum Ziel haben. Hierbei ist die unternehmerische Gestaltungsfreiheit des Einzelnen fast vollständig eingeschränkt. Höchstens im Rahmen des Franchising werden marginale Freiräume in der Ausformung des operativen Geschäftes zugestanden.

Seit 1998 hat sich die **Lage in der Hotellerie erheblich entspannt**, wobei die Dynamik des Strukturwandels der Branche aber dennoch nicht gestoppt wurde. Ein Indikator für die nachfrageseitige Normalisierung sind die gestiegenen Einzelzimmerdurchschnittspreise, die sich im ersten Halbjahr 2000 im oberen Marktsegment auf 261 DM, im mittleren auf 169 DM und im unteren Preissegment auf 112 DM einpendelten (Schindlerhof: 230 DM/Einzelzimmer). Auch die Auslastung der Kapazitäten im oberen Marktsegment erreichte wieder annähernd das frühere Niveau und kam im Jahr 2000 auf Durchschnittswerte von 63,6 Prozent (IHA-Hotelverband 2001).

Der international hoch angesehene **deutsche Tagungsmarkt** ist der größte im europäischen Vergleich. Laut der British Research Company entfielen 31 Mio. Übernachtungen und damit mehr als die Hälfte aller Business-Roomnights im Jahr 1999 auf dieses Marktsegment. Trotz sich abzeichnender Sättigungstendenzen gilt der Tagungsbereich immer noch als Wachstumsmarkt in der Hotelleriebranche. Neben den großen Hotelketten, die zunehmend ihre Dienstleistungen im Tagungsbereich gesondert markieren und vermarkten, wie „Hilton Meetings“ und „Smart Meetings by Sheraton“, besteht in Deutschland eine Vielzahl von kleineren und mittelständischen Individualhotels, die sich eigens auf dieses Kundensegment und ihre besonderen Bedürfnisse spezialisiert haben. Zwei entscheidende, marktbedingte Faktoren kommen diesen unabhängigen Betrieben zu Hilfe. Erstens ist der deutsche Markt im Vergleich zu Frankreich und England wesentlich dezentraler konzentriert und zweitens unterliegen sie nicht dem Standardisierungszwang der Markenhotellerie respektive der Hotelketten. Ihr Wettbewerbsvorteil ist, dass sie schnell, flexibel und kreativ auf sich ändernde Marktanforderungen reagieren können. Trotz der Nischenpositionierung und dem dadurch erreichten Spezialisierungsgrad, sowie der größenbedingten Agilität der Individualhotels im Tagungsbereich ist der Konkurrenzdruck in diesem Segment dennoch immens.

Der deutsche Tagungsmarkt ist derzeit noch wenig strukturiert und übersichtlich. Doch geschätzte 6.500 Hotels geben an, die nötige harte und weiche Infrastruktur zum erfolgreichen Durchführen von Tagungen und Seminaren bereitstellen zu können. Durch ein Autorenteam von acht Fachjournalisten des Freizeit Verlages, unter der Partnerschaft des deutschen IHA-Hotelverbandes (Boness 2001, S. 48ff.) wird diese Zahl jedoch erheblich relativiert. Diese Autoren küren seit 1996 jährlich das „beste Tagungshotel zum Wohlfühlen“. In einer systematischen Vorauswahl unter knapp 2.000 Bewerbern genügten im Jahre 2000 lediglich 261 den gestellten hohen Mindestanforderungen der Fachjournalisten. Bei den verbleibenden Bewerbern wird jährlich eine schriftliche Befragung unter 5.000 professionellen Weiterbildern, Trainern, Personalentwicklern und Veranstaltern von Tagungen per Ranking in zwei Kategorien (Kategorie A unter 100 Hotelzimmer, Kategorie B über 100 Hotelzimmer) erhoben und daraus der jeweilige Sieger ermittelt.

Seit 1999 gewann der Schindlerhof drei mal in Folge den ersten Preis dieses Wettbewerbs der besten **„Tagungshotels zum Wohlfühlen“** in der Kategorie A und dokumentiert damit seine Qualitätsführerschaft im Bereich der Tagungshotellerie. Nach dem Gewinn der Qualitätspreise im Jahre 1998, ist Zufall in dieser sukzessiv einsetzenden Erfolgserie vollständig auszuschließen. Sie ist vielmehr als Lohn für eine hart erarbeitete, konsequente qualitäts- und kundenorientierte Unternehmensführung anzusehen. Nicht nur in der Hotelbranche, sondern oftmals auch von fachfremden Branchen, wird deshalb der Schindlerhof als Benchmark zur Standortbestimmung herangezogen.

1.3 Besonderheiten des Dienstleistungsmarketing

Seit jeher herrschte im Allgemeinen über die Hotelbranche im Hinblick auf andere Wirtschaftsbetriebe eine gesonderte Meinung, die sich im landläufigen Spruch „die Hotellerie tickt anders“ ausdrückt. Allerdings ist die Hotellerie ein idealtypisches Vorzeigeobjekt für einen klassischen institutionellen Dienstleistungsbetrieb, da alle Besonderheiten von Dienstleistungen vollständig zum Tragen kommen. In der Zukunft wird sich das bislang noch allgemeingültige Bild der Hotelbranche als Exot im Wirtschaftsleben normalisieren, da die Betriebe zunehmend professioneller geführt und vermarktet werden müssen um konkurrenzfähig zu bleiben (Business Comfort Hotel Corporation 2001).

Leistungen in der Business-Hotellerie sind **persönliche, nicht automatisierte, eher prozessorientierte Dienstleistungen** am Menschen mit einem hohen Anteil an Such- und Erfahrungseigenschaften (Meffert/Bruhn 2000, S. 31ff.). Generell ergeben sich für einen Dienstleister im Gastgewerbe für geschäftsbedingt Reisende folgende Implikationen, die sich aus den Besonderheiten des Dienstleistungsmarketing herleiten (Barth/Theis 1998, S. 7ff.; Meffert/Bruhn 2000, S. 51ff.):

Durch die **Nichtlagerfähigkeit der Dienstleistung** muss ein geeigneter Trade-off zwischen einer hohen, permanenten Kapazitätsauslastung der eigenen Ressourcen und der Fähigkeit der kurzfristigen Bereitstellung von Betten erreicht werden. Die Kapazitätsauslastung dient dabei zur Steigerung des Deckungsbeitrages und damit des Ertrages, da im Hotelgewerbe eine erhebliche Fixkostendominanz besteht (Barth/Theis 1998, S. 187; Meffert/Bruhn 2000, S. 416). Wegen der absoluten Fremdbestimmung des Zeitpunktes der Leistungsinanspruchnahme durch Geschäftsreisende, können kurzfristige, nichtabsehbare Nachfrageschübe auftreten. Kann dieser Nachfrage nicht nachgekommen werden, entsteht ein Schaden in der Imagekomponente der Leistungsfähigkeit des Anbieters, die die zukünftige Wechselbereitschaft erhöht.

Das von Porter als „Stuck in the Middle" bezeichnete Phänomen der Strategiewahl trifft für diesen Sektor der Hotelbranche, wie bereits in Abschnitt 1.2 erwähnt, in besonderem Maße zu. Nur an den Extrempolen kann ein Individualhotel dem Konkurrenzdruck standhalten. Der eine Extrempol ist die relativ **standardisierte Marktbearbeitung** durch den Schutz und die Hilfe einer strategischen Allianz im Rahmen einer Hotelkooperation, die das Manko der Nichttransportfähigkeit und damit der fehlenden Ubiquität des Leistungsangebotes eines Individualhotels ausgleicht, zugleich aber kaum Differenzierungsmöglichkeiten über das Angebot ermöglicht.

Der andere Extrempol für ein anbieterstandortbasiertes Individualhotel (Meffert/Bruhn 2000, S. 466) ist die Wahl einer **Präferenzstrategie** im Rahmen einer nationalen Nischenpositionierung, wie sie durch den Schindlerhof im oberen Marktsegment der Tagungshotellerie verfolgt wird. Hier gelten des Weiteren folgende **Implikationen**:

- Die Erfüllung der eigenen Leistungsversprechen und Sicherung einer konstant hohen Servicequalität, um die Transferzeiten und -kosten der Kunden zur Leistungsinanspruchnahme zu relativieren.
- Die nachhaltige Differenzierung über das Leistungsangebot, um ein unverwechselbares Profil zu schaffen.
- Die permanente Beobachtung von Veränderungen der individuellen Kundenbedürfnisse, sowie der aufkommenden Neuerungen bezüglich von Servicestandards und Technologien der direkten Konkurrenz ist sicherzustellen, um sie frühzeitig antizipieren zu können und damit die Stellung des qualitätsorientierten Innovators zu bestätigen.

2. Unternehmensphilosophie und Strategien des Schindlerhofes

2.1 Unternehmensphilosophie

„Wir engagieren uns täglich aufs Neue,
um das Ziel zu erreichen, perfekte Organisatoren
und herzliche Gastgeber zu sein.

Diese **Handlungsmaxime des Schindlerhofes** weist auf zwei wesentliche Determinanten der Unternehmensphilosophie des Schindlerhofes hin: die **Qualitätsorientierung** sowie die **Orientierung an der Kundenzufriedenheit**. Ausgangspunkt der Unternehmensphilosophie des Schindlerhofes ist das Konzept des Total Quality Management, das die Qualität in den Mittelpunkt aller unternehmerischen Aktivitäten stellt und auf der Mitwirkung aller Mitglieder der Unternehmung beruht sowie durch die Kundenzufriedenheit auf den langfristigen Geschäftserfolg und den Nutzen für die Mitglieder der Organisation respektive für die Gesellschaft zielt (Deutsche Gesellschaft für Qualität 1995).

Die **Bausteine** des Total Quality Management im Dienstleistungsbereich lassen sich dabei wie folgt charakterisieren (Bruhn 2001, S. 53f.):

Total – die Einbeziehung aller an der Dienstleistung beteiligten Mitarbeiter, Zulieferer und Kunden,

Quality – die konsequente Orientierung des Dienstleistungsprozesses an den Qualitätsanforderungen sämtlicher internen und externen Kunden,

Management – die Übernahme einer Vorbildfunktion für die Dienstleistungsqualität mit einem partizipativ-kooperativen Führungsstil des Management.

Die Wettbewerbsfähigkeit des Schindlerhofes ist abhängig davon, dass Leistungen und Produkte entwickelt und angeboten werden, die in optimaler Weise auf die **Kundenbedürfnisse** und **Kundenerwartungen** zugeschnitten sind. Die Basisleistungen des Unternehmens (Unterkunft, Speisen, Tagungsräume) sind zunehmend austauschbar geworden. Als Aufgabe für den Schindlerhof ergibt sich daraus, die Erwartungen der Kunden nicht nur zu erfüllen, sondern diese nach Möglichkeit zu übertreffen.

Um dieses Ziel zu erreichen, versucht der Schindlerhof in allen Bereichen eine **höchstmögliche Qualität** sowie ein **höchstmögliches Serviceniveau** durch das Personal sicherzustellen. Da dem Personal für die Umsetzung der Unternehmensphilosophie eine herausragende Bedeutung beigemessen wird und die

Mitarbeiter damit als wichtiger strategischer Erfolgsfaktor zu betrachten sind, wird der persönlichen und beruflichen Weiterbildung der Mitarbeiter sowie deren persönlicher Entfaltung eine hohe Bedeutung beigemessen. Ihr wird durch einen partizipativ-kooperativen Führungsstil Rechnung getragen.

2.2 Strategische Grundsätze

Die Unternehmensphilosophie des Schindlerhofes findet ihren konkreten Ausdruck in den strategischen Unternehmensgrundsätzen, die die Basis des unternehmerischen Handelns des Schindlerhofes bilden. Sie bringen zum Ausdruck, nach welchen Werten und Vorstellungen sich die Führungskräfte und Mitarbeiter, die als Mitunternehmer verstanden werden, bei der Führung des Schindlerhofes richten und sie dienen als Orientierung für das Handeln intern wie extern. Ihr verbindlicher Charakter manifestiert sich in der schriftlichen Dokumentation der strategischen Unternehmensgrundsätze. Abbildung 4 gibt die zehn strategischen Unternehmensgrundsätze des Schindlerhofes wieder.

Abbildung 4 **Strategische Unternehmensgrundsätze des Schindlerhofes**

- Unsere Gäste sollen nicht nur zufrieden, sie sollen begeistert sein.
- Wir führen unser Unternehmen ehrlich, zuverlässig und gerecht.
- Wir befriedigen die hohen Ansprüche unserer Gäste ohne Einschränkung.
- Wir erfüllen unsere gesellschaftliche und soziale Verpflichtung.
- Wir bekennen uns zu unserer Verantwortung gegenüber der Umwelt.
- Wir verfolgen gemeinsame und gemeinsam erarbeitete Unternehmensziele.
- Wir haben unser Unternehmen klar gegliedert und Verantwortungsbereiche sauber abgesteckt.
- Zwischen unserem hohen Anspruch und unserer tatsächlichen Leistung besteht kein Unterschied.
- Wir erzielen einen Gewinn der das Unternehmen finanziell unabhängig macht.
- Wir lassen uns von keinem Mitbewerber überbieten.

GABLER GRAFIK

Aus den strategischen Unternehmensgrundsätzen abgeleitet sind die folgenden so genannten **„Spielregeln“**, die das Handeln der Mitarbeiter im Tagesgeschäft bestimmen:

> „Der Gast steht im Mittelpunkt unseres Tuns. Daher sind alle Mitunternehmer vor allem Gastgeber, für die Herzlichkeit und Freundlichkeit oberstes Gebot sind.
>
> Alle im Unternehmen orientieren sich in ihrem Tun und Handeln am Wohl des Gastes und des Unternehmens. Dies ist möglich durch die Transparenz aller Unternehmensziele und den Einsatz aller Mitunternehmer entsprechend ihren Neigungen und Fähigkeiten.
>
> Der Erfolg unseres Unternehmens resultiert aus den Erfolgen unserer Mitunternehmer. Alle können ihren Erfolg durch den Grad ihrer Identifikation mit diesem Unternehmens-Credo klar steuern.
>
> Alle Mitunternehmer setzten ihr Wissen und ihr Können dafür ein, neue und bessere Lösungsmöglichkeiten zu finden. Auch Gutes kann verbessert werden. Veränderungen werden nur dann nicht mehr vorgenommen, wenn sie keine Verbesserungen mehr bewirken.
>
> Dienen kommt vor den Verdienen. je mehr Nutzen wir unseren Gästen bieten, desto höher wird der Nutzen sein, den wir dafür ernten. Alle Mitunternehmer sollen wissen, dass Leistung zählt, sich aber auch bezahlt macht. Alle Mitunternehmer haben die Chance, an dem Unternehmens-Credo mitzuwirken.“

2.3 Qualitätsorientierte Strategieausrichtung

Der Schindlerhof verfolgt eine **qualitätsorientierte, nationale Nischenstrategie**, wobei das Unternehmen die Position eines Innovators anstrebt, indem der jeweilige branchenspezifische State-of-the-Art definiert werden soll. Als Nische wird in diesem Zusammenhang das Angebot einer besonderen und einmaligen Leistung verstanden, die sich klar vom Wettbewerb unterscheidet und zu Wettbewerbsvorteilen führt.

Für den **Tagungsbereich** wird der Anspruch erhoben, durch eine geeignete Infrastruktur dafür Sorge zu tragen, dass im Sinne der Ergebnisdimension der Dienstleistung Resultate auf Tagungen schneller und auch mit einem höheren Qualitätsniveau erzielt werden können als bei entsprechenden Leistungsangeboten des Wettbewerbs. Um dem Anspruch an schnellere sowie bessere Ergebnisse bei den Tagungen sowie der qualitätsorientierten Strategie des Innovators Rechnung zu tragen, wird auf eine qualitativ hochwertige, moderne Ausstattung sowie auf ein entsprechendes Tagungsumfeld Wert gelegt, das sich in der architektonischen Konzeption der Gebäude und des Geländes sowie nicht zuletzt in der Betreuung durch die Mitarbeiter des Schindlerhofes äußert. Die Infrastruktur in Verbindung mit der Betreuung durch das Personal des Schindlerhofes wird als der strategische Wettbewerbsvorteil für den Tagungsbereich betrachtet.

Die Strategien für die Leistungsbereiche **Restaurant** und **Hotel** lassen sich durch folgende Leitsätze des Schindlerhofes beschreiben: „Alle Sinne werden satt" für das Restaurant sowie „Nach Hause kommen" für das Hotel. Das Restaurant soll demnach mehr leisten, als qualitativ hochwertige Speisen anzubieten. Das Ambiente des Restaurants, das auch durch seine historische Bausubstanz schwer durch Wettbewerber zu kopieren ist, sowie das Personal werden als die strategischen Wettbewerbsvorteile des Restaurants angesehen. Für das Hotel hingegen werden die vielen Details, auf die während der Dienstleistungserstellung geachtet wird, sowie die Ausstattung als zentrale Wettbewerbsvorteile betrachtet. Ziel ist es, dass sich der Gast nicht wie in einem Hotelzimmer, sondern zu Hause fühlt. Da der Preis für den Bereich Hotel nicht als Verkaufsargument eingesetzt werden kann, ist der Schindlerhof auf die **Mund-zu-Mund-Kommunikation** positiver Erfahrungen der Gäste angewiesen. Um sich gegen eine zu große Abhängigkeit von einzelnen Tagungskunden im Bereich des Hotels sowie des Tagungsbereiches abzusichern, wird ein bestimmtes Kontingent an Zimmern für Individualgeschäftsreisende freigehalten. Durch die Kommunikation der positiven Erfahrungen dieser Gäste können dann Neukunden gewonnen werden.

Die kundengerichtete Strategie des Schindlerhofes stellt jedoch die Bindung bestehender Kunden vor die Gewinnung neuer Kunden. Ziel ist es, durch einen hohen Grad an Kundenzufriedenheit das Image des Schindlerhofes positiv zu beeinflussen und eine **hohe Loyalität bestehender Kunden** zu erreichen, um so den Anteil an Stammkunden langfristig auf einem Niveau von etwa 60 Prozent zu halten. Den Schwerpunkt der kundengerichteten Strategie des Schindlerhofes bilden demnach die Kundenbindung sowie die Intensivierung der Beziehung zu bestehenden Kunden.

Die Bindung der bestehenden Kunden kann nur dann gelingen, wenn die Erwartungen der Kunden nicht nur erfüllt, sondern möglichst übertroffen werden. Ausdruck für die Bemühungen das **Ziel der Kundenbindung** sowie **Vertiefung der Beziehung** zu bestehenden Kunden zu erreichen, ist die konkrete Verankerung dieser kundenorientierten Qualitätsziele in den Unternehmensgrundsätzen und der „Spielkultur".

Die qualitätsorientierte Strategie des Schindlerhofes findet auch Anwendung auf die **Lieferanten**. Es erfolgt eine kontinuierliche Suche nach Verbesserungsmöglichkeiten und Innovationspotenzialen bei der Produkt- und Servicequalität, was seinen Ausdruck beispielsweise in verstärkten Ausgangskontrollen bei den Lieferanten, der Reduzierung von Verpackungsmaterialien durch Nutzung von Mehrzweckgebinden oder der Anpassung der Anlieferzeiten durch die Lieferanten findet. Die lieferantengerichtete Strategie ist in der Einkaufspolitik des Schindlerhofes festgeschrieben, die Bestandteil des Qualitätsmanagementsystems ist und im Qualitätsmanagementhandbuch schriftlich niedergelegt ist.

Als weitere strategische Marktteilnehmer sind die **Wettbewerber** in die Betrachtung zu integrieren, da die Qualitätswahrnehmung der vom Unternehmen erbrachten Leistungen aus der Perspektive des Dienstleistungsnachfragers nicht allein von der eigenen, vom Dienstleistungsunternehmen erbrachten Leistung abhängig ist, sondern auch von der Wahrnehmung der Leistungen der Wettbewerber geprägt wird. Aus diesem Grund vergleicht der Schindlerhof seine Leistungsfähigkeit einmal im Jahr mit ausgewählten Wettbewerbern, um so Informationen über seine relative Wettbewerbsfähigkeit zu erhalten. Die Ergebnisse dieser Analyse werden in einem **Marktattraktivitäts-Wettbewerbsvorteile-Portfolio** visualisiert. Abbildung 5 stellt die Ergebnisse der Wettbewerbsanalyse für das Jahr 2000 dar.

Abbildung 5 **Marktattraktivitäts-Wettbewerbsvorteile-Portfolio des Schindlerhofes für das Jahr 2000**

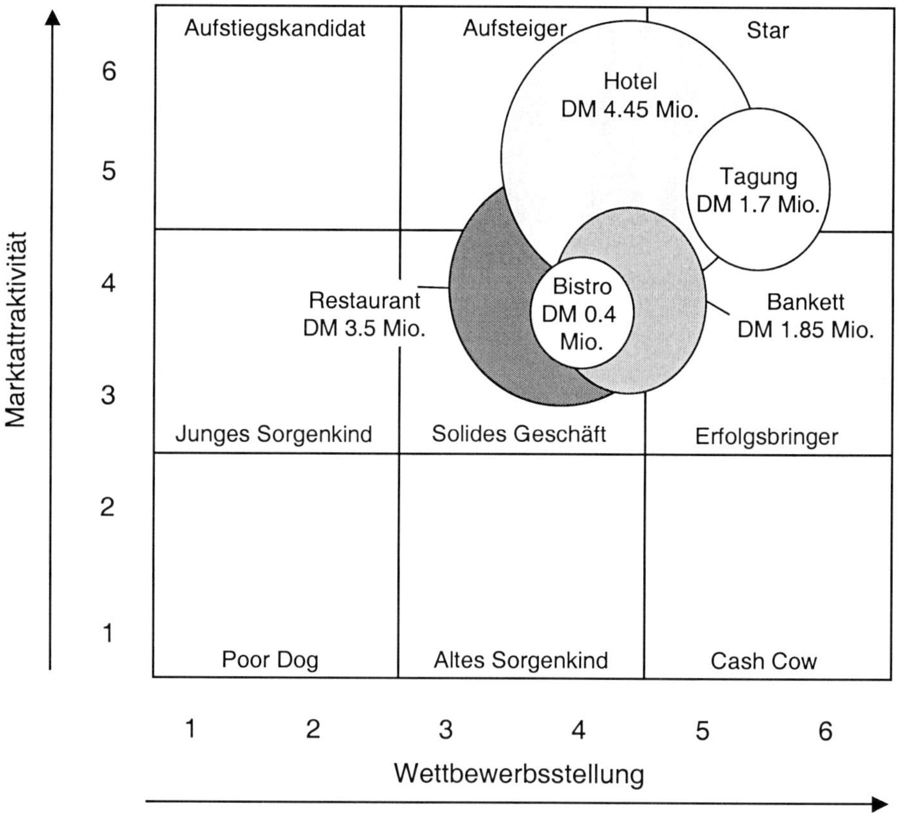

GABLER GRAFIK

Als Größen für die Beurteilung der externen, nicht direkt beeinflussbaren **Dimension Marktattraktivität** wurden herangezogen:

- Marktvolumen,
- Marktchancen,
- Marktrisiken,
- Preisentwicklungen,
- Markteintrittsbarrieren,
- Wettbewerbsintensität.

Die Beurteilung der internen, beeinflussbaren **Dimension der relativen Wettbewerbsvorteile** erfolgte über folgende Größen:

- Marktanteil,
- Qualität der angebotenen Produkte und Dienstleistungen,
- Image,
- Infrastruktur,
- Rentabilität,
- Effektivität des Marketing.

Die Strategie gegenüber den direkten Wettbewerbern ist nicht durch eine einheitliche strategische Grundhaltung gekennzeichnet. Die jeweils anzuwendende Strategie wird fallweise festgelegt, wobei teilweise Kooperation betrieben wird, überwiegend aber eine genaue Beobachtung des Wettbewerbers erfolgt, um Chancen für Verbesserungspotenziale im eigenen Unternehmen zu erkennen. Die Strategie gegenüber der gesamten Branche hingegen ist durch einen kooperativen Charakter gekennzeichnet, indem wichtige Informationen offen zur Verfügung gestellt werden, um so einen Beitrag zu einer positiven Branchenentwicklung zu leisten.

Die hohe Bedeutung, die dem **Personal als strategischem Wettbewerbsfaktor** im Schindlerhof beigemessen wird, spiegelt sich in der Personalpolitik wider. Ziel der Personalpolitik des Schindlerhofes ist es, in den verschiedenen Bereichen des Unternehmens möglichst die qualifiziertesten und fähigsten Mitarbeiter der Branche zu beschäftigen. Der Anspruch an das Personal erfordert von den Mitarbeitern einen hohen Grad an Leistungsbereitschaft, Fachwissen, Kreativität, Flexibilität und Freundlichkeit. Die Mitarbeiterzufriedenheit ist ein wesentliches Element der qualitätsorientierten Strategieausrichtung des Schindlerhofes, da ein entscheidender Erfolgsfaktor des Unternehmens im Kundenkontaktpersonal gesehen wird. Die Mitarbeiterzufriedenheit wirkt sich durch geringere Fehlzeiten, geringere Mitarbeiterfluktuation, höhere Motivation, Produktivität und Leistungsqualität auf die Mitarbeiterbindung aus. Mitarbeiterzufriedenheit und Kundenzufriedenheit beeinflussen sich gegenseitig, wobei eine höhere Kundenzufriedenheit sich über den Einfluss auf die Präferenz, den Bekanntheitsgrad und das Image positiv auf die Kundenbindung auswirkt, die ebenfalls ein zentrales Ziel im Zielsystem des Schindlerhofes darstellt. Mitarbeiterbindung und Kundenbindung wiederum beeinflussen den Erfolg des Unternehmens positiv z.B. durch sinkende Kundenbetreuungskosten, steigende Produktivität oder höhere Preisbereitschaft der Kunden (Meffert/Bruhn 2000). Die höhere Preisbereitschaft der Kunden äußert sich für den Schindlerhof etwa durch die Möglichkeit, im regionalen Vergleich deutlich höhere Zimmerpreise durchsetzen zu können als die Wettbewerber. Abbildung 6 visualisiert den Zusammenhang zwischen Mitarbeiterzufriedenheit, Kundenzufriedenheit und ökonomischem Erfolg im Zielsystem eines Dienstleistungsanbieters.

Abbildung 6 **Zielsystem eines Dienstleistungsanbieters**

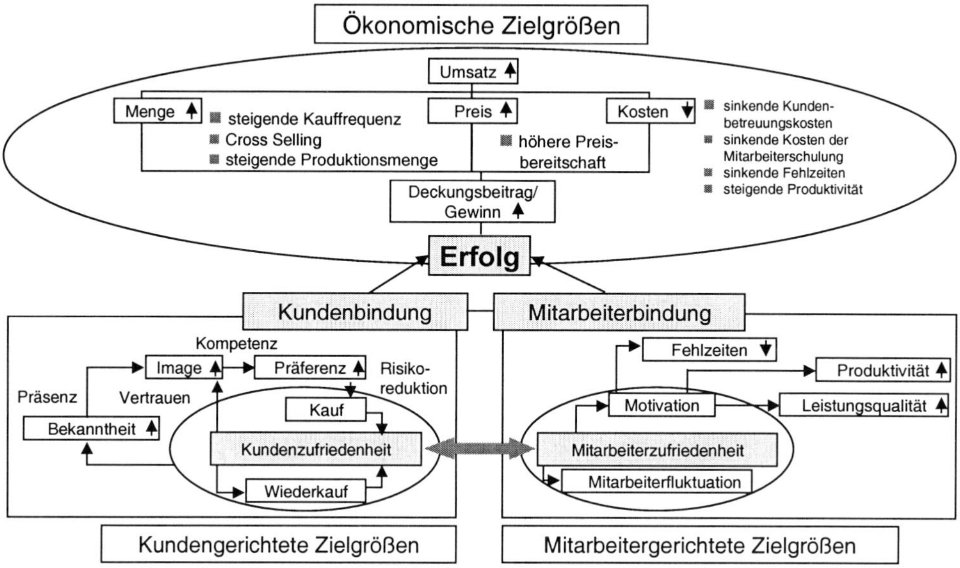

Quelle: Meffert/Bruhn 2000, S. 151

GABLER GRAFIK

In die Strategie des Schindlerhofes werden jedoch nicht ausschließlich die Marktteilnehmer integriert, sondern auch **Aspekte des Umweltschutzes** finden Berücksichtigung. Bereits im Jahre der Eröffnung 1985 wurde von externer Stelle ein Umweltkonzept für das Unternehmen erstellt. Dieses Umweltkonzept ist Bestandteil des Organisationshandbuches und wird einmal jährlich überarbeitet, um neuen Anforderungen zu begegnen.

Die Verantwortung für das Umweltkonzept im Unternehmen obliegt dem Arbeitskreis „Jugend im Unternehmen“, der mit seiner Arbeit 1993 sowie 1994 in einem

Wettbewerb des bayerischen Kultusministeriums die Silbermedaille erlangte. Ergebnisse des Engagements des Arbeitskreises waren unter anderem eine Senkung der Entsorgungskosten sowie Einsparungen im Wasserverbrauch. Die Einführung von Produkt- sowie Serviceinnovationen im Unternehmen erfolgt dabei grundsätzlich in Teamarbeit in Form von Projekten, mit der Zielsetzung eine effektive und effiziente Planung, Durchführung sowie Kontrolle durch ein konsequentes Projektmanagement sicherzustellen.

Neben dem Ziel, ein hohes Niveau an Dienstleistungsqualität zu erbringen, ist es erforderlich die entstehenden Kosten zu kontrollieren und dadurch die **Effizienz des Qualitätsmanagements** sicherzustellen. Ein straffes Kostenmanagement und Controlling aller betrieblicher Bereiche und insbesondere der primären Kostentreiber Wareneinsatz und Personalkosten soll sicherstellen, dass der Schindlerhof rentabel arbeitet und so der ökonomische Erfolg sowie die finanzielle Unabhängigkeit sichergestellt und damit die Besitz- und Machtverhältnisse der Unternehmung langfristig gewahrt bleiben. Die Festlegung der Strategien im Unternehmen erfolgt grundsätzlich auf der Ebene der Geschäftsleitung unter Einbezug der Führungskräfte des Schindlerhofes.

Um die qualitätsorientierte Strategieausrichtung formal stärker im Unternehmen zu verankern, wurde der Schindlerhof als erstes Hotel Deutschlands 1995 nach DIN ISO 9001 zertifiziert. Die Qualitätsorientierung des Schindlerhofes äußert sich nicht zuletzt in den Qualitätsauszeichnungen und -preisen die gewonnen bzw. verliehen wurden. Unter den Auszeichnungen befinden sich der Ludwig-Erhard-Preis der Deutschen Gesellschaft für Qualität (DGQ) 1998 sowie der European Quality Award for Independent Small and Medium Size Companies 1998 der European Foundation for Quality Manage-ment (EFQM) in Brüssel (vgl. Abschnitt 1.1).

3. Qualitätsmanagement des Schindlerhofes

3.1 Anforderungen an die Dienstleistungsqualität aus Unternehmenssicht

Die Anforderungen an die Dienstleistungsqualität aus Sicht des Schindlerhofes leiten sich aus der Fähigkeit und der Bereitschaft zur Erbringung eines bestimmten Niveaus der Dienstleistungsqualität sowie aus der Art der erbrachten Dienstleistung ab, die sowohl tangible als auch intangible Elemente enthält. Daher lassen sich die Qualitätsanforderungen grundsätzlich für **tangible Elemente** wie die Ausstattung der Zimmer, des Restaurants und der Tagungsräume sowie für die **intangiblen Elemente** wie beispielsweise das Ambiente im Restaurant oder die Qualität des Service formulieren. Die einzelnen Elemente dürfen jedoch nicht getrennt voneinander betrachtet werden, da der Dienstleistungsnachfrager die Qualität der Leistung immer als Ganzes wahrnimmt. Eine positive Qualitätswahrnehmung einer Teilleistung kann durch eine negative Qualitätswahrnehmung in einem anderen Teilbereich zu einem negativen Gesamturteil führen.

Die **Definition der Ansprüche** beziehungsweise das zu erbringende Niveau an Qualität für die verschiedenen Bereiche des Unternehmens, respektive der Abteilungen, erfolgt sowohl Bottom-up als auch Top-down. Die Qualitätsziele werden auf der Ebene der Abteilungsleiter gemeinsam mit den Mitarbeitern im Rahmen der Jahreszielpläne diskutiert, wobei die Mitarbeiter zur aktiven Beteiligung angehalten sind. Die erarbeiteten Qualitätsziele der einzelnen Abteilungen werden an die Unternehmensleitung kommuniziert, die ihrerseits Vorgaben für die notwendigen und zu erbringenden Niveaus der Qualität in den verschiedenen Leistungsbereichen erarbeitet. Bei der Formulierung der Qualitätsziele wird ebenfalls das Qualitätsniveau der Wettbewerber berücksichtigt. Unter Umständen ergeben sich Anforderungen an das einzuhaltende Niveau an Qualität auch aus dem Markt, wie z.B. der BSE-Skandal im Frühjahr 2001 und damit die Nichtverwendung von Rindfleisch, die auf der Speisekarte im Restaurant ihren Niederschlag finden.

Bei der **Formulierung der Qualitätsziele** im Schindlerhof findet eine Orientierung an den neun Kriterien des EFQM-Modells statt mit dem Ziel, sukzessive einen Schritt weiter in Richtung „Business Excellence" zu gelangen. Die formulierten Anforderungen an die Dienstleistungsqualität werden schriftlich in den Jahreszielplänen sowie in dem Organisationshandbuch der jeweiligen Abteilung fixiert. Für den Leistungsbereich Restaurant äußert sich beispielsweise ein solches, prozessorientiertes Qualitätsziel durch eine nicht zu überschreitende maximale Wartezeit für den Gast in Minuten zwischen Bestellung und Servieren der Speisen. Wesentliche Indikatoren für das zu erbringende Niveau an Dienstleistungsqualität stellen jedoch die Beschwerden und Anregungen der Gäste dar. Wird auf diese Weise ein Qualitätsmangel offenkundig, wird dies im Team diskutiert und Maßnahmen zur Beseitigung abgeleitet sowie, falls erforderlich, eine Maßzahl zur Überprüfung des Qualitätsniveaus festgelegt.

Die **Operationalisierung und Umsetzung formulierter Ziele** in das Tagesgeschäft obliegt in der Regel den Abteilungsleitern. Um jedoch das Verständnis und die Verinnerlichung der in den Jahreszielplänen verankerten Qualitätsziele bei allen Mitarbeitern zu gewährleisten, werden im Zuge der Vorstellung der Jahreszielpläne Befragungen zu den Qualitätszielen bei den Mitarbeitern durch die Unternehmensleitung durchgeführt. Diese Maßnahme soll das Verständnis der Ziele bei jedem einzelnen Mitarbeiter sicherstellen. Zusätzlich werden die gesetzten Ziele in einem zweitägigen Seminar, das durch externe Trainer durchgeführt wird, durch Techniken der Meditation und Imagination im Unterbewusstsein der Mitarbeiter verankert.

An sämtliche Prozesse im Unternehmen werden allgemein die folgenden **Ansprüche** gestellt: Sie sollten effizient, effektiv, kontrollierbar sowie adaptiv sein. Schriftlich festgehalten sind sämtliche Prozesse des Unternehmens im Organisationshandbuch. Zu den Anforderungen an die Dienstleistungsqualität aus der Sicht der Unternehmung gehört auch die Beurteilung der eigenen Organisation durch die Mitarbeiter. In Mitarbeiterbefragungen werden regelmäßig unterschiedliche Kriterien erfasst und ausgewertet, um die Mitarbeiterzufriedenheit zu ermitteln. Der Schindlerhof verfolgt mit diesen Mitarbeiterbefragungen das Ziel, Ansatzpunkte für die Erhöhung der Mitarbeiterzufriedenheit zu erhalten. Das Ziel einer hohen Mitarbeiterzufriedenheit leitet sich dabei wieder aus der Kenntnis des engen Zusammenhanges zwischen Mitarbeiterzufriedenheit, Kundenzufriedenheit und ökonomischem Erfolg einer Unternehmung ab.

Da dem Kundenkontaktpersonal eine wichtige Rolle bei der Wahrnehmung der Dienstleistungsqualität durch die Kunden und damit für die Kundenzufriedenheit zugesprochen werden muss, ist dies in den Anforderungen an die **Qualität des Personals** entsprechend zu berücksichtigen. Die Anforderungen beziehen sich dabei zum einen auf hohe fachliche Kompetenzen und Qualifikationen der Mitarbeiter, die vom Schindlerhof als selbstverständliche „Basics" vorausgesetzt werden. Zum anderen sind insbesondere die „Soft Skills" angesprochen, wie etwa Teamfähigkeit, Flexibilität oder Freundlichkeit.

Die Anforderungen an die Dienstleistungsqualität beschränken sich jedoch nicht auf die unternehmensinterne Sicht. Auch an die externen Partner wie Lieferanten werden Anforderungen gestellt und ein bestimmtes Qualitätsniveau verlangt. Die Anforderungen an die Qualität beziehen sich sowohl auf die Produkte selbst als auch auf die Servicequalität der Lieferanten. So wird von den Lebensmittellieferanten zum Beispiel bei den Produkten Premiumqualität und Frische erwartet und bezüglich des Service die Einhaltung festgelegter Qualitätskriterien etwa hinsichtlich der Liefergenauigkeit oder der Einhaltung von Lieferterminen. Die Servicequalität der Lieferanten wird unter anderem an deren Flexibilität in Bezug auf die Lieferzeiten oder an dem Angebot von Value Added Services wie spezieller Schulungsmaßnahmen, beispielsweise Weindegustationen, gemessen. Die Flexibilität der Lieferanten als Determinante der Servicequalität äußert sich für den Schindlerhof etwa darin, dass der Lieferant Lieferzeiten außerhalb der Hauptservicezeiten des Gastronomiebetriebes akzeptiert, auch Sonntags frische Backwaren liefert oder das Sortiment auf die Bedürfnisse des Kunden abstimmt. Die Anforderungen des Unternehmens an das Niveau der Dienstleistungsqualität der Lieferanten wird mit diesen einmal jährlich in den Lieferantengesprächen diskutiert und schriftlich fixiert. Die schriftlich fixierten Ergebnisse der Gespräche dienen als Grundlage für die Lieferantengespräche im folgenden Jahr und als Benchmark falls ein Lieferantenwechsel erforderlich werden sollte.

3.2 Anforderungen an die Dienstleistungsqualität aus Kundensicht

Die Anforderungen an die Dienstleistungsqualität des Schindlerhofes aus Kundensicht werden durch die **Erwartungshaltungen der aktuellen und potenziellen Kunden** determiniert. Diese Erwartungen gilt es durch die Dienstleistungserstellung nicht nur zu erfüllen, sondern möglichst zu übertreffen, um Kundenzufriedenheit und -begeisterung zu erzeugen. Grundsätzlich können sich diese Erwartungshaltungen auf die **Potenzialdimension** der Leistung wie die Ausstattung der Hotelzimmer, die **Prozessdimension** wie etwa die Freundlichkeit des Personals beim Check-In oder die **Ergebnisdimension** wie die erfolgreiche Durchführung einer Tagung mit den entsprechenden Resultaten richten.

Die Anforderungen der Kunden an die Dienstleistungsqualität leiten sich jedoch nicht allein aus den individuellen Bedürfnissen der Kunden ab, sondern werden auch von Erfahrungen mit ähnlichen Dienstleistungen bei Wettbewerbern, Erfahrungen mit Leistungen des Schindlerhofes in der Vergangenheit, dem Image bzw. den kommunikativen Maßnahmen des Dienstleisters sowie von Erfahrungen und Empfehlungen anderer Personen geprägt. Bei den Anforderungen an die Dienstleistungsqualität aus Kundensicht handelt es sich also um einen subjektiv aus der Perspektive des Kunden geprägten Qualitätsbegriff.

Die genannten **Anforderungen** lassen sich dabei gleichermaßen **für alle drei Basisleistungen** des Schindlerhofes – Übernachtungen im Hotel, Speisen im Restaurant und Tagungen – anwenden. Die Anforderungen an die Dienstleistungsqualität können auf tangible Elemente und intangible Elemente der Leistungen des Schindlerhofes bezogen werden. So erwarten aktuelle oder potenzielle Gäste des Hotels des Schindlerhofes bereits während der Zimmerreservierung eine schnelle, zuvorkommende, freundliche und unkomplizierte Buchung eines Zimmers für einen bestimmten Zeitraum. Die ausnahmslose Erfüllung der Kundenwünsche bezüglich bestimmter Ausstattungen, Termine sowie weiterer individueller Präferenzen ist bereits in dieser Phase vom Kundenkontaktpersonal des Dienstleistungsanbieters in Aussicht zu stellen. Eine weitere Anforderung ist das leichte Auffinden und die gute Erreichbarkeit des Hotels. Ist der Gast angelangt, erwartet er eine zügige und freundliche Bedienung beim Check-In. Es wird von den Gästen hinsichtlich der Hotelzimmer eine bestimmte Ausstattung mit entsprechendem Qualitätsniveau und Ambiente erwartet. Der Anspruch der Gäste an die Ausstattung wird hierbei bei der Reservierung sowie über Kundenbefragungen und Beurteilungskarten erfasst. Im Rahmen dieser Anforderungsermittlungen wurde beispielsweise herausgefunden, dass die Gäste in den Hotelzimmern Faxgeräte sowie Modemanschlüsse für mobile Rechner erwarten. Während des Aufenthaltes ist es für die Gäste wichtig, dass der Service durch das Personal kompetent, freundlich, zügig und zuvorkommend erfolgt. Die Berücksichtigung individueller Erwartungen und Wünsche stellt ein wesentliches Merkmal für die Qualitätswahrnehmung des Gastes dar. Entspricht das Zimmer nicht den Anforderungen des Gastes, erwartet dieser unbürokratischen Ersatz. Am Ende seines Besuches erwartet der Gast eine unkomplizierte Abwicklung der Abrechnungsformalitäten und eine genaue Auflistung der Rechnungspositionen. Es wird erwartet, dass verschiedene Zahlungsmodi akzeptiert werden, so z.B. die Bezahlung per Kreditkarte, Cheque, EC-Karte, gegen bar oder per Rechnung. Traten im Verlauf des Aufenthaltes Unannehmlichkeiten für den Gast auf, können diese beim Check-Out durch freundliches und zuvorkommendes Kundenkontaktpersonal zumindest noch abgemildert werden. Die für die Basisleistung „Übernachtungen“ beschriebenen Anforderungen lassen sich auf die anderen beiden Basisleistungen des Schindlerhofes „Tagungen“ und „Restaurant“ übertragen, wobei die drei Leistungen nicht unabhängig voneinander betrachtet werden können, da die Leistung Übernachtung im Hotel in den meisten Fällen mit dem Besuch des Restaurants einhergeht und häufig in Verbindung mit Tagungen zu sehen ist. Der Gesamteindruck des Gastes von dessen Aufenthalt im Schindlerhof ergibt sich also aus der Summe der Einzeleindrücke entlang der gesamten Servicekette. Dabei sind für den Gast lediglich die tatsächlich wahrnehmbaren Leistungselemente relevant, nicht die Serviceabläufe der internen Organisation. Da einzelne Teilleistungen den Gesamteindruck des Aufenthaltes negativ beeinflussen können, ist ein hohes Qualitätsniveau aller Elemente zu gewährleisten.

Tagungskunden erwarten eine perfekte und reibungslose Organisation sowie flexibles Reagieren auf Wünsche. Von Fragen, die das Essen oder den Raum und die Technik betreffen, wird eine sofortige und prioritäre Behandlung erwartet, wobei möglichst ein einziger Ansprechpartner zur Verfügung stehen sollte, der sowohl kompetent als auch entscheidungsbefugt sein sollte. Weiter wird eine großzügige Handhabung bei kleineren Serviceleistungen wie Faxen, Kopieren oder Parkplätzen erwartet.

Die Ansprüche der potenziellen und aktuellen Kunden an das Niveau der Dienstleistungsqualität des Tagungsbereiches im Schindlerhof leiten sich jedoch nicht nur aus den unter vernünftigen Erwartungen ableitbaren Ansprüchen an die Leistungen eines Tagungshotels einer bestimmten Preisklasse ab, sondern vor allem auch aus der Kommunikationspolitik des Unternehmens, die den Schindlerhof als eines der führenden Tagungshotels im deutschsprachigen Raum positioniert.

Das **Restaurant** hat zusätzlich zu den in gleicher Weise wie für die Leistungen „Übernachtungen" und „Tagungen" geltenden Ansprüche an die Ausstattung der Räume und die Servicebereitschaft des Personals den Ansprüchen an die Qualität der Speisen zu genügen. Erwartet werden hier qualitativ hochwertige und frische Waren sowie eine Speisekarte, die eine Auswahl an kleineren Gerichten, aber auch mehrgängige Menüs bietet. Von den Gästen wird Flexibilität der Küche hinsichtlich Sonderwünschen sowie kundenorientierte Öffnungszeiten des Restaurants erwartet.

Da der Gast lediglich die für ihn wahrnehmbaren Leistungsbestandteile in die Beurteilung der Dienstleistungsqualität einbezieht, konzentriert sich dessen Leistungsbeurteilung auf diejenigen Elemente der Dienstleistung, die sich innerhalb der „Line of Visibility" befinden. Abbildung 7 zeigt beispielhaft ein Blueprint für einen Restaurantbesuch.

Allerdings lassen sich nicht sämtliche Elemente der Qualitätswahrnehmung des Gastes durch den Dienstleister autonom kontrollieren. So beeinflusst auch der Kontakt zwischen den Gästen im Sinne eines horizontalen Kontaktproblems zwischen externen Faktoren während des Transduktionsprozesses die Qualitätswahrnehmung der einzelnen Dienstleistungsnachfrager. Diese externen Effekte sind zwar nicht ursächlich durch den Dienstleistungsanbieter zu verantworten, können aber die vom Kunden wahrgenommene Dienstleistungsqualität maßgeblich beeinflussen. Dieser Umstand ist vom Kundenkontaktpersonal zu berücksichtigen und gegebenenfalls positiv zu beeinflussen. Als zentrale Quelle für die Ermittlung der Anforderungen der Kunden an das zu erbringende Niveau der Dienstleistungsqualität im Schindlerhof sind die Kundenbefragungen und Kundenbeschwerden zu bezeichnen.

Abbildung 7 **Blueprint für einen Restaurantbesuch**

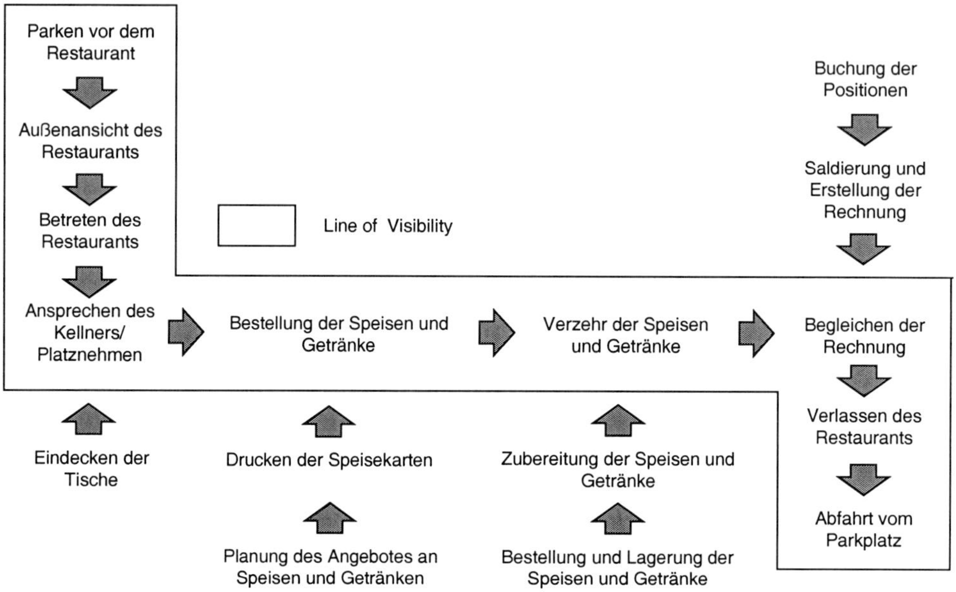

GABLER GRAFIK

Quelle: Meffert/Bruhn 2000, S. 230

3.3 Aufgaben des Qualitätsmanagements

Es ist Aufgabe des Qualitätsmanagementsystems des Schindlerhofes, Qualitätsziele und darauf aufbauend Strategien zu entwickeln und die definierte Dienstleistungsqualität zu operationalisieren sowie dauerhaft sicher zu stellen. Der Anspruch des Schindlerhofes in Bezug auf die Aufgaben des Qualitätsmanagementsystems manifestiert sich darin, zwischen den Zielen für die Qualität der Dienstleistungen und der tatsächlich erbrachten Leistung respektive der von den Kunden wahrgenommenen Leistung keinen Unterschied entstehen zu lassen. Dieser **Anspruch an das Qualitätsmanagement** ist in folgendem Unternehmensgrundsatz festgeschrieben:

„Zwischen unserem hohen Anspruch und unserer Leistung besteht kein Unterschied.“

Eine wichtige Aufgabe des Qualitätsmanagementsystems besteht darin, sicher zu stellen, dass alle Gäste ein **äquivalentes Serviceniveau** erhalten. Hieraus leitet sich auch die preispolitische Maßnahme ab, dass jeder Gast den gleichen Preis für die in Anspruch genommene Leistung bezahlt und damit sicher sein kann, dass kein Gast die Leistungen zu einem anderen Preis erhält als er selbst.

Das Qualitätsmanagementsystem richtet sich intern auf sämtliche Prozesse sowie auf die Mitarbeiter des Unternehmens und soll die Transparenz der Abläufe für alle Beteiligten sicherstellen. Aufgabe des Qualitätsmanagementsystems ist es hier, **effiziente und effektive Prozesse** zu gewährleisten. Die einzelnen Prozesse des Unternehmens werden als Ansatzpunkte für Verbesserungen betrachtet und sind die Ausgangspunkte für die Überprüfung der Qualität, Effizienz und Effektivität. Um diese Anforderungen erfüllen zu können, werden Standards definiert, die dann in den Qualitätsmanagementhandbüchern der jeweiligen Abteilungen niedergelegt werden. Die Qualitätsmanagementhandbücher sind sämtlichen Mitarbeitern der jeweiligen Abteilungen frei zugänglich. Die darin fixierten Standards und Prozessbeschreibungen dienen den Mitarbeitern als „Leitplanken“ für die Aufgabenerfüllung. Neben diesen sich auf die Qualitätslenkung beziehenden Aufgaben werden im Sinne einer Qualitätskontrolle laufende Überprüfungen und Erfolgskontrollen beispielsweise des Niveaus der Dienstleistungsqualität sowie Messungen und Beobachtungen der Kunden- sowie Mitarbeiterzufriedenheit durchgeführt. Da dem Qualitätsmanagementsystem des Schindlerhofes das Konzept des Total Quality Management zugrunde liegt, kommt der Kundenorientierung als einem zentralen Element des Total Quality Management und damit der Kundenzufriedenheit neben der Qualitätsorientierung eine zentrale Bedeutung innerhalb der Aufgaben des Qualitätsmanagement zu. Die Bedeutung der **Kundenorientierung** innerhalb der Aufgaben wird durch den folgenden Unternehmensgrundsatz deutlich:

„Wir befriedigen die hohen Ansprüche unserer Gäste ohne Einschränkung.”

Ersichtlich wird hier zudem, dass die Verantwortung für die Qualität nicht der Unternehmensleitung allein obliegt, sondern von allen Mitarbeitern getragen wird. Dies entspricht dem Grundgedanken des Total Quality Management, bei dem die Verantwortung für das Qualitätsmanagement gemeinsam von allen Führungskräften und Mitarbeitern auf allen Unternehmensebenen übernommen werden sollte (Bruhn 2001, S. 177).

Extern richtet sich das Qualitätsmanagementsystem auf die Kunden und Lieferanten sowie alle am Prozess der Dienstleistungserstellung Beteiligten. Nicht zuletzt ist es die Aufgabe des Qualitätsmanagementsystems, die Qualität für die interne und externe Kommunikation zu dokumentieren. Hierzu dienen in erster Linie die Qualitätsmanagementhandbücher sowie die Zertifizierung nach DIN ISO 9001 und die erhaltenen Qualitätsauszeichnungen.

Abbildung 8 gibt einen Überblick über zentrale **Aufgaben des Qualitätsmanagementsystems** des Schindlerhofes.

Abbildung 8 **Überblick über zentrale Aufgaben des Qualitätsmanagementsystems des Schindlerhofes**

- Formulierung von Qualitätszielen und -strategien.
- Sicherstellung der Dienstleistungsqualität.
- Erhöhung der Transparenz der Unternehmensabläufe.
- Erhöhung der Effektivität und Effizienz der internen und externen Prozesse.
- Messung und Erhöhung der Kunden- und Mitarbeiterzufriedenheit.
- Dokumentation des Qualitätsmanagementsystems für die interne und externe Kommunikation.

GABLER GRAFIK

3.4 Struktur und Instrumente des Qualitätsmanagements

Das Qualitätsmanagementsystem des Schindlerhofes findet wie oben erwähnt seinen Ursprung im Konzept des Total Quality Management, das die Qualität in den Mittelpunkt der Bemühungen stellt und versucht, durch Kundenzufriedenheit den langfristigen Erfolg der Unternehmung sowie den Nutzen für die Mitglieder der Organisation und für die Gesellschaft sicherzustellen (Deutsche Gesellschaft für Qualität 1995). Ausgehend von der Unternehmensvision des Schindlerhofes werden hierzu die langfristigen Unternehmensziele, die mittelfristigen Unternehmensziele und daraus die kurzfristigen Unternehmensziele abgeleitet. Anschließend werden die Qualitätsziele in das Beschaffungskonzept, Organisationskonzept, Finanzkonzept, das Marketingkonzept sowie das Mitarbeiterkonzept integriert, wobei Maßzahlen für einen Soll-Ist-Vergleich definiert werden, welcher einen Kernprozess des Unternehmens darstellt. Abbildung 9 stellt das Modell des Total Quality Management des Schindlerhofes im Überblick dar.

Im Folgenden werden die **Instrumente des Qualitätsmanagementsystems** des Schindlerhofes, die zur Umsetzung der Qualitätsziele und Strategien zum Einsatz gelangen, näher beschrieben.

Für jede Abteilung existiert ein **Organisationshandbuch**, welches einen Auszug aus dem Qualitätsmanagementhandbuch des Schindlerhofes darstellt. In den Organisationshandbüchern finden sich detaillierte Darstellungen der Prozesse der betroffenen Abteilung sowie genaue Beschreibungen für das Vorgehen auf Basis einzelner Tätigkeiten. So finden sich beispielsweise Beschreibungen für das genaue Verhalten sowie sämtliche zu berücksichtigende Teilaspekte für die einzelne Tätigkeit „Reservierungsanfrage“ oder für die Betreuung des Gastes ab Betreten des Restaurants.

Abbildung 9 **Modell des Total Quality Managements des Schindlerhofes**

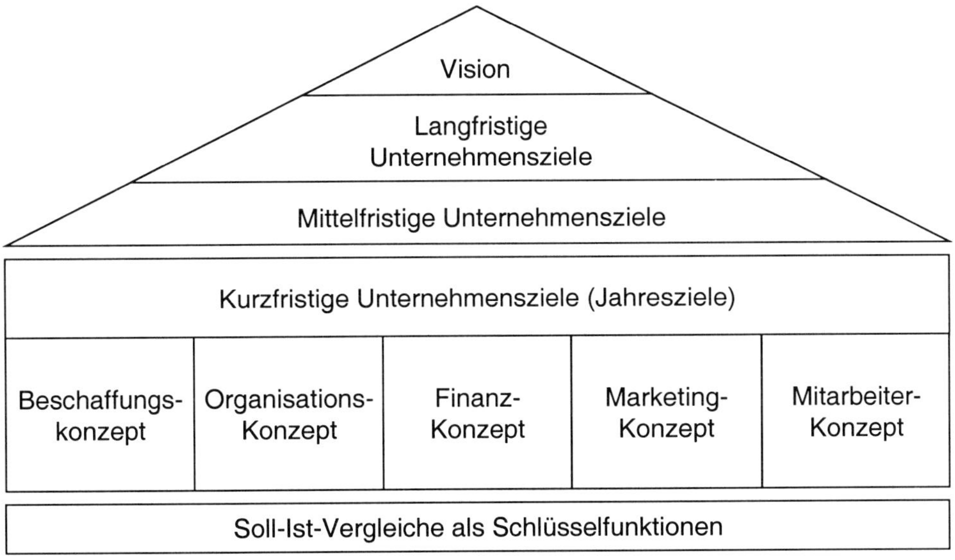

GABLER GRAFIK

Dokumentiert werden die Prozesse in Form von Ablaufdiagrammen sowie zur besseren Verständlichkeit für die Mitarbeiter zusätzlich in Textform. Um die Verfahrensbeschreibungen transparenter und verständlicher zu gestalten, wurde ein einheitliches, standardisiertes Schema für die Verfahrensbeschreibungen entwickelt, das in Abbildung 10 dargestellt ist.

Da Qualität im Konzept des Total Quality Management zu einem zentralen Erfolgsfaktor wird, der von sämtlichen Mitarbeitern getragen werden sollte, kommt dem

Personal im Schindlerhof eine wichtige Stellung zu. Um die Qualität des Personals kontinuierlich zu verbessern beziehungsweise zu erhalten, finden jährlich **Mitarbeiter-Orientierungsgespräche** statt. Der Mitarbeiter beurteilt sich zunächst selbst anhand bestimmter Kriterien auf einer Skala von 1 (sehr gut) bis 6 (ungenügend) und anschließend nimmt der Vorgesetzte eine Beurteilung anhand der vorgegebenen Kriterien vor. In einem anschließenden Gespräch werden die größten Differenzen zwischen der Selbsteinschätzung und der Einschätzung durch den Vorgesetzten sowie die aus Sicht des Vorgesetzten verbesserungswürdigen Ausprägungen des Mitarbeiters auf bestimmten Kriterien diskutiert.

Abbildung 10 **Schema der Verfahrensbeschreibungen in den Organisationshandbüchern**

■ Thema der Verfahrensbeschreibung	Welcher Vorgang wird beschrieben?
■ Ziel der Verfahrensbeschreibung	Warum wird der Vorgang beschrieben?
■ Weg	Welche Schritte sind nötig?
■ Dokumentation	Wo wird dokumentiert und wie?
■ Verantwortlichkeiten	Wer ist verantwortlich?
■ Geltungsbereich	Für wen gilt die Beschreibung?
■ Mitgeltende Unterlagen	Welche zusätzlichen Informationen gelten?
■ Abkürzungen	Abkürzungsverzeichnis
■ Anhang	Checklisten, Formulare usw.

GABLER GRAFIK

Abbildung 11 gibt einen Überblick über die relevanten Beurteilungskriterien des Mitarbeiter-Orientierungsgespräches. Auf Basis des Mitarbeiter-Orientierungsgespräches werden Ziele und Maßnahmen für das folgende Jahr vereinbart. Ein Ziel kann etwa die Verbesserung der rhetorischen Fähigkeiten des Mitarbeiters sein und die abgeleitete Maßnahme die verbindliche Teilnahme des betreffenden Mitarbeiters an einem Rhetorik-Seminar. Die Ergebnisse des aktuellen Gespräches werden mit den Ergebnissen des Vorjahres verglichen, um die Wirksamkeit der eingeleiteten Maßnahmen des Vorjahres zu überprüfen.

Weiter nutzt der Schindlerhof das Instrument des **Empowerment**, wonach z.B. den Mitarbeitern mit direktem Kundenkontakt im Falle von Beschwerden Handlungsspielräume für die Fehlerbehebung und Wiedergutmachung eingeräumt werden. Ferner werden den Mitarbeitern aber auch Instrumente zur Verfügung gestellt, die es ihnen ermöglichen ihre eigenen Leistungen zu messen. Zu diesem Zweck werden abteilungsspezifische Messgrößen definiert, wie die Wartezeit zwischen Bestellung der Speise und dem Servieren der Speise im Restaurant, die durch die Mitarbeiter erhoben, in festgelegten Zeitintervallen ausgewertet und im Team analysiert werden.

Abbildung 11 **Kriterienkatalog des Mitarbeiter-Orientierungsgespräches**

■ Flexibilität	■ Unternehmerisches Denken
■ Äußeres Erscheinungsbild	■ Einfühlungsvermögen
■ Überstundenbereitschaft	■ Pünktlichkeit
■ Teamfähigkeit	■ Kreativität
■ Fortbildungsinteresse	■ Arbeitsqualität
■ Zuverlässigkeit	■ Fleiß
■ Arbeitssystematik	■ Konsequenz der Umsetzung
■ Kritikfähigkeit	■ Einhaltung des Teamkonzeptes
■ Innovationsfreudigkeit	■ Loyalität

GABLER GRAFIK

Ein wichtiges Instrument in diesem Zusammenhang stellen **Strichlisten** dar, anhand derer die Mitarbeiter die Servicequalität eigenständig überprüfen können, was dem Empowerment-Gedanken entspricht und dem Gefühl der Fremdkontrolle entgegenwirkt. Einsatzgebiete der Strichlisten stellen unter anderem im Restaurant die Erfassung von Bonierfehlern dar oder am Empfang die Zeitspanne zwischen dem Klingeln und der Beantwortung des Telefons. Das zentrale Instrument für die Qualitätssicherung des operativen Geschäfts im Schindlerhof stellen Checklisten dar, anhand derer die Erfüllung der gesetzten Qualitätsziele und -anforderungen überprüft werden kann. Solche Checklisten kommen etwa im Bereich des Housekeeping zum Einsatz, um die Nacharbeiten in den Hotelzimmern nach erfolgter Reinigung zu minimieren und einen einheitlichen Standard für die Zimmer sicherzustellen. Neben einer Sicherung des Qualitätsniveaus lassen sich so gleichzeitig Prüfkosten sparen, indem das ansonsten obligatorische Nachchecken der Hotelzimmer durch das Zimmermädchen entfällt. Die Auswertungsintervalle, der zeitliche Einsatz (permanent oder stichprobenartig) sowie die Weiterleitung der Ergebnisse solcher Kontrollmaßnahmen an eine höhere Instanz sind abhängig vom jeweiligen Untersuchungsgegenstand und dessen Wichtigkeit.

Innerhalb der einzelnen Abteilungen des Schindlerhofes finden jährlich **Mitarbeiterbefragungen** durch den jeweiligen Vorgesetzten statt, bei denen die Mitarbeiter zur Kommunikation innerhalb der Abteilung und zum Arbeitsklima zwischen den Kollegen befragt werden. Neben dieser abteilungsspezifischen Umfrage findet einmal jährlich eine Basisumfrage zur Mitarbeiterzufriedenheit statt, die die Kriterien persönliches Wohlbefinden, Aus- und Weiterbildung, interne Kommunikation, Umgang des Personals untereinander sowie die Arbeitsplatzbedingungen erfasst. Darüber hinaus finden jährlich Beurteilungsgespräche zwischen der Unternehmensführung und den Abteilungsleitern statt. Der Inhalt dieser Gespräche zielt auf die Beurteilung der Fluktuationsrate der entsprechenden Abteilung, des Krankenstandes der Abteilung über das Jahr, der Qualität des Teamwork innerhalb der Abteilung und des Führungsstils des Abteilungsleiters.

Um die Kommunikation innerhalb der Führungsebene in den Abteilungen sowie zwischen den Abteilungen zu verbessern und mögliche Schnittstellenprobleme im Arbeitsprozess zu erkennen und zu lösen, wurde das so genannte **Mittwochs-Meeting** eingeführt. Hier werden akute Probleme analysiert und gemeinsam Maßnahmen zur Lösung der Probleme abgeleitet. Als Ergebnis dieses Instrumentes konnten unter anderem die Kosten für Aushilfskräfte durch eine engere Dienstplanverknüpfung der Abteilungen Restaurant und Tagungen um etwa 50 Prozent innerhalb von zwei Monaten gesenkt werden. Ein weiteres Instrument des Qualitätsmanagement ist das **betriebliche Vorschlagswesen**. Die treibende Kraft und verantwortlich für das betriebliche Vorschlagswesen sind die Abteilungsleiter, deren Aufgabe es ist, das Ideenpotenzial ihrer Mitarbeiter aktiv freizusetzen und zu nutzen. Die Mitarbeiter werden aufgefordert monatlich einen Verbesserungsvorschlag, das so genannte Ideenblatt, einzureichen und gleichzeitig darzulegen, welche konkrete Qualitätsverbesserung hinsichtlich der Dimensionen Kostenersparnis, Zeitersparnis, Mitarbeiterzufriedenheit oder Kundenzufriedenheit sowie Kundennutzen der eingereichte Vorschlag erbringt. Die von den Mitarbeitern eingereichten Verbesserungsvorschläge werden zwischen Abteilungsleiter und Mitarbeiter diskutiert und bei entsprechendem Potenzial des Verbesserungsvorschlages liegt die Verantwortung für die Umsetzung des Vorschlages bei dem jeweiligen Abteilungsleiter. Für die besten Verbesserungsvorschläge erhalten die entsprechenden Mitarbeiter eine

Prämie. Vorschläge, die den Verantwortungsbereich des betroffenen Vorgesetzten übertreten und andere Abteilungen tangieren oder ein festgesetztes Budget für die Umsetzung überschreiten, werden von den Führungskräften spätestens im zweiten Mittwochs-Meeting des Folgemonats nach dem Einreichen des Vorschlages diskutiert. Für die Umsetzung von Verbesserungsvorschlägen wird in den **Jahreszielplänen** durch sämtliche Führungskräfte für alle Abteilungen ein Budget festgesetzt. Die Verwendung des Budgets innerhalb der Abteilungen liegt in der Verantwortung der jeweiligen Abteilungsleiter. Ergeben sich aus den Verbesserungsvorschlägen größere Projekte, werden durch den entsprechenden Abteilungsleiter Projektteams gebildet, an denen der Abteilungsleiter je nach Bedarf direkt beteiligt ist oder diesen als Berater unter Beibehaltung der Fortschrittskontrolle zur Verfügung steht. Für die Arbeit in den Projektteams werden die beteiligten Mitarbeiter, sofern es die Projektarbeit erfordert, freigestellt. So wurden etwa für die DIN ISO 9001 Zertifizierung, die ebenfalls als Projekt innerhalb des Unternehmens durchgeführt wurde, die beteiligten zehn Mitarbeiter insgesamt 200 Manntage für Workshops und weitere Aktivitäten freigestellt.

Ein weiteres Instrument des Qualitätsmanagementsystems des Schindlerhofes, das dabei hilft einen kontinuierlichen Verbesserungsprozess zu gewährleisten, sind **Qualitätszirkel**, die je nach Bedarf durch die Abteilungsleiter einberufen werden. Es werden dabei Qualitätszirkel unterschieden, die zur Behandlung spezieller Vorkommnisse abteilungsübergreifend einberufen werden und Qualitätszirkel, die sich mit abteilungsspezifischen Fragestellungen auseinandersetzen. Die Moderation der Qualitätszirkel wird durch den Abteilungsleiter oder durch einen externen Moderator, der auch ein Abteilungsleiter einer anderen Abteilung sein kann, durchgeführt.

Im Mittelpunkt der qualitätsorientierten Ausrichtung des Schindlerhofes steht der Kunde. Um die Kundenzufriedenheit langfristig zu erhalten und zu erhöhen, bedarf es einer systematischen Erfassung der Bedürfnisse, Anforderungen und Wünsche der Kunden. Für die **Erfassung der Kundenzufriedenheit** werden im Schindlerhof drei Instrumente eingesetzt. Das älteste und nach Einschätzung des Schindlerhofes wirkungsvollste Instrument zur Erfassung der Kundenzufriedenheit, sind **Beurteilungskarten**, die bereits 1987, zunächst einheitlich für alle Abteilungen eingeführt sowie kontinuierlich verfeinert und an die einzelnen Abteilungen angepasst wurden. Die Beurteilungskarten beschränken sich dabei auf einige ausgewählte Kriterien, um den Aufwand für das Ausfüllen der Karten gering zu halten und damit die Rücklaufquote zu erhöhen. Die Karten liegen in sämtlichen Gastbereichen aus und werden zusätzlich mit jeder Rechnung verschickt. Die Erfassung der Beurteilungskarten erfolgt täglich durch die Abteilungsleiter. Die Analyse findet monatlich und abteilungsweise statt. Am Ende des Jahres wird schließlich eine Aggregation der Ergebnisse auf Ebene der einzelnen Abteilungen durchgeführt. Verbesserungsvorschläge, die durch Gäste auf den Beurteilungskarten erfolgen, durchlaufen denselben internen Prozess wie eingehende Vorschläge der Mitarbeiter im Rahmen des betrieblichen Vorschlagswesens und werden durch Dankesbriefe, die von den betroffenen Abteilungsleitern unterschrieben werden, honoriert.

Ein weiteres Instrument zur Erfassung der Kundenzufriedenheit, das 1994 eingeführt wurde, sind **Kundenzufriedenheitsgespräche**. Diese Befragungen werden durch die stellvertretenden Abteilungsleiter durchgeführt, wobei eine festgelegte Anzahl Kundenzufriedenheitsgespräche pro Woche und Abteilung geführt werden. Ziel dieser Gespräche ist primär, die strategischen Erfolgsfaktoren des Schindlerhofes kritisch zu hinterfragen, Input für Innovationen durch die Gäste zu erhalten und den persönlichen Kontakt mit dem Gast zu pflegen und damit die Kundenbindung zu erhöhen. Die Kundenzufriedenheitsgespräche werden in Form strukturierter Interviews geführt, wobei die Fragestellungen auf die spezifischen Gegebenheiten der jeweiligen Abteilungen abgestimmt sind. Die Ergebnisse dieser Gespräche werden monatlich ausgewertet und am Jahresende für jede Abteilung aggregiert.

Ebenfalls 1994 wurden **Stammkundenbefragungen** zur Erfassung der Kundenzufriedenheit eingeführt. Ziel der Befragungen ist es, die Bedürfnisse der Stammkunden, die zu einem Großteil A-Kunden sind, zu erfassen um daraus Marketing- sowie Qualitätsziele und geeignete Maßnahmen abzuleiten.

Für die Erfassung der Kundenbedürfnisse und Präferenzen steht eine **Kundendatenbank** als EDV-gestütztes Instrument des Qualitätsmanagement zur Verfügung. In der Kundendatenbank werden personenbezogene Daten, Präferenzen sowie Umsätze aus den verschiedenen Abteilungen gespeichert und bei jedem Kundenkontakt aktualisiert. Diese Informationen stehen allen Mitarbeitern an zentralen Orten zur Verfügung. Auf diese Weise ist es möglich, die Leistungen bereits im Vorfeld auf die Bedürfnisse der Kunden abzustimmen.

Neben den institutionalisierten Instrumenten zur Erfassung der Kundenzufriedenheit findet ein **kontinuierlicher Austausch mit den Gästen** während des Dienstleistungserstellungsprozesses sowie während verschiedener informeller Anlässe statt, wie beispielsweise den alle ein bis zwei Jahre stattfindenden „Big Events“, zu denen Stammgäste, Stammlieferanten und Geschäftsfreunde geladen werden.

Ein wesentliches Element des Qualitätsmanagementsystems ist das **Beschwerdemanagement**. Ziel des Beschwerdemanagement ist die Beseitigung der Unzufriedenheit und das Erreichen von Beschwerdezufriedenheit durch eine sofortige und großzügige Behandlung der auftretenden Beschwerden, wofür in 1999 insgesamt Qualitätskosten in Höhe von 36.817,40 DM entstanden. Dabei dient das Ausmaß der Beschwerde als Grundlage für die Art der Wiedergutmachung, die von einem Gutschein für einen Aperitif bis hin zu einer Einladung für eine Übernachtung und Abendessen reicht. Die Erfassung der Beschwerdezufriedenheit erfolgt dabei indirekt, indem für besonders schwerwiegende Beschwerden verfolgt wird, ob es Folgekontakte mit dem entsprechenden Gast gibt.

Es liegt in der Verantwortung der Abteilungsleiter dafür zu sorgen, dass die Ursachen von Beschwerden erkannt, bearbeitet und zukünftig vermieden werden. Um diese Aufgabe erfüllen zu können, werden die Abteilungsleiter mit verschiedenen Instrumenten der Problemanalyse und -lösung vertraut gemacht wie der Fishbone-Analyse, Flow-Chart, Verlaufsdiagramm und dem Pareto-Diagramm. Abbildung 12 zeigt beispielhaft die Ermittlung der Ursachen von Qualitätsmängeln im Bereich des

Wareneinsatzes anhand der Fishbone-Analyse. Die anfallenden Beschwerdekosten werden abteilungsweise erhoben und die Beschwerden werden dahingehend analysiert, ob die Ursache der Beschwerde in Fehlern des Personals („Softwarefehler") oder in Fehlern anderer Leistungselemente („Hardwarefehler") begründet liegt.

Abbildung 12 **Ermittlung von Qualitätsmängeln anhand der Fishbone-Analyse**

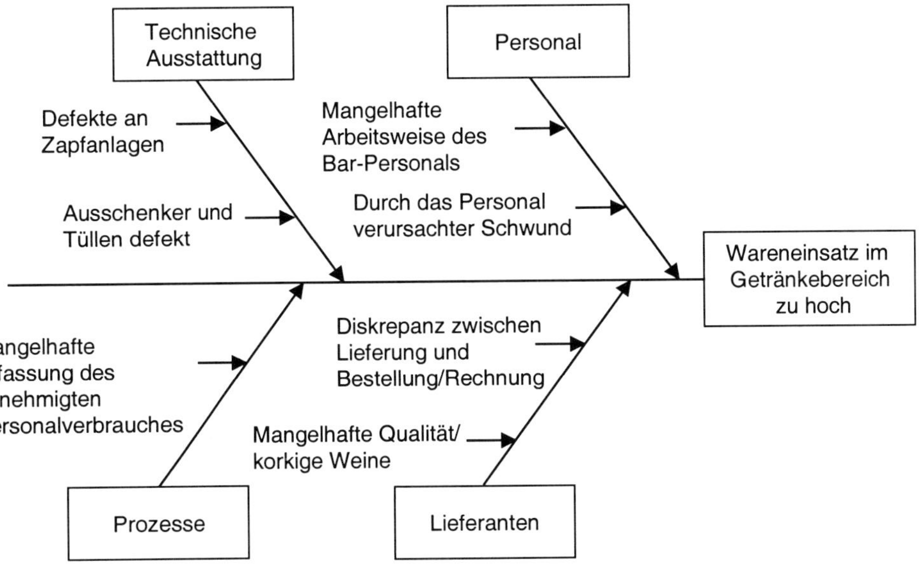

GABLER GRAFIK

Das Qualitätsmanagementsystem des Schindlerhofes setzt nicht nur intern an, sondern bezieht auch die Lieferanten mit ein. Von den Lieferanten sind festgelegte Standards einzuhalten, die mit diesen in jährlich stattfindenden **Lieferantengespräche**n ausgehandelt werden.

Um Informationen über das relative Niveau der eigenen Dienstleistungsqualität zu erhalten, ist es jedoch nicht ausreichend lediglich die Kunden, Mitarbeiter und Lieferanten in die Betrachtung einzubeziehen. Vielmehr sind auch die Mitbewerber in die Analyse der Dienstleistungsqualität zu integrieren. Hierzu werden vom Schindlerhof jährlich die aktuellen Mitbewerber für die einzelnen Abteilungen neu ermittelt und **Mitbewerberkontrollen** durchgeführt. Für die Abteilungen Restaurant und Hotel ist in diesem Zusammenhang der lokale Markt von Relevanz und für den Leistungsbereich Tagungen wird der nationale Markt beobachtet. Die Mitbewerberkontrollen werden von den jeweiligen Abteilungsleitern ein- bis zweimal jährlich in Form von Besuchen vor Ort sowie der Sammlung relevanter Informationen über die jeweiligen

Mitbewerber durchgeführt und im Vorfeld budgetiert. Des Weiteren werden relevante Marktinformationen und Wettbewerberinformationen durch die systematische Analyse einschlägiger Fachzeitschriften erhoben. Allen Mitarbeitern steht nicht zuletzt seit dem Jahre 1991 eine Bibliothek zur Verfügung, die kontinuierlich mit aktueller Fachliteratur bestückt wird.

3.5 Erfolgskontrolle im Rahmen des Qualitätsmanagements

Die Erfolgskontrolle bildet einen wesentlichen Bestandteil des Qualitätsmanagementprozesses und erfolgt sowohl kontinuierlich als auch am Ende durchgeführter Maßnahmen in Form von **Soll-Ist-Vergleichen**. Für die verschiedenen Kontrollbereiche, die aus den neun Kriterien des EFQM-Modells abgeleitet sind, werden Kennzahlen definiert und das zu erreichende Qualitätsniveau in Form von Soll-Größen festgelegt wie z.B. die maximale Wartezeit auf das Essen im Restaurant oder die Zeitdauer innerhalb derer eine Beschwerde zu bearbeiten ist für das EFQM-Kriterium „Prozesse“. Über Checklisten wird so die Erfüllung der gesetzten Standards überprüft und beispielsweise bestimmte Fehlerhäufigkeiten erfasst und ausgewertet. Die Erfolgskontrolle erfolgt hierbei für bestimmte, vorwiegend finanzwirtschaftliche Kennzahlen auf täglicher Basis, für die Mehrheit der Kennzahlen auf monatlicher oder jährlicher Basis. So werden etwa für jede Abteilung durch die Abteilungsleiter Monatsberichte erstellt, die genaue Auskunft über den aktuellen Umsatz der Abteilung, den Zielerreichungsgrad der qualitativen Monatsziele sowie Abweichungen zwischen Soll- und Ist-Werten geben. Ausgewählte Kennzahlen werden in Form eines Erfolgsspiegels an Schwarzen Brettern ausgehängt und täglich oder monatlich aktualisiert, wodurch auch den Mitarbeitern eine kontinuierliche Erfolgskontrolle und ein rechtzeitiges Eingreifen im Falle negativer Abweichungen ermöglicht wird.

Um die Dienstleistungsqualität langfristig sichern oder erhöhen zu können, ist eine ständige Beobachtung und Überprüfung des Qualitätsniveaus notwendig. Hierzu nutzt der Schindlerhof verschiedene **interne sowie externe Informationsquellen**. Dazu gehören die bereits erwähnten Befragungen zur Kundenzufriedenheit sowie zur Mitarbeiterzufriedenheit, Lieferantengespräche und die Beobachtung des Marktes. Hierbei werden die ermittelten Ist-Werte mit vorgegebenen Soll-Werten verglichen und die intertemporale Entwicklung verfolgt, um daraus Schlussfolgerungen für zukünftige Qualitätsaktivitäten abzuleiten. In Abbildung 13 sind die verschiedenen internen und externen Informationsquellen, die der Schindlerhof für seine Erfolgskontrolle heranzieht, im Überblick dargestellt.

Abbildung 13 **Überblick über die Informationsquellen des Schindlerhofes zur Erfolgskontrolle**

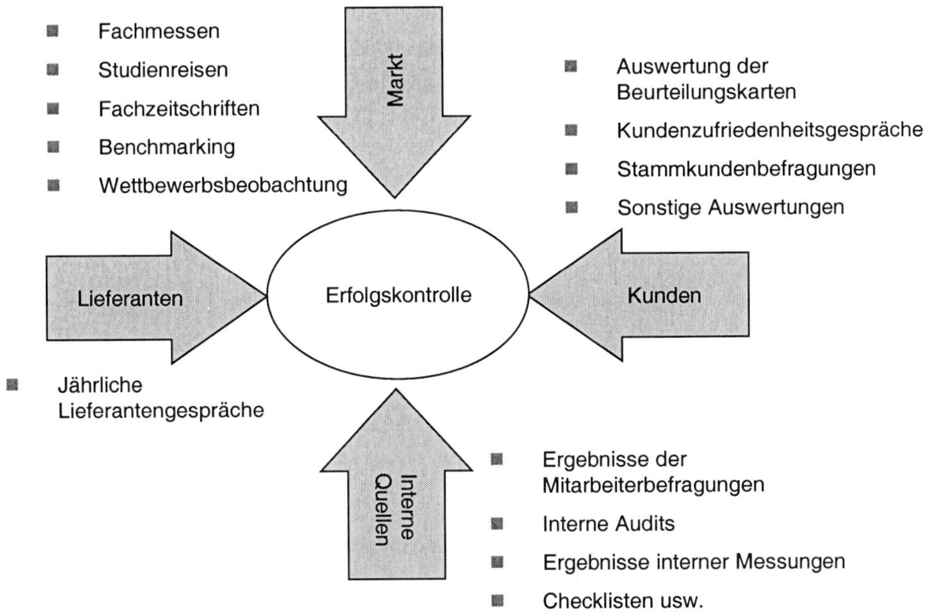

GABLER GRAFIK

Für Qualitätsaktivitäten die in Form des Projektmanagements durchgeführt werden, erfolgen laufende **Fortschrittskontrollen** anhand von Soll-Ist-Vergleichen unter Einbezug der Projektkosten sowie eine Endkontrolle der erzielten Ergebnisse.

Eine weitere Erfolgskontrolle im Rahmen des Qualitätsmanagement des Schindlerhofes stellen die jährlichen **internen Audits** im Zusammenhang mit der DIN ISO 9001 Zertifizierung dar. Durch die Audits werden die internen Strukturen, Prozesse und Ziele einer systematischen Überprüfung unterzogen und es findet eine Beurteilung dahingehend statt, inwiefern notwendige Qualitätsmanagementmaßnahmen festgelegt wurden und ob diese wirksam sind (Bruhn 2001, S. 94; Petrick 1994, S. 110).

4. Umsetzung der Qualitätspolitik durch Marketing- und Personalmassnahmen

Für Dienstleistungsunternehmen, deren Leistungsproduktion und Konsumtion durch den Konsumenten simultan erfolgen, reicht die Gestaltung der traditionellen, operativen Marketinginstrumente wie die Angebots-, die Kommunikations-, die Preis- und die Vertriebspolitik bei weitem nicht aus. Gerade die Kompetenz und Motivation des Kontaktpersonals ist bei einem Hotelbetrieb eine qualitäts- und zufriedenheitsdeterminierende Grundkomponente des Dienstleistungserstellungsprozesses, weil permanent Interaktionspunkte zwischen Personal und Kunde während des Gastaufenthaltes auftreten. Des Weiteren kommt auch der Gestaltung des tangiblen Umfeldes durch den Prozesscharakter der Dienstleistung in der Tagungshotellerie eine besonders hohe Bedeutung zu.

4.1 Umsetzung der Qualitätsstrategie im Rahmen der Angebotspolitik

Die auf Qualität ausgerichtete Angebotspolitik wird im Hause Schindlerhof durch eine **umfangreiche Detailarbeit in allen Leistungsbereichen** sichergestellt. Ansonsten könnte keine Differenzierung im Wettbewerb stattfinden, da die Kerndienstleistungen in den Bereichen Tagung, Gastronomie und Beherbergung zunehmend austauschbar geworden sind. Gerade mit der anziehenden Gestaltung und Anordnung der vielen kleineren und größeren Ausstattungsgegenstände, sowie der Architektur der Immobilien versucht der Schindlerhof, seinen Gast in eine außergewöhnliche Tagungswelt eintauchen zu lassen und die Basisdienstleistung um eine erlebnisorientierte Komponente zu erweitern. Diese Bemühungen sind auch neben der durch die Mitarbeiter erzeugten Atmosphäre, die Ursache für die im Vergleich zu anderen Tagungshotels überregionale Gästestruktur.

Viele Entscheider in Unternehmen, die maßgeblich über die Wahl des Tagungsortes bestimmen, sehen die Buchung des Schindlerhofes als eine Art Incentivereise für die Teilnehmenden an. Die aktuellen wie potenziellen Gäste des Schindlerhofes rekrutieren sich dabei im Wesentlichen aus den folgenden **Hauptzielgruppen**: Für den Tagungsbereich sind es unabhängige Trainer im Weiterbildungssektor als auch Personalentwickler aus Unternehmen, sowie die Veranstaltungsteilnehmer. Auch Manager vieler Firmen nutzen das Angebot hauptsächlich zum Abhalten kleinerer Konferenzen oder Meetings. Die Leistungen des Hotels nehmen zusätzlich Individualgeschäftsreisende in Anspruch, die im Nürnberger Ballungsraum Termine wahrzunehmen haben. Das Restaurant und die Bankettleistungen werden neben oben genannten Gästen ebenfalls auch gerne von ortsansässigen Gourmets frequentiert. Wie bereits erwähnt beträgt der Stammkundenanteil des Schindlerhofes über 60 Prozent und die Liste der Referenzkunden liest sich wie die „Who is Who" der deutschen Wirtschaftslandschaft.

Mit einer Grundsatzentscheidung wurde in der Vergangenheit der Grundstein für das **architektonische Konzept des Schindlerhofes** gelegt, das seinesgleichen in der deutschen Tagungshotellerie sucht. Bei jeder notwendigen Entscheidung über eine Kapazitätsausweitung wurden nicht die Errichtungskosten als primäre Entscheidungskriterien für die Gestaltung des tangiblen Umfeldes herangezogen, sondern die Kreation von abwechslungsreichen Design- und Themenwelten, um ein ansprechendes und kreativitätsförderndes Ambiente für die Gäste zu bilden, ohne dabei die Funktionalität der Gebäude zu beschneiden. Ausgehend von dem rustikalen, 400 Jahre alten, denkmalgeschützten Bauernhof, der einen Teil der Hotelkapazitäten und den Großteil des gastronomischen Bereiches, als auch eine geräumige Rezeption beinhaltet, wurde bei jedem Erweiterungsvorhaben diese architektonische Zielvorgabe befolgt. Der erste Erweiterungsbau (1990) war das verspielte „Kreativzentrum", das im modern-ländlichen Stil gehalten ist und die ersten Tagungsräume, weitere Hotelzimmer sowie den Wellnessbereich (mit Fitnessraum und Sauna) für Hotelgäste beinhaltet. Im Jahre 1998 wurde das Tagungszentrum „DenkArt" fertiggestellt und setzt zu den bisherigen, traditionelleren Gebäuden durch sein transparentes, dezent-futuristisches Design einen prägnanten Gegenpol. Das „DenkArt" mit seiner Holz und Glas verschmelzenden Fassade ist der Dreh- und Angelpunkt rund um die Tagungswelt des Schindlerhofes und integriert ein größeres Foyer, an das sich ein Bistro anschließt. Das Suhsi-Band des Bistros ist dabei nicht der einzige exotische Einschlag des Schindlerhofes. Ein japanischer Garten verbindet das „DenkArt" mit dem 2001 eröffneten Bauwerk „Ryokan", das ganz im Stil der traditionellen japanischen Gasthaus-Kultur gehalten wurde und weitere Hotelzimmer anbietet. Auch die Innenarchitektur und -gestaltung widersetzt sich ebenso jeglichem Uniformitätsbestreben, um den Gastaufenthalt so interessant und inspirierend wie möglich zu arrangieren.

Für jede einzelne Kernleistung des Schindlerhofes wurde eine eigene **Leitidee** formuliert, auf die die jeweiligen Servicebestandteile zugeschnitten wurden.

Die **Dienstleistungen im Tagungsbereich** stehen unter der Leitidee „**Tagen im Gleichklang von Geist und Gefühl**" und enthalten ausgewählte Dienstleistungen und Einrichtungen, die von den Gästen als essenziell wichtig für die erfolgreiche Durchführung von Tagungen erachtet werden:

- Sieben verschiedene Tagungsräume mit einem Fassungsvermögen von acht bis zu 180 Personen (je nach Bestuhlungsoption: U-Form, parlamentarisch, Interaktionen oder Kinobestuhlung), mit ergonomisch geformten Stühlen und soliden Arbeitstischen stehen zur Auswahl.
- Technische Hilfsmittel wie Overhead-Projektoren, Multiboards, Leinwände, Pinnwände, Moderatorenmaterial, Beamer (gegen Aufpreis), Video-Recorder und Monitore werden in den Tagungsräumen bereitgehalten.
- Ein speziell verantwortliches und bestens ausgebildetes Team betreut die Tagungsleiter und -teilnehmer während der Dauer der gesamten Veranstaltung.

- Geschultes Personal, das mit allen technischen Problemen umgehen und diese zügig beseitigen kann, steht zur Unterstützung der Tagungsteilnehmer bereit.
- Eine eigens auf die Bedürfnisse der Tagungsteilnehmer abgestimmte Verpflegung. Das Angebot reicht von der Gestaltung von Snack- und Kaffeepausen bis hin zu speziell kreierten Tagungslunches, die aus Rücksichtnahme auf die Leistungs- und Konzentrationsfähigkeit aus leichter, gesunder und frischer Vollwertkost bestehen.

Viele weitere Leistungskomponenten vermitteln den Gästen einen nachhaltigen **Zusatznutzen** und dem Schindlerhof die Möglichkeit, sich wirkungsvoll von seinen Mitbewerbern abzuheben. Alle Tagungsräumlichkeiten wurden nach verschiedenen Themengebieten gestaltet und durch eine Vielzahl an wirksam in Szene gesetzten, dekorativen als auch an künstlerischen Einrichtungsgegenständen aufgelockert. Der gezielte, tageszeitenabhängige Einsatz von verschiedenen Düften (mittels Duftkanonen), Lichteffekten sowie dezenter, musikalischer Untermalung versucht die Gäste über den Tag hinweg auf einem konstant hohen Aktivierungsniveau zu halten, um so die Effektivität der einzelnen Veranstaltungen zu fördern.

Die **Leistungen im Beherbergungsbereich** werden unter dem Motto **„Viel Spaß in fremden Betten“** geführt. Alle der 96 Hotelzimmer mit insgesamt 177 Betten sind mit Telefon, Minibar, Kosmetik-Bar, Farb-TV mit Videorecorder, Hifi-Stereoanlage mit CD-Player sowie Fax- und Modemanschlüssen ausgestattet und mit fränkischen Weichholzmöbeln eingerichtet. Sie verfügen über Dusche oder Bad und WC und fallen in die Drei-Sterne-Kategorie der DEHOGA für gehobene Ansprüche. Obwohl ein Teil der Hotelzimmer spezielle ausgestattete Designzimmer sind oder funktionale Besonderheiten, wie insbesondere bei den für Trainer eingerichteten Zimmern, aufweisen, wird dennoch bewusst keine Angebotsdifferenzierung über eine Zimmerklassifizierung und damit über die Konditionen betrieben. Die drei Tiefgaragen sowie der Wellnessbereich stiften den Gästen zwar einen Zusatznutzen zu den Basisleistungen im Hotelbereich, jedoch eignen sie sich nur bedingt zur Wettbewerbsdifferenzierung, da sie dem Branchenstandard im gehobenen Segment entsprechen. Der besondere Zusatznutzen, den der Schindlerhof seinen Hotelgästen im Vergleich zur Konkurrenz bietet, ist auch die Vielzahl an kleinen kostenlosen Servicedetails, wie zum Beispiel Ausstattung der Hotelzimmer mit Büchern, Zeitschriften und CD´s, sowie eine kleine Bibliothek und Videothek, als auch der Verleih von Tourenrädern.

Die Leitidee des **gastronomischen Bereiches** lautet: **„Alle Sinne werden satt“**. Die Restaurantfläche verteilt sich auf mehrere Räume und den Innenhof im historischen Trakt des Schindlerhofes. Die à la carte Gerichte bieten neben der gehobenen deutschen Küche mit fränkischem Einschlag auch sporadisch wechselnde Spezialitäten aus fernen Regionen an. Je nach Saison wird die Speisekarte mehrmals im Jahr neu erstellt, um den Anteil an Convenience-Produkten so gering wie möglich zu halten und um die Frische der Speisen zu garantieren. Die mit viel Aufmerksamkeit und Liebe zum Detail erfolgte Zusammenstellung und Zubereitung der Gerichte spiegelt sich auch in der Namensgebung der Speisen wider. Neben der Präsenzgastronomie bietet der Schindlerhof auch Dienstleistungen in der anlassbezogenen Gastronomie unter der Leitidee „Wir setzen Sie in Szene“ an. Auf Anfrage können beispielsweise Bankette für Gesellschaften (Firmen-, Hochzeits-, Jubiläumsfeiern, etc.) in der Tenne des Schindlerhofes veranstaltet werden. Aber auch der Schindlerhof bietet datierte, kulinarische Themenabende für seine Gäste an. Per Voranmeldung kann der Gast ein abendliches Rahmenprogramm wie zum Beispiel „Die Kulinarischen Abenteuer des Fra Bartolo“, einem literarischen Bankett in toskanischem Ambiente erleben.

Ohne Ausnahme ist der Schindlerhof jeden Tag im Jahr für seine Kundschaft servicebereit. Obwohl zwischen den Gästewünschen auf der einen Seite und dem Personaleinsatz auf der anderen Seite ein erheblicher Interessenkonflikt besteht, setzte sich schließlich die Kundenorientierung bei den Öffnungszeiten durch. So verlängerte sich im Lauf der Jahre die tägliche Aufnahmebereitschaft der Rezeption und die Servicebereitschaft der Gastronomie deutlich und passte sich den aus dem Betriebsablauf noch vertretbaren Maximalforderungen der Kundenwünsche an.

Um die Einmaligkeit und die Unverwechselbarkeit des Leistungsangebotes als auch das Konzept Schindlerhof flankierend zu unterstützen, wurde schon 1991 beschlossen, den **Schindlerhof als Marke** zu führen, um die Markentreue zu steigern und die damit verbundenen Qualitätsvorstellungen nachhaltig in dem Gedächtnis der aktuellen sowie potenziellen Kunden zu verankern. Die grundlegenden Maßnahmen, die hierbei eingeleitet wurden, waren der rechtliche Schutz der Firmenbezeichnung und die Etablierung einer Kombinationsmarke (Stauss 2001, S. 549ff.) aus der Verwendung einer prägnanten Schrifttypologie für den Markennamen Schindlerhof und der Kreation eines ausdrucksvollen, bezeichnenden Symbols. Die Markenführung manifestiert sich dabei auch in der Markierung von Kontaktträgern. Zum Beispiel wurde sämtliches, hauseigenes Geschirr von dem langjährigen Porzellanlieferanten mit dem Schindlerhof-Schriftzug versehen oder die Teppiche des „DenkArt“-Gebäudes in Sonderanfertigung mit dem Schindlerhof-Symbol als Muster bestückt.

4.2 Umsetzung der Qualitätsstrategie im Rahmen der Kommunikationspolitik

Aufgrund der Standortbasiertheit und des Umsatzvolumens sind die kommunikationspolitischen Handlungsoptionen für ein Individualhotel relativ eng begrenzt. Trotzdem überlässt der Schindlerhof seinen Kommunikationsauftritt nicht dem Zufall, sondern setzt gezielt Schwerpunkte bei allen Kommunikationsaktivitäten, um sich deutlich von der Konkurrenz abzugrenzen und sich als das führende und innovative Tagungshotel zu präsentieren.

Alle internen und externen Kommunikationsaktivitäten, die sich medialer Kommunikationsträger bedienen, halten sich an zentrale Corporate Identity Richtlinien, die sich aus der Markenführung herleiten und garantieren einen inhaltlich und formal aufeinander abgestimmten Kommunikationsauftritt im Sinne einer **Integrierten Kommunikation** (Bruhn 1997).

Die **Besonderheiten** der zentralen Botschaftsinhalte in der Kommunikation sind:

- Die offensive Vermittlung der Einmaligkeit und des qualitätsbezogenen Führungsanspruches des Schindlerhofes in der deutschen Tagungshotellerie gegenüber allen Anspruchsgruppen.
- Die emotionale Einstimmung in die Welt des Schindlerhofes durch die Vermittlung eines atmosphärischen Stimmungsbildes.
- Die exemplarische Erwähnung einzelner Standardleistungskomponenten sowie aller Ausnahmekomponenten im Vergleich zum generellen Branchenstandard.
- Der Abbau von Dissonanzen im Vorfeld der Leistungsinanspruchnahme durch die Zuhilfenahme einer zweiseitigen Argumentationstechnik, indem der Preis trotz seiner relativen Unvorteilhaftigkeit angesprochen, aber gleichzeitig durch das exzellente, beispielhafte Serviceniveau gerechtfertigt wird.
- Die Einbindung einzelner Aussagen einiger Stammgäste oder ehemaliger Mitarbeiter, um den Versprechungen bezüglich des hohen Leistungsstandards des Schindlerhofes Glaubwürdigkeit und Beweischarakter zu verleihen.

Die sprachliche **Umsetzung der Kommunikationsinhalte**, speziell bei einzelnen Kommunikationsmitteln, zeichnet sich durch einen lockeren, spielerischen und selbstbewussten Kommunikationsstil, oftmals kombiniert mit Wortspielen, kleinen Lebensweisheiten und ferner Zitaten von Persönlichkeiten der Zeitgeschichte aus.

Der **formale Auftritt** charakterisiert sich durch die Verwendung von wenigen, einfachen aber dennoch prägnanten Gestaltungsmitteln, um ein konsistentes Erscheinungsbild zu vermitteln. Im Rahmen des Corporate Designs werden nur zwei verschiedene Schrifttypen eingesetzt. Eine rationellere, breitgezogenere Typographie zieht als Eyecatcher die Aufmerksamkeit auf sich und wird nur für Headlines und Eckinformationen verwendet, wobei die andere, verspieltere Typographie ausdrücklich für den Fülltext benutzt wird. Auch der Einsatz von Farben reduziert sich lediglich auf zwei warme Farbtöne, einem helleren Ockergelb und als Kontrast einem dunkleren Rotbraun die in allen medialen Kommunikationsmitteln durch ihre sparsame und gezielte Flächenanordnung mittels Quadraten und Rechtecken eine dezent aktivierende Spannung erzeugen, wobei die Schrift jeweils in der inversen Farbe gehalten ist.

Bei den kommunikationspolitischen Maßnahmen beschränkt sich der Schindlerhof auf den Einsatz von **wenigen Kommunikationsmitteln und -instrumenten** und schöpft bewusst nicht alle Möglichkeiten des zur Verfügung stehenden Spektrums aus. Bis auf drei bis vier Anzeigen in Hotelführern pro Jahr wird aus Kosten-Nutzen-Kalkülen vollständig auf bezahlte Werbung in dispersen Medien verzichtet, da sich der erreichte Bekanntheitsgrad als Individualhotel, speziell bei der Belegung von Fachzeitschriften, nur unwesentlich ausbauen lassen würde. Zudem können die Botschaftsinhalte und die Abgrenzung zur Konkurrenz mangels Werbemittelgröße nicht ausreichend übermittelt werden. Vielmehr verfolgt der Schindlerhof eher eine Pull-Kommunikationsstrategie, z.B. im Rahmen des Versandes von Hotelprospekten auf Anfrage an Interessierte. Die diversen Broschüren sind thematisch voneinander abgegrenzt und setzen den Rezipienten ausführlich über die Preise („Ohne Preis kein Fleiß"), die Leistungskomponenten („Unsere Leistungen von A bis Z"), die räumliche Anordnung der einzelnen Gebäude („Der Navigator") und einem ersten Stimmungsbild des Schindlerhofes („Schön Sie kennen zu lernen"), in dem imagebildende Impressionen durch verschiedene Collagen von ausgewählten Hochglanzphotographien vermittelt werden, in Kenntnis.

Insbesondere dem **Internetauftritt** misst der Schindlerhof eine große Bedeutung bei, da sich dieses Medium als idealer Kommunikationsträger für kleinere Dienstleistungsunternehmen erweist. Auf der funktional aufwendig gestalteten, unternehmenseigenen Homepage (www.schindlerhof.de) sind umfassende Informationen zur eigenen Historie, der Dienstleistungspalette, Neuigkeiten und aktuellen bzw. Angeboten, enthalten. Eine Bildergalerie und die interaktive Steuerungsmöglichkeit von einzelnen 360 Grad-Bilder im und um den Schindlerhof runden den Internetauftritt ab.

Generell besteht bei der kommunikationspolitischen Ausrichtung auf eine **Pull-Strategie** die klassische Aktivierungsproblematik der Rezipienten, da diese in Eigeninitiative den Abruf der Informationen bewerkstelligen müssen. Als wirksames Surrogat für die fehlende Push-Kommunikation setzt der Schindlerhof die Public Relation als das Leitinstrument zur Erhöhung des Bekanntheitsgrades und damit des Aktivierungspotenzials bei potenziell Interessierten ein. Durch die zahlreich gewonnen Preise und Auszeichnungen, als auch der architektonisch außergewöhnlichen Gestaltung der Gebäude, der innovativen Mitarbeiterführung und des hervorragenden Serviceniveaus mangelt es nicht an Nachfragen durch Redaktionen, die mit publikumswirksamen Berichten das „Konzept Schindlerhof" einer breiteren Öffentlichkeit vorstellen möchten. So wurden mehrere Beiträge in TV-Sendern (beispielsweise ARD, SAT1) gesendet und eine Vielzahl an Berichten in Tageszeitungen, sowie Fach- und Publikumszeitschriften mit nationaler Reichweite gedruckt. Die Koordination und Forcierung der Public-Relation-Arbeit übernimmt das eigens für die Vermarktung gegründete Unternehmen Glow & Tingle.

Ein weiterer, wesentlicher Schwerpunkt in der Kommunikationspolitik liegt im Bereich der **Persönlichen Kommunikation**. Die Persönliche Kommunikation passt dabei als Kommunikationsinstrument zum Qualitätsanspruch „Der Gast steht im Mittelpunkt unseres Tuns". Dieser Qualitätsanspruch kann mittels medialer Kommunikationsträger nur bedingt vermittelt werden. Als Folge der Konzentration auf die persönliche Kommunikation wird jeder Mitarbeiter speziell im Hinblick auf das Kommunikationsverhalten gegenüber internen und externen Kunden geschult und über bedeutsame Neuerungen, die das Unternehmen sowie einzelne Leistungsbereiche und Angebote betreffen, schriftlich informiert. Des Weiteren wird die persönliche Kommunikation gezielt dafür eingesetzt, aktuelle Gäste in ihrer Kaufentscheidung zu bestärken, um sie im Sinne des Loyalitätsleiterkonzeptes in begeisterte Stammgäste zu transformieren. Diese wiederum können durch Empfehlungen im

Rahmen der Mund-zu-Mund-Kommunikation ein erhebliches akquisitorisches Potenzial in ihren jeweiligen Bezugsgruppen freisetzen.

Als ergänzende Kommunikationsinstrumente nutzt der Schindlerhof das **Direct Marketing** und das **Sponsoring**. Durch die Auswertungen der Kundenhistorie im Rahmen des Database Management legt der Schindlerhof seine Direct Marketing Zielgruppen fest und versorgt sie bei situativem Bedarf mit neuen Informationen, um ständig den Wissensstand über Leistungsinnovationen, spezielle Angebote oder generelle Neuigkeiten zu aktualisieren. Mit dem Einsatz des Sponsoring werden regionale Vereine und Künstler unterstützt, um so die soziale Verantwortung gegenüber dem sozialen Umfeld zu dokumentieren.

4.3 Umsetzung der Qualitätsstrategie im Rahmen der Preis- und Konditionenpolitik

Der Schindlerhof verfolgt auch im Rahmen der Kontrahierungspolitik eine deutlich differente Zielsetzung, entgegen aller Branchengepflogenheiten. Vielmehr versucht er seine Preise weitgehend vom Markt zu lösen und autark zu gestalten, als auch über die exzellente Servicequalität zu rechtfertigen. Ein Teilnehmen an Preiskämpfen, auch an solchen, die konjunktureller Natur sind, wird strikt vermieden. So wurde auch während des Konjunktureinbruches Mitte der neunziger Jahre die Preisentwicklung des Marktes nicht adaptiert, sondern lediglich die Preise zwischen 1993 bis 1995 eingefroren. Nach der konjunkturellen Erholung bildete diese Strategie die Grundlage für die Penetration in das gehobene Preissegment des Hotelleriemarktes. Mittlerweile erzielt der Schindlerhof mit seinen Zimmerpreis von 230 DM annähernd die marktüblichen Einzelzimmerdurchschnittspreise im oberen Marktsegment, die bei 260 DM liegen und weitgehend durch Hotelketten der Markenhotellerie besetzt ist (IHA-Hotelverband Deutschland 2001). Im Vergleich zu den direkten Konkurrenten, den individuellen Tagungshotels, kann sich der Schindlerhof mit seinen Tagungspauschalen, den Verpflegungspreisen und den Hotelzimmerpreisen in deutlichem Maße durch die **Premiumpreise** absetzen. Die Stammtrainer und Stammfirmen akzeptieren dabei das Preisniveau, weil sie durch die professionelle Betreuung beachtliche Zeitvorteile erreichen können und die „Preiswertigkeit" des Angebotes sehen.

Eine **einfache klare Preisstruktur** und die kundengerichtete Preisfairness sind die obersten Ziele der Kontrahierungspolitik. Der Schindlerhof gibt deshalb seinen Kunden in der Broschüre „Ohne Preis kein Fleiß" eine Preisgarantie:

> „Liebe Gäste & Freunde des Hauses!
> wir garantieren Ihnen, dass niemand unsere Gastfreundschaft
> zu einem anderen Preis erhält als Sie!"

Auf Preisdifferenzierungen jeglicher Art wird damit bewusst verzichtet. Das ansonsten in der Hotellerie allgemein geschätzte und angewandte Yield Management zur Erhöhung der Kapazitätsauslastung (Meffert/Bruhn 2000 S. 423ff.), empfindet der Schindlerhof dabei für die Verfolgung seiner langfristigen Ziele als nicht geeignet. Lediglich in der Nacht von Samstag auf Sonntag tritt eine **Preisdifferenzierung** auf, um die Kapazitäten am Wochenende auszulasten. Aber auch beispielsweise Mengenrabatte oder Bonusprogramme für Stammkunden, als auch Ermäßigungen für Referenzkunden fehlen im Rahmen der Konditionenpolitik vollständig. Vielmehr wird dem Stammkunden ein erhöhter Nutzen, nicht über einen verminderten Preis geboten, sondern durch einen gezielteren Service. Der Abbau der wechselseitigen Informationsasymmetrien im Zeitverlauf der Kundenbeziehung und die damit erlangte bessere Kenntnis der individuellen Kundenwünsche ermöglichen es dem Schindlerhof, seine Nichtgewährung von Preisvorteilen zu rechtfertigen und sogar im Umkehrschluss die latente Überlegung anzustellen, dass Stammkunden eigentlich einen eher höheren Preis zahlen müssten, da der individuelle Service gezielter und umfassender gestaltet werden kann.

Eine prägnante Anekdote schildert Minuro Tominaga, ein unermüdlicher Kämpfer für ein besseres Serviceniveau in Deutschland, auf seiner eigenen Homepage. Als sporadischer Gast des Schindlerhofes kündigte er sein Eintreffen auf den späteren Abend an. Durch zahlreiche verkehrsbedingte, unvorhersehbare Zeitverzögerungen traf er mit fünf Stunden Verspätung ein und fand dennoch seinen gerade frisch gebrühten Lieblingstee auf dem Hotelzimmer vor, obwohl dieser wohl mehrfach zubereitet werden musste (Tominaga 2001). Der Verdacht lag nahe, dass dieser Service durch die Hotelführung veranlasst war, was sich aber im Nachhinein nicht bestätigte, denn für den Schindlerhof gilt: „Jeder Gast erhält die gleiche Gastfreundschaft".

4.4 Umsetzung der Qualitätsstrategie im Rahmen der Distributionspolitik

Aufgrund der aufgebauten Marktstellung und der damit erreichten Bekanntheit kann der Schindlerhof von einer proaktiven Distributionspolitik im Rahmen eines Push-Marketing absehen. Damit beschränkt er sich auf direkte, unmittelbare Vertriebswege und nimmt nicht an den Reservierungs- und Buchungssystemen der Branche teil, um die Rack Rate (Listenpreis) nicht durch Provisionszahlungen zu schmälern. Gerade diese Systeme ermöglichen es ansonsten einem Individualhotel, den Mangel der Nichtubiquität abzumildern und die eigene Leistungspalette und den Standort im Vergleich zu Hotelketten bekannter zu machen. Neben dem im Allgemeinen flächendeckenden Hotelnetz genießen die Hotelketten, durch den intensiven und einheitlichen Kommunikationsauftritt, bei einer anstehenden Wahlentscheidung zusätzlich eine First-Choice-Stellung im Gedächtnis der Konsumenten und haben damit immer einen nachhaltigen komparativen Wettbewerbsvorteil.

Der Vertrieb der Dienstleistungen wird lediglich durch **interne Verkaufsorgane** wie die Rezeption als auch das Internet bewerkstelligt. Branchenpraktiken im aktiven als auch aggressiven Direktverkauf der eigenen Dienstleistungen, die bei einigen individuellen Tagungshotels und vielen Hotelketten mit Serviceleistungen im Tagungsbereich betrieben werden, verweigert sich der Schindlerhof und beschränkt sich auf den reaktionsorientierten, passiven Vertrieb. Der Schindlerhof nutzt einige Informationsportale im Internet, wie z.B. www.hotels-deutschland.de des Deutschen Hotelverbandes, um die Online-Buchungen als auch die Bekanntheit zu erhöhen.

Trotz des hervorragenden Images und des Erfolgspotenzials des „Konzeptes" Schindlerhof wurden Expansionsüberlegungen im Rahmen einer Filialisierung oder durch die Franchisingvergabe wieder verworfen. Zum einen wird eine Gefahr, in der Nichtgewährleistung des exakt gleichen Serviceniveaus gesehen und ferner möchte der Schindlerhof sich keine hausgemachten Kannibalisierungseffekte heranzüchten. Vielmehr beschränkt sich der Schindlerhof vorerst auf seinen Standort in Nürnberg-Boxdorf.

4.5 Umsetzung der Qualitätsstrategie im Rahmen der Personalpolitik

Obwohl die Mitarbeiter der **kritische „Erfolgsfaktor"** im Erstellungsprozess von Dienstleistungen im Gastgewerbe sind, wird die Personalpolitik an sich in den meisten Hotelbetrieben immer noch sehr stiefmütterlich behandelt. Eine hohe Fluktuation und mangelnde Qualifikationen von Bewerbern begründen den permanent eklatanten Personalmangel in der Branche (Luthe 1999), der sich auch aus dem relativ unbefriedigenden Lohnniveau und den ungünstigen Arbeitszeiten ableiten lässt. Dem ungeachtet setzt die europäische Hotellerie dennoch oft auf die tradierten Konzepte (Business Comfort Hotel Corporation 2001), die noch aus den Zeiten der übermächtigen Stellung des „Hotelpatrons" herrühren.

Ebenfalls in der Personalpolitik verlässt der Schindlerhof die ausgetretenen Pfade und setzt **innovative Akzente**, indem er nachhaltig das Selbstverständnis, die Motivation, die Kompetenz und das Empowerment seiner Mitarbeiter fördert. In den Unternehmensgrundsätzen wird dies auch explizit verankert: „Wir verfolgen gemeinsame und gemeinsam erarbeitete Unternehmensziele. Daher beschäftigen wir in allen Bereichen die besten und fähigsten Mitunternehmer der gesamten Branche. Freundlichkeit, Kreativität, Flexibilität, Leistungsbereitschaft und Fachwissen sind beispielhaft." Schon die Nuance, dass die Angestellten Mitunternehmer genannt werden, ist für den Schindlerhof kein Lippenbekenntnis.

Durch diese Maxime, wird schon die **Personalakquisition** zum Schlüsselprozess für die Dienstleistungsqualität. Aufgrund der erarbeiteten Unternehmensposition erhält der Schindlerhof jährlich die doppelte Anzahl an Blindbewerbungen im Verhältnis zu der eigenen Mitarbeiteranzahl. Dennoch sucht der Schindlerhof auch aktiv auf dem Arbeitsmarkt und selektiert erfolgsversprechende Bewerber nach einem standardisierten Einstellungsfilter. Die Kandidaten durchlaufen einen strengen Auswahlprozess, bei dem die sozialen und fachlichen Kompetenzen, sowie die Einstellung zum Unternehmen, seiner Kultur und den damit verbundenen Unternehmensgrundsätzen und den -werten detailliert überprüft wird. Die Kernpunkte des Bewerbungsprozesses sind neben einem zweitägigen Probearbeiten die Partneranalyse und das persönliche Gespräch, die Aufschluss über die Neigungen, die fachlichen und sozialen Kompetenzen als auch Erwartungen an die Zusammenarbeit liefern. Belastbarkeit, Reaktionsschnelligkeit, Einfühlungsvermögen und Selbstverantwortung sind die entscheidenden Softskills in der situationsbezogenen, intensiven Interaktion mit den Kunden im Gastgewerbe, wobei das Fachwissen eine Grundvoraussetzung darstellt. Besteht zwischen Kandidat und Schindlerhof eine Interessenkongruenz, so erhält der Bewerber einen „Spielvertrag" (Arbeitsvertrag).

Der Schindlerhof achtet gewissenhaft auf die beständige Weiterentwicklung seiner Mitunternehmer. Im Rahmen einer „Beurteilungsspinne" wird der Bedarf an **Weiterbildungsmaßnahmen** für jeden einzelnen Mitarbeiter jährlich ermittelt. Die erfolgte Attribution der Mitarbeiter kann auch durch die potenzial-, prozess- und ergebnisorientierte Unterteilung der Anforderungen an das Kundenkontaktpersonal im Dienstleistungsunternehmen (Bisani 1989, S. 230ff.), wie in Abbildung 14 zu sehen ist, unterteilt werden.

Abbildung 14 **Beurteilungsspinne des Schindlerhofes**

Potenzialorientierte Beurteilung	Prozessorientierte Beurteilung	Ergebnisorientierte Beurteilung
▪ Äußeres Erscheinungsbild ▪ Überstundenbereitschaft ▪ Innovationsfreudigkeit ▪ Fortbildungsinteresse ▪ Einhalten des Teamkonzeptes ▪ Unternehmerisches Denken	▪ Teamfähigkeit ▪ Arbeitssystematik ▪ Einfühlungsvermögen ▪ Kreativität ▪ Fleiß	▪ Flexibilität ▪ Zuverlässigkeit ▪ Kritikfähigkeit ▪ Pünktlichkeit ▪ Arbeitsqualität ▪ Konsequenz in der Umsetzung ▪ Loyalität

GABLER GRAFIK

Quelle: in Anlehnung an Bisani 1989, S. 231

Die Planung und Organisation der jeweiligen Personalentwicklungsmaßnahmen unterliegt den jeweiligen Führungskräften der Leistungsbereiche und geschieht im Abgleich der Ergebnisse aus der Partneranalyse, den Mitarbeiter-Orientierungsgesprächen und der Mitarbeiterberfragung im Jahresvergleich. Die Personalentwicklung richtet sich maßgeblich nach den betrieblichen Anforderungen, den Informationsbedürfnissen der Gäste als auch nach den Wünschen der Mitarbeiter (vgl. Abbildung 15).Von den **Führungskräften** wird zudem Eigeninitiative bezüglich der eigenen Weiterqualifikation erwartet, wobei sie die neu gewonnenen Erkenntnisse an die Mitarbeiter weitervermitteln sollen. Des Weiteren werden Betriebsausflüge mit Weiterbildungscharakter beispielsweise zu Lieferanten initiiert. Zudem steht allen Mitarbeitern eine eigens eingerichtete Mitarbeiterbibliothek mit Fachliteratur zur Verfügung.

Abbildung 15 **Beispiele für Personalentwicklungsmaßnahmen des Schindlerhofes**

Ergebnisse		Ziele
Defizite bei dem äußeren Erscheinungsbild	⇨	Verbindliche Teilnahme an nächsten Seminar „Personality Stayling“
Defizite in der Art sich auszudrücken (am Gast unter Mitarbeitern)	⇨	Teilnahme an einem Rhetorik Seminar
Mitarbeiter übernimmt den Verantwortungsbereich „Einkauf & Ausschank von Getränken“	⇨	Senkung des Wareneinsatzes im Getränke-Bereich
Defizite bei Weinkenntnissen	⇨	Teilnahme an einem Fachseminar für Wein

GABLER GRAFIK

Die **Steuerung der Mitarbeitermotivation** ist durch feste Regeln in Form von „Annerkennungsritualen“ institutionalisiert (vgl. Abbildung 16). Dabei setzt der Schindlerhof auf eine gezielte Kombination aus intrinsischen und extrinsischen Elementen, wobei nach Teams und Einzelpersonen als auch nach dauerhaften und spontan auftretenden Spitzenleistungen differenziert wird. Die Prämierung kann ihren Ursprung beispielsweise in der Bereitschaft zu Mehrarbeit bei Kapazitätsengpässen haben, sowie in der Honorierung von Vorschlägen liegen, die sich auf die Steigerung der Effektivität und Effizienz des Betriebsablaufes oder aber auch auf die Erhöhung der Kundenzufriedenheit auswirken.

Zusätzlich erhalten die Abteilungsleiter ein ergänzendes **monatliches Motivationsbudget** in Abhängigkeit der Abteilungsgröße, über dessen Verwendung bezüglich Art und Umfang der mitarbeitergerichteten Prämierung sie die volle Verfügungskompetenz besitzen.

Abbildung 16 Anerkennungsrituale des Schindlerhofes

Pauschale „Anerkennungsrituale"

- Verabschiedung ausscheidender Mitarbeiter durch den Abteilungsleiter mit diversen Präsenten.
- Brief und Geschenk für jeden Mitarbeiter vor und nach dem Urlaub.
- Die Wahl des persönlichen Geburtstagsessens.
- Dankesbriefe der Gäste werden durch die Unternehmensführung kommentiert und an die jeweiligen Mitarbeiter weitergeleitet.

„Anerkennungsrituale" für außerordentliche Leistungen

- Prämien bei Erreichung der geplanten Sollzahlen.
- Geschenke, Kurzurlaube oder/und Gutscheine für Innovationen abhängig von der Effizienz der Innovation.
- Eine vom Prämiensystem unabhängige Küchenprämie für einen starken Gartenbetrieb im Sommer.
- Honorierung von guten Zeugnissen der Auszubildenden mit Büchern, Uhren oder branchenspezifischen Bedarfsartikeln.
- Honorierung von Teams für unternehmensbezogene Aktivitäten außerhalb der Arbeitszeit.
- Ernennungen von Mitarbeitern zum „Auszubildenden beziehungsweise Mitarbeiter des Monats".

GABLER GRAFIK

Die Mitarbeiterführung des Schindlerhofes unterscheidet sich deutlich von allgemeinen Branchengepflogenheiten. Während in der Hotellerie ein autoritärer, teilweise nahezu despotischer Führungsstil vorherrscht (Bouncken 1997, S. 45), der nur eine geringe Einbindung der Mitarbeiter in die Entscheidungsfindung bzw. wenig Delegation von Verantwortung verfolgt, setzt der Schindlerhof vollständig auf das Empowerment seiner Mitunternehmer durch den Abbau von Hierarchien und einen **kooperativ-partizipativen Führungsstil**, der sich in einer weitgehenden Autonomie in der Gestaltungsfreiheit des Arbeitsplatzes als auch des Kundenkontaktmomentes manifestiert. Eine individuelle Behandlung der Kunden kann nicht anhand von durch das Management bis ins letzte Detail ausgearbeiteten Instruktionen an das Personal realisiert werden. Die vielfältigen Aktivitäten in komplexen Situationen lassen sich damit nicht annähernd abdecken. Zusätzlich würde dadurch eine flexible und individuelle Kundenorientierung bei den Mitarbeitern erfolgreich verhindert werden und die Arbeitsmotivation des nach Selbstverwirklichung strebenden Mitarbeiters, der sich in diesem Fall lediglich als Befehlsempfänger fühlt, nachhaltig geschädigt. Der Schindlerhof jedoch betrachtet die Förderung und Forderung und auch die Teamfähigkeit seiner Mitarbeiter als den entscheidenden, vorgelagerten Erfolgsfaktor für den Unternehmenserfolg.

Durch die **Vereinbarung von Anerkennungszielen** im Rahmen der Mitarbeitermotivation, dem Abbau von Hierarchieverhalten, der Abschaffung von Kontrolle unter Beibehaltung der Rechenschaftspflicht und den größtenteils in Eigenregie erarbeiteten Zielvorgaben erarbeitet sich der Schindlerhof den Nährboden einer unternehmerischen Denkhaltung seiner Mitarbeiter. Selbst die Höhe des eigenen Lohnes wird von Mitarbeitern selbst festgelegt. Die ökonomischen Resultate belegen dabei die Erfolgsträchtigkeit des Rezeptes. Während im Branchenschnitt ein Umsatz pro Mitarbeiter zwischen 80.000 DM und 120.000 DM je nach Betriebsart erzielt wird (Bethge 2001), auch bei Spitzenhotels liegt der Durchschnitt nur selten bei 170.000 DM, generieren die Mitunternehmer des Schindlerhofes über 190.000 DM Umsatz pro Person und Jahr. Zur Einhaltung des gewünschten Qualitätsniveaus wird dabei weitgehend auf Aushilfen jeglicher Art verzichtet, und das nicht erst seit den in der Branche aufgetretenen Schwierigkeiten durch die Änderung des Gesetzes für geringfügig Beschäftigte (630 DM Gesetz) im Jahre 1999. Auch die qualitativen Serviceziele des Unternehmens, werden durch diese innovative Personalführung substanziell verbessert. Im Rahmen des Vorschlagswesens kann der Schindlerhof jährlich auf etwa 1.000 eingegangene Vorschläge bei 70 Mitarbeitern verweisen.

Durch die dynamische Fortbildung der Mitarbeiter und der geringeren Betriebsgröße des Schindlerhofes treten oftmals Barrieren bezüglich der **internen Karrieremöglichkeiten** auf. Kann einem Mitarbeiter trotz vorhandener Qualifikation der Wunsch nach Weiterentwicklung und Aufstieg nicht nachgekommen werden, da in Frage kommende Stellen bereits fest besetzt sind, so hilft die Geschäftsführung bei der Vermittlung einer adäquaten Position bei Mitbewerbern. Dennoch bleibt der Kontakt zwischen dem Schindlerhof und seinen ehemaligen Mitarbeitern bei einem erfolgten Wechsel bestehen, denn die Prioritäten in der Vergabe von neu zu besetzenden Stellen sind klar geregelt. Kann ein freiwerdender Arbeitsplatz nicht intern besetzt werden, so wird dieser erst ehemaligen Mitarbeitern offeriert, bevor dieser externen Fachkräfte auf dem Arbeitsmarkt angeboten wird.

5. Organisatorische Verankerung des Qualitätsmanagements

Der Schindlerhof sieht die Servicequalität grundsätzlich nicht als die Aufgabe einer Person oder einer organisatorischen Einheit selbst an, sondern als Philosophie, die sich durch das ganze Unternehmen zieht. Dennoch ist der Schindlerhof einer der wenigen Hotelbetriebe, die das Qualitätsmanagement in Form einer **Stabstelle der Qualitätsmanagementbeauftragten** (Elke Fischer) institutionalisiert hat.

Die Qualitätsmanagementbeauftragte hat folgende **Grundaufgaben**:

- Die Sicherstellung einer anerkannten und verwirklichten Qualitätspolitik in allen Leistungsbereichen.
- Die Information betroffener Mitarbeiter über qualitätsbezogene Neuerungen, per Einberufung von Qualitätszirkeln, Meetings und Schulungen oder dem Versand schriftlicher Hausmitteilungen (hierzu zählt ebenso der Jahreszielplan).
- Die Dokumentation und Aktualisierung aller erarbeiteten Prozesse und Normen im Qualitätsmanagement- beziehungsweise Organisationshandbuch, sowie die Prüfung deren Befolgung durch die Abteilungen.

- Die Berichterstattung gegenüber der Unternehmensleitung bei dem Auftreten von Ausnahmesituationen, essentiellen Qualitätsmängeln und allgemeinen Fehlentwicklungen.
- Die flankierende Betreuung von Projektgruppen bei deren Arbeit.

Die Steuerung und Überwachung des Qualitätsmanagementsystems durch die Qualitätsbeauftragte erfolgt im Namen und im direkten Auftrag der Unternehmensleitung. Abbildung 17 gibt die organisatorische Verankerung der Qualitätsmanagementbeauftragten wieder.

Abbildung 17 **Organisationsstruktur des Schindlerhofes**

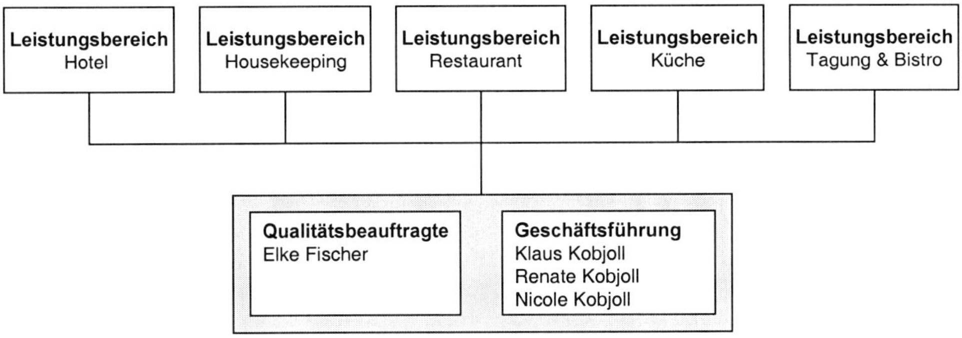

GABLER GRAFIK

Das Organigramm wurde durch den Schindlerhof bewusst „auf den Kopf gestellt“, um die tragende Bedeutung der Unternehmensleitung zu unterstreichen.

Bei der **Planung von Qualitätsverbesserungen** wird dennoch nicht nur die vertikale Down-up Abstimmung zwischen der Qualitätsbeauftragten und den jeweiligen Abteilungen berücksichtigt, sondern auch die horizontale Abstimmung zwischen den Abteilungen untereinander.

Alle Mitarbeiter des Schindlerhofes können sich nicht nur an den gezielten Serviceverbesserungsmöglichkeiten einbringen, sondern es wird von ihnen erwartet sich aktiv an der ständigen Verbesserung der Qualität zu beteiligen. So ist die Verantwortung für die Qualität im Hause Schindlerhof auf viele Schultern verteilt. Primär liegt jedoch die Verantwortung für die Sicherstellung der Dienstleistungsqualität bei dem einzelnen Mitarbeiter. Darüber hinausgehende Qualitätsverantwortlichkeiten sollen das Funktionieren dieser Selbstverantwortung der Mitarbeiter garantieren.

6. Erfolgsfaktoren und Erfolgspotenziale des Schindlerhofes

Die Erfolgsfaktoren und -potenziale des Schindlerhofes lassen sich auf verschiedene Faktoren wie ein konsequentes Kostenmanagement, das Personal, Qualitäts- und Kundenorientierung, Managementunterstützung in Form eines eindeutigen Bekenntnisses zu Servicequalität sowie eine klare Kommunikation der Handlungsspielräume für die Mitarbeiter, die durch ein „Spielfeld" zwischen finanziellen Kennzahlen, „Spielkultur", Total Quality Management und Zertifizierung nach DIN ISO 9001 abgegrenzt sind, sehen.

Es erfolgt ein **konsequentes Kostenmanagement**, das Abweichungen der Ist- von den Soll-Werten auf Tagesbasis für verschiedene Unternehmensbereiche ermittelt und diese Abweichungen sämtlichen Mitarbeitern der betreffenden Bereiche in Form von Erfolgsspiegeln zur Verfügung stellt. Als primäre Kostentreiber lassen sich die Personalkosten sowie die Wareneinsatzkosten identifizieren, wobei die Personalkosten durch die Nutzung natürlicher Fluktuation sowie durch organisatorische Anpassungen wie etwa engere Dienstplanverknüpfungen zwischen verschiedenen Abteilungen beeinflusst werden können. Die Wareneinsatzkosten lassen sich durch straffere Preisverhandlungen mit den Lieferanten sowie eine Veränderung der Angebotsstruktur variieren.

Einen zentralen Erfolgsfaktor für den Schindlerhof stellen dessen **Mitarbeiter** dar, woraus eine starke Mitarbeiterorientierung des Unternehmens folgt. Der Auswahl geeigneten Personals wird eine sehr hohe Bedeutung beigemessen und daher wird die Aus- und Weiterbildung der Mitarbeiter gefördert. Der Mitarbeiterzufriedenheit wird nicht zuletzt aus der Kenntnis des positiven Zusammenhanges zwischen Kundenzufriedenheit, Mitarbeiterzufriedenheit und ökonomischem Erfolg hoher Stellenwert beigemessen.

Auf allen Ebenen des Unternehmens wird dem Konzept des **Total Quality Management** Rechnung getragen und die Qualität als zentrale Erfolgsgröße sowie als Möglichkeit der Differenzierung vom Wettbewerb gesehen. Durch die Teilnahme an Qualitätswettbewerben und die Verleihung von Qualitätsauszeichnungen konnte das Qualitätsbewusstsein im Unternehmen sowie die Motivation der Mitarbeiter zur Steigerung der Dienstleistungsqualität erhöht werden, was letztlich zu einer Effizienzsteigerung der Unternehmensabläufe beiträgt.

Eine **konsequente Kundenorientierung** mit dem Ziel einer starken Kundenbindung durch hohe Kundenzufriedenheit ist aus Sicht des Schindlerhofes ein weiterer Faktor für den langfristigen Unternehmenserfolg. Aus diesem Grund erfolgt ein verstärktes Stammkundenmarketing, um den Anteil von etwa 60 Prozent Stammkunden langfristig halten zu können. Schließlich stellt der **partizipativ-kooperative Führungsstil**, der den Mitarbeitern Entscheidungs- und Gestaltungsspielräume innerhalb klar abgesteckter und kommunizierter Grenzen zugesteht, einen Erfolgsfaktor für den Schindlerhof dar.

Als Erfolgsnachweise des Qualitätsmanagementsystems des Schindlerhofes lassen sich die hohe Auslastungsquote der verschiedenen Unternehmensbereiche und die hohe Anzahl an Stammgästen interpretieren, sowie die verliehenen Qualitätsauszeichnungen und die hohe Medienpräsenz des Schindlerhofes. Das entscheidende Verbesserungspotenzial des bestehenden Qualitätsmanagementsystems stellt die derzeitige Dokumentationsform des Systems in Organisationshandbüchern dar. Eine EDV-gestützte Lösung in Form eines Intranet, das die wesentlichen Stärken des derzeit implementierten Systems, Flexibilität und zeitnahe Umsetzung, besser unterstützt, ist die zentrale zukünftige Aufgabe.

Als wesentliche Anforderungen an eine erfolgreiche Qualitätssicherung in Dienstleistungsunternehmen ist es aus Sicht des Schindlerhofes unerlässlich, eine klare Zuständigkeit für das Qualitätsmanagementsystem zu schaffen, Managementunterstützung auf oberster Ebene zu sichern, alle Mitarbeiter in das Qualitätsmanagement zu integrieren sowie einen funktionierenden, reibungslosen Informationsfluss sicherzustellen.

Literatur

Barth, K./Theis, H.-J. (1998), Hotel Marketing. Strategien, Marketing-Mix, Planung, Kontrolle, Wiesbaden.

Bethge, H.-J. (2001), Kennzahlen im Hotelgewerbe, http://www.bethge.purespace.de/abckennzahlen.htm (Zugriff: 21.05.2001).

Bisani, F. (1989), Anforderungs- und Qualitätsprofil, in: Strutz, H. (Hrsg.), Handbuch Personalmarketing, Wiesbaden.

Boness, G. (2000), Hitliste 2000. Deutschlands Tagungshotels zum Wohlfühlen, in: Tophotel, 17. Jg., Nr. 6, S. 48 - 51.

Bouncken, R. (1997), Kundensegmentierung und Prozeßmanagement in der Hotellerie, Wiesbaden.

Bruhn, M. (1997), Kommunikationspolitik. Bedeutung, Strategie, Instrumente, München.

Bruhn, M (2001), Qualitätsmanagement für Dienstleistungen. Grundlagen, Konzepte, Methoden, 3. Aufl., Berlin u.a.

Business Comfort Hotel Corporation (2001): Full House – Ihr Erfolg als Hotelier, http://www.bch-ag.de/HTML/home.htm (Zugriff: 21.05.2001).

Deutsche Gesellschaft für Qualität (1995), Begriffe zum Qualitätsmanagement, DGQ-Schrift, Nr. 11-04, 6. Aufl., Frankfurt am Main.

IHA-Hotelverband (2000), Hotelkonjunktur in Deutschland: Der Markt brummt, http://www.dehoga.de/Presse-Pool/Presseinformationen/Hotelmarkt.htm (Zugriff: 22.05.2001).

Meffert, H./Bruhn, M. (2000), Dienstleistungsmarketing. Grundlagen, Konzeptmethoden, 3. Aufl., Wiesbaden.

Luthe, M. (1999): Dehoga-Hotelmarktanalyse 1999, http://www.dehoga.de/daten/hotelmarktanalyse1999.pdf (Zugriff: 24.05.2001).

Luthe, M. (2000): Dehoga-Hotelmarktanalyse 2000, http://www.dehoga.de/daten/hotelmarkt-analyse2000.pdf (Zugriff: 22.05.2001).

Stauss, B. (2001): Markierungspolitik in Diensleistungsunternehmen. „Die Dienstleistungsmarke", in: Bruhn, M./Meffert, H. (Hrsg), Handbuch Dienstleistungsmanagement, 2. Aufl., Wiesbaden, S. 549-571.

Tominaga, M (2001), Kundenbegeisterung - heisser Tee, http://www.tominaga.de (Zugriff: 22.05.2001).

5 Qualität durch Kontinuität beim Migros-Genossenschafts-Bund

Manfred Bruhn, Petra Hess und Janine List

. Besonderheiten des Handelsmarketing und Unternehmensdaten

.1 Daten zum Unternehmen und zu seiner Entwicklung

Migros, mit Hauptsitz in Zürich, ist das **erfolgreichste Handelsunternehmen** der Schweiz. Sie wurde 1925 von Gottlieb Duttweiler als Aktiengesellschaft zum Vertrieb von sechs Produkten des damaligen Kolonialwarenhandels gegründet. Duttweilers Vision bestand damals darin, zwischen Produzenten und Konsumenten eine möglichst direkte Verkaufsorganisation zu schaffen, die den täglichen Bedarf der Bevölkerung an Lebensmitteln sichern sollte. Damit war die Grundidee der Migros – die bereits im Namen zum Ausdruck kommt – geboren:

Das Wort **„Migros“** setzt sich aus den Begriffen „demi“ (mittel) sowie „en gros“ (groß) zusammen und bedeutet „Migros als Verteilerorganisation zwischen Groß- und Detailhandel“. 1940 entschied sich Gottlieb Duttweiler, Migros in eine Genossenschaft umzuwandeln und die Genossenschaftsanteile an die Konsumenten und zu einem kleinen Teil auch an die Angestellten zu verschenken. Migros-Gemeinschaft setzt sich aus zehn regionalen Genossenschaften zusammen und zählt heute circa 1,8 Mio. Mitglieder.

Das **Kerngeschäft** der Migros ist der Detailhandel, der in einen Food- und Non-Food-Bereich unterteilt ist und ein breites Sortiment mit circa 35.000 Artikeln umfasst. Die Besonderheit der Unternehmenstätigkeit der Migros ist darin zu sehen, dass sie im Food-Bereich zu 95 Prozent Eigenmarken anbietet, wobei ein großer Teil in eigenen Produktionsstätten hergestellt wird, so dass Migros nicht als „klassisches Handelsunternehmen“ bezeichnet werden kann.

Neben dem originären Handelsgeschäft zählen zudem diverse **Dienstleistungsunternehmen** zur Migros-Gemeinschaft, die teilweise selbständig am Markt agieren oder im Bereich des Freizeit- und Bildungsangebotes angesiedelt sind (vgl. Abbildung 1).

Seit 1941 – dem Jahr der Umwandlung in eine Genossenschaft – kann Migros auf eine kontinuierlich **positive Unternehmensentwicklung** verweisen. Zur Veranschaulichung des stetigen Erfolges kann beispielhaft die Umsatzentwicklung der Migros von 1941 bis 1999 herangezogen werden (vgl. Abbildung 2). Der Kurvenverlauf zeigt deutlich ein permanentes Umsatzwachstum des Unternehmens. Aufgrund der wirtschaftlichen Rahmenbedingungen wurde 1995 erstmals eine Stagnation im Kerngeschäft verzeichnet.

Mit einem Personalbestand von 78.427 Mitarbeitern konnte Migros 1999 einen Detailhandelsumsatz von 14.440 Mio. CHF erwirtschaften, wohingegen 1998 der Umsatz im Kerngeschäft bei 14.426 Mio. CHF lag, d.h., ein Zuwachs von 0,1 Prozent verzeichnet wurde.

Abbildung 1 **Marktprofil der Migros Gruppe**

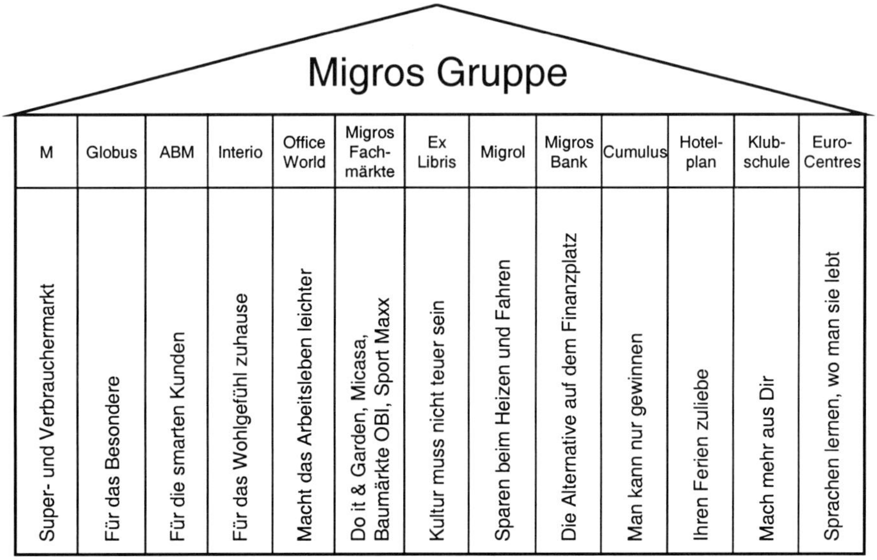

Stand: 1999

GABLER GRAFIK

Abbildung 2 **Umsatzentwicklung der Migros von 1941 bis 1999**

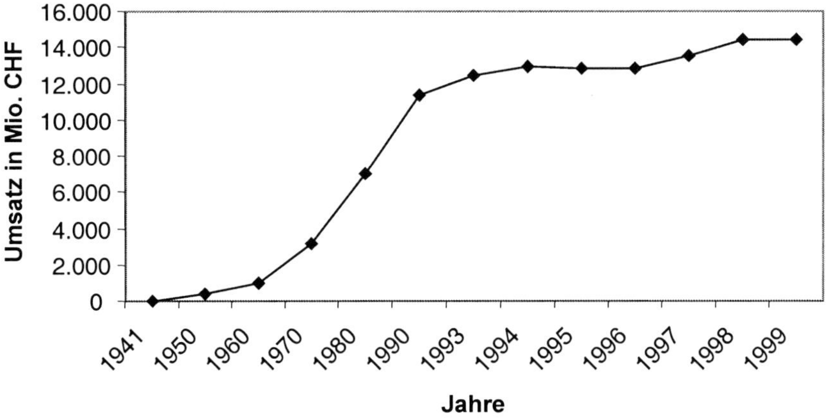

GABLER GRAFIK

Die **Anteile der einzelnen Unternehmenseinheiten am Gesamtumsatz** der Migros verteilten sich derart, dass im Kerngeschäft (Detailhandel) 77,2 Prozent des Gesamtumsatzes erwirtschaftet wurde, 17,3 Prozent auf die Dienstleistungsunternehmen entfielen und die restlichen 5,5 Prozent durch die Migros-Produktion sowie sonstige Erträge erzielt wurden.

Der wirtschaftliche Auftrag der Migros, einhergehend mit der Erzielung eines hohen Gewinnes, ist nicht das oberste Unternehmensziel. Vielmehr werden gleichberechtigt auch kulturelle Zielsetzungen verfolgt. Zur Erfüllung der gemeinnützigen, kulturellen und sozialen Aufgaben wurde in den Statuten der Migros festgelegt, dass ein bestimmter Prozentsatz des Umsatzes ausschließlich für kulturelle und soziale Zwecke verwendet werden darf. Im Jahre 1999 wurden insgesamt 121 Mio. CHF in kulturelle, soziale und wirtschaftspolitische Aktivitäten investiert.

.2 Analyse des schweizerischen Detailhandels

Kennzeichnend für den schweizerischen Detailhandel ist ein stagnierender Markt, in dem nur noch sehr geringe Wachstumschancen zu verzeichnen sind. Ein weiteres Merkmal ist die hohe Marktkonzentration, die als Angebotsoligopol mit einer Marktdominanz der beiden Handelsunternehmen Coop und Migros bezeichnet werden kann. Sowohl Migros als auch Coop verfügen in der Schweiz über dichte Filialnetze, die die Ubiquität des Angebotes gewährleisten sollen. Abbildung 3 zeigt die **Struktur des schweizerischen Detailhandels** im Überblick.

Abbildung 3 **Struktur des schweizerischen Detailhandels**

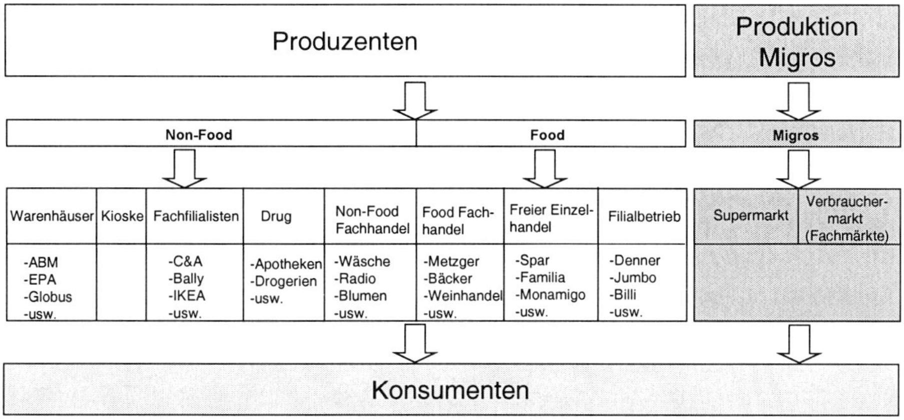

GABLER GRAFIK

Stand: 1999

Betrachtet man das **Detailhandelsvolumen in der Schweiz**, so wurde im Zeitraum 1996 bis 1999 ein relativ konstantes Handelsvolumen von circa 81 Mrd. CHF erwirtschaftet (vgl. Abbildung 4). Die Anteile der Food- und Non-Food-Bereiche verteilten sich, mit circa 37 Mrd. CHF im Food-Bereich und circa 44 Mrd. CHF im Non-Food-Bereich, relativ ausgewogen. Migros konnte ihre stabile Position im Gesamtmarkt behaupten. Das **Migros-Detailhandelsvolumen** steigerte sich im Zeitraum 1996 bis 1999 um 0,18 Mrd. CHF auf insgesamt 12,72 Mrd. CHF. Die Bereiche Food- und Non-Food teilten sich bei der Migros derart auf, dass knapp zwei Drittel auf den Food- und ein Drittel auf den Non-Food-Bereich entfielen (vgl. Abbildung 5). Mit diesem Ergebnis nimmt Migros die Marktführerschaft, dicht gefolgt vom Hauptwettbewerber Coop, ein.

Abbildung 4 **Detailhandelsvolumen in der Schweiz 1996 bis 1999**

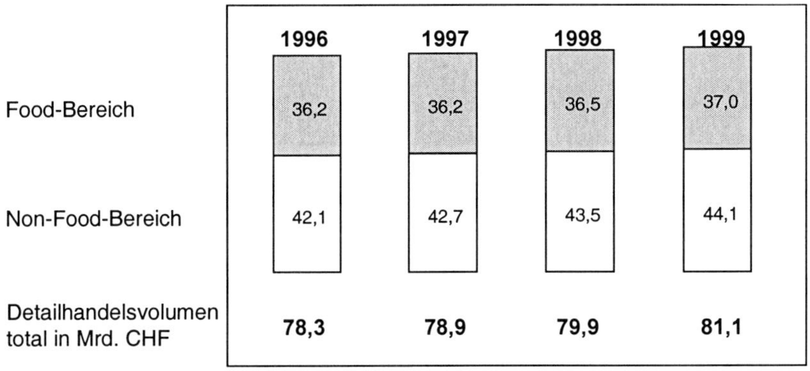

GABLER GRAFIK

Im Jahre 1999 verstärkte sich im Detailhandel die positive Tendenz vom Vorjahr. In den nächsten Jahren wird sich der Umsatzzuwachs gemäß Prognosen mindestens in der gleichen Größenordnung bewegen. Verstärken werden sich die Trends zu Bio-Produkten und zu Convenience (handgerechte Mahlzeiten, Bahnhof- und Tankstellenshops). Vor allem aber werden die Konsumenten massiv mehr über das Internet einkaufen. Betrachtet man abschließend die **Polarisierung zwischen Preis- und Qualitätsführerschaft**, ist im Schweizer Lebensmitteldetailhandel – im Gegensatz beispielsweise zu Deutschland – bisher ein geringerer Preiswettbewerb festzustellen. Trotz der unterschiedlichen Sortimentsstrukturen weist beispielsweise das Handelsunternehmen Denner (Marktführer im Discountsegment) in einigen Warengruppen bis zu 4 Prozent höhere und maximal 10 Prozent niedrigere Preise als die Großverteiler Coop und Migros auf. Ein zentraler Einflussfaktor dieser Situation ist darin zu sehen, dass in der Schweiz bislang keine Hard-Discount-Unternehmen, wie zum

Beispiel Aldi, existieren (Ledermann 1996, S. 105). Allerdings ist mit dem schon lange angekündigten Markteintritt von ausländischen Megaketten zu rechnen, was den Konkurrenzkampf unter den Detailhändlern verstärken wird. Diesen preisaggressiven Tendenzen begegnet Migros mit geeigneten Maßnahmen, wie beispielsweise einer Handelsmarkenlinie im unteren Preissegment, dem so genannten M-Budget (Hasen 1997).

Abbildung 5 **Detailhandelsvolumen der Migros 1996 bis 1999**

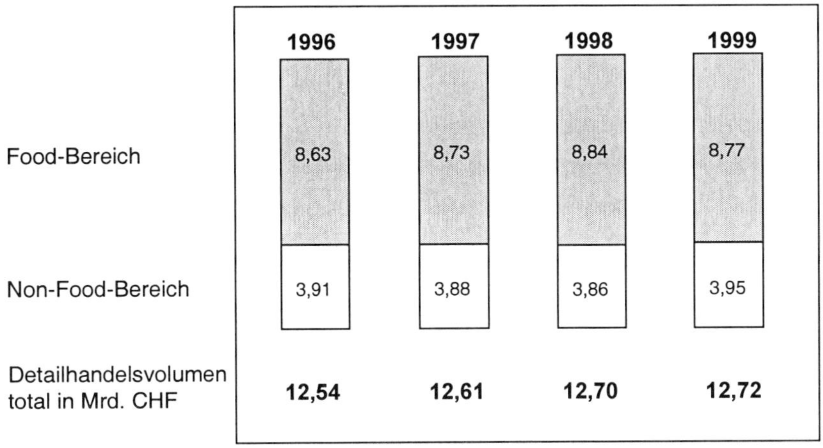

GABLER GRAFIK

1.3 Besonderheiten des Dienstleistungsmarketing im Handel und Implikationen für Migros

Die derzeitigen Entwicklungstendenzen im Handel, wie z.B. der fortschreitende Konzentrationsprozess, die gestiegenen Anforderungen der Verbraucher hinsichtlich der Umwelt- oder Serviceorientierung der Unternehmen oder das hybride Einkaufsverhalten vieler Kunden, verändern die Aufgaben des Dienstleistungsmarketing dieser Branche (Meffert/Bruhn 2000). Um die sich aus dieser Situation ergebenden Konsequenzen besser beurteilen zu können, ist es zunächst sinnvoll, die zentralen **Besonderheiten des Marketing im Detailhandel** herauszuarbeiten. Folgende fünf Besonderheiten sind primär relevant (Büker 1994):

- Breite Kundenschicht,
- Überdurchschnittlicher Informationsbedarf,

- Hohe Flexibilität,
- Unzureichende Schutzmöglichkeiten,
- Überragende Bedeutung des Personals.

Eine erste Besonderheit des Marketing im Detailhandel ist das hohe Anforderungsniveau bei der Befriedigung der einzelnen Zielgruppen. Ein Handelsunternehmen muss, im Vergleich zu klassischen Konsumgüterherstellern, eine **breitere Kundenschicht** bearbeiten, die eine Anzahl unterschiedlicher Kaufverhaltenseigenschaften, Wertevorstellungen oder Lebensstile usw. aufweist.

Eine weitere Besonderheit ist der **überdurchschnittlich hohe Informationsbedarf** von Handelsunternehmen, der aus der oben beschriebenen breiten Kundenschicht, aber auch aus dem besonders breiten und tiefen Sortimentsangebot resultiert. Für Migros kommt hinzu, dass – bedingt durch die eigene Produktionstätigkeit – ein zusätzlicher Informations- und Abstimmungsbedarf besteht, der in klassischen Handelsunternehmen nicht in dem Umfang auftritt.

Als dritte Besonderheit ist darauf zu verweisen, dass Handelsunternehmen, beispielsweise aufgrund des Angebotes an Frischeprodukten, wie Obst und Gemüse, besonders **schnell und flexibel** agieren müssen, um eine optimale Qualität der Waren sicherzustellen. Im Non-Food-Bereich ist dies, aufgrund der immensen Reaktionsgeschwindigkeit der Wettbewerber auf Trends und Modeströmungen, ebenfalls der Fall.

Des weiteren ist dem Umstand Rechnung zu tragen, dass in Handelsunternehmen **kein gewerbliches Schutzrecht** für erfolgreiche Konzepte in Anspruch genommen werden kann. Die Imitationsgefahr von Gesamtkonzepten oder Prozessen durch Wettbewerber ist aus diesem Grunde im Handel besonders groß. Vorteilhaft ist in diesem Zusammenhang, dass große Handelsunternehmen, aufgrund der Vielzahl von Verkaufsstellen, ein hohes Potenzial zur Analyse von internen Benchmarks aufweisen.

Zudem ist als Besonderheit des Marketing im Detailhandel herauszustellen, dass das **größte Potenzial** zur Sicherung des langfristigen Erfolges in den **personellen Ressourcen** des Unternehmens liegt. Die Erreichung einer hohen Servicequalität aus Kundensicht, beispielsweise im Sinne von Freundlichkeit, Kompetenz oder Schnelligkeit des Kundenkontaktpersonals, spielt im Dienstleistungsmarketing von Handelsunternehmen eine zentrale Rolle. Hieraus abgeleitet ist eine der zentralen Aufgaben der Unternehmensführung darin zu sehen, die Motivation der Mitarbeiter zu fördern, um langfristig einen Wettbewerbsvorsprung erzielen zu können.

Die zunehmende Dynamik im Markt bedingt für Migros, dass bei der strategischen Ausrichtung der Unternehmung die angeführten Erfolgsfaktoren – Qualität, Zeit, Komplexität, Information und Personal – integrativ in einem ganzheitlichen Managementprozess betrachtet werden und eine bestmögliche Koordination der unterschiedlichen Bausteine erfolgt.

2. Unternehmensphilosophie und Strategien der Migros

2.1 Unternehmensphilosophie der Migros

Die **Unternehmensphilosophie** der Migros bildet den Ausgangspunkt der strategischen Unternehmensplanung. Sie beinhaltet die allgemeinen Wertevorstellungen des Unternehmens, die ihren konkreten Ausdruck in der Formulierung von Leitlinien oder Unternehmensgrundsätzen finden.

Den Kern der Migros-Unternehmensphilosophie bildet der Genossenschaftsgedanke, aus dem das derzeit gültige **Unternehmensleitbild** entwickelt und festgeschrieben wurde. Das Selbstbild der Migros beinhaltet folgende Punkte:

(1) Das Fundament

Migros gehört ihren Genossenschaftlern. Sie ist dem Ideengut ihrer Gründer, Gottlieb und Adele Duttweiler, verpflichtet. Sie will eine wegweisende und vorbildliche Unternehmung sein, indem sie dieses Ideengut bewahrt und weiterentwickelt.

Unsere Stärken sind das Zusammenwirken in der Gemeinschaft und die kompetente Führung. Zur Stärkung der Zusammenarbeit und zur Integration aller Kräfte suchen wir den Konsens. Dabei berücksichtigen wir die im Rahmen unserer Statuten und Verträge gegebene Selbständigkeit und fördern die Koordination und das Interesse der Migros-Gemeinschaft.

(2) Unser Auftrag

Wir stellen alle unsere Tätigkeiten in den Dienst am Menschen. Wir wollen unseren Genossenschaftlern und der Bevölkerung allgemein Waren und Dienstleistungen von guter bis hoher Qualität zu günstigen Preisen vermitteln; den Menschen Möglichkeiten zur eigenen Entfaltung anbieten, ihre wirtschaftlichen, sozialen und kulturellen Interessen fördern und damit einen Beitrag leisten, das Leben sinnvoll zu gestalten. Unsere Aufgabe ist somit umfassend. Wir haben einen kulturellen, sozialen und wirtschaftspolitischen Auftrag, der gleichberechtigt neben dem wirtschaftlichen Auftrag steht.

(3) Kommerzielle Tätigkeiten

Als Brücke zwischen Produzent und Konsument gestalten wir die Beziehungen zu unseren Partnern vorbildlich. Das Vertrauen des Kunden ist der Schlüssel zu unserem Erfolg. Das Verhältnis zu unseren Lieferanten basiert auf dem Leistungsgedanken. Leistung und Gegenleistung werden konsequent, ohne übermäßige Ausnutzung unserer Marktstellung, ausgehandelt. Wir treten ein für eine freie Marktwirtschaft und für den Leistungswettbewerb, unter gleichzeitiger Bekämpfung von Missbräuchen.

(4) Marktleistung/Marktstellung

Mit unseren Produkten und Dienstleistungen decken wir in erster Linie den täglichen Bedarf unserer Genossenschafter und der gesamten Bevölkerung ab. Warenangebot und Dienstleistungen richten sich an den modernen Menschen und orientieren sich besonders an den Bedürfnissen der Familie. Wir sichern unseren Preis- und Leistungsvorsprung durch rationelle Beschaffungs-, Produktions- und Verteilmethoden. Wir wollen Preisregulator sein und unsere Marktleistungen entsprechend einsetzen. An die Qualität unserer Produkte und Dienstleistungen stellen wir hohe Ansprüche. Wir wollen Vorbild sein in der Förderung der Volksgesundheit. Als Warenverteiler wollen wir Marktleader bleiben. Im Dienstleistungsbereich streben wir ein überdurchschnittliches Wachstum an.

(5) Nichtkommerzielle Tätigkeiten

Die Förderung sinnvoller Freizeitgestaltung und kultureller Tätigkeiten bleibt eine unserer wesentlichen Aufgaben. Wir engagieren uns für die Weiterentwicklung des kulturellen und sozialen Lebens, insbesondere auch dort, wo die Förderung durch andere ausbleibt. Wir treten ein für eine Wirtschaftspolitik, die das Interesse unserer Genossenschaftler und der Konsumenten wahrt, auch mit Einsatz politischer Mittel.

(6) Mitarbeiter

Die personalpolitischen Maßnahmen vermitteln dem Mitarbeiter Sicherheit und Vertrauen. Wir räumen ihm viel Selbstverantwortung ein. Aufgaben, Verantwortung und Entscheidungskompetenz werden so weit wie möglich delegiert. Damit stärken wir sein Verantwortungsbewusstsein, erhöhen seine Arbeitszufriedenheit und ermöglichen ihm so, bei der Gestaltung der Unternehmung mitzuwirken. Die Anstellungsbedingungen sollen vorbildlich sein, der Aufgabe und der Leistung Rechnung tragen sowie soziale Aspekte berücksichtigen. Wir bieten dem Mitarbeiter Aus- und Weiterbildung an.

(7) Führung und Organisation

Eine klare Führungsstruktur ermöglicht uns, in der organisatorischen Vielfalt die Kräfte zu konzentrieren und verbindliche Richtlinien für unsere Tätigkeit aufzustellen. Wir führen mit Zielen. Die Partizipation bestimmt unsere Haltung und unseren Führungsstil.

(8) Finanzielle Grundlagen

Wir sind dem Sozialen Kapital verpflichtet und wollen nur die finanziellen Mittel erarbeiten, die zur Erfüllung unserer Aufgaben und zum Ausbau des uns anvertrauten Sozialen Kapitals erforderlich sind. Die Unabhängigkeit und die gesunde Entwicklung der Migros-Gemeinschaft müssen weiterhin sichergestellt sein.

(9) Unternehmen und Umwelt

Wir unterstützen wirksame Maßnahmen zur Verminderung der Umweltbelastung und zur Schonung der natürlichen Ressourcen. Wir nutzen die neuen Technologien zur Erhaltung unserer Leistungsfähigkeit. Wir achten darauf, dass sie auch einen Beitrag zur Erhöhung der Lebensqualität unserer Kunden, Mitarbeiter und der Gesellschaft insgesamt leisten. Wir bemühen uns um eine offene Information.

(10) Staat und Gesellschaft

Wir bekennen uns zu einer demokratischen, rechtsstaatlichen und föderalistischen Ordnung. Wir unterstützen die Gemeinwesen – im Rahmen unserer Möglichkeiten – in ihren Bemühungen um das Gemeinwohl.

(11) Ziel und Weg

Wir sind uns bewusst, dass in der konkreten Entscheidungssituation Zielwidersprüche nicht zu vermeiden sind. Wir verpflichten uns, den Ausgleich immer wieder zu suchen. Die sich wandelnde Umwelt verlangt von uns, dass wir uns ständig mit unseren Zielen auseinandersetzen und sie an unserem Unternehmensleitbild messen.

Im Anschluss an die Bestimmung des Unternehmensleitbildes und der Oberziele der Migros folgt die Festlegung der strategischen Geschäftseinheiten und die Ableitung von allgemeinen strategischen Stoßrichtungen des Unternehmens.

2.2 Strategische Grundsätze der Migros

(a) Strategische Geschäftseinheiten der Migros

Einen ersten Schritt bei der Entwicklung von Marketingstrategien bildet die Bestimmung der Bezugsobjekte, auf die sich die zu entwickelnde Strategie beziehen soll. In diesem Zusammenhang stellt die Festlegung der **strategischen Geschäftseinheiten** (**SGE**) den Ausgangspunkt der Strategieentwicklung dar. Als grundlegende Merkmale strategischer Geschäftseinheiten gelten die Kriterien: eigene Marktaufgabe, eigenständiger strategischer Plan sowie selbständiger Erfolgsbeitrag. Jede Unternehmenseinheit, die diese Kriterien erfüllt, kann generell als strategische Geschäftseinheit geführt werden.

Ergänzend zu diesen allgemeinen Merkmalen müssen weitere Kriterien festgelegt werden, nach denen die interne Abgrenzung der Geschäftseinheiten erfolgen soll. Migros wählte eine Abgrenzung nach produktbezogenen Dimensionen, jedoch in der Kenntnis, dass abnehmer- und technologiebezogene Dimensionen ebenfalls zu betrachten sind.

(b) Strategische Stoßrichtung des Unternehmens

Im Anschluss an die Definition strategischer Geschäftsfelder ist festzulegen, welche **strategische Stoßrichtung** das Unternehmen generell verfolgen will. Zur Strukturierung der Alternativen kann die klassische **Produkt-Markt-Matrix** herangezogen werden (Ansoff 1966, S. 132ff.), bei der die in Abbildung 6 dargestellten Stoßrichtungen, Marktdurchdringung, Markterschließung, Sortimentsentwicklung und Diversifikation, zu unterscheiden sind.

Abbildung 6 **Produkt-Markt-Matrix der Migros**

Märkte / Produkte	vorhanden	neu
vorhanden	Marktdurchdringung (1) • Intensivierung der Produktverwendung • Kundenakquisition • Gewinnung bisheriger Nichtverwender	Markterschließung (2) • Neue geographische Märkte • Eindringen in Zusatzmärkte • Erschließung neuer Teilmärkte
neu	Sortimentsentwicklung (3) • Einführung von Innovationen	Diversifikation (4) • Eintritt in bislang unbekannte Märkte

GABLER GRAFIK

Im Rahmen der Unternehmenstätigkeit der Migros lässt sich eine konsequente Verfolgung der Markterschließungs- und Diversifikationsstrategie beobachten. Die **Strategie der Markterschließung** beinhaltet für Migros primär das Ziel einer Expansion des Leistungsangebotes ins grenznahe Ausland. Dies wurde 1995 durch die Eröffnung von Migros-Filialen in Frankreich und Deutschland realisiert, die nach ersten Anfangsschwierigkeiten erfolgreich arbeiten. Die bereits 1993 initiierten Kooperationsbestrebungen in Österreich mussten, aufgrund der Insolvenz des Partners, gestoppt werden.

Online Shopping

In einer Welt, in welcher die elektronischen Medien einen immer größeren Stellenwert einnehmen, wird in Zukunft auch dem Bereich des elektronischen Einkaufens eine immer größere Bedeutung zukommen. Migros will in diesem zukunftsweisenden Bereich eine gleich große Leaderposition einnehmen, wie sie diese bei den traditionellen Vertriebstypen innehat. Migros liegt völlig im Trend mit dem Online Shopping – dem Bestellsystem der Migros. Darunter versteht man die persönliche Migros-Filiale zu Hause: „Ein Laden ist kein Laden und ein Einkaufswagen kein Einkaufswagen mehr. Nichts bleibt, wie es war."

M-Online-Shopping ist das Lebensmittel-Heimliefer- und Abholsystem der Migros. Bestellplattform ist das World Wide Web (www.migros-shop.ch; vgl. Abbildung 7). Der Kunde bestellt im Web seine Produkte. Im Sortiment enthalten sind circa 3000 Artikel des täglichen Gebrauches, schwerpunktmäßig Frischprodukte wie Joghurt oder Frischteigwaren, sowie Kolonialwaren. Artikel aus dem Near-Food-Bereich (Hygiene, Kosmetik) sowie einige Non-Food-Produkte runden das Angebot ab. Der Kunde wählt dann aus, wie er zu seinen Artikeln kommt: entweder er holt die Bestellung an einer der vielen Pick-up-Stellen (zur Zeit sind dies bestimmte Migros-Filialen) ab, oder lässt sie sich ganz bequem nach Hause liefern.

Abbildung 7 **Internetauszug von M-Online-Shopping**

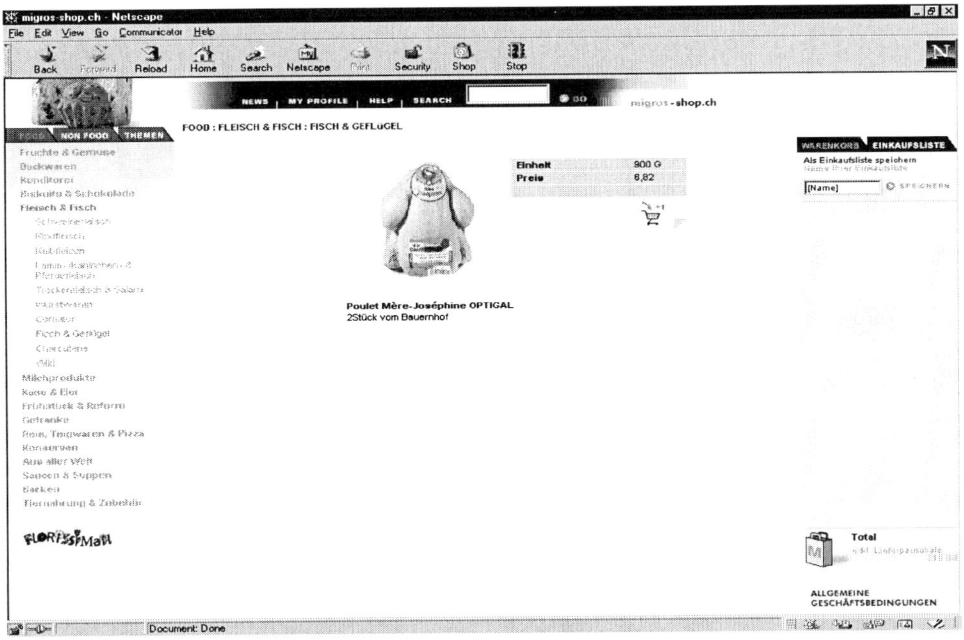

GABLER GRAFIK

Für das Online-Angebot gelten grundsätzlich die gleichen Preise wie in den traditionellen Migros-Filialen inklusive sämtlicher Aktionen. Lediglich für die Heimlieferung wird ein pauschaler Zuschlag von 9 CHF pro Auftrag erhoben.

Nach dem Start 1998 in den Großräumen Zürich und Bern wird es nun auf die ganze Schweiz ausgedehnt. Die Startphase hat viele Erkenntnisse dahingehend gebracht, wie sich dieses Produkt in Zukunft entwickeln kann. Die **möglichen Schritte** sind denn auch den Ausbau des Vertriebstyps auf die ganze Schweiz voranzutreiben und den Wettbewerbsvorsprung beizubehalten respektive auszubauen. Wichtig dabei ist, den Kundennutzen zu erhöhen, indem schnelleres Einkaufen möglich gemacht wird. Ein wichtiger Aspekt ist zudem, dass sich Migros weiter profilieren muss, um die Eintrittsschwelle für die Konkurrenz zu erhöhen. Migros verfolgt mit den M-Online-Shopping vielfältige **langfristige Marketingziele**: Primär ist sicher die Erstellung eines einfach zu bedienenden, elektronischen Shopping-Angebotes. Zentral für Migros ist zudem, dass sie eine Schrittmacherfunktion einnimmt und somit ein modernes Unternehmen verkörpert. Dadurch schafft sich Migros ein Image und profiliert sich als kompetente, attraktive Verkaufsorganisation. Durch den Aufbau eines neuartigen Vertriebstyps, der dem künftigen Kunden einen Mehrwert im Komfortbereich bietet, spricht sie neue Kunden an und bindet bereits vorhandene Kunden noch stärker. Das Geschäftsfeld Online-Shopping wird dabei nicht als Konkurrenzierung, sondern als Erweiterung des Kerngeschäftes angesehen. Es ist wichtig, rechtzeitig wichtige Erfahrungen für die Zukunft zu sammeln und diese zu nutzen. Natürlich wird dabei langfristig eine Umsatzsteigerung angestrebt (10 Prozent des Migros-Umsatzes im Jahre 2010).

Die **Vorteile** aus Kundensicht sind zahlreich. So kann der Kunde rund um die Uhr bestellen, was ihm natürlich einen großen Zeitgewinn bringt. Dies ist wohl einer der wichtigsten Punkte in der heutigen schnelllebigen Zeit. Weiter verfügt der Kunde über mehr Informationen, von denen er ganz in Ruhe profitieren kann. Da die Produkte der Marke „Migros" bekannt sind, ergeben sich für ihn keine Schwierigkeiten, aus der großen Auswahl die für ihn richtigen Produkte auszuwählen. Die Auslieferung von Frischprodukten sowie die günstigen Preise runden die Palette der Vorteile perfekt ab.

Allerdings sind heutzutage noch einige **Probleme** beim Online-Shopping zu finden: Das Internet wird heute noch von einer klaren Frühadopter-Zielgruppe genutzt. Es sind auch noch einige Schwachstellen vorhanden. Der Verbreitungsgrad von Online-Shopping ist noch nicht flächendeckend und die Web-Geschwindigkeit muss noch erhöht werden.

Convenience

Neben dem Online Shopping liegt auch das Convenience voll im Trend. Unter Convenience versteht man Lebensmittelgeschäfte mit straffem Sortiment und weitgehend essfertig zubereitetem Angebot. Convenience-Shops sind nicht an herkömmliche Ladenöffnungszeiten gebunden und entsprechen deshalb modernen Konsumbedürfnissen. Bis Anfang 1999 war Migros nicht im Convenience-Sektor tätig abgesehen von über 100 Tankstellenshops der Migrol, welche dank der Übernahme der

Aral-Tankstellen in der Deutschschweiz einen starken Ausbau erfahren. Neu hinzu kamen im Frühling letzten Jahres die **avec-Shops**. Dieses Projekt läuft zusammen mit der Kiosk AG (Valora) und den SBB. Bei diesen avec-Shops in Bahnhöfen handelt es sich um eine Mischung aus Lebensmittelgeschäft, Kiosk, Billettschalter sowie Cafébar samt Internet-Terminal.

Die Probleme stagnierender Märkte veranlassen viele Unternehmen eine **Diversifikationsstrategie** zu verfolgen, die dadurch gekennzeichnet ist, dass neue Produkte oder Dienstleistungen auf neuen Märkten angeboten werden. Primäre Zielsetzung der Unternehmen dabei ist, die langfristige Erschließung neuer Wachstumspotenziale und somit die Reduktion des Geschäftsrisikos. Bei der Migros ist eine laterale Diversifikationsstrategie zu beobachten, die den Vorstoß des Unternehmens in völlig neue Gebiete (Banken, Tankstellen, Reiseunternehmen) beinhaltet. Hier zu erwähnen ist sicher auch die Übernahme der Globus-Gruppe. Ein sachlicher Zusammenhang zum Kerngeschäft ist bei dieser Diversifikationsvariante nicht mehr gegeben, die auf der einen Seite ein hohes Chancenpotenzial auf zusätzliche Gewinne, auf der anderen Seite auch ein entsprechend hohes Risikopotenzial beinhaltet.

Abnehmergerichtete Marketingstrategie

Nachdem die Festlegung der strategischen Stoßrichtung des Unternehmens erfolgt ist, muss in einem nächsten Schritt die **abnehmergerichtete Marketingstrategie der Migros** erarbeitet werden. Diese entspricht einem langfristigen Verhaltensplan, der die Realisierung von Wettbewerbsvorteilen auf Geschäftsfeldebene zum Inhalt hat. Von einem Wettbewerbsvorteil kann in diesem Zusammenhang immer dann gesprochen werden, wenn ein aus Kundensicht relevantes Leistungsmerkmal betroffen ist, der Vorteil des Produktes oder der Dienstleistung vom Kunden wahrgenommen wird und dieser Vorteil von der Konkurrenz kurzfristig nicht eingeholt werden kann.

Im Folgenden sollen die relevanten **Grunddimensionen** der abnehmergerichteten Marketingstrategie der Migros näher betrachtet werden. Dabei dominieren insbesondere die folgenden Faktoren:

- Sortiment,
- Service/Garantien,
- Preis,
- Verpackung,
- Qualität,
- Umwelt.

Sortiment

In der Funktion als Massenverteiler, der breite Bevölkerungsschichten anspricht, ist es erklärtes Ziel der Migros, die Sortimente straff und standortgerecht zu gestalten. Eine hohe Sortimentsaktualität, Bedürfnisadäquanz und Kompetenz in den einzelnen

Warengruppen zeichnet die Migros-Sortimente aus. Die Sortimentsaktualität erreicht Migros durch fortlaufende Sortimentsbewirtschaftung und im Besonderen durch gezielte Neuheiten-Einführungen, sowie durch die rechtzeitige Anpassung an veränderte Marktstrukturen und -bedürfnisse. Grundsätzlich arbeitet Migros in den Sortimenten mit eigenen Marken. Diese sind durch den Eintrag ins Markenregister national und international zu Gunsten der Migros zu schützen. Die Aufnahme von Markenartikeln erfolgt im Supermarktbereich sehr restriktiv und wird bei Möglichkeit nur als Exklusivvertrieb betrieben. Im Fachmarktbereich richtet sich der Einsatz von Markenartikeln nach der entsprechenden Sortimentspolitik.

Service/Garantie

Migros arbeitet nach dem Grundsatz: Zufriedenheit oder Geld zurück. Die ausgeprägte Kundenorientierung der Migros spiegelt sich in einer hohen Flexibilität im Bereich der Serviceleistungen wider. Um eine hohe Kundenzufriedenheit zu erreichen, wird zum Beispiel eine schnelle und kulante Bearbeitung von Garantieansprüchen (Beschwerden) angestrebt, welche die der Konkurrenz übertreffen soll. Zufriedenstellung der Kunden geht dem Kostendenken vor.

Preis

Migros verfolgt eine Niedrigpreisstrategie. Generelle Zielsetzung der Preispolitik ist es, einen erkennbaren Preisvorsprung gegenüber den Wettbewerbern zu realisieren. Des Weiteren wird eine nationale Preisstrategie ohne regionale Preisdifferenzierungen angestrebt. Mit gezielten Aktionseinsätzen unterstreicht Migros die zu erbringende Preisleistung, welche primär der Frequenzsteigerung dient.

Verpackung

Die Verpackungspolitik stellt eine weitere Differenzierungsdimension der Migros-Strategie dar. Sie hebt sich insbesondere dadurch hervor, dass die Migros-Verpackungen umfangreiche Kundeninformationen enthalten und den ökologischen Anforderungen entsprechen. Selbstverständlich muss auch der einwandfreie Schutz des Inhaltes gewährleistet sein und der Verpackungsaufwand muss in einem vorteilhaften Verhältnis zum Gesamt-Produktaufwand stehen.

Qualität

Die Qualitätsorientierung kann als zentrale abnehmergerichtete Strategiedimension der Migros identifiziert werden. Das kontinuierliche Bestreben, eine hohe Produktqualität zu einem günstigen Preis anzubieten, ist die Basis zur Steigerung der Kundenzufriedenheit und Kundenbindung. Dem Bereich Qualitätsmanagement wird aus diesem Grunde ein hoher Stellenwert in der Marketingplanung der Migros eingeräumt, von welchem auch Aktions- und Promotionseinsätze nicht abweichen dürfen.

Umwelt

Der Migros-Genossenschafts-Bund hat seinen zweiten Umweltbericht veröffentlicht und damit seine Sorgfalt im Umgang mit der Umwelt in ein günstiges Licht gerückt. Der Bericht beschreibt die Ziele, die sich Migros gesetzt hat, und die Maßnahmen, die sie bereits getroffen hat, um im täglichen Geschäft die Umwelt und die natürlichen Ressourcen so weit wie möglich zu schonen. Migros will etwas Gutes für die Umwelt tun. Ihren Hauptauftrag, qualitativ gute Produkte zu günstigen Preisen anzubieten, erfüllt sie mit Respekt gegenüber der Umwelt. Sie bietet der Bevölkerung bereits seit über 25 Jahren Nahrungsmittel aus naturgerechten Landwirtschaftsprogrammen an. Bei den gegebenen wirtschaftspolitischen Rahmenbedingungen, aber auch durch sich verändernde Lebensgewohnheiten ist Migros nun aber teilweise an Grenzen gestoßen. Der Wunsch nach Fertiggerichten, kochfertig gerüstetem Gemüse oder der ständigen Verfügbarkeit von Waren aus aller Welt führt zu Transporten und neuen Kühlketten, die auch im Energieverbrauch Spuren hinterlassen. Obwohl es bisher gelang, den Energieverbrauch deutlich weniger wachsen zu lassen als beispielsweise die Verkaufsflächen oder den Umsatz, wird es eine große Herausforderung sein, die gesteckten Verbrauchsziele zu erreichen. Dies umso mehr, als Migros sich an einer nachhaltigen Entwicklung, d.h. an einem gleichartigen Nebeneinander wirtschaftlicher, ökologischer und sozialer Zielsetzungen orientiert.

Um ihre Umweltziele zu verfolgen, setzt Migros auf ein pragmatisches **Vorgehen in vier Stufen**:

- **Sparen**: Was nicht unbedingt notwendig ist, wird ausgeschaltet (z.B. Ventilator), reduziert oder weggelassen (z.B. Verpackung). Sparen ist ökologisch wirkungsvoll und ökonomisch interessant.
- **Substituieren**: Bestimmte Materialien und Energieträger werden durch solche ersetzt, die die Umwelt weniger belasten (z.B. Einsatz von Gaslastwagen oder Verwendung lösungsmittelfreier Farben).
- **Reduzieren**: Schadstoff- oder Lärmemissionen werden mit technischen Mitteln (z.B. Schallschutz durch geschlossene Verladehalle, MIFA) vermindert.
- **Beseitigen**: Was trotz aller Anstrengungen im Rahmen der Stufen eins bis drei an Abfällen übrig bleibt, wird umwelt- und fachgerecht entsorgt.

Dafür wird das Umweltmanagement ausgebaut, mit dem Umweltaspekte in alle Prozesse und Entscheidungen der Migros integriert werden sollen. Durch entsprechende Umweltmanagementsysteme will Migros folgende **Ziele** erreichen:

- Reduktion der Umweltbelastung durch Migros,
- Identifikation und Realisierung von Kostensenkungspotenzialen,
- Verbesserung der Kommunikation mit der Öffentlichkeit, den Behörden und Umweltverbänden,

- Motivation der Mitarbeiterinnen und Mitarbeiter,
- Vermeiden von Risiken.

2.3 Qualitätsorientierte Strategieausrichtung der Migros

Im Rahmen der Ausgestaltung abnehmergerichteter Strategien konnte die **Qualitätsorientierung** als ausschlaggebende Strategiedimension identifiziert werden. Der erste Schritt zu einem bewussten Qualitätsmanagement – die Bereitschaft, Qualität als Unternehmensstrategie zu begreifen – wird von der Migros konsequent verfolgt. Da der Begriff Qualität ein vielschichtiger Themenkomplex ist, der in Wissenschaft und Praxis sehr unterschiedlich interpretiert wird, muss zunächst eine begriffliche Grundlage zum Qualitätsverständnis der Migros geschaffen werden.

Einigkeit besteht in der Literatur darüber, dass der **Begriff „Qualität"** generell aus objektiven und subjektiven Komponenten bestehen kann. Die objektive Qualität stellt anbieterbezogene Aspekte, wie Produkteigenschaften, Qualitätskontrollen oder Ausschussquoten, in den Vordergrund, wohingegen die subjektive Qualität aus einem Bewertungsvorgang des Kunden im Hinblick auf seine individuelle Erwartungserfüllung in bestimmten Verwendungs- oder Kaufsituationen resultiert. In der Qualitäts- und Marketingliteratur wird der Begriff „Qualität" eher in einer weiten Begriffsfassung, als Erfüllungsgrad eines Abnehmerbedürfnisses, verstanden.

In den vergangenen Jahren ist zudem festzustellen, dass sich das Thema „Qualitätsorientierung von Unternehmen" von der Qualitätssicherung in der Produktion hin zu einem die gesamte Wertschöpfungskette umfassenden **Total Quality Management** wandelt. Beim Total Quality Management handelt es sich um eine auf der Mitwirkung aller Mitglieder des Leistungserstellungsprozesses beruhende Führungsmethode einer Unternehmung, die Qualität und Kundenzufriedenheit in den Mittelpunkt stellt und somit auf einen langfristigen Geschäftserfolg sowie auf den Nutzen für die Mitglieder der Unternehmung zielt. Dieses Verständnis von Qualität entspricht auch dem Führungs- und Managementkonzept der Migros.

Das **Qualitätsverständnis der Migros** ist umfassend. Es schließt Waren, Dienstleistungen, Prozesse sowie Beziehungen innerhalb und außerhalb des Unternehmens ein. Die Qualität wird auf allen Stufen der Wertschöpfungskette gesichert und gefördert. Der Konsument hat ein Recht auf Qualität. Migros bietet das beste Preis-Nutzenverhältnis, wobei der Qualitätsaspekt Vorrang hat. Jeder Migros-Mitarbeiter ist Träger des Qualitätsgedankens. Migros pflegt zu ihren Lieferanten ein partnerschaftliches Verhältnis, das sich auf Leistungsfähigkeit und Fairness abstützt.

Im Rahmen dieser Total-Quality-Philosophie lassen sich drei **Zielsetzungen der Migros** besonders hervorheben:

- Ständige Verbesserung der Produkt- und Servicequalität,

- Erzielung von höchstmöglicher Kundenzufriedenheit,
- Verbesserung der Prozesseffizienz.

Ständige Verbesserung der Produkt- und Servicequalität

Um die Marktführerschaft behaupten zu können, ist die ständige Verbesserung der Produkt- und Servicequalität ein zentrales Ziel der Unternehmensführung. Sämtliche Mitarbeiter – aber auch die durch Kooperationen am Leistungsprozess beteiligten Lieferanten – sollen dazu motiviert werden, Fehler zu vermeiden und mögliche Fehlerquellen zu identifizieren, um die qualitätsorientierten Prozesse der Wertschöpfungskette kontinuierlich zu verbessern.

Erzielung von höchstmöglicher Kundenzufriedenheit

Ziel der qualitätsorientierten Strategieausrichtung ist zudem die Erzielung eines hohen Grades an Kundenzufriedenheit, um die bestehenden Kunden an die Migros-Marken sowie die Einkaufsstätte zu binden. Dies kann jedoch nur dann sichergestellt werden, wenn die Erwartungen der Kunden nicht nur erfüllt, sondern permanent übertroffen werden. Da sich jedoch mit jeder realisierten Qualitätsverbesserung auch die Erwartungen der Kunden erhöhen, ist ein Prozess der kontinuierlichen Qualitätsverbesserung von besonderer Bedeutung, um den langfristigen Unternehmenserfolg zu sichern. In diesem Zusammenhang besitzen diejenigen Qualitätsdimensionen eine besonders hohe Relevanz, die durch die Mitarbeiter im Kundenkontakt beeinflusst werden, wie beispielsweise Freundlichkeit, Kompetenz, Schnelligkeit usw. Zur Verbesserung der Kundenorientierung des Unternehmens wurden 1996 verschiedene serviceorientierte Maßnahmen realisiert, die innerhalb des Dienstleistungsprozesses der Migros näher beschrieben werden.

Verbesserung der Prozesseffizienz

Als weiteres Ziel der qualitätsorientierten Strategieausrichtung kann die Verbesserung der Prozesseffizienz herausgestellt werden. Die generelle Grundlage der Prozessorientierung bildet der Gedanke einer Wertschöpfungskette, auf dessen Basis, beginnend bei der Neuproduktplanung hinweg über verschiedene Teilprozesse, wie Produktion, Beschaffung, Marketing, Distribution, der direkte Kundenkontakt in der Migros-Filiale geplant und realisiert werden muss. Um diesen Prozess besonders effizient zu gestalten, muss die ständige Verbesserung der einzelnen Teilprozesse angestrebt werden. Hinzuweisen ist auf den Umstand, dass in Wissenschaft und Praxis keine genaue Abgrenzung der Begriffe Total Quality Management und Qualitätsmanagement besteht. Häufig werden die Begriffe synonym verwendet, wodurch deren inhaltliche Unterschiede kaum ersichtlich sind. **Total Quality Management** wird als das umfassende Ziel beziehungsweise als die grundsätzliche qualitätsorientierte Strategieausrichtung der Migros angesehen, wohingegen das **Qualitätsmanagement** die konkrete Analyse, Planung, Organisation, Umsetzung und Kontrolle der qualitätsbezogenen Maßnahmen des Unternehmens beinhaltet.

3. Qualitätsmanagement der Migros

Unter dem **Begriff Qualitätsmanagement** ist eine Zusammenfügung verschiedener Bausteine unter sachlogischen Gesichtspunkten zu verstehen, um unternehmensintern und unternehmensextern eine systematische Analyse, Planung, Organisation, Durchführung und Kontrolle von qualitätsrelevanten Aspekten des Leistungsprogramms eines Unternehmens sicherzustellen (Bruhn 2001).

Eine ganzheitliche Ausrichtung der Migros auf einem hohen Qualitätsstandard erfordert daher die Konzeption eines unternehmensindividuellen Qualitätsmanagementsystems, das die Anforderungen, Aufgaben, Struktur, Instrumente sowie die Erfolgskontrolle der qualitätsorientierten Strategie beinhaltet.

Qualität ist neben dem Preis ein wichtiges Kriterium, nach dem sich Konsumenten für den Kauf eines Produktes entscheiden. Daher steht der Kunde bei der Qualitätssicherung im Mittelpunkt. Qualität muss geplant, hergestellt, gesichert, kontrolliert und dokumentiert werden.

3.1 Anforderungen an die Qualität aus Unternehmersicht

Verfolgt ein Unternehmen eine Qualitätsstrategie, so steht der Kunde stets im Mittelpunkt des Interesses. Trotz dieser fokussierten Betrachtung darf bei der Festlegung von Qualitätsanforderungen keine ausschließlich eindimensionale Betrachtung erfolgen. Die Qualität eines Handelsunternehmens steht vielmehr im Spannungsfeld zwischen Kunden-, Wettbewerbs- sowie Unternehmensorientierung und muss mehrdimensional analysiert werden.

Im Vordergrund der **Anforderungen an die Qualität aus Unternehmenssicht** steht primär die Frage der erfolgreichen Profilierung des eigenen Unternehmens gegenüber dem Wettbewerb. Dies entspricht der Suche nach komparativen Wettbewerbsvorteilen gegenüber konkurrierenden Anbietern, deren realisiertes Qualitätsniveau die eigene Mindestqualität fixiert (Bruhn 2001).

Aus **Sicht der Migros** sind hohe Anforderungen an die Qualität zu stellen, da diese, neben einem guten Preis-Leistungs-Verhältnis, den Grad des Ausbaus der Marktführerschaft bestimmt. Die Anforderungen an die Qualität aus Unternehmenssicht basieren auf folgenden **Leitsätzen**:

Migros-Qualitätsmanagementsystem: Das Migros-Qualitätsmanagementsystem ist prozessorientiert ausgerichtet. Durch eine klare Aufbau- und Ablauforganisation wird bei der Migros festgelegt, welche Personen wann und wie qualitätsorientierte Aufgaben wahrnehmen müssen.

Mitarbeiter: Die Unternehmensführung übernimmt die Aufgabe, jedem Migros-Mitarbeiter die Bedeutung einer hohen Kundenorientierung bewusst zu machen. Die Mitarbeiter sollen durch die Qualität ihrer Arbeit zur Steigerung der Produkt- und Servicequalität der Migros beitragen. Optimale Arbeitsbedingungen und eine angemessene, qualitäts- und kundenorientierte Aus- und Weiterbildung der Mitarbeiter bilden hierfür die Voraussetzung.

Produkt und Lieferant: Durch die Wahl geeigneter Produkte sowie die sorgfältige Auswahl von Lieferanten soll sichergestellt werden, dass die erforderliche Qualität des Wertschöpfungsprozesses kundenorientiert, kostenoptimal und termingerecht realisiert wird.

Information: Durch eine regelmäßige Berichterstattung über die aktuelle Qualitätslage und die Qualitätskosten an die Geschäftsführung der Migros soll gewährleistet werden, dass alle qualitätsorientierten Maßnahmen frühzeitig ergriffen werden. Das Informationssystem des Unternehmens muss dies sicherstellen.

Umwelt: Im Rahmen der Qualitätsstrategie ist dafür Sorge zu tragen, dass alle Maßnahmen zur Verminderung der Umweltbelastung ergriffen werden beziehungsweise bereits bei der Planung von Maßnahmen die Schonung der natürlichen Ressourcen in die Konzeption einbezogen wird.

Während die vorgestellten Leitsätze die Anforderungen an die Qualität eher allgemein und richtungsweisend beschreiben, wurden darüber hinausgehend **Handlungsanweisungen für die Mitarbeiter** (Qualitätsgrundsätze) formuliert, die die Anforderungen auf Filialebene konkretisieren.

Beispielhaft können folgende, für die Migros-Verkaufsstellen gültige **Handlungsanweisungen**, herausgestellt werden:

Es dürfen keine Abfälle in den Gängen der Filiale liegen.

Auf saubere Einkaufswagen ist zu achten.

Die Toiletten müssen immer gereinigt werden.

Im Eingangsbereich dürfen keine Wagen oder Tafeln den Zugang zur Filiale behindern.

Auffüllarbeiten müssen schnell und ohne den Kunden zu stören getätigt werden.

Es müssen immer genügend leere Einkaufswagen bereitstehen.

Die laufenden Aktionen müssen in der Filiale deutlich erkennbar sein.

Die Mitarbeiter müssen alle Tagesaktionen in ihrem Bereich kennen.

Neben den dargestellten Handlungsanweisungen für Filialmitarbeiter existieren bei der Migros zudem spezifizierte Qualitätsanforderungen für einzelne Filialbereiche.

Beispielsweise sind Qualitätsanforderungen für die Kasse, den Kundendienst oder die Führungskräfte der Migros vorhanden, die entsprechend den oben aufgeführten Anweisungen konkretisiert und spezifiziert wurden.

3.2 Anforderungen an die Qualität aus Kundensicht

Die **Anforderungen an die Qualität aus Kundensicht** sind für Migros der zentrale Maßstab der Unternehmenspolitik. Den Anforderungen zu entsprechen bedeutet für ein Handelsunternehmen wie Migros, den Erwartungen der Kunden sowohl hinsichtlich aller Produktkomponenten, als auch in Bezug auf die Servicekomponenten, gerecht zu werden, um dadurch eine hohe Kundenzufriedenheit zu erzielen. Aus Sicht der Kunden sind unterschiedliche Qualitätsdimensionen relevant, wie beispielsweise **produktbezogene Anforderungen** hinsichtlich Haltbarkeit, Gebrauchsnutzen, Zuverlässigkeit oder ansprechendem Design der Produkte, sowie **servicebezogene Anforderungen**, wie z.B. Schnelligkeit, Kompetenz und Freundlichkeit der Mitarbeiter. Bei der Darstellung konkreter Qualitätsanforderungen ist zu beachten, dass jeder einzelne Kunde aus seiner persönlichen und subjektiven Sicht urteilt. Diese Kundenzufriedenheitsurteile können, aufgrund der sehr heterogenen Kundenschicht eines Handelsunternehmens, unterschiedliche Facetten annehmen und sich zudem im Zeitablauf ändern. Daher werden die Anforderungen der Kunden an die Produkt- und Servicequalität im Rahmen der betrieblichen Marktforschung der Migros kontinuierlich analysiert und die tatsächliche Leistung mit der erwarteten Leistung verglichen.

Marktanalysen belegen, dass die Anzahl der Stammkunden im Einzelhandel rückläufig ist. Selbst bei zufriedenen Kunden ist bei zunehmendem Wettbewerb sinkende Loyalität festzustellen. Mit erhöhtem Preisdruck, mit echter oder künstlicher Produktdifferenzierung, technologischer Entwicklung und entsprechenden Innovationen sowie neuen Vertriebsformen werden die Konsumenten permanent um- und abgeworben. Gelingt es einem Anbieter, eine höhere Loyalität bei seiner Kundschaft im allgemeinen und seinen besten Kunden im besonderen zu erreichen, führt dies aufgrund höherer Kundentreue, Kundenerhaltung, höherer Kaufbereitschaft von Premium-Produkten usw. schließlich zu einer verbesserten Ertragslage. Kommunikation muss sich heute am Kunden orientieren und seine vielfältigen Bedürfnisse gezielt berücksichtigen. Direct Marketing durch **M-Cumulus** gibt der Migros die Chance, Kunden aktiver und effizienter zu bearbeiten.

Kundenorientierung ist ein wichtiges Ziel der Migros. Besondere Aufmerksamkeit gilt den Stammkunden, die im Super- und Verbrauchermarktgeschäft einen Anteil von über 50 Prozent ausmachen. Das M-Cumulus-Kundenloyalitätsprogramm ermöglicht es, die Einkaufsgewohnheiten der Kunden mittels der gesammelten Daten zu analysieren. Die Ergebnisse dieser Analysen sollen der Migros dann ein besseres Verständnis der Kundenbedürfnisse vermitteln.

Migros ist das **erste Einzelhandelsunternehmen der Schweiz**, das ein umfassendes Kundenloyalitätsprogramm lanciert hat. Anfang 1997 wurde die Idee der Kundenkarte geboren und vor Ende des Jahres bereits umgesetzt. Bis heute wurden diverse zusätzliche Ideen mit unterschiedlichem Erfolg verwirklicht. Die Cumulus-Karten verfügen über einen sehr hohen Bekanntheits- und Beliebtheitsgrad. Nicht weniger als 3,5 Mio. M-Cumulus-Karten verteilt auf 2,0 Mio. Haushalte hat Migros bis heute in Umlauf gebracht. Mit anderen Worten: 70 Prozent aller Schweizer Haushalte partizipieren am Cumulus-Programm. Ende 1999 nutzten fast 1,6 Mio. Haushalte die Karte regelmäßig (mindestens ein Einkauf in den letzten vier Wochen). Die Zahl der aktiven Haushalte ist gegenüber 1998 nochmals um 12 Prozent gestiegen. Noch heute kommen pro Monat durchschnittlich 15.000 bis 20.000 neue Mitglieder hinzu. Echte Aussteiger aus dem Programm gibt es nur wenige.

Bei der Cumulus-Aktion geht es um die **Segmentierung der Kundschaft**, d.h., es wird erfasst, wer, wo, für welchen Betrag, welche Produkte eingekauft hat. Ziel dabei ist es, die Kundschaft gemäss genauem Kundenprofil spezifisch zu bewerben. Der Kundenstamm werden in die drei Segmente Singles, Familien und Senioren unterteilt. Diese Gruppen werden dann mit gezielten Angeboten und in der richtigen Tonalität individuell angesprochen. Bedingt durch die gezielte Ansprache lässt sich zudem der Einsatz von Aktions- und Werbemitteln optimieren.

Nebst dem **langfristigen Ziel** einer freiwilligen Kundenbindung wollte Migros damit in erster Linie ihren treuen Kunden für ihre Loyalität danken und sie auch dafür belohnen. Die Cumulus-Leistung ist aber auch eine Entschädigung dafür, dass Migros die Kundendaten verwenden darf. Dank der elektronischen Erfassung lernt der größte Detailhändler des Landes das Kaufverhalten seiner Kunden immer besser kennen. So entsteht nach und nach eine riesige und qualitativ hochwertige Datenbank.

Der **Prozessablauf des Cumulussystems** stellt sich wie folgt dar (vgl. Abbildung 8). Die Kommunikation bzw. die Interaktion mit den Kunden entsteht dadurch, dass sie Migros ihre Einkaufsdaten zur Verfügung stellen. Migros analysiert anschließend diese Daten mit einer geeigneten Software. Im Gegenzug erwarten die Kunden für das bewiesene Vertrauen persönliche, auf ihre Bedürfnisse abgestimmte Angebote und für sie relevante Informationen, was die Konsequenz zur Folge hat, dass die Kunden differenziert anzusprechen sind.

Im **Kundenprofil** wird festgehalten, zu welcher Zielgruppe der Kunde gehört – z.B. möchte ein Rentner oder auch ein Single keine Werbung für Windeln erhalten. Genau dort fühlt der Kunde, ob auf seine Bedürfnisse gezielt eingegangen wird oder eben nicht. Er fühlt sich ernst genommen, und Migros gewinnt so seine Sympathie und auf die Dauer seine Loyalität, weil er sich gut aufgehoben fühlt. Mit weiterführenden Analysen werden Datenzusammenhänge auf der Basis neuronaler Netze erstellt.

Abbildung 8 **Prozessablauf des Cumulussystems**

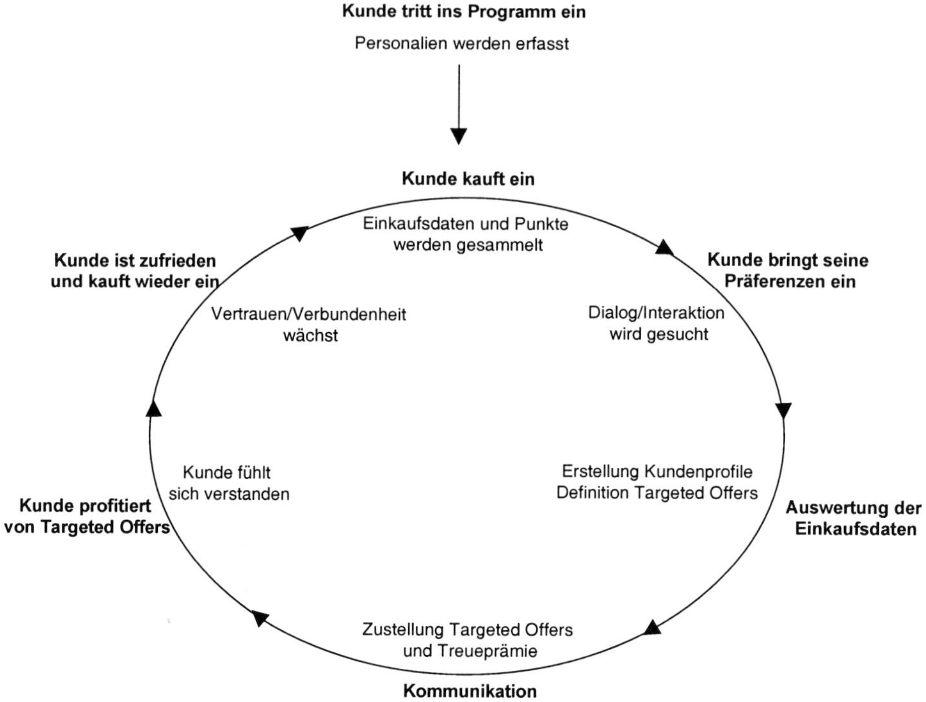

Stand: 1999

GABLER GRAFIK

Mit **Data Mining** versucht Migros, gewisse Verhaltensmuster möglichst früh zu erkennen und Modelle zu erarbeiten, die den Kunden optimal und zur richtigen Zeit ansprechen. Ein Verhaltensmuster kann z.B. sein, dass aufgrund der eingekauften Produkte erkennbar ist, dass ein Familienzuwachs bevorsteht. Sobald man diese Veränderung der Einkaufsgewohnheiten feststellt, will man den Kunden auch mit anderen der neuen Lebenssituation angepassten Angeboten umwerben. Ähnlich verhält es sich mit Kunden, die umziehen: sobald der Kunde die Adressänderung bekannt gibt, gibt er Impulse, dass seine Bedürfnisse sich ändern könnten. Dem Kunden werden dann gezielte Angebote (Targeted Offers) unterbreitet, wie z.B. Inneneinrichtungsartikel, die häufig beim Umzug neu zu erstehen sind.

Wenn Migros dem Kunden zuvorkommt und seine Wünsche quasi erfüllt, bevor er sie überhaupt formuliert hat, legt sie den Grundstein für eine solide Kundenbindung. Der Kunde fühlt, dass man sich seiner annimmt und auf seine Bedürfnisse individuell eingeht. Nicht zuletzt erspart sich der Kunde durch die bedürfnisorientierte Werbung viel Zeit, da für ihn die zeitaufwendige Suche nach dem geeigneten Artikel und auch Anbieter nun entfällt. Migros ist überzeugt, dass sich auf diese Art und Weise eine klassische Win-Win-Situation herbeiführen lässt. Der Kunde und Migros profitieren gemeinsam.

Das **Ergebnis** lautet aufgrund von Rabatten höhere Kundenzufriedenheit, dank dem Sammelaspekt stärkere Kundentreue und dank Cumulus-Aktionen mehr Umsatz.

Im Rahmen des so genannten **Accueil-Programm** stehen weitere Instrumente zur Analyse der Kundenanforderungen zur Verfügung:

- „Kundenbarometer“ (Neue Kundenanforderungen werden aufgenommen),
- „M-Infoline“ (Systematische Aufbereitung von Kundenanliegen wird realisiert),
- „Feel Good“,
- „Teilprojekt Grüezi“,
- „Teilprojekt Zufriedenheit garantieren“.

Jede Genossenschaft hat die Aktivitäten im Rahmen ihrer Möglichkeiten, Prioritäten und Umfeldes unkoordiniert zwischen den verschiedenen Genossenschaften durchgeführt. Deswegen sind die Erfolge von jeder Genossenschaft auch verschieden. Die bisherigen Erfahrungen mit dem Kundenbarometer sind aber positiv.

3.3 Aufgaben des Qualitätsmanagements

Als zentrale Aufgabe des Qualitätsmanagements der Migros kann die kontinuierliche Sicherstellung der vom Anbieter definierten Produkt- und Servicequalität angesehen werden. Im Spannungsfeld zwischen Qualität, Kosten und Zeit liegt der Fokus der qualitätsorientierten Aufgaben heute jedoch nicht mehr ausschließlich bei der Qualitätssicherung der Produkte, sondern in der Entwicklung eines Qualitätsbewusstseins bei allen Mitarbeitern des Unternehmens (vgl. Abbildung 9).

3.4 Struktur des Qualitätsmanagements

Das Qualitätsmanagement der Migros zielt darauf ab, den Qualitätsanspruch gemäß den Unternehmensgrundsätzen für alle Bereiche der Wertschöpfungskette prozessorientiert zu formulieren und umzusetzen. Die **Wertschöpfungskette der Migros** umfasst dabei alle internen und externen Leistungsprozesse, die zur Erreichung eines bestimmten Kundennutzens erforderlich sind.

Der **Wertschöpfungsprozess** beginnt bei der Produktentwicklung und reicht über die Beschaffung, Produktion und Vermarktung des Leistungsangebotes, ergänzt um distributionspolitische Fragen, bis zum direkten Kundenkontakt am Point of Sale (vgl. Abbildung 10). Durch diese wertschöpfungsorientierte Sichtweise besteht die Möglichkeit der Nutzung von Synergiepotenzialen auf allen Leistungsstufen des Unternehmens.

Abbildung 9 **Qualitätsplaner und Qualitätsverantwortliche**

Stand: 1999

GABLER GRAFIK

Das Qualitätsmanagement in der Wertschöpfungskette der Migros kann in fünf **Teilprozesse** untergliedert werden:

- Managementprozess,
- Beschaffungsprozess,
- Laborprozess,
- Logistikprozess,
- Dienstleistungsprozess.

Im **Managementprozess** werden die Grundlagen und Zielsetzungen der Migros-Qualitätsstrategie festgelegt. Die klare Darstellung der Qualitätspolitik mit ihren verfolgten Zielen sowie die eindeutige Zuordnung der Verantwortlichkeiten in den qualitätsrelevanten Prozessen stehen im Vordergrund. Ausgehend von der Norm ISO 9002, die sich primär auf die Qualitätssicherung in der Produktion bezieht, werden die Qualitätsanforderungen im Verkauf sowie für die Dienstleistungen der Migros geplant und umgesetzt.

Der **Beschaffungsprozess** enthält jene Faktoren, die erforderlich sind, um eine einwandfreie und vollständige Belieferung der Migros zu gewährleisten. Durch eine systematische Lieferantenbeurteilung wird sichergestellt, dass nur diejenigen Lieferanten als Kooperationspartner ausgewählt werden, die den qualitätsorientierten Anforderungen der Migros gerecht werden können.

Zentrale Aufgabe des **Laborprozesses** ist es, die Qualität der Waren zu überwachen und zu fördern. Die Laboratorien der Migros nehmen innerhalb des Qualitätsmanagements eine wichtige Stellung ein. Sie führen physikalische Messungen, mikrobiologische und chemische Analysen sowie Praxistests durch und analysieren Konkurrenzprodukte hinsichtlich ihrer Qualitätsmerkmale.

Abbildung 10 **Wertschöpfungsprozess**

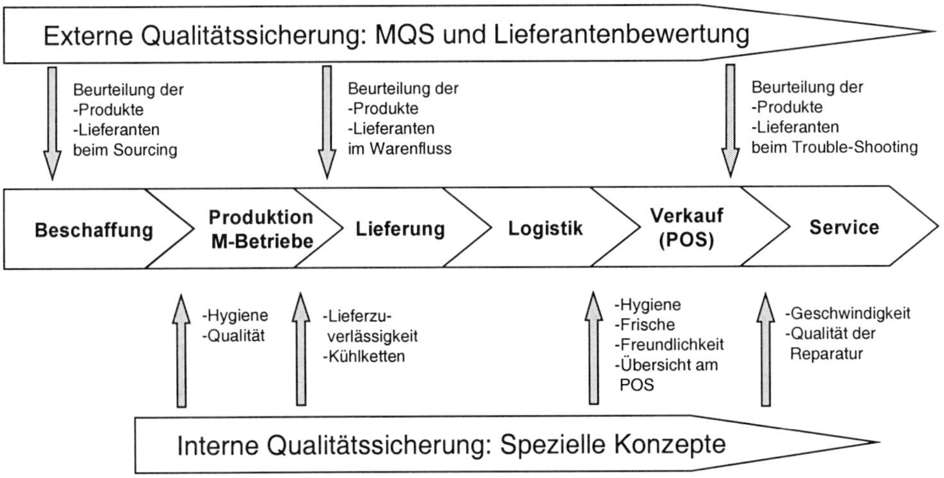

GABLER GRAFIK

Stand: 1999

Der **Logistikprozess** umfasst ferner sämtliche Aktivitäten innerhalb der Wertschöpfungskette, die die räumliche, zeitliche und mengenmäßige Distribution der Produkte, von der Produktion bis in die Migros-Filialen, betreffen. Hierbei werden bei der Migros zwei Logistikprozesse unterschieden. Zum einen der **physische Logistikprozess**, der beispielsweise Aspekte des Transportes, der Verpackung oder Normierung von Produkten enthält. Zum anderen der **informationsorientierte**

Logistikprozess, der die Codierung, Etikettierung und Aspekte des EDV-Systems beinhaltet.

Der **Dienstleistungsprozess** umfasst schließlich die angebotenen Dienstleistungen der Migros unter Berücksichtigung wirtschaftlicher, ökologischer, qualitativer und ethischer Aspekte. Die Steigerung der Kundenzufriedenheit hat innerhalb des Dienstleistungsprozesses oberste Priorität.

3.5 Instrumente des Qualitätsmanagements

Zur Umsetzung des Qualitätsmanagementsystems wird der Einsatz verschiedener Instrumente erforderlich, die das Unternehmen in die Lage versetzen sollen, eine optimale Qualität im Wertschöpfungsprozess sicherzustellen. Idealtypisch lässt sich ein Qualitätsmanagementsystem – in Anlehnung an das Regelkreiskonzept – in vier typische **Phasen** gliedern (Bruhn 2001):

- Qualitätsplanung,
- Qualitätslenkung,
- Qualitätsprüfung,
- Qualitätsmanagementdarlegung.

Diese vier Phasen sind in jedem Teilprozess der Migros wiederzufinden. Abbildung 11 gibt einen **Gesamtüberblick hinsichtlich der eingesetzten Instrumente** des Migros-Qualitätsmanagementsystems.

(1) Instrumente des Managementprozesses

Der erste Baustein des Managementprozesses beinhaltet die **strategische Qualitätsplanung**. Hierbei müssen diejenigen Komponenten festgelegt werden, die den grundlegenden Handlungsrahmen der Qualitätspolitik bestimmen. Im Vordergrund steht die Entwicklung eines langfristig angelegten Qualitätskonzeptes des Unternehmens, mit der Bestimmung der **Qualitätsziele, Qualitätsgrundsätze, Qualitätsstandards** und der von der Migros zu verfolgenden **Qualitätsstrategie**. Grundsätzlich wird das strategische Vorgehen von den Führungskräften der Migros festgelegt, wobei allerdings die Vorschläge und Ideen der Mitarbeiter in den Planungsprozess einfließen.

Darauf aufbauend folgt die **Phase der Qualitätslenkung**. Diese beinhaltet sämtliche Maßnahmen, die erforderlich sind, um die bestmögliche Realisierung des Qualitätskonzeptes zu gewährleisten. Innerhalb des Managementprozesses der Migros steht insbesondere der Einsatz von **Personal- und Informationsinstrumenten** im Vordergrund. Mit dem Einsatz personalbezogener Instrumente wird das Ziel verfolgt, das Qualifikationsprofil der Migros-Mitarbeiter an das aus Kundensicht erwartete Anforderungsprofil anzupassen (Bruhn 1995, S. 41ff.). Zu diesem Zweck wird eine qualitätsorientierte **Personalauswahl** und **Personalentwicklung** realisiert. Dies hat zur Folge, dass bei der Neueinstellung von Mitarbeitern besonders darauf geachtet wird, dass neben der fachlichen Qualifikation auch ein hoher Grad an Serviceorientierung und Kommunikationsfähigkeit vorhanden ist (Personalauswahl). Zudem wird bei der Migros durch eine gezielte interne und externe **Aus- und Weiterbildung der Mitarbeiter**, beispielsweise im Rahmen von Qualitätsseminaren, sichergestellt, dass alle mit qualitätssichernden Tätigkeiten betrauten Personen für die Erfüllung ihrer Aufgaben geschult werden (Personalentwicklung).

Abbildung 11 **Instrumente des Qualitätsmanagements der Migros im Überblick**

Prozesse / Phase	Managementprozess	Beschaffungsprozess	Laborprozess	Logistikprozess	Dienstleistungsprozess
Qualitätsplanung	Qualitätsziele Qualitätsstrategie Qualitätsgrundsätze Qualitätsstandards	Beschaffungsplan Risikoanalyse	Richtlinien der Zusammenarbeit zwischen Laboratorien und Marketing	Just-in-time-Management	Projektgruppe „Welcome“ Serviceleitbild Servicenormen
Qualitätslenkung	Personalauswahl Personalentwicklung Qualitätsorientierte Informationsphilosophie	Qualitätssicherungsvereinbarungen	Qualitätsnormen/ Euro Norm 45001	Rahmenverträge mit Logistikdienstleistern	Service-Leitfaden: Service-Minute Persönliches Gespräch Problemlösungsgruppe Diskussionsrunde Aus-/Weiterbildung
Qualitätsprüfung	Qualitätsaudit Prüfungssitzung zur Bewertung des Qualitätsmanagements	Lieferantenbeurteilung	Qualitätskontrolle von Produkten und Dienstleistungen	Logistik-Kontrollsystem	Mystery Shopping
Qualitätsmanagementdarlegung	Migros-qualitätssicherungs-Handbuch	Migros-qualitätssicherungs-Handbuch	Migros-qualitätssicherungs-Handbuch	Migros-qualitätssicherungs-Handbuch	Migros-qualitätssicherungs-Handbuch Service-Handbuch

GABLER GRAFIK

Stand: 1999

Neben der Ausbildung des Kundenkontaktpersonals spielt des Weiteren die Leistungsfähigkeit des **Informationssystems** der Migros eine entscheidende Rolle. Zur Sicherung eines optimalen Informationsflusses wurde eine **qualitätsorientierte Informationsphilosophie** implementiert, bei der jeder Sender und Empfänger einer Information für dessen Qualität selbst verantwortlich ist. Dies bedeutet, dass jeder Mitarbeiter permanent zwei Fragen beantworten muss:

- Bekomme ich von meinen externen oder „internen Lieferanten“ die für meine Zwecke richtigen Informationen?
- Gebe ich die richtigen Informationen an meine externen und „internen Kunden“ weiter?

Die konsequente Einhaltung dieser Informationsphilosophie hat im Tagesgeschäft der Migros dazu geführt, dass eine wesentliche Verbesserung und Beschleunigung des Informationsflusses innerhalb der Wertschöpfungskette erzielt werden konnte. Ferner ermöglicht das Informationssystem der Migros beispielsweise die Erhebung von Marktanalysen sowie die Sammlung von Kundeninformationen über computergestützte Warenwirtschaftssysteme oder den zulieferbezogenen Informationsaustausch, beispielsweise mittels EDI (Electronic Data Interchange).

Im Rahmen der **Qualitätsprüfung** wird analysiert, inwieweit die Anforderungen an die Qualität erfüllt wurden. Dies erfolgt bei der Migros durch den Einsatz interner **Qualitätsaudits**. Unter dem Begriff „Audit“ versteht man die Untersuchung einer Aktivität und deren Ergebnis durch unabhängige Experten, die in periodischen Abständen die Vollständigkeit, Wirksamkeit und Zweckmäßigkeit des Qualitätsmanagements in allen Dimensionen kontrollieren sowie vorhandene Mängel und Abweichungen feststellen und korrigieren. Die Ergebnisse von Qualitätsaudits dienen der Geschäftsleitung als Basisinformation zur Bewertung des Migros-Qualitätsmanagements, deren Präsentation auf Geschäftsführungsebene einmal jährlich im Rahmen einer „**Prüfungssitzung zur Beurteilung des Qualitätsmanagements**“ erfolgt. Hierbei werden die einzelnen qualitätsorientierten Strategien und Maßnahmen in der Retrospektive betrachtet und abschließend beurteilt.

Die **Qualitätsmanagementdarlegung** als letzter Schritt wird mit Hilfe des **Migros-Qualitätssicherungs-Handbuches** sichergestellt. In diesem Handbuch sind nicht nur der beschriebene Managementprozess, sondern auch alle folgenden Teilprozesse dokumentiert.

(2) Instrumente des Beschaffungsprozesses

Innerhalb des Beschaffungsprozesses kommen in der **Phase der Qualitätsplanung** insbesondere zwei Instrumente – der Beschaffungsplan und die Risikoanalyse – zum Einsatz.

Der **Beschaffungsplan** beinhaltet sämtliche strategischen und operativen Vorgaben, wie beispielsweise Angaben zur Produktauswahl, zur Warenbestellung oder zu den unterschiedlichen Kontraktarten zwischen Lieferant und Unternehmen, die eingehalten werden müssen, um eine einwandfreie und vollständige Lieferung sicherzustellen. Für die Erstellung des Beschaffungsplans und die Festlegung der Anforderungen an die zu beschaffenden Produkte ist die Marketingabteilung der Migros verantwortlich. Unterstützendes Qualitätsplanungsinstrument im Beschaffungsprozess ist das Instrument der **Risikoanalyse**. Dabei wird, in Anlehnung an die Fehlermöglichkeits- und Einflussanalyse (Bruhn 2001), in den einzelnen Warengruppen der Migros abgeschätzt, mit welcher Wahrscheinlichkeit ein schwerwiegendes

Schadensereignis (durch die Beschaffung bei externen Unternehmen) eintreten kann. Zielsetzung der Risikoanalyse ist es, die Prioritäten, mit denen qualitätssichernde Maßnahmen zu verfolgen sind, besser bestimmen zu können. Die Eintrittswahrscheinlichkeit des Risikopotenzials einer Warengruppe wird unter Berücksichtigung der verkauften Stückzahlen, der Erfahrungen am Point of Sale und der Hinweise des Lieferanten, individuell berechnet. Auf Basis dieser Berechnungen wird eine **Risikomatrix** abgeleitet, die Grundlage dafür ist, ob konstruktive (technische oder designorientierte Änderungen) oder instruktive (Verpackung, Bedienungsanleitung, Gefahrenhinweise) Maßnahmen ergriffen werden müssen.

Als **Instrument der Qualitätslenkung** stehen die so genannten **Qualitätssicherungsvereinbarungen** zwischen den Lieferanten und der Migros im Vordergrund. Die Qualitätssicherungsvereinbarungen enthalten alle Maßnahmen, die zur Sicherstellung einer optimalen Produkt- oder Dienstleistungsqualität im Beschaffungsprozess erforderlich sind. Ziel dieses Instrumentes ist es, die Eigenverantwortlichkeit des Lieferanten zu fördern, um auf interne Warenkontrollen weitgehend verzichten zu können. Die Qualitätssicherungsvereinbarungen enthalten Angaben zu den qualitätssichernden Maßnahmen, die ein Migros-Lieferant treffen muss, konkretisieren die Qualitätssicherungsplanung für die zu liefernden Produkte, geben Anweisungen zur Qualitätsdokumentation, regeln die Qualitätssicherung im Herstellungsprozess und beschreiben detailliert, wie die Produkte durch den Lieferanten gekennzeichnet werden müssen.

Als **Prüfinstrument** des Beschaffungsprozesses spielt die **Lieferantenbeurteilung** eine zentrale Rolle. Durch sie wird sichergestellt, dass ausschließlich hochqualifizierte und qualitätsorientierte Lieferanten Migros beliefern. Die Lieferantenbeurteilung erfolgt dabei einerseits durch den Lieferanten selbst, der in Form einer Selbstbeurteilung die Verhältnisse in seinem Betrieb offen legt. Andererseits wird der Lieferant anhand unternehmensindividueller Kriterien beurteilt.

Der Migros steht mit der Lieferantenbeurteilung ein Werkzeug zur umfassenden Analyse der Qualitätsfähigkeit eines jeden Lieferanten zur Verfügung.

(3) Instrumente des Laborprozesses

Innerhalb des Laborprozesses stehen als Instrument des Qualitätsmanagements die **Qualitätskontrollen** im Mittelpunkt. Die Grundlage bildet der abgeschlossene Genossenschaftsvertrag, der vorschreibt, dass Stichproben jedes Artikels beziehungsweise jeder Dienstleistung im Sortiment der Migros (Eigenproduktion und auch zugekaufte Produkte) den Migros-Laboratorien vorgelegt werden müssen, bevor ein Verkauf möglich ist. Dies bedeutet, dass sowohl Food- als auch Non-Food- und Dienstleistungsangebote (z.B. eine Packung Spaghetti oder ein Mountain Bike) von den Migros-Laboratorien sorgfältig getestet werden. Der Laborprozess entspricht dabei den **Qualitätsnormen** der Euro Norm 45001 bzw. wird durch diese bestimmt.

Zur Koordination von Planungs- und Kontrollaktivitäten wurden zwischen Labor- und Marketingabteilung der Migros **Richtlinien der Zusammenarbeit** festgelegt.

Die Richtlinien dienen einer Vereinfachung der täglichen Zusammenarbeit und befassen sich primär mit dem Thema der Produkthaftung. Innerhalb der Richtlinien ist festgeschrieben, in welchen Situationen die Laboratorien die Entscheidungsbefugnis haben, den Verkauf von Produkten zu untersagen oder Rückrufaktionen anzuordnen.

(4) Instrumente des Logistikprozesses

Der **Logistikprozess** umfasst sämtliche Aktivitäten, die den räumlichen, zeitlichen und mengenmäßigen Transfer der Produkte von der Auslieferung im Anschluss an die Produktion bis zur Warenannahme in den Migros-Filialen betreffen. Die Grundlage des Logistikprozesses der Migros bildet die Philosophie des **Just-in-time-Managements**. Dabei handelt es sich um eine nachfragesynchrone Bedarfsdeckung, die sicherstellen soll, dass innerhalb der Wertschöpfungskette immer nur gerade soviel beschafft, produziert und verteilt wird, wie die Migros-Filialen nachfragen. Die Realisierung eines Just-in-time-Logistikprozesses bildet zudem die Grundlage der **Qualitätslenkung**. Diese wird durch **Rahmenverträge** mit den Zulieferern umgesetzt, innerhalb derer die Just-in-time-Logistik als notwendige Voraussetzung des Vertragsabschlusses fixiert wird.

Als Instrumentarium der Qualitätsprüfung wurde ein umfassendes **Logistik-Kontrollsystem** eingeführt, dass die verschiedenen Aspekte des Logistikprozesses beurteilt. Bei der Warenlieferung durch Lieferanten finden beispielsweise Prüfungen der Liefermenge, der Lesbarkeit des EAN-Codes, eine Identifikation der Artikel sowie eine Prüfung der Ware auf äußere Transportschäden statt.

(5) Instrumente des Dienstleistungsprozesses

Eine weitere Möglichkeit zur Differenzierung gegenüber den Wettbewerbern besteht im Angebot von Serviceleistungen, die neben dem Kernangebot der Migros zusätzlichen Kundennutzen stiften sollen. Um eine Optimierung der Servicequalität in den Filialen der Migros zu erreichen, wurde 1995 eine interne **Projektgruppe „Welcome“** gebildet, die für die Erarbeitung eines serviceorientierten Instrumentariums verantwortlich ist. Diese Projektgruppe, bestehend aus Führungskräften der Migros sowie Kunden und Unternehmensberatern, verfolgt das Ziel, allen Migros-Filialen konkrete Hilfestellungen zur Verbesserung der Servicequalität im Tagesgeschäft zu bieten. Das Ergebnis der Projektarbeit war der Entwurf eines umfassenden **Servicekonzeptes**, das 1996 sukzessive umgesetzt wurde. Das Servicekonzept umfasst verschiedene Instrumente für unterschiedliche Hierarchieebenen der Migros, die im Folgenden näher beschrieben werden.

Als Ausgangspunkt des Konzeptes wurde ein **Serviceleitbild** des Unternehmens erarbeitet. Dieses hat zum Ziel, die allgemeine Grundhaltung der Migros hinsichtlich der angestrebten Servicequalität zu dokumentieren. Zudem gibt es die allgemeine Richtung an, die Mitarbeiter und Führungskräfte im Rahmen der Serviceorientierung verfolgen sollen. Das Serviceleitbild der Migros wurde als Plakat vervielfältigt und im Rahmen der Mitarbeiterkommunikation an sämtliche Migros-Verkaufsstellen und Mitarbeiter verteilt. Es enthält ein den Service am Kunden illustrierendes Logo

(Brücke aus zwei Händen), das den Servicegedanken zusätzlich dokumentieren soll. Abbildung 12 zeigt das **Serviceleitbild der Migros**.

Abbildung 12 **Serviceleitbild der Migros**

Das Serviceleitbild der Migros

Tag für Tag stehen
wir zu Ihren Diensten

Wir sind

M Sympathisch
M Glaubwürdig
M Vorteilhaft
M Praktisch

GABLER GRAFIK

Stand: 1999

Die serviceorientierte **Aus- und Weiterbildung der Mitarbeiter** ist ein weiteres bedeutendes Element der Qualitätslenkung.

Migros verfolgt die Grundsätze des sozialen Kapitals und die ihm entsprechende Unternehmenskultur. Die Marktleistung verpflichtet nämlich zu kulturellen, sozialen und ökologischen Leistungen im Interesse der Gesellschaft. Der Unternehmenserfolg unter Wahrung und Stärkung des Migros-Gedankengutes des sozialen Kapitals wird gegenüber den Mitbewerbern durch den systematischen Aufbau und die Stärkung der sieben strategischen Erfolgspositionen (SEP) angestrebt, welche im Kapitel 6 erläutert werden. Zudem trägt Migros als große Arbeitgeberin in der Schweiz eine gesellschaftliche Verantwortung. Durch Handlungsspielraum, Kompetenzzumessung und Zeitsouveränität sind die Arbeitsbedingungen der Migros attraktiv und herausfordernd. Sie setzt die partizipativen Grundsätze durch Einbezug der Mitarbeiter in Entscheidungen und Erfolg konsequent um. Weil die Zukunft des Unternehmens von der Zukunft abhängt, die die Mitarbeiter im Unternehmen haben, richtet Migros alle personalpolitischen Maßnahmen darauf aus, die Mitarbeiter auf dieses Bild hin zu entwickeln.

Zu den großen **Aktivitätenfelder** mit strategischer Bedeutung zählen die folgenden drei Bereiche:

1. Mitarbeiter: Beschaffung, Begleitung und Trennung von Mitarbeitern

Strategisches Ziel 1: Nutzung und Entwicklung des Mitarbeiterpotenzials zur Erhöhung des Unternehmens- und Berufserfolges:

- Förderung der Mitarbeiter durch das Unternehmen zur Sicherstellung der beruflichen und persönlichen Kompetenz,
- Kaderentwicklung zur Sicherstellung des Kadernachwuchses,
- Verbesserung und Verstärkung der Führungsleitung aller Kader mittels bedarfsgerechter Führungsausbildung,
- Sicherung der Chancengleichheit zwischen Mann und Frau zur Realisierung des Verfassungsauftrages,
- Soziale Sicherheit, Gesundheitsförderung und Schutz für Mitarbeiter und Mitarbeiterinnen.

2. Gestaltung der Arbeit: Strukturen und Organisationen gestalten

Strategisches Ziel 2: Entwicklung von Organisationen und Strukturen: Die Strukturen sollen sowohl den strategischen Ausrichtungen des Unternehmens wie auch den Ansprüchen der Mitarbeiter und Mitarbeiterinnen entsprechen:

- Der Mitarbeiter soll in der Organisation auch angesichts der technischen Entwicklung seine Persönlichkeit bewahren und entfalten können.
- Flexibilisierung des Unternehmens.

3. Förderung der Leistungsbereitschaft und der Fähigkeiten

Strategisches Ziel 3: Wirksamere Personalarbeit:

- Integration der Personalarbeit in die Unternehmensführung,
- Wahrnehmung der unternehmerischen Verantwortung.

Wie sich Migros ihre Mitarbeiter wünscht:

- Die Mitarbeiter identifizieren sich mit dem Unternehmen.
- Die Mitarbeiter verbessern stets die Qualität ihrer Leistungen.
- Die Mitarbeiter verhalten sich partnerschaftlich zu internen und externen Kunden und erzeugen dadurch Nutzen.

- Die Mitarbeiter zeigen Engagement und Eigeninitiative in der Lösung anstehender Probleme.
- Die Mitarbeiter gehen sparsam mit den Ressourcen um.
- Die Mitarbeiter arbeiten effizient, effektiv und flexibel.
- Die Mitarbeiter gestalten Beziehungen, um in Teams zu arbeiten.
- Die Mitarbeiter verfügen über unternehmerisches Denken und Selbstbewusstsein.

Eine wesentliche Aufgabe aller mit der Personalpolitik betrauter Instanzen besteht im wirtschaftlichsten Umgang mit der Ressource Mitarbeiter. In der M-Gemeinschaft machen die Personalkosten 60 Prozent der Gesamtkosten aus. Deshalb betrachtet Migros ihre Mitarbeiter als Vermögen, das sie weiterentwickeln und wirtschaftlicher nutzen will und muss. Die kompetente und kostengünstige Aufgabenerledigung ist unabdingbar. Deshalb wird nur zentral erledigt, was sinnvoll ist, etwa das Konzept und die nationale Lehrlingswerbung, die Erarbeitung von Aus- und Weiterbildungskonzepten sowie die Aushandlung des Gesamtarbeitsvertrages.

Migros eröffnete im vergangenen Jahr einen **Junior`s Market**. Die Mitarbeiter dieses Junior`s Market haben ihre Lehre erst gerade abgeschlossen oder befinden sich noch mittendrin. Und dennoch führen sie den Migros-Laden sozusagen alleine. Die meist sehr jungen Teams werden den Laden soweit als möglich, von der Warenbeschaffung bis zum letzten Abschreiber, in eigener Regie bewirtschaften. Bei Bedarf bieten Coaches ihre Hilfe an, unterstützt von einem erfahrenen Filialleiter.

Migros verfügt über **Multimediale Lernprogramme** auf CD-ROM genannt VideoMit. Dieses enthält Programme über diverse Themenbereiche wie Umtausch und Reklamationen, Hygiene, Warenpräsentationen, Verhalten an der Kasse, Freundlichkeit, Diebstahl, Exotische Früchte, Fleisch-Fisch-Geflügel, Berufe in der Migros und viele mehr. Um überprüfen zu können, inwieweit die Erwartungen der Kunden an die Servicequalität erfüllt wurden, müssen Instrumente zur Messung der Servicequalität zum Einsatz gelangen. Migros wählte in diesem Zusammenhang mit dem Einsatz von „Mystery Shoppern" einen objektiv kundenorientierten Messansatz (Bruhn 2001, S. 62ff.). Beim **Konzept der „Mystery Shopper"** handelt es sich um anonyme Testkäufer, die die jeweilige Verkaufsstelle anhand einer vorgegebenen Checkliste auf ihre Servicequalität hin überprüfen. Die Kontrolle durch „Mystery Shopper" wird in jeder Filiale zweimal pro Jahr durchgeführt. Die Verkaufsstellenleiter erhalten die Ergebnisse in regelmäßigen Abständen und haben die Aufgabe, die Maßnahmen in ihren Serviceplan zu integrieren. Um eine hohe Servicequalität in jeder Filiale sicherzustellen und die Umsetzung serviceorientierter Maßnahmen zu fördern, erhält jeder Verkaufsstellenleiter der Migros die Möglichkeit, bei sehr gutem Serviceergebnis der Filiale eine monetäre Zusatzprämie zu erhalten.

Zur Dokumentation des Servicekonzeptes wurde ein **Servicehandbuch** erarbeitet. Elemente des Handbuches sind das Serviceleitbild, die gesamten Servicenormen, die Instrumente der Servicestrategie und deren konkrete Handhabung im Tagesgeschäft.

Es stellt eine „Know-how-Bibel“ über den Service am Kunden dar und ist daher auch ein Dokument der allgemeinen Migros-Unternehmenskultur. Das Servicehandbuch richtet sich primär an die Verkaufsstellenleiter, damit diese die Servicequalität der eigenen Filiale verbessern können.

3.6 Erfolgskontrolle des Qualitätsmanagements

Die Instrumente der Erfolgskontrolle des Qualitätsmanagements wurden bereits in den vorangegangenen Kapiteln für jeden Teilprozess beschrieben. Daher soll an dieser Stelle nur noch auf das übergreifende Kontrollinstrument der Filialkontrolle detaillierter eingegangen werden.

Bei der **Filialkontrolle** handelt es sich um ein internes Instrument der Qualitätskontrolle, das, analog dem „Mystery Shopper“-Verfahren, zweimal im Jahr in unregelmäßigen Abständen durchgeführt wird. Die Kontrolle einer Migros-Verkaufsstelle erfolgt in der Regel durch zwei Verkaufsstellenleiter anderer Migros-Filialen, die für die gesamte Kontrollorganisation und den Ablauf der Filialkontrolle verantwortlich sind.

Zusammenfassend ist festzuhalten, dass eine hohe Kundenzufriedenheit nur dann zu erreichen ist, wenn die Qualitätsorientierung fest in der Unternehmenskultur verankert ist und im Rahmen des Qualitätsmanagements von allen am Wertschöpfungsprozess beteiligten Mitarbeitern umgesetzt wird. Zudem muss eine kontinuierliche Messung der Dienstleistungsqualität des Unternehmens, insbesondere aus Sicht der Kunden, erfolgen, um frühzeitig Leistungsdefizite aufzudecken und erforderliche Maßnahmen einleiten zu können. Migros hat es geschafft, das Ziel einer hohen Kundenzufriedenheit durch eine konsequente qualitätsorientierte Strategieausrichtung zu erreichen und ist permanent bestrebt, die Leistungsfähigkeit des Unternehmens weiter zu steigern.

4. Umsetzung der Qualitätsstrategie durch Marketing- und Personalmaßnahmen

Die **operative Umsetzung der Qualitätsstrategie am Markt** erfolgt durch den integrierten Einsatz der einzelnen Marketinginstrumente. Bei der Festlegung des Marketingmix (Angebots-, Preis-, Distributions- und Kommunikationspolitik) orientiert sich Migros grundsätzlich am allgemeinen Leitbild der Migros-Marketingpolitik und an den aktuellen Rahmenbedingungen, die für die einzelnen strategischen Geschäftseinheiten gelten.

Zu beachten ist der Umstand, dass – bedingt durch die Sortimentsvielfalt und die heterogenen Marktbedingungen in den einzelnen strategischen Geschäftseinheiten –

kein allgemeingültiges Marketingmix der Migros existiert, sondern in jeder strategischen Geschäftseinheit ein individuelles Maßnahmenbündel geplant und umgesetzt werden muss. Trotz dieser Einschränkung kann die in Abbildung 13 dargestellte **Gewichtung der einzelnen Marketinginstrumente** als Migros-typisch angesehen werden.

Abbildung 13 **Marketingmix der Migros**

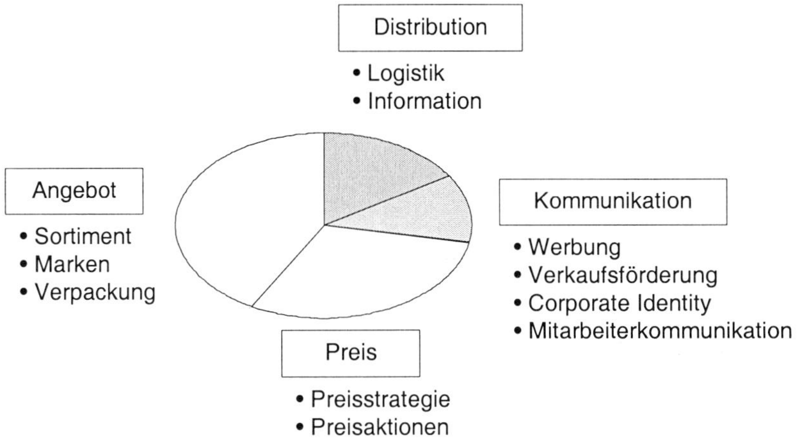

Stand: 1999

GABLER GRAFIK

Die Dominanz der Angebots- und Preispolitik im Marketingmix wird durch die Zielvorgabe eines optimalen Preis-Leistungs-Verhältnisses bestimmt. Die Distributionspolitik, im Sinne einer rationellen Warenverteilung, folgt als weiterer Erfolgsfaktor, während die Kommunikationspolitik der Migros eine ergänzende Funktion ausübt.

4.1 Umsetzung der Qualitätsstrategie im Rahmen der Angebotspolitik

Aus den bisherigen Ausführungen wurde deutlich, dass die enge Ausrichtung des Leistungsangebotes an den Kundenerwartungen bei der Migros eine zentrale Bedeutung einnimmt. Die Umsetzung der Qualitätsstrategie im Rahmen der Angebotspolitik erfolgt auf der Basis des Einsatzes folgender Instrumente:

- Sortimentspolitik,
- Markenpolitik,
- Verpackungspolitik.

4.11 Sortimentspolitik

Die übergeordnete Zielsetzung der Sortimentspolitik der Migros besteht in der Schaffung eines standortgerechten Sortimentes zur Versorgung der Bevölkerung, insbesondere mit Produkten und Diensten des täglichen Bedarfs. Die einzelnen Sortimente sollen in sich geschlossen sein und durch eine klare Linie und aktuelle Aussagen umgesetzt werden. Entsprechend der Unternehmensphilosophie verzichtet Migros seit Anbeginn der Geschäftstätigkeit auf den Verkauf einerseits von alkoholischen Getränken und Tabakwaren, andererseits von Kriegs- und Horrorspielzeugen.

Im einzelnen umfasst die **Sortimentsstrategie** der Migros folgende langfristige **Entscheidungstatbestände**:

- Art des Warenkreises (z.B. Aufnahme von elektrischen Haushaltsgeräten in das Sortiment),
- Niveau des Warenkreises (z.B. Waschmaschinen, Trockner, Kühlschränke),
- Sortimentsprofil (Breite und Tiefe des Sortimentes in den Artikelgruppen),
- Zu erzielende Lagerumschlagsgeschwindigkeit,
- Zu erzielender Deckungsbeitrag.

Die einzelnen Migros-Sortimente müssen sich laufend den Veränderungen von Angebot und Nachfrage anpassen und weisen somit eine eigene Dynamik auf. Gleichzeitig besteht jedoch die Anforderung einer grundlegenden Kontinuität in der Sortimentsgestaltung. Zielsetzung ist es, dass der Sortimentsstil der Unternehmensphilosophie entspricht und somit als imageförderndes Element im Marketingmix wirken kann.

Als **Beispiel für die Umsetzung** der Qualitätsstrategie in der Sortimentspolitik, auf der Basis eines veränderten Kaufverhaltens von Konsumenten, kann das **Migros-Bio-Programm** genannt werden. Bei diesem Programm handelt es sich um eine Angebotslinie, dessen Produkte mit alternativen landwirtschaftlichen Methoden angebaut werden. Die **Migros-Bio-Produktion** ist auf minimale menschliche Eingriffe in die Natur ausgerichtet. Sie ist deshalb aufwändiger, risikoreicher und teurer. Grundlage sind geschlossene Stoffkreisläufe und natürliche Produktionsverfahren. Der Einsatz von chemisch-synthetischen Pflanzenschutzmitteln und von schnelllöslichen Mineraldüngern ist verboten. Pflanzenschutz und Düngung erfolgen ausschließlich mit natürlichen Mitteln. Schweizer Bauern, welche Migros mit Bio-

Produkten beliefern wollen, müssen ihren Betrieb gesamtheitlich biologisch bewirtschaften. Ausgangspunkt dieser Sortimentseinführung war die in den vergangenen Jahren zu beobachtende Steigerung der Umweltorientierung der Konsumenten. Das Migros-Bio-Programm richtet sich primär an umweltbewusste Konsumenten aller Altersklassen in den verschiedenen strategischen Geschäftseinheiten des Food-Bereiches. In der Schweiz sind derzeit rund 1.700 Obst-, Gemüse- und Kartoffelbauern der Migros-Bio-Idee verpflichtet, umweltfreundliche Produkte von höchster Qualität zu erzeugen. Seit 1990 wurde das Programm zudem auf die Bereiche Milch und Fleisch ausgedehnt.

Abbildung 14 **Migros-Bio-Programm als Beispiel der Sortimentspolitik**

MIGROS
BiO
PRODUCTION

GABLER GRAFIK

Stand: 1999

Angeregt durch die veränderten gesetzlichen Rahmenbedingungen sowie die Entwicklungen in der Landwirtschaftspolitik, schafft Migros Transparenz im Labelsalat, d.h. das **Migros-Sano-Label** wurde abgelöst und durch eine individuelle, für den Kunden klar erkennbare Zusatznutzen/Mehrwert-Darstellung auf den Produkten ersetzt. Die Programme mit den jeweiligen Mehrleistungen beim Anbau respektive bei der Tierhaltung bleiben bestehen und werden weiterentwickelt.

4.12 Markenpolitik

Im Rahmen der Markenpolitik der Migros wird die Qualitätsorientierung mit Hilfe einer restriktiven **Handelsmarkenpolitik** verwirklicht. Die konsequente Führung von Handelsmarken reicht dabei soweit, dass diese im schweizerischen Detailhandel den Status und die Akzeptanz von klassischen Markenartikeln einnehmen. Die Markenpolitik der Migros ist im traditionellen Kontext zu betrachten, da die heute verfolgte Markenstrategie nicht ausschließlich auf eine strategische Entscheidung zurückzuführen ist. Hauptursache waren Boykotte der Markenartikelhersteller in den 20er Jahren, aufgrund dessen Migros gezwungen war, auf eine Eigenproduktion umzusteigen (Hasen 1997). Hieraus entwickelte sich die Migros-typische Handelsmarkenpolitik, bei der heute im Sortiment grundsätzlich vier **Markenkategorien** unterschieden werden (EuroHandelsinstitut e.V. 1994):

- Eigenmarken aus Eigenproduktion,
- Markenprodukte unter der Marke Migros,
- Exklusivmarken,
- Fremdartikel.

Eigenmarken aus Eigenproduktion

Hierbei handelt es sich um Produkte, die in Migros-eigenen Produktionsbetrieben hergestellt werden. Der Anteil am Gesamtumsatz des Kerngeschäftes beträgt bei dieser Produktart circa ein Drittel. Beispielhaft für diese Kategorie können die Marken Jana (ein Kosmetikprodukt) oder Aproz (ein Mineralwasser) angeführt werden. Vor dem Hintergrund eines zunehmenden Preiswettbewerbs wurde 1996 durch die Einführung der Discount-Marke „M-Budget“ eine neue Dimension der Handelmarkenpolitik in dieser Markenkategorie eröffnet. Die Produkte der M-Budget-Linie liegen circa 15 Prozent unter dem üblichen Migros-Preis und bedienen somit das unterste Preissegment.

Markenprodukte unter der Marke Migros

Zu dieser Gruppe zählen alle Produkte, die in Produktionsbetrieben der Migros-Lieferanten hergestellt werden, jedoch unter dem Markennamen Migros im Sortiment erscheinen. Der besondere Vorteil dieser Produktart ist darin zu sehen, dass die bisher verfolgte Markenpolitik auch bei einem möglichen Lieferantenwechsel unverändert weiterverfolgt werden kann. Als Beispiel für diese Kategorie können die Marken M-Optic, M-Electronic oder Miostar (Haushaltsgeräte im Non-Food-Bereich) aufgeführt werden.

Exklusivmarken

Hierzu zählen alle originären Markenartikel, die in der Schweiz exklusiv durch Migros vertrieben werden, wie beispielsweise die Marken Lyons Tea, Cover Girl, Del Monte oder Pepsi Cola.

Fremdartikel

In die Kategorie der Fremdartikel fallen sämtliche Produkte, die – wie sonst im Detailhandel eigentlich üblich – unter eigenem Markennamen vertrieben werden. Der Anteil dieser Produktgruppe beträgt im Sortiment der Migros circa 5 Prozent des gesamten Detailhandelsumsatzes. Anzumerken ist in diesem Zusammenhang, dass im Bereich der Prestige- und Lifestyleprodukte, die insbesondere in den Fachmarktbereichen der Migros von Bedeutung sind, die Ergänzung des Sortimentes durch Fremdartikel sinnvoll – in einigen Bereichen (z.B. Trend-Sportarten) sogar unverzichtbar – ist und auch über die oben genannte 5 Prozent-Grenze hinausgehen. Beispielhaft für die Kategorie der Fremdartikel können die Marken Smarties, Chiquita, Reebok, Nike, Sony oder Lego genannt werden.

Festzuhalten bleibt, dass die Umsetzung der Qualitätsstrategie im Rahmen der Markenpolitik zu 95 Prozent durch eine Handelsmarkenstrategie erfolgt, durch die das Profil des Migros-Sortimentes bestimmt wird. Die Markenpolitik der Migros basiert somit auf einer kontinuierlichen, langfristigen Markenpflege, die das Ziel verfolgt, dem Kunden eine klare, unverwechselbare Vorstellung von Qualität und Preis des Migros-Sortimentes zu vermitteln. Hierauf aufbauend wurden fünf **Grundsätze der Migros-Markenpolitik** formuliert (Hasen 1997):

1. Die Dachmarke Migros hat erste Priorität bei allen markenpolitischen Entscheidungen.
2. Für Warengruppen, die üblicherweise stark markenprofiliert sind, ist eine Migros-Eigenmarke zu konzipieren und zu profilieren.
3. Produktgruppen, bei denen aufgrund der Kriterien Technologie, Marktstellung oder Beschaffung keine Handelsmarkenpolitik möglich ist, können Fremdmarken in das Migros-Sortiment aufgenommen werden.
4. Die Integration von Fremdmarken im Supermarktbereich ist sehr restriktiv zu realisieren.
5. Die Integration von Fremdmarken im Fachmarktbereich ist – je nach Warengruppen – spezifisch zu entscheiden.

4.13 Verpackungspolitik

Innerhalb der Verpackungspolitik wird die Qualitätsstrategie der Migros durch umfangreiche Kundeninformationen umgesetzt. Migros kann hinsichtlich der Information des Kunden auf eine langjährige Tradition verweisen, da bereits 1930 ein Datumstempel für verderbliche Waren eingeführt wurde. Im Jahre 1967 folgte die Einführung des **Migros-Data-Systems**. Dabei handelt es sich um umfangreiche Kundeninformationen (z.B. Nährwertangaben und genaue Datierungen) für vorgepackte Produkte, die die Abgabe an den Verbraucher in qualitativ einwandfreiem Zustand garantieren soll und somit einen gezielteren Einkauf sowie eine kontrollierbare Vorratshaltung für den Kunden ermöglicht. Als wesentliches Qualitätsmerkmal des Migros-Data-Systems ist die **Doppeldatierung** hervorzuheben. Dabei wird, neben dem im Handel vielfach üblichen Mindesthaltbarkeitsdatum, auf den Artikeln zusätzlich ein Verkaufsdatum aufgedruckt, das angibt, bis wann der entsprechende Artikel in einer Migros-Filiale verkauft werden darf. Konsumenten, die einen Artikel mit abgelaufenem Verkaufsdatum in einer Filiale finden, haben ein Anrecht darauf, diesen – nach Absprache mit dem Filialleiter – gratis zu erhalten. Aufgrund der hohen Kundenakzeptanz der Doppeldatierung und der positiven Reaktionen entschloss sich Migros, das bestehende System zu erweitern. Migros hat 1997 eine **Dreifachdatierung für Frischeprodukte** eingeführt. Dabei ist neben dem bereits beschriebenen Verkaufsdatum und Mindesthaltbarkeitsdatum zusätzlich das Abpackdatum des Frischeartikels vermerkt. Migros signalisiert mit dieser Maßnahme ihre hohe Kompetenz im Frischesegment und stiftet zusätzlichen Kundennutzen.

Ergänzend zum Migros-Data-System werden folgende **Grundsätze der Verpackungspolitik** verfolgt, die ihren speziellen Beitrag zur Umsetzung der Qualitätsstrategie leisten:

- Produktgerechte Verpackung mit optimalem Schutz,
- Verhältnismäßiger Verpackungsaufwand zum Produktwert,
- Keine Mogelpackungen,
- Umweltschonende Verpackungen.

4.2 Umsetzung der Qualitätsstrategie im Rahmen der Preispolitik

Die Preispolitik der Migros ist neben der Angebotspolitik der zentrale Erfolgsfaktor und Maßstab für die Leistungsfähigkeit des Unternehmens. Dem Migros-Preis kommt eine dominante, leistungsbezogene und qualitätsorientierte Stellung innerhalb des gesamten Marketingmix zu.

Im Bereich der Standardprodukte (Waren des täglichen Bedarfs) verfolgt Migros eine konsequente **Niedrigpreisstrategie** mit dem Ziel, einen absoluten Preisvorsprung gegenüber den Wettbewerbern aufzubauen. Auch bei den Zusatzprodukten (Erlebniseinkauf) soll die Preis-Leistungs-Relation gegenüber den Konkurrenzangeboten führend sein. Als strategisches Ziel wird ein Preisvorsprung, im Vergleich zu entsprechenden Konkurrenzangeboten, von mindestens 10 Prozent (5 Prozent bei vergleichbaren Handelsmarkensortimenten) angestrebt. Aufgrund der hohen Wettbewerbsintensität wird dieses Ziel jedoch nur selten konsequent durchgesetzt. Der Migros-Preis ist für den Kunden, in Verbindung mit dem sehr hohen Qualitätsanspruch des Unternehmens, ein Indikator mit klarem Profil, vom dem der Kunde durch die Niedrigpreisstrategie direkt profitiert.

Die Preisgestaltung basiert auf einer differenzierten Preiskalkulation mit nationalen Einheitspreisen. Preisdifferenzierungen sind kein strategisches Ziel der Migros, allerdings existieren im Bereich der Frischeprodukte (Agrar und Fleisch) teilweise regionale Preisdifferenzen, um den Absatz der regionalen Angebote zu fördern. Mit regelmäßigen Aktionsangeboten, die kurzfristig eine Frequenzsteigerung des Absatzes bewirken sollen, wird die generelle Preispolitik der Migros unterstützt.

4.3 Umsetzung der Qualitätsstrategie im Rahmen der Distributionspolitik

Unter dem Begriff Distribution versteht Migros die Überbrückung der zeitlichen und räumlichen Distanz zwischen Produktion und Angebot am Point of Sale. Die Sicherstellung der Ubiquität des Angebotes steht dabei im Vordergrund aller Umsetzungsaspekte. Um den Anforderungen der Kunden, insbesondere in Bezug auf die Sortimentsgestaltung, zu entsprechen, wird die Qualitätsstrategie der Migros durch eine **differenzierte Vertriebstypenstrategie** umgesetzt. Zu unterscheiden sind folgende Vertriebstypen:

M-Laden

Dieser Vertriebstyp weist eine Verkaufsfläche von 300 bis 750 qm auf. Das Sortimentsangebot enthält in der Regel vorverpackte Food- und einige Non-Food-Artikel. Zu finden ist der M-Laden in kleineren Gemeinden und Städten zur Versorgung der Schweizer Bevölkerung mit Artikeln des täglichen Bedarfs.

MM-Markt

Mit einer Verkaufsfläche von 750 bis 3.000 qm erwirtschaftet dieser Vertriebstyp den größten Umsatzanteil. Hier werden neben vorverpackten Food-Artikeln auch sämtliche Frischeprodukte, Obst und Gemüse sowie Brot und Backwaren verkauft. Zudem ist ein breites Non-Food-Sortiment vorhanden. Häufig ist in einem MM-Markt auch ein Migros-Restaurant integriert.

MMM-Einkaufszentrum

Dieser Vertriebstyp hat eine Verkaufsfläche von über 3.000 qm und ist als großes Shopping Center in den städtischen Peripherien zu finden.

Fachmärkte

Zu den Migros-Vertriebstypen zählen außerdem die separat geführten Fachmarktkonzepte, wie beispielsweise Micasa & Home mit einem Möbelsortiment, Sport & Fun mit einem breiten Freizeitsortiment oder Electronics & Future sowie Do it & Garden. Hier sind, abweichend von der traditionellen Handelsmarkenführung, häufig bis zu 60 Prozent Markenartikel im Sortiment zu finden. Je nach Produktgruppe variieren die Anteile der Markensegmente jedoch stark. In neuen, innovativen Märkten (z.B. Snowboards) ist daher ein hoher Markenartikelanteil nicht ausgeschlossen.

Kleinläden und Verkaufswagen

Ferner werden Kleinläden und Verkaufswagen unterschieden, die in den ländlichen Regionen der Schweiz eingesetzt werden.

Im Rahmen der **Logistik** konkretisiert sich die Umsetzung der Qualitätsstrategie durch Verträge mit ausgewählten Spezialanbietern, die täglich die termingerechte Anlieferung der Waren in den einzelnen Filialen der Migros, auf Basis des Just-in-time-Prinzips, gewährleisten. Besonders positiv ist in diesem Zusammenhang die zunehmende Verlagerung der Transportwege hin zu einem Transport durch die Bahn anzumerken. Eine sukzessive Umstellung von Einwegverpackungen auf Mehrwegverpackungen hilft zusätzlich, den Qualitätsaspekt umzusetzen.

Distributionspolitisch sind des weiteren die aktuellen Entwicklungen im Informationsmanagement von Handelsunternehmen zu betrachten. Durch den Einsatz computergestützter **Warenwirtschaftssysteme** kann die kundenorientierte Informationsauswertung verbessert und somit eine Optimierung der Migros-Sortimente vollzogen werden. Ferner wird seit 1993 ein **direkter Informationsaustausch** zwischen den Lieferanten und der Migros durch das System EDI-Fact betrieben. Hierbei handelt es sich um die direkte Übertragung von Rechnungs-, Bestell- oder Lieferdaten, die wesentlich zur Verkürzung der Logistikprozesse beitragen. Im Ausbau befindet sich darüber hinaus ein Netzwerk zur Datenfernübertragung und ein flächendeckendes Mail-System. Die neueste informationstechnische Entwicklung wurde bei der Migros im Frühjahr 1997 unter dem Namen **MDD (Migros Daten Discovery)** eingeführt. Es handelt sich hierbei um ein Informationssystem auf der Basis von Scannerdaten, das sehr schnell, innerhalb nur weniger Minuten, den Abfluss der Ware bestimmen kann und beispielsweise Trendreihen im Tages- oder Wochenvergleich erstellt. Die besonders flexible Software des Systems ermöglicht ein frühzeitiges Erkennen von Problemsituationen (Out of Stock) und eine schnelle Reaktion hierauf.

4.4 Umsetzung der Qualitätsstrategie im Rahmen der Kommunikationspolitik

In Abstimmung mit den übrigen Marketinginstrumenten übernimmt die Kommunikationspolitik die Aufgabe, die Konsumenten über die aktuellen Leistungs- und Preisangebote der Migros zu informieren. Das **kommunikationsorientierte Leitbild** der Migros sowie die sechs **zentralen kommunikativen Botschaften**, welche sich zur Zeit im Umbau befinden, werden in Abbildung 15 beschrieben.

Ziel ist es, mit Hilfe der Kommunikationsinstrumente Vertrauen, Sympathie und Präferenzen bei den Kunden aufzubauen, um in der Folge eine hohe Kundenzufriedenheit und stabile Kundenbindung zu erreichen. Der **Qualitätsaspekt** ist häufiger Bestandteil der Kommunikation, jedoch nicht Kernbotschaft der kommunikativen Aussagen.

Marktorientierte Kommunikationspolitik

Im Rahmen der marktorientierten Kommunikation stehen bei der Migros insbesondere die Kommunikationsinstrumente Mediawerbung, Verkaufsförderung, Corporate Identity und Corporate Communications im Vordergrund. Die **Mediawerbung** übernimmt die Aufgabe der Kundeninformation über aktuelle Produkt- und Preisangebote des Unternehmens. Hierbei kommen vorwiegend in Tageszeitungen geschaltete Printanzeigen sowie Prospektbeilagen zum Einsatz. Ergänzend werden TV- und Radiospots geschaltet, in denen unter dem Thema „Frischeland" die Sortimente Gemüse, Früchte, Fleisch und Molkereiprodukte beworben werden. Ferner werden **Imagekampagnen** für ausgewählte Sortimente durchgeführt. Hierbei rückt die konkrete Umsetzung des Qualitätsaspektes in den Vordergrund. Ergänzend zur Mediawerbung werden nationale **Verkaufsförderungsaktionen** durchgeführt, die die Gewinnung neuer Kunden, unterstützende Funktionen bei der Einführung neuer Produkte und die Steigerung des Absatzvolumens zum Ziel haben.

Abbildung 15 Kommunikationspolitik der Migros

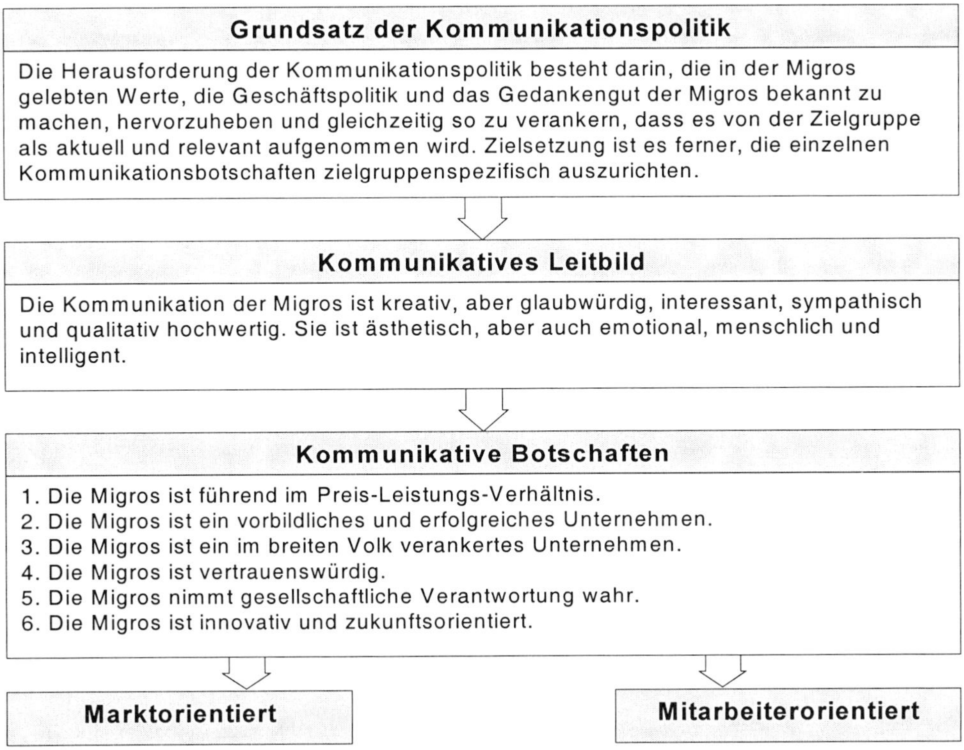

GABLER GRAFIK

Stand: 1999

Eine spezifische Umsetzung der Qualitätspolitik erfolgt nur insofern, dass die qualitätsorientierten Argumente – in Anlehnung an die Kommunikationsaussagen der Mediawerbung – auf die einzelnen Werbemittel einer Verkaufsförderungskampagne adaptiert werden.

Des Weiteren wird auf die Umsetzung einer einheitlichen **Corporate Identity** besonders großen Wert gelegt. In den Migros-Statuten heißt es wörtlich: „Im Interesse des Ganzen ist darauf zu achten, dass die Anschrift in Form und Farbe und nach Möglichkeit das Aussehen der Verkaufslokale und Wagen in der ganzen Schweiz einen einheitlichen Eindruck erweckt". Die Migros-Filialen sind dabei schon von weitem durch ihr orangefarbenes M zu erkennen. Die Logos M, MM oder MMM dienen nicht nur als Erkennungsmerkmal, sondern auch als Vertriebstypenkennzeichnung der jeweiligen Filiale.

Zu guter letzt spielt auch die **Corporate Communications** eine zentrale Rolle. Die Kommunikation lässt sich in folgende zwei Bereiche unterteilen (vgl. Abbildung 16):

- Die **Unternehmenskommunikation** (Corporate Communications) ist strategische Kommunikation und befasst sich mit der Kommunikation der Gesamtunternehmung bzw. aller für das Gesamtunternehmen unmittelbar relevanten Kommunikationsaufgaben. Der Schwerpunkt der Unternehmenskommunikation liegt in der Image-Contribution.
- Demgegenüber ist die **Marketingkommunikation** taktische Kommunikation und befasst sich mit der absatzbetreffenden Kommunikation sowie mit den verkaufsspezifischen Unternehmensinstrumenten. Der Schwerpunkt der Marketingkommunikation liegt in der Profit-Contribution.

Wertschöpfung im Bereich Corporate Communications wird in erster Linie durch Leistungsverbesserungen im Gesamtsystem sowie durch eine Konzentration der Kräfte erreicht. Eine verbesserte Wertschöpfung bzw. Rentabilität der Investitionen in die Kommunikation kann in der Migros nur durch bereichsübergreifende Kommunikationsvorgaben erreicht werden. Investitionen in die Kommunikation auf Unternehmensebene reduzieren die operativen Ausgaben für Produktwerbung durch den Aufbau eines starken und akzeptierten Unternehmens-Brands. Starke Unternehmens-Brands unterstützen den inneren und äußeren Wert eines Unternehmens. Um mit den bestehenden Instrumenten eine Integrierte Kommunikation zu realisieren, muss durch die Schaffung der entsprechenden Organisationsstruktur die Koordination und die Führung der Unternehmenskommunikation gewährleistet sein.

Das wichtigste **Ziel**, das man mit Corporate Communications erreichen will, ist die Sicherstellung einer klaren und dynamischen Kommunikationsführung nach innen und außen mit einer starken, zentralen Kommunikationsstelle, die verbindliche Vorgaben zur Kommunikation des Unternehmens macht, die Unternehmenskommunikation führt und kontrolliert. Des weiteren will man Bewusstsein schaffen, um die Unternehmensmarke zu stärken. Dem Kunden soll das Leistungsspektrum des Unternehmens als Ganzes aufgezeigt werden. Dies ist der Weg, um ein positionierungsgerechtes Imageprofil auszubauen und somit Vertrauen, Goodwill und Sympathie zu schaffen.

Abbildung 16 Marke „M“ Corporate Communication

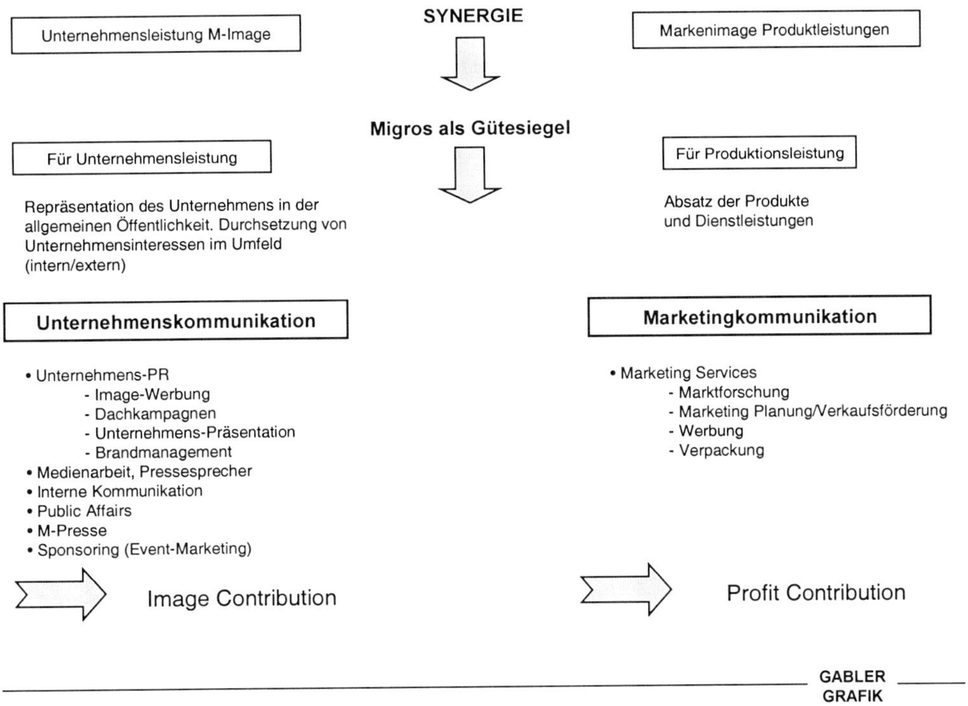

Stand: 1999

Die **Strategie** des Corporate Communications beinhaltet die Umsetzung einer geführten und starken Unternehmenskommunikation. Wichtig ist außerdem die Verstärkung der Führungskompetenz der Unternehmenskommunikation im Konzern zur Durchsetzung der formulierten Visionen. Dazu gehört eine abgestimmte Planungs- und Entscheidungssystematik, wie sie durch die Kommunikationsstrategie bestimmt wird. Zudem muss eine unternehmensübergreifende Kernbotschaft sichergestellt werden. Nicht zu vergessen ist auch die Konzentration der Kommunikationsverantwortung auf wenige Organisationseinheiten sowie die Neupositionierung der Marke Migros (Brandmanagement).

Der **Nutzen** des Corporate Communications ist vielfältig. Besonders hervorzuheben ist die Rentabilität, denn die Gesamtkommunikationsaufwendungen können reduziert werden, wenn klare Vorgaben bezüglich der Kommunikationsschritte des Unternehmens eingehalten werden. Weiter ist die Leistungsverbesserung zu nennen: Durch die Reduktion der Kommunikationsbotschaften und Kommunikationsdichte des Unternehmens wird der Wirkungsgrad der einzelnen Kommunikationsaufwendungen verstärkt. Die Konzentration der Kräfte ist ein zusätzlicher Nutzen, da die Konzentration der Kommunikationsverantwortung im Unternehmen zu einer nachhaltigen Entwicklung des wichtigen Kommunikations-Know-hows führt. Die Führung der Kommunikation im Unternehmen führt zudem zu einer höheren Chancenauswertung im operativen Bereich durch flexiblere und gezielter einsetzbare Kommunikationsinstrumente. Abschließend ist noch zu erwähnen, dass die Durchsetzung einer zentral geführten Kommunikation die Handlungsfreiheit der einzelnen Bereiche etwas einschränkt, jedoch nicht in einem bedeutenden Umfang, da die Mitbestimmungsfähigkeit im Bereich der Produktkommunikation voll gewährleistet ist.

Mitarbeiterorientierte Kommunikationspolitik

Die Umsetzung der Qualitätsstrategie in der Kommunikationspolitik kann nicht nur durch marktorientierte, sondern muss auch durch mitarbeiterorientierte Maßnahmen verwirklicht werden. Die Sensibilisierung der Mitarbeiter hinsichtlich qualitätsorientierter Fragestellungen steht dabei im Vordergrund des Interesses. Innerhalb der Mitarbeiterkommunikation der Migros kommt das Instrument der Mitarbeiterzeitschrift sowie die Herstellung von Qualitätsplakaten zum Einsatz.

Die **Mitarbeiterzeitschrift** „Die Brücke“ informiert die Mitarbeiter über Neuigkeiten und Entwicklungen der Unternehmenstätigkeit. Zentrales Ziel dieser Publikation ist es, den Mitarbeitern ihren individuellen Beitrag innerhalb der Wertschöpfungskette zu verdeutlichen und ihnen für die aktive Mitgestaltung am Erfolg der Migros zu danken. Die Zeitschrift erscheint regelmäßig in einer Auflage von circa 63.000 Exemplaren in moderner Gestaltung.

4.5 Umsetzung der Qualitätsstrategie im Rahmen der Personalpolitik

Die Leistungsfähigkeit eines Handelsunternehmens zeigt sich in der Motivation und im Verhalten des Verkaufspersonals im direkten Kundenkontakt. Aus diesem Grunde sind personalpolitische Aspekte bei der Umsetzung der Qualitätsstrategie fest zu verankern. Erfolgreiche Unternehmen profilieren sich nicht nur mit entsprechend guten Gehalts- und Sozialleistungen sowie Aus- und Weiterbildungsmöglichkeiten für ihre Mitarbeiter, sondern zeichnen sich dadurch aus, dass sie ihren Mitarbeitern einen Sinn für die Wertigkeit und Bedeutung ihrer Arbeit vermitteln.

Aus diesem Grunde wurde bereits 1971 die **Migros-Partizipation** ins Leben gerufen. Dabei handelt es sich um eine Partnerschaft zwischen dem Unternehmen und seinen Mitarbeitern, die den Beschäftigten die Möglichkeit bietet, aktiv an Entscheidungen über die Weiterentwicklung des Unternehmens teilzunehmen. Die Migros-Partizipation basiert auf drei Elementen, die sich jedoch zur Zeit in Überarbeitung befinden:

- Funktionale Partizipation,
- Soziale Partizipation,
- Finanzielle Partizipation.

Funktionale Partizipation

Die funktionale Partizipation entspricht einem Mitwirkungsmodell auf der Basis von gegenseitigem Respekt und Vertrauen. Die konkrete Mitsprache an Unternehmensentscheidungen wird durch die Bildung von Personalkommissionen gesichert, die das Recht haben, erforderliche Informationen bezüglich eines bestimmten Anliegens auf Genossenschaftsebene oder auch in einer konkreten Abteilung anzufordern. Des Weiteren steht dieser Kommission ein Recht auf Antragstellung und ein Anhörungsrecht zu. Organisatorisch existieren fünf Regionalgruppen, die in einer Landeskonferenz Fragen beraten, die über die Grenzen des einzelnen Migros-Unternehmens hinausgehen.

Soziale Partizipation

Im Rahmen der sozialen Partizipation findet ein regelmäßiger Dialog mit den übrigen Sozialpartnern der Migros, wie beispielsweise den Gewerkschaften, kaufmännischen Verbänden oder einzelnen Personalverbänden der Schweiz, statt.

Finanzielle Partizipation

Die finanzielle Partizipation entspricht einer Beteiligung der Mitarbeiter am Erfolg des Unternehmens. Migros führt für ihre Mitarbeiter Partizipationskonten, auf denen bestimmte Leistungen der Mitarbeiter gutgeschrieben werden. Zum Beispiel erhalten alle Vollzeitbeschäftigten in den ersten vier Anstellungsjahren eine zusätzliche Vergütung von 4.000 CHF. Ferner werden Sonderpartizipationen für außerordentliche Leistungen eines Mitarbeiters auf sein Partizipationskonto gezahlt. Die Beträge werden zu günstigen Konditionen verzinst, sind jedoch erst nach vier Jahren verfügbar. Das beschriebene Partizipationssystem hat bedeutend dazu beigetragen, die qualitätsorientierte Unternehmensstrategie der Migros erfolgreich umzusetzen und die Mitarbeiter langfristig an das Unternehmen zu binden.

5. Organisatorische Verankerung des Qualitätsmanagements

Für ein erfolgreiches Qualitätsmanagement ist eine Unternehmensorganisation erforderlich, die es ermöglicht, die verschiedenen qualitätsorientierten Maßnahmen schnell und flexibel umzusetzen. Die Organisation der Migros entspricht allgemein einem dreistufigen Aufbau, der die Migros-Genossenschaftler (Migros-Gemeinschaft), die zwölf regionalen Genossenschaften und den Migros-

Genossenschafts-Bund enthält. Der Migros-Genossenschafts-Bund ist in sechs separate Departements unterteilt, die das strategische und operative Handelsgeschäft leiten.

Das **Qualitätsmanagement** der Migros ist organisatorisch dem Departement Logistik und Informatik zugeordnet. Es beinhaltet die Stelle des Qualitätssicherungs-Beauftragten (Laboratorien) und die Abteilung Migros-Qualitätssicherung, die sich in einen Zuständigkeitsbereich für die Food- und Non-Food-Artikel unterteilt. Abbildung 17 zeigt das Organigramm der Migros sowie die organisatorische Verankerung des Qualitätsmanagements.

Der **Qualitätsbeauftragte** ist Leiter der Migros-Laboratorien und berichtet direkt an den Verantwortlichen des Departements Logistik und Informatik. In seiner Funktion nimmt er folgende Aufgaben wahr:

- Überprüfung der Migros-Qualitätssicherung bezüglich der Normerfüllung sowie der allgemeinen Wirksamkeit und Wirtschaftlichkeit des Qualitätsmanagements,
- Informationsweitergabe an die Geschäftsleitung hinsichtlich der Leistungen innerhalb des Qualitätsmanagements,
- Vertretung aller qualitätsorientierten Fragen gegenüber der Geschäftsleitung und außerhalb des Migros-Genossenschafts-Bundes.

Die **Abteilung Qualitätssicherung** hat die Kompetenz, alle Maßnahmen anzuordnen, die zur Erreichung der vom Kunden geforderten Qualität beitragen. Bei Nichterfüllung der Qualitätsanforderungen hat der Leiter dieser Abteilung das Recht, die internen oder externen Prozesse zu unterbrechen und erforderliche Maßnahmen einzuleiten. Darüber hinaus ist der Leiter der Qualitätssicherungsabteilung für folgende Aufgaben verantwortlich:

- Implementierung und Aufrechterhaltung des Qualitätsmanagements,
- Beratung aller Funktionsbereiche der Migros in qualitätsbezogenen Fragen,
- Qualitätsorientierte Beurteilung der Lieferanten in Zusammenarbeit mit der Marketingabteilung,
- Entwicklung, Organisation und Kontrolle von Qualitätsförderungsprogrammen,
- Mitsprache bei der Personalentwicklung hinsichtlich qualitätsorientierter Belange.

Die Verantwortlichen des Qualitätsmanagements sind in allen qualitätsorientierten Fragestellungen, insbesondere gegenüber der Marketingabteilung, weisungsberechtigt. Das Organigramm weist somit eine zentral organisierte Struktur auf, wobei das Qualitätsmanagement bewusst getrennt vom Marketing implementiert wurde, um die eher internen Qualitätsmaßnahmen deutlich vom externen Marktauftritt zu trennen.

Abbildung 17 **Organisatorische Verankerung des Qualitätsmanagements der Migros**

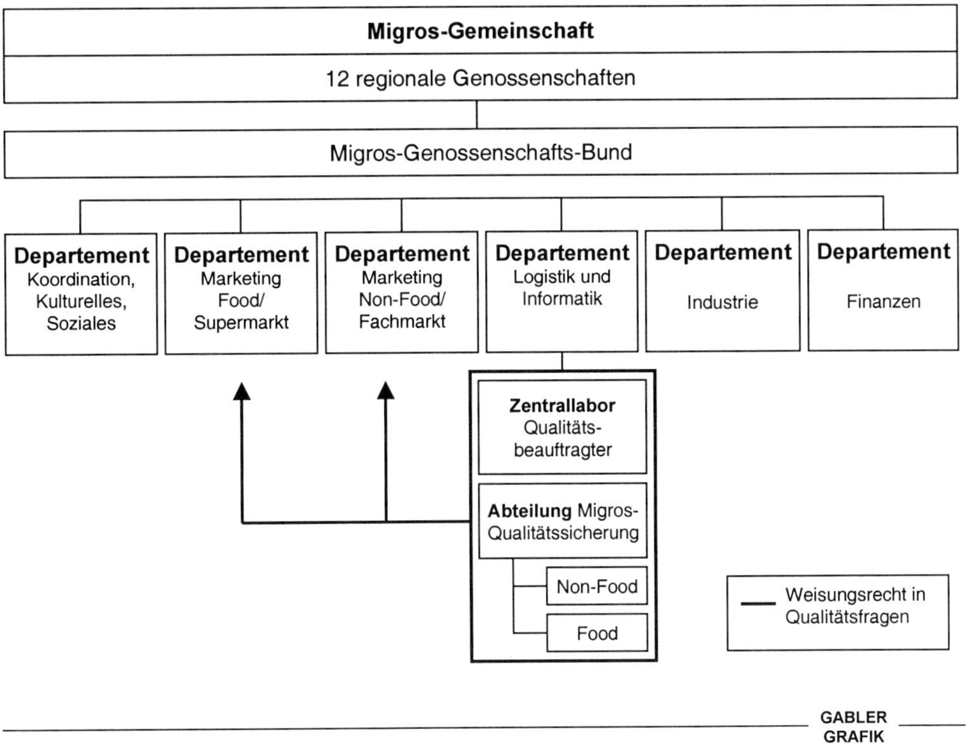

Stand: 1999

6. Erfolgsfaktoren des Qualitätsmanagements der Migros

Unter dem Begriff **strategische Erfolgsfaktoren** versteht man die in einem Unternehmen real vorhandenen Voraussetzungen, die es möglich machen, langfristig überdurchschnittliche Erfolge am Markt zu erzielen. In Zusammenfassung der bisherigen Ausführungen lassen sich aus Unternehmenssicht die folgenden **strategischen Erfolgsfaktoren** herausstellen, die neben dem Faktor Qualität für den kontinuierlichen Erfolg der Migros maßgeblich sind:

Vertrauen

Die Kunden der Migros stehen im Mittelpunkt all ihrer Aktivitäten. Migros geht insbesondere auf deren Bedürfnisse aufgrund der veränderten Umwelt ein. Durch verantwortungsbewusstes Handeln und offene Information fördert sie das Vertrauen ihrer Kunden, Genossenschafter und Mitarbeiter.

Marktleistung

Mit marktgerechten Sortimenten ist Migros führend im Preis bei guter bis hoher Qualität. Dies ist das Ergebnis der Brücke zwischen Produzent und Konsument, wenn immer möglich unter Ausschluss von Zwischenhandel und Provisionsempfängern, verbunden mit der konsequenten Qualitätssicherung und einer konsumentengerechten Deklaration.

Innovationen

Ständige Verbesserungen und Neuheiten in der Produktentwicklung, im Dienstleistungsangebot, in der Produktion, an der Verkaufsfront und in der Logistik sichern den Erfolg der Migros in einer sich schnell ändernden Umwelt. Die Strukturen und das Management ermöglichen die Freiräume für die Entwicklung von neuen Ideen.

Mitarbeiterpotenzial

Der Migros-Mitarbeiter zeichnet sich durch hohe Professionalität und großen Leistungswillen aus. Durch die Entwicklung der persönlichen Kompetenz des Mitarbeiters fördert Migros die Eigeninitiative, unternehmerisches Denken, Verantwortungsbewusstsein und Flexibilität. Dadurch schafft sie gleichzeitig die Voraussetzung zum Aufbau von Nachwuchskräften für die Übernahme von Managementfunktionen.

Die Basis des Mitarbeiterpotenzials sind individuelle Förderung hin zu einem permanenten Lernprozess, ein bedürfnisgerechtes, unternehmensorientiertes Ausbildungsangebot, die Einbindung in die funktionale Partizipation, dem Leistungsvermögen angepasste Einsatzmöglichkeiten und zeitgemäße Arbeitszeitmodelle und die soziale Sicherheit.

Denken und Handeln in der Wertschöpfungskette

Die Denkhaltung der Migros richtet sich auf die integrierte Wertschöpfungskette. Dadurch nutzt sie die Synergiepotenziale der Migros-Gemeinschaft und fördert die Zusammenarbeit der Partner in den Bereichen bedürfnisgerechte Beschaffung, leistungsfähige Produktion, rationelle Logistik, integrierte Informationssysteme und innovative Verkaufsfront mit dem Ziel der größtmöglichen Wertschöpfung in der Migros-Gemeinschaft und der konsequenten Anwendung des Integrationsgedankens.

Gesunde Finanzen

Die Finanzkraft der Migros basiert auf der beharrlichen Einhaltung einer nichtspekulativen Finanzpolitik mit klaren Vorgaben von Eigenfinanzierung und Rentabilität, straffem Ertrags- und Bilanzmanagement, einheitlichen Systemen und leistungsfähigem Cashmanagement.

Kulturelles, soziales und ökologisches Engagement

Das auf den Statuten basierende Engagement der Migros ermöglicht breitesten Bevölkerungsschichten den Zugang zu unterschiedlichsten kulturellen Veranstaltungen und preisgünstigen Aus- und Weiterbildungsangeboten. Der gezielte Einsatz in sozialen Bereichen wirkt beispielhaft und gibt Anstoß zur Lösung von Problemen in einer sich stets verändernden Umwelt. Im ökologischen Bereich nimmt Migros ihre gesellschaftliche Verantwortung wahr und strebt eine Vorbildfunktion an. Das Engagement in kulturellen, sozialen und ökologischen Bereichen fördert das Image des verantwortungsvollen Unternehmens in der Bevölkerung. Ferner werden spezifische Bereitschafts- und Fähigkeitspotenziale für die strategische Fortentwicklung der Migros erkannt. Aufgabe der nahen Zukunft wird insbesondere die konsequente Umsetzung der **Servicestrategien** sein. Dazu wird eine **Reorganisation der Organisationsstruktur** notwendig, da die genossenschaftliche Struktur der Migros Entscheide von strategischer Tragweite durch einzelne Personen nicht zulässt. Dies kann ein Vorteil sein, birgt jedoch zwangsläufig auch den demokratieeigenen Nachteil einer gewissen Schwerfälligkeit in sich.

Festzuhalten bleibt, dass Migros durch ihre kontinuierliche Unternehmensstrategie über eine sehr gute Ausgangslage verfügt, die zukünftigen Herausforderungen am Markt erfolgreich zu bewältigen. Spannend bleibt abzuwarten, ob und wann der Beitritt der Schweiz in die Europäische Union vollzogen wird und wie sich dadurch die Wettbewerbsbedingungen und somit auch die Herausforderungen an Migros verändern werden.

Literatur

Ansoff, H. I. (1966), Management Strategie, München.

Bruhn, M. (1995), Internes Marketing als Forschungsgebiet der Marketingwissenschaft – Eine Einführung in die theoretischen und praktischen Probleme, in: Bruhn, M. (Hrsg.), Internes Marketing. Integration der Kunden- und Mitarbeiterorientierung. Grundlagen – Implementierung – Praxisbeispiele, Wiesbaden, S. 13-61.

Bruhn, M. (2001), Qualitätsmanagement für Dienstleistungen. Grundlagen, Konzepte, Methoden, 3. Aufl., Heidelberg u.a..

Büker, B. (1994), Herausforderungen an das Handelsmarketing. Strategische Neuausrichtung des Warenhauskonzeptes, in: Bruhn, M./Meffert, H./Wehrle, F. (Hrsg.), Marktorientierte Unternehmensführung im Umbruch, Stuttgart, S. 302-317.

EuroHandelsinstitut e.V. (1994), Migros – Die Brücke vom Produzenten zum Konsumenten, Köln.

Hasen, H. (1997), Die Handelsmarkenpolitik der Migros, in: Bruhn, M. (Hrsg.), Handelsmarken im Wettbewerb. Entwicklungstendenzen und Zukunftsperspektiven der Handelsmarkenpolitik, 2. Aufl., Stuttgart/Frankfurt am Main.

Ledermann, J. (1996), Der Schweizer Lebensmitteldetailhandel im Umbruch. Perspektiven im internationalen Wettbewerbsumfeld, Diss. Universität Basel, Chur/Zürich.

Meffert, H./Bruhn, M. (2000), Dienstleistungsmarketing. Grundlagen, Konzepte, Methoden, 3. Aufl., Wiesbaden.

6 Innovatives Qualitätsmanagement bei OBI Bau- und Heimwerkermärkte GmbH & Co. Franchise Center KG

Manfred Bruhn und Martin Ahlert

1. Besonderheiten des Handelsmarketing und Unternehmensdaten

1.1 Daten zum Unternehmen und zu seiner Entwicklung

Die Firma OBI Bau- und Heimwerkermärkte GmbH & Co. Franchise Center KG zählt seit ihrem Bestehen zu den erfolgreichsten Franchisesystemen Deutschlands. Eröffnet wurde der erste OBI-Markt 1970 in Hamburg-Poppenbüttel von Manfred Maus, der seit Mai 2000 die Funktion des Aufsichtsratsvorsitzenden inne hat. OBI betreibt von Wermelskirchen aus insgesamt 440 im Franchisesystem geführte Märkte in der Do-it-yourself (DIY)-Branche. Immer mehr OBI-Märkte werden im Ausland eröffnet. OBI führt diese von Wermelskirchen aus als Master-Franchisor: Subsystemzentralen bzw. OBI-Märkte befinden sich in Österreich, Ungarn, Polen, Slowenien, Italien, der Tschechischen Republik, der Schweiz und seit dem Jahr 2000 auch in China. In Deutschland ist OBI mit einem Umsatz über 8,2 Mrd. DM Marktführer der Branche, in weiteren Ländern wird ebenso die Marktführerschaft angestrebt. 1995 gewann OBI den Deutschen Marketing-Preis. Innerhalb von 30 Jahren ist es dem Unternehmen mittels Franchising gelungen, ein völlig neuartiges Konzept erfolgreich umzusetzen und sowohl national als auch international zu multiplizieren.

Die **Ausgangssituation** für den deutschen Bau- und Heimwerkermarkt war 1970 von einer Vielzahl von Fach-Einzelhändlern – wie beispielsweise Eisenhändler, Sanitärfachhandel, Farbengeschäfte – geprägt, bei denen jeweils separat die benötigten Materialien beschafft werden mussten. In den USA existierten bereits so genannte „Homecenter", in denen alle Sortimente für „Do-it-yourself" unter einem Dach und aus einer Hand angeboten wurden (z.B. „Home Depot"). Emil Lux und Manfred Maus griffen diese Idee in Deutschland auf. Mit der Eröffnung des ersten OBI-Marktes wurde zum ersten Mal in Deutschland ein zielgruppenorientiertes – im Gegensatz zu dem bisher vorherrschenden branchenorientiertem – Sortimentskonzept im Sinne des „One-Stop-Shopping" realisiert. OBI versteht sich als Fachmarkt für DIY-Artikel. Das weltweite Recht – mit Ausnahme von Frankreich – für den Namen „OBI", das in seiner Aussprechweise an das französische Wort „Hobby" angelehnt ist, erwarb Manfred Maus von einem Heimwerkermarkt bei Toulouse. Seit dieser Zeit ist der Biber das Markenzeichen von OBI.

Die **Entwicklung** des neuartigen Geschäftskonzeptes verlief sehr dynamisch (vgl. Abbildung 1). Fünf Jahre nach Eröffnung des ersten OBI-Baumarktes bestehen bereits 16 Verkaufsstellen, 1985 wächst diese Zahl auf 158, im Jahre 1990 auf 300 und im Jahre 2000 bereits auf 436 OBI-Märkte weltweit an. Ähnlich der Steigerung der Anzahl von OBI-Märkten verhält es sich mit der Entwicklung des Umsatzes. Der erste OBI-Markt brachte auf einer Geschäftsfläche von gerade einmal 870 m^2 einen

Umsatz in Höhe von 1,8 Mio. DM im Jahr. Fünf Jahre später stieg der Umsatz auf 37 Mio. DM. Im Jahre 1985 wurde ein Umsatz von rund 951 Mio. DM, 1995 von circa 4,1 Mrd. DM und im Jahre 2000 von 8,2 Mrd. DM erzielt. Die Marktgröße stieg von anfangs 870 m^2 (1970) auf Größenordnungen um die 15.000-20.000 m^2 (2000).

Abbildung 1 **Entwicklung OBI-Märkte**

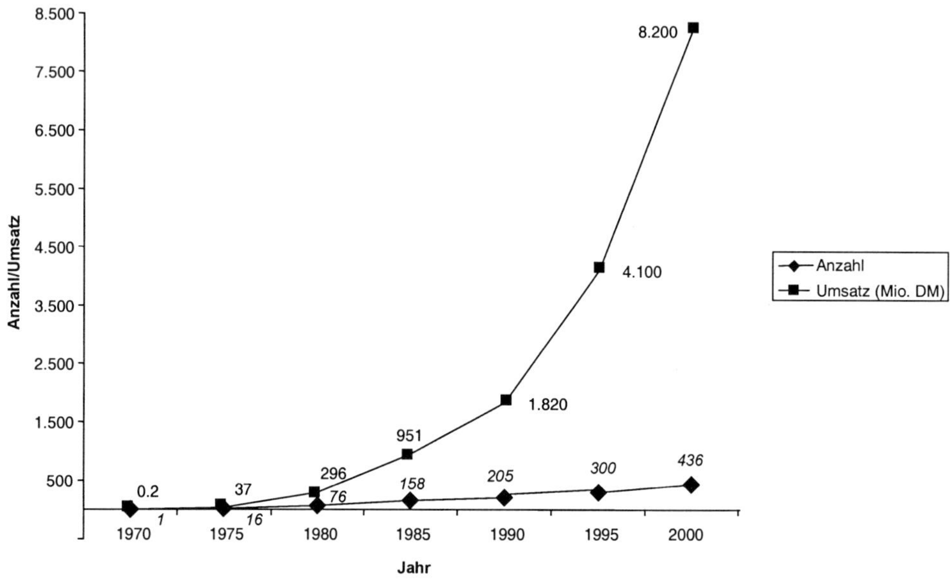

GABLER GRAFIK

Im Geschäftsjahr 2000/2001 zählte OBI europaweit über 110 Millionen kaufende Kunden. Die Marke „OBI" hat einen ungestützten Bekanntheitsgrad von 69 und einen gestützten von 89 Prozent (Inra 2000).

Das Kerngeschäft von OBI besteht im Handel mit DIY-Artikeln, wobei sich der Schwerpunkt im Laufe der Jahre vom Hard-DIY in Richtung Soft-DIY verlagert hat. Ein durchschnittlicher OBI-Markt führt circa 38.000 Artikel in seinem Sortiment. Neben dem Kerngeschäft bietet OBI – teilweise in Kooperation mit anderen Unternehmen – in seinen OBI-Märkten und teilweise auch im Internet folgende Dienstleistungen an:

OBI Gartenparadies: Hier handelt es sich um circa 300 integrierte, separate Gartenparadiese in OBI-Märkten.

„B.O.S.-Haus zum Mitbauen": Die Bien Haus AG, ein Hersteller von vorgefertigten Häusern, bietet Fertighäuser zum Kauf an, zu dem OBI entsprechende Ausbaupakete liefert.

MIETPROFI: Hier handelt es sich um einen Miet- oder Leihservice für DIY-Gebrauchsgegenstände, wie z.B. Bohrmaschinen, Schleifgeräte, Hexler. Für den Verleih einer solchen Maschine zahlt der Kunde eine bestimmte Leihgebühr pro Tag.

OBI@Otto: OBI ist mit dem Otto Versand Hamburg ein Joint Venture (Beteiligungsverhältnis 50:50) eingegangen, mit dem Ziel, führender DIY-Anbieter im Internet zu werden. Unter dem Namen OBI@OTTO erhält der Kunde ein breites Heimwerker- und Gartensortiment. Anfang 2001 erschien der erste gemeinsame Katalog. Auch im Internet ist dieses Angebot unter www.OBIatOTTO.de zu finden. Die Kernkompetenzen beider Unternehmen werden vereint: Die Sortimentsstärke und Erfahrung von OBI und die Logistik von OTTO.

BIBER Serviceline: Hierbei handelt es sich Kundentelefon, bei dem Kunden bei Schwierigkeiten rund um das Heimwerken unter einer kostenlosen Telefonnummer bei kompetenten OBI Mitarbeitern Unterstützung bekommen. Den Service nutzen über 20.000 Anrufer pro Jahr.

Weitere Dienstleistungen sind Finanzierung, Reklamationen, Verpackung, Anlieferung, Zuschnitt (Holz und Plattenmaterial), Umtausch oder Rückerstattung des Kaufpreises bei Rückgabe, Sonderbestellung, Fachberatung, Einkaufshilfe, Ladehilfe, Information.

Die **Veränderungen im Wettbewerb und in den Ansprüchen der Konsumenten** haben in den vergangenen Jahren vermehrt dazu geführt, dass nicht mehr nur das Produktangebot im Vordergrund steht, sondern ein umfassender Service und emotionale Reize rund um das Produkt bedeutsam sind. Die Folge dieser Entwicklung für OBI war, dass immer mehr Angebote für die persönliche Selbstentfaltung nötig waren, um den Kunden bei der Verwirklichung ihrer Bedürfnisse entgegenzukommen. Ergebnis dieser Entwicklung waren stark segmentierte Zielgruppen mit weit auseinanderliegenden Bedürfnissen (Creusen 1999). Diese Differenzierung der Kundensegmente wirkte sich auch auf die Sortimentsgestaltung von OBI aus. Bildeten vor einigen Jahren insbesondere harte DIY-Produkte („Hard-Do-it-yourself"-Bereich) wie Maschinen und Baumaterialien den Kern des OBI-Sortiments, so geht der Trend heute in Richtung weiche DIY-Produkte („Soft-Do-it-yourself"-Bereich). Darunter fallen z.B. Produkte wie Heimdekoration, Möbel, Lampen, Haustierangebote oder das Gartenparadies; allesamt Aspekte, die dem Thema „schöner Wohnen" subsumiert werden können.

Die Entwicklung führte außerdem zu einer **Veränderung der Kundenstruktur** in der Form, dass der Anteil weiblicher OBI-Kunden enorm anstieg. Heute sind circa 25 Prozent aller aktiven und über 50 Prozent der gelegentlichen Heimwerker Frauen (Creusen 1999).

Grundidee des OBI-Franchisekonzeptes ist die Verknüpfung von dezentral und unternehmerisch geführten – überwiegend mittelständischen – Fachmärkten mit dem Know-how der Franchisezentrale und dem Einkaufsvolumen eines Großunternehmens. Das Konzept des Franchising ermöglichte es OBI, durch die fremdfinanzierten Investitionen in neue OBI-Märkte so schnell zu wachsen und Marktführer zu werden. Heute ist der Lebensmittelfilialist Tengelmann mehrheitlich an der Holding des Franchiseunternehmens OBI beteiligt.

Neben inländischen Wachstumspotenzialen verfolgt OBI – schwerpunktmäßig seit den 90er Jahren – zunehmend auch ausländische Engagements. Der Ausbau der Marktposition beruhte bisher insbesondere auf Italien, Tschechien, Ungarn, Österreich und Polen, gefolgt von Slowenien, der Schweiz und China. Bis 2002 wollen die Wermelskirchener eine jährliche Umsatzsteigerung von circa 20 Prozent auf rund 10 Mrd. DM pro Jahr erzielen, wovon dann ein Viertel auf das Ausland entfallen soll (b+h-markt 2000). Abbildung 2 zeigt weitere Unternehmensdaten im Überblick.

Abbildung 2 **Unternehmensdaten der OBI Bau- und Heimwerkermärkte GmbH & Co. Franchise Center KG für das Geschäftsjahr 2000/2001**

OBI Unternehmensdaten für das Geschäftsjahr 2000/2001	
Anzahl der Mitarbeiter	circa 23.000
Anzahl Märkte gesamt davon im Inland davon im Ausland	440 336 104
Umsatz in Mio. DM	8.200

GABLER GRAFIK

1.2 Analyse des Do-it-yourself-Marktes

Der Markt für den Bau- und Heimwerkerbereich hat sich in den vergangenen drei Jahrzehnten grundlegend verändert. Kennzeichnend für die deutsche Bau- und Heimwerkermarktbranche ist ein nicht ausgeschöpftes Marktpotenzial, denn in Deutschland betätigt sich heute nur jeder zweite Verbraucher als Heimwerker. In

Großbritannien dagegen liegt der Anteil der Heimwerker bei 75 Prozent (Bottler 2000).

Die **hohe Marktkonzentration** und der daraus resultierende hohe Wettbewerb ist ein weiteres Merkmal. Das Do-it-yourself-Geschäft ist sehr wettbewerbsintensiv. Die Branche erlebte in den Jahren 1996 bis 1998 eine Krise, in der die Umsätze um 8,5 Prozent auf insgesamt 59 Mrd. DM zurückgingen. Seitdem werden wieder Zuwachsraten von bis zu 13,5 Prozent erreicht, das Wachstum ist jedoch ungleichmäßig verteilt. Nach wie vor in der Krise sind die Baumärkte großer Handelskonzerne, wie Praktiker (Metro) und Toom (Rewe). Dagegen realisieren Max Bahr, Hagebau und Hornbach wieder steigende Umsätze (Bottler 2000). Der Marktführer OBI hat sich mit dem Slogan „Alles in OBI“ derart in dem Bewusstsein der Öffentlichkeit positioniert und profiliert, dass auch die Konkurrenten um ein neues Marketingdenken nicht mehr umhin kommen (Bottler 2000). Der hohe Konzentrationsgrad in der DIY-Branche steigt stetig durch vermehrte Aufkäufe, Konkurse und Kooperationen in den letzten Jahren.

Die Unternehmensgruppe Rewe kaufte beispielsweise im Jahre 1999 die Stinnes-Outlets, um damit ihre toom-Baumarktkette zu verstärken. Dadurch konnte sich die Rewe im Ranking der größten Baumärkte in Deutschland von Platz 9 auf Platz 3 nach oben verbessern. Hobbyland musste 1999 Konkurs anmelden. Auch der Nürnberger Bund erlebte schwere Verluste: Nach seiner Rettung verlor er durch die Probleme des Anteilseigners Kaufring das Vertrauen seiner Profi- und Profi-Point-Betreiber. Diese wanderten zur Konkurrenz ab. Kooperationen finden inzwischen vermehrt – auch mit ausländischen Gesellschaften – statt, mit dem Ziel, das Einkaufsvolumen zu erhöhen. Beispielhaft können genannt werden die Kooperationen toom/bauMax oder AVA/Vendex. Zukünftig stellt sich die Frage, wer mit dem US-Anbieter Home Depot in Deutschland kooperieren wird. Home Depot machte 1999 mit 30 Mrd. US-$ so viel Umsatz wie alle deutschen Baumarktketten zusammen – der Nettogewinn betrug 2,3 Mrd. US-$ (b+h markt 2000). Home Depot will langfristig in den deutschen Markt und wird ein deutsches Handelsunternehmen kaufen. Dabei kommen alle großen deutschen Baumarktketten in Frage.

In der deutschen DIY-Branche gibt es heute zwölf „Umsatzmilliardäre“, die zusammen ein Umsatzvolumen von 38,9 Mrd. DM (1999) erwirtschaften. Dies entspricht 87,8 Prozent des Gesamtumsatzes der Top-30. Die Top-10 erwirtschafteten zunächst 71 Prozent (1996 und 1997), dann 75,5 Prozent (1998) und schließlich 82,6 Prozent (1999) des Top-30-Umsatzes, das entspricht einem Umsatz von 31,9 Mrd. DM (vgl. Abbildung 3).

Der Konzentrationsprozess schreitet schnell voran. Dies bestätigt auch der Blick auf die Top-5, die 1999 einen Umsatz von 23,2 Mrd. DM, das sind 60,1 Prozent der Top-30, gegenüber 55 Prozent in 1998, auf sich vereinigen (b+h-markt 2000).

Betrachtet man die Top-30 der Branche, so ist hier nach Aufkäufen und Konkursen ein Umsatz von 38,6 Mrd. DM (1999) zu verzeichnen. Gegenüber 1998 entspricht dies einem Zuwachs von 4,6 Mrd. DM (13,5 Prozent). Die Anzahl der Filialen stieg von 2.784 (1998) auf 3.043 (1999), somit um 259 (9,3 Prozent) (b+h-markt 2000).

In jüngster Zeit sind zunehmend **Internationalisierungstendenzen** in der Branche zu beobachten. Die Top-30 der Branche waren 1999 mit insgesamt 242 Standorten außerhalb Deutschlands vertreten, circa ein Drittel der Unternehmen ist international tätig (b+h markt 2000). Mit seinem Eintritt in China ist OBI hier nicht nur Vorreiter, sondern steigt zugleich zum „Global Player“ auf: OBI ist heute die Nr. 5 auf der Welt.

Abbildung 3 **Top Ten deutscher Baumärkte**

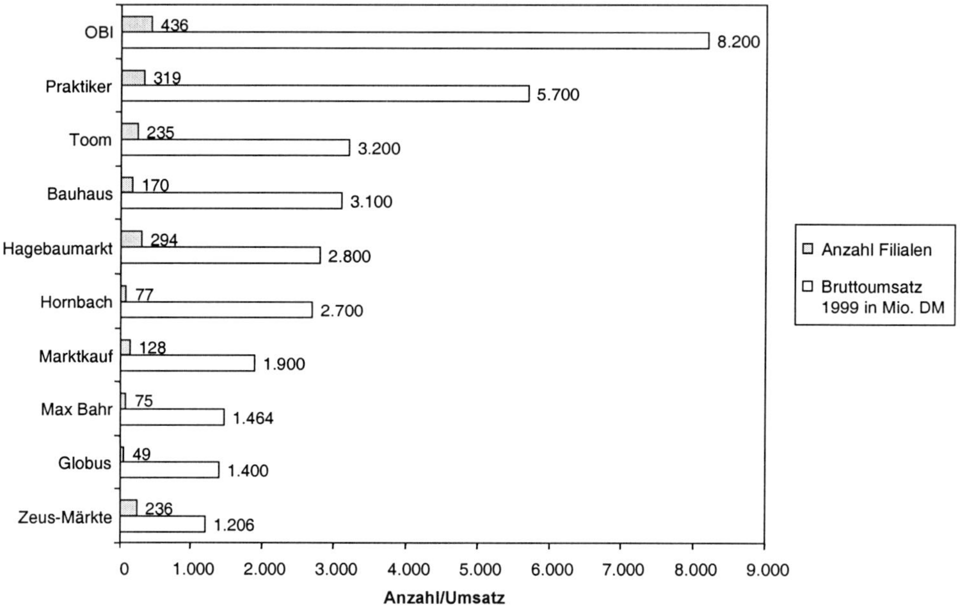

Quelle: Bottler 2000

GABLER GRAFIK

In den immer **größeren Verkaufsflächen** – inzwischen reichen diese bis zu 30.000 m^2 – ist ein weiterer Trend zu sehen. Die Zahl der Neueröffnungen ist in der BRD wegen der schwachen Einzelhandelskonjunktur und der Flächenexpansion der vergangenen Jahre zurückgegangen. Statt dessen ersetzte man vermehrt kleine Standorte durch größere mit dem Ziel, durch Großzügigkeit und Ambiente die Position im Wettbewerbsumfeld zu verbessern. Hier ist OBI ebenfalls Vorreiter. Aber auch kleine Märkte (< 2000 m^2) haben gute Chancen, können sie sich doch vor allem in ländlichen Regionen als „Nachbarschaftsläden“ behaupten. Der Trend zu immer größeren Betriebseinheiten ist – dies zeigt Abbildung 4 – jedoch ungebrochen (Creusen 1999).

Die **Flächenproduktivität** entwickelt sich nicht einheitlich positiv. Etwa die Hälfte der Top-Unternehmen konnte diese weiter verbessern – im konjunkturell schwachen Jahr 1999 gelang dies jedoch nicht einmal mehr NBB (Norddeutsche Betriebsberatung) mit der höchsten Flächenproduktivität (b+h markt 2000) (vgl. Abbildung 4).

Abbildung 4 **Top Ten – Flächenbezogener Vergleich (1999)**

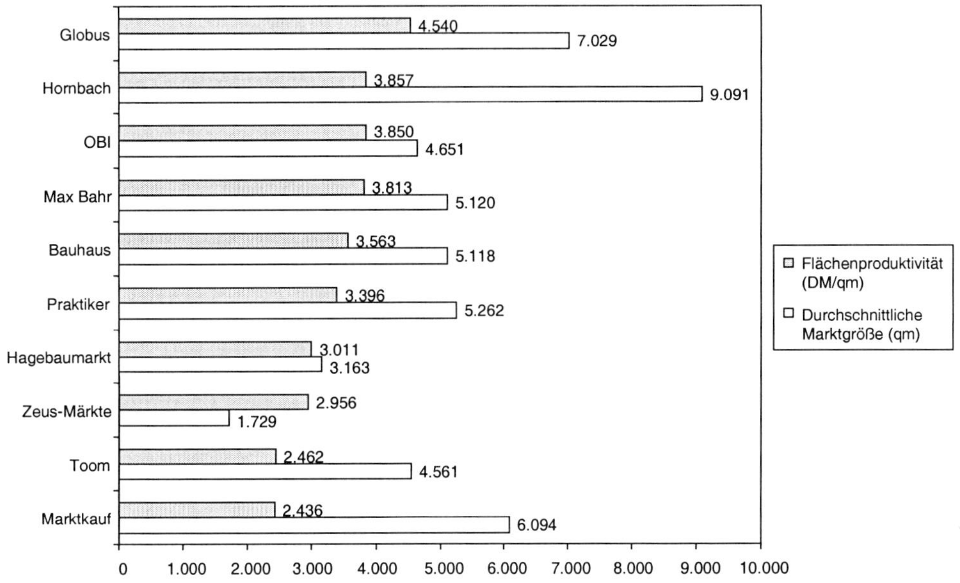

GABLER GRAFIK

Quelle: In Anlehnung an b+h markt 2000

.3 Besonderheiten des Dienstleistungsmarketing im Handel

Die derzeitigen **Entwicklungstendenzen im Handel**, wie z.B.

- die Globalisierung der Märkte,
- der zunehmende Verdrängungswettbewerb,
- der fortschreitende Konzentrationsprozess,
- die Individualisierung des Konsums,
- die gestiegenen Anforderungen der Kunden hinsichtlich Qualität und Service,

- das hybride Einkaufsverhalten,
- die Billigangebote aus Osteuropa und Fernost

verändern die Aufgaben des Dienstleistungsmarketing dieser Branche (Meffert/Bruhn 2000; Creusen 1999). Will ein Unternehmen diese Herausforderungen erfolgreich bewältigen, so ist eine ausreichende Sensibilität für die grundlegenden Veränderungen der Zeit erforderlich. Im Mittelpunkt steht die **Schaffung komparativer Konkurrenzvorteile**, um sich als Bau- und Heimwerkermarkt bei den Kunden etwa als Qualitätsführer zu positionieren und auf diese Weise von der Konkurrenz zu profilieren. Dabei müssen neue gesellschaftliche Bedürfnisse sowie Markt- und Machtkonstellationen frühzeitig erkannt werden, um entsprechend reagieren zu können. Für OBI bedeutet dies beispielsweise, dass man bereit sein will, im Einklang mit den Herausforderungen der Zeit zu handeln, Experimente zu wagen, auch einmal Risiken einzugehen oder klassische Verfahrensweisen zu ignorieren.

Die **Individualisierung des Konsums** sowie die **veränderte Erwartungshaltung der Kunden** hinsichtlich Qualität und Service bedeutet für OBI, dass immer neue Produkte und Dienstleistungen angeboten werden müssen – gute Ideen werden z.B. im Rahmen so genannter Kundenforen entwickelt. In Bezug auf Qualität und Service werden Instrumente der Kundenbindung und TQM (Total Quality Management) bedeutsam.

Um die sich aus dieser Situation ergebenden Konsequenzen besser beurteilen zu können, erscheint es zunächst sinnvoll, die zentralen Besonderheiten des DIY-Handels herauszuarbeiten. Folgende **Besonderheiten** können als relevant erachtet werden (vgl. z.B. Büker 1994):

Breite, differenzierte Kundenschicht: Eine Besonderheit des Marketing im DIY-Einzelhandel ist das hohe Anforderungsniveau der Kunden hinsichtlich Qualität und Service sowie die Notwendigkeit der Befriedigung differenzierter Zielgruppen. Ein Handelsunternehmen wie OBI muss – im Vergleich zu klassischen Konsumgüterherstellern – eine sehr breite und zugleich differenzierte Kundenschicht bearbeiten, die eine hohe Anzahl unterschiedlicher Kaufverhaltenseigenschaften, Wertevorstellungen oder Lebensstile usw. aufweist.

Überdurchschnittlicher Informationsbedarf: Eine nächste Besonderheit ist in dem überdurchschnittlich hohen Informationsbedarf von OBI zu sehen, der aus der oben angeführten breiten und differenzierten Kundenschicht, aber auch aus dem besonders breiten (eine Vielzahl von DIY-Abteilungen unter einem Dach, z.B. Sanitär, Maschinen, Werkzeug, Baustoffe, Garten, Haushalt, Elektronik, Teppich) und tiefen Sortimentsangebot (z.B. innerhalb der Abteilung Maschinen werden neben gängigen Markenartikel-Maschinen auch Eigenmarken angeboten) resultiert.

Hohe Flexibilität: Weiter ist zu sehen, dass ein Handelsunternehmen wie OBI, z.B. aufgrund des Angebotes an Pflanzen, Blumendünger usw., besonders schnell und flexibel agieren muss, um eine optimale Qualität der Waren sicherzustellen.

Unzureichende Schutzmöglichkeiten: OBI kann für sein erfolgreiches Handelskonzept (Franchising) keinerlei gewerbliches Schutzrecht in Anspruch nehmen. Daher ist die Imitationsgefahr des Gesamtkonzeptes oder einzelner Prozesse durch Wettbewerber sehr groß. Ein Vorteil, den große Handelsunternehmen wie OBI haben, ist, dass sie aufgrund der Vielzahl von Verkaufsstellen ein hohes Potenzial zur Analyse von internen Benchmarks aufweisen.

Überragende Bedeutung des Personals: Im DIY-Einzelhandel liegt das größte Potenzial zur Sicherung des langfristigen Erfolges in den personellen Ressourcen des Unternehmens. Die Erreichung einer hohen Servicequalität aus Kundensicht, etwa im Sinne von Freundlichkeit, Kompetenz oder Schnelligkeit des Kundenkontaktpersonals, spielt im Dienstleistungsmarketing von Handelsunternehmen eine zentrale Rolle. Hieraus abgeleitet ist eine der zentralen Aufgaben der Unternehmensführung darin zu sehen, die Motivation der Mitarbeiter zu fördern, um langfristig einen Wettbewerbsvorsprung erzielen zu können.

Als **Erfolgsfaktoren** für eine strategische Ausrichtung von OBI sind bedeutsam: Unternehmertum, Flexibilität, Qualität, Service, Information und Zeit. Diese gilt es hinsichtlich der strategischen Ausrichtung integrativ in einem ganzheitlichen Managementprozess zu berücksichtigen.

Unternehmensphilosophie und Strategien des Unternehmens

2.1 Die Unternehmensphilosophie von OBI

Markterfolg durch überragende Dienstleistungsqualität kann im DIY-Handel nur dann erreicht werden, wenn ein Unternehmen dabei den Anforderungen seiner Anspruchsgruppen gerecht wird. Die Marktpartner von OBI sind zum einen Kunden, zum anderen sind dies Franchisenehmer, Zulieferfirmen und Mitarbeiter.

Die werblichen Aussagen „Wir bei OBI reissen uns ein Bein für unsere Kunden aus", „OBI. Wir wollen die Besten sein" oder „Bei OBI bekommen Sie nicht nur alles zu kaufen, sondern auch alles erklärt ... alles in OBI." stellen eine Zusammenfassung sämtlicher Unternehmensaktivitäten von OBI dar. Sie verdeutlichen eindrucksvoll, welche Determinanten das unternehmerische Handeln bei OBI bestimmen.

Zum einen ist dies die Ausrichtung sämtlicher Unternehmensaktivitäten auf die sich ständig verändernden Bedürfnisse der Kunden – die **maximale Kundenorientierung**. Der OBI-Kunde soll den Einkauf seiner DIY-Artikel als möglichst angenehm wahrnehmen. Statt des branchenorientierten Fachhandel-Ansatzes ist das OBI-Konzept deswegen zielgruppenorientiert aufgebaut: Bei OBI sind sämtliche Artikel des DIY-Bedarfs zu finden. Die Grundphilosophie der maximalen Kundenorientierung spiegelt sich in der Konzeption des „One Stop Shopping“ wider. Der Kunde steht bei OBI im Mittelpunkt. Dies kommt in der kundenorientierten Gestaltung sämtlicher Kundenkontaktpunkte zum Ausdruck. Dabei ist man laufend bestrebt, die sich verändernden Kundenbedürfnisse zu erkennen oder zu antizipieren, aufzunehmen und zu erfüllen.

Neben der Kundenorientierung steht zum anderen der Grundgedanke des **partnerschaftlichen Konsens**. Von der Unternehmensgründung bis heute verfolgt man bei OBI die Überzeugung, dass durch Mitsprache und Mitentscheidung ein Maximum an Selbstverantwortung, Initiative und somit Motivation aller Beteiligten zu erreichen ist. Diese Philosophie gilt für sämtliche **Bereiche der Zusammenarbeit**, also

- innerhalb des OBI Franchise Centers,
- im Verhältnis zu den Franchisepartnern,
- den Marktleitern,
- den Mitarbeitern in den Märkten sowie
- im Verhältnis zu den Lieferanten.

Im Rahmen der partnerschaftlichen Zusammenarbeit sollen die spezifischen Fähigkeiten so kombiniert werden, dass sämtliche Beteiligte Vorteile aus der Partnerschaft ziehen.

2.2 Strategische Grundsätze von OBI

Die allgemeinen Wertevorstellungen eines Unternehmens finden ihren konkreten Ausdruck in der Formulierung von Leitbildern und Unternehmensgrundsätzen. Bei OBI sind diese Grundsätze in den so genannten **OBI-Leitbildern** niedergelegt, die zentrale Aspekte der Unternehmenspolitik beinhalten:

„Betroffene zu Beteiligten machen“

Die Philosophie des partnerschaftlichen Konsens mündet in dem strategischen Grundsatz „Betroffene zu Beteiligten machen“. Der Grundsatz des Dialogs umfasst unter anderem:

- dass Betroffene an sämtlichen Entscheidungen, die sie unmittelbar berühren, beteiligt werden,
- dass Konflikte offen ausgetragen werden und
- dass ressortübergreifend in Teams zusammengearbeitet wird.

„Wir wollen die Besten sein"

Der zentrale strategische Grundsatz bei OBI lautet „wir wollen die Besten sein". Dieser spiegelt sich sowohl in der Philosophie der Kundenorientierung wider, stellt – im Sinne eines sportlichen Wettkampfes – das Ziel der Unternehmensaktivitäten dar und dient auf diese Weise dem Zweck der Abgrenzung von der Konkurrenz. Dieser Grundsatz wird in sämtlichen Aktivitäten von OBI wieder aufgegriffen.

„Qualität zu fairen Preisen"

Qualität wird sowohl über den Vertrieb von Markenprodukten sichergestellt, als auch über das Angebot von Exklusivmarken. Wegen des zentralisierten Einkaufes der gesamten OBI-Gruppe über das Merchandise Center hat OBI gegenüber seinen Lieferanten eine gewisse Einkaufsmacht inne, die es erlaubt, günstige Einkaufskonditionen zu realisieren. Außerdem bietet OBI in bestimmten Sortimentsbereichen auch Eigenmarken an, mit denen eine hohe Qualität zu günstigen Preisen offeriert wird.

„Der Kunde steht bei OBI im Mittelpunkt"

OBI will seinen Kunden ein Einkaufserlebnis vermitteln, das angefangen von der Werbung über persönliche Kontakte im Markt oder über das Servicetelefon, die Ladengestaltung bzw. das Merchandising bis hin zur Außengestaltung eines OBI-Marktes reicht.

„Wir bei OBI helfen dem Kunden, wo wir können"

OBI bietet seinen Kunden eine Vielzahl weiterer Services bzw. Dienstleistungen (Value Added Services) als Zusatznutzen an. Diese reichen z.B. von der Information über die Fachberatung bis hin zu Mietservice, Finanzierung, Anlieferung, Holzzuschnitt und Sonderbestellung.

„All business is local"

Die Vorteile eines mittelständischen Unternehmens ergeben sich aus dem Umstand, dass die OBI-Märkte durch einen selbständigen, aktiven Unternehmer vor Ort, dem Franchisepartner, geführt werden. Dies gewährleistet ein Höchstmaß an Engagement vor Ort in der lokalen Umwelt, außerdem Flexibilität durch autonome Entscheidungen und ein Höchstmaß an Kundennähe und Kreativität. Die Vorteile eines Großunternehmens können zugleich dadurch realisiert werden, dass eine Konzentration im Einkauf, die einheitliche Nutzung einer leistungsfähigen EDV, der Aufbau eines nationalen Images der Marke OBI durch nationale Werbung, die Know-how-Entwicklung über einen permanenten Erfahrungsaustausch, eine Rationalisierung in Organisation und Systemen und eine qualifizierte Personalauswahl und -entwicklung erreicht wird.

2.3 Qualitätsorientierte Strategieausrichtung von OBI

Als ausschlaggebende Strategiedimension kann bei OBI die **Qualitätsstrategie**, genauer die „Präferenzstrategie“, d.h., Qualität zu fairen Preisen, identifiziert werden. OBI versteht sich als Fachmarkt im Bereich DIY, der Qualität, Service und Sortimentskompetenz unter einem Dach vereint. Insofern grenzt OBI sich von einem Großteil seiner Wettbewerber ab, die eine Preis-Mengen-Strategie verfolgen.

Der erste Schritt zum Qualitätsmanagement ist die Bereitschaft dafür, Qualität als Unternehmensstrategie zu begreifen – dies wird von OBI konsequent verfolgt. Hinsichtlich der kommunikativen Positionierung verdeutlicht dies der Slogan „Alles in OBI“. Maximale Kundenorientierung, und damit Mitarbeiter- und Kundenzufriedenheit, sowie Kundenbindung ist das Profilierungsziel von OBI gegenüber der Konkurrenz. Die eigentlichen Ziele des Unternehmens werden stets aus der Perspektive der Kunden, der Franchisenehmer und der Mitarbeiter bestimmt – ihre Bedürfnisse sind Grundlage des unternehmerischen Handelns von OBI.

OBI strebt neben einem quantitativen auch ein qualitatives Wachstum an. Zielgruppen sind Handwerker, Heimwerker, Freizeitler und seit Bestehen der Gartenparadiese allgemein die Zielgruppe der Frauen. OBI ist heute eine Marke, die sich in sämtlichen Bereichen – Sortiment, Service und Qualität – von den Angeboten anderer Baumärkte oder des Fachhandels abhebt. Service und Qualität sind die zentralen Elemente der strategischen Grundausrichtung von OBI. Obwohl der Massenmarkt bearbeitet wird, ist es durch das Konzept des Franchising möglich, zugleich kundennah und mit regional angepasstem Angebot zu operieren. Spezielle Verbraucherkenntnisse werden im Rahmen von Kundenforen und der Nutzung des Wissens aller Mitarbeiter gewonnen.

OBI verfolgt im Rahmen der **Total-Quality-Philosophie** vor allem folgende Zielsetzungen:

Permanente Verbesserung der Produkt- und Servicequalität: Ein zentrales Ziel ist die ständige Verbesserung, Weiterentwicklung oder Innovation von Produkten und Leistungen. Sämtliche Mitarbeiter, Franchisenehmer, Lieferanten und selbst Kunden werden dazu motiviert, ständig an Verbesserungen mitzuwirken oder Fehler in der Wertschöpfungskette (z.B. bei der Erstellung von Leistungen) zu entdecken und Fehlerquellen auszuschalten.

Erzielung von maximaler Kundenorientierung, die sich in einer hohen Kundenzufriedenheit niederschlägt: Ein weiteres bedeutsames Ziel der qualitätsorientierten Strategieausrichtung ist die Erzielung einer hohen Kundenzufriedenheit. Diese wird jährlich im Rahmen des europaweit durchgeführten OBI-Barometers erhoben. Die Bewertung der Items (z.B. Freundlichkeit, Kompetenz, Hilfsbereitschaft) liefert Ansatzpunkte für Verbesserungsbedarf. Das Ziel der maximalen Kundenorientierung wird u.a. dadurch erreicht, dass Prämien- und Vergütungssysteme an Kundenzufriedenheitswerte gekoppelt sind.

Verbesserung der Strukturen und Prozesse im Hinblick auf Effektivität und Effizienz: Grundlage einer ständigen Verbesserung der Strukturen und Prozesse bei OBI ist zum einen die Zertifizierung nach DIN ISO, zum anderen der Selbstbewertungsprozess nach dem EFQM-Modell (European Foundation of Quality Management). Durch die Dokumentation sämtlicher Abläufe werden Verbesserungspotenziale in der Wertschöpfungskette, angefangen von der Neuproduktplanung bis hin zur Gestaltung des direkten Kundenkontaktes im OBI-Markt evident.

3. Qualitätsmanagement bei OBI

3.1 Anforderungen an die Dienstleistungsqualität aus Unternehmenssicht

Wegen der genannten Tendenzen im Handel ist die Erreichung einer besonderen Marktstellung von hoher Bedeutung. Ein Einzelhandelsunternehmen wie OBI ist heute mehr denn je gefordert, den Reason Why dafür zu liefern, warum ein Kunden in den OBI-Markt und nicht zu „Eisen-Karl" oder einem Konkurrenzunternehmen gehen soll.

Neben einer **großen Sortimentsvielfalt** sowohl hinsichtlich Sortimentsbreite und -tiefe bietet OBI seinen Kunden **Servicequalität**. Der Kunde ist bei OBI König und steht im Mittelpunkt – sämtliche Unternehmensaktivitäten orientieren sich bei OBI am Kundennutzen.

Hinsichtlich der Frage der Anforderungen an die Qualität aus Unternehmenssicht steht die Möglichkeit der erfolgreichen Profilierung des eigenen Unternehmens gegenüber dem Wettbewerb im Vordergrund. Es handelt sich um die Suche nach komparativen Wettbewerbsvorteilen gegenüber der Konkurrenz, deren realisiertes Qualitätsniveau die eigene Mindestqualität bestimmt (Bruhn 2001).

OBI stellt hohe Anforderungen an die Qualität, weil diese – neben einem vorteilhaften Preis-Leistungs-Verhältnis – das entscheidende Differenzierungs- und Profilierungsmerkmal im Wettbewerb darstellt.

3.2 Anforderungen an die Dienstleistungsqualität aus Kundensicht

Den zentralen Maßstab für die Unternehmenspolitik von OBI stellen die Anforderungen an die Qualität aus Kundensicht dar. Der DIY-Markt ist seit vielen Jahren ein Käufermarkt.

OBI hat erkannt, dass die einzige Instanz, die über Qualität entscheidet, der Kunde ist, also derjenige, der die Leistungen in Anspruch nimmt und dafür bezahlt. Allein die subjektive Wahrnehmung der Kunden führt zu der Unterteilung in gute und schlechte Dienstleistungen und somit Bau- und Heimwerkermärkte. OBI bearbeitet den Massenmarkt mit einer Vielzahl heterogener Kundensegmente. Im Hinblick auf die Ermittlung der individuellen Kundenbedürfnisse wurde im Jahre 1995 das OBI-Barometer ins Leben gerufen, um die Kundenzufriedenheit zu messen und laufend zu verbessern. Dabei werden die externen OBI-Kunden befragt. Hinzu kommen weitere jährliche Befragungen von Mitarbeitern und Franchisepartnern, die die Leistungen des Franchise Centers bewerten.

Als besonders bedeutsam haben sich folgende **Anforderungen aus Kundensicht** herausgestellt:

Im Mittelpunkt der Anforderungen aus Kundensicht steht die **gute Qualität der Produkte und Leistungen** sowie die **fachliche Beratung**. In der Bau- und Heimwerkerbranche ist zum einen die Qualität der Produkte deshalb von hoher Bedeutung, weil hier eine Vielzahl von Vorprodukten verkauft wird, die erst durch den Heimwerker zu einem Endprodukt transformiert werden. Sind Einzelbestandteile von minderer Qualität, so ist die Qualität des selbsterstellten Endproduktes gefährdet. In Anbetracht der Tatsache, dass die Produkte häufig relativ viel Geld, der Erstellungsprozess der Endleistung durch den Heimwerker aber vor allem viel Zeit kostet, würde eine mindere Produktqualität schnell zu Unzufriedenheit des Heimwerkers und damit zu einem Wechsel des Anbieters führen. Zum anderen ist für den Bau- und Heimwerkermarkt charakteristisch, dass die OBI-Kunden – Heimwerker, Semi-Profis und Profis – mal mehr und mal weniger Know-how bezüglich des Heimwerkens bzw. Bauens haben. Die fachliche Beratung für die „richtige" Verwendung der angebotenen Produkte besitzt somit ebenfalls einen hohen Stellenwert. Eine Beratung der Kunden erfolgt bei OBI z.B. sowohl durch den OBI-Kundenberater bzw. Fachverkäufer im OBI-Markt, durch schriftliche Anleitungen der Lieferanten (z.B. auf der Verpackung oder auf einem separaten Informationsblatt) oder das OBI-Kundentelefon.

Der DIY-Markt ist – wie oben bereits angesprochen – ein Markt mit einer hohen Konkurrenzintensität, d.h., nur die besten Wettbewerber verbleiben am Markt. In diesem Zusammenhang ist nicht nur die Qualität der Produkte und Leistungen von Bedeutung, sondern insbesondere auch das **Preis-Leistungs-Verhältnis**. Dies soll an einem Beispiel verdeutlicht werden. Häufig besuchen Kunden einen Bau- und Heimwerkermarkt, um Leistungen im eigenen Heim kostengünstig selbst zu erstellen – alternativ zur Beauftragung eines Handwerksbetriebes. Wegen der Vielzahl von Alternativen unter Bau- und Heimwerkermärkten suchen insbesondere solche Kunden eine preisgünstige Alternative auf. Für OBI bedeutet dies, dass das vorteilhafte Preis-Leistungs-Verhältnis explizit herauszustellen ist. In diesem Zusammenhang ist auf den Werbeslogan „sprichwörtlich günstig" zu verweisen.

Heutzutage sind weitere Faktoren bedeutsam, um insbesondere Hobby-Heimwerker oder Garteninhaber zu Käufen zu veranlassen. Eine **angenehme Einkaufsatmosphäre** trägt entscheidend dazu bei, das Gefühl des Einkaufens in einem Bau- und

Heimwerkermarkt als bloßer Beschaffungsvorgang notwendiger Produkte für die Eigenerstellung von Leistungen (z.B. Anstreichen), sondern vielmehr als angenehme Art, einem Hobby nachzugehen, zu vermitteln.

Weitere bedeutsame Faktoren ergeben sich aus der Analyse sämtlicher Kundenkontaktpunkte, wie z.B. Parkplatzangebot, Einkaufswagen oder Kasse usw. Im Rahmen des OBI-Barometers werden aber auch allgemeine Urteile u.a. zur Freundlichkeit, Hilfsbereitschaft, Fachkompetenz, Ansprechbarkeit/Verfügbarkeit sowie zur generellen Zufriedenheit erhoben.

3.3 Aufgaben des Qualitätsmanagements

Zentraler Maßstab für die Unternehmenspolitik von OBI stellen die Anforderungen an die Qualität aus Kundensicht dar. Dies bedeutet für OBI, dass sämtliche Erwartungen der Kunden an Produktqualität, Preis-Leistungs-Verhältnis und Service zu erfüllen sind, um eine möglichst hohe Kundenzufriedenheit zu erreichen. Diese gehen in das Qualitätsmanagementsystem (QMS) von OBI ein. Hauptaufgabe des QMS ist die **kontinuierliche Verbesserung der Qualität von Produkten und Leistungen** mit der Vision „Wir wollen nicht nur zufriedene Kunden, sondern darüber hinaus begeisterte Kunden". Um dieser Aufgabe gerecht zu werden, ist das Qualitätsmanagement zwischen OBI-Märkten auf der einen Seite und dem des Franchise Centers auf der anderen Seite eng verzahnt (vgl. Abbildung 5). Im Spannungsfeld zwischen Qualität, Kosten und Zeit ist neben der Qualitätssicherung der Produkte und Leistungen heute aber auch die Entwicklung eines Qualitätsbewusstseins bei sämtlichen Mitarbeitern des Unternehmens erforderlich.

Abbildung 5 **Verzahnung der Qualitätsmanagementaktivitäten**

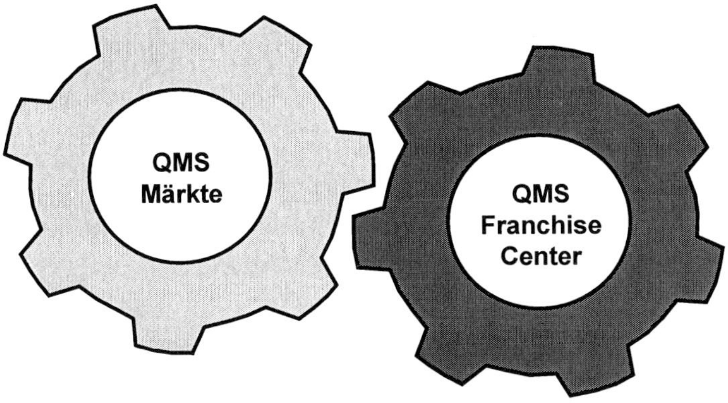

GABLER GRAFIK

Die Aufgaben des QMS können weiter unterteilt werden in markt- und unternehmensgerichtete Aufgaben. Die **marktgerichtete Aufgabe** des Qualitätsmanagement ist darin zu sehen, dass z.B. mittels Marktforschung die erforderlichen Informationen über kundenrelevante Anforderungen hinsichtlich Produkt- und Servicequalität erhoben werden, damit die relevanten Dimensionen der Kundenzufriedenheit bekannt sind und effektive Maßnahmen zur Erhöhung der Kundenzufriedenheit durchgeführt werden können. **Unternehmensgerichtet** ist es Aufgabe des Qualitätsmanagements, die sachlichen, organisatorischen und personellen Voraussetzungen für den Qualitätsmanagementprozess zu schaffen. Das QMS ermöglicht bei OBI die Einbindung sämtlicher Mitarbeiter in den Qualitätsmanagementprozess.

3.4 Struktur und Instrumente des Qualitätsmanagements

Das Qualitätsmanagement von OBI ist integriert in die Unternehmensstruktur. Maßnahmen zur Verbesserung der Kundenorientierung in den OBI-Märkten werden im so genannten **Führungsdreieck**, bestehend aus Marktleiter, Franchisenehmer und Franchisegeber, erarbeitet und in Form einer Zielvereinbarung festgelegt.

Der **Marktleiter** als qualifizierte Führungskraft ist dabei verantwortlich für die Umsetzung der im Führungsdreieck vereinbarten Maßnahmen und die Erreichung der definierten Qualitätsziele. Der **Franchisenehmer** übernimmt in seiner Funktion als Unternehmer die strategische Planung, die Führung des Marktleiters sowie das Controlling. Das **OBI Franchise Center** entwickelt standardisierte Dienstleistungen für die OBI-Märkte und ist für die gleichgerichtete und konsequente Durchführung von Maßnahmen im Rahmen des Qualitätsmanagementsystems verantwortlich.

Im Mittelpunkt sämtlicher Aktivitäten des Qualitätsmanagements steht der Grundgedanke des **Total Quality Managements**, d.h., den Ausgangspunkt dieses Systems bildet die Grundhaltung, dass Qualitätsmanagement einen Verbesserungsprozess darstellt, dessen Ziel es ist, laufend Verbesserungen an Strukturen und Prozessen vorzunehmen. Das Qualitätsmanagement stellt ein in sich geschlossenes Kreislaufsystem mit sich wiederholenden Prozessen dar (vgl. Abbildung 6).

Das Qualitätsmanagementsystem bei OBI umfasst eine Vielzahl von Instrumenten, die sowohl auf der Ebene des einzelnen OBI-Marktes, als auch auf der Ebene des Franchise Centers Anwendung finden. Bei OBI sind sämtliche Maßnahmen des Qualitätsmanagements von der Philosophie der Kundenorientierung abgeleitet. Die **Instrumente** können den Phasen des Qualitätsmanagements bei OBI wie folgt zugeordnet werden:

Phase der Qualitätsplanung: In der Phase der Qualitätsplanung erfolgt die Messung der Kundenanforderungen und die Formulierung kundengerichteter Qualitätsziele und -strategien. In dieser Phase setzt OBI schwerpunktmäßig die Instrumente „Zufriedenheit mit dem Franchise Center“ und das „OBI-Barometer“ ein. Bei dem

Instrument „Zufriedenheit mit dem Franchise Center" bewerten die OBI-Märkte die Leistungen von Abteilungen des Franchise Centers anhand eines standardisierten Fragebogens. Die Befragung findet ebenso wie die Kundenbefragung im Rahmen des „OBI-Barometers" einmal im Jahr statt. Die Ergebnisse der Erhebung stellen die Basis für weitere Verbesserungen dar. Hierüber werden mit den zuständigen Abteilungsleitern konkrete Zielvereinbarungen getroffen.

Abbildung 6 Qualitätsmanagement-Kreislauf von OBI

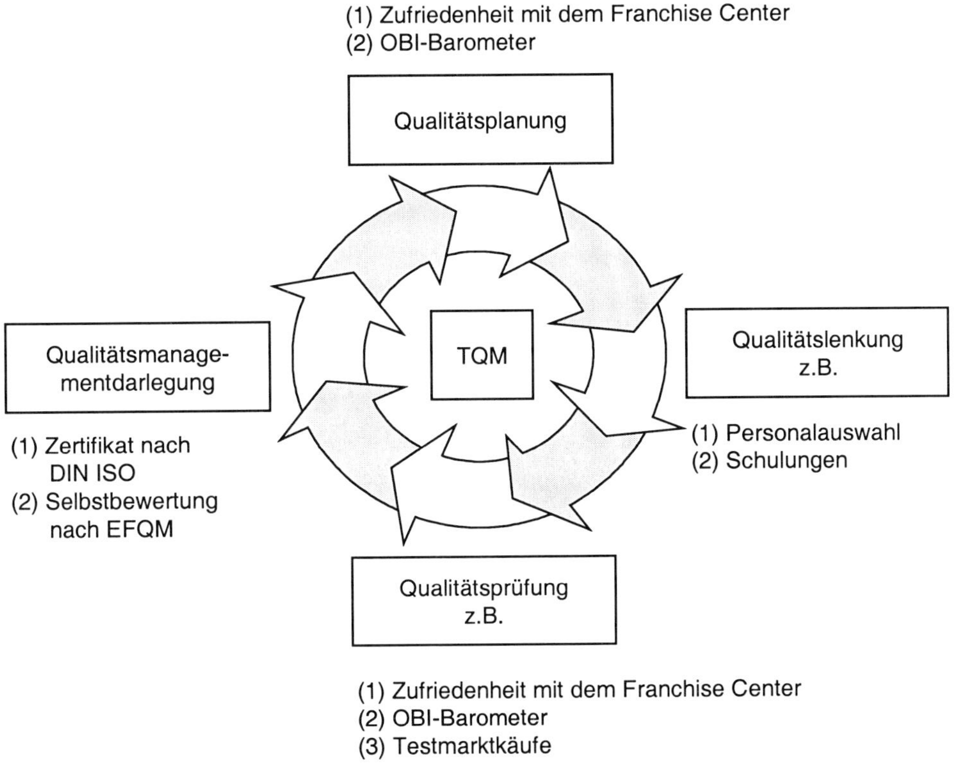

GABLER GRAFIK

Ein weiteres Instrument zur Umsetzung des Qualitätsmanagements ist das „OBI-Barometer". Hierbei handelt es sich um eine jährlich von OBI europaweit durchgeführte Kundenbefragung, die an den Kundenmonitor Deutschland angelehnt ist (Meyer/Dornach 2000; www.servicebarometer.de). Je OBI-Markt werden 200 Kunden befragt. Mit dem OBI-Barometer ist eine dreifache Zielsetzung verbunden. Zunächst werden systematisch die Erwartungen der Kunden erhoben und sowohl globale als auch spezifische Zufriedenheitswerte festgestellt. In einem zweiten Schritt dienen die Ergebnisse als Basis für Zielgespräche und Zielvereinbarungen – sowohl im Rahmen der Gespräche innerhalb des Führungsdreiecks als auch bei Mitarbeiterbesprechungen. Sie dienen dabei als Ausgangspunkt, um Ziele, Zielwerte und entsprechende Maßnahmen der Zielerreichung festzulegen. Drittens können die Ergebnisse als Instrument der Erfolgskontrolle verwendet werden, um die Erfüllung der Qualitätsstandards und die Zielerreichung zu überprüfen. Ein weiteres Instrument, dass im Rahmen der Qualitätsplanung eingesetzt wird, ist das Mitarbeiter-Barometer, das ebenfalls jährlich erhoben wird und die Zufriedenheit der Franchisepartner und Mitarbeiter mit dem OBI Franchise Center misst.

Phase der Qualitätslenkung: In dieser Phase sind Maßnahmen und Aktivitäten zur Erreichung der definierten Qualitätsziele bedeutsam. Folgende Instrumente setzt OBI hier ein: „Personalauswahl" (der Führungskräftenachwuchs wird bei OBI in erster Linie aus den eigenen Reihen rekrutiert) und Personalentwicklung (in qualitätsorientierten Schulungen erwerben OBI-Mitarbeiter soziale und fachliche Kompetenzen erwerben).

Phase der Qualitätsprüfung: In dieser Phase erfolgt die laufende Prüfung der Erreichung definierter Qualitätsziele. Folgende Instrumente können bei OBI hier zugeordnet werden: Ein Instrument der internen Qualitätsprüfung ist die Befragung der „internen" Kunden („Zufriedenheit mit dem Franchise Center"). Als Instrument der externen Qualitätsprüfung ist zu nennen: Kundenbefragung „OBI-Barometer" (dieses wird neben der Bestimmung der Kundenanforderungen an den Dienstleister in der Phase der Qualitätsplanung auch zur Erfolgskontrolle durchgeführter Qualitätsmaßnahmen eingesetzt), „Testmarktkäufe" (hier gehen Testkäufer in OBI-Märkte, um das Mitarbeiterverhalten und die Dienstleistungsqualität aus Kundensicht zu überprüfen).

Phase der Qualitätsmanagementdarlegung: In dieser Phase erfolgt die Dokumentation aller Maßnahmen mit Bezug auf Qualität und die Sicherstellung, dass die angebotenen Dienstleistungen die Qualitätsforderungen erfüllen. Ein bedeutendes Instrument des Qualitätsmanagements bei OBI ist die Implementierung eines Qualitätsmanagements nach DIN ISO. Die Zertifizierung ermöglicht die umfassende Implementierung des Qualitätsmanagements in den OBI-Märkten und im Franchise Center. Darüber hinaus werden sämtliche Abläufe dokumentiert. Neben der Entwicklung von Qualitätsmaßnahmen (z.B. Leitbilder und Qualitätsstandards) ist auch die schriftliche Dokumentation in Form von Organisationshandbüchern, Führungsmatrizen und Checklisten Gegenstand der Zertifizierung. Ziel der Zertifizierung ist zum einen die umfassende Implementierung eines Qualitätsmanagements in die OBI-Organisation sowie die Motivation der Mitarbeiter zur Erreichung eines gemeinsamen Ziels, zum anderen dokumentiert das Zertifikat nach außen, also den Kunden und Lieferanten den Qualitätsanspruch von OBI und unterstützt eine Abgrenzung von den Konkurrenten. Als unabhängige und akkreditierte Prüfungsstelle hat sich OBI für die DEKRA entschieden. Folgende drei Phasen der Zertifizierung sind zu nennen: Zunächst wird in einem Interview mit dem Führungsdreieck (Marktleiter, Franchisenehmer und Franchisegeber) das OBI-Qualitätsmanagementsystem dargestellt. Im Anschluss daran erfolgt eine praktische Überprüfung der Prozesse, z.B. Warenannahme, Kasse, Verkauf, anhand der Dokumentation zum Qualitätsmanagementsystem (vgl. Abbildung 7). Zuletzt werden Ergebnisse der Prüfungen im Führungsdreieck besprochen und gegebenenfalls Verbesserungsmaßnahmen diskutiert. Das Gesamtergebnis der Überprüfung ist schließlich die Entscheidung über die Vergabe und Ausstellung des Zertifikates. In jährlichen Abständen werden von der Zertifizierungsstelle Kontrollprüfungen, so genannte Überwachungsaudits, durchgeführt, um die Rechtmäßigkeit der Zertifikatsverwendung für den Zeitraum von drei Jahren zu legitimieren. Nach Ablauf der 3-Jahresfrist verliert das Zertifikat seine Gültigkeit und der Zertifizierungsprozess beginnt von neuem. Darüber hinaus führt OBI eine **jährliche Selbstbewertung** im Rahmen des EFQM durch. Im Jahre 2000 hat OBI den Ludwig-Erhart-Preis mit Auszeichnung erhalten.

Abbildung 7 **Überblick über Dokumentationen zum Qualitätsmanagement**

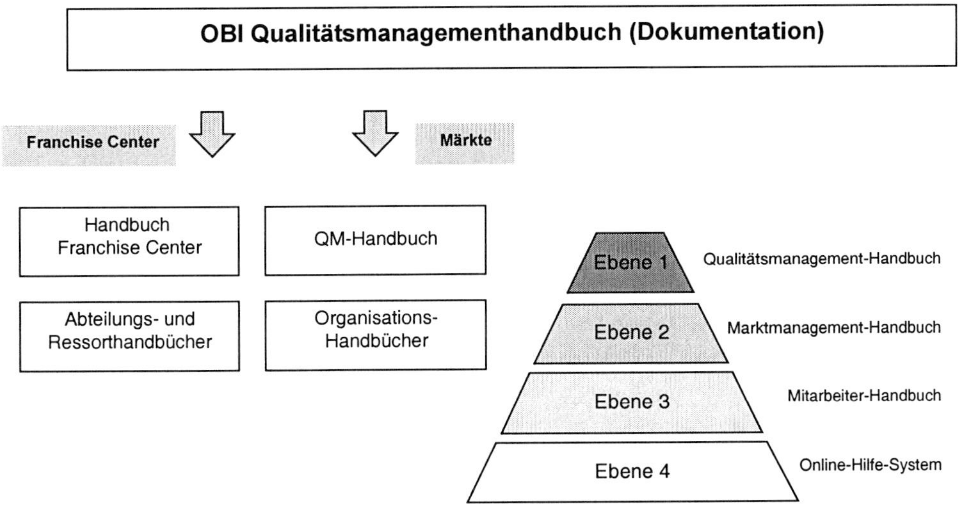

GABLER GRAFIK

3.5 Erfolgskontrolle im Rahmen des Qualitätsmanagements

Die Erfolgskontrolle von Maßnahmen ist ein wesentlicher Bestandteil des Qualitätsmanagementprozesses bei OBI. Es können interne, d.h., von OBI selbst durchgeführte, und externe, d.h., von externen Personen bzw. Organisationen durchgeführte,

Erfolgskontrollen unterschieden werden. Eine grundlegende Überprüfung der Qualitätsaktivitäten ist bereits im Kreislauf des Qualitätsmanagements enthalten. Das Verständnis des Qualitätsmanagements als ständigen Verbesserungsprozess beinhaltet die laufende Überprüfung sämtlicher Aktivitäten des Qualitätsmanagementprozesses.

Das **System des Kunden-Feedbacks** ist ein Instrument der direkten Erfolgskontrolle. In den OBI-Märkten liegen Karten aus, mit denen die Kunden aufgefordert werden, Anmerkungen zu ihrem Einkauf zu machen („Ihre Meinung ist uns wichtig!"). In sämtlichen OBI-Märkten hängt eine Box, in die die Kundenmeinungen und Verbesserungsvorschläge eingeworfen werden können. Diese werden in der Regel direkt bearbeitet und auf Verbesserungsmöglichkeiten hin überprüft. Kundenreklamationen werden im OBI-Markt erfasst, ausgewertet und analysiert. Im Franchise Center erfolgt eine Verdichtung der Daten und die Prüfung der Umsetzbarkeit denkbarer Verbesserungsmaßnahmen. Positive und negative Kundenäußerungen stellen zwar eine unsystematische, aber direkte Methode der Erfolgskontrolle dar.

Auf der Lieferantenseite existiert ein **System der Lieferantenbewertung**. Jeder OBI-Markt überprüft die angelieferten Waren auf Mängel und erfasst diese. Anschließend erfolgt eine Auswertung und Analyse der erfassten Mängel nach verschiedenen Kategorien. Die Auswertungen werden schließlich im Franchise Center verdichtet und im Bedarfsfall organisatorische Maßnahmen eingeleitet.

Eine weitere interne Maßnahme ist **regelmäßige Revision** aller OBI-Märkte und dem Franchise Center. Zielvereinbarungen werden im Führungsdreieck, bestehend aus Marktleiter, Franchisenehmer und Franchisegeber getroffen. Diese dienen als Grundlage für die Revisionsgespräche. Ein wichtiges Instrument zur Überprüfung qualitätsgerichteter Zielerreichungsgrade ist das OBI-Barometer. Dieses ermöglicht Erfolgskontrollen von Zufriedenheitswerten auf Marktebene oder Systemebene, aber auch ein Benchmarking mit den Ergebnissen anderer OBI-Märkte oder Abteilungen (innerhalb des Franchise Centers). Neben den Verfahren der internen Erfolgskontrolle erfolgen im Zusammenhang mit der Zertifizierung auch externe Analysen der OBI-Organisation (vgl. hierzu die Ausführungen zu DIN ISO in Abschnitt 3.4).

4. Umsetzung der Qualitätsstrategie durch Marketing- und Personalmaßnahmen

Die operative Umsetzung der Qualitätsstrategie am Markt erfolgt durch den integrierten Einsatz der einzelnen Marketinginstrumente. Bei der Festlegung des Marketingmix (Angebots-, Preis-, Distributions-, Kommunikations- und Personalpolitik) orientiert sich OBI grundsätzlich am allgemeinen Leitbild der OBI-Marketingpolitik und an den aktuellen Rahmenbedingungen, die für die einzelnen strategischen Geschäftseinheiten gelten. Bedingt durch die Sortimentsbreite und -tiefe sowie die heterogenen Marktbedingungen (regional, national und international) in den einzelnen strategischen Geschäftseinheiten existiert kein allgemeingültiges Marketingmix bei OBI, sondern in jeder Strategischen Geschäftseinheit (SGE) wird vielmehr ein individuelles Maßnahmenbündel geplant und umgesetzt.

Die Dominanz der Produkt- und Personalpolitik im Marketingmix wird durch die Zielvorgabe einer überragenden Qualität begründet. Von hoher Bedeutung ist die Preispolitik, weil hier das Ziel eines aus Nachfragersicht optimalen Preis-Leistungs-Verhältnisses gefordert ist. Das Motto von OBI lautet in diesem Zusammenhang „Beste Qualität zum niedrigsten Preis". Die Distributionspolitik gilt als weiterer Erfolgsfaktor im Sinne einer rationellen Warenverteilung (effizient und „never out of stock"), während die Kommunikationspolitik von OBI die einzigartige Positionierung im Bewusstsein der Öffentlichkeit verfolgt („Alles in OBI").

4.1 Umsetzung der Qualitätsstrategie im Rahmen der Angebotspolitik

Die Umsetzung der Qualitätsstrategie spiegelt sich in der Implementierung des Qualitätsmanagementsystems wider, die im Rahmen der Angebots-, Preis-, Distributions-, Kommunikations- und Personalpolitik erfolgt.

Angebotspolitik für Franchisenehmer

Die Franchisenehmer sind im Rahmen ihrer Partnerschaft Kunden des OBI Franchise Centers. Die Leistungen werden daher für die Franchisenehmer ihren Erwartungen und Anforderungen entsprechend konzipiert und umgesetzt. Das OBI Franchise Center hat ein Leistungspaket für ihre Franchisenehmer entwickelt, das verschiedene Leistungen für die erfolgreiche Führung eines OBI-Marktes beinhaltet. Dieses wurde im Laufe der Unternehmensgeschichte stetig erweitert, angepasst und verfeinert (vgl. Abbildung 8).

Als erstes und grundlegendes Element dieses Leistungskatalogs ist das **einheitliche und erfolgreich erprobte Franchisekonzept** im Bereich der Bau- und Heimwerkermärkte zu nennen. Dieses einheitliche Konzept gewährleistet professionelle Betreuung des Unternehmers (Franchisenehmer) bei der Führung seines Geschäfts, standardisierte Produkte und Dienstleistungen sowie ein national einheitliches Erscheinungsbild, verbunden mit einheitlicher Qualität und Rentabilität. Dies verringert das Risiko eines Franchisenehmers als Unternehmer in erheblichem Maße.

Vor der Eröffnung eines Baumarktes werden von Experten des OBI Franchise Centers **Standortanalysen** durchgeführt, um ein ausreichendes Marktpotenzial für die Märkte zu gewährleisten. Aufgrund dessen kann der Franchisenehmer davon ausgehen, dass Markteröffnungen weiterer OBI-Märkte in seinem Einzugsbereich nur dann stattfinden, wenn keine Kannibalisierungseffekte zu erwarten sind.

Abbildung 8 **Angebotsleistungen des OBI Franchise Centers für Franchisenehmer**

GABLER GRAFIK

Weitere Beratungsleistungen werden im Hinblick auf die **Innengestaltung** des OBI-Marktes, das Merchandising und die Außengestaltung erbracht. Den Franchisenehmern wird ein Sortiment zur Auswahl vorgeschlagen, das sowohl ein günstiges Preis-Leistungs-Verhältnis verspricht als auch den regionalen Bedürfnissen der Kunden gerecht wird.

Die Konzentration im Einkauf für sämtliche nationalen und ausländischen OBI-Märkte durch das **Merchandise Center** ermöglicht die Senkung der Einkaufspreise, die sich in einem günstigen Angebot in den OBI-Märkten, in höheren Renditen der Franchisenehmer niederschlagen, und zu einer stärkeren Kooperation mit den Herstellern führt. Auf diese Weise können beispielsweise regionale Besonderheiten für die OBI-Märkte bei der Produktion berücksichtigt werden.

Das **Kommunikationskonzept** wird in der OBI Franchise Center entworfen und national einheitlich umgesetzt. Ergänzt wird dieser einheitliche Auftritt durch regionale baumarktbezogene Kommunikationsmaßnahmen, wie z.B. Werbung in Zeitungsbeilagen. Durch den einheitlichen Auftritt erzielt OBI ein national einheitliches Image und einen Bekanntheitsgrad von 89 Prozent gestützt.

Weitere Leistungen des OBI Franchise Centers für die Franchisenehmer im Rahmen der Angebotspolitik umfassen u.a. folgende organisatorische Maßnahmen: Den Franchisenehmern wird eine leistungsfähige EDV (Scannerkassen, Warenwirtschaftssystem) zur Verfügung gestellt, Rationalisierungen in der Organisation und in den Systemen werden durch die Zertifizierung nach DIN ISO ermöglicht (Erstellung von Prozessdokumentationen). Des Weiteren werden zur Qualitätssicherung der Leistungen systematische Mitarbeitermaßnahmen angeboten. In Bezug auf die Personalauswahl liefert das Franchise Center Anregungen, Hilfestellungen sowie Entscheidungsgrundlagen. Im Besonderen sind die Personalentwicklungsmaßnahmen zu nennen. Spezifische Aus- und Weiterbildungsmaßnahmen werden von dem OBI Franchise Center angeboten und zentral oder dezentral vor Ort im OBI-Markt durchgeführt. Die Personalentwicklungsmaßnahmen sind speziell für OBI entwickelt. Auf diese Weise kann den spezifischen Bedürfnissen der Kunden und Franchisenehmer Rechnung getragen und ebenso Exklusivität für OBI garantiert werden.

Schließlich wird eine **systematische Know-how-Entwicklung** durch Erfahrungsaustausch ermöglicht, denn in dem OBI Franchise Center fließen eine Vielzahl von Informationen und Erfahrungen zusammen, die dort gesammelt, selektiert, gebündelt und an sämtliche Franchisenehmer weitergegeben werden. Auf diese Weise profitieren sämtliche OBI-Märkte von den Erfahrungen einzelner Märkte. Das Angebot an Leistungen des OBI Franchise Centers an die Franchisenehmer ermöglicht, dass diese eine Vielzahl von Vorteilen eines Großunternehmens in Anspruch nehmen können, gleichzeitig aber die Eigenverantwortlichkeit für den einzelnen Baumarkt und ihre Selbständigkeit behalten.

Angebotspolitik für Kunden

Im Zentrum der Angebotsleistungen sowohl des OBI Franchise Centers als auch der einzelnen OBI-Märkte steht der Kunde als Nachfrager von Hard- (klassische) und Soft-DIY-Produkten (Garten-, Freizeitprodukte usw.). Die Sicherung eines komparativen Konkurrenzvorteils und die Profilierung von der Konkurrenz erreicht OBI dadurch, dass die Strategie eines bedarfsgerechten Sortiments und gleichzeitig der Schaffung eines Zusatznutzens durch Value Added Services verfolgt wird. Im Rahmen der Angebots-politik von OBI sind beide Leistungselemente gesondert zu erörtern.

Das **Sortimentskonzept** von OBI beansprucht sowohl eine ausreichende Breite als auch eine hinreichende Tiefe des Angebots für den Kunden zur Verfügung zu stellen und steht auf den drei Säulen (vgl. Abbildung 9): Sortimentskompetenz, Sortimentsprofilierung und angemessenes Preis-Leistungs-Verhältnis.

Sortimentskompetenz erlangt OBI beim Kunden durch die Differenzierung des Sortiments in ein Basissortiment, ein Erweiterungssortiment und ein Alternativsortiment. Das Basissortiment umfasst diejenigen Produkte, die in jedem OBI-Markt verfügbar sind. Das Erweiterungssortiment stellt eine Option für den Franchisenehmer dar, weitere Sortimentsteile (z.B. Möbel) anzubieten. Alternativsortimente sind möglich, um regionale Besonderheiten eines OBI-Markt-Standortes berücksichtigen zu können. Mit jeder Sortimentskonzeption wird eine eigene Marken- und Profilierungsstrategie verfolgt, die in der Summe die vom Kunden erwartete Breite und Tiefe des Produkt- und Leistungsangebots erfüllen soll.

Hinsichtlich der **Sortimentsprofilierung** erfolgt eine Konzentration auf ausgesuchte Lieferanten, die einen hohen Qualitäts- und Leistungsstandard gewährleisten. Nur solche Lieferanten werden überhaupt erst gelistet. Die Sortimentsprofilierung beinhaltet darüber hinaus eine konsequente, systemgerechte Gestaltung des Sortiments und die Berücksichtigung regionaler Besonderheiten.

Die dritte Säule des Sortimentskonzeptes stellt das **Preis-Leistungs-Verhältnis** dar. Die Qualität der Produkte und Leistungen ist auf die Anforderungen der Kunden ausgerichtet. Es wird darauf geachtet, dass diese Leistungen dem Kunden zu einem marktgerechten Preis angeboten werden. Insofern strebt OBI an, dem Kunden ein optimales Preis-Leistungs-Verhältnis zu bieten.

Abbildung 9 **Sortimentsgestaltung bei OBI**

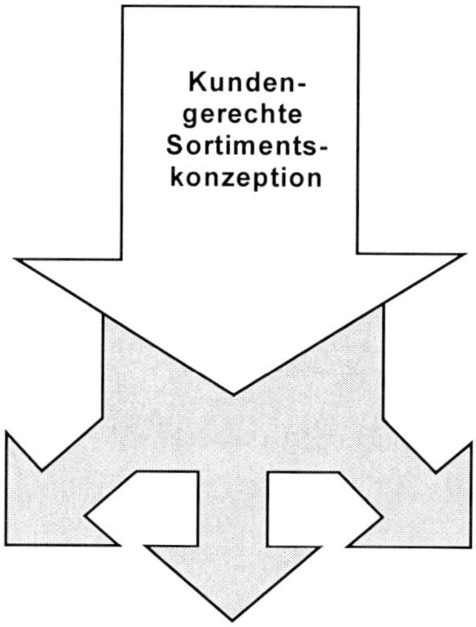

Sortiments-kompetenz	**Sortiments-profilierung**	**Preis-Leistungs-Verhältnis**
• Basissortiment • Erweiterungs-sortiment • Alternativ-sortiment	• Konzentration auf Qualitäts-lieferanten	• Konzentration im Einkauf

GABLER GRAFIK

Innerhalb der Sortimentszusammensetzung verfolgt OBI verschiedene **Marken- und Sortimentsstrategien**, deren Umsetzung mit Hilfe der im Folgenden dargestellten Maßnahmen erfolgt:

(1) Markenstrategien

OBI kooperiert mit Markenartikelherstellern (z.B. Bosch) und vertreibt **Herstellermarken**. Des Weiteren bestehen Bindungsverträge mit einzelnen Herstellern, so dass OBI diese als **Exklusivmarken** anbieten kann. Zwecks einer Erweiterung des Sortiments um preisgünstige Alternativprodukte bei gleichzeitiger Einhaltung der OBI-Qualität produziert und vertreibt OBI auch Eigenmarken. Diese werden jedoch nur in solchen Sortimentsbereichen angeboten, in denen traditionell starke Herstellermarken bestehen oder das Sortiment bereits überdurchschnittlich diversifiziert ist. Hinsichtlich der Umsetzung der Umwelt-Leitbilder wird die Auswahl umweltgerechter Produkte forciert und die Kunden werden mit Hinweistafeln auf den bevorzugten Kauf von umweltgerechten Produktalternativen hingewiesen. In dem hauseigenen OBI-Labor werden Merchandisingkonzepte laufend verbessert. Diese Weiterentwicklung wird sowohl für die Markenartikelprodukte als auch für die Eigenmarken und die umweltgerechten Produkte durchgeführt.

(2) Sortimentsstrategie: Zusatz- und Alternativsortiment

Diese ergänzen die Produktpalette der Märkte und erhöhen die Angebotsvielfalt. Zusatzsortimente bestehen beispielsweise in Küchen und Mitnahmemöbeln sowie in Abteilungen „Alles für das Heimtier“. Auf diese Weise können neue Kundensegmente angesprochen werden. Eine besondere Stellung in der Sortimentsgestaltung nehmen die Gartenparadiese ein. Anfang der siebziger Jahre ist OBI als erster Baumarkt in den „grünen Markt“ eingetreten. Mit dieser strategischen Entscheidung gelang es OBI, insbesondere auch Frauen als Zielgruppe zu gewinnen – in einem Handelsbereich, der bisher überwiegend den Männern vorbehalten war. Inzwischen existieren eigenständige Gartenparadies-Konzepte, deren Umsatzanteil und somit Bedeutung kontinuierlich steigt. Gartenparadiese werden entweder in bestehende OBI-Märkte integriert oder angeschlossen, oder als auch eigenständige Gartenparadiese als Stand-alone-Lösungen bereit gestellt.

(3) Services

Neben einem kundengerechten Sortiment bietet OBI seinen Kunden zugleich eine Vielfalt an Services mit dem Ziel an, einen Zusatznutzen für den Kunden zu erzeugen. In Abbildung 10 wird die Vielzahl der Services dargestellt. Der Informationsbedarf der Kunden soll ausreichend erfüllt werden. OBI stellt sicher, dass die Kunden zu allen Fragen **Informationen** erhalten. Dies wird beispielsweise durch Videoinformationen, „Gewusst wie“-Broschüren, Demonstrationen, Fachvorträge, Anwendungsmuster und Informationsstände realisiert. Zur Fachberatung steht in allen Abteilungen geschultes Fachpersonal zur Verfügung.

Für **umweltbezogene Fragen** hat OBI die Institution eines so genannten Umweltberaters in den Märkten geschaffen. Darüber hinaus werden Workshops für OBI-

Kunden im Hinblick auf spezifische Heimwerkerlösungen mit dem so genannten Heimwerker-Trainings-Programm angeboten.

Abbildung 10 **Serviceleistungen im Rahmen der Angebotspolitik von OBI**

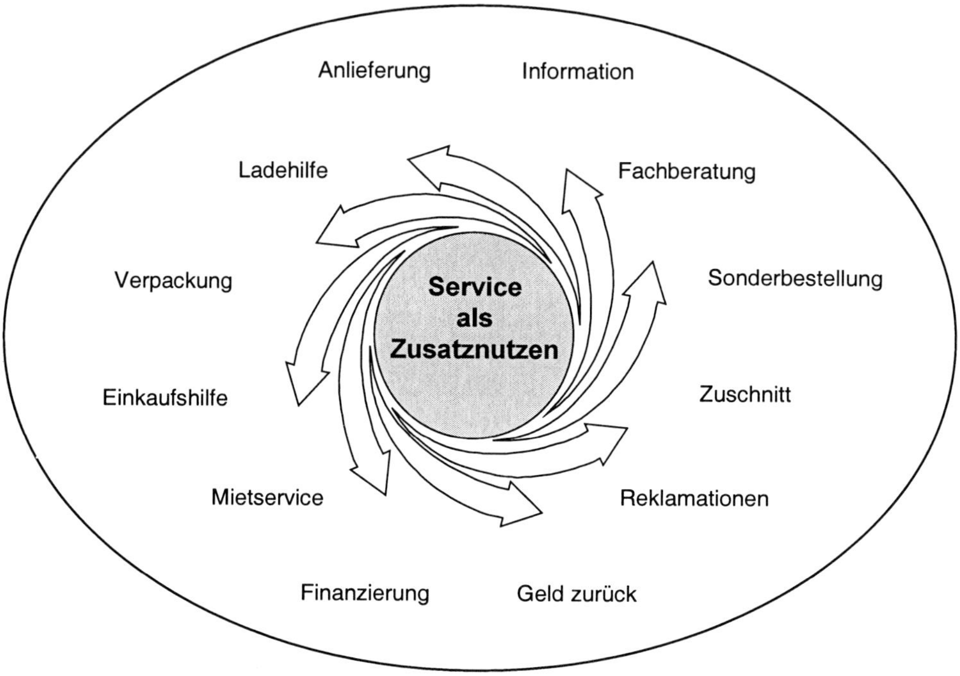

GABLER GRAFIK

Außerdem besteht die Möglichkeit der **Sonderbestellung**, so dass Artikel, die OBI nicht im Sortiment führt, für Kunden kurzfristig beschafft werden können. Darüber hinaus bietet OBI einen Zuschnittservice, d.h., dass Holz- und Plattenmaterial den Kundenwünschen entsprechend genau zugeschnitten werden. **Reklamationen** werden durch ein Beschwerdemanagement schnell bearbeitet und im Interesse der Kunden erledigt. Diese Behandlung der Kundenreklamationen bei OBI verdeutlicht, dass OBI den langfristigen Kundenwert erkannt hat und in der täglichen Arbeit umsetzt. Mit der Reklamationsbearbeitung ist eine Geld-Zurück-Garantie verbunden. Innerhalb von zwei Wochen wird bei Rückgabe der unbeschädigten Ware der Kaufbetrag in bar erstattet, so dass OBI-Kunden risikolos einkaufen. Im Rahmen der Finanzierung des Einkaufs bietet OBI die Möglichkeit des Einkaufs über Bankfinanzierung.

Ein weiteres Serviceelement ist die Einrichtung eines **Mietservices** für alle Maschinen. Solche Maschinen, die der Kunde nur selten benötigt, können gegen ein angemessenes Entgelt bei OBI ausgeliehen werden. Hierbei handelt es sich beispielsweise um Kettensägen, Betonmischer, Vertikutierer, Arbeitsbühnen usw. Zur Erleichterung des Einkaufs dienen **Einkaufshilfen**. OBI stellt geeignete Einkaufswagen und Einkaufskörbe in ausreichender Menge und an den geeigneten Standorten zur Verfügung. Darüber hinaus sind vor den Märkten genügend Parkplätze, Fahrradständer und Behindertenparkplätze vorhanden. Bezüglich der Verpackung der Ware stellt OBI eine Vielfalt von Verpackungsmaterialien bereit. Das sind sowohl geeignete Verpackungen für die verschiedenen Produktgruppen (Einkaufsbeutel, Papier, Kartons) als auch Geschenkpapiere. Für den Abtransport der Ware wird darüber hinaus eine Ladehilfe oder auch die Möglichkeit der Anlieferung angeboten. Bei schwerer und sperriger Ware wird dem Kunden beim Transport zum Fahrzeug und Beladen des Fahrzeugs geholfen. Ware, die der Kunde nicht transportieren kann, wird durch eigene Fahrzeuge oder Spediteure zugestellt.

Der Überblick der Angebotsleistungen von OBI insgesamt verdeutlicht, dass zum einen die Franchisenehmer aufgrund der Leistungen des Franchise Centers zahlreiche Vorteile eines Großunternehmens nutzen können und die wirtschaftliche Selbständigkeit behalten. Zum anderen wird dem Kunden in den OBI-Märkten eine breite Produktpalette und in den einzelnen Sortimentsbereichen eine ausreichende Leistungstiefe angeboten. Der OBI-Qualitätsstandard wird zu marktgerechten Preisen sichergestellt, so dass OBI-Kunden ein günstiges Preis-Leistungs-Verhältnis erhalten. Neben dem Produktangebot schaffen eine Vielzahl von Services einen Zusatznutzen für die OBI-Kunden, so dass sich OBI von seinen Wettbewerbern abhebt. Zur Sicherung und zum Ausbau der Position des Marktführers werden sowohl im Franchise Center als auch in den einzelnen OBI-Märkten Produkte und Leistungen permanent weiterentwickelt.

4.2 Umsetzung der Qualitätsstrategie im Rahmen der Kommunikationspolitik

Die Unternehmenskommunikation nimmt im Rahmen der Qualitätsstrategie von OBI einen **besonderen Stellenwert** im Marketingmix ein. Die Kommunikationspolitik hat – neben weiteren Faktoren – einen großen Einfluss auf die wahrgenommene Dienstleistungsqualität: Mittels kommunikationspolitischer Maßnahme vermittelt ein Unternehmen seinen Kunden den Sollzustand der Unternehmensleistungen. Ein Unternehmen wie OBI, das Dienstleistungsqualität aus Kundensicht definiert, erreicht eine solche nur, wenn die tatsächlich im OBI-Markt erbrachte Dienstleistungsqualität die Erwartungen der Kunden (über-)erfüllt.

Die Kommunikationsaktivitäten von OBI dienen der Markt-, Kunden- und Mitarbeiterkommunikation. Die Marktkommunikation verfolgt das Ziel, potenzielle Franchisenehmer anzusprechen. Die Kundenkommunikation dient der Erhöhung des

Bekanntheitsgrades von OBI, der Schaffung von Image und somit der Erreichung einer Unique Communication Proposition. Sie verfolgt das Ziel einer klaren Positionierung und Profilierung gegenüber der Konkurrenz in den Köpfen aktueller und potenzieller OBI-Kunden, die zum Kauf im OBI-Markt führen. Ziel der Mitarbeiterkommunikation ist die Integration der Mitarbeiter in die Unternehmensprozesse. Diesbezügliche Maßnahmen werden im folgenden Kapitel zur Personalpolitik erörtert (vgl. hierzu Abschnitt 4.5).

Im Folgenden werden die **Maßnahmen** innerhalb der genannten Kommunikationsbereiche detailliert dargestellt.

Die **Marktkommunikation** an potenzielle Franchisenehmer wird zentral vom OBI Franchise Center durchgeführt. Potenzielle Franchisenehmer erhalten Informationen über das Franchisekonzept OBI, die Unternehmensentwicklung, über die Unternehmensphilosophie und -aktivitäten usw. durch Publikationen in Fachzeitschriften und durch verschiedene Broschüren. Außerdem existiert ein Video, in dem das Franchisekonzept vorgestellt wird, das interessierten Partnern präsentiert wird. Ergänzend finden neben der schriftlichen Kommunikation bei der Akquisition neuer Franchisenehmer verstärkt Maßnahmen der persönlichen Kommunikation Anwendung. Im Rahmen der persönlichen Kommunikation finden z.B. informelle und formelle Gespräche zwischen aktuellen und potenziellen Franchisenehmern statt. Daneben präsentiert sich OBI regelmäßig im Rahmen von Fachmessen und Ausstellungen. Des Weiteren finden vereinzelte Werbemaßnahmen (z.B. Anzeigen) oder Aktivitäten im Rahmen des Event Marketing statt. Abgerundet werden diese Maßnahmen durch vereinzelte Werbemaßnahmen wie beispielsweise Anzeigen und Aktivitäten im Rahmen des Event Marketing. Die Kundenkommunikation stellt den Kunden in den Mittelpunkt und zielt darauf ab, ihm den „Reasonwhy" zu liefern, warum er bei OBI – und nicht etwa bei „Eisen Karl" – einkaufen soll, z.B. durch die Vermittlung eines außergewöhnlichen Einkaufserlebnisses (vgl. Abbildung 11).

Der persönliche Kontakt zwischen Kunde und Mitarbeiter, der insbesondere in Beratungs- und Verkaufsgesprächen stattfindet, spielt im Rahmen der **Kundenkommunikation** eine bedeutende Rolle. Das Kommunikationsinstrument Werbung lässt sich bei OBI in Image- und Produktwerbung differenzieren. Mit der Imagewerbung wird das Ziel verfolgt, den regionalen und nationalen Bekanntheitsgrad zu erhöhen. Durch das Herausstellen des Reasonwhy (Produktnutzen, Servicenutzen „Alles in OBI") und des vorteilhaften Preis-Leistungs-Verhältnisses im Rahmen der Produktwerbung werden die Imageaktivitäten im Sinne einer Profilierung von der Konkurrenz unterstützt. Unterstützt wird die Kundenkommunikation durch die Außenpräsentation der OBI-Märkte, die sich eindeutig durch z.B. Farbgebung und Außenwerbung hervorheben.

Die Ladengestaltung eines OBI-Marktes soll einen bequemen Einkauf ermöglichen und gleichzeitig eine angenehme Atmosphäre für den Einkauf erzeugen. Elemente der Ladengestaltung, die dazu beitragen, sind z.B. eine übersichtliche Beschilderung der Abteilungen, der gleiche Grundaufbau jedes OBI-Marktes (Information im Eingangsbereich) oder das „OBI-Radio". Das orangefarbene OBI-Logo und der Biber dient der formalen Integration der Kommunikationsaktivitäten der genannten vier zentralen Bereiche der OBI-Kommunikation. Die Ziele der Kommunikationsaktivitäten von OBI sind die Steigerung des Bekanntheitsgrades, die Vermittlung eines spezifischen Images, von Glaubwürdigkeit sowie die Anregung zum Kauf bzw. zur Inanspruchnahme von Leistungen bei OBI.

Abbildung 11 **Interdependenzen der Kommunikationsaktivitäten von OBI in Bezug auf die Kunden**

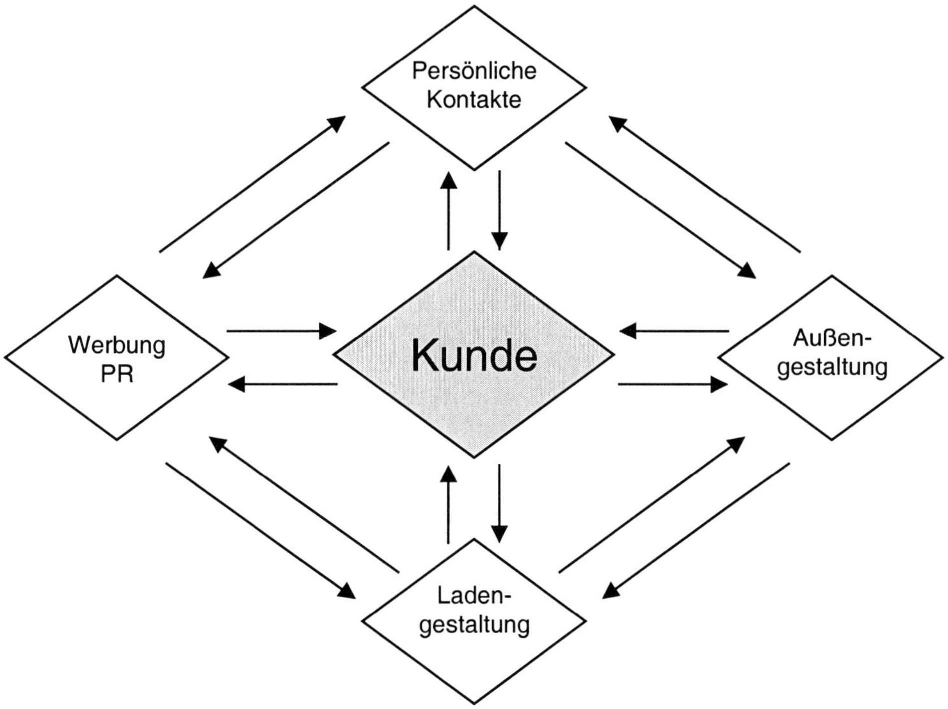

GABLER GRAFIK

Für die nationalen Aktivitäten von OBI sind drei **Kommunikationsstrategien** herauszustellen, die sukzessive entwickelt und durchgeführt wurden. 1985 wird für OBI eine gestützte Bekanntheit von 78 Prozent erhoben, jedoch sind die Vorstellungen über die Leistungen von OBI bei den Befragten sehr diffus. Daher wird 1986 die erste nationale **Imagekampagne** durchgeführt, deren Kommunikationsziel es ist, darauf hinzuweisen, dass sämtlicher Bau- und Heimwerkerbedarf bei OBI unter einem Dach zu erhalten ist. Prägnant kann der Inhalt dieser ersten Imagekampagne in dem Slogan „oder bei OBI" zusammengefasst werden. Die Werbemaßnahmen dieser Imagekampagnen laufen im Fernsehen – mit einigen Unterbrechungen – bis 1993.

Im Jahre 1991 werden die Bau- und Heimwerkermärkte von den Kunden als gleichartig wahrgenommen und es besteht kaum ein Potenzial zur Differenzierung. In dieser Ausgangslage entscheidet sich OBI dafür, den Menschen im Rahmen der Geschäftsinteraktionen in den Vordergrund zu stellen, um so eine Differenzierung im Wettbewerb, eine **Unique Communication Proposition (UCP)** und auch eine **Unique Selling Proposition (USP)** zu erreichen. Die OBI Service-Olympiade als interne Maßnahme der Mitarbeitermotivation wird daher mittels einer entsprechenden Kommunikationsstrategie nach außen getragen. Seit 1991 wird der Wettbewerbsgedanke, dass OBI die beste Leistungserstellung für den Kunden anstrebt, in den Kommunikationsmaßnahmen mit den Botschaften „Wir bei OBI reißen uns ein Bein für unsere Kunden aus“ oder „OBI. Wir wollen die Besten sein.“ kommuniziert. Die Slogans dieser zweiten Kommunikationsstrategie finden sich in sämtlichen Kommunikationsmaßnahmen, z.B. Beilagen, Plakate oder Fernsehspots wieder.

Mit einer dritten Kommunikationsstrategie wird seit 1994 die hohe Kompetenz und Beratungsqualität bei OBI in den Mittelpunkt der Kommunikationsaktivitäten gestellt. Im Rahmen dieser Strategie werden in der Werbung **Versprechungen** gegeben, wie z.B.: „Bei OBI bekommen Sie nicht nur alles zu kaufen, sondern auch alles erklärt“. Kernaussage dieser Kommunikationsstrategie ist der Claim „Alles in OBI“, der als Integrationselement in sämtlichen kommunikativen Maßnahmen Anwendung findet. Die Planung und Durchführung der genannten Kommunikationsstrategien wird vom OBI Franchise Center durchgeführt. Darüber hinaus schalten einzelne OBI-Märkte z.B. Beilagen oder Anzeigen in der regionalen Presse.

Der **Kommunikationsmix** bei OBI umfasst den Einsatz folgender Einzelinstrumente: Mediawerbung, Sponsoring, Persönliche Kommunikation, Multimediakommunikation, Public Relations sowie Messen und Ausstellungen.

Ein Schwerpunkt in der Kommunikation von OBI bildet der Bereich der **Mediawerbung**, insbesondere des Werbeträgers Fernsehen. Dieser ermöglicht es zum einen, eine breite Zielgruppe zu erreichen, zum anderen bietet er die Möglichkeit der Visualisierung. Der Vertrauens- und Leistungsfähigkeitsaspekt, der für Dienstleistungen von besonderer Bedeutung ist, kann durch Bild und Ton leichter kommuniziert werden. Die **OBI-Werbespots** werden insbesondere im Fernsehen gesendet. Durch eine überspitzte und witzige Darstellung von Negativbeispielen der Kundenberatung in Baumärkten wird die Leistungsstärke von OBI im Bereich Beratung kommuniziert. Die Spots beinhalten besondere emotionale Elemente und Assoziationen. Wiederkehrende Typologien sind z.B. der hilfesuchende Kunde in einem Baumarkt und der unfreundliche bzw. nicht anwesende Verkäufer. Beispielhaft für diese, die Beratungsqualität von OBI hervorhebende Werbung, ist in Abbildung 12 ein sehr bekannter Werbespot dargestellt. Hier wird eine Kundin in einem Baumarkt gezeigt, wie sie einen Verkäufer nach einer Wandhalterung für einen Fernseher fragt. Während die Frau dies fragt, wird der Verkäufer von vorne gezeigt, wie er die Kundin wie ein Löwe mehrmals anbrüllt. Die eingeschüchterte, entsetzte Kundin entschuldigt sich mit der Aussage „War ja nur 'ne Frage“. Abgeschlossen wird dieses Negativbeispiel einer Situation in einem Baumarkt mit der Einblendung des OBI Logos und Bibers. Der Off-Sprecher weist auf die Angebotsvielfalt und Beratungsqualität bei OBI hin durch die Aussage „Wir sorgen dafür, dass Sie bei OBI keine Abenteuer erleben. Bei OBI bekommen Sie nicht nur alles zu kaufen, sondern auch alles erklärt. Alles in OBI?“. Die Schlussaussage vermittelt in emotionaler Hinsicht Vertrauen und Sicherheit für die OBI-Kunden und wirkt insbesondere nach der furchterregenden Eingangssituation vertrauenserweckend. Den Abschluss des Spots bilden das OBI-Logo und der Biber mit dem Jingle „Alles in OBI“. Dieser Spot wird neben den zwei weiteren entwickelten Imagespots zu zielgruppenentsprechenden Zeiten in verschiedenen Fernsehsendern gesendet.

Abbildung 12 **Beispiel für einen sehr bekannten OBI-Werbespot**

GABLER GRAFIK

Produktbezogene Werbung wird vor allem im Rahmen von **Zeitungsanzeigen** bzw. **farbigen Beilagen** vorgenommen. OBI war einer der ersten Bau- und Heimwerkermärkte, der seit Anfang der 70er Jahre farbige Beilagen in der Unternehmenskommunikation einsetzt. Die Beilagen werden vom Franchise Center entwickelt, die Verteilung wird über die OBI-Märkte vorgenommen. Die regelmäßige Durchführung dieser Angebotswerbung nimmt im Rahmen der Informationsvermittlung der OBI-Leistungen an die Kunden und der Initiierung zum Besuch eines OBI-Baumarktes bzw. zum Kauf eine bedeutende Stellung ein. Die schriftlichen Informationen über die OBI-Leistungen und das Produktangebot werden durch eine Kundenzeitschrift und einen Katalog ergänzt.

Obwohl diese Maßnahmen der Öffentlichkeitsarbeit bzw. der Direktkommunikation zuzuordnen sind, nutzt OBI diese als Werbemittel. Die Kundenzeitschrift wird seit 1989 viermal pro Jahr erstellt und bietet den OBI-Kunden Informationen über Produkte und Leistungen sowie eine Vielfalt an Tips und Tricks für das kreative Gestalten. Neben den werblichen Zielen verfolgt OBI mit der Kundenzeitschrift auch das Ziel der Kundenbindung. Der „OBI-Ratgeber" erscheint seit 1994 zweimal im Jahr und ist ähnlich aufgebaut, wie ein Katalog. Der OBI-Ratgeber ist auf Wunsch der Kunden hin entwickelt worden. Der Nutzen besteht insbesondere darin, dass OBI ein breites Sortiment von Artikeln präsentiert und einen Gesamtüberblick über alle DIY-Bereiche gibt. Darüber hinaus werden ausgefallene Artikel angeboten, die in jedem OBI Markt über den OBI-Ratgeber bestellt werden können. Der OBI-Ratgeber wird in einer Auflage von 7,5 Millionen Exemplaren jeweils im Frühjahr und Herbst eines Jahres erstellt und direkt an die Haushalte verteilt.

Des Weiteren setzt OBI traditionell **Bandenwerbung**, insbesondere in Fußballstadien, ein. Die Bandenwerbung beinhaltet den Slogan „Alles in OBI" und das OBI-Logo. Dadurch wird zum eine Erinnerungswirkung erzeugt (OBI als Bau- und Heimwerkermarkt), zum anderen wird der Qualitätsanspruch über die inhaltliche Aussage kommuniziert. Im Vergleich zur Konkurrenz hat OBI frühzeitig das Element der Bandenwerbung für sich eingesetzt. Wesentlicher Grund hierfür war die Tatsache, dass bis dato die Hauptzielgruppe der Heimwerker überwiegend Männer waren, die gezielt über den Fussball erreicht werden konnten. Die Werbemaßnahmen von OBI im sportlichen Bereich sind Ausdruck für den Leistungsgedanken, der sowohl im sportlichen Wettkampf als auch bei OBI im Zentrum sämtlicher Unternehmensaktivitäten steht.

Der sportliche Leistungsgedanke steht auch im Mittelpunkt der **Sponsoringmaßnahmen** von OBI. Seit dem Jahre 1990 unterstützt OBI das Team Olympia für Albertville und Barcelona sowie nachfolgende Olympia-Teams, heute ist OBI Olympia-Partner Deutschland. Diese Engagements stehen zum einen im Einklang mit der OBI-Philosophie, die Besten sein zu wollen und den Leistungswettbewerb aufnehmen zu wollen, zum anderen erkennt OBI die Notwendigkeit, die Leistungsfähigkeit und -willigkeit von aktiven Sportlern finanziell zu fördern. Das Sponsoringengagement im Team Olympia findet Erwähnung in sämtlichen – internen und externen – Kommunikationsmaßnahmen. Darüber hinaus treten im Rahmen von Special Events beispielsweise auch aktive Sportler des Olympia-Partner Deutschland auf und berichten über ihre sportlichen Leistungen. Das Sponsoringengagement wird dazu genutzt, eine interne „OBI-Service-Olympiade" zu initiieren. Mit der Service-Olympiade sollen die Mitarbeiter langfristig motiviert werden, für die OBI-Kunden beste Leistungen zu erbringen. Hierzu finden Wettbewerbe statt und hervorragende Mitarbeiter werden entsprechend honoriert. Die „OBI-Service-Olympiade" wird ebenfalls nach außen kommuniziert, mit dem Ziel, OBI als Serviceanbieter bei den Kunden zu positionieren.

Auch das Instrument der **Persönlichen Kommunikation** nimmt im Rahmen des Kommunikationsmix von OBI eine bedeutende Stellung ein. Im Vordergrund der Kundenkommunikation steht das persönliche Beratungs- und Verkaufsgespräch. Dies dient der Positionierung von OBI als Serviceanbieter unter den Bau- und Heimwerkermärkten und der Hervorhebung der Fachberatung. Hierzu werden die einzelnen Mitarbeiter in den OBI-Märkten entsprechend geschult, die vom Kunden gewünschte Beratungsleistungen kompetent erfüllen zu können. Neben der fachlichen Kenntnis sind außerdem die Kontaktfähigkeit und die Glaubwürdigkeit wichtig. Die Persönliche Kommunikation erlaubt den Mitarbeitern außerdem, Cross-Selling-Potenziale zu nutzen. Weiter besteht für die OBI-Kunden eine direkte Möglichkeit, bei Problemen nachzufragen bzw. mögliche Beschwerden direkt zu artikulieren.

Im Rahmen der **Multimediakommunikation** ist OBI seit 1997 mit einer eigenen Homepage unter der Adresse „http://www.obi.de/" präsent. Die Präsentation ist auf die zentralen Bedürfnisse der Heimwerker und Internetbenutzer ausgerichtet und beinhaltet u.a. folgenden Webpages:

- der „Onlineshop" mit Such- und Bestellmöglichkeit,
- die Seite „Unternehmen" als Informationsseite über das Unternehmen,
- der „OBI vor Ort"-Storelocator als Hilfsinstrument zur Suche des nächstliegenden OBI Marktes,
- die „Service"-Seite mit Tips und Tricks zum DIY,
- die Seite „Ökologie" mit Informationen rund um das Thema Umweltschutz,
- die Seite „Karriere" als Informationsseite über Jobmöglichkeiten bei OBI und
- die Seite „News & Action" mit unterschiedlichen Lifestyle-Inhalten, wie z.B. Handy-Klingeltöne zum herunterladen.

Der Internetauftritt ist – ebenso wie die oben genannten Kommunikationsaktivitäten – im Sinne der Integrierten Kommunikation mit dem orangefarbenen OBI Logo und dem Biber versehen.

Weitere Kommunikationsaktivitäten von OBI sind **Maßnahmen der Öffentlichkeitsarbeit** sowie **Messen und Ausstellungen**. Im Rahmen der Public Relations werden neben der originären Öffentlichkeitsarbeit beispielsweise auch zielgruppenspezifische PR-Maßnahmen wie „Gewusst wie"-Broschüren für die Kunden erstellt. Auch auf diesem Gebiet war OBI der erste Baumarkt, der seinen Kunden produktunabhängige Erläuterungen und Anleitungen für spezifische Heimwerkerprobleme angeboten hat.

Ein herausragendes Ereignis für OBI war die Verleihung des **Deutschen Marketing-Preises** im Jahre 1995. Eine unabhängige, von der Deutschen Marketing-Vereinigung eingesetzte Jury hat OBI zum 23. Träger dieser Auszeichnung gewählt. Maßgeblich für die Preisverleihung ist die Verbindung von „externem" – durch die Geschäftsausrichtung erzielten – Erfolg am Markt und „internem" Erfolg – bezogen auf die Mitarbeiterführung und die Organisation. Ein klares Unternehmenskonzept, das mit dem Franchisekonzept die Stärken eines Großunternehmens mit der Flexibilität mittelständischer Unternehmer verbindet sowie die Fähigkeit zu einer dynamischen Weiterentwicklung, d.h. stets als erster neue Ideen in die Tat umzusetzen, stellen hierbei die wesentlichen Gründe für die Auszeichnung dar. Über den Deutschen Marketing-Preis informiert OBI in werblicher Hinsicht z.B. durch Anzeigen in Zeitungen und Zeitschriften und Plakate in den OBI-Märkten. OBI nutzt den Deutschen Marketing-Preis sowohl zur Information für die Kunden, als auch zur Imageprofilierung im Sinne der Kundenorientierung.

4.3 Umsetzung der Qualitätsstrategie im Rahmen der Preis- und Konditionenpolitik

Die Preispolitik orientiert sich an dem Slogan „Beste Qualität zum günstigsten Preis". Entsprechend wird eine Politik niedriger Preise verfolgt. Um auch Angebote in der Preiseingangsstufe anbieten zu können, bietet OBI neben bekannten Herstellermarken auch Artikel in Eigenmarkensortimenten an. Die Produktmanager des OBI Franchise Centers unterbreiten den OBI-Märkten Vorschläge zur Höhe der Preisgestaltung. Diese Preisvorschläge sind allerdings für die OBI-Märkte nicht bindend, so dass eine vollkommene Flexibilität in der Preisfestlegung für jeden einzelnen OBI-Markt besteht.

Auf diese Weise ist es den Marktleitern bzw. Franchisenehmern möglich, auf Besonderheiten der Wettbewerbs- bzw. Marktsituation vor Ort (z.B. Preisänderungen) zu reagieren bzw. zu agieren. Auch Konditionen (z.B. Mengenrabatte) können von den OBI-Märkten vor Ort festgelegt werden. Hierdurch besteht die für jeden OBI-Markt die unternehmerische Freiheit, seine bedeutenden Kunden individuell zu behandeln.

4.4 Umsetzung der Qualitätsstrategie im Rahmen der Distributionspolitik

Die Umsetzung der Qualitätsstrategie im Rahmen der Distributionspolitik umfasst sämtliche Maßnahmen, die mit dem Weg der OBI-Leistungen zum Endabnehmer im Zusammenhang stehen. OBI verfolgt mit seiner Distributionspolitik zum einen die effiziente Versorgung der Märkte und Kunden mit Leistungen, d.h. Ziele der Erreichbarkeit, der Lieferzeit, des Zugangs des externen Faktors zum Erstellungsprozess, der Lieferbereitschaft und -zuverlässigkeit (never out of stock). Zum anderen verfolgt OBI hiermit Ziele der Serviceorientierung und des Kostenmanagements.

Bei der qualitätsorientierten Gestaltung der Distributionspolitik können zum einen Maßnahmen der Gestaltung des Distributionskanals und zum anderen Maßnahmen der Gestaltung von logistischen Prozessen unterschieden werden.

Bei der **Gestaltung des Distributionskanals** hat sich OBI für das **Konzept des Franchising** entschieden. Dieses ermöglichte es OBI, sein standardisiertes Bau- und Heimwerkermarktkonzept schnell und ohne einen übermäßig hohen Kapitalbedarf weit zu verbreiten, so dass OBI seit Jahren Marktführer der Branche ist. „Franchising ist eine Form der Kooperation, bei der ein Kontraktgeber (Franchiser) aufgrund einer langfristigen vertraglichen Bindung rechtlich selbständig bleibenden Kontraktnehmern (Franchisees) gegen Entgelt das Recht einräumt, bestimmte Waren oder Dienstleistungen unter Verwendung von Namen, Warenzeichen, Ausstattungen oder sonstigen Schutzrechten sowie der technischen und gewerblichen Erfahrungen des Franchisegebers und unter Beachtung des von letzterem entwickelten Absatz- und Organisationssystems anzubieten“ (Meffert/Bruhn 2000). OBI wirbt seine Franchisepartner mit der Aussage „1x Denken, über 430x Anwenden“, die zugleich den Grundgedanken des OBI-Franchising widerspiegelt. Das OBI Franchise Center als Franchisegeber bietet standardisierte Dienstleistungen für sämtliche OBI-Märkte an, dadurch können die in Abbildung 13 aufgeführten Vorteile für Franchisegeber und -nehmer erzielt werden. Als Gegenleistung erhält das Franchise Center von ihren Franchisenehmern regelmäßig eine Franchisegebühr.

Franchising verbindet die **Vorteile** eines mittelständischen Unternehmens mit den Vorteilen eines Großunternehmens. Das Absatzkonzept des Franchising vermindert das Risiko der Beteiligten erheblich: Der Franchisenehmer übernimmt ein standardisiertes und im Markt erprobtes Geschäftskonzept und erfährt bei der Führung seines OBI-Marktes professionelle Unterstützung von Seiten des Franchise Centers. Des Weiteren ist die Kapitalbeschaffung zur Finanzierung eines OBI-Marktes wesentlich einfacher, als für einen gewöhnlichen Start-up. Das Franchise Center hingegen benötigt – mit Ausnahme großflächiger Märkte – bedeutend weniger Kapital bei der Multiplizierung des Konzepts als etwa ein filialisiertes Handelsunternehmen, weil die Franchisenehmer die Finanzierung der Märkte übernehmen. Nationale Kommunikationsaktivitäten des OBI Franchise Center unterstützen den Aufbau des nationalen Images von OBI. Die dezentrale Unternehmensstruktur verbunden mit der unternehmerisch selbständigen Führung einzelner OBI-Märkte vor Ort durch die

Franchisepartner sichert allen Beteiligten hohe Flexibilität, eine hohe Kundennähe und fördert die Kreativität der Mitarbeiter. Gleichzeitig ist ein einheitlicher Auftritt und gleichbleibende Qualität der Leistungserstellung durch den Franchisevertrag gesichert.

Abbildung 13 **Vorteile des Franchising**

Vorteile für den Franchisegeber	Vorteile für den Franchisenehmer
• Risikominderung • Begrenzter Kapitaleinsatz • Dezentralisierung, Führung vor Ort, Flexibilität, Kundennähe • Einsatzmöglichkeiten lokaler Expertise, Engagement vor Ort, Kreativität • Loyalität der Franchisenehmer trotz selbständigen Unternehmertums • Regelmäßige Franchisegebühr • Beitrag zum Bekanntheitsgrad des Gesamtsystems • Systematische Informationsweitergabe über Zielmarkt	• Risikominimierung • Erleichterte Kapitalbeschaffung • Zentrale Kommunikationsaktivitäten, nationales Image durch nationale Werbung • Gebietsschutz im Absatzmarkt • Einkaufsvorteile im Beschaffungsmarkt, Konzentration im Einkauf • Unterstützungsleistungen (Unternehmensführung, Personalauswahl, Aus- und Weiterbildung, Rationalisierung der Systeme, EDV, Marketingaktivitäten) • Know-how-Entwicklung durch Erfahrungsaustausch

GABLER GRAFIK

Der Gebietsschutz im Absatzmarkt sichert den Franchisenehmern ein bestimmtes Geschäftsfeld. Vorteile für die OBI-Märkte liegen darüber hinaus in den erzielten Einkaufsvorteilen im Beschaffungsmarkt, die aufgrund der Konzentration im Einkauf durch das Franchise Center erreicht werden. Von hoher Bedeutung sind darüber hinaus die Unterstützungsleistungen des Franchise Centers für den einzelnen OBI-Markt. Diese Leistungen beziehen sich auf die Unterstützung bei der Führung eines OBI-Marktes, die Personalauswahl, die Aus- und Weiterbildung, auf die Rationalisierung der Systeme durch Organisation, die einheitliche EDV sowie Marketingaktivitäten. Schließlich profitieren die Baumärkte von dem gegenseitigen Erfahrungsaustausch und der hiermit verbundenen Know-how-Entwicklung.

Neben der Gestaltung des Absatzkanals ist die **Gestaltung und Steuerung der logistischen Systeme** im Rahmen der Distributionspolitik von Bedeutung. Die Logistik berücksichtigt den Standort der Leistungserstellung, die Lagerhaltung und den Transport der Waren.

In Bezug auf die **Standortwahl** sind strukturbezogene, umfeldbezogene und räumlichkeitsbezogene Faktoren bedeutsam.

Vor der Eröffnung eines OBI-Marktes erfolgt eine Prüfung **strukturbezogener Faktoren** durch eingehende Standortanalysen und Entwicklung geeigneter Standortstrategien. Dies erfolgt unter Berücksichtigung einer Vielzahl bedeutsamer Faktoren, z.B. wird ein für die Kunden möglichst günstiges Einkaufsumfeld gewählt, der Einkaufsort soll gut erreichbar sein und ausreichenden Parkraum zur Verfügung stellen, so dass der Markt leicht zu finden und ohne Umwege zu erreichen ist. Der Standort eines OBI-Marktes wird so gewählt, dass ein Einzugsgebiet im ländlichen Gebiet mit mindestens 100.000 Menschen in einem Radius von 20 km um den OBI-Markt oder Städte mit mindestens 50.000 Einwohnern vorhanden ist.

Im Hinblick auf die **umfeldbezogenen Faktoren** der Standortwahl erfolgt die Auswahl eines Standortes derart, dass vorhandene Einkaufsgewohnheiten potenzieller Kunden genutzt werden. Die Einbindung eines OBI-Marktes in das bestehende Einzelhandelsumfeld ist daher wichtig. Angestrebt wird z.B. der Standort an einer hochfrequentierten Hauptverkehrsstraße, mit optimaler Verkehrsanbindung für Zu- und Abfahrten und guter Sichtbarkeit in alle Himmelsrichtungen.

Räumlichkeitsbezogene Faktoren der Standortwahl umfassen Raumkosten, -qualität und -kapazitäten, die für unterschiedliche Größen von OBI-Märkten und je nach Standort variieren. Eine optimale Lagerhaltung wird ermöglicht durch entsprechende Logistiksysteme. OBI setzt ein geschlossenes Warenwirtschaftssystem mit dem Namen BWR („Bestellung-Wareneingang-Rechnungswesen“) ein. Die Disposition erfolgt durch den Verkäufer am Regalplatz, die Warenein- und -ausgangsdaten werden dezentral in jedem Markt erfasst. Die Kennzeichnung eines jeden Artikels mit einer OBI-Artikelnummer ermöglicht die genaue Fortschreibung des Lagerbestandes vereinfacht die Disposition. Der Transport und die Warenanlieferung werden bei OBI über ein flexibles Logistiksystem abgewickelt. Hierzu hat OBI zwei Unternehmen gegründet. Die Warenlieferungen unterschiedlicher Lieferanten werden zunächst gebündelt, die Anlieferung und Regalbeschickung wird durch das externe Service-Unternehmen vor und nach den Öffnungszeiten vorgenommen. Die BM Logistic ist zuständig für die Bündelung der Warenströme von dem jeweiligen Hersteller und Lieferanten zu den einzelnen OBI-Märkten. Dadurch, dass die Regalbestückung mit Waren außerhalb der Öffnungszeiten erfolgt, erhält der Fachverkäufer im OBI-Markt mehr Zeit für Beratung und Kundenservice. Des Weiteren werden die Einkaufsgänge während der Öffnungszeiten nicht durch Warenlieferungen versperrt und somit für die Kunden freigehalten.

Auch im Rahmen der Distributionspolitik werden die Grundsätze des Qualitätsmanagements nicht nur postuliert, sondern auch umgesetzt.

4.5 Umsetzung der Qualitätsstrategie im Rahmen der Personalpolitik

Sämtliche Maßnahmen der Personalpolitik von OBI stehen unter dem Motto „Wir wollen die Besten sein“. Die Durchführung der OBI Service-Olympiade verkörpert diese Leitidee: Die Mitarbeiter sollen motiviert werden, besonders kundenorientiert zu handeln. Die Personalpolitik von OBI lässt sich anhand der Phasen Personalplanung, Durchführungsphase und Personalprüfung darstellen.

Im Rahmen der **Personalplanung** sind insbesondere der Personalbestand und -bedarf, die Anforderungen an die interne Dienstleistungsqualität sowie die Personalforschung zu erörtern. Im Jahre 2000 zählt OBI europaweit 23.000 Mitarbeiter. Diese werden nach dem Grundsatz geführt, dass der Kunde im Mittelpunkt sämtlicher Aktivitäten steht und die Kunde-Mitarbeiter-Interaktion zentral für den Erfolg von OBI ist. Eine Vielzahl von Maßnahmen ist daher auf die Mitarbeiter ausgerichtet mit dem Ziel, den Kunden zufrieden zu stellen. Einen Überblick der Mitarbeitermaßnahmen vermittelt Abbildung 14.

Abbildung 14 Maßnahmen der Personalpolitik bei OBI

GABLER GRAFIK

Basis sämtlicher Einzelmaßnahmen zur Förderung und zur Motivation der Mitarbeiter ist das GRID-Führungsmodell von Blake/McCanse. Ziel des GRID-Systems ist die Optimierung organisatorischer und persönlicher Produktivität.

Die Führungsaufgabe wird nach diesem Ansatz als betriebliches Ziel aufgefasst, die durch den optimalen Einsatz der Mitarbeiter entwickelt werden kann (Blake/McCanse 1992). Hierzu wird das **Führungsverhalten der Manager** anhand von drei Dimensionen beschrieben, die durch Anordnung in der Form eines Gitters unterschiedliche Verhaltenskombinationen aufweisen. Menschenorientierung, Sachorientierung und Motivation stellen die Führungsdimensionen der Manager dar. Die Ausprägung der Dimensionen erfolgt anhand einer Neuner-Skala, wobei „niedrig“ mit 1 und „hoch“ mit 9 gekennzeichnet wird. Durch die Kombination der Ausprägungen der drei Dimensionen werden idealtypische Führungsstile abgeleitet. Der angestrebte Führungsstil des GRID-Modells und somit von OBI ist die 9,9-Kombination des Verhaltensgitters, also das „Team-Management“-Führungsverhalten. Von den engagierten Mitarbeitern soll eine hohe Arbeitsleistung erfolgen und durch den interdependenten und gemeinschaftlichen Einsatz für das Unternehmensziel wird eine Verbindung der Menschen in Vertrauen und gegenseitiger Achtung erzielt.

Das zur Managementebene korrespondierende Verhaltensgitter auf der Mitarbeiterebene, das **Mitarbeiter-GRID**, beschreibt die Effektivität der unterschiedlichen Führungsstile aus der Sicht des Mitarbeiters. Strukturiert wird das Mitarbeiter-GRID anhand der Verhaltensdimensionen Cheforientierung und Sach-/Zielorientierung, die ebenfalls auf einer Neuner-Skala bewertet werden. Aus der Kombinationen der Verhaltensorientierungen wird auch hier die 9,9-Kombination als Zielverhalten im Rahmen des GRID-Modells und somit für die OBI-Mitarbeiter gesehen. Diese Position kennzeichnet den auf Lösungen bedachten Mitarbeiter, der die Unternehmensziele kennt und sich bemüht, die besten Lösungen zu finden. Der Mitarbeiter nutzt zu diesem Zweck den Beitrag der anderen und koordiniert das eigene Bemühen mit den Bemühungen anderer. Zur Erreichung der idealtypischen Führungsverhalten- und Mitarbeiterverhaltensstile werden im Rahmen des GRID-Modells Bestimmungsfaktoren herausgearbeitet, die beispielsweise das Verhalten bei Standpunkten, Entscheidungen, Kritik oder Konflikten beschreiben. OBI schult alle Führungskräfte nach dem GRID-Modell. Auf diese Weise soll sichergestellt werden, dass eine Kultur der 9,9-Kombinationen zur bestmöglichen Mitarbeiter- und damit der Unternehmensentwicklung erreicht wird.

In qualitativer Hinsicht werden daher besondere **Anforderungen an die Mitarbeiter** von OBI gestellt, wie beispielsweise Freundlichkeit, Fachkompetenz, Bereitschaft zur persönlichen und fachlichen Weiterentwicklung. Die Grundvoraussetzung stellt dabei die Bereitschaft der Mitarbeiter dar, vorwärts kommen zu wollen. OBI will offen für Mitarbeiter sein, „die etwas bewegen und bei sich selbst anfangen wollen, indem sie sich ihre eigenen Ziele setzen“. Aus der Grundeinstellung, eine partnerschaftliche Beziehung mit den Mitarbeitern einzugehen und die fachliche sowie persönliche Weiterentwicklung in besonderem Maß zu fördern, wird eine langfristige Bindung der Mitarbeiter an OBI und umgekehrt angestrebt. OBI setzt daher auf die interne Aus- und Weiterbildung der Mitarbeiter und rekrutiert die Führungskräfte fast ausschließlich aus dem eigenen Haus. Auf diese Weise soll die Leistungsqualität bei OBI gesichert und die unternehmerische und kundenorientierte Grundhaltung weitergetragen werden. Das persönliche Engagement der Mitarbeiter wird darüber hinaus durch eine erfolgsabhängige Leistungsentlohnung vergütet und gefördert. Dahinter steht die Vision „Mehr als nur ein Job".

Mit umfassenden Mitarbeiterbefragungen hat OBI seit 1996 die Aktivitäten im Rahmen der Personalforschung bedeutend erweitert. Die Mitarbeiterbefragungen werden gleichzeitig mit den Kundenbefragungen im Rahmen des OBI-Barometers durchgeführt. Ausgangspunkt der Mitarbeiterbefragungen stellt das Konzept des Internen Marketing dar. Grundgedanke ist hier, dass eine hohe Kundenzufriedenheit und die daraus folgende Kundenbindung vor allem durch zufriedene Mitarbeiter erreicht wird.

Im Rahmen der **Durchführungsphase** sind Instrumente unter den Aspekten Personaleinsatz, Personalveränderung und Mitarbeiterkommunikation zu nennen. Im Rahmen der Maßnahmen zum **Personaleinsatz** setzt OBI insbesondere zwei Instrumente zur Qualitätssicherung ein: die „OBI Service-Olympiade" und den „Quality Day". Mit dem Instrument der OBI Service-Olympiade wird das Ziel verfolgt, die Leistungsbereitschaft und Freundlichkeit der Mitarbeiter zu fördern. 1991/92 wurde diese Initiative ins Leben gerufen, und dreizehn Monate lang werden eine Vielzahl von Einzelmaßnahmen, Events, Anreizen usw. geboten. Die OBI Olympiade ist an das Engagement im Sponsoring des Team Olympia angelehnt. Aufgrund einer Vielzahl von Aktivitäten, Anreizen und Ausscheidungswettbewerben werden die Mitarbeiter von Monat zu Monat zu „Höchstleistungen im Dienst am Kunden" motiviert. Kriterien der Preisvergabe sind vor allem Freundlichkeit, Information, Fachberatung, Sonderwünsche und Reklamationen. Die Anreize in Form von Prämien und Reisen zu den Olympischen Spielen bewirkten eine positive Aufnahme der OBI Service-Olympiade. Nicht nur Teams aus OBI-Märkten nehmen an dieser Service-Olympiade teil, sondern auch das Team des Franchise Centers, dessen „internen" Leistungen durch die einzelnen OBI-Märkte bewertet werden. Die Dauer und Ausrichtung dieser internen Personalmaßnahme im Sinne des Sportsgeists soll eine dauerhafte Veränderung der Beteiligten hervorrufen, ohne einen offensichtlichen Druck auf die Mitarbeiter auszuüben.

Die zweite bedeutende Qualitätsmaßnahme im Rahmen der Personalpolitik ist die Durchführung eines so genannten **Quality Day**. An einem Wochenende sind die Mitarbeiter des Franchise Centers aufgerufen, einem Tag über Möglichkeiten zur Verbesserung der Prozesse und Ergebnisse im Franchise Center zu diskutieren und diese Verbesserungsvorschläge vorzustellen. Bei positiver Beurteilung werden die Vorschläge direkt umgesetzt.

Als Maßnahmen im Rahmen der **Personalveränderung** sind die Maßnahmen von OBI im Hinblick auf die **Personalentwicklung** zu erwähnen. OBI bietet den Mitarbeitern eine Vielzahl von Möglichkeiten der Aus- und Weiterbildung und legt Wert auf die Parallelität von theoretischem Wissen und praktischer Erfahrung. Zu diesem Zweck und mit dem Ziel, die Beratungsqualität zu erhöhen, ist zum 1. Mai 1993 in Rahmen einer Großveranstaltung die OBI-Akademie eröffnet worden. Die Einrichtung dieser Ausbildungseinrichtung ist einmalig in der Branche und dient dazu, die so genannten „OBI-Karrieren" im Sinne langfristiger Ausbildungsmaßnahmen oder kurzfristiger Trainingsprogramme zu fördern. Die Idee der OBI-Akademie basiert auf der Grundhaltung des Inhouse Recruitment sowie der Verbesserung der Service-Leistungen der OBI Mitarbeiter.

Der Aufbau einer Karriere an der OBI-Akademie kann in vier Stufen erfolgen: der Basisausbildung, der Fachqualifikation, der Ausbildung zum Handelsfachwirt sowie der Weiterbildung in Top-Centern. Zunächst stellt die Basis der beruflichen Bildung der OBI-Mitarbeiter eine Ausbildung dar. Neben kaufmännischen oder handwerklichen Ausbildungsmöglichkeiten besteht die Kombinationsmöglichkeit von einem Studium an einer Berufsakademie mit Praxiseinsätzen in einem OBI-Markt. Die zweite Stufe der Personalentwicklung an der OBI-Akademie bezeichnet die Fachqualifikationen, die in den Baumärkten als Spezialqualifikationen aus Kundensicht wünschenswert sind. Es handelt sich insbesondere um Weiterbildungen zum Master-Verkäufer, Umweltberater, Merchandising-Beauftragten sowie Ausbilder im OBI-Markt. In einer dritten Stufe der Weiterbildung kann die Ausbildung zum Handelsfachwirt erfolgen, die sich über achtzehn Monate mit jeweils zweiwöchigen Unterrichtsblöcken erstreckt. Aufbauend auf der Ausbildung zum Betriebswirt, Handelsfachwirt oder gleichwertigen Qualifikationen der Praxis kann auf der vierten Stufe im Rahmen von Seminaren in so genannten TOP-Centern eine Weiterbildung zur Führungskraft erfolgen – Gruppenleiter, Marktleiter oder weitergehende Qualifikation.

Über die Aus- und Weiterbildungsmaßnahmen im Rahmen der Karriere eines Mitarbeiters hinaus werden Einzelseminare im Kontext von Trainingsprogrammen durchgeführt. Den einzelnen Franchisenehmern wird eine Vielzahl von Seminaren angeboten, die je nach Bedarf regional ausgerichtet werden können. Hierbei handelt es sich beispielsweise um Zeitmanagement-, Rhetorikseminare, Verkaufs- und Telefontrainings.

Die **Mitarbeiterkommunikation** im Rahmen der Durchführungsphase der Personalpolitik umfasst eine Vielzahl von Aktivitäten des Franchise Centers und der OBI-Märkte. Ein erstes Instrument der Bottom-up-Mitarbeiterkommunikation ist die bereits genannte, jährliche Mitarbeiterbefragung. Anhand einer Vielzahl von Items können die Mitarbeiter hinsichtlich unterschiedlicher Arbeitsbereiche Stellung beziehen, z.B. hinsichtlich Arbeitsbedingungen, Einschätzung der Kundenorientierung, Führungsverhalten.

Eine weitere innovative Maßnahme der Mitarbeiterkommunikation ist der Einsatz von Mitarbeitervideos. Dieses Instrument ist der Top-down-Mitarbeiterkommunikation zuzuordnen und ermöglicht durch die zentrale Produktion die Einheitlichkeit der Kommunikation, durch die Vervielfältigung der Videokassetten eine schnelle und hohe Verbreitung und durch die Art des Mediums eine hohe Akzeptanz bei der Zielgruppe der Mitarbeiter in den OBI-Märkten. Die Mitarbeitervideos werden monatlich produziert, so dass eine hohe Aktualität erreicht wird. Der Inhalt dieser Videos betrifft Informationen sowohl über fachliche Neuerungen wie beispielsweise neue, umweltfreundliche Lacke als auch die Thematisierung OBI-interner Problembereiche.

Ein weiteres Instrument der Mitarbeiterkommunikation ist der regelmäßig vom Franchise Center veröffentlichte Mitarbeiter-Report, der an die einzelnen Baumärkte und Mitarbeiter verteilt wird. Darüber hinaus werden zu spezifischen Themenbereichen Informationen für Mitarbeiter herausgegeben. Aktuelle und besondere Problembereiche – wie beispielsweise das Qualitätsmanagement nach DIN ISO – können auf diese Weise bei den Mitarbeitern thematisiert und verbreitet werden.

Die Personalprüfung stellt die dritte Säule der personalpolitischen Instrumente zur Qualitätssicherung bei OBI dar. Die Baumarktleitung bzw. die Abteilungsleitungen sind für die Motivation und Führung der Mitarbeiter verantwortlich, die Überprüfung der Leistungen der einzelnen Mitarbeiter fällt folglich in dieses Aufgabengebiet. Hierzu werden individuelle Mitarbeitervereinbarungen getroffen, die in dem folgenden Zeitraum überprüft werden. Darüber hinaus werden, bezogen auf jeden Baumarkt, Zielvereinbarungen in dem Führungsteam Franchisenehmer, Franchisegeber und Marktleiter getroffen. Für die Umsetzung und Erreichung der vereinbarten Ziele ist der Marktleiter verantwortlich. Durch eine Gegenüberstellung der Zielvereinbarungen mit den erreichten Zielen wird auch eine Überprüfung der erzielten Leistungen der Marktleitung erreicht. Die Personalentwicklungsplanung wird jährlich vorgenommen.

5. Organisatorische Verankerung des Qualitätsmanagements

Die Hierarchie der Aufbau- und Ablauforganisation bei OBI ist entsprechend der Unternehmensphilosophie flach, so dass direkte Wege der Kommunikation und eine Kultur der Teamarbeit umgesetzt werden.

Das Qualitätsmanagement ist Bestandteil der Aktivitäten eines jeden OBI-Mitarbeiters. Eigene Organisationsbereiche werden nicht definiert. Auf diese Weise sind sämtliche Mitarbeiter Umsetzende der Qualität, wohingegen die Führungskräfte die Steuerung des Qualitätsmanagements übernehmen. Sowohl das Franchise Center als auch die einzelnen OBI-Märkte beschäftigen sich mit Aufgaben des Qualitätsmanagements.

Aktionen wie z.B. der Quality Day, werden auf dieser Führungsebene initiiert, um etwa für das Qualitätsmanagement Ideen zu erarbeiten. Konkrete Qualitätsmaßnahmen werden in den Abteilungen Service, Vertrieb, Personalentwicklung sowie Organisationsentwicklung geplant. Für das Qualitätsmanagement im OBI-Markt ist der Marktleiter verantwortlich und daher Qualitätsbeauftragter. Der Marktleiter hat die Möglichkeit, Einzelaufgaben des Qualitätsmanagements an Mitarbeiter weiterzudelegieren. Beispielsweise kann die Umsetzung von Qualitätsmaßnahmen aus Revisionen oder Zertifizierung von dem stellvertretenden Marktleiter ausgeführt werden. Die Einführung des Qualitätsmanagements mit der gleichzeitigen Dokumentation der Aufgabenbereiche der Mitarbeiter als Grundlage der Zertifizierung wird in jedem OBI-Markt sämtlichen Mitarbeitern mit dem Ziel der Schaffung einer breiten Akzeptanz kommuniziert. Beispielsweise werden die Qualitätsstandards in Mitarbeiterbesprechungen diskutiert. Schließlich bleiben die Festlegung der internen Abläufe wie, z.B. Arbeitszeitsystem oder Kassenbesetzung, sowie die Überwachung und Kontrolle durch Stichproben oder Analysen der Zielvereinbarungen im Verantwortungsbereich des Marktleiters.

Bei OBI handelt es sich sowohl um einen Top-down- als auch um einen Bottom-up-Prozess des Qualitätsmanagements. Von dem Franchise Center fließen Informationen in die OBI-Märkte und von den OBI-Märkten finden Ideen und Verbesserungsvorschläge Eingang in die Prozesse des Franchise Centers. Auf diese Weise wird ein Austausch von Informationen erzielt, der einen stetigen Prozess der Veränderung und Verbesserung des Qualitätsmanagements im Sinne einer Verbesserung der Kundenorientierung von OBI sowie einer Verbesserung der Kundenzufriedenheit in Gang hält.

5. Erfolgsfaktoren und Erfolgspotenziale des Qualitätsmanagements von OBI

Langfristiger Unternehmenserfolg setzt die Identifikation der bestimmenden Erfolgsfaktoren des jeweiligen Marktes voraus.

Die rasche Entwicklung von OBI von der Unternehmensgründung bis zur heutigen Position des Marktführers in der DIY-Branche weist darauf hin, dass eine Kombination herausragender Qualitätsmerkmale den Erfolg von OBI maßgeblich bestimmen. Wesentliche **Erfolgsfaktoren** von OBI sind in den folgenden fünf Bereichen, die alle das Ziel der Qualität anstreben, zu sehen:

- Philosophie und Prinzipien,
- Franchisesystem,
- Angebotsleistungen,
- Profilierung durch Service sowie
- Kommunikation.

OBI verfolgt seit der Unternehmensgründung an die Überzeugung, dass nur in einem **Prinzip von Mitsprache und Mitentscheidung** ein Maximum an Selbstverantwortung und Initiative aller Beteiligten erreicht werden kann. Diese Philosophie wird in sämtlichen Bereichen der Zusammenarbeit gelebt: Im Franchise Center, im Verhältnis zu den Franchisepartnern, zu den Marktleitern, bei den Mitarbeitern und ebenso im Verhältnis zu den Lieferanten. Einstimmige Entscheidungsfindung, Überzeugung durch Argumente und Flexibilität sind hier bestimmende Prinzipien.

Das **Prinzip der partnerschaftlichen Zusammenarbeit** wird ebenso in der Organisation des Unternehmens umgesetzt. OBI war das erste Handelsunternehmen in Deutschland, das die Franchisekonzeption als Absatzkonzept gewählt hat. Mit dieser Organisationsform werden die Stärken eines Großunternehmens mit den Vorteilen der Flexibilität und des Engagements eines mittelständischen Unternehmens verbunden – insbesondere, was die Erreichung von Qualitätszielen anbelangt. Des Weiteren wird mittels Franchising die Multiplikation der Geschäftsidee und des Unternehmenskonzeptes erreicht. Die Bereitstellung erprobter und standardisierter Dienste seitens des Franchise Centers und die Flexibilität der Franchisepartner vor Ort, individuelle Entscheidungen für jeden OBI-Markt treffen zu können, stellen einen weiteren, wesentlichen Erfolgsfaktor dar.

Die Angebotsleistungen von OBI sind **kundenorientiert** und **innovativ** ausgerichtet. Die erste Innovation war in der Gründungsidee enthalten, eine Vielzahl von Fachgeschäften unter einem Dach zu vereinen und somit den gesamten Kundenbedarf zum Heimwerken, Bauen und Renovieren erfüllen zu können. Die Entwicklung der Gartenparadiese stellt die zweite Innovation dar, mit der die Zielgruppe der Frauen erschlossen wird. Nach der Änderung des Sortiments im Hinblick auf Mode und Geschmack und damit einer stärkeren Emotionalisierung des Angebotes wird im Rahmen einer dritten Innovation das Angebot auch um ein preis- und qualitätsorientiertes Eigenmarkensortiment erweitert. Dabei handelt es sich um sechs Eigenmarken, die qualitativ hochwertig und zu günstigen Preisen angeboten werden. Die Innovationen sind Ergebnis der Bemühungen von OBI, Kundenbedürfnisse aufzudekken und zu erfüllen sowie den Markt aktiv selbst zu gestalten.

Ein weiterer Erfolgsfaktor ist in der **Positionierung** sowie in der **konsequenten Umsetzung zur Profilierung durch Service** zu sehen. Dem Faktor Mensch kommt neben den Leistungsdimensionen Sortiment, Produkt, Preis und Standort eine besondere Bedeutung zu. Durch die Leistungsbereitschaft und Beratungskompetenz der Mitarbeiter im OBI-Markt und im Franchise Center, die konsequent gefördert werden, setzt sich OBI erfolgreich von den Wettbewerbern ab.

Die **zielgruppenspezifische interne und externe Kommunikation** über die Leistungen bei OBI stellt einen weiteren Erfolgsfaktor dar. Die Einheitlichkeit der nationalen Imagekampagnen und die Inhalte haben dazu geführt, dass OBI heute über einen hohen Bekanntheitsgrad verfügt und sich klar in den Köpfen der Kunden positioniert hat.

Grundlage für den Unternehmenserfolg von OBI ist die Kombination der genannten Faktoren in der Form, dass in allen Bereichen bzw. Prozessen versucht wird, Qualität zu produzieren. Erreicht wird dies durch ein aufeinander abgestimmtes **Qualitätsmanagement(system)**.

Literatur

b+h markt (2000), http://www.bau-markt.de (Zugriff: 17.08.2000).

Blake, R.R./McCanse, A.A. (1992), Das GRID-Führungsmodell, Düsseldorf u.a.

Bottler, S. (2000), Do-it-yourself-Marketing, in: Werben&Verkaufen, 22. Jg., Nr. 45, S. 66-70.

Bruhn, M. (2001), Qualitätsmanagement für Dienstleistungen. Grundlagen, Konzepte, Methoden, 3. Aufl., Berlin/Heidelberg/New York.

Büker, B. (1994), Herausforderungen an das Handelsmarketing – Strategische Neuausrichtung des Warenhauskonzeptes, in: Bruhn, M./Meffert, H./Wehrle, F. (Hrsg.) (1994): Marktorientierte Unternehmensführung im Umbruch, Stuttgart, S. 302-317.

Creusen, U. (1999), Kundenbindung im Handel: Das Beispiel der OBI Bau- und Heimwerkermärkte, in: Bruhn, M./Homburg, C. (Hrsg.), Handbuch Kundenbindungsmanagement, 2. Aufl., Wiesbaden, S. 607-618.

Meffert, H./Bruhn, M. (2000), Dienstleistungsmarketing. Grundlagen, Konzepte, Methoden, 3. Aufl., Wiesbaden.

Meyer, A./Dornach, F. (2000), Das Deutsche Kundenbarometer 2000 – Qualität und Zufriedenheit – Jahrbuch der Kundenzufriedenheit in Deutschland, München.

7 Internationalisierung des Paket- und Distributionsbereichs der Deutschen Post und Aufbau von Euro Express

Heribert Meffert, Helmut Schneider und Christian Ebert

Der Markt für Versanddienstleistungen: Status Quo und Perspektiven

Versanddienstleistungen als komplexe Logistikdienstleistungen

Wirtschaftliche Globalisierung und die daraus resultierende Zunahme internationaler Waren- und Güterströme haben dazu geführt, dass der Markt für Versanddienstleistungen seit einiger Zeit ein stetiges Wachstum aufweist. Dennoch wurde vor allem in Europa bis zu den 90er Jahren die Mehrzahl der Ländermärkte von staatlichen Monopolunternehmen dominiert. Erst in den vergangenen Jahren hat sich eine Tendenz zur Öffnung der Märkte und folglich verstärktem Wettbewerb herauskristallisiert. Der Markteintritt zahlreicher neuer Wettbewerber wird dabei durch die **Komplexität von Versanddienstleistungen** und die damit verbundene Vielzahl möglicher Betätigungsfelder gefördert.

Für eine Definition von Versanddienstleistungen gilt es an den Begriffen Versand und Dienstleistung anzusetzen. **Dienstleistungen** lassen sich auf einer übergeordneten Ebene durch die drei Inhalte Potenzial, Prozess und Ergebnis charakterisieren (vgl. Meffert/Bruhn 2000). Dabei umfasst

- die Potenzialdimension die Fähigkeit und Bereitschaft des Dienstleistungsanbieters zur Ausübung einer dienstleistenden Tätigkeit,
- die Prozessdimension die Gesamtheit aller Aktivitäten, die im Verlauf der tatsächlichen Dienstleistungserstellung stattfinden und
- die Ergebnisdimension den Grad der Zielerreichung und damit den beendeten Vollzug der dienstleistenden Tätigkeit.

Versand demgegenüber beinhaltet sämtliche primären und unterstützenden Funktionen im Zusammenhang mit der raum-zeitlichen Veränderung von Gütern. Ziel des Versands ist die termingerechte Zustellung eines Gutes zu einem vorab bestimmten Empfänger.

Aufbauend auf diesen Definitionen können **Versanddienstleistungen** verstanden werden als selbstständige marktfähige Leistungen, verbunden mit der Bereitstellung bzw. dem Einsatz von Leistungsfähigkeiten im Zusammenhang mit dem Transport eines physischen Gutes (Potenzialorientierung) in deren Erstellungsprozess interne und externe Faktoren kombiniert werden (Prozessorientierung) und deren Faktorkombination mit dem Ziel eingesetzt wird, eine termingerechte Güterzustellung zu gewährleisten (Ergebnisorientierung). Anbieter einer solchen Dienstleistung ist der Versanddienstleister, der Versender hingegen wird als Versanddienstleistungskunde bezeichnet.

Abbildung 1 **Positionierung relevanter Merkmale von Versanddienstleistungen im informationsökonomischen Dreieck**

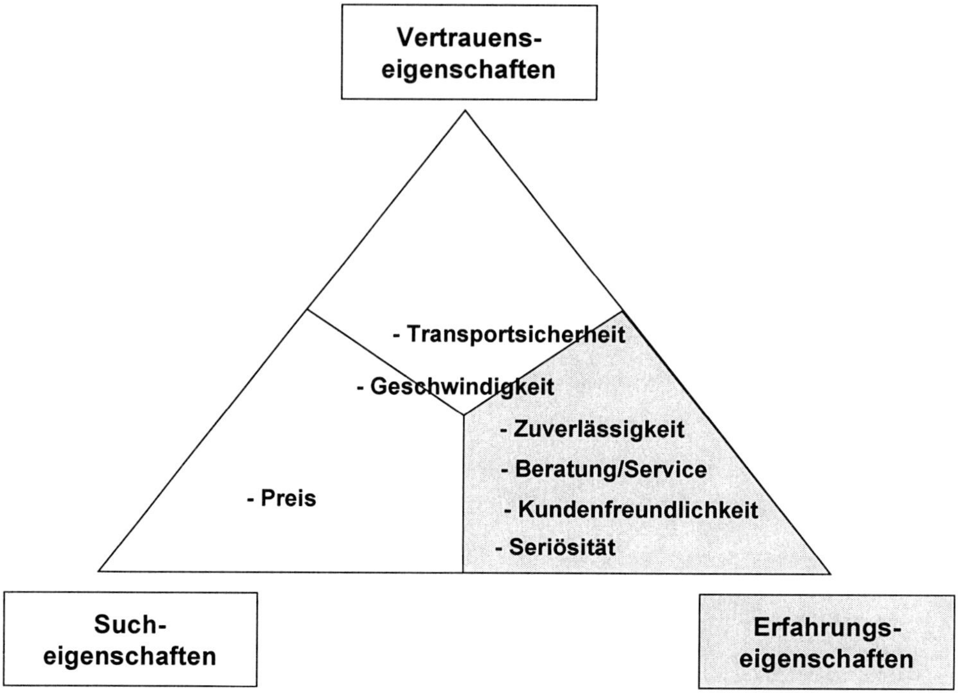

GABLER GRAFIK

Entsprechend einem Ansatz der **Informationsökonomie** lassen sich die Leistungsmerkmale von Versanddienstleistungen nach der Informationsunsicherheit bei ihrer Beurteilung in Such- bzw. Inspektions-, Erfahrungs- und Vertrauenseigenschaften unterscheiden (vgl. zum informationsökonomischen Dreieck von Leistungen Adler 1994). Dabei lässt sich die Güte von **Sucheigenschaften** seitens des Nachfragers bereits vor dem Kauf durch Inspektion problemlos feststellen, wie dies beispielsweise beim Preis der Versanddienstleistung möglich ist. Die Qualität einer **Erfahrungseigenschaft** kann dagegen erst nach Nutzung der Leistung beurteilt werden und wird wie die Zuverlässigkeit oder das Beratungs- und Serviceangebot erst nach wiederholter Inanspruchnahme deutlich. Wiederum anders verhält es sich bei **Vertrauenseigenschaften**, deren Güte weder vor noch nach dem Kauf hinreichend beurteilt werden kann und die wie im Falle der Transportsicherheit bei jeder Inanspruchnahme eine gewisse Unsicherheitskomponente enthalten. Im Vergleich zu einer Vielzahl von Konsumgütern ist somit festzuhalten, dass Versanddienstleistungen durch ein erhöhtes Kaufrisiko geprägt sind. Mit Blick auf Abbildung 1 lässt sich jedoch konstatieren, dass ein Großteil der relevanten Merkmale Erfahrungscharakter aufweist und somit zumindest nach Vollzug der Leistung zuverlässig zu beurteilen ist.

Die Komplexität und der Facettenreichtum von Versanddienstleistungen manifestieren sich in den in Abbildung 2 dargestellten Dimensionen Wertschöpfungsstufe, Produktpalette und Ausmaß der Internationalisierung. Bezüglich der **Wertschöpfungsstufen** geht der Trend dahin, dass die Anbieter neben den klassischen Funktionen (Annahme, Sortierung, Beförderung und Zustellung) erweiterte Aufgaben wie Order Management, Lagerhaltung oder Kommissionierung übernehmen, welche von den Kunden vermehrt ausgegliedert werden. Zusätzlich gewinnen neben dem reinen Logistikstrom in jüngster Zeit Aufgaben aus den Bereichen Information und Finanzierung an Bedeutung.

Abbildung 2 **Klassifizierung von Versanddienstleistungen**

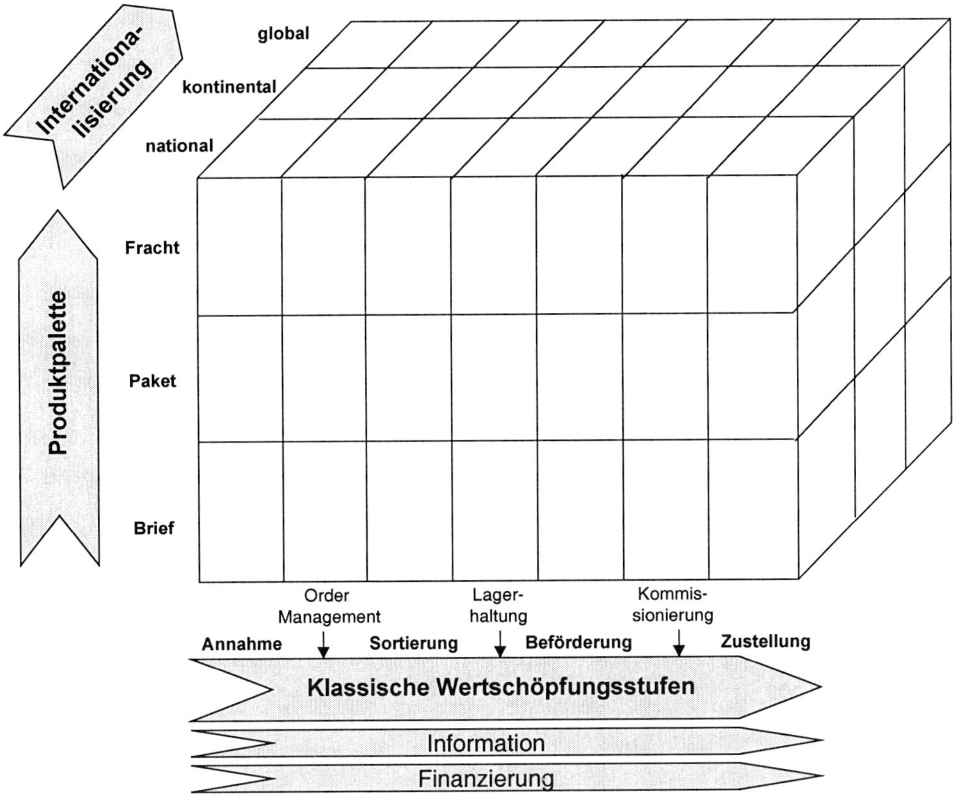

GABLER GRAFIK

Die **Produktpalette** lässt sich anhand des Gewichts in drei Klassen einteilen: Klassische Briefpost bis 1000 g, Paketpost bis 31,5 kg und darüber hinaus schwere Fracht. Eine weitere Differenzierung dieser Produktdimension kann beispielsweise nach der Art der Beförderung vorgenommen werden, wobei neben dem Basisversand Express- bzw. Kurierdienste als Premiumleistungen existieren. Zu beachten ist allerdings, dass nicht in jeder Produktklasse alle genannten Wertschöpfungsstufen von Bedeutung sind (z.B. Warehousing im Briefbereich).

Als Drittes kann nach der **internationalen Reichweite** des Dienstleisters unterschieden werden zwischen rein nationalen (z.B. Deutschland, USA), kontinentalen (z.B. Nordamerika, Europa) und globalen Anbietern. Aus der jeweiligen Kombination der in Abbildung 2 dargestellten Dimensionsausprägungen ergibt sich das Betätigungsfeld eines Versanddienstleisters. Aufgrund zunehmender Kundenanforderungen ist allerdings eine Tendenz zu Anbietern mit einem umfassenden Angebotsprogramm erkennbar.

1.2 Kundenanforderungen an Versanddienstleister

Für die Wahl eines Versanddienstleisters spielen aus Kundensicht drei übergeordnete Beurteilungsdimensionen eine besondere Rolle (vgl. Abbildung 3).

Abbildung 3 **Übergeordnete Beurteilungsdimensionen bei der Wahl eines Versanddienstleisters**

GABLER GRAFIK

Quelle: INRA 1998

Leistungsstärke kennzeichnet die Abwicklung des Leistungserstellungsprozesses sowie dienstleistungsspezifische Qualitätsmerkmale. Sie äußert sich in Faktoren wie Schnelligkeit, Termintreue, Service, Flexibilität, Zuverlässigkeit und Seriosität.

Günstigkeit steht für ein angemessenes Preis-Leistungs-Verhältnis. Dieser Aspekt ist nicht automatisch mit „billig" gleichzusetzen, da ein optimaler Leistungserstellungsprozess mit höherer Zahlungsbereitschaft korreliert. **Partnerschaftlichkeit** ist hingegen Ausdruck der Nähe und Problemlösungskompetenz eines Versanddienstleisters. Charakteristische Merkmale sind die Freundlichkeit des Personals sowie ein „alles aus einer Hand"-Angebot.

Betrachtet man die Bedeutung der einzelnen Beurteilungskriterien in den europäischen Ländermärkten, so ist erkennbar, dass den generischen **Leistungsmerkmalen** allgemein die höchste Relevanz zukommt (vgl. Abbildung 4).

Dennoch lassen sich einige länderspezifische Besonderheiten ausmachen: Während in Polen die generischen Leistungsmerkmale eine herausragende Rolle spielen, sind diese in Frankreich weniger wichtig: hier kommt der Kundenorientierung eine relativ große Bedeutung zu. Engländer und Schweizer legen bei der Wahl ihres Versanddienstleisters besonderen Wert auf dessen Image, welches wiederum für die Kunden in Deutschland, Frankreich, Belgien, Österreich und Polen im Vergleich zur Termintreue nur eine geringe Bedeutung hat.

Abbildung 4 **Länderspezifische Anforderungen an Versanddienstleistungen**

	D	F	GB	B	I	A	PL	CH
Ruf, Image	-	-	++	-	+	-	-	++
Leistungsfähigkeit, Schnelligkeit, Termintreue	++	+	+	++	++	++	+++	+
Service, Kundenorientierung	+	++	+	+	+	+	-	+
Preis-Leistungs-Verhältnis	+	-	-	+	-	+	+	+

+++ überaus wichtig
++ sehr wichtig
+ von Bedeutung
- von geringer Bedeutung

GABLER GRAFIK

Quelle: INRA 1998

Üblicherweise werden Versanddienstleistungskunden nach dem Kriterium des jährlichen Sendungsaufkommens in die Segmente der **Privat- und Geschäftskunden** unterteilt. Wie aus Abbildung 5 ersichtlich, sind auch hier segmentspezifische Besonderheiten erkennbar. So sind Qualitätsmerkmale, Preis-Leistungs-Verhältnis und eine reibungslose Abwicklung den Geschäftskunden signifikant wichtiger als den Privatkunden. Auch Flexibilität und die Schnelligkeit der Beförderung stehen hier im Vordergrund. Auf der anderen Seite messen die Privatkunden der Freundlichkeit des Personals ebenso eine relativ stärkere Bedeutung zu wie einem flächendeckenden Filialnetz mit angemessenen Öffnungszeiten.

Abbildung 5 **Kundenanforderungen an ein Unternehmen für Versanddienstleistungen**

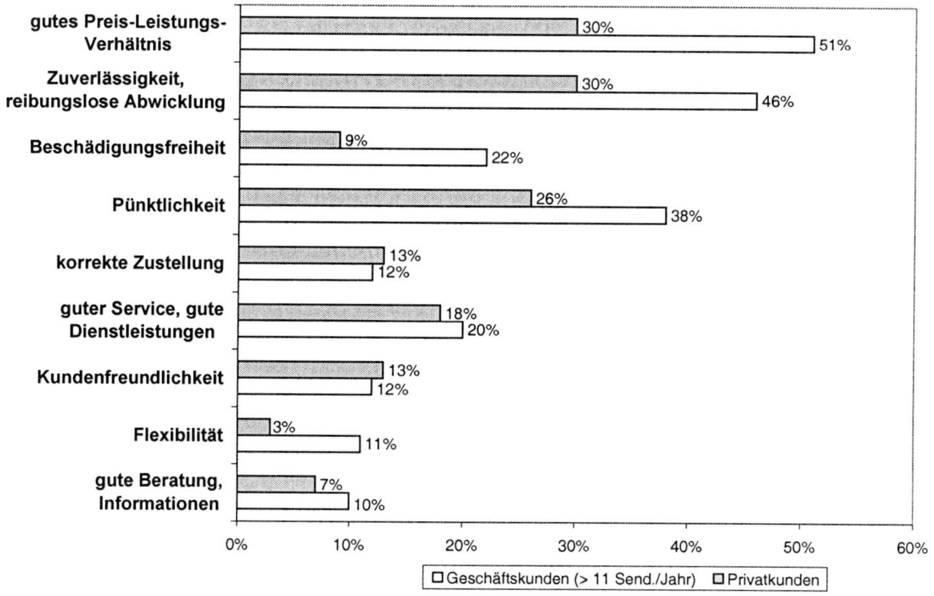

GABLER GRAFIK

Quelle: IPSOS 2000

1.3 Wettbewerbssituation im Markt für Versanddienstleistungen

Aufgrund der teilweise langen Tradition europäischer Versanddienstleistungsmärkte sind in den einzelnen Ländern oftmals nationale Unternehmen dominierend. Dies ist ein entscheidender Grund für die starke **Fragmentierung** des europäischen im Vergleich zum US-amerikanischen Markt (vgl. Abbildung 6). So weist die Deutsche Post als Nummer Eins in Europa gerade einmal einen Marktanteil von 11 Prozent auf, während UPS den amerikanischen Markt mit einem Anteil von 75 Prozent beherrscht. Weiterhin vereinen die drei größten Anbieter der USA über 90 Prozent des Marktvolumens auf sich, in Europa ist es dagegen gerade einmal ein Drittel. Die wichtigsten europäischen Wettbewerber der Deutschen Post sollen im Folgenden vorgestellt werden.

Abbildung 6 **Aufteilung der Versanddienstleistungsmärkte Europa und USA**

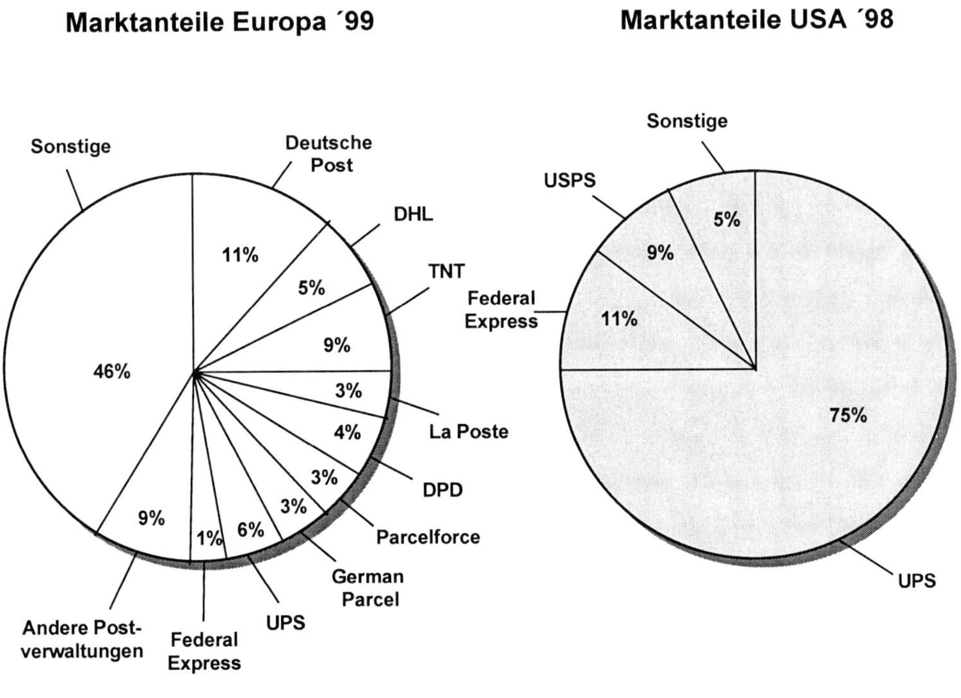

GABLER GRAFIK

Quelle: Geschäftsberichte der Deutschen Post 1999 und 2000

Die niederländische **TNT Post Group** erzielte 1999 mit weltweit 117.000 Mitarbeitern einen weltweiten Umsatz von 5 Mrd. €. Ziel des Unternehmens ist die Erlangung der europäischen Marktführerschaft mit einem angestrebten Marktanteil von 35 Prozent, was durch Akquisitionen in den bislang schwach besetzten Ländermärkten Südeuropas, Skandinaviens, Österreich und der Schweiz erreicht werden soll. Die Stärken des Unternehmens liegen in der Schnelligkeit der Zustellung, dem einheitlichen Auftritt, der effizienten Organisation sowie dem breiten Produktportfolio. Neben den angesprochenen geographischen Lücken fallen dagegen die im Konkurrenzvergleich sehr hohen Preise als Schwachpunkt auf.

Der Weltmarktführer **UPS** beschäftigte 1999 358.000 Mitarbeiter und erzielte damit einen Umsatz von 29,97 Mrd. € weltweit. Als zukünftige Herausforderungen sieht das Unternehmen zum einen den Ausbau des europäischen Netzwerks an, zum anderen soll ein stärkeres Gewicht auf informationstechnologische Anbindungen gelegt werden. Vorteile von UPS liegen neben der Schnelligkeit der Zustellung vor allem in dem weltweit einheitlichen Auftritt und dem damit verbundenen starken Marken- und Unternehmensnamen. Die unzureichende regionale Anpassung kann aber ebenso als Schwachpunkt gesehen werden, wie die sehr hohe preisliche Positionierung.

German Parcel setzte 1999 mit circa 5.000 Mitarbeitern 383 Mio. € auf dem europäischen Markt um. Die Integration aller Franchiseunternehmen ist als Ziel für die nahe Zukunft vorgesehen, ebenso sollen kurz- bis mittelfristig weitere Akquisitionen in Europa folgen. German Parcel positioniert sich im Vergleich zu seinen Konkurrenten im Niedrigpreissegment und verfügt durch die zwanzigprozentige Beteiligung der britischen Parcelforce über eine hohe Finanzkraft. Problematisch erscheint allerdings die Tatsache, dass man nur eine enge Produktpalette anbietet und keine Sendungen über 50 kg übernimmt. Außerdem mangelt es aufgrund des Franchisesystems an einer einheitlichen Rechnungslegungszentrale. Auch die Tarifzonen sind teilweise unübersichtlich.

Der Deutsche Paketdienst **DPD** erzielte 1999 mit 10.500 Mitarbeitern einen Europa-Umsatz von 1,6 Mrd. €. Aufgrund der bislang sehr einseitigen Fokussierung auf den deutschen Markt liegt die strategische Zielsetzung des DPD im Ausbau der europaweiten Präsenz. Die Stärken des Unternehmens liegen ähnlich wie bei German Parcel in den attraktiven Preisen sowie der gestärkten Finanzbasis durch die 85 Prozent-Beteiligung der französischen La Poste. Eine Schwäche offenbart sich dagegen im sehr begrenzten Produktangebot. Auch besteht aufgrund der dezentralen Organisationsstruktur die Gefahr von Koordinationsproblemen der einzelnen Franchisepartner.

Eine zusammenfassende Darstellung der **Stärken und Schwächen** der einzelnen Unternehmen kann der Abbildung 7 entnommen werden. Deutlich erkennbar ist dabei die Aufteilung des Marktes in zwei Anbietersegmente: Während sich TNT und UPS im Sinne eines Premiumanbieters als Qualitätsführer positionieren, konzentrieren sich German Parcel und DPD auf die Kostenführerschaft.

Abbildung 7 **Stärken und Schwächen der wichtigsten Konkurrenten der Deutschen Post im europäischen Versanddienstleistungsmarkt**

	TNT	ups	GP	DPD
Stärken	• Schnelligkeit • Netzwerk • Organisations-effizienz • Produkt-portfolio	• Schnelligkeit • Einheitlichkeit • Markenstärke	• Günstige Preise • finanzstarker Partner	• Günstige Preise • finanzstarker Partner
Schwächen	• Hohes Preis-niveau • geographische Lücken	• Hohes Preisniveau • mangelnde regionale Anpassung	• Nur ein Standardpaket • max. 50 kg • stark dezentra-lisiert	• Nur ein Standardpaket • max. 31,5 kg • stark dezentra-lisiert

GABLER GRAFIK

1.4 Der Markt für Versanddienstleistungen im Wandel

Seit Anfang der 90er Jahre befindet sich der Markt für Versanddienstleistungen bedingt durch Liberalisierung, Globalisierung und technologischen Wandel in einem stetigen Umbruch. Dabei charakterisieren **vier zentrale Trends** diese Veränderungen:

- **Internationalisierung:** Europäische Währungsunion und weltweite Marktliberalisierungen führen zu einem wachsenden Bedarf an grenzüberschreitenden Leistungen. Während 1995 erst zwanzig Prozent aller Warenströme global distribuiert wurden, wurde für das Jahr 2000 mit einem Anteil von ungefähr einem Drittel gerechnet.

- **Erweiterung der Produktpaletten:** Die immer stärkere Integration von physischen Strömen mit Informations- und Finanzströmen führt zu neuen Dienstleistungspaketen, die unter dem Stichwort Supply Chain Management angeboten werden. Hier liegt die besondere Chance für Unternehmen, die die volle Dienstleistungspalette aus einer Hand anbieten können (One Stop Shopping).

- **Outsourcing:** Zur Erschließung von Kostensenkungspotenzialen stellt die Ausgliederung von Logistikleistungen für Industrie und Handel einen der am häufigsten beschrittenen Wege dar. Es ist insbesondere davon auszugehen, dass europäische Firmen diesem Trend in den kommenden Jahren verstärkt folgen werden, um den Rückstand zu amerikanischen Unternehmen aufzuholen.

- **E-Commerce:** Durch das Internet werden sich die Spielregeln der globalen Ökonomie verändern, wobei Versanddienstleister aufgrund des erhöhten Sendungsaufkommens von diesem Wandel grundsätzlich profitieren. Insbesondere ändern sich die Wachstumssegmente: Während in den vergangenen Jahren der Business-to-Business-Bereich eine große Dynamik aufweisen konnte, werden in den kommenden Jahren durch die Zunahme von Einzelsendungen im Business-to-Consumer-Bereich stärkere Wachstumsraten erwartet.

Da die zukünftigen Rahmenbedingungen zum heutigen Zeitpunkt noch ungewiss sind, können keine genauen Prognosen über das **Wachstum des Marktvolumens** für Versanddienstleistungen gemacht werden. Zu diesem Zweck stellte die Unternehmensberatung MRU drei unterschiedliche Entwicklungsszenarien auf (vgl. Abbildung 8): Ein konservatives Szenario geht von konstanten jährlichen Steigerungsraten von 4 Prozent aus, so dass 2003 mit einem Marktvolumen von 4,9 Mrd. Sendungen gerechnet werden kann. Das aggressive Szenario dagegen kalkuliert nach einem zehnprozentigen Volumenanstieg in den ersten beiden Jahren mit nochmals gesteigerten Wachstumsraten in den Jahren danach und kommt somit auf ein Marktvolumen von 7,5 Milliarden Sendungen in 2003. In einer linear progressiven Schätzung rechnet man schließlich mit einem akzelerierenden Wachstum von jährlich 2 Prozent , so dass man sich in diesem Szenario in 2003 einem Sendungsvolumen von 5,9 Milliarden gegenüber sieht.

Abbildung 8 **Entwicklungsszenarien im europäischen KEP (Kurier-,Express-, Paket-)-Markt (in Mrd. Sendungen)**

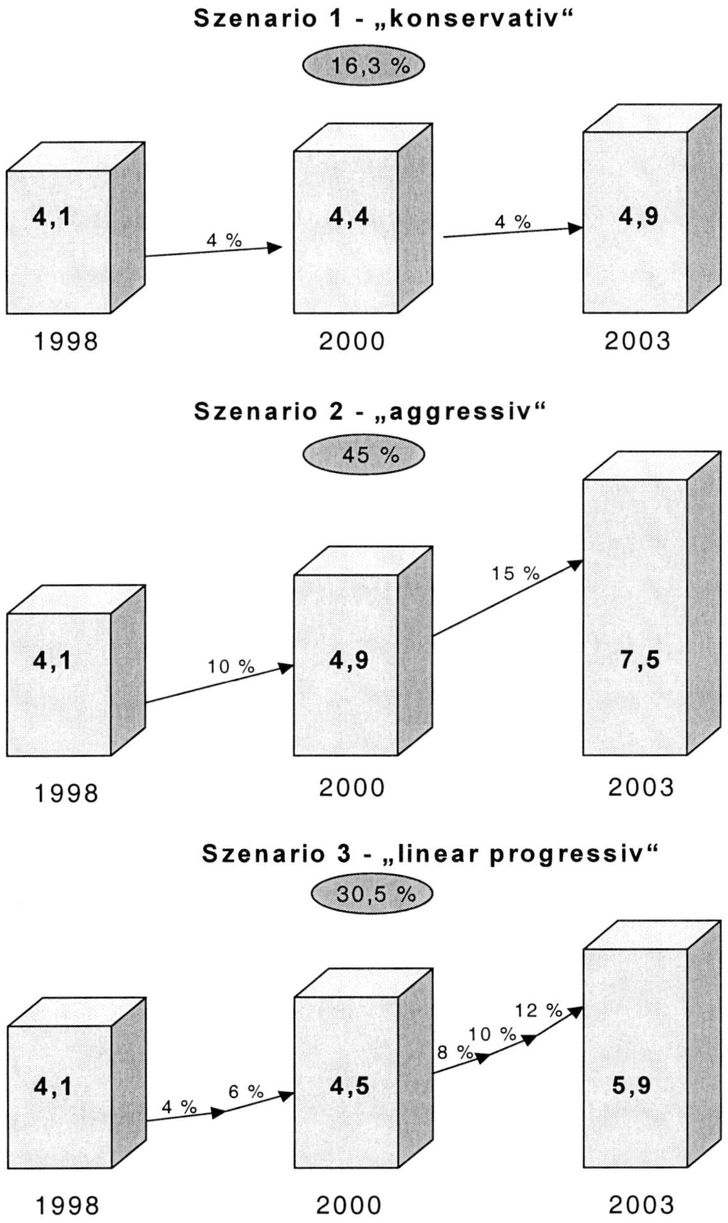

GABLER GRAFIK

Quelle: MRU 2000

2. Der Dienstleister Deutsche Post

2.1 Der Dienstleister Deutsche Post im Spannungsfeld von Tradition und Moderne

Ein Jahr nach Inkrafttreten des Grundgesetzes der Bundesrepublik Deutschland wurden durch Verordnung der Alliierten im Jahre 1950 die in den Besatzungszonen eingerichteten Übergangspostverwaltungen zusammengeführt und damit die **Deutsche Bundespost** geschaffen. Die Bewohner der Republik versandten in jenem Jahr bereits über 4 Mrd. Briefe und 170 Mio. Pakete. Dieses Sendungsaufkommen hatte sich jedoch nur neun Jahre später nahezu verdoppelt. In den folgenden Jahren wurde, begleitet von einer Verschärfung des Wettbewerbs im Paket- und Päckchendienst, die Modernisierung vorangetrieben, wobei das gesamte Investitionsvolumen der Deutschen Bundespost Mitte der 70er Jahre einen vorläufigen Spitzenwert von über 8 Mrd. DM erreichte.

Zur Verwirklichung einer marktnahen Unternehmensorganisation und Stärkung der Leistungsfähigkeit auf den Wettbewerbsmärkten beschloss man schließlich 1989 die **Aufspaltung** der Deutschen Bundespost in die drei – allerdings nach wie vor öffentlichen – Unternehmen Deutsche Bundespost POSTDIENST, Deutsche Bundespost POSTBANK und Deutsche Bundespost TELEKOM. Im Zuge der strategischen Neuausrichtung erfolgten darüber hinaus in den 90er Jahren starke Investitionen in die Modernisierung und Automatisierung der Logistikprozesse. So wurde ein neues Frachtkonzept vorgestellt und mit dem Bau von 33 hochtechnisierten Frachtpostzentren begonnen, in denen automatische Sortier- und Frachtanlagen traditionelle Handarbeit ersetzen sollten. Großdimensionierte EDV-Zentren und Computeranlagen wurden errichtet, um für Versandhäuser und Industriekonzerne den günstigsten Weg zum Endverbraucher zu berechnen.

Mit Hilfe dieser Umstrukturierungsmaßnahmen gelang dem 1995 in eine Aktiengesellschaft umgewandelten Unternehmen in den 90er Jahren neben einer Umsatzsteigerung von fast 140 Prozent nach langer Zeit der Sprung in die Gewinnzone. Im selben Zeitraum konnte die Mitarbeiterzahl um etwa ein Drittel gesenkt werden. Im Bereich der Zustellung gelang es zudem, außer einer schnelleren Briefzustellung die Laufzeiterfüllung in der Paketsparte signifikant zu verbessern. Anhand der Abbildung 9 lassen sich die **Umstrukturierungserfolge** der „nationalen" Post in den 90er Jahren ablesen.

Die Abbildung verdeutlicht, dass vor dem Hintergrund der bevorstehenden Auflösung des Briefmonopols die Basis für die **Umgestaltung** eines bürokratiegeprägten Staatsunternehmens in ein internationales, kundenorientiertes Logistikunternehmen gelegt war. Neben dieser internen Neuausrichtung wurde zudem Wert auf die direkte Außenwirkung einzelner Maßnahmen gelegt. Einer verbesserten Kundenorientierung diente beispielsweise die Umstrukturierung des Filialkonzepts, welches zuvor durch lange Wartezeiten und teilweise unfreundliches Personal Unzufriedenheit bei der Kundschaft hervorrief. Außer der Reduktion der Filialenzahl von circa 20.000 auf 14.000 wurde rund 1 Mrd. DM in deren Modernisierung investiert sowie das „Shop-In-System" präsentiert. Diese Übertragung von Filialaufgaben an nicht zum Konzern gehörende Einzelhandelsgeschäfte erhöhte durch die damit verbundenen längeren Öffnungszeiten die Erreichbarkeit für den Kunden um rund 25 Prozent. Ebenfalls wurde das „openservice" Konzept eingeführt, d.h. der Ersatz trennender Sicherheitsglasscheiben durch durchgehende Bedientheken in modernem Design. Diese Maßnahme diente der Verbesserung des Kundenkontakts und der Erleichterung der Arbeitsabläufe.

Abbildung 9 Umstrukturierungserfolge der Deutschen Post 1990-2000

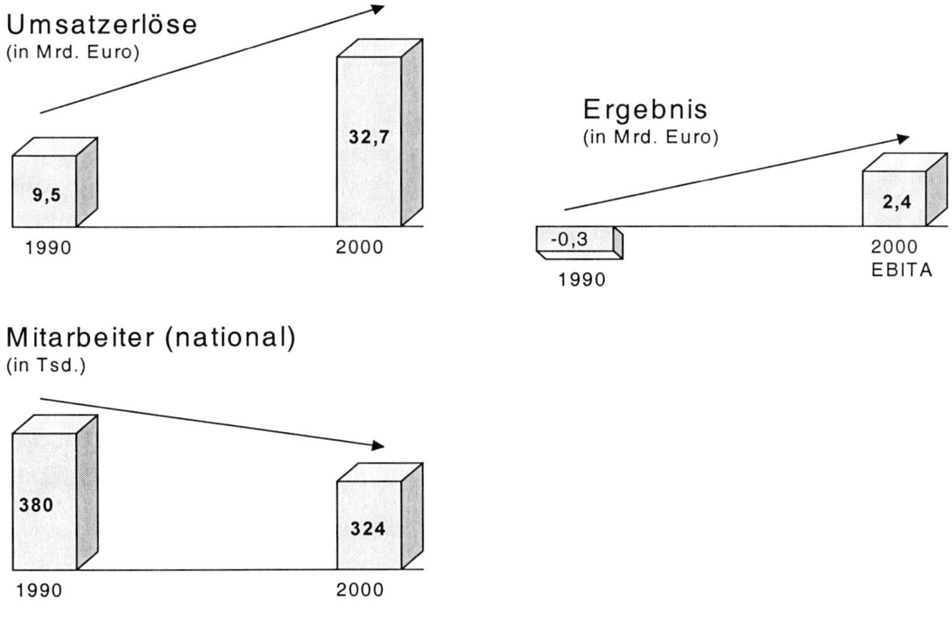

GABLER GRAFIK

Vor dem Hintergrund der verstärkten Kundenorientierung ist in Abbildung 10 die Veränderung der Kundenzufriedenheit mit der Deutschen Post dargestellt. Der Sechs-Jahres-Vergleich der **Globalzufriedenheit** zeigt, dass nach einem Einbruch Mitte der 90er Jahre stetige Zufriedenheitszuwächse verzeichnet wurden, wobei sowohl Brief- als auch Paketpost in den Folgejahren neue Höchstwerte erreichen konnten.

Abbildung 10 **Sechs-Jahres-Vergleich der Globalzufriedenheit mit der Deutschen Post**

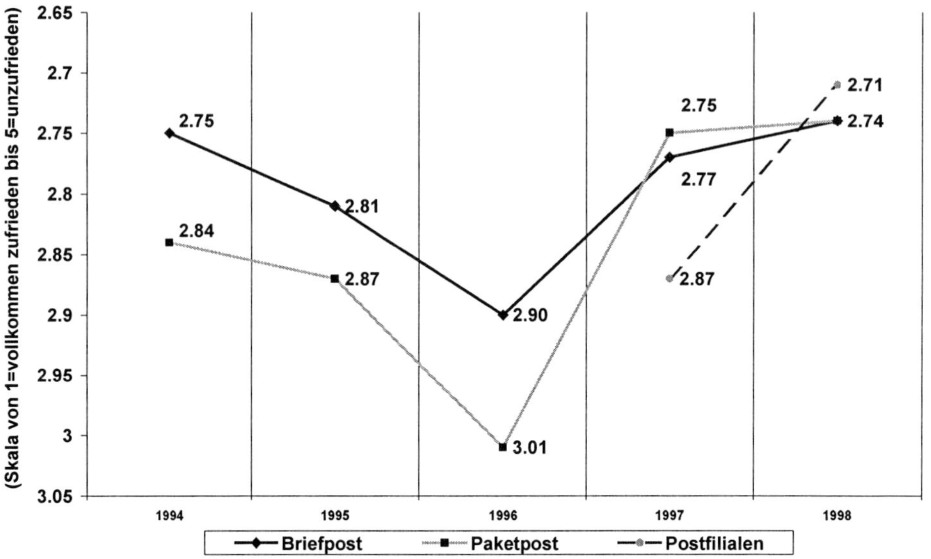

Quelle: Kundenmonitor 1999

GABLER GRAFIK

Auffällig ist, dass im Zeitablauf die Briefpost höhere Zufriedenheitswerte aufweist als der Paketbereich, wobei in den letzten Jahren eine Tendenz zur Annäherung beider Bereiche auszumachen ist. Trotz zunehmender Zufriedenheitswerte wird der interne Wandel der Deutschen Post von den Kunden kaum bewusst wahrgenommen. So identifiziert der Großteil das Unternehmen weiterhin mit eher traditionellen Eigenschaften wie Bekanntheit und Zuverlässigkeit (vgl. Abbildung 11). Diese Probleme der **Imagewahrnehmung** begründen den erhöhten kommunikativen Aufwand der Deutschen Post seit dem Ende der 90er Jahre.

Das Unternehmen nutzt seitdem jede Gelegenheit, die internen Veränderungsprozesse nach außen zu kommunizieren und als weltweit operierender Brief- und Logistikkonzern in den Dialog mit dem Kunden zu treten. Das mehr als 150 Mitarbeiter starke Team der **Konzernkommunikation** baute eine Vielzahl interner Publikationen auf, installierte ein Intranet, entwickelte ein neues Corporate Design und kommunizierte kontinuierlich den Wandlungsprozess in Werbung und Medien. Trotz der enormen Umstrukturierungserfolge entschied man sich jedoch für eine kontinuierliche Kommunikation und wählte bewusst die Strategie der kleinen Schritte.

Manche dieser Schritte aber kamen für Öffentlichkeit und selbst Branchenkenner überraschend, wie der Großeinstieg als Sponsor des Formel-1-Teams Jordan im Dezember 1999. Die farbliche Ähnlichkeit mit den posteigenen Zustellfahrzeugen begründete dabei ebenso den Sinn des Engagements wie die ideale Verbindung der Sportart mit den einen Versanddienstleister kennzeichnenden Eigenschaften Schnelligkeit und Internationalität.

Einen weiteren Meilenstein auf dem Weg von einem Monopolunternehmen zu einem marktorientierten Logistikkonzern markierte der im Herbst 2000 durchgeführte **Börsengang** der Deutschen Post. Dieses Event wurde kommunikativ mit einer dreistufigen PR-Kampagne begleitet. Bis Mai 1999 lautete das interne Motto der Kampagne: „Die Post ist besser als Sie denken. In der bis Mitte 2000 geplanten zweiten Phase wurde mit hohem finanziellen Aufwand kommuniziert: „Die Post ist internationaler als Sie denken“. Die dritte Stufe schließlich, die direkte Vorbereitung des Börsengangs, wurde geprägt durch den internen Slogan: „Die Aktie der Post ist vielversprechender als Sie denken“.

Abbildung 11 **Image der Deutschen Post aus Sicht der Paketpostkunden**

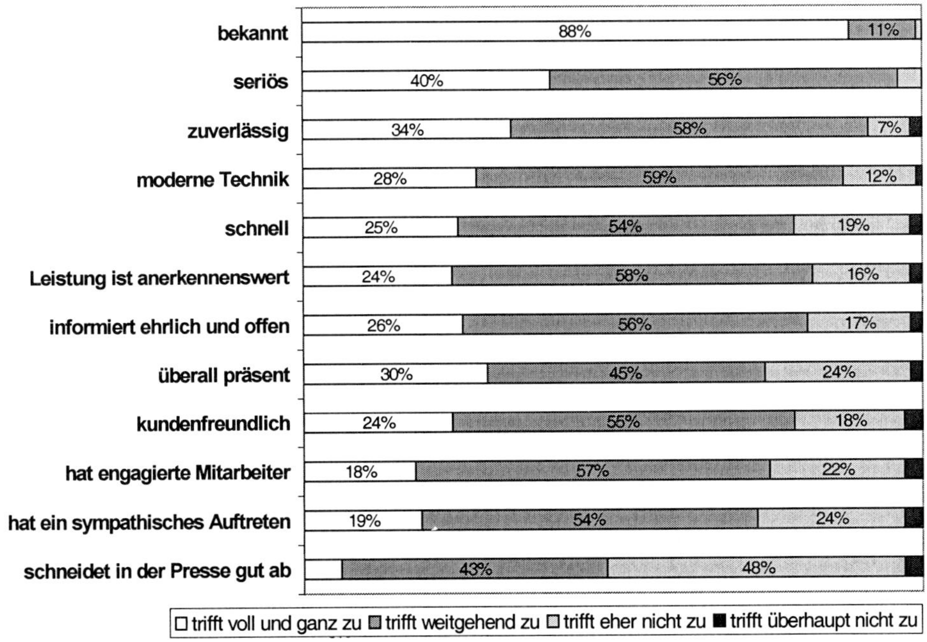

GABLER GRAFIK

Quelle: Kundenmonitor 1999

2.2 Der Stellenwert des Paket- und Distributionsbereichs im Leistungsportfolio der Deutschen Post

Noch zu Beginn der 90er Jahre war die Deutsche Post ein vorwiegend nationales Unternehmen, in dem das internationale Geschäft einen Umsatzanteil von circa zwei Prozent erwirtschaftete. Nach der Mehrheitsbeteiligung am Schweizer Logistikunternehmen Danzas und der vollständigen Übernahme der Postbank im Jahre 1999 wurde die Unternehmensstruktur neu gegliedert und der Konzern **„Deutsche Post World Net“** auf vier Säulen gestellt: Neben den klassischen Briefbereich MAIL tritt der Unternehmensbereich EXPRESS, in dem die nationalen und internationalen Paket- und Distributionsaktivitäten des Konzerns gebündelt sind. Die akquirierten Unternehmen Danzas und Postbank dagegen bilden die Basis der neugegründeten Unternehmensbereiche LOGISTICS und FINANCE.

Angesichts des Marktwandels gerade im Paket- und Distributionsbereich sind dort in der Zukunft weitere **Wachstumsimpulse** zu erwarten. Von den Auswirkungen der Globalisierung wird die Paketbranche voraussichtlich überproportional profitieren. Ebenso werden die Effekte des elektronischen Handels aufgrund des erhöhten Sendungsaufkommens als grundsätzlich positiv eingeschätzt. Der Briefbereich als Umsatzträger der Vergangenheit wird dagegen an Wachstumspotenzial verlieren, da der Monopolschutz vieler europäischer Briefmärkte weitere Expansionen erschwert und zudem die Substitution des klassischen Briefes durch elektronische Post zumindest im Privatkundenbereich eingesetzt hat.

Zu diesem Zeitpunkt erkannte jedoch nicht nur die Deutsche Post, sondern auch die globale Konkurrenz den Bedeutungszuwachs des Paketbereichs und drängte zunehmend auf den europäischen Markt. So versuchte **Weltmarktführer UPS** bereits zehn Jahre zuvor den Markteintritt in Europa. Aufgrund der unzureichenden Anpassung an nationale Gegebenheiten hatte diese Strategie allerdings nur mäßigen Erfolg, so dass der heutige UPS-Marktanteil in Europa von circa acht Prozent gemessen an der Weltmarktposition eher gering ausfällt.

Den eigentlichen Startschuss zu expansiven Tätigkeiten auf dem europäischen Paketmarkt legte aber schließlich 1996 die **niederländische Post KPN** mit der Übernahme des australischen Expressversenders TNT. Durch diese Akquisition avancierte das zuvor vorwiegend nationale Unternehmen zu einem der größten Logistikkonzerne weltweit. Diese Maßnahme bestätigte die Deutsche Post als einen der größten europäischen Wettbewerber der niederländischen Post in ihrer Entscheidung zur Expansion des Paketbereichs.

3. Die Entscheidung für die Internationalisierung des Paket- und Distributionsbereichs der Deutschen Post

3.1 Internationalisierung als Wachstumsoption im Markt für Versanddienstleistungen

Nach der Entscheidung zur Expansion des Paket- und Distributionsbereichs wurden in den Managementebenen der Deutschen Post unterschiedliche Wachstumsoptionen diskutiert. Der **Prozess der Strategiefindung** lässt sich anhand der Ansoff-Matrix mit den Optionen Marktdurchdringung, Marktentwicklung, Produktentwicklung und Diversifikation veranschaulichen (vgl. Abbildung 12).

Abbildung 12 **Alternative Stoßrichtungen der Deutschen Post zur Erschließung von Wachstumsquellen (Ansoff-Matrix)**

Märkte / Produkte	Gegenwärtig	Neu
Gegenwärtig	**Marktdurchdringung** (Erhöhter Kommunikations-aufwand in Deutschland)	**Marktentwicklung** (Expansion in Europa)
Neu	**Produktentwicklung** („Noch Heute Service“ für die gesamte Produktpalette)	**Diversifikation** (Aufbau eines Kabelnetzes zur Unterstützung der eigenen E-Commerce-Aktivitäten)

GABLER GRAFIK

Es war offensichtlich, dass die Strategie der intensiveren **Marktdurchdringung** des deutschen Marktes weitgehend ausgereizt war, da man zu jener Zeit bereits über einen relativ hohen Marktanteil in Deutschland verfügte. Die Verantwortlichen entschieden somit, neue Produkte zu entwickeln und/oder neueMärkte zu erschließen. Doch auch die **Produktentwicklungsstrategie** stieß an ihre Grenzen, weil die Deutsche Post Mitte der 90er Jahre bereits eine sehr komplexe Produktpalette aufwies, so dass eine weitere Ausdehnung die Produkt- und Variantenkomplexität zusätzlich erhöht hätte.

Es blieben somit die Strategien der **Marktentwicklung** und der **Diversifikation**, hier insbesondere der vertikalen Diversifikation, also die Besetzung vor- und nachgelagerter Wertschöpfungsstufen. Zeitgleich liefen bei der Deutschen Post Projekte an, welche die Chancen beider Strategien untersuchen sollten. Die Entscheidung zur Erschließung neuer Auslandsmärkte fiel schließlich aufgrund der Erkenntnis der starken Zersplitterung des europäischen Paketmarktes (vgl. Abbildung 6). Hier erkannte die Deutsche Post die Chance, als Marktführer in Europa in dem bevorstehenden Konsolidierungsprozess eine führende Rolle zu spielen. Dazu musste allerdings zuvor über den Weg des internationalen Markteintritts entschieden werden.

3.2 Wege zu internationalem Wachstum

Als grundsätzliche Wege zur internationalen Expansion wurden in der Managementebene der Deutschen Post die Bildung von Kooperationen, die Gründung eigener Tochtergesellschaften sowie Akquisitionen im europäischen Ausland diskutiert:

Als **Kooperationen** werden Bündnisse zweier oder mehrerer unabhängiger Unternehmen bezeichnet, die durch Einsatz ihrer gemeinsamen Ressourcen eine Steigerung ihrer Wettbewerbsfähigkeit anstreben. Die Unternehmen können dabei in einigen Geschäftsfeldern Partner, in anderen wiederum Konkurrenten sein. Als Vorteile von Kooperationen gelten allgemein die damit verbundene Kosten- und Risikoreduktion, die Partizipation an Marktkenntnissen des Partners sowie im Fall der Deutschen Post die größere politische Akzeptanz ausländischer Regierungen.

Als Problem erwies sich allerdings zum Zeitpunkt der Entscheidung Mitte der 90er Jahre die stark unterschiedliche Qualität der europäischen Postunternehmen: Während für die Deutsche Post eine Paketlaufzeit von ein bis zwei Tagen im Rahmen des Möglichen lag, waren die Laufzeiten im europäischen Vergleich zumeist länger. Eine Kooperation hätte die Deutsche Post in Konflikte mit ihrem eigenen **Qualitätsversprechen** gebracht. Hinzu kamen recht hohe Verrechnungspreise zwischen den nationalen Postunternehmen, welche die Profitabilität gefährdet hätten. Darüber hinaus war es Ziel der Deutschen Post, in jedem nationalen Markt die Managementkontrolle zu erlangen, was letztlich nicht durch Minderheitsbeteiligungen oder gleichberechtigte Kooperationen hätte gewährleistet werden können.

Ein intensiveres Engagement der Internationalisierung ist die Gründung einer eigenen **Tochtergesellschaft**. Dabei werden die Aktivitäten der Muttergesellschaft durch Produktion und Marktbearbeitung im jeweiligen Ausland seitens der Töchter substituiert. Der Vorteil dieser Internationalisierungsform liegt in der vollständigen Entscheidungsfreiheit der Zentrale bezüglich der gesamten Unternehmenspolitik. Darüber hinaus werden die Nachteile von Kooperationen kompensiert, es kann ein einheitlicher Qualitätsstandard aufgebaut werden und es fallen keine überhöhten Verrechnungspreise zwischen der Zentrale und den Tochtergesellschaften an. Der entscheidende Nachteil aus Sicht der Entscheidungsträger war allerdings der äußerst lange Zeitraum, den der Aufbau einer Tochtergesellschaft beansprucht hätte: Nach Kalkulationen der Deutschen Post war zur Etablierung eines europäischen Paket- und Distributionsnetzes ein kritischer Marktanteil von ungefähr 20 Prozent in den einzelnen Märkten erforderlich, wobei diese Größe je nach Geografie des Landes schwanken konnte. UPS aber benötigte beispielsweise 25 Jahre zur Etablierung im deutschen Markt und besitzt dort heute gerade einen Marktanteil zwischen zehn und zwölf Prozent.

Unter **Akquisitionen** schließlich versteht man den Kauf, die Übernahme bzw. den mehrheitlichen Anteilserwerb eines Unternehmens. Insbesondere die hohen einmaligen Kosten stellen dabei für viele Unternehmen ein Problem dar, welches für die Deutsche Post aufgrund der vorhandenen Finanzkraft von untergeordneter Bedeutung war.

Der Vorteil einer Akquisitionsstrategie lag aus Sicht der Deutschen Post darin, dass man sich auf diese Weise die Managementkontrolle an dem jeweiligen Unternehmen sichern konnte. Durch die Wahl von Unternehmen mit bestimmter Größe und Marktposition konnte außerdem der kritische Marktanteil von 20 Prozent in einem ungleich schnelleren Zeitraum als durch einen Eigenaufbau erreicht werden. Darüber hinaus würden eventuelle Verrechnungspreise zwischen der Zentrale und den akquirierten Unternehmen entfallen.

Für die Entscheidungsträger der Deutschen Post waren insbesondere drei Entscheidungskriterien für die Wahl der Markteintrittsstrategie entscheidend: Zum einen strebte die Deutsche Post in jedem Land die **Managementkontrolle** an und wollte möglichst keine Minderheitsbeteiligungen eingehen. Auch sollten die im Zusammenhang mit dem Markteintritt anfallenden **Kosten** jederzeit kalkulierbar und kontrollierbar sein. Darüber hinaus war eine möglichst rasche Umsetzung erforderlich, da aufgrund des dynamischen Marktumfelds die **Zeit** einen kritischen Faktor darstellte. In Abbildung 13 werden die möglichen Internationalisierungswege kritisch miteinander verglichen.

Abbildung 13 **Vergleichende Gegenüberstellung potenzieller Markteintrittsstrategien der Deutschen Post**

	Kooperation	Tochter-unternehmen	Akquisition
Kosten	Vergleichsweise geringe Kosten, relativ gut steuerbar	Teure Strategie, viele schlecht planbare Folgekosten	Hohe Kosten, aufgrund der Einmaligkeit aber gut planbar
Zeit	Rascher Markteintritt, nationale Anpassung durch den Partner erleichtert	Eigenaufbau zur Erlangung des angestrebten Marktanteils benötigt mindestens 10-20 Jahre	Sehr rascher Markteintritt durch den Kauf etablierter Unternehmen
Management-kontrolle	Bei gleichberechtigten Kooperationen oder Minderheitsbeteiligungen keine Management-kontrolle möglich	Absolute Kontrollmöglichkeit, da 100-prozentige Beteiligung	Managementkontrolle durch Mehrheitsbeteiligung oder 100-Prozent-Übernahme möglich

GABLER GRAFIK

3.3 Die Entscheidung für eine markenorientierte Akquisitionsstrategie

Insbesondere aufgrund des **Engpassfaktors Zeit** fiel die Entscheidung der Verantwortlichen letztlich zu Gunsten einer Akquisitionsstrategie. Die Kosten dieser Strategie erschienen zwar vergleichsweise hoch, waren jedoch jederzeit kontrollierbar. Außerdem könnte die Deutsche Post durch Mehrheitsübernahmen die angestrebte Managementkontrolle erlangen. Zu beachten war allerdings, dass die meisten Länder häufig immer noch von staatlichen Versanddienstleistern dominiert wurden und somit für Akquisitionen teilweise nur kleinere Privatunternehmen in Frage kamen. Konsequenterweise war beim Screening möglicher Übernahmekandidaten der Marktanteil das wichtigste Entscheidungskriterium und man einigte sich darauf, in jedem Land möglichst einen der drei größten Wettbewerber auszuwählen.

In den Jahren 1995 bis 1997 wurden bereits Verhandlungen mit potenziellen Kandidaten geführt, doch es konnte keine Übernahme zum Abschluss gebracht werden. Dennoch sammelte man in dieser Zeit Verhandlungserfahrung im Bereich Akquisitionen und installierte unter anderem ein professionelles **Mergers & Acquisitions-**

Management mit wöchentlichen Meetings unter der Leitung des Vorstandsvorsitzenden.

Es war also nur eine Frage der Zeit, bis 1997 mit Servisco in Polen die **erste erfolgreiche Übernahme** gelang. In den Jahren 1998 und 1999 beschleunigte man dann die Akquisitionsgeschwindigkeit, so dass zeitweise jeden Monat eine neue Übernahme vermeldet werden konnte (vgl. Abbildung 14). Obwohl diese Prozesse größtenteils parallelisiert waren, existierte doch zu Beginn eine klare Reihenfolge der anzugehenden Ländermärkte: Belgien, Österreich und Polen bildeten die erste Ländergruppe, da diese Märkte das geringste Risiko beinhalteten und dort keine starken nationalen Postunternehmen existierten. Nach diesen erfolgreichen Übernahmen wurden anschließend größere Länder wie Schweden, die Niederlande, Frankreich, Italien, Großbritannien und die Schweiz angegangen.

Wie die Abbildung 14 verdeutlicht, konnte ein Großteil der Akquisitionen bereits 1999 abgeschlossen werden. Man war sich bewusst, dass der Schwerpunkt der Aktivitäten zur Jahrtausendwende in der Integration der Vielzahl unterschiedlicher Unternehmen und der Schaffung einer Kultur eines **europäischen Paket- und Distributionsdienstleisters** liegen würde. Zu diesem Zweck galt es, Entscheidungen über geeignete Marktbearbeitungs- und Markenstrategien zu treffen.

Abbildung 14 **Ausgewählte Übernahmen und Beteiligungen der Deutschen Post im europäischen Paketmarkt 1997-1999**

Jahr	Unternehmen	Land	Anteil in %
1997	Servisco Sp. z.o.o.	Polen	60
1997	trans-o-flex GmbH	Deutschland	24,8
1998	Ducros Euro Express S.A.	Frankreich	99,2
1999	MIT S.r.l.	Italien	100
1999	Securior Omega Express Ltd.	Großbritannien	50
1999	Deutsche Post (CH) AG	Schweiz	100
1999	Danzas ASG Eurocargo	Schweden u.a.	100
1999	Guipuzcoana	Spanien	49
1999	VGL Euro Express	BeNeLux	100

GABLER GRAFIK

4. Die Integration des Going International durch den Aufbau von Euro Express

4.1 Die Schaffung von Deutsche Post Euro Express als gemeinsames Leistungsfeld für die Netzwerkintegration

4.11 Markenstrategische Optionen bei der Internationalisierung des Paket- und Distributionsbereichs

Eine wesentliche Zielsetzung der Internationalisierungsstrategie der Deutschen Post war die Realisierung von Größen- und Synergievorteilen durch möglichst rasche Erlangung eines hohen Marktanteils in Europa. Durch die Ende der 90er Jahre erfolgten Akquisitionen wurde dabei die Basis für ein international flächendeckendes Distributionsnetz gelegt. Vor dem Hintergrund der anstehenden Netzwerkintegration bestand das strategische Entscheidungsproblem zu Beginn des neuen Jahrtausends in der Wahl zwischen einer länderübergreifend standardisierten oder international differenzierten Marketingstrategie.

Unter **standardisiertem Marketing** wird dabei die Ansprache des Gesamtmarktes mit einem internationalen Marketingprogramm unter weitestgehender Vernachlässigung nationaler Gegebenheiten verstanden. Ziel dieser Vorgehensweise ist die Erzeugung von Rationalisierungseffekten sowie die Stärkung der internationalen Unternehmensidentität. Im Gegensatz dazu sieht die **Differenzierungsstrategie** eine länderspezifische Marktbearbeitung vor. Dabei werden die Marketingmaßnahmen an die jeweiligen Bedürfnisse der einzelnen Märkte angepasst. Die Stärkung der Wettbewerbsposition gegenüber nationalen Anbietern sowie Reaktionsflexibilität bezüglich Marktveränderungen und Konkurrenzaktivitäten sind die Zielsetzungen dieses Vorgehens.

Neben der Produkt- und Programmpolitik wurde seitens der Deutschen Post vor allem der markenpolitischen Gestaltung ein hoher Stellenwert für die Realisierung der internationalen Marketingstrategie eingeräumt. Dabei lassen sich in Abhängigkeit von der Wahl des internationalen Marketingkonzepts mit der multinationalen und der globalen Markenstrategie prinzipiell zwei diametrale Grundformen der internationalen Markenpolitik unterscheiden (vgl. Abbildung 15). Bei der **multinationalen Markenstrategie** werden dabei einzelne Ländermärkte mit unterschiedlichen Marken bearbeitet. Ein solches länderspezifisches Markenkonzept ermöglicht die Anpassung von Markierung, Qualität und Positionierung an die jeweiligen nationalen Besonderheiten.

Abbildung 15 **Multinationale und globale Markenstrategie als Optionen der internationalen Markenführung**

	Multinationale Markenstrategie	**Globale Markenstrategie**
Merkmale	• Länderspezifisches Markenkonzept • Anpassung der Markenpolitik an nationale Gegebenheiten	• Standardisiertes Markenkonzept • International einheitliche Gestaltung der Markenpolitik
Ziele	• Optimale Marktausschöpfung • Nationale Imageförderung • Flexibilität	• Synergieeffekte in Produktion und Kommunikation • Stärkung der Markenbekanntheit • Förderung eines internationalen Unternehmensimages

GABLER GRAFIK

Die optimale Anpassung an die nationalen Bedürfnisse ist zugleich der zentrale **Vorteil** einer multinationalen Markenstrategie. Sie ermöglicht die Erschließung von Marktnischen und begrenzt damit das Misserfolgsrisiko auf den jeweiligen nationalen Markt. Zudem können unter der Annahme international heterogener Zielgruppen unterschiedliche Kaufkraftniveaus und Zahlungsbereitschaften der Konsumenten ausgenutzt werden. Ein **Nachteil** dieser Strategie ist in den durch die steigende Komplexität erhöhten Kosten zu sehen. So lassen sich sowohl in der Produktion als auch in der Kommunikation häufig nur geringe Synergieeffekte zwischen den Tochterunternehmen realisieren. Zusätzlich können aufgrund der verschiedenartigen Markttauftritte Irritationen bei der internationalen Kundschaft auftreten.

Die **globale Markenstrategie** zeichnet sich dagegen durch die Zusammenfassung aller Unternehmensleistungen unter einer Marke aus. Nationale Gegebenheiten werden dabei vernachlässigt und stattdessen alle Dimensionen der Markenpolitik länderübergreifend einheitlich gestaltet.

Als **Vorteil** einer Globalmarkenstrategie werden die durch Nutzung von Synergieeffekten auftretenden Kostenvorteile genannt. Unternehmen mit einer erfolgreichen Standardisierungsstrategie zeichnen sich in ihrer Branche oftmals durch die Kostenführerschaft aus. Die realisierten Einsparungen können anschließend auf der Absatzseite in Form von Preisvorteilen an den Kunden weitergegeben werden. Zusätzlich hat ein international einheitlicher Auftritt positive Effekte auf das Unternehmensimage: Die länderübergreifende Wiedererkennung steigert die Unternehmensbekanntheit und führt zum Aufbau von internationaler Kompetenz und Vertrauen.

Die **Nachteile** dieser Strategie begründen sich in der bewussten Vernachlässigung nationaler Gegebenheiten: Durch die international nur durchschnittliche Anpassung an Kundenbedürfnisse werden in den einzelnen Ländern Suboptimalitäten in Kauf genommen. Ausgehend von international unterschiedlichen Kulturen, Normen und Wertevorstellungen können durch die Erosion der lokalen Marken Wettbewerbsnachteile gegenüber national angepassten Anbietern entstehen. Zudem stellt dieses Vorgehen hohe Anforderungen an die Stärke der zu etablierende Globalmarke und erfordert einen hohen Koordinationsaufwand zwischen den Tochterunternehmen.

Abbildung 16 **Entscheidungskriterien für die Wahl der Markenstrategie des Paket- und Distributionsbereichs der Deutschen Post**

	Multinationale Markenstrategie	Globale Markenstrategie
Synergieeffekte	gering	hoch
Imagevorteile	national	international
KKV gegenüber nationalen Anbietern	Bei heterogener Markt-entwicklung	Bei homogener Markt-entwicklung

GABLER GRAFIK

Die relevanten **Kriterien** für die Bewertung und Auswahl einer Markenstrategie des Paket- und Distributionsbereichs der Deutschen Post sind zusammenfassend in Abbildung 16 dargestellt. Gemäß der Zielsetzung der Deutschen Post war insbesondere die Realisierung von **Größen- und Synergieeffekten** eine wichtige Entscheidungsdeterminante. Diese waren vor allem in der Leistungs- und Kommunikationspolitik durch den einheitlichen Auftritt im Rahmen einer Globalmarkenstrategie zu erreichen. Auch das angestrebte **Image** eines europaweit führenden Paket- und Distributionsdienstleisters konnte durch ein solches Vorgehen gefördert werden. Eine differenzierte multinationale Strategie, welche gleichbedeutend mit der Weiterführung der etablierten Unternehmensmarken war, hätte dagegen zu einer Stärkung der jeweiligen lokalen Wettbewerbsposition beigetragen.

Einzig die schlechteren Voraussetzungen zur Erlangung von **Wettbewerbsvorteilen** gegenüber spezifisch angepassten nationalen Anbietern schienen gegen die Einführung einer globalen Marke zu sprechen. Dieser Aspekt verlor jedoch für die Entscheidungsträger der Deutschen Post an Relevanz, da sie aufgrund der Globalisierungstendenzen und der fortschreitenden informationstechnologischen Vernetzung von einem Zusammenwachsen der europäischen Ländermärkte ausgingen. Statt national spezifischer Kundensegmente erwarteten sie eine Homogenisierung der Bedürfnisstrukturen. Da sie zudem damit rechneten, dass gerade ein einheitliches Netzwerk einen zentralen Wettbewerbsfaktor im europäischen Paketmarkt darstellen würde, entschieden sie sich schließlich für die vollständige Integration der akquirierten Tochterunternehmen unter einem einheitlichen Markendach.

Das anschließende Entscheidungsproblem bestand in der Wahl der zu etablierenden Marke, wobei zwei grundsätzliche Alternativen diskutiert wurden: Die Einführung einer neu zu schaffenden Marke sowie die Internationalisierung der Marke Deutsche Post. Die erste Option sah dabei die rasche und parallele Einführung einer völlig **neuen Marke** in allen bearbeiteten Ländermärkten vor. Es sollten sowohl die nationalen Marken eliminiert werden als auch die Marke Deutsche Post in den Hintergrund treten.

Ein solcher unmittelbarer Übergang auf eine neu zu schaffende Marke ist allerdings durch zwei gravierende **Nachteile** gekennzeichnet: Zum einen stellt die gewählte Markenstrategie hohe Anforderungen an Markenbekanntheit und Markenimage. Der Aufbau einer neuen Marke lässt sich somit nur durch einen hohen finanziellen Aufwand realisieren. Auf der anderen Seite verzichtet man auf die Tradition und Stärke des Markennamens Deutsche Post. Wie aber aus Abbildung 17 ersichtlich ist, weist dieser in Europa einen hohen Bekanntheitsgrad auf. Im Länderdurchschnitt ist die Deutsche Post hinter den privaten Paketdiensten mit einer Bekanntheit von 48 Prozent die bekannteste nationale Postorganisation. Um diese Markenbekanntheit weiterhin zu nutzen, verwarfen die Verantwortlichen die Idee der Schaffung einer neuen Marke und prüften stattdessen die Möglichkeit einer Internationalisierung der Marke Deutsche Post.

Diese Strategie sah die parallele Einführung der Marke Deutsche Post in allen europäischen Ländern und damit ihren Ausbau zur internationalen Paketmarke des Konzerns vor. Weitere Investitionen in die nationalen Marken waren nicht vorgesehen, stattdessen sollten die starke Stellung im Heimatmarkt sowie die hohe Bekanntheit im europäischen Ausland zur Stärkung der Wettbewerbsposition beitragen.

Abbildung 17 **Bekanntheit von Versanddienstleistern im europäischen Länderdurchschnitt**

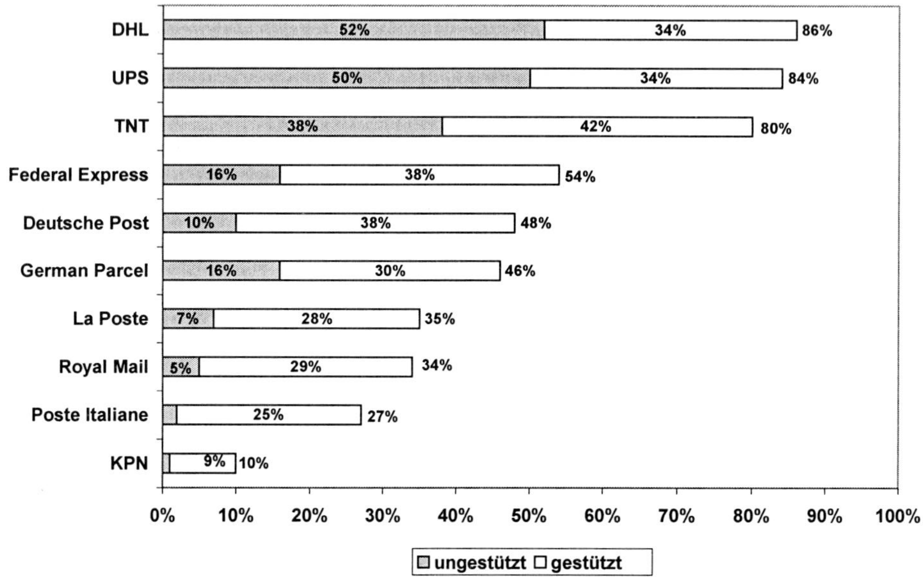

Quelle: INRA 1998

GABLER GRAFIK

Zuvor galt es allerdings zu untersuchen, ob im europäischen Ausland eventuelle Ressentiments gegenüber dem Namen Deutsche Post auftreten könnten. Zu diesem Zweck gab der Konzern 1998 eine Studie zur Messung der Markenakzeptanz in Auftrag, in welcher die Assoziationen in den einzelnen Ländern mit den Begriffen „Deutsch“ und „Post“ ermittelt wurden. Entgegen den Erwartungen stellte sich heraus, dass in keinem Land nennenswerte Barrieren gegenüber dem **Herkunftsland Deutschland** bestanden. Im Vergleich mit Anbietern aus Frankreich und Großbritannien schnitten deutsche Unternehmen sogar in allen abgefragten Kategorien besser ab (vgl. Abbildung 18). In Europa wird der Begriff „Deutsch“ insbesondere mit den Attributen „Serviceorientierung“, „Modernität“, „Zuverlässigkeit“ und „Schnelligkeit“ verbunden. Dabei verfügen deutsche Unternehmen vor allem in Italien und Polen über Imagevorteile. Auch in Österreich und der Schweiz ist aufgrund nicht vorhandener Sprachbarrieren und kultureller Gemeinsamkeiten eine relativ große Akzeptanz vorhanden. In England dagegen spielt die Herkunft des Anbieters eine untergeordnete Rolle und in Frankreich werden bevorzugt nationale Paketdienste gewählt.

Abbildung 18 **Länderimages von Paketdienstleistern im Vergleich**

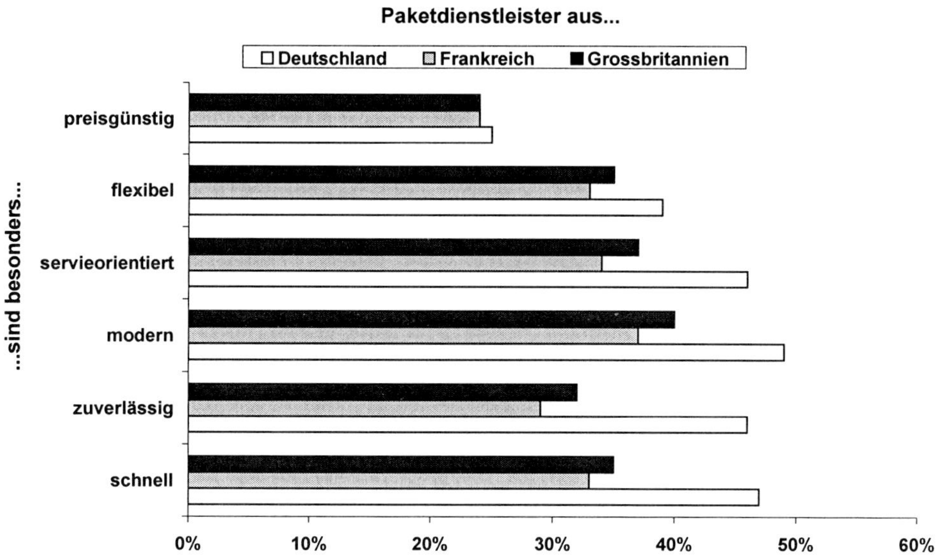

GABLER GRAFIK

Quelle: INRA 1998

Ein anderes Bild ergab sich bei der Einstellung zum Begriff „**Post**" als klassisches öffentliches Unternehmen. Im Vergleich mit Privatunternehmen schnitten nationale Postorganisationen hinsichtlich fast aller Kriterien deutlich schlechter ab (vgl. Abbildung 19). Zwar werden die vergleichsweise geringen Beförderungsentgelte als positiv eingestuft. Doch insbesondere die geringe Flexibilität und die mangelnde Kundenorientierung erinnern eher an ein traditionelles Staatsunternehmen. Diese Verbindung des Postbegriffes mit einem klassischen Behördenimage veranlasste die Verantwortlichen letztlich, von einer direkten Internationalisierung der Marke Deutsche Post abzusehen.

Ein weiterer Grund für die Entscheidung gegen eine sofortige Umstellung auf die Marke Deutsche Post war in den für die Akquisitionen gezahlten Übernahmepreisen zu sehen. Durch diese wurden keineswegs nur materielle Werte wie Lagerstätten und Zustellfahrzeuge erworben, sondern vor allem Bekanntheit und Reputation in bereits etablierte Unternehmensmarken in den einzelnen Ländern. Ein Wegfall der starken Ländermarken hätte demnach den Verlust von Vertrauenswerten bedeutet.

Die Deutsche Post stand somit vor dem Entscheidungsproblem, mittelfristig einen international einheitlichen Auftritt der Tochterunternehmen zu realisieren, ohne dabei das Vertrauen in die nationalen Einzelmarken zu verlieren.

Abbildung 19 **Einschätzung der Leistungsfähigkeit öffentlicher Unternehmen**

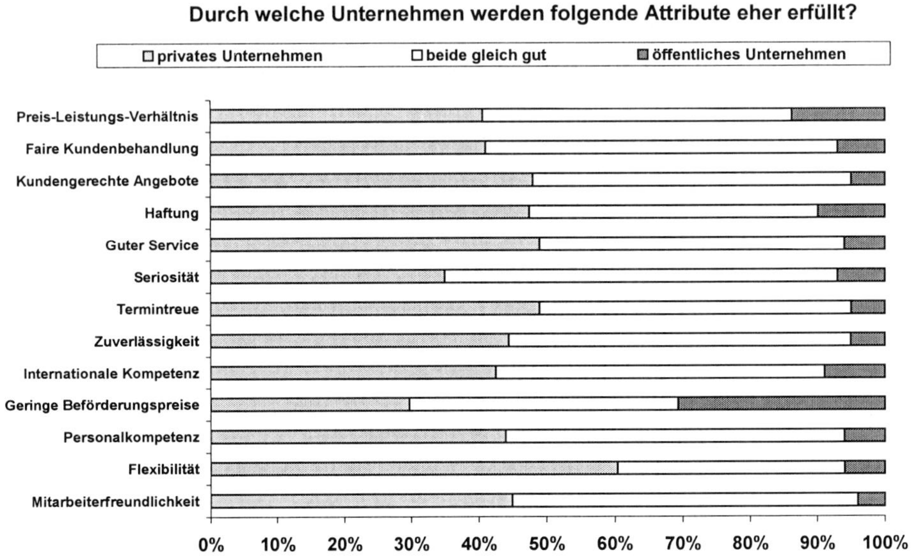

GABLER GRAFIK

Quelle: INRA 1998

4.12 Schrittweiser Aufbau des Leistungsfeldes Euro Express der Leistungsmarke Deutsche Post

Da sich ein direkter Übergang auf eine europäische Globalmarke als problembehaftet herausstellte, wurde in der Führungsebene der Deutschen Post die schrittweise Ausgestaltung eines solchen Vorgehens diskutiert. Diese sah in einem Übergangszeitraum einen Kompromiss zwischen einem standardisierten und einem differenzierten Auftritt vor, um die Nachteile eines unmittelbaren Übergangs zu vermeiden. Für eine gezielte Überführung der bestehenden nationalen Marken in die zukünftige Europa-Marke wurde dabei ein **informationsgestützter Übergang** gewählt: Nach der Phase des Übergangs, in der die bestehenden Unternehmensnamen parallel zum neuen Auftritt kommuniziert werden sollten, war beabsichtigt, mittelfristig sämtliche nationalen und internationalen Aktivitäten unter ein einheitliches Dach zu stellen. Die Anbindung an die bewährte und starke Marke Deutsche Post sollte dabei über gemeinsame Gestaltungsmerkmale erfolgen. Als Medium für die Vereinheitlichung und als europaweiter Leistungsträger für alle Express- und Paketprodukte wurde zusätzlich das **Leistungsfeld Euro Express** geschaffen.

Der Name Euro Express verleiht einerseits der traditionsbehaftenen Marke Deutsche Post einen moderneren Charakter und weist zudem durch seine beiden Namensteile auf die entscheidenden Leistungsmerkmale des Paket- und Distributionsbereichs der Deutschen Post hin: **„Euro“** symbolisiert die internationale Kompetenz des Unternehmens, stärkt gleichzeitig das nationale Geschäft und erklärt den europäischen Markteintritt der Deutschen Post. **„Express“** dagegen steht für Geschwindigkeit und somit die Premiumleistung im Paket- und Distributionsmarkt. Wird Schnelligkeit als Standardmerkmal eines Versanddienstleisters angesehen, bedeutet dies für den Kunden den Wegfall zusätzlicher Entgelte für eine Expresslieferung. Ein weiterer Vorteil bei der Durchsetzung des Namens liegt darin, dass die beiden Begriffe „Euro“ und „Express“ selbsterklärend und generisch sind und somit keinen Lernprozess der nationalen und internationalen Kundschaft erfordern.

Ziel der genannten Vorgehensweise war es, durch eine stufenweise Heranführung der Einzelmarken an die Marke Deutsche Post Euro Express die Verbindung des bestehenden nationalen Know-hows mit der Leistungsfähigkeit der Deutschen Post zu kommunizieren. Durch das neue Leistungsfeld definierte der Konzern zudem einen neuen Standard für nationale und internationale Paket- und Expressleistungen inklusive aller Mehrwertdienste aus einer Hand. Voraussetzung für eine erfolgreiche Umsetzung dieser Strategie in den einzelnen Ländermärkten war jedoch die inhaltlich und zeitlich exakte Konzeptionierung des Übergangsprozesses.

4.2 Das Rebranding-Konzept für Deutsche Post Euro Express zum Aufbau einer einheitlichen Markenidentität für den Paket- und Distributionsbereich

4.21 Zwei-Phasen-Modell des Rebranding

Die schrittweise Realisierung der internationalen Dachmarkenstrategie manifestierte sich optisch in dem von der Deutschen Post entworfenen Rebranding-Konzept. Unter **Rebranding** soll in diesem Zusammenhang die im Rahmen eines Markenwechsels anfallende Umsignierung von Fahrzeugen, Broschüren, Briefbögen, Messetafeln, Visitenkarten und sonstigen Formen des Außenauftritts verstanden werden. Um diesen Markenwechsel in den Augen der Kunden nicht zu abrupt ausfallen zu lassen, sah das Rebranding-Konzept der Deutschen Post ein zweistufiges Vorgehen vor (vgl. Abbildung 20).

Die erste Stufe, das **„Co-Branding“**, war durch die Einführung des Leistungsfeldes Euro Express gekennzeichnet. Der Euro Express-Schriftzug sollte in dieser Phase den lokalen Markennamen ergänzen und parallel zu diesem Logo in einer gelben „Jalousie“ erscheinen. Er stellt das Bindeglied zwischen der nationalen Marke und der zukünftigen internationalen Marke Deutsche Post Euro Express dar. Die Art der Gestaltung folgt dabei den Gestaltungselementen weiterer Leistungsfelder der Deutschen Post und ermöglicht somit eine schrittweise Heranführung an die neue Marke. Dem Kunden wurde in dieser Phase bereits signalisiert, dass der ihm vertraute Anbieter nun in einem einheitlichen europäischen Netz tätig ist.

Abbildung 20 **Zwei Phasen des Rebranding-Modells Euro Express**

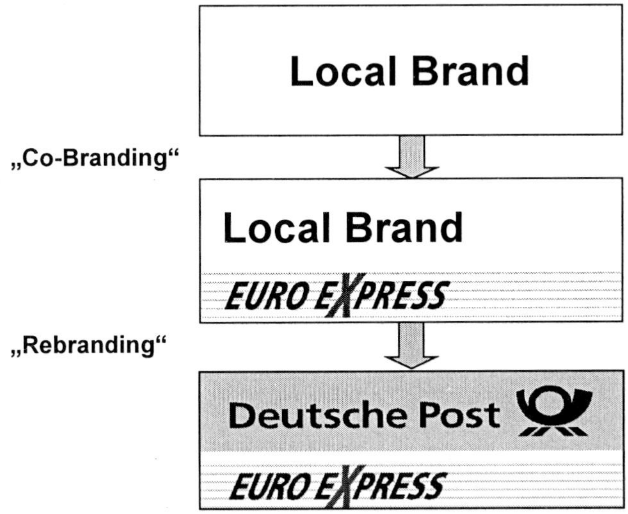

GABLER GRAFIK

Die Botschaft eines gemeinsamen Netzwerks sollte schließlich in der zweiten Phase, dem eigentlichen **„Rebranding“**, verdeutlicht werden. Hier werden die lokalen Marken gegen das Markenzeichen der Deutschen Post mit dem Posthorn ausgetauscht. Nach verbindlichen Vorgaben sollen alle Tochterunternehmen diesen einheitlichen Auftritt bis 2003 realisiert haben. Die Entscheidung über den geeigneten Zeitpunkt dieser Umstellung bleibt allerdings aufgrund der besseren Marktkenntnis den jeweiligen Unternehmen vorbehalten.

Die konkrete Implementierung des Übergangs wurde auf die individuelle Ausgangssituation der einzelnen Länder abgestimmt. Dazu wurden **zwei Ländergruppen** gebildet, die sich in der zeitlichen Steuerung des Umwandlungsprozesses unterschieden (vgl. Abbildung 21).

Die **erste Gruppe** bildeten Länder mit Firmen, welche eine starke Marke und eine lange Unternehmenshistorie aufweisen konnten. Dazu zählten beispielsweise Guipuzcoana (Spanien), Ducros (Frankreich), MIT (Italien) oder Servisco (Polen). In diesen Ländern war die Bekanntheit und das Vertrauen in die bestehenden Marken besonders ausgeprägt. Um hier einen Vertrauensverlust zu vermeiden, ging das Unternehmen dem Konzept entsprechend in zwei Phasen vor: Vor dem endgültigen Übergang zu Deutsche Post Euro Express sollten in der Phase des Co-Branding lokale Marke und Leistungsfeld parallel erscheinen. Je nach landesspezifischem Hintergrund wurde dann über den Zeitpunkt der Umbenennung entschieden. Zielsetzung dieser Vorgehensweise war es, den Markenwechsel nicht als direkten Austausch, sondern als fließenden, informationsgestützten Übergang zu vermitteln.

Abbildung 21 **Selektive Umsetzung des Rebranding-Konzepts in den beiden Ländergruppen**

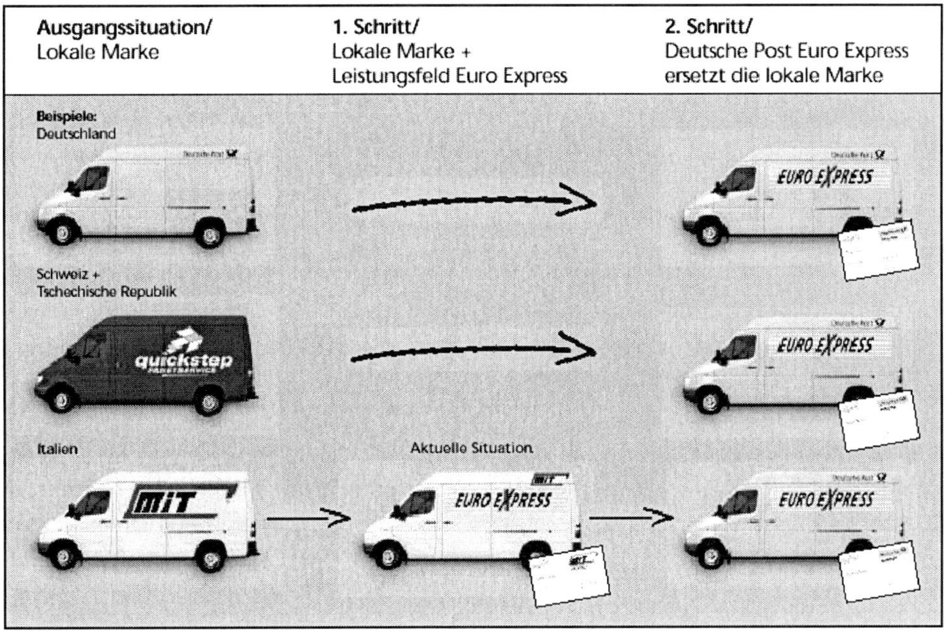

GABLER
GRAFIK

Eine andere Vorgehensweise wählte die Deutsche Post bei den Unternehmen der **zweiten Gruppe**, welche weder eine lange Firmengeschichte noch eine starke Markenidentität aufweisen konnten. Dies war z.B. bei den relativ jungen Tochterunternehmen der Deutschen Post in Österreich und in Tschechien der Fall oder auch in der Schweiz, wo die Unternehmen Qualipac und quickstep zur Deutschen Post (CH) AG verschmolzen. Hier wurde auf einen schrittweisen Übergang verzichtet und stattdessen direkt mit dem Rebranding begonnen.

Die Länder der zweiten Gruppe waren es auch, bei denen der Rebranding-Prozess frühzeitig abgeschlossen werden konnte. So wurde die Umstellung in der Schweiz, in Tschechien und in Deutschland bereits im Oktober 1999 vollendet. Ebenfalls zu diesem Zeitpunkt schloss MIT in Italien als erstes Unternehmen die Phase des Co-Branding ab. In den Monaten darauf begannen weitere Länder mit dem Co-Branding, so dass im Juli 2000 die Mehrzahl der Partnerunternehmen diese erste Phase begonnen oder bereits abgeschlossen hatte (vgl. Abbildung 22).

Abbildung 22 Status Rebranding Euro Express in Europa 07.07.2000

Co-Branding		
Lokale Marke Leistungsfeld *Euro Express*	**Spanien,** Guipuzcoana	**04-06/2000**
	Frankreich, Ducros	**02-06/2000**
	Italien, MIT	**10/1999**
	Grossbritannien, Securior	**07-09/2000**
	BeNeLux, VGL	**06/2000**
	Polen, Servisco	**06/2000**
	Skandinavien, ASG *	**09/2000**
Rebranding		
Marke Deutsche Post Leistungsfeld *Euro Express*	**Deutschland,** Deutsche Post	**10/1999**
	Schweiz, quickstep	**10/1999**
	Tschechien, quickstep	**10/1999**
	Österreich, quickstep	aus rechtlichen Gründen unterbrochen
	Ungarn, trans-o-flex	**09/2000**

* ASG *EURO EXPRESS* Logo noch nicht vorhanden

GABLER GRAFIK

Zielsetzung des Rebranding-Konzepts war es, die in den einzelnen Ländern starken Marken mit dem Transfer ihrer Vertrauenswerte in die Identität einer globalen Marke zu überführen. Eine ausgeprägte Identität bildet dabei die Voraussetzung für die Entwicklung und Festigung des Kundenvertrauens in die Marke Deutsche Post Euro Express. Eine solide Vertrauensbasis wiederum ist Bedingung für die Entstehung von Markenloyalität, welche als zentrales Ziel der Markenführung aufgefasst wird. Diese Zusammenhänge machen die Bedeutung des Identitätskonzepts für die Markenführung der Deutschen Post deutlich.

Die ganzheitliche Gestaltung der Merkmale einer Markenidentität manifestiert sich auf der Unternehmensebene in den Identitätsdimensionen Corporate Design, Corporate Behavior und Corporate Communication. Das **Corporate Design** stellt dabei die optische Identitätsvermittlung durch die Vereinheitlichung formaler Gestaltungsmaßnahmen dar. **Corporate Behavior** steht für ein einheitliches Verhalten aller Unternehmensmitarbeiter im Innen- und Außenverhältnis. **Corporate Communication** ist wiederum der abgestimmte Einsatz sämtlicher Kommunikationsinstrumente, die auf die relevanten Bezugsgruppen des Unternehmens gerichtet sind. Vor dem Hintergrund dieser Definitionen kann die Schaffung der Identität einer einheitlichen Unternehmensmarke als innen- und außengerichteter Managementprozess verstanden werden, dessen Ziel die funktionsübergreifende Vernetzung aller mit der Gestaltung potenzieller Identitätskomponenten verbundenen Entscheidungen und Maßnahmen ist.

4.22 Ausgestaltung der einzelnen Identitätsdimensionen

4.221 Corporate Design

Zielsetzung formaler Gestaltungsmaßnahmen im Sinne eines Corporate Design ist die Förderung der internationalen Wiedererkennung einer Marke durch ein länderübergreifend einheitliches Erscheinungsbild. Aufgabe des Corporate Design ist somit die ästhetische und symbolische Identitätsvermittlung im Wege eines systematisch aufeinander abgestimmten Einsatzes aller visuellen Elemente der Unternehmensmarke. Im Mittelpunkt des Rebranding-Konzepts Euro Express stand dabei vor allem die Standardisierung von Markenlogo, -farbe und -form.

Im Bereich des Corporate Design hat die Deutsche Post den Partnerunternehmen umfangreiche **Vorgaben** für die Gestaltung der formalen Erscheinung auf Briefen, Visitenkarten, Fahrzeugen, Eingangsschildern und Werbeanzeigen erstellt. In Abbildung 23 sind beispielhaft die Corporate Design-Vorgaben für Visitenkarten und Fahrzeugcontainer des französischen Tochterunternehmens Ducros dargestellt. Deutlich wird hier der Übergang zur Phase des Co-Branding, in der neben das Ducros-Logo der Euro Express-Schriftzug tritt. Gemäß den Vorgaben erscheint das nationale Zeichen dabei jeweils oberhalb des Euro Express-Logos. Die Richtlinien beziehen sich demnach neben der Symbolik insbesondere auf die Anordnung und Ausrichtung von Objekten, deren Detailgenauigkeit in der Abbildung deutlich wird.

Abbildung 23 **Corporate Design Vorgaben Ducros Euro Express**

Frontansicht Visitenkarte Ducros EURO EXPRESS

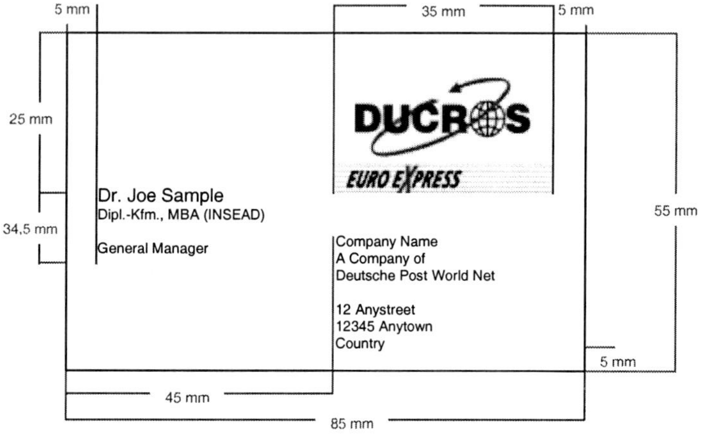

Frontansicht Container Ducros EURO EXPRESS

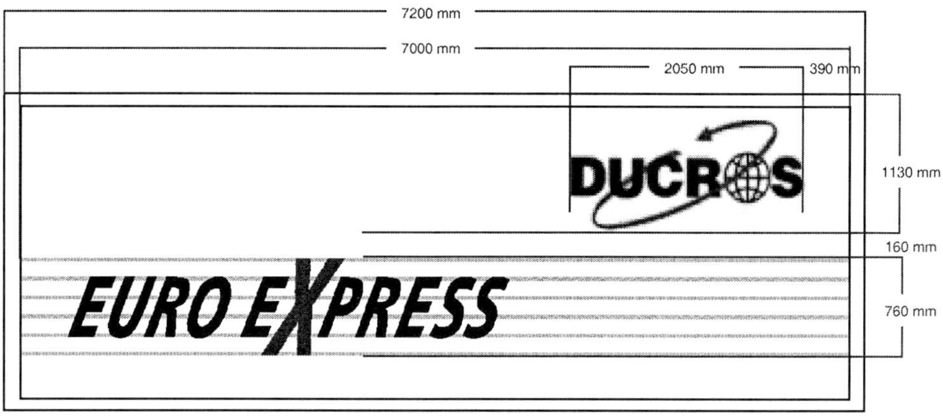

GABLER GRAFIK

Generell werden Vorgaben bezüglich des Corporate Design aufgrund der notwendigen Einheitlichkeit zentral erstellt. Im Beispiel von Euro Express war jedoch nicht nur die Konzernmutter Deutsche Post, sondern alle Partnerunternehmen am Entscheidungsprozess beteiligt. So trafen sich alle beteiligten Entscheidungsträger zu gemeinsamen Gesprächen an verschiedenen Orten Europas, um grundsätzliche Änderungen der lokalen Marken zu erörtern. Hintergrund dieses Prozesses war die **Identifikation aller europäischen Partner** mit dem Identitätskonzept, da ein einheitliches Mitarbeiterverhalten durch „Shared Values" ebenfalls zum Identitätsaufbau beiträgt.

4.222 Corporate Behavior

Corporate Behavior verfolgt das **Ziel** eines einheitlichen Auftritts der Unternehmensmitglieder durch die in sich schlüssige und damit widerspruchsfreie Ausrichtung ihrer Verhaltensweisen im Innen- und Außenverhältnis. Dies gewinnt in einem Dienstleistungsunternehmen besondere Bedeutung, da das Mitarbeiterverhalten aufgrund der hohen Interaktionsfrequenz mit den Kunden die Wahrnehmung der Unternehmensmarke entscheidend beeinflusst. Im Rahmen des Rebranding-Konzepts galt es demnach, die Voraussetzungen für ein länderübergreifend einheitliches Auftreten der Mitarbeiter zu schaffen.

Dazu mussten die Unternehmensmitglieder möglichst regelmäßig und umfassend über die Integrationsfortschritte informiert werden. Die Deutsche Post definierte hier zwei **Zielgruppen**: Zum einen sollte das internationale **Personal** direkt angesprochen werden, wobei jedoch die Erreichung sämtlicher Mitarbeiter in einem Großkonzern wie der Deutschen Post weitaus komplexere Anforderungen stellt als in einem mittelständischen Unternehmen. Aus diesem Grund waren intensive Briefings und Schulungen der jeweiligen **Führungskräfte** vorgesehen, welche dann als Multiplikatoren ein abgestimmtes Verhalten in den einzelnen Tochterunternehmen sicherstellen sollten.

Einen wichtigen Grundstein zur Information der Mitarbeiter und Sicherstellung eines einheitlichen Auftritts legten die Pilotveranstaltungen der Euro Express **Road Show**. Im Rahmen dieses Events wurden die jeweiligen Führungskräfte sowie Angestellte und deren Familien zu einer Auftaktveranstaltung am Unternehmensstandort eingeladen. Dort erwarteten sie 18 Ländersäulen, welche die Partnerländer repräsentierten, ein Informationscounter inklusive Expowand sowie zahlreiches weiteres Informationsmaterial. Neben diesem informativen Aspekt standen vor allem die emotionalen Effekte der Road Show im Vordergrund. So stand im Zentrum jeder Veranstaltung der so genannte „Emotion Truck", in dem neben multimedialen Europa-Impressionen der einzelne Mitarbeiter als Teil von Euro Express begrüßt wurde und die Möglichkeit zu einem Blue-Screen-Digitalbild in einem Formel-1-Auto hatte.

Italien und Tschechien waren bereits im Oktober 1999 die ersten Stationen der internationalen Road Show, denen weitere Termine folgen sollten. Nach den Erfolgen dieser Auftaktevents veranstaltete die Deutsche Post 2000 eine nationale Road Show, welche nachmittägliche Mitarbeiter-Informationsveranstaltungen an 33 Paketzentren in der gesamten Bundesrepublik umfasste. Auch hier zielte der Gesamtauftritt darauf ab, die Mitarbeiter über den einheitlichen Auftritt zu informieren und gleichzeitig ihr Identifikationsgefühl mit Deutsche Post Euro Express zu stärken.

Ebenso wie das Rebranding erfolgte auch die Durchführung der internationalen **Road Show-Termine** nicht parallel sondern in zeitlichen Abständen. Der internationale Road Show-Status im Juli 2000 kann Abbildung 24 entnommen werden. Die breite geografische Streuung der Road Show gewährleistete einen Auftritt in den Ländern nahezu aller Partnerunternehmen in Europa.

Abbildung 24 **Status Euro Express Road Show in Europa 07.07.2000**

Road Show

Spanien, Guipuzcoana	**14.03. in Madrid**
Frankreich, Ducros	**25.05. in Paris, 27.05. in Lille**
Italien, MIT	**10/1999**
Grossbritannien, Securior	**06./07.10. 2000 in London**
BeNeLux, VGL	**Herbst 2000**
Polen, Servisco	**19.08. in Poznan, 26.08. in Warschau**
Skandinavien, ASG *	**14.09. in Helsinki/ 20.09. in Oslo/ 24.09. in Malmö/ 27.09. in Kopenhagen**
Deutschland, Deutsche Post	**10/1999**
Schweiz, quickstep	**Herbst 2000**
Tschechien, quickstep	**10/1999**
Österreich, quickstep	aus rechtlichen Gründen unterbrochen
Ungarn, trans-o-flex	Kleines Event ohne Emotion Truck im Sommer 2000/ Management wird zum Event in Österreich eingeladen

* ASG *EURO EXPRESS* Logo noch nicht vorhanden

GABLER GRAFIK

Auf der Führungstagung Euro Express im Mai 2000 konnte die Deutsche Post bereits erste **Ergebnisse** der Euro Express Road Show präsentieren. So wurden auf den bis zu diesem Zeitpunkt durchgeführten zwanzig nationalen und drei internationalen Veranstaltungen bereits knapp 14.000 Besucher registriert. Außerdem nahm mehr als die Hälfte der Besucher am Euro Express-Gewinnspiel teil. Zusätzlich wurde nach Abschluss der Veranstaltungen ein Feedback-Formular an die Besucher verschickt. Diese Events markierten jedoch keinesfalls den Abschluss der Kommunikation im Rahmen des Rebranding-Prozesses, vielmehr sollten sie in der Zeit danach durch eine kontinuierliche Folgekommunikation fortgesetzt und ergänzt werden.

Neben den Events, welche Information und Emotion verbinden sollten, wurden weitere Informationsinstrumente konzeptioniert: So wurden in regelmäßigen Abständen über einen unternehmensinternen Verteiler **Mailings** an nationale und internationale Führungskräfte verschickt. In diesen wurde auf den einheitlichen Auftritt hingewiesen sowie Verhaltens- und Sprachregelungen abgestimmt. Zusätzlich informierten die Entscheidungsträger ihre Mitarbeiter durch Artikel in **internen Zeitschriften** direkt über die Fortschritte der Netzwerkintegration sowie über die Zukunftsplanung des Unternehmens (vgl. Abbildung 25).

Abbildung 25 Rebranding-Kommunikation in internen Mitarbeiterzeitschriften

GABLER GRAFIK

Die Konzeptionierung der Corporate Behavior-Maßnahmen macht die exponierte Stellung der Mitarbeiter im Rahmen eines Identitätskonzepts deutlich: Zum einen sind sie Empfänger inhaltlicher Botschaften und erhalten somit über die Wahrnehmung und Verarbeitung dieser Botschaften ein individuelles Unternehmensbild. Auf der anderen Seite determinieren sie in entscheidendem Ausmaß durch ihr Verhalten den einheitlichen Außenauftritt des Unternehmens.

4.223 Corporate Communication

Zielsetzung der Corporate Communication ist die Erreichung eines definierten Soll-Images bei den relevanten Zielgruppen durch den integriert-kombinierten Einsatz aller Kommunikationsinstrumente. Als Kommunikation im engeren Sinne beinhaltet sie in Abgrenzung zu Corporate Design und Corporate Behavior, welche im übergeordneten Sinn ebenfalls Formen der Kommunikation darstellen, die verbale und nonverbale Übermittlung inhaltlicher Botschaften. Durch ihre flexiblen und vielfältigen Einsatzmöglichkeiten erlangt sie dabei innerhalb des Identitäts-Mix eine besondere Bedeutung beim Aufbau und der Entwicklung des gewünschten Fremdbilds.

Dieses Soll-Image wird in der vom Konzernmanagement der Deutschen Post erstellten **Vision** definiert:

„Customers see Deutsche Post Euro Express as Europe´s leading distribution partner with a network built on local strengths."

Dabei wird jeder Komponente dieser Vision inhaltliche Bedeutung zugemessen: Besonderen Wert legten die Verantwortlichen der Deutschen Post auf die Wahrnehmung aus Kundensicht. Weiterhin wurde die Führungsrolle im europäischen Paket- und Distributionsmarkt definiert. Schließlich ist der Charakter eines Netzwerks, welches auf starken Positionen in den jeweiligen Heimatmärkten beruht, Bestandteil der Vision. Dieses Bild eines modernen und kundenorientierten europäischen Logistiknetzes sollte in den Köpfen der internen und externen Anspruchsgruppen verankert werden.

Als **externe Zielgruppe** wurden dabei die nationalen und internationalen Geschäftskunden von Euro Express aufgefasst. Die **interne Zielgruppe** setzte sich aus Mitarbeitern und Führungskräften des Unternehmens zusammen, welche entscheidend das Selbstbild eines Unternehmens prägen. Während die internen Kommunikationsmaßnahmen der Deutschen Post bereits in den Ausführungen zum Corporate Behavior dargestellt wurden, wurde zur Ansprache der externen Zielgruppen eine Vielzahl weiterer Kommunikationsinstrumente konzipiert.

So erstellte der Konzern im Rahmen der externen Kommunikation eine gemeinsame **Presseveröffentlichung** zur Bekanntmachung von Euro Express in den einzelnen Ländern. Diese Mitteilung sollte zeitgleich in verschiedenen Sprachen auch im **Internet** erscheinen. Durch seine gezielte Nutzung als Kommunikationskanal diente das Internet der Modernisierung des Euro Express Images sowie der gedanklichen Ankopplung von Euro Express an alle E-Shopping-Transaktionen. Für diesen Zweck wurden die europäischen Partner-Webseiten miteinander verlinkt, auf ein einheitliches Design umgestellt sowie in einer englischsprachigen Version zur Verfügung gestellt. Neben der Internet-Kommunikation wurden **Mailings** erstellt, in denen die Deutsche Post ihre Geschäftskunden auf die Vereinheitlichung von Vertriebs- und Produktstruktur hinwies.

Als Vorbereitung auf den bevorstehenden Börsengang entwickelte die Deutsche Post zudem eine umfassende zweistufige **Werbekampagne** in TV und Printmedien. In der ersten Phase sollte die Aufmerksamkeit der internationalen Kundschaft für Deutsche Post Euro Express geweckt und deren Internationalität herausgestellt werden. Anschließend fokussierte die Konzernkommunikation auf den konkreten Kundennutzen. In dieser zweiten Phase sollten Liefergeschwindigkeit und Termintreue als herausragende Eigenschaften von Euro Express kommuniziert werden (vgl. Abbildung 26).

Abbildung 26 **Printkampagne Geschwindigkeit Euro Express**

Das Kommunikationskonzept war ebenso wie der gesamte Integrationsprozess durch einen straffen **Zeitrahmen** geprägt. Die Prozesse wurden teilweise parallelisiert, so dass in einigen Ländern der Markenwechsel und die begleitende Kommunikation bereits begonnen hatten, während in anderen Ländern noch Akquisitionsverhandlungen geführt wurden. Der Anfang des Rebranding wurde im Herbst 1999 beginnend mit der Umsignierung der Fahrzeugflotte in Deutschland gemacht. Zeitgleich startete die kommunikative Begleitung des Umwandlungsprozesses in den Medien. Nach Deutschland begannen auch sukzessive die Partnerunternehmen mit der Vereinheitlichung des Erscheinungsbildes.

Die gesamte Konzeption des Rebranding war inhaltlich und zeitlich eng verbunden mit der Kommunikation zur geplanten **Erstnotierung der Deutschen Post** an sieben europäischen Börsen im November 2000. Dieser Zeitpunkt war zwar nicht als Abschluss der Rebranding-Kommunikation vorgesehen, jedoch wurde der Börsengang aufgrund seiner Internationalität als Gradmesser für die europaweite Akzeptanz der neuen Struktur angesehen. Vor diesem Hintergrund sollten zum Zeitpunkt des Börsengangs die angestrebten markenstrategischen Zielsetzungen durch eine konsequente Umsetzung des Rebranding-Konzepts bereits weitgehend erreicht sein.

5. Erfolgsfaktoren des Aufbaus von Euro Express

In einem von veränderten Rahmenbedingungen und verschärftem Wettbewerb geprägten Markt für Versanddienstleistungen hat das einst staatliche und bürokratiegeprägte Monopolunternehmen Deutsche Post die Handlungsnotwendigkeit erkannt und den Wandel zu einem modernen und kundenorientierten Logistikdienstleister vollzogen. Innerhalb kürzester Zeit gelang der Aufbau eines internationalen Netzwerks für Paket- und Distributionsdienstleistungen sowie der Aufstieg zum europäischen Marktführer. Es lassen sich dabei eine Reihe von Faktoren identifizieren, die in ihrem Zusammenwirken den Erfolg des Aufbaus von Euro Express erklären. An erster Stelle ist dabei die prägnante **Vision** zu nennen, in der Deutsche Post Euro Express als in Europa führender, kundenorientierter Paket- und Distributionsdienstleister angesehen wurde, dessen Netzwerk auf lokaler Stärke in den einzelnen Ländermärkten aufbaut. Das gesamte Rebranding-Konzept der Deutschen Post diente der Verankerung dieser Vision in den Köpfen der internen und externen Zielgruppen.

Die Güte der strategischen Planung beruhte in erster Linie auf der Qualität und Zusammensetzung der **Management-Teams**. So legte die Deutsche Post durch Integration zahlreicher Führungskräfte von Transportunternehmen, Investmentbanken und Unternehmensberatungen Wert auf die **Interdisziplinarität** ihres Managements. Die **internationale Zusammensetzung** der Teams vereinfachte darüber hinaus das Verständnis für die unterschiedlichen Kulturen innerhalb des Euro Express-Netzes.

Die erfolgreiche Durchführung der Netzwerkintegration ist insbesondere auf die Art und Weise der **Strategiefindung** zurückzuführen. So fand im Vorfeld jeder

Entscheidung eine intensive und detaillierte Diskussion möglicher Strategieoptionen statt. Daraus resultierte eine erhöhte Implementierungsgeschwindigkeit, wie es im Rahmen der Unternehmensakquisitionen zu beobachten war. Auf diese Weise konnte sich die Deutsche Post in den einzelnen Ländern einen Wettbewerbsvorteil im Sinne eines „first mover advantage“ sichern.

Ein weiterer zentraler Erfolgsfaktor für den Aufbau eines europäischen Netzwerks ist in der Wahl einer international **standardisierten Marketingstrategie** zu sehen. Das Verständnis der Marktentwicklung sowie die konsequente Orientierung an der strategischen Zielsetzung prägten die Entscheidung zur vollständigen Integration der akquirierten Tochterunternehmen unter ein einheitliches Markendach. Die angestrebten Synergie- und Imageeffekte wurden durch diese Vorgehensweise optimal genutzt.

Schließlich förderte die Konzeptionierung und Durchführung des **Zwei-Phasen-Modells** maßgeblich die Akzeptanz der neuen Markenstrategie in den Partnerländern. So wurde der Markenwechsel nicht als direkter Austausch, sondern als informationsgestützter Übergang vermittelt. Auf diese Weise präsentierte sich die Deutsche Post Euro Express als einheitliches Netzwerk, in dem die vertrauten nationalen Partner weiterhin eine grundlegende Rolle spielten. Zudem wurden durch die länderübergreifende Vereinheitlichung von Erscheinungsbild, Mitarbeiterverhalten und Unternehmenskommunikation die Voraussetzungen für eine einheitliche Identität einer globalen Marke geschaffen.

Letztlich ist festzuhalten, dass der rasche Aufbau von Euro Express auf die konsequente Umsetzung der Unternehmensvision zurückzuführen ist. Die Basis für ein in Europa führendes Paket- und Distributionsnetz wurde dabei durch die lokale Stärke in den einzelnen Ländermärkten sowie die internationale Vereinheitlichung des Markenauftritts gelegt.

Literatur

Adler, J. (1994), Informationsökonomische Fundierung von Austauschprozessen im Marketing, in: Weiber, R. (Hrsg.), Arbeitspapier zur Marketingtheorie Nr. 3.

Deutsche Post AG (1999), Geschäftsbericht 1999, Bonn.

Deutsche Post AG (2000), Geschäftsbericht 2000, Bonn.

INRA Deutschland (1998), Akzeptanzmessung der Marke „Deutsche Post“ in ausgewählten europäischen Ländern, Mölln.

IPSOS Deutschland (2000), Image Deutsche Post AG, Bonn/Hamburg.

Kundenmonitor Deutschland (1999), Sonderauswertung.

Meffert, H./Bruhn, M. (2000), Dienstleistungsmarketing. Grundlagen, Konzepte, Methoden, 3. Aufl., Wiesbaden.

MRU – Manner-Romberg Unternehmensberatung (2000), Der KEP-Markt in Deutschland, Hamburg.

8 Qualitätsorientiertes Prozessmanagement der Systor Gruppe

Manfred Bruhn und Astrid Frommeyer

1. Besonderheiten des Dienstleistungsmarketing und Daten zur Systor Gruppe

1.1 Daten zum Unternehmen und seiner Entwicklung

Die Systor Gruppe ist ein herstellerneutrales Dienstleistungsunternehmen im europäischen IT-Markt. Das Leistungsangebot umfasst branchen- und länderübergreifende Lösungen und Services für global agierende Banken und Versicherungen sowie Unternehmen aus Industrie und Handel, Telekommunikation und Medien, Dienstleistungen und dem Öffentlichen Sektor. Tätigkeitsschwerpunkte der Systor Gruppe sind das E-Business und IT-Lösungen für Finanzdienstleister.

Die Systor AG wurde 1970 in Zürich gegründet. Nach der Mehrheitsbeteilung der STG Coopers & Lybrand im Jahre 1981 und der Übernahme durch den Schweizerischen Bankenverein (SBV) im Jahre 1992 entwickelte sich das Unternehmen zum führenden Schweizer Systemintegrator. Im Jahre 1995 lagerte der SBV seine Applikationsentwicklung vollständig an Systor aus und gleichzeitig beteiligt sich Perot Systems mit 40 Prozent am Aktienkapital der Systor AG. Seit 1996 konzentriert Systor sich verstärkt auf den Finanzdienstleistungssektor durch eine vertikale Ausrichtung des Leistungsangebotes, bietet aber gleichzeitig auch strategische IT-Lösungen für Unternehmen anderer Branchen. In den Jahren 1998/1999 begleitete Systor die umfangreichen Migrations- und Integrationsmaßnahmen, die durch die Fusion von SBV und der Schweizerischen Bank Gesellschaft (SBG) zur Union Bank of Switzerland (UBS) erforderlich waren. Im Januar 2000 kaufte die UBS Capital den Aktienanteil von Perot Systems und die Systor Gruppe wurde somit zur Beteiligungsgesellschaft der Privat Equity-Einheit der UBS.

Seit der Übernahme der deutschen Unternehmensgruppe Schumann im Januar 2000 gliedert sich die Systor Gruppe in verschiedene Rechtsformen. Mit den Hauptsitzen in Zürich und Köln und weiteren Standorten in der Schweiz (Basel und Genf), in Deutschland (Hamburg, Frankfurt, Stuttgart, München) und in den USA (Washington DC), ist die Systor Gruppe zu einem weltweit vertretenen IT-Dienstleistungsunternehmen expandiert. Das Haupttätigkeitsfeld bleibt jedoch der deutschsprachige Raum. Zur **Systor Gruppe** gehört neben der Systor AG Schweiz und der Systor Business Services AG Schweiz, die Systor GmbH & Co. KG Deutschland, die Systor Software Beratung GmbH Deutschland, die ein nationaler Beratungspartner von SAP ist und sich ausschließlich mit Lösungen der Standardsoftware der SAP AG beschäftigt. Die Systor Security Software Inc. repräsentiert die Systor Gruppe auf dem amerikanischen Markt und pflegt Beziehungen zu amerikanischen Spezialisten (vgl. Abbildung 1). Nachdem die Systor AG im Jahre 1997 die 200 Mio. CHF-Umsatzgrenze im Bereich der Dienstleistungen überschritten hat, liegt der **Umsatz** im Jahre 2000 – nach der Übernahme der deutschen Schumann Gruppe – bei 383 Mio. CHF im Dienstleistungsbereich und 47 Mio. CHF im Hardwarebereich (vgl. Abbildung 2).

Abbildung 1 **Struktur der Systor Gruppe**

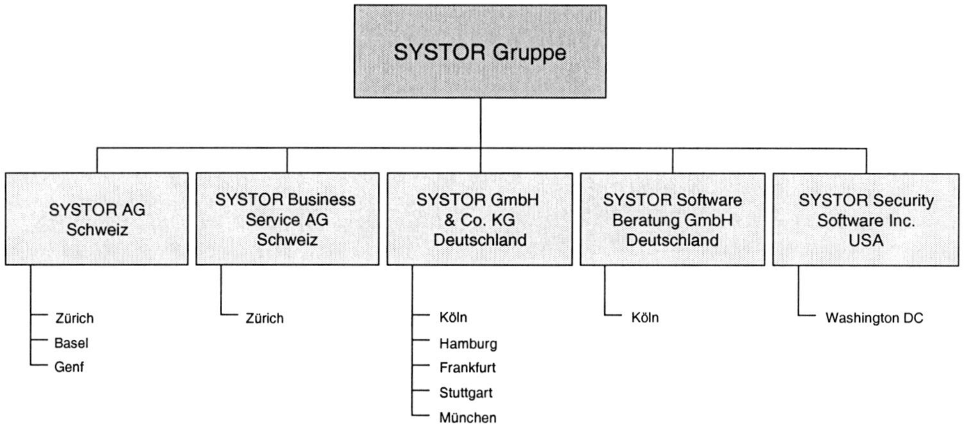

GABLER GRAFIK

Abbildung 2 **Umsatzentwicklung der Systor Gruppe**

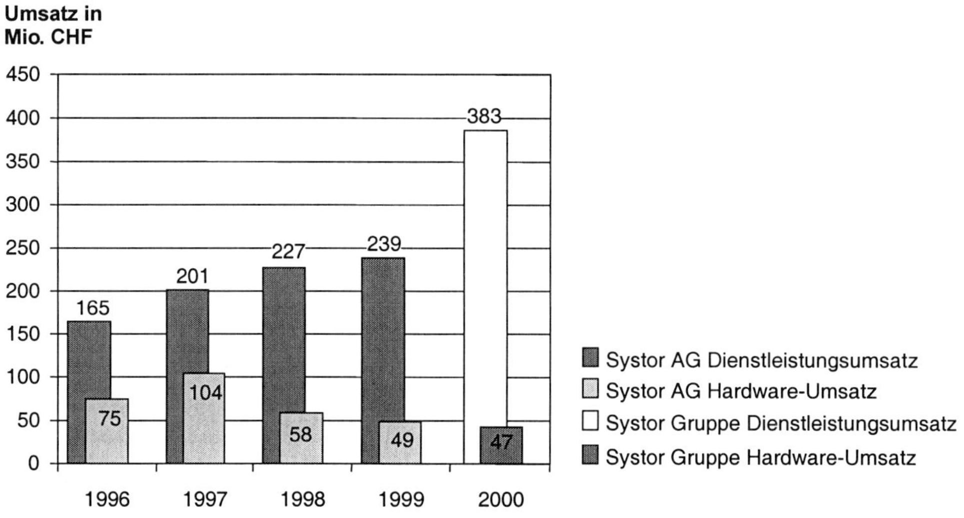

GABLER GRAFIK

Ursache für einen stetigen Zuwachs der **Mitarbeiter** ist zum einen das selbständige Wachstum des Unternehmens Systor und zum anderen die Übernahme der Schumann Gruppe. Seit 1996 hat sich die Zahl der Mitarbeiter in etwa vervierfacht, so arbeiteten im Jahre 2000 mehr als 2.000 Business und IT-Spezialisten bei der Systor Gruppe. Eine Darstellung der Entwicklung der Unternehmensgruppe, ausgedrückt durch die Mitarbeiterzahl, gibt Abbildung 3 wieder.

Abbildung 3 **Mitarbeiterentwicklung der Systor Gruppe**

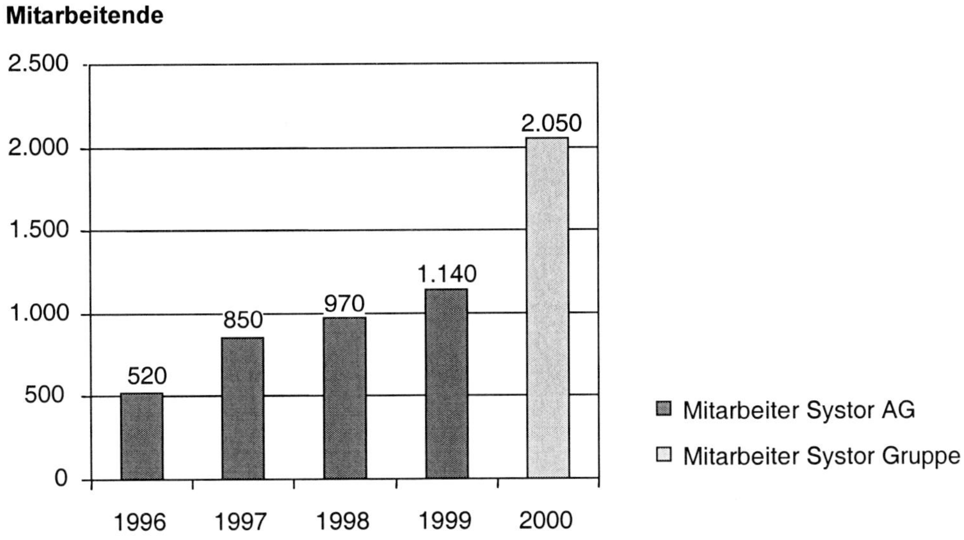

GABLER GRAFIK

Systor verfügt über eine funktionale **Aufbauorganisation**, die ihrer strategischen Marktausrichtung entspricht (vgl. Abbildung 4). Die vielen Organisationseinheiten werden auf wenige Profit Center konzentriert. Systor richtet ihre Organisation konsequent auf die Bedürfnisse des Marktes aus. Effektive und effizient aufeinander abgestimmte Geschäftsprozesse sowie einfache Strukturen mit klar definierten Verantwortungsbereichen sichern eine Qualität und Flexibilität zum Nutzen der Kunden. Die Organisation der Systor Gruppe ist das Ergebnis einer starken strukturellen Straffung sowie Fokussierung und bietet klare Zuständigkeiten.

Zentrale Unternehmenseinheiten wie z.B. Corporate Finance ist für alle Finanzabwicklungen des Unternehmens zuständig. Corporate Human Resources ist für die übergreifende Personalpolitik, alle Belange der Gehaltspolitik, unternehmensweite Personalführungsprozesse und der Personalentwicklung verantwortlich. Weiterhin sind die Geschäftseinheiten Corporate Legal, Corporate Communications & PR und Special Projects für das Unternehmen von zentraler Bedeutung.

Abbildung 4 Aufbauorganisation der Systor Gruppe

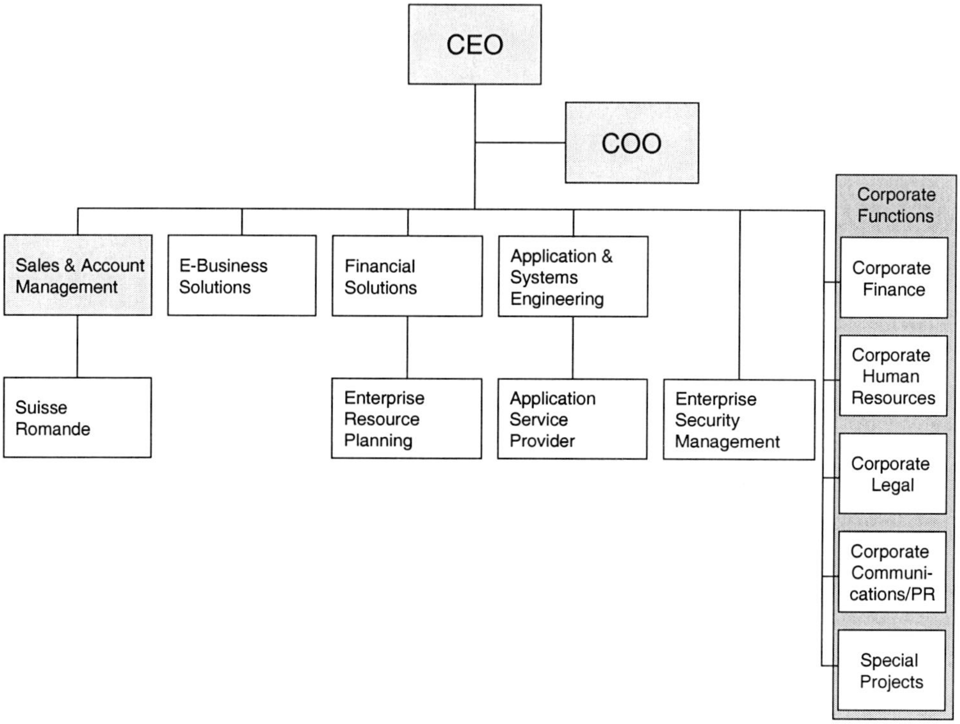

GABLER GRAFIK

Die Systor Gruppe ist in drei Market Divisions und vier Subsidiaries unterteilt. Alle Markteinheiten stellen ähnlich wie eigene Unternehmen eine Gewinn- und Verlust-Rechnung auf und agieren weitgehend unabhängig. Diese sind länderübergreifend konzipiert, weisen eine hohe Fertigungstiefe auf und bearbeiten den gesamten Markt. Schlank aufgebaute Major Account Units unterstützen den Vertrieb für die strategisch wichtigen bestehenden Großkunden und potenziellen Kunden.

Die **Market Divisions** agieren mit hoher Eigenständigkeit. Sie setzen aber auf die enge Zusammenarbeit mit anderen Market Units, um dem Kunden eine ganzheitliche und auf seine Bedürfnisse zugeschnittene Lösung anbieten zu können. Die drei Market Divisions der Systor sind:

- Die Market Division **E-Business** bietet z.B. Dienstleistungen und Lösungen in den Bereichen Portals & Marketplaces, Brokerage, Customer Relationship Management.

- Die Division **Financial Solutions** bietet maßgeschneiderte Lösungen für Finanzdienstleister. Hier werden beispielsweise die Bereiche Securities Management, Leasing & Credit Management, Payments & Cash Management, Electronic Bill Presentment & Payment, sowie Document & Information Management abgedeckt.

- Das Solutionportfolio der Division **Application & Systems Engineering** umfasst IT Security, Middleware & Mail Platforms, Operating Systems, Infrastructure Engineering sowie Hardware und Software Distribution.

Das **Sales & Account Management** ist für die Sales Aktivitäten der drei Market Divisions verantwortlich und sorgt für die division- und themenübergreifende Bearbeitung des Marktes. Des Weiteren betreut diese die wichtigsten Kunden der Systor.

Neben den Market Divisions bestehen so genannte **Subsidiaries**, die folgende Tätigkeitsschwerpunkte aufweisen: Die Suisse Romande (SR) betreut die wichtigsten Kunden der französischen Schweiz. Das Enterprise Resource Planning (ERP) bietet u.a. Lösungen mit SAP an. Zudem bietet Systor ihren Kunden funktionales Outsourcing als Application Service Provider (ASP) an. Das Enterprise Security Management (ESM) bietet Lösungen für ein umfassendes IT-Sicherheitsmanagement.

Die Market Divisions unterstreichen die vertikale Ausrichtung des Unternehmens, die das Angebot eines umfassenden Leistungsspektrums für verschiedene Branche ermöglichen. Die vier Subsidiaries unterstützen die horizontale Ausrichtung des Unternehmens. Diese bieten umfassende branchenübergreifende Lösungen an.

Die Tätigkeitsschwerpunkte der Systor Gruppe können in vier **Typen der Leistungserstellung** unterschieden werden. Dies sind, ausgehend vom Manpower-Geschäft, d.h., die Möglichkeit des Leasings von Mitarbeitern der Systor Gruppe, das Projektgeschäft, marktfähige IT-Lösungen und das funktionale Outsourcing als Application Service Provider. Entlang dieser Typen der Leistungserstellung nimmt die Auslagerung der Tätigkeit an Systor aus Sicht des Kunden zu. Während Systor-Mitarbeiter im Manpower-Geschäft als Mitglied eines Projektteams, das vom Kunden aus externen und internen Mitarbeitern zusammengestellt wird, lediglich einen kleinen Anteil am Leistungserstellungsprozess tragen, d.h. der Kunde an der Leistungserstellung selbst noch stark beteiligt ist, wird bei Outsourcing-Projekten die Verantwortung und Durchführung vom Kunden an Systor übertragen. Der Kunde ist an der Leistungserstellung nicht bzw. nur in sehr geringem Maße beteiligt. Durch eine zunehmende Externalisierung der Leistungserstellung wird für den Kunden ein Mehrwert geschaffen, der in der Folge zur Akzeptanz höherer Preise und damit zu höheren Gewinnmargen für Systor führt (vgl. Abbildung 5).

Dabei konzentriert Systor sich auf Business- und IT-Beratung, auf den Vertrieb, die Implementierung und Integration von Standardlösungen sowie auf relevante Service- und Supportleistungen.

Abbildung 5 **Typen der Leistungserstellung**

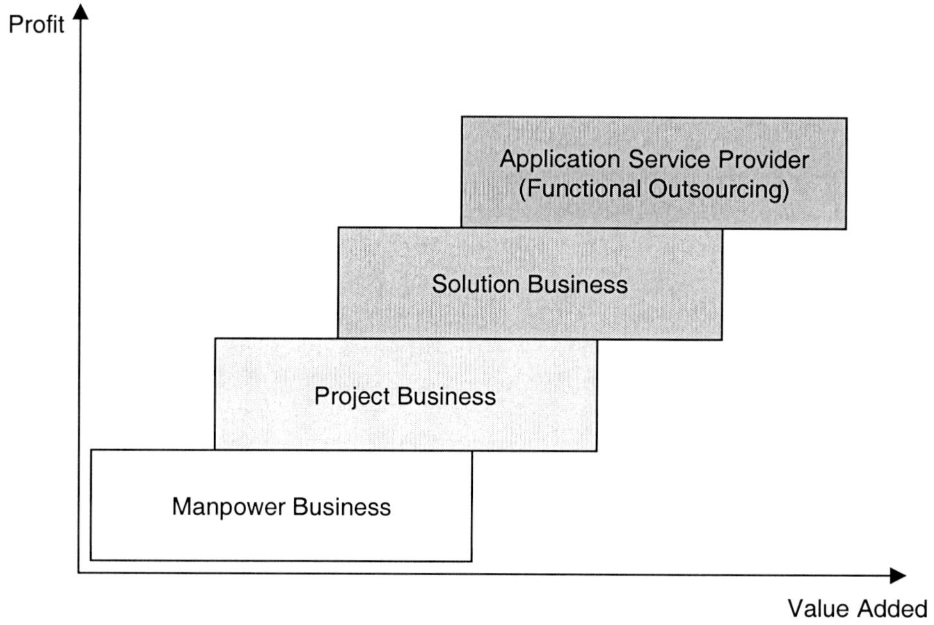

GABLER GRAFIK

Die **Kooperation** mit international renommierten Technologiepartnern, wie z.B. Sun Microsystems, Compaq und SAS Institute Inc., sichert Systor den entscheidenden Vorsprung an Know-how für ihre Lösungen sowie Services und damit für ihre Kunden.

Die **Kunden** der Systor Gruppe sind primär zu den Finanzdienstleistern zu zählen und kommen vorwiegend aus dem deutschsprachigen Markt. Neben namhaften Unternehmen, wie z.B. Zürich Versicherung, UBS, Züricher Kantonalbank, Commerzbank, Credit Suisse, hat die Systor Gruppe auch das Internationale Komitee des Roten Kreuzes in Genf als Kunden.

1.2 Analyse des IT-Marktes

Die **Globalisierung** des Marktes und der technologische Fortschritt führen zu neuen Wettbewerbsbedingungen und zu komplexeren Anforderungen an die Unternehmen. Für die anwachsende Informationsflut benötigen Unternehmen ein effizientes Management mit Hilfe entsprechender Informations- und Softwarearchitekturen. Dies führt dazu, dass der Bedarf an professioneller Beratung aufgrund der technischen Entwicklung, der zunehmenden Komplexität der Systeme und der richtigen Implementierung von IT-Systemen deutlich ansteigt. Die Wertschöpfungskette dieser Branche hat sich im Verlauf der letzten zehn Jahre vornehmlich im B-to-B-Bereich vom Hardwarebereich zum Software- und Dienstleistungsgeschäft verschoben. Weiterhin entwickelt sich der IT-Markt zunehmend zu einem Käufermarkt, indem die Kunden individuelle Ansprüche an die IT-Systeme stellen. Dies beruht auf der deutlich gewachsenen Kompetenz und dem Sachverständnis der Anwender in diesem Bereich. Kunden bevorzugen offene Systeme, in denen unabhängig voneinander Hard- und Software sowie IT-Dienstleistungen eingesetzt werden können, um sich nicht auf einen Hersteller festzulegen (Reinecke 1996, S. 33f.). Dies bewirkt, dass Anbieter sich verstärkt auf das Angebot von Einzelleistungen konzentrieren, die problemlos in eine umfassende IT-Lösung integriert werden können.

Der IT-Markt kann in verschiedene Teilmärkte, wie z.B. Komponenten, Hardwareplattformen, Betriebssysteme, Anwendungssoftware und Dienstleistungen, aufgeteilt werden. Aufgrund der heterogenen Struktur und Marktsegmente wird der Markt von unterschiedlichen **Anbietergruppen** bestimmt (in Anlehnung an Reinecke 1996, S. 35; S. 47ff.; Streicher 2000):

Hardwarehersteller sind Anbieter von physischen Produkten im IT-Bereich. Diese Anbieter diversifizieren sich aufgrund stagnierender Marktentwicklungen und homogenen Produkten zunehmend hin zu produktnahen technischen Services und Integrationsdienstleistungen und Beratungen.

Softwarehäuser sind häufig sehr kleine Unternehmen, die als zusätzliche Dienstleistung die Implementierung der eigenen Software in die Umgebung des Unternehmens offerieren.

Beratende Systemhäuser offerieren ein Komplettangebot im Sinne einer ganzheitlichen Beratung. Ihr Fokus richtet sich dabei auf das Business Consulting und weniger auf die technische Umsetzung.

Systemintegratoren bieten dem Kunden eine umfassende technische Beratung. Diese bezieht sich auf den Einsatz möglicher IT-Systeme sowie deren Implementierung im Unternehmen. Dabei werden Lösungskonzepte und Vorgehensweisen für den Kunden erarbeitet. Hier können Komplettlösungen aus einzelne Komponenten und verschiedener Hersteller zu einem Angebot zusammengestellt werden. Die Systor Gruppe kann sich hier einordnen.

Der **IT-Markt** gehörte mit zweistelligen Wachstumsraten in den vergangen zwei Jahrzehnten zu den attraktivsten, stark expansiven Märkten. Innerhalb Europas erwirtschafteten die großen Unternehmen zusammen mehr als 1 Mrd. US-$ in unabhängigen IT-Dienstleistungen. Dabei ist jedoch die extreme Aufteilung des Marktes und der starke Konkurrenzkampf unter den Marktteilnehmern zu beobachten. Beispielsweise hält jeder Anbieter in Europa weniger als 0,2 Prozent Marktanteile des europäischen IT-Marktes (Gartner Consulting 2000).

Durch den Einbruch von Unternehmensaktien junger Technologiefirmen an der Börse, die schwache Konjunktur und die angespannte wirtschaftliche Lage vieler Unternehmen wurden in den vergangenen zwei Jahren zunehmend IT-Investitionen eingespart. Dabei wurden vor allem weniger Personal oder externe Berater engagiert (Young Professional 2002). Die wachstumsstarken Zeiten der Informations- und Telekommunikationsbranche in Deutschland sind vorbei. Der Bundesverband der deutschen Informationswirtschaft, Telekommunikation und neue Medien e.V. (BITKOM) prognostizierte für den deutschen IT-Markt im Jahre 2001 nur noch Zuwachsraten von 4,6 Prozent und erwartet für das Jahr 2002 eine Wachstumsrate von 4,6 Prozent (IHK Köln 2001). Die Hardware-, Software- und Dienstleistungsunternehmen der IT-Branche in Deutschland erzielen derzeit mehr als 200 Mrd. DM Umsatz. Damit gehört die IT-Branche immer noch zu den größten Sektoren der Volkswirtschaft. Der Sektor Industrie hat mit fast 25 Prozent den größten Anteil am IT-Markt in Deutschland (vgl. Abbildung 6).

Abbildung 6 **Entwicklung der IT-Investitionen**

Entwicklung der IT/TK-Investitionen

1999 bis 2001 in Milliarden Mark

	1999	2000	2001	Wachstum 1999/2000 in Prozent	Wachstum 2000/2001 in Prozent
Industrie	39,2	39,6	41,2	0,9	4,0
Baugewerbe	5,5	5,5	5,6	0,0	1,8
Energie- und Wasserversorgung	5,0	5,3	5,6	7,3	4,7
Banken und Versicherungen	20,0	20,8	21,8	4,3	4,6
Sonstige private Dienstleister	36,1	37,4	38,6	3,7	3,1
Handel	14,4	15,0	15,4	4,3	2,7
Telekommunikation	6,1	6,4	6,6	5,1	3,6
Öffentliche Verwaltung	19,1	19,8	20,0	3,6	1,0
Non-Profit Organisationen	16,3	16,6	16,8	1,8	1,4
Insgesamt	161,7	166,4	171,6	3,0	3,1

GABLER GRAFIK

Quelle: Streicher 2000

Im Jahre 1999 waren circa 650.000 Mitarbeiter in der IT-Branche in Deutschland angestellt. Für das Jahr 2001 wurden fast 700.000 Mitarbeiter erwartet. Die Branche „Telekommunikation“ hat mit etwa 22 Prozent das größte Wachstum an Beschäftigten.

Mit circa 25 Mrd. DM pro Jahr sind die Aufwendungen für **Standardsoftware** in Deutschland beachtlich. Das jährliche Wachstum zwischen 1999 und 2001 lag nur bei circa 1,5 Prozent. Mit 4,4 Mrd. DM haben im Jahre 1999 die betriebswirtschaftlichen Lösungen den größten Anteil an den Aufwendungen für Standardsoftware. Hierzu zählen unter anderem die ERP-Software-Pakete. Zudem wurden Zuwachsraten von circa 6 Prozent bis zum Jahr 2001 für die Datenbank-Management-Systeme erwartet. Eine Stagnation ist bei den Betriebssystemen zu verzeichnen, während bei den Softwareentwicklungs-Tools, wahrscheinlich aufgrund der Internet-Programmierung, eine steigende Nachfrage erwartet werden kann.

Die Gesamtausgaben für **Hardware** sind in den Jahren 2000 und 2001 gegenüber 1999, trotz Sättigungserscheinungen und eines fortgesetzten Preisverfalls, um insgesamt rund 4,5 Prozent gestiegen.

Hohe Aufwendungen fallen für **Wartungs- und Betreuungsaufgaben** in den Bereichen Hardware, Software, Netzwerke und Telekommunikationseinrichtungen an. Bis 2001 sollten die Ausgaben hierfür um durchschnittlich 4 Prozent pro Jahr wachsen. In diesem Bereich wird auch die Bedeutung des Application Service Providing und Internet-Dienstleistungen an Bedeutung gewinnen. Konzeption, Erstellung und Pflege von unternehmenseigenen Homepages werden zukünftig immer mehr durch externe Dienstleister erfolgen. Die Nachfrage hierfür hat in den Jahren 2000 und 2001 am deutschen Markt um etwa 8 Prozent zugenommen.

Die „klassischen“ **IT-Services** sind nicht bedeutend gestiegen. Hierzu zählen die Entwicklung von Individual- oder Standardlösungen, Schulungen des Personals im Umgang mit Anwendungsprogrammen oder Vermittlung von Know-how an das IT-Betreuungspersonal für den Umgang mit installierten Systemen. Des Weiteren kann hierunter noch die allgemeine IT-Beratung gefasst werden. Bis zum Jahre 2001 haben die Ausgaben in diesem Bereich um durchschnittlich 2 bis 3 Prozent pro Jahr zugenommen.

Das **Outsourcing** hat in den letzten Jahren stark an Bedeutung gewonnen. Der Mangel an qualifizierten Mitarbeitern, der hohe Kostendruck und die Komplexität der IT-Systeme haben zu einer Ausgliederung der gesamten IT-Infrastruktur oder zum selektiven Outsourcing einiger Teilbereiche, wie z.B. Wartung, Entwicklung und anderen Serviceaufgaben aus den Unternehmen geführt. Die Entwicklung der Ausgaben für IT-Outsourcing des Schweizer Marktes sind in Abbildung 7 wiedergegeben.

Die Investitionen für **E-Business und Internet** in der Schweiz steigen kontinuierlich an. Nach Ausgaben in Höhe von circa 250 Mio. CHF im Jahr 1999, wurde für das Jahr 2000 mit Investitionen in Höhe von circa 370 Mio. CHF gerechnet. Dabei sind ausschließlich Investitionen enthalten, die in den IT-Budgets der Unternehmen für E-Business und Internet geplant sind.

Abbildung 7 **Der IT-Outsourcing-Markt der Schweiz 1995-2000**

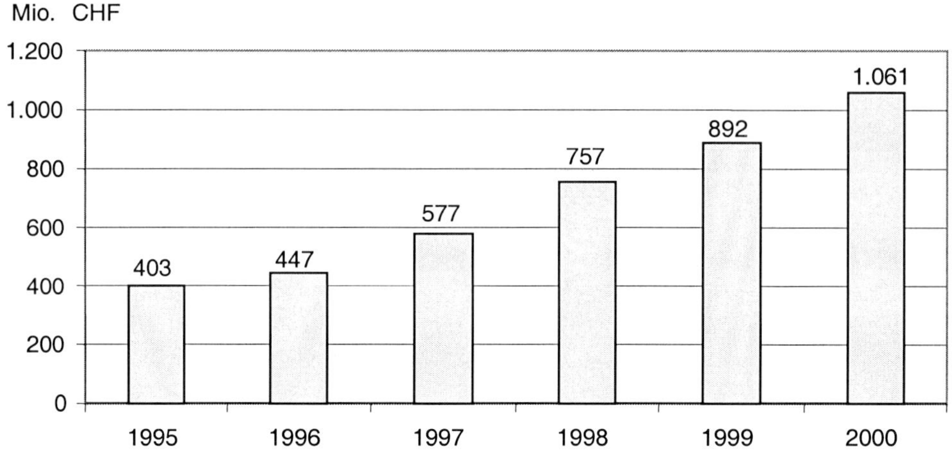

GABLER GRAFIK

Quelle: MSM Research AG 2001

Schweizer Unternehmen investieren in Dienstleistungen in diesem Bereich mit circa 51 Prozent am meisten in den Servicebereich. Für Server werden im Gegensatz dazu rund 20 Prozent und für die Software circa 29 Prozent ausgegeben (MSM Research AG 2000a).

Für das Jahr 2000 wurde in der Schweiz für den IT-Bereich mit einer Wachstumsrate von 5,3 Prozent gegenüber dem Vorjahr gerechnet. Dabei stiegen die Segmente Networking um 9,2 Prozent und IT-Services um 6,8 Prozent. Die Schwerpunkte von IT-Strategien der IT-Manager sind weiterhin die strategische Positionierung der IT, die unternehmensweite Kommunikation, die Standardisierung der eingesetzten Produkte und der Einstieg ins E-Business, unter Einbeziehung neuer Technologietools aus den Bereichen Customer Relationship Management und Supply Chain Management (MSM Research AG 2000b).

Die Systor Gruppe ist überwiegend im deutschen und Schweizer IT-Markt vertreten. Die beiden Märkte deckten im Jahr 1999 in etwa 21 Prozent des europäischen IT-Marktes ab, im Jahre 2003 werden es voraussichtlich 19 Prozent sein (Gartner Consulting 2000).

Systor kann sich insgesamt unter den zehn größten IT-Dienstleistern des Schweizer IT-Marktes positionieren. Mit besonderem Fokus auf die Finanzdienstleistungsindustrie werden die IT-Investitionen der Systor Gruppe vorwiegend im Segment Finanzmarkt in den nächsten Jahren liegen. Ein Schwerpunkt des Tätigkeitsfeldes der Systor Gruppe ist der Wachstumsmarkt ERP für Finanzdienstleistungsunternehmen.

Das Wachstum hier liegt bei circa 26 Prozent in der Schweiz (Gartner Consulting 2000).

Für die nächsten Jahre wird mit einer weiteren **Verschiebung der Marktstruktur** in Richtung Services gerechnet, im Jahr 2003 dürften über 70 Prozent der Ausgaben für Services aufgewendet werden (MSM Research AG 2000a).

Wie schon oben angedeutet, ist in Zukunft nicht mehr mit den starken Wachstumszahlen der Vergangenheit zu rechen. Einige Bereiche werden zwar weiterhin wachsen, im Allgemeinen wird jedoch nur ein schwaches Wachstum der IT-Branche zu verzeichnen sein. Diese Bedingungen führen dazu, dass sich der Markt unter den bestehenden Anbietern verschärft. Um unter diesen verstärkten Wettbewerbsbedingungen und der zunehmenden Homogenisierung der angebotenen Leistungen, im Wettbewerb erfolgreich zu sein, ist eine Differenzierungsstrategie im Bereich der Anwendungssoftware sowie der zusätzlichen Dienstleistungen und des Services notwendig. Hier gewinnt das Qualitätsmanagement erheblich an Bedeutung.

1.3 Besonderheiten des Dienstleistungsmarketing und Implikation für das Unternehmen Systor

Diese Entwicklungstendenzen stellen Anforderungen an das Dienstleistungsmarketing der Unternehmen. Die zunehmende Homogenisierung der angebotenen Leistungen erfordern ein unverwechselbares Konzept zu entwickeln, um Alleinstellungsmerkmale im Wettbewerb zu erlangen. Dabei hat die Systor Gruppe dienstleistungsspezifische Besonderheiten zu beachten. Dies sind die Immaterialität der erbrachten Leistung, die Leistungsfähigkeit des Dienstleistungsanbieter sowie die Integration des Kunden als externen Faktor. Für das Dienstleistungsmarketing von Systor sollten dabei folgende Faktoren, die beachtet werden sollten:

- Vertrauen,
- Markenaufbau,
- Hohe Qualität der Dienstleistung,
- Zusatznutzen durch erweiterte Serviceangebote.

Im IT-Bereich werden individuelle, hochkomplexe und kostspielige Lösungen angeboten, die bei der Erstellung die Zusammenarbeit von Anbietern und Kunden erfordern. IT-Dienstleistungen sind somit auf beiden Seiten durch eine **hohe Qualitätsunsicherheit** gekennzeichnet. Der Kunde kann zur Beurteilung der Qualität meist nur auf die Erfahrungen mit dem IT-Dienstleisters zurückgreifen. Insbesondere bei sehr integrativen Leistungserstellungsprozessen kann der Kunde nicht im vorhinein beurteilen, wie die von ihm bereitgestellten Leistungen in Bezug auf Qualität am Ende aussehen werden. Für den Anbieter besteht ebenfalls die Unsicherheit beim Ergebnis des Leistungserstellungsprozesses, da der Kunde einen Einfluss auf die

Qualität der Leistung durch die Integration als externer Faktor haben wird. Diese bilaterale Unsicherheit bedarf das Vertrauen und die Bereitschaft des jeweiligen Interaktionspartners, den vereinbarten Leistungsbeitrag zu erbringen. Somit ist dies eine zentrale Managementaufgabe für den Anbieter in Business-to-Business-Märkten, diese Unsicherheit zu reduzieren und **Vertrauen** aufzubauen (Plötner/Jakob 1996, S. 1; Preß 1997, S. 65).

Bei IT-Dienstleistungen liegt **keine physische Greifbarkeit** vor, die vom Kunden begutachtet werden kann. Die Komplexität spielt eine wichtige Rolle dafür, dass der Kunde die Leistung und die Qualität der Leistungen nicht mehr beurteilen kann, so dass die Leistungen der Mitarbeiter auf die Leistungen des gesamten Unternehmens transferiert wird. Das Vertrauen, das jeder einzelne Mitarbeiter dem Kunden bietet, spiegelt das Vertrauen des Kunden in das gesamte Unternehmen wider. Der Kunde überträgt die Leistungen, die Fähigkeiten und die Kompetenz sowie die Qualität der Leistung jedes einzelnen Mitarbeiters, die erbracht wird, auf das Unternehmen Systor. Die Aufgabe des Marketing ist es hier zukünftig, diese Beziehung im Rahmen des **Relationship Marketing** stärker auszubauen, denn gerade für Individuallösungen im Bereich von IT-Dienstleistungen ist es von besonderer Bedeutung, eine individuelle Basis zwischen Unternehmen und Kunden zu schaffen (Bruhn 2001b, S. 8ff.).

Ein weiterer wesentlicher Bestandteil im Rahmen des Dienstleitungsmarketing besteht darin, der Dienstleistungen einen materiellen Charakter zu geben, um die nicht vorhandene physische Greifbarkeit zu visualisieren. Durch den Aufbau einer **Dienstleistungsmarke** können Differenzierungen vom Wettbewerb vorgenommen werden und Vertrauen in die Leistungen sowie die Qualität der Leistungen sichern. Subjektiv empfundenes Kaufrisiko seitens der Kunden kann durch den Markencharakter reduziert werden (Bruhn 2001a).

Die Sicherstellung einer hohen Qualität dieser unternehmensindividuell ausgerichteten Dienstleistung stellen zentrale Herausforderungen an das Marketing. Durch die Integration des Kunden ergibt sich eine Heterogenität der erstellten Leistungen. Dabei ist eine Sicherstellung von Qualität zu gewährleisten. Hohe Qualität ist die Basis des Erfolges von Systor. Qualität hat einen wesentlichen Einfluss auf die **Kundenzufriedenheit** und somit auch **Kundenbindung**, was letztlich zur Steigerung des Unternehmenserfolges führt.

Serviceleistungen nehmen ebenso eine besondere Stellung innerhalb des Dienstleistungsmarketing ein. Bei komplexen IT-Systemen und zunehmender Homogenisierung des Leistungsangebotes der Hersteller wird ein **Zusatznutzen** vermittelt, der zu einem Alleinstellungsmerkmal im Wettbewerb führen kann. Zudem wird auch nach der Implementierung der entwickelten IT-Systeme der Kontakt zum Kunden aufrecht erhalten und die Kundenbindung erhöht.

2. Unternehmensphilosophie und Strategien der Systor Gruppe

2.1 Unternehmensphilosophie der Systor Gruppe

Systor möchte mit seinen angebotenen IT-Lösungen **Qualitätsführer** auf dem IT-Markt werden. Qualität ist die Basis von Kundenzufriedenheit sowie Kundenbindung und sichert den Erfolg des Unternehmens. Anforderungen an die Qualität sind schriftlich dokumentiert (vgl. Abschnitt 3).

Systor verfolgt eine **profitable Wachstumsstrategie**, die schwerpunktmäßig auf den Finanzdienstleistungsmarkt ausgerichtet ist. Dabei soll ein breites Angebot und entsprechende Vertriebskanäle offeriert werden, um die Time-to-Market-Zeiten verbessern zu können. Ziel ist ein geographisches und kundenmäßiges Wachstum sowie eine hohe Wertschöpfung des Unternehmens.

Eine **entwicklungsfähige Organisation** beinhaltet die Fähigkeit, die Organisation flexibel und schnell auf Teilzielmärkte auszurichten. Dies kann unter anderem durch entsprechende Verkaufskanäle oder durch die Geschäftsleitung geschehen. Entsprechend soll das Entrepreneurship im Leistungsfokus stehen und deshalb existieren überschaubare und schlagkräftige Markteinheiten, die auf den Markt ausgerichtet sind.

Das IT-Lösungsportfolio hat die Systor Gruppe ganz nach den **Bedürfnissen des Marktes** ausgerichtet. Mit den Angeboten möchte die Systor Gruppe den Bedürfnissen ihrer Kunden gerecht werden, Kundenbindung bei bestehenden Kunden vertiefen aber auch neue Kundensegmente hinzugewinnen.

Ein zentrales Element der Unternehmensphilosophie stellt die **langfristige Kundenbindung** dar. Kundenzufriedenheit stärkt die Kundenbindung und langfristige Kundenbindung soll den Erfolg des Unternehmens sichern.

Die Systor Gruppe setzt auf Erfolg durch **Mitarbeiterkompetenz**. Die Qualität der Leistungen und die Zufriedenheit der Kunden sind Bedingungen für ein weiteres Wachstum des Unternehmens, das nur mit Hilfe der Mitarbeiter erreicht werden kann. Damit baut die Systor Gruppe zur Erreichung der strategische Ziele auf ihre Mitarbeiter als wichtiges Kapital ihres Unternehmens. Die Kompetenz und Leistungsfähigkeit des Unternehmens wird durch jeden einzelnen Mitarbeiter am Markt repräsentiert. Dabei werden an die Mitarbeiter hohe Ansprüche bei Aufgaben, Projekten und Lösungen gestellt. Qualitativ wird auf dem höchsten Stand gearbeitet.

Des Weiteren soll Qualität durch **Mitarbeiterzufriedenheit** erreicht werden. Mitarbeiterzufriedenheit wird mit der Schaffung eines Arbeitsumfeldes erhöht, das es jedem Mitarbeiter erlaubt, sich entsprechend seinen Fähigkeiten und Neigungen zu entfalten.

Eine **offene Kommunikationskultur** und **flache Hierarchien** lassen eine Unternehmenskultur entstehen, die kurze Entscheidungswege ermöglichen. Es werden Freiräume zur persönlichen Entfaltung geschaffen, die Teamfähigkeit und eigenverantwortliches Handeln fördern.

Die horizontale Ausrichtung der Organisation des Unternehmens soll es dem Unternehmen erlauben, im Rahmen eines **Full-Service-Konzeptes** die gesamte Leistungsfähigkeit einzusetzen und zu erhöhen, da ganze Problemlösungskonzepte aus einer Hand geliefert werden und somit die Teilsysteme besser aufeinander abgestimmt werden können. Das Full-Service-Konzept fördert maßgeblich die Kundenbindung.

Systor als Know-how-Unternehmen möchte einen **End-to-End-Services** aus einer Hand anbieten. Die Verknüpfung von Business-Know-how, Branchenkenntnis und Informatikwissen mit Implementierungskraft bildet das Know-how des Unternehmens, das bei den Kunden eingebracht werden kann.

2.2 Strategische Grundsätze des Unternehmens

Zur Umsetzung der Philosophie muss eine Strategie erdacht und durchgeführt werden, die langfristig die Stoßrichtung des Unternehmens festgelegt. Dabei sind folgende strategische Grundsätze von Bedeutung, die die Verhaltensweise des Unternehmens bestimmen:

- Systor fokussiert sich auf **Marktsegmente**. Hierbei handelt es sich um die bereits genannten Marktsegmente, die für Systor von Bedeutung sind.
- Hinzu kommt ein **umfassendes Leistungsportfolio,** das Systor den Kunden anbietet.
- Eine **gezielte Know-how-Allokation** ist für Systor von Bedeutung. Die angebotenen Produkte bzw. Leistungen basieren auf einem beträchtlichen Know-how, das die Mitarbeiter haben und bei ihrer Arbeit einsetzen. Um dieses effizient nutzen zu können, müssen die Mitarbeiter entsprechend ihrer Stärken und ihrem Wissen eingesetzt werden.
- Um dieses Know-how in der richtigen Zeit auf den Markt zu bringen und somit die Time-to-Market-Zeiten einzuhalten, sollten für Systor **marktgerechte Verkaufskanäle** von Bedeutung sein.
- Weiterhin sollte eine **erfolgsorientierte Finanzpolitik** realisiert werden, in der Gewinn und Cash-Flow für ein weiteres Wachstum von strategischer Bedeutung sein können.

2.3 Qualitätsorientierte Strategieausrichtung der Systor Gruppe

Die qualitätsorientierte Strategieausrichtung der Systor Gruppe wird in einer **Erfolgskette** dargestellt. Diese beinhaltet den in der Abbildung 8 dargestellten Wirkungszusammenhang unter dem Einfluss unternehmensextern und -intern moderierender Variablen, wie z.B. das Unternehmensimage und die Mitarbeiterzufriedenheit (Bruhn 2001b, S. 57f.).

Abbildung 8 **Erfolgskette**

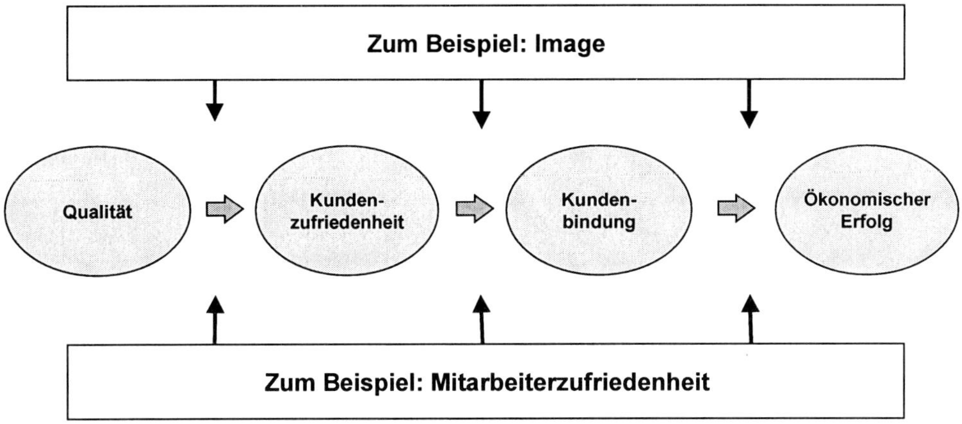

GABLER GRAFIK

Die strategische Ausrichtung auf die Qualität ist für Systor die Basis der gesamten Erfolgskette des Unternehmens. Die Sicherstellung und Steigerung der Qualität wirkt sich positiv auf die Kundenzufriedenheit aus. Zufriedene Kunden binden sich eher an ein Unternehmen. Daraus resultiert eine Steigerung des Unternehmenserfolges.

Die qualitätsorientierte Strategieausrichtung der Systor Gruppe legt dabei folgendes **Begriffsverständnisses** zugrunde:

„Wir implementieren und operieren mit einem spezifischen Qualitätsbewusstsein, um die Bedürfnisse und Erwartungen unserer Kunden, Mitarbeitenden, Kapitalgeber und anderen Partner zu erfüllen."

„Qualität in der Leistung und ihrer Erbringung garantiert langfristige Kunden- und Mitarbeiterzufriedenheit sowie die Bindung an die Systor Gruppe."

Die qualitätsorientierte Strategieausrichtung ist im Rahmen der Qualitätspolitik in fünf Grundsätzen verankert. Diese erfolgt mit der Absicht, die Vorgaben für die Weiterentwicklung des unternehmensweiten Qualitätsmanagementsystems schriftlich festzuhalten und allen Mitarbeitern zu kommunizieren. Mit der Qualitätspolitik soll ein ausgeprägtes Qualitätsbewusstsein im Unternehmen geschaffen und verankert werden. Dabei ist es wichtig, das Qualitätsbewusstsein auf allen Hierarchieebenen einheitlich zu implementieren. Im Vordergrund steht dabei zum einen die Erfüllung der Qualität im Sinne der Erfüllung von Kundenerwartungen und zum anderen sollte darauf geachtet werden, dass die verlangte Qualität mit einem angemessenen Aufwand an Kosten, d.h., unter Wirtschaftlichkeitsaspekten, erreicht wird.

Die fünf **Qualitätsgrundsätze** der Systor Gruppe sind:

1. Grundsatz: „Wir lassen uns messen“

Die Kunden werden jährlich, beispielsweise im Rahmen des Systor Customer Satisfaction Index (CSI), über die Qualität der Dienstleistungen, sowie über die Zufriedenheit und die Geschäftsbeziehung befragt (vgl. Abschnitt 3.2).

2. Grundsatz: „Mitarbeiter partizipieren an der Qualität“

In diesem Sinne werden Mitarbeiter in der Schweiz zum einen durch eine explizite Festlegung von individuellen Qualitätszielen mit ihren Vorgesetzten an der Planung von Aktivitäten zur Steigerung der Qualität einbezogen. Zum anderen werden sie für die Erreichung von Qualitätszielen belohnt, da Anteile ihrer variablen Entlohnung davon abhängen. Der variable Lohnanteil besteht aus einer individuellen und einer unternehmensweiten Komponente. Der individuelle Anteil ist abhängig vom Erreichen der mit dem Vorgesetzten vereinbarten persönlichen Zielen im Rahmen des Management by Objectives. Die unternehmensweite Komponente hängt von den Ergebnissen der jährlichen Umfrage über die Kundenzufriedenheit (CSI) ab. Wird dieser Zielwert vom Unternehmen übertroffen, erhalten die Mitarbeiter einen festgelegten Prozentsatz vom normalem Gehalt zusätzlich (siehe Abschnitt 3.4).

3. Grundsatz: „Qualität ist in unseren Prozessen eingebaut, unsere Prozesse erzeugen Qualität“

Ein zentrales Instrument für die Umsetzung der Qualitätsanforderungen ist das Prozessmanagement. Prozesse werden auf angemessene Weise dokumentiert, messbar gemacht und kontinuierlich verbessert.

4. Grundsatz: „Die Verantwortung für die Qualität liegt dort, wo sie erzeugt wird“

Jeder Mitarbeiter ist verantwortlich für die Qualität seiner Arbeit. Die Durchführung der Qualitätssicherung liegt bei den Mitarbeitern, die im direkten Kundenkontakt stehen.

5. Grundsatz: „Die Führungskräfte treiben den Verbesserungsprozess"

Die Verantwortung der Führungskräfte im Rahmen des Qualitätsmanagementsystems besteht primär darin, die notwendigen Entscheidungen für Qualitätsverbesserungen zu treffen und durch vorbildliches Verhalten und tatkräftige Unterstützung umzusetzen.

3. Struktur und Aufgaben des Qualitätsmanagements bei der Systor Gruppe

3.1 Anforderungen an die Qualität aus Unternehmenssicht

Systor stellt Anforderungen an die Qualität ihrer Leistung hinsichtlich verschiedener Qualitätsdimensionen. Diese Dimensionen sind die Prozess-, Potenzial- und Ergebnisqualität.

Die **Potenzialqualität** beinhaltet das Potenzial zur möglichen Leistungserstellung einer erwarteten Leistung. Diese bedeutet, dass gerade im Bereich **Personal** ausreichend qualifizierte Mitarbeiter vorhanden sein müssen, um den Kunden die Qualität sicherstellen zu können. So sollten beispielsweise ausreichend Know-how und technische Voraussetzungen vorhanden sein, um die Leistungsqualität erbringen zu können. Die **Planung des Einsatzes** der internen und externen Mitarbeiter und deren Know-how unterliegt dabei Effektivitäts- und Effizienzansprüchen.

Weitere Anforderung betreffen die Prozessdimension. Besondere Bedeutung haben diesbezüglich die **Kundenprozesse**, die insgesamt effizient und effektiv gestaltet werden sollen. Dies beinhaltet den ganzen **Lebenszyklus einer Kundenbeziehung**, also sämtliche Aktivitäten von der Etablierung einer neuen, potenziellen Kundenbeziehung über die Kundenbetreuung während der Leistungserstellung bis hin zum Kundenbetreuungsprozess. Des Weiteren gilt es auch **unternehmensinterne Prozesse**, die die Kundenprozesse unterstützen, zu gestalten.

Die **Ergebnisqualität** als entscheidendes Kriterium der Systor-Leistungen steht am Ende der Leistungserstellung. Die Ergebnisqualität ist maßgeblich abhängig von der Prozessqualität und der Potenzialqualität. So sollen Projekte in einem **vorgegebenen Zeitraum** realisiert werden, die einen **vorgeschriebenen Kostenrahmen** nicht überschreiten und die **definierte Anforderungen an die Qualität** erfüllen.

3.2 Anforderungen an die Qualität aus Kundensicht

Als IT-Dienstleister liegt die Schwierigkeit für Systor darin, allgemeingültigen Qualitätsanforderungen gerecht zu werden, da das Leistungsangebot von jedem Kunden individuell beeinflusst wird. Es müssen die Qualitätsanforderungen jedes einzelnen Kunden berücksichtigt und individuell ausgestaltet werden. Trotz dieser Schwierigkeit hat Systor eine Methode gefunden, die Bedürfnisse der Kunden zu erfassen. Mit dem Customer Satisfaction Index (CSI) können die Qualitätsansprüche der Kunden bei regelmäßiger Untersuchung kontinuierlich gemessen werden. Dies macht es Systor möglich, die eigenen Leistungen in Bezug auf Qualität ständig zu verbessern. Eine intensive Beziehung zum Kunden wird vorausgesetzt und es bedarf der aktiven Mitwirkung des Kunden bei der Leistungserbringung. Kunden legen zwei **Arten von Qualitätsansprüchen** zugrunde:

- Transaktionsqualität,
- Beziehungsqualität.

In der **Transaktionsqualität** nehmen die Kunden die direkt wahrgenommene Qualität einer Einzelleistung („Transaktion“) wahr, z.B. eines Projektes. Die Kunden können meist nicht alle Aspekte einer Leistungserstellung isoliert voneinander beurteilen. Sie bewerten eher nach verschiedenen Qualitätsbereichen, die eine Vielzahl tatsächlich beobachtbarer Merkmale enthalten. Um Handlungsmaßnahmen einleiten zu können, ist es sinnvoll, die hinter den einzelnen Merkmalen und von den Kunden eigenständig wahrgenommenen Faktoren zu ermitteln, die auf die Zufriedenheit einwirken.

Bei Systor wird, wie es bei Dienstleistungsunternehmen häufig ist, die Transaktionsqualität in die technische Produktqualität und die Interaktionsqualität, d.h., die Beziehung zwischen Mitarbeitern und Kunden, unterschieden.

Die Kunden der Systor unterscheiden zur Messung der Transaktionsqualität vier zentrale zufriedenheitssteigernde Faktoren so genannte „**Satisfaction Drivers**“:

- Qualität der Kernleistung,
- Qualität des Projektmanagements,
- Auftritt und Ausstrahlung der Mitarbeiter („Professionalität“),
- Bereitschaft und Fähigkeit der Mitarbeiter auf den Kunden einzugehen („Empathie“).

Die Beurteilung der **Kernleistung** nimmt der Kunde sowohl auf der Basis seiner Erfahrung aus abgeschlossenen Projekten als auch aufgrund seiner Einschätzung des Potenzials, das die Systor seines Erachtens für die Lösungserstellung mitbringt, vor. Daher sind mit der Potenzial- und Ergebnisqualität zwei Subkategorien zu unterscheiden, die wiederum weitere Dimensionen unterscheiden. Zur Potenzialqualität zählt das Projektpotenzial und das Beziehungspotenzial, während sich die Ergebnisqualität in eine Lösungsqualität und Supportqualität unterteilen lässt.

Die Qualität des **Projektmanagements** bzw. die des Prozesses der Leistungserstellung ist ein weiterer Bestandteil der Qualitätsansprüche des Kunden. Innerhalb dieser Qualitätsdimension beurteilt der Kunde zwischen der Qualität der Projektabwicklung und der Beurteilung der Abstimmungsprozesse zwischen der Systor und den Kunden während des Projektverlaufs. Die Beurteilung der Projektabwicklung wird am stärksten durch professionelle Strukturen und Ablaufprozesse sowie die schnelle und kompetente Abwicklung eines Projektes empfunden. Eine klare Projektstruktur sowie die Einhaltung von Projektterminen werden eher als Standard vorausgesetzt. Bei der Unterschreitung von Mindestnormen entstehen negative Effekte auf die Gesamtbeurteilung des Projektmanagements. Im Rahmen der Projektabstimmung trägt insbesondere die permanente Abstimmung zur Bildung eines Qualitätsurteils über das Projektmanagement bei. Statusreports und die Mitteilung von Engpässen sind ebenfalls Standardgrößen, die nur bei der Untersuchung von Mindeststandards auf das Gesamturteil wirken.

Die Qualitätsdimension „**Professionalität**" beinhaltet das Auftreten der Mitarbeiter im Kontakt mit dem Kunden und die (Vor-)Urteile, die aus dieser Interaktion abgeleitet werden. Die Kunden unterscheiden zwischen einem „generellen Auftreten", der zugebilligten „sozialen Kompetenz" sowie dem „Engagement" eines Mitarbeiters. Die Beurteilung des generellen Auftretens wird insbesondere anhand des emotional geprägten Gesamteindrucks vorgenommen, den die Mitarbeiter beim Kunden hinterlassen. Die professionelle Durchführung von Präsentationen und Meetings ist nachgelagert. Die Qualität der sozialen Kompetenz ergibt ich primär aus der wahrgenommenen Teamfähigkeit des Mitarbeiters. Belastbarkeit und Freundlichkeit des Mitarbeiter sind vergleichsweise sekundär. Von hoher Relevanz für die Generierung von Zufriedenheit über den Treiber „Professionalität" ist das Engagement der Mitarbeiter, insbesondere die Fähigkeit Initiative zu übernehmen, aber auch die Flexibilität, im Projektverlauf neue Wünsche des Kunden aufzunehmen und darauf einzugehen.

Die **Empathie** beinhaltet die Fähigkeit der Mitarbeiter, sich in den Kunden einzudenken und seine Sprache zu sprechen. Im Vergleich zu dem Qualitätsbereich „Professionalität" kann die „Empathie" auch als „Soft Fact" der Mitarbeiterwirkung bezeichnet werden. Die Kunden unterscheiden zwischen einer eher funktional orientierten, aktiven Einbeziehung in die Lösungsentwicklung (Integration) sowie dem Gefühl, tatsächlich ernst genommen zu werden.

Im Gegensatz dazu zielt die **Beziehungsqualität** nicht auf die Bewertung einer oder mehrere Transaktionen ab, sondern misst global die Qualität der Beziehung zwischen Systor und ihren Kunden. Während eine Transaktion als ein Ergebnis der Interaktion zwischen Kunde und Unternehmens mit eindeutig definierten Start- und Endpunkten verstanden wird, repräsentiert eine Beziehung eine Reihe von Transaktionen. Die Beziehungsqualität beinhaltet primär langfristige Beziehungswerte wie z.B. Vertrauen, Fairness und Geborgenheit in der Geschäftsbeziehung.

3.3 Aufgaben des Qualitätsmanagements

Die Aufgaben des Qualitätsmanagements können in marktgerichtete und unternehmensgerichtete Aufgaben unterteilt werden (Bruhn 2001c, S. 163ff.).

Zu den **marktgerichteten Aufgaben** können die Ermittlung der Kundenanforderungen und deren Erfüllung und Umsetzung in qualitätsrelevante Leistungsmerkmale zählen. Bei Systor ist dies beispielsweise die Realisierung der Anforderungen der Dienstleistungsqualität aus Kundensicht (vgl. Abschnitt 3.2).

Die **unternehmensgerichteten Aufgaben** des Qualitätsmanagements sollten in der Verankerung einer Qualitätsphilosophie und in der Vorbildfunktion liegen, die Führungskräfte im Unternehmen zu erfüllen haben. Zudem können Effizienzsteigerungen der Dienstleistungsprozesse sowie eine generelle Kostenreduktion realisiert werden, wenn entsprechende qualitätsbezogene Voraussetzungen im Unternehmen gegeben sind. Dazu ist die Schaffung sachlicher, organisatorischer und personeller Voraussetzungen notwendig.

Die **sachbezogene Aufgaben** des Qualitätsmanagements können sich z.B. auf die Art der Leistungserstellung im Unternehmen beziehen. Hier ist die Umsetzung von Qualität im Unternehmen zu gewährleisten und Standards und Normen für die einzelnen Phasen innerhalb der Dienstleistungserstellung zu entwickeln. Dies bedeutet beispielsweise, dass das Qualitätsmanagement innerhalb von Kernprozessen fachliche und technische Vorgehensweisen als Mindeststandards zu entwickeln und durchzusetzen hat, die ein gleichbleibend hohes Maß an Qualität sicherstellen.

Das Qualitätsmanagement hat die **organisatorische Aufgabe**, strukturelle Voraussetzungen zu schaffen, so dass in strategischer Hinsicht ein Qualitätsmanagementsystem im Unternehmen institutionalisiert und realisiert werden kann. Die Systor Gruppe setzt dies beispielsweise im operativen Projektgeschäft um, indem sie permanent die Unterstützung und Feinsteuerung der Qualität in jeder Phase der Dienstleistungskette sicherstellt. Qualität auf allen Ebenen ist für Systor die Voraussetzung für unternehmerischen Erfolg und damit langfristiges Wachstum.

Des Weiteren kann das Qualitätsmanagement die Aufgabe haben, **personelle Voraussetzungen** zu schaffen, damit Qualität im Unternehmen umgesetzt werden kann. Dabei müssen qualitative und quantitative Maßnahmen getroffen werden. Zum einen sollten ausreichend Mitarbeiter vorhanden sein und zum anderen sollten Mitarbeiter mit dem richtigen Know-how eingesetzt werden, um eine Umsetzung der Qualitätsstrategie erfüllen zu können. Dies bedeutet auch, dass die Mitarbeiter des Unternehmens Systor ständig über neue Anforderungen an die Qualität informiert und geschult werden müssen. Persönliche Barrieren, die die Umsetzung der neuen Qualitätsanforderungen verhindern können, müssen abgebaut werden.

3.4 Struktur und Instrumente des Qualitätsmanagementsystems

Um seine Kunden mit den angebotenen Dienstleitungen qualitativ zufrieden zu stellen, hat die Systor Gruppe ein Qualitätsmanagementsystem entworfen, um eine langfristige Bindung der Kunden an das Unternehmen zu erreichen. Dieses Qualitätsmanagementsystem ist im Zuge der ISO 9000-Zertifizierung erarbeitet worden und hat viele, im Hause bereits bestehende und angewandte Qualitätssicherungselemente und -techniken in einer Struktur zusammengefasst. Das Qualitätsmanagementsystem der Systor Gruppe entspricht einem geschlossenen **Qualitätsmanagement-Regelkreis** (vgl. Abbildung 9), das in die Hauptphasen Planung, Betrieb, Messung und Bewertung unterteilt ist.

Abbildung 9 **Regelkreis des Systor-Qualitätsmanagements**

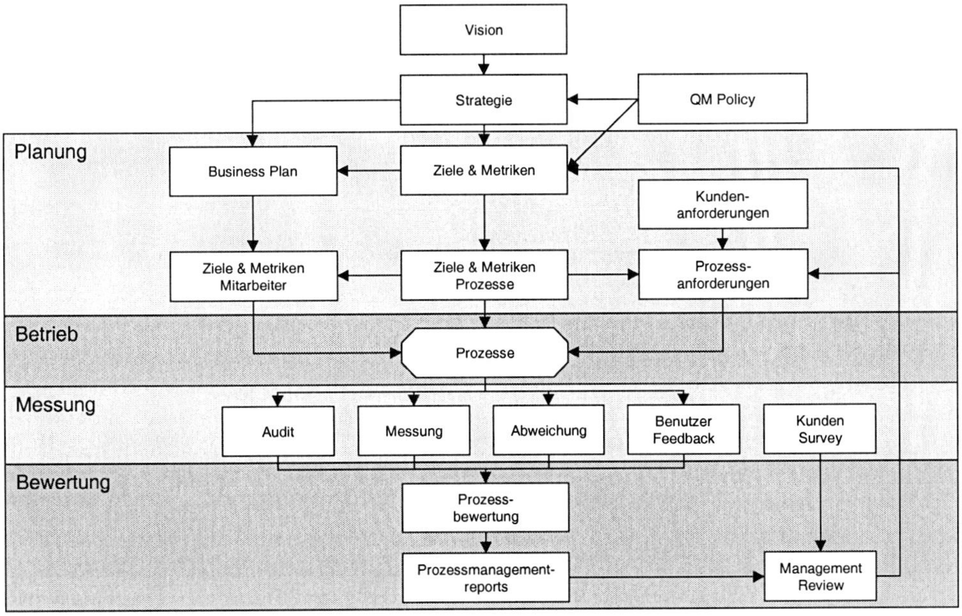

GABLER GRAFIK

(a) Planung

Die Qualitätspolitik bildet die Basis für die Definition der Qualitätsmanagementziele und die Qualitätsmanagementplanung. Sie beschreibt die Interpretation des Begriffs

„Qualität" in Bezug auf verschiedene Aspekte bzw. Interessengruppen von Systor, wie z.B. Kunden, Partner, Hersteller, Lieferanten, Mitarbeiter und Management, Produkte und Dienstleistungen sowie das Qualitätsmanagementsystem und die Prozesse.

Nachdem die Vision und Strategie des Unternehmens festgelegt sind, ist es die Aufgabe der Qualitätsmanagementplanung, die operativen Umsetzung der Qualitätsmanagementpolitik vorzunehmen. Sie befasst sich beispielsweise mit der Ausarbeitung von Qualitätszielen. Des Weiteren werden Kunden- und Prozessanforderungen gestaltet, wie z.B. hinsichtlich des Management by Objektives und Projektmanagements. Die Elemente der Qualitätsplanung werden in die operativen Prozesse integriert.

(b) Betrieb

Für den Betrieb bzw. die Steuerung des Qualitätsmanagements stellt Systor bestimmte Anforderungen an ihre Prozesse. Jeder Prozess muss die ihm zugrunde liegenden Anforderungen bezüglich Effektivität und Effizienz, Plausibilität und Logik sowie die Kompatibilität betreffend Prozessarchitektur und Qualitätsmanagementsystem sowie der maßgebenden Standards, Normen und Gesetzen, erfüllen. Der Prozessbetreiber ist verantwortlich für die Definition und Pflege dieser Prozessanforderungen unter Berücksichtigung der Kundenanforderungen sowie der Ergebnisse des Management Reviews.

Die Systor Gruppe hat drei **Kernprozesse** zur Qualitätsorientierung definiert, um festgelegte Qualitätsziele (vgl. Abschnitt 3.1) zu erreichen:

- Project Management,
- Client Management,
- Ressource Management.

Die **Project-Management-Process-Methode** soll helfen, Projekte in einem vorgegebenen Zeitraum zu realisieren, die einen vorgeschriebenen Kostenrahmen nicht überschreiten und die definierte Anforderungen an die Qualität erfüllen. Das prozessorientierte Projekt Management definiert Aktivitäten, die während des Projektverlaufs ausgeführt werden müssen. Dies beinhaltet die Organisation für das Projektteam und die Gliederung der Projekte in übersichtliche und kontrollierbare Phasen. Die Planung basiert auf den zu erstellenden Produkten. Für jedes Produkt werden Qualitätskriterien festgelegt. Das Qualitätsmanagement wird spezifiziert, um sicherzustellen, dass die Produkte dem geforderten Qualitätsstandard entsprechen. Der Vorteil dieses Prozesses ist die steuerbare Nutzung von Ressourcen, strukturierte Kontrolle von Projektabschnitten und der regelmäßige Abgleich des Projektfortschrittes mit Projektplan und Business Case.

Der **Client Management Process** dient insgesamt einer effizienten und effektiven Gestaltung des Kundenprozesses. Der Client Management Process beinhaltet den gesamten Lebenszyklus einer Kundenbeziehung. Hier werden sämtliche Aktivitäten von der Etablierung einer neuen, potenziellen Kundenbeziehung über die Kundenbetreuung während der Leistungserstellung bis hin zum Kundenbetreuungsprozess beschrieben. Systor hat zur Steuerung und Kontrolle dieser Kundenprozesse ein Instrument entwickelt, das bereits partiell und vor allem zielgerichtet im Unternehmen eingesetzt wird. Der **Client Mirror** ist eine standardisierte Methode, um die Qualitätsanforderungen, die an das Unternehmen seitens der Kunden gestellt werden, zu messen. Hierbei geht es um die Verbesserung der Geschäftsbeziehung und die Stabilisierung der Kundenbindung zwischen Systor und seinen Kunden. Dies geschieht durch **Account Manager**, die speziell die Groß- und gleichzeitig wichtigen Kunden betreuen. Der Client Mirror dient zur Durchführung eines strukturierten Gesprächs zwischen Account Managern und Kunden zur Beurteilung der Qualität der Geschäftsbeziehung. Die Zielvorgaben für dieses Gespräch sollen den Aufbau von Vertrauen helfen, so dass kritische oder negative Aspekte der Geschäftsbeziehung hervorgebracht werden, die sonst nicht erwähnt würden. Der Client Mirror soll laufende Projekte analysieren und eventuell Verbesserungsmaßnahmen einleiten. Zu beachten ist allerdings, dass der Client Mirror nicht der Projektbeurteilung dient, sondern der Fokus auf der Qualitätssteuerung der Geschäftsbeziehung liegt.

Der **Prozess des aktiven Verkaufens** ist ein Teilprozess des übergeordneten Client Management Processes. Hier wird die Auftragsabwicklung innerhalb des Systor Verkaufsprozesses definiert. Der Zweck dieses Prozesses ist einerseits die Prozesstransparenz zu erhöhen und andererseits den im Verkaufsprozess involvierten Mitarbeitern ein Hilfsmittel zur Verfügung zu stellen, komplexe Verkaufsprojekte strukturiert, effektiv, effizient und kontrolliert für sämtliche Verkaufsprojekte zu durchlaufen. Dadurch wird erreicht, dass die Verkaufsressourcen optimal eingesetzt, die Durchlaufzeit für die Verkaufsprojektabwicklung verkürzt sowie die Qualität der Verkaufsprognosen erhöht werden. Abbildung 10 zeigt den Client Management Process mit den Teilprozessen, wie z.B. den Prozess des aktiven Verkaufens im Rahmen der Gesamtarchitektur des Client Management Processes (CMP).

Der **Resource Management Process** definiert die Organisation der Einsatzplanung aller Mitarbeiter (interne und externe) nach wirtschaftlichen Gesichtspunkten, um den langfristigen Unternehmenserfolg sicherzustellen. Dieser ermöglicht die Transparenz des Ressourcen- bzw. Mitarbeitereinsatzes, damit die richtige Allokation des Know-hows zur richtigen Zeit am richtigen Ort eingesetzt wird und der Kunde den gewünschten Service erhält. Der Prozess beschreibt zudem die Beschaffung externer Ressourcen. Der **Zweck** dieses Prozesses ist:

- den Beteiligten Informationen über die Verfügbarkeit von Ressourcen zu geben,
- den Projektmanager bei der Planung der Ressourcen zu unterstützen,
- dem Mitarbeiter und Vorgesetzten, der nicht bzw. nicht genügend ausgelastet ist, bei der Suche einer neuen bzw. zusätzlichen Arbeit zu helfen,
- dem Management die Auslastung der Ressourcen zu vermitteln.

Abbildung 10 **Gesamtarchitektur CMP mit Teilprozessen**

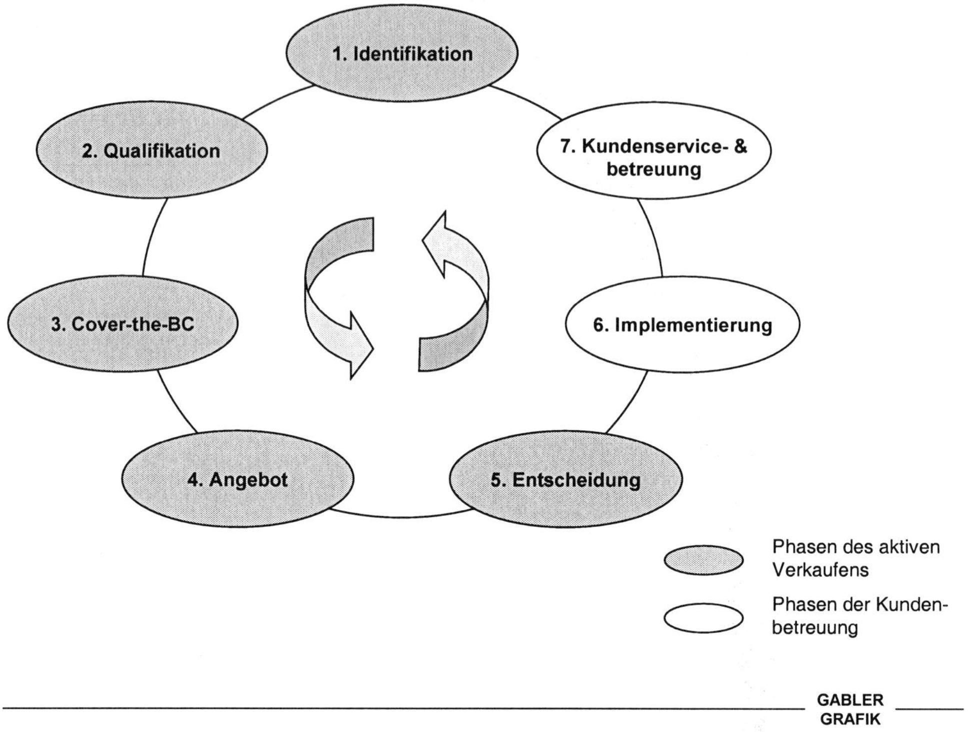

(c) Messung

Der **Kunden-Feedback-Prozess** dient zur Messung der Kundenzufriedenheit und der Kundenbindung. Ebenfalls dient er dazu, festzustellen, in welchen Qualitätsmanagementdimensionen die Stärken und Schwächen von Systor liegen.

Die Messung der Erfüllung der Qualität seitens der Systor erfolgt anhand des **Customer Satisfaction Index** (CSI). Im Mittelpunkt steht die Messung der Kundenzufriedenheit mit der Gesamtleistung des Unternehmens. Diese basiert hauptsächlich auf der Qualität und dient der Steigerung der Kundenzufriedenheit. Eine Steigerung der Kundenzufriedenheit wirkt sich wiederum positiv auf die Kundenbindung aus. Unter Kundenbindung wird ein Bündel von positiven Verhaltensabsichten in Bezug auf die weitere Beziehung zum Unternehmen verstanden, wie z.B. Wiederkaufsabsicht, Absicht zum Cross Buying oder auch die Weiterempfehlungsabsicht. Die Kundenbindung hat in der Regel positive Auswirkungen auf die ökonomischen Kennzahlen eines Unternehmens.

Für die **Beziehung zwischen Kundenbindung und Kundenzufriedenheit** gilt, dass die Höhe der Kundenbindung nur zum Teil durch die Kundenzufriedenheit beeinflusst wird, wenn z.B. im Business-to-Business-Bereich bei anderen Anbietern ein größeres Cross-Buying-Potenzial vorhanden ist. Zudem können vertragliche Bindungen bedeuten, dass der Kunde gebunden ist, obwohl er nicht zufrieden ist. Somit kann angenommen werden, dass der Zusammenhang zwischen Zufriedenheit und Kundenbindung durch den Dialog zwischen Systor und ihren Kunden positiv beeinflusst wird. Kundendialog beinhaltet das Potenzial, dass Kunden auch langfristig einen Dialog eingehen. Dabei wird unterstellt, dass zufriedene Kunden wesentlich offener für den Dialog sind als lediglich durchschnittliche oder sogar unzufriedene Kunden. Kundenbindung entsteht somit sowohl direkt durch die Kundenzufriedenheit als auch indirekt durch die ebenfalls aus der Zufriedenheit resultierenden Dialogbereitschaft.

Bei der Analyse der **Zusammenhänge zwischen den Konstrukten** des Systor-Modells (vgl. Abbildung 11) wird davon ausgegangen, dass Erfolgsgrößen nicht direkt über einzelne Variable gemessen werden können. Sie stellen vielmehr ein theoretisches mehrdimensionales Konstrukt dar, die nur über direkt messbare Indikatoren – dem Messmodell des Konstruktes – nur indirekt erhoben werden kann.

Abbildung 11 **Das Systor-Modell des Customer Satisfaction Index (CSI)**

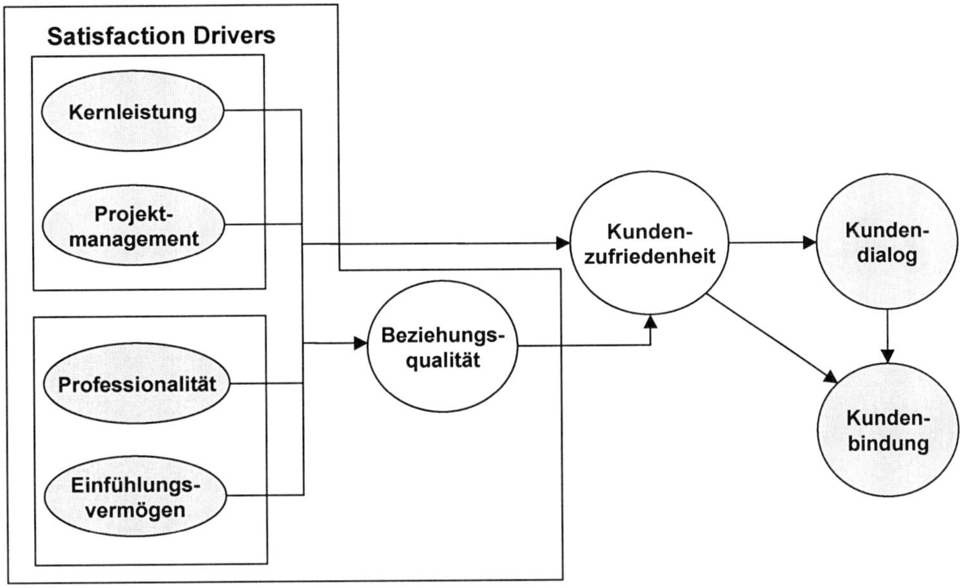

GABLER GRAFIK

Durch die Messung der Kundenzufriedenheit und -bindung wurden **Ansatzpunkte zur Verbesserung der Leistungsfähigkeit** der Systor identifiziert. Nun gilt es, Maßnahmen zu initiieren, die an den zentralen Defiziten arbeiten. Als Instrument zur Ermittlung des Handlungsbedarfs kann ein **Aktivitätenportfolio** erstellt werden, durch das sich erste strategische Stoßrichtungen der zukünftigen Instrumentalstrategien erkennen lassen (vgl. Abbildung 12). Innerhalb des Aktivitätenportfolios werden die ermittelten Kundenbeurteilungen sowie deren Bedeutung aus Kundensicht gegenübergestellt. Bei Systor erfolgt eine indirekte Berechnung der Wichtigkeit der Leistungsdimensionen auf Basis der Kausalanalyse. Das Verfahren setzt dabei die erfragten Leistungsdimensionen mit der Kundenzufriedenheit in Beziehung.

Abbildung 12 **Beispielhaftes Aktivitätenportfolio**

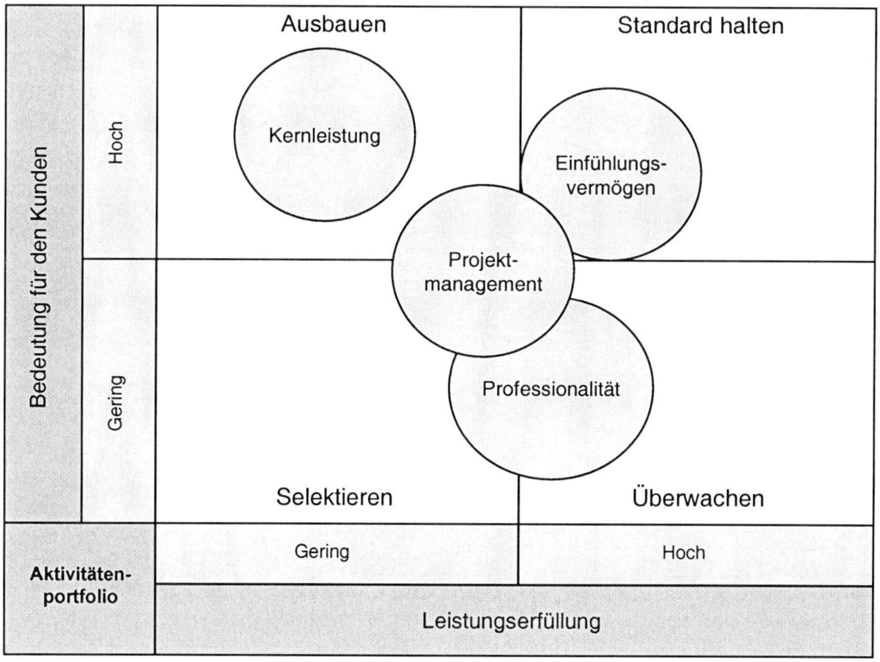

GABLER GRAFIK

Des Weiteren kann die Messung des Qualitätsmanagements mit Hilfe eines **Audits** geschehen. Audits basieren auf der Begutachtung der Erstellung von Resultaten entsprechend der Prozessbeschreibung und können auf alle Bereiche der Organisation angewendet werden. In einem Audit wird festgestellt, ob ein bestimmter Prozess geregelt ist, in welchem Maße er in den laufenden Projekten und Organisationen gemäß Regelung angewendet wird und ob der Prozess für die Projekte und Organisationen angemessen und sinnvoll ist. Der Prozess Owner ist verantwortlich für die Bereinigung der im Audit aufgedeckten Abweichungen und Verbesserungen der Prozesse. In Bereichen, die ISO-zertifiziert sind oder die Zertifizierung anstreben, muss zudem überprüft werden, ob die Elemente eines Qualitätsmanagementsystems gemäß den vorgegebenen Anforderungen vollständig dokumentiert und umgesetzt werden.

Audits erfolgen gemäß der **Audit-Prozessbeschreibung**. Sie werden entsprechend dem Auditplan sowie auf Wunsch des Risk Managements, der Prozess Owner oder von Kunden durchgeführt. Die dokumentierten Auditergebnisse fließen in die Prozessbewertung ein.

Eine **kontinuierliche Messung der Prozesse** hinsichtlich deren Ziele und Risiken erfolgt als integraler Bestandteil der Prozesse. Ihre Auswertung erfolgt im Rahmen der Prozessbewertung. Fehler werden auf systematische Ursachen untersucht und Maßnahmen zu deren Korrektur und zukünftigen Vermeidung werden ergriffen. Fehler werden dem zuständigen Prozessbetreiber bzw. Manager berichtet. Erfahrungen der Prozessanwender sowie allgemeine Verbesserungsvorschläge werden vom zuständigen Prozessbetreiber eingeholt und für die Prozessbewertung genutzt.

Die Auswertungen dieser Messungen erfolgt in der Phase der Bewertung des Qualitätsmanagements bzw. der Qualitätsmanagementdarlegung.

(d) Bewertung

Die Prozessanforderungen werden in der Prozessbeschreibung dokumentiert. Die Prozessbewertung basiert auf den Ergebnissen bzw. Berichten der Audits sowie den gesammelten Informationen über Fehler und Erfahrungen in der Prozessanwendung. Diese Daten werden analysiert und bewertet. Daraus werden Maßnahmen definiert und im Management Review definiert.

Das **Management Review** verfolgt nachstehende Ziele:

- Umfassende Information der Geschäftsleitung über das Erreichen der gesetzten Ziele,
- Hinterfragen und Revision der Strategie und der langfristigen Ziele und der Qualitätspolitik,
- Überwachung und ständige Verbesserung der Geschäftsprozesse,
- Grundlagen für die Ziele für die Folgeperiode,
- Grundlage für die auf die verschiedenen Stakeholder angepassten Berichte.

Der Management Review findet kontinuierlich während des Jahres im Rahmen von Teilveranstaltungen statt. Dabei werden die verschiedenen Qualitätsmanagement- und Prozess Management Reports analysiert und bewertet. Daraus werden Maßnahmen in Einklang mit den verschiedenen Elementen des Qualitätsmanagementsystems definiert eingeleitet.

Die Kundenanforderungen werden im Management Review überprüft. Sie beinhalten dokumentierte (explizite) Anforderungen und nicht formulierte (implizite) Erwartungen der Kunden an Systor, deren Dienstleistungen, Produkte und Prozesse. Die Bewertung der Erfüllung der Kundenanforderungen erfolgt im Rahmen des Management Review aufgrund der Ergebnisse des Feedback Management Prozesses.

Die Qualitätsanforderungen an die Dienstleistung sind von Systor in verschiedenen Formen in einer **Qualitätsmanagementdarlegung** dokumentiert:

- Qualitätsmanagementhandbuch,
- Prozessdokumentation,
- Operationelle Dokumente und Daten,
- Dokumentationsstandard.

Das **Qualitätsmanagementhandbuch** beschreibt die im Rahmen des Qualitätsmanagementsystems getroffenen aufbau- und ablauforganisatorischen Festlegungen zur Sicherstellung der Dienstleistungsqualität und stellt das Kernstück des Qualitätsmanagementsystems dar. Verantwortlichkeiten, Befugnisse, Abläufe, Steuerungs- und Korrekturmechanismen, Verhaltensvorschriften, Anweisungen und sonstige Anleitungen werden gegeben. Das Qualitätsmanagementhandbuch ist dabei ein Instrument des Qualitätsmanagements, das nicht nur für die internen Zielgruppen (Projekt-Mitarbeiter), sondern auch für die externe Zielgruppe, d.h., Kunden, Lieferanten und Geschäftspartner bestimmt ist.

Die **Prozessdokumentation** ist das zentrale Vorgabedokument, mit dem der Prozess und die Qualitätssicherung im Prozess geplant, kontrolliert und dokumentiert wird. Sie definiert den Zweck und Geltungsbereich des Prozesses, regelt dessen Ablauf, verweist auf die benötigten operationellen Dokumente und beschreibt die Anforderungen an den Prozess, dessen Ziele und Risiken sowie die Metriken. Die Prozessdokumentation besteht neben der eigentlichen Prozessbeschreibung aus weiteren zugehörigen prozessbegleitenden Dokumenten wie Policies, Standards, Richtlinien, Formulare, Checklisten, Templates und Handbücher. Diese am Arbeitsplatz benötigten Dokumente regeln und unterstützen den Arbeitsablauf.

Weitere **Qualitätsaufzeichnungen** bei Systor sind operationelle Dokumente, die während der Ausführung eines Prozesses entstehen. Sie bilden die Grundlage für die Bewertung eines Prozesses, wie z.B. Prozessmessungen oder Audits.

Der Dokumentationsstandard beschreibt Anforderungen an unternehmensweit gültige Dokumente und deren Lebenszyklus. Diese Dokumente fließen in den Management Review ein und bieten umfassende Darlegungen des Qualitätsmanagements in der Systor Gruppe.

4. Umsetzung der Qualitätsstrategie durch Marketing- und Personalmaßnahmen

4.1 Umsetzung der Qualitätsstrategie im Rahmen der Angebotspolitik

Die Qualität, die die Systor Gruppe an ihre Leistungen stellt, wird bereits bei der **Angebotserstellung** deutlich. Dabei erfolgt ein schriftliches Angebot mit verbindlichen Aussagen zu inhaltlichen, methodischen, projektorganisatorischen und vertragsrechtlichen Themen. Die Komplexität der Angebotserstellung wird durch das Mitwirken von mehreren Personen und Gremien, wie z.B. Angebotsteam, Qualitätsmanagement, Projektkoordinator, Management und Kunde, determiniert. Im Business-to-Business-Bereich, in dem die Systor Gruppe tätig ist, sind die Angebotserstellungen und -ausgestaltungen aufgrund der Größe der Projekte und der Kunden sehr individuell zu formulieren. Um jedoch eine einheitliche Basis zu schaffen, wurde ein Angebotsstandard entwickelt, der formale, strukturelle, inhaltliche, organisatorische und rechtliche Orientierungsrichtlinien für die Angebotserstellung gibt.

Die Angebotserstellung ist ein Teil des Client Management Process. In der Regel entstehen die großen Projekte der Systor aus vorangegangenen kleinen Projekten oder Manpower-Geschäften. Die Kunden nehmen zu Beginn Einzellösungen in Anspruch und erst nach einigen Interaktionen sowie dem Aufbau einer Beziehung zwischen den beiden Geschäftspartnern werden Komplettlösungen von den Kunden gewünscht. In diesem Zusammenhang bietet Systor bietet standardisierte Teillösungen an, die von den einzelnen Kunden zu individuellen Lösungspaketen zusammengestellt werden können.

Dabei werden Qualitätsstandards bei der Umsetzung von Leistungen berücksichtigt, wie z.B. die Qualitätsanforderungen der drei Kernprozesse Project Management, Client Management und Ressource Management. (vgl. Abschnitt 3.4). Um den Kunden ein umfassendes Qualitätsmanagement bieten zu können, sind nicht nur Qualitätsanforderungen der Prozesse zu beachten, sondern eine Umsetzung der Qualitätsstrategie bedeutet auch eine umfassende Planung, Implementierung und Kontrolle der technischen und personellen Betreuung der von Systor erstellten Leistungen. Dazu wird vor allem qualifiziertes Personal benötigt. Dies wird bei Systor durch die gezielte und qualitätsorientierte Mitarbeiterentwicklung gefördert. So kann im Rahmen eines Full-Service-Konzeptes der Anspruch an ein Generalunternehmen gewährleistet werden.

Kunden haben meist hohe Qualitätsunsicherheiten bezüglich des Leistungsangebotes, da sie die IT-Leistungen nicht ohne weiteres beurteilen können. Um diese Unsicherheit abzubauen, wird in der Niederlassung Köln ein „**Customer Briefing Center**" eingerichtet. In diesem Center werden Testumgebungen für Infrastrukturen und

Netzwerke angeboten, in denen Kunden über Tage oder Wochen in einem Pilottest ihre Lösungen dahingehend überprüfen können, ob die Lösungen ihren Anforderungen entsprechen. Mit diesen „Proofs of Concept" möchte Systor ihre Leistungskompetenz unter Beweis stellen und dem Kunden Gelegenheit geben, Informationsasymmetrien bezüglich der Qualität abzubauen.

4.2 Umsetzung der Qualitätsstrategie im Rahmen der Kommunikationspolitik

Kommunikation nimmt bei der Umsetzung der Qualitätsstrategie eine bedeutende Rolle ein. Neben des Einsatzes von Kommunikationsinstrumenten, wie z.B. Mediawerbung oder PR, nimmt das Direct Marketing und die Persönliche Kommunikation im Rahmen der Kundenakquisition und bei der Leistungserstellung ein wichtige Rolle ein. Letztgenannte ist aufgrund der Integration des Kunden in die Leistungserstellung (im Gegensatz zum Hersteller von Konsumgütern) und der hohen Komplexität der Leistung ein sehr wichtiger Bestandteil für den Erfolg von Systor. Aus diesem Grund ist die Qualität der persönlichen Kommunikation auch Bestandteil des Kundenbarometers CSI, in dem u.a. „die Fähigkeit von Mitarbeitern, Zusammenhänge klar darzustellen" oder „sich in die Perspektive des Kunden einzudenken" untersucht werden (vgl. Abschnitt 4.1). Defizite, die bei der Messung solcher Größen festgestellt werden, sind u.a. Ausgangspunkt für Mitarbeiterschulungen.

Die Qualität der Leistungserstellung ist eine **Kernbotschaft**, die die Systor Gruppe in ihrer unternehmensinternen und -externen Kommunikation vermittelt. Hinweise auf Qualitätsstandards und qualitativ hochwertiges Prozessmanagement werden sowohl durch Kommunikationsinstrumente sowie in der konkreten kundenbezogenen Akquisitions- und Beziehungsarbeit gegeben. Hierbei geht es darum, bei den Kunden auf der Ebene von Produkten bzw. Leistungen ein **Qualitätsimage** zu platzieren. Des Weiteren wird für das Gesamtunternehmen mit sämtlichen vertriebsunterstützenden Maßnahmen, wie etwa der Pressearbeit oder der Durchführung von Kundenveranstaltungen zu Fachthemen, eine auf Qualität ausgerichtete Positionierung und Imagebildung der Systor Gruppe angestrebt.

Zur Umsetzung dieser Botschaften bedient sich Systor überwiegend folgenden **Kommunikationsinstrumenten**:

- Mediawerbung,
- Unternehmensmagazin,
- Broschüren und Prospekte,
- Events.

In der **Mediawerbung** der Systor werden Firmenimage-Inserate (vgl. Abbildung 13) und Lösungsimageinserate unterschieden. Um Streuverluste zu vermeiden, werden

Anzeigen in entsprechenden Fachzeitschriften überwiegend der Banken- und Versicherungsbranche im Schweizer und deutschen Markt geschaltet. In Deutschland steht als Kommunikationsziel neben der Imagepositionierung die Steigerung der Bekanntheit im Vordergrund. Hier soll unter Effizienzgesichtspunkten vor allem die regionale Bekanntheit gesteigert werden. Insbesondere konzentriert sich Systor auf den Kölner Raum mit einer hohen Dichte an Versicherungsunternehmen und Frankfurt als Bankenzentrum. In der Schweiz stellt die Bekanntheit der Systor Gruppe keine erfolgsrelevante Größe dar, da diese hier sehr hoch ist und kaum mehr effizient gesteigert werden kann. Ziel in beiden Märkten ist es, über die Kommunikation eine Beziehung zu aktuellen und potenziellen Kunden aufzubauen bzw. zu pflegen, indem Vertrauen geschaffen wird.

Abbildung 13 **Imageanzeige von Systor**

Das **Firmenmagazin** versteht sich als ein Fachmagazin, das sich aktuellen Themen im Bereich IT widmet. Zielgruppe sind, über die eigenen Kunden hinaus, sämtliche an dem Themengebiet interessierte Personen. Es dient letztlich nicht dazu, konkrete Systor-Lösungen zu platzieren, sondern sich als kompetentes Unternehmen im Markt zu präsentieren und ein entsprechendes Image aufzubauen bzw. zu pflegen. Das Firmenmagazin erscheint zwei mal in einer Auflage von 13.000 Exemplaren.

Broschüren dienen der Information von Kunden und potenziellen Kunden nach dem ersten Kontakt, aber auch Mitarbeiter an ihrem ersten Arbeitstag. Sie sollen zum einen über das Unternehmen als Ganzes und zum anderen über einzelne IT-Lösungen informieren. Auf diesen beiden Ebenen sollen die Kundenorientierung und die Leistungskompetenz der Systor dokumentiert werden. Zu folgenden Themen wurden Broschüren entwickelt: „Unternehmen & Profil“, „Lösungen & Services“, „Referenzen & Projekte“ und „Personal & Entwicklung“. Des Weiteren liegen zu den 40 einzelnen IT-Lösungen jeweils einzelne Broschüren vor. Im Sinne einer Pull-Kommunikation wird in Abhängigkeit vom Kunden und seinen Lösungs- bzw. Servicebedürfnissen ein Set dieser Broschüren zusammengestellt. Die Inhalte der Broschüren sind außerdem auf den Internet-Seiten unter www.systor.com abrufbar.

Events sind ein weiteres Instrument, das im Rahmen der Kommunikation von Systor eingesetzt wird und das zum einen den Kontakt zu aktuellen sowie potenziellen Kunden – im Sinne des Aufbaus und der Pflege von Kundenbeziehungen – und zum anderen auch die Dokumentation der Leistungsfähigkeit ermöglicht. Zwei Typen von Events werden bei Systor eingesetzt. Das Event „Business Value@work“ ist eine Systor-eigene Veranstaltung, zu der die IT-Verantwortlichen von Unternehmen eingeladen werden, um sich Vorträge verschiedener Referenten zu einem speziellen Themenschwerpunkt anzuhören. Pro Quartal gibt es in Deutschland und in der Schweiz jeweils mindestens vier solcher Anlässe. Ein wichtiges Forum innerhalb der Schweiz ist das „Finance Forum“. Diese Veranstaltung gilt als das wichtigste Treffen von Unternehmen und Experten der Finanzindustrie und der Informationstechnologiebranche. Des Weiteren beteiligt sich Systor in Deutschland auch an Fachkonferenzen, die von externen Veranstaltern, wie Euroforum und IIR organisiert werden. Bei einigen dieser Events ist Systor Haupt- oder Teilsponsor. Im Rahmen der Konferenz stellt Systor Fachreferenten aus dem eigenen Unternehmen und/oder beteiligt sich an den begleitenden Fachausstellung durch einen Informationsstand. Pro Quartal beteiligt sich Systor etwa ein Mal an einer Fachkonferenz.

Im Rahmen der **internen Kommunikation** gilt es, insbesondere den Mitarbeiter des Unternehmens über das Intranet die notwendigen Informationen zur Verfügung zu stellen. Des Weiteren werden Mitarbeiter in dem zwei mal pro Jahr stattfindenden „Round Table“ über die wichtigste Unternehmensentwicklungen, strategische Ziele usw. informiert. Bei den Round Tables und insbesondere bei den regelmäßig ausgerichteten „After-Work-Partys“ spielt aber vor allem auch der Aspekt des „Socializing“ ein besondere Bedeutung, da schließlich in einer von hohen Mitarbeiterfluktuationsraten gekennzeichneten Branche nicht nur die externe Beziehung zum Kunden, sondern auch die interne Beziehung zum und zwischen den Mitarbeitern einen wichtigen langfristigen Erfolgsfaktor darstellt.

4.3 Umsetzung der Qualitätsstrategie im Rahmen der Personalpolitik

Die Qualität der Dienstleistung der Systor Gruppe wird durch die Qualität der Leistungserstellung einzelner Mitarbeiter beeinflusst. Somit ist für Systor eine Umsetzung der Qualitätsstrategie im Rahmen der Personalpolitik ein Schwerpunkt des Qualitätsmanagements. Systor bietet ihren Mitarbeitern hierzu ein organisatorisch und betriebswirtschaftlich anspruchsvolles Niveau, ein technologischer State-of-the-Art, wobei in interdisziplinären und multikulturellen Teams kreativ gearbeitet wird.

Die herrschenden Wertevorstellungen der Systor werden in so genannten „**Values & Beliefs**" festgehalten, die die Unternehmenskultur der Systor konkretisieren und den Mitarbeitern kommuniziert wird:

Markt macht stark: Ein Teil der Unternehmenskultur besteht darin, dass die Systor Gruppe sich am Markt und an erfolgversprechenden Innovationen orientieren möchte. Dazu soll ein Mehrwert in Form eines Zusatznutzens dem Unternehmen und den Kunden zum Erfolg verhelfen. Geschäftsbeziehungen sollen als langfristige Partnerschaften angesehen werden und Kundenzufriedenheit soll durch lösungsorientiertes Handeln geschaffen werden.

Kompetenz entscheidet: Die Systor Gruppe ist ein zukunftsorientiertes Unternehmen und möchte Veränderungen aktiv zu permanenter Erneuerung nutzen. Weiterhin möchte Systor auf der Suche nach dem besten Ergebnis alle Risiken verantwortungsbewusst kalkulieren. Konflikte und Fehler werden möglichst selbstkritisch und entschlossen entgegengetreten.

Kommunikation befähigt: Systor fördert die interne Kommunikation, indem Informationen schnell, offen und ehrlich kommuniziert werden sollen. Das Feedback wird dabei schnell und direkt vermittelt. Systor legt Wert darauf, dass das beste Argument zur Geltung kommt.

Wertschätzung motiviert: Jeder Mitarbeiter ist für das Unternehmen von Bedeutung. Das Unternehmen agiert als ein Team, wobei persönliche Meinungen und kulturelle Unterschiede respektiert werden.

Initiative zählt: Systor fördert eigenverantwortliches und initiatives Handeln, dabei ist die Leistungsbereitschaft der Mitarbeiter und die gegenseitige Förderung von Bedeutung. Das Unternehmen versucht, im Dialog ihre Ergebnisqualität zu steuern und durch Vorbilder und Zielvereinbarungen ihre Mitarbeiter zu führen.

Die Qualitätsstrategie ist dabei zum einen im Rahmen der Personalbeschaffung sowie Personalführung und zum anderen im Rahmen der Personalentwicklung definierten Qualitätsansprüchen konsequent zu verfolgen. Die **qualitätsorientierte Personalbeschaffung** wird durch die Einstellung erfahrener Praktiker mit fundierter kaufmännischer und technischer Ausbildung sowie durch die Ausbildung im eigenen Unternehmen sichergestellt. Systor bietet neuen Mitarbeiter ein „Training on the Job" an. Diese speziellen Einführungs- und Schulungsprogramme gewährleisten, dass neue Mitarbeiter in das Unternehmen, das Team und die vorhandenen Unternehmenskultur integriert werden. Nach der Einführungsphase wird ein Feedback der Mitarbeiter eingeholt, um die Qualität dieses Programms zu überprüfen. Systor bietet zudem Lehrlingsausbildungen an, die jungen Auszubildenden die Möglichkeit gibt, eine praxisorientierte Ausbildung zu erhalten. Diese umfassen zwei unterschiedliche Bereiche:

- Informatiker Applikationsentwicklung,
- Informatiker Systemtechnik.

Dabei werden vor allem Fach-, Sozial-, Methoden- und Persönlichkeitskompetenz geschult.

Diese Ziele werden in enger Zusammenarbeit mit entsprechenden kaufmännischen Schulen, den technischen Gewerbeschulen, den Berufsmaturitätsschulen und verschiedenen Verbänden der Lehrmeistervereinigungen angestrebt.

Das Lehrmeisterteam ist hierbei zuständig für die Fachkonzeption und die Lehrlingsselektion sowie Koordination und Administration der Ausbildungen. Die Lehrmeister führen mit jedem Lehrling pro Lehrjahr zwei Beurteilungsgespräche durch und halten Kontakt zu den Schulen und Verbänden der Lehrmeistervereinigungen. Die Lehrlingsbetreuer erstellen den Aufgabenkatalogen zur Ausbildung im Betrieb in Abstimmung mit dem Lehrmeister, Koordination der Tagesabläufe, Einführung der Lehrlinge in das Tagesgeschäft, Verfolgen des Ausbildungsstandes der Lehrlinge und Auskunft gegenüber dem Lehrmeister.

Systor verfolgt im Allgemeinen eine **qualitätsorientierte Personalführung** mit dem Einsatz des Management by Objectives. Dies besteht in der Vereinbarung zwischen Mitarbeiter und Vorgesetzten, gemeinsam Ziele zu verwirklichen. Hier werden zum einen Ziele festgelegt, die im Interesse des Unternehmens sind und zur Unterstützung der Unternehmens- und Business-Ziele beitragen. Zum anderen sollen persönliche Ziele der Mitarbeiter verwirklicht und die Möglichkeit gegeben werden, das Unternehmen mitzugestalten. Die individuellen Zielvereinbarungen sollen einerseits eine hohe Mitarbeiterzufriedenheit sicherstellen, andererseits zum Gesamterfolg des Unternehmens beitragen. In intensiven Gesprächen wird zum Abschluss einer Periode nicht nur der Zielerreichungsgrad geprüft, sondern es werden auch die persönliche sowie berufliche Entwicklung einer sorgfältigen Analyse unterzogen und entsprechende Maßnahmen eingeleitet. Auf diese Weise beeinflusst jeder Mitarbeitende direkt oder indirekt die Organisation und das Unternehmen – mit seiner Leistung, seinem Verhalten, seiner Kreativität und seiner Innovationskraft.

Das **Vergütungssystem** der Systor AG in der Schweiz, das Corporate Bonus - Programm, ist ebenfalls qualitätsorientiert ausgerichtet. Es setzt sich aus zwei Teilen zusammen: Der fixe Anteil bestimmt 80 Prozent und der variable Anteil 20 Prozent des Gehalts. Der variable Teil setzt sich aus zwei berechneten Werten zusammen: Ein Wert ist die mittels CSI gemessene Kundenzufriedenheit und der andere Wert ist die Profitabilität der Unternehmung, die je zur Hälfte den variablen Anteil bestimmen. Wird ein vorgegebener Index bei der Kundenzufriedenheit erreicht, so kann dies gemäß der Systor-Erfolgskette als Index der Qualität betrachtet werden, und die Mitarbeiter erhalten einen Bonus. Ebenso erfolgt dies, wenn ein bestimmter Zielwert für die Profitabilität des Unternehmens Systor erreicht wird. Aus gesetzlichen Gründen ist dieses Vergütungssystem in Deutschland jedoch nicht möglich.

Da die Qualifikation der **Lernfähigkeit und der Lernbereitschaft der Mitarbeiter** dem Unternehmen Systor einen Wettbewerbsvorteil bringt, sind Investitionen in das Wissen und die Kompetenz ihrer Mitarbeiter Investitionen in die Zukunft. Die Personalentwicklung wird durch kontinuierliche Aus- und Weiterbildungsmaßnahmen sichergestellt und erfolgt in Abstimmung mit dem Mitarbeiter über seine fachlichen Fähigkeiten und dem Leistungswillen. Moderne Arbeitszeitmodelle bieten die Möglichkeit, gleichermaßen Freiräume und berufliche Karriere in Einklang zu bringen. Die Entwicklung und das Know-how der Mitarbeiter wird gezielt und individuell gefördert. Systor bietet ihren Mitarbeitern verschiedene Weiterbildungsarten an. Interne und externe Kurse bzw. Seminare werden zur Weiterbildung angeboten. Hierzu gehören Abschlüsse mit Diplom oder ähnlich anerkanntem Leistungsnachweis, IT-Fachausbildungen oder PC-Kurse an sowie Schulungen zu spezifischen Branchen, wie z.B. der Banken und der Versicherungen. Neben der fachlichen Weiterbildung ist auch die persönliche Weiterbildung der Mitarbeiter für Systor von entscheidender Bedeutung. Dafür bietet Systor unternehmensspezifische Kurse mit einem ISO 9001 zertifizierten, externen Ausbildungsunternehmen an. Das Ausbildungsprogramm bietet vorwiegend Training der „Soft Skills" an, dazu gehören beispielsweise die Bereiche Selbstmanagement, Kommunikation und Führung. Die eigentliche Fachausbildung liegt dagegen in der Führungsverantwortung des Linienvorgesetzten.

Personalentwicklungsmaßnahmen erleichtern und verbessern die Anpassung des Unternehmens Systor an veränderte Umweltbedingungen sowie neue Ziele und Strategien. Positive Einstellungen, Engagement und Leistungsbereitschaft, steigern das Selbstbewusstsein und die Fähigkeiten der Mitarbeiter. Entwicklungsmaßnahmen unterstützen den Auf- und Ausbau des informellen Beziehungsnetzes und fördern das unternehmerisches Denken und Handeln. Weiterbildungsmaßnahmen tragen zu einer langfristigen Bindung der Mitarbeiter an das Unternehmen bei und die Attraktivität des Unternehmens am Personalmarkt wird erhöht.

4.4 Umsetzung der Qualitätsstrategie im Rahmen der Preis- und Konditionenpolitik

Die Preisfestlegung für Leistungen der Systor Gruppe ist abhängig vom Leistungstypen, den der Kunde angefordert hat. Preise von Projektangeboten können zum einen auf Festpreisbasis erfolgen. Wünscht der Kunden die Implementierung einer bestimmten IT-Lösung, wie z.B. die Entwicklung und Implementierung von einem ERP-System, kostet ihn das gesamte Projekt bis zur Fertigstellung einen bestimmten Geldbetrag. Dabei basiert die Preisfestlegung in der Regel auf Erfahrungswerten für Projekte. Zum anderen wird entsprechend dem Aufwand im Sinne von „time and material" kalkuliert. Hier gibt es für einzelne, standardisierte Teilleistungen feste Preisvorgaben, wie z.B. Stundenlöhne für Projektmitarbeiter, Sätze für die Entwicklung oder Implementierung einer IT-Lösung. Diese standardisierten Teilleistungen können – je nach Bedarf – individuell zusammengestellt werden. Am häufigsten erfolgt bislang die Erstellung nach „time and material", obwohl ein Trend dahin zu verzeichnen ist, dass beide Vorgehensweisen, d.h., die Preisfestsetzung auf Festpreisbasis und die Kalkulation nach „time and material", kombiniert eingesetzt werden. Hier wird dann nach Projektphasen vorgegangen. Während die erste Phase auf Festpreisbasis erfolgt, können in der zweiten Phase Einzellösungen nach „time and material" in Anspruch genommen werden.

Aufgrund seiner strategischen Ausrichtung an der Qualitätsführerschaft ist es kein Ziel von Systor, sich durch niedrige Preise von Konkurrenten abzugrenzen. In der Kundenwahrnehmung werden so die Preise als insgesamt eher hoch wahrgenommen. Jedoch zeigen regelmäßige Kundenbefragungen, dass diesen tendenziell höheren Preisen auch eine im Konkurrenzvergleich höhere Qualität gegenübersteht, so dass das schließlich kaufentscheidende **Preis-Leistungs-Verhältnis** von den Kunden als außerordentlich günstig wahrgenommen wird.

Im Manpower-Geschäft ist in der Vergangenheit jedoch ein Preiskampf entstanden. Hier spielt seitens der Nachfrager der Preis zur Vergabe von Aufträgen eine entscheidende Rolle. Seitens der Anbieter herrscht dadurch ein großer Konkurrenzkampf. Dies beruht auch darauf, das vermehrt Jobbörsen im Internet vorhanden sind, aus denen sich der Nachfrager unabhängig vom Unternehmen das günstigste Angebot heraussuchen kann.

4.5 Umsetzung der Qualitätsstrategie im Rahmen der Distributionspolitik

Systor kann im Sinne einer qualitätsorientierten Strategie aufgrund seiner individuellen Beziehung zum Kunden nicht eine klassische Distribution im engeren Sinne betreiben. Ein großer Anteil der Leistungserstellung findet beim Kunden vor Ort statt. Ein hohe Distributionsdichte, wie sie bei Gütern des täglichen Bedarfs vorzufinden ist, ist weder aus der Kundenperspektive notwendig, noch aus der Unternehmensperspektive wirtschaftlich sinnvoll. Der Fokus liegt deshalb auf der **Wahl weniger Standorte** mit dem gleichzeitigen Ziel, eine Kundennähe herzustellen. Dabei orientiert sich Systor aufgrund ihrer Branchenspezialisierung überwiegend an den Versicherungs- und Bankenplätzen. In Deutschland sind dies vor allem Frankfurt und Köln, aber auch München – in der Schweiz sind dies Zürich und Basel.

5. Organisatorische Verankerung des Qualitätsmanagements

Wie schon in Abschnitt 3 beschrieben, ist das Qualitätsmanagement fest in der Aufbauorganisation des Unternehmens verankert. Das Qualitätsmanagement und die Festlegung sowie Durchsetzung der vorliegenden Qualitätspolitik ist auf höchster Hierarchieebene angesiedelt. Somit ist Qualität eine zentrale Führungsaufgabe im Unternehmen.

Die Koordination der Aktivitäten und die Weiterentwicklung des Qualitätsmanagementsystems erfolgt innerhalb der zentralen Funktion. Diese Funktion wird unterstützt durch Prozessverantwortliche, die meist anderen zentralen Funktionen zugeordnet sind. Für die Durchsetzung der Prozesse im Tagesgeschäft sind die Führungskräfte der jeweiligen Bereiche zuständig.

Auf der operativen Ebene sind die Anwender der Prozesse, z.B. Projektmitarbeiter, für die korrekte und konsequente Durchführung der Prozesse verantwortlich. Bei komplexen Prozessen wird eine angemessene Unterstützung der Prozessbenutzer zur Verfügung gestellt. Die Qualitätssicherung ist so nahe wie möglich an der operativen Tätigkeit anzusiedeln. Dies gilt insbesondere im Projektgeschäft, wo eine angemessene unabhängige Qualitätssicherung gemäß Standard-Projektorganisation festzulegen sind.

Geschäftsbereiche, die eine in sich abgeschlossene Geschäftstätigkeit ausüben, wie z.B. Hardware/Software, Handel oder ASP, können in Abstimmung mit der unternehmensweiten Qualitätsmanagementorganisation auch eigene Qualitätsmanagementorganisationen aufbauen, um die tägliche Arbeit mit spezifisch zugeschnitten Prozessen besser zu unterstützen.

Die Qualitätsmanagement relevanten Organisationen sind so zu positionieren und mit Kompetenzen auszustatten, dass sie ihre organisationsübergreifenden Aufgaben wahrnehmen können.

6. Erfolgsfaktoren und Erfolgspotenzial des Qualitäts- und Dienstleistungsmanagements

Das Qualitätsmanagement der Systor Gruppe ist ein **ganzheitliches System**, das auf klar definierten Anweisungen und konzeptionellen Vorgaben beruht. Um ein erfolgreiches Qualitätsmanagement zu implementieren und zu gewährleisten, hat die Systor Gruppe einen **Qualitätsmanagementregelkreis** entwickelt. Dieser ist in seinem Ablauf ausführlich dokumentiert, indem projektorganisatorische und methodische Standards sowie Qualitätsrichtlinien gegeben sind. Damit dieser auch wirklich eingehalten und umsetzt werden kann, bedarf es der **Akzeptanz und der Un-**

terstützung der Mitarbeiter. Die Personen, die an der Qualitätserstellung und -sicherstellung beteiligt sind, wie z.B. Führungskräfte, Projektmitarbeiter und Stabsstellen, werden aus eigener Überzeugung heraus den Qualitätsmanagementregelkreis in ihrer Arbeit umsetzen.

Die Umsetzung ist vor allem von der **Kompetenz** und dem **Qualitätsbewusstsein** der verantwortlichen Projektleiter abhängig, sowie dem Engagement und den Fähigkeiten der Mitarbeiter. Die Entwicklung und Implementierung eines Qualitätsmanagements in Unternehmen erfolgt schrittweise und dauert oftmals mehrere Perioden, damit methodische Vorgaben und organisatorische Strukturen geschaffen sowie Mitarbeiter geschult werden können.

Besonders im Hinblick auf die Projekttätigkeit der Systor Gruppe ist es von großer Herausforderung, ein standardisiertes Qualitätsmanagementsystems individuell umzusetzen. Unterschiedliche Aufgabenstellungen und **individuelle Kundenwünsche** erschweren eine standardisierte Qualitätsleistung bei der Projektabwicklung. Jedes Projekt stellt andere Anforderungen an die Projektmitglieder, die immer wieder ihr Know-how und ihre Fähigkeiten einsetzen müssen, um die zu erbringenden Qualitätsstandards zu erfüllen. Dabei ist es die Aufgabe des Projektleiters, dies bei der Unterschiedlichkeit der Fragestellung auf eine gleichartige Vorgehensweise, Methodik und damit auch Bewertung der Qualität zu beziehen. Der Qualitätsanagementregelkreis bietet die Grundlage – trotz der Individualität der Projekte – eine einheitliche Vorgehensweise der Planung, Steuerung, Kontrolle und Darlegung des Qualitätsmanagements bei Projekten zu schaffen.

Besonders der IT-Markt unterliegt dem ständigen Wandel neuer Technologien und einem steigenden Konkurrenzdruck. Die Unternehmen, die in diesem Wettbewerb bestehen wollen, müssen sich den immer neuen Herausforderungen stellen und durch **technologische Kompetenz** und einen **intensiven Beziehungsaufbau** zum Kunden Alleinstellungsmerkmale zur Positionierung im Markt erlangen.

Literatur

Bruhn, M. (2001a), Relationship Marketing. Das Management von Kundenbeziehungen, München.

Bruhn, M. (2001b), Die zunehmende Bedeutung von Dienstleistungsmarken, in: Köhler, R./Majer, W./Wiezorek, H. (Hrsg.), Erfolgsfaktor Marke. Neue Strategien des Markenmanagements, München, S. 213-225.

Bruhn, M. (2001c), Qualitätsmanagement für Dienstleistungen. Grundlagen, Konzepte, Methoden, 3. Aufl., Berlin u.a.

Gartner Consulting (2000), Positioning of Systor AG/Schumann Group, Gratner Group Inc., Gartner Consulting.

IHK Köln (2001), Bitkom: IT-Markt entwickelt sich weiter positiv, http://www.ihk-newsletter.de/it-kennzahlen/200110/04_001.html (Zugriff: 17.01.2002).

Meffert, H./Bruhn, M. (2000), Dienstleistungsmarketing. Grundlagen, Konzepte, Methoden, 3. Aufl., Wiesbaden.

MSM Research AG (2000a), Schweizer Unternehmen investieren massiv ins eBiz und Internet, MSM Research AG, http://www.msmag.ch/presse/schweizer_unternehmen_investiere.htm, (Zugriff: 30.1.2001).

MSM Research AG (2000b), Informationstechnologie-Ausgaben in der Schweiz 1999-2000, MSM Research AG, http://msmag.ch/presse/itmarkt2000.htm (Zugriff: 30.1.2001).

MSM Research AG (2001), der IT-Outsourcing-Markt 95-2000, MSM Research AG, http://www.it-outsourcing.ch (Zugriff: 26.3.2001).

Plötner, O./Jakob, F. (1996), Customer Integration und Kundevertrauen, in: Kleinaltenkamp, M./Fließ, S./Jakob, F. (Hrsg.), Customer Integration. Von der Kundenorientierung zur Kundenintegration, Wiesbaden, S. 105-119.

Preß, B. (1997), Kaufverhalten in Geschäftsbeziehungen, in: Kleinaltenkamp, M./Plinke, W. (Hrsg.), Geschäftsbeziehungsmanagement, , Berlin u.a., S. 63-110.

Reinecke, S. (1996), Marketing für komplexe Informationstechnologie-Dienstleistungen: Management von IT-Outsourcing-Kooperationen aus Anbietersicht, Diss. St. Gallen.

Streicher, H. (2000), Erste Gesamtstudie über den deutschren IT/TK-Markt liegt vor, in: Computerwoche, München, http://www.computerwoche.de/online-specials/gesamtstudie/main.cfm?pgenum (Zugriff: 15.12.2000).

Young Professional (2002), Gartner: IT-Markt erholt sich nicht vor 2003, in: Young Professional, wysiwyg://29/http://www.youngprofessio...geid=3&yppage=&ypartikel=3&id=74019&a=0 (Zugriff: 17.1.2002).

9 Balanced Scorecard als Ansatz für ein integriertes Qualitätsmanagement beim United Parcel Service

Michael Bremecker

1. Besonderheiten des Dienstleistungsmarketing und Daten zu United Parcel Service

1.1 Daten zur Unternehmensgeschichte

United Parcel Service wurde 1907 von dem damals 19-jährigen James E. Casey als Botendienst in Seattle, Washington, gegründet. Das Unternehmen „American Messenger Company" erhielt 1919 seinen heutigen Firmennamen. 1927 belieferte UPS alle Großstädte an der Westküste der USA. Ein Jahr später setzte das schnell expandierende Unternehmen die ersten eigenen Frachtflugzeuge ein für den kombinierten Boden-Luft-Transport von Paketen und Dokumentensendungen. Mitte der siebziger Jahre versorgte der private Paketdienstleister flächendeckend die USA. Seit den 80er Jahren setzte UPS für die internationale Zustellung permanent eigene Frachtflugzeuge ein, und 1988 wurde die UPS eigene Fluggesellschaft gegründet. 1996 führte UPS eine pan-europäische Dienstleistungspalette ein. Im Herbst 1999 ging das amerikanische Mutterunternehmen an die New Yorker Börse. 10 Prozent der Firmenanteile wurden veräußert, um die finanzielle Flexibilität für den schärferen globalen Wettbewerb zu erhöhen. 99 Prozent der Stimmrechte haben nach wie vor die Alt-Aktionäre, Mitarbeiter des Unternehmens, inne.

UPS gilt heute als weltweit **größter privater Paket- und Expressdienst**, befördert täglich über 12,5 Mio. Pakete und Dokumente in und aus über 200 Ländern und Regionen und unterhält rund 2.400 Niederlassungen. 1998 haben rund 330.000 Mitarbeiter einen Umsatz von 24,8 Mrd. US-$ erwirtschaftet.

Deutschland war das erste Land, in dem UPS eine außerhalb Nordamerikas angesiedelte Paketdienstoperation einrichtete. Als Aktiengesellschaft amerikanischen Rechts nahm sie 1976 ihren Service auf. UPS Deutschland unterhält 70 Niederlassungen. Sitz der Hauptverwaltung ist Neuss/Niederrhein.

Weltweit beschäftigt UPS 340.000 Mitarbeiter, 24.000 Mitarbeiter in Europa, davon 14.000 allein in Deutschland.

1.2 Analyse des KEP-Marktes

Die **Kurier-, Express- und Paket-Industrie** zählt zu den **Wachstumsbranchen** des Dienstleistungssektors. Die Kombination von Transport und Dienstleistung auf hohem Qualitätsniveau hat in den letzten 20 Jahren einen eigenständigen Markt geschaffen: Den KEP-Markt. Die internationalen Kurier-, Express- und Paketdienste haben eine Reihe von gemeinsamen Merkmalen: Alle Sendungen werden in ausgefeilten Transport-, Umschlags- und Verteilungssystemen mit festen Streckenplanungen überallhin befördert. Der Faktor „Zeit" wird als das entscheidende Merkmal des Marktes angesehen. Nach dem Kriterium „Zeit" werden drei verschiedene **Segmente** unterschieden, wobei die Grenzen zwischen den Bereichen durchaus fließend sind:

Schnell ... die Paketsendung

Paketsendungen umfassen im Allgemeinen den Gewichtsbereich bis 31,5 Kilogramm. Standardisierte Transportsysteme, standardisierte Paketgrößen und -gewichte sowie feste Regellaufzeiten sind Kennzeichen der Paketdienste.

Schneller ... die Express-Sendung

Die Express-Sendung beschreibt im Vergleich zu dem Paketdienst den beschleunigten Transport. Express-Sendungen werden in definierten Zeitkorridoren zugestellt. Sie eignen sich besonders für die Integration in die betriebliche Organisation des Kunden. Teile werden zum Beispiel bis an das Fließband von Fertigungsbetrieben geliefert. Die Sendungen sind nicht auf standardisierte Größen und Gewichte beschränkt.

So schnell wie möglich ... die Kuriersendung

Angesichts großer Distanzen und steigender Volumina wird heutzutage die Kuriersendung wie die Paket- und Express-Sendungen mit unterschiedlichen Transportmitteln befördert und über Umschlagzentren verteilt. Als Leistungsmerkmale gelten: die individuell zeitdefinierte Abholung von Sendungen, begleitet und ergänzt durch den jederzeitigen Informationszugriff auf die Sendestationen. Die Zustellung erfolgt in der Regel entweder noch am selben Tag oder in den Morgenstunden des Folgetages. Entscheidend für einen Kurierservice sind die besonders hohe Geschwindigkeit und Zuverlässigkeit der Beförderung.

1.3 Besonderheiten des Dienstleistungsmarketing und Daten zum Unternehmen

Logistikunternehmen wie United Parcel Service sind in den vergangenen Jahren mit sich rasch verändernden Rahmenbedingungen konfrontiert worden. Versorgungsketten strukturieren sich neu, der elektronische Handel stellt die Logistikbranche vor neue Herausforderungen. Die traditionelle Aufgabe, ein Paket von einem Ort zum anderen zu befördern, sichert allein nicht mehr die erfolgreiche Teilnahme am Transportgeschäft. Im Zuge der weltweiten Deregulierung der Märkte haben sich neue Anforderungen ergeben: **Schnelligkeit**, **Berechenbarkeit der Zustellung** und **Transparenz** des Dienstleistungsprozesses sind zu den vorrangigen Faktoren geworden. Das heißt, dass nunmehr Informationen über ein Paket ebenso wichtig sind wie das Paket selbst. UPS hat dieser Tatsache dadurch Rechnung getragen, dass die physische Infrastruktur des Unternehmens informationstechnologisch ergänzt wurde und somit einer neuen strategischen Ausrichtung folgte.

Zu diesem Zweck hat UPS in den letzten 15 Jahren rund 11 Mrd. US-$ in Informationstechnologien investiert. Ziel ist es, neueste Entwicklungen in das Unternehmen zu integrieren.

Die **elektronischen Medien** haben den Markt sowie die Geschäftsabwicklungen grundlegend verändert: immer häufiger wird Handel per Internet getätigt. Beim Electronic Commerce werden Waren in Sekundenschnelle bestellt, Produzent bzw. Großhändler und Käufer bzw. Verbraucher werden dabei direkt zusammengeführt: die Versorgungskette verkürzt sich auf ein Minimum. Für die Zustelldienste bedeutet dies, dass sie das einzige physische Brückenglied zwischen Versender und Empfänger darstellen.

UPS hat als Logistikdienstleister **Computerprogramme** für seine Geschäftskunden im Business-to-Business-Bereich entwickelt, die deren Versandprozesse standardisieren und optimieren helfen. Mit dem Programm UPS OnLine WorldShip werden die Logistiksysteme von UPS und dem jeweiligen Geschäftspartner aufeinander abgestimmt. Das Ausfüllen von Bestellungen, das Erstellen eines Frachtbriefes, der Empfang der Zustellbestätigung, d.h., die einzelnen Arbeitsschritte der Versendung, geschehen auf einer Software-Basis und ermöglichen eine elektronische Integration von Kunden- und UPS-Daten.

Darüber hinaus unterstützt UPS Unternehmen, die sich **neue Vertriebskanäle** durch Online Shops eröffnen wollen. Dafür bietet UPS beispielsweise Versandmodule für Internet Shops an, die Paketlaufzeiten, Tarifierung und Servicemerkmale verschiedener Paketdienste beinhalten und in das Online-Angebot zur Auftragsbearbeitung integriert werden.

Die Informationstechnologie ist für UPS ein wichtiger Bestandteil in der Unternehmensentwicklung. Der elektronische Handel ergänzt das weiterhin bestehende Kerngeschäft des Pakettransportes und des Zustelldienstes.

2. Unternehmensphilosophie und -strategien von United Parcel Service

2.1 Unternehmensphilosophie von United Parcel Service

Mit dem Einzug neuer Technologien in das Unternehmen hat sich UPS zum Ziel gesetzt, in der virtuellen Welt ebenso präsent und kundennah zu sein wie in der physischen Welt des Pakettransportes. Dafür reicht umfassender, flächendeckender **Service** nicht aus: Entscheidendes Wettbewerbskriterium für Dienstleister in der Logistikbranche ist die **Qualität** der Serviceleistungen. Dazu gehören ein reibungsloses Funktionieren der Transportabläufe mit immer geringerer Fehlertoleranz ebenso wie das kontinuierliche Eingehen auf die immer differenzierteren Ansprüche der Kunden hinsichtlich der Serviceangebote. Entsprechend beschreibt United Parcel Service seine **Unternehmensphilosophie** wie folgt:

„UPS wird weltweit die Führungsposition in der Paketdistribution einnehmen, indem wir Lösungen entwickeln und realisieren, die den Versandbedarf unserer Kunden zu wettbewerbsfähigen Tarifen optimal decken. Dabei stützen wir uns zur Realisierung dieser Unternehmensstrategie auf unser ausgedehntes und leistungsfähiges Verteilernetz, auf die Tradition und den Ehrgeiz unserer Mitarbeiter, Perfektion in der Arbeits- und Dienstleistung zu erreichen und auf unsere Verpflichtung, sich verändernde Marktbedingungen zu erkennen und sich ihnen schnell anzupassen."

Der **Grundstein** für diese Unternehmensstrategie wurde bereits im Jahre 1907 durch den Firmengründer James E. Casey gelegt. Das von ihm als Werbespruch konzipierte Motto „Bester Service zu kostengünstigen Tarifen" veranschaulicht, dass das Unternehmen seinen Wettbewerbsvorteil nicht im generellen Zustellen von Paketen sieht, sondern in der Qualität der angebotenen Dienstleistungen.

2.2 Strategische Grundsätze von United Parcel Service

Für den Erfolg des Unternehmens ist es wichtig, seine Grundsätze und Ziele den Mitarbeitern so zu vermitteln, dass diese die Möglichkeit bekommen, sie in ihrer täglichen Arbeit umzusetzen. Die Grundsätze, die das unternehmerische Handeln bestimmen und zu den von der Unternehmensführung gesteckten Zielen führen, sind bei UPS in einem sogenannten „Policy Book" schriftlich festgehalten. Dieser Leitlinienkatalog wird den Führungskräften ausgehändigt mit der Empfehlung, sie zu verinnerlichen, Anmerkungen hinzuzufügen und sie anderen Mitarbeitern zu kommunizieren. Das Policy Book enthält insgesamt 19 Unternehmensgrundsätze, die als

Anleitung zum gemeinsamen Handeln zu verstehen sind. Im Folgenden sollen zwei Beispiele im Originalwortlaut vorgestellt werden, die die beiden zentralen Zielgruppen des Qualitätsmanagements betreffen:

Kunden

„**Wir stehen den Bedürfnissen unserer Kunden aufmerksam gegenüber**.

Wir wollen die ständig wachsenden Versandbedürfnisse unserer Kunden weltweit erfüllen und weitere Dienstleistungen anbieten, die unsere Geschäftsbeziehungen vertiefen und unsere Position als bester Anbieter von Dienstleistungen in der Paketdistribution festigen, indem wir erstklassige Qualität und hochwertigen Service in jeder Dienstleistungsart anbieten."

Mitarbeiter

„**Wir fördern und unterstützen die Entwicklung von Mitarbeitern**.

Wir wollen ein hochangesehener Arbeitgeber sein, der sich um das Wohlergehen seiner Mitarbeiter kümmert und ihnen gestattet, ihre individuellen Fähigkeiten in einer unvoreingenommenen, anregenden, lohnenden und kooperativen Umgebung zu entwickeln, und ihnen die Möglichkeit zum beruflichen Aufstieg bietet."

UPS hat zentrale Grundsätze des Unternehmens in knapper, einfacher Form so formuliert, dass sie weltweit für sämtliche UPS Mitarbeiter verständlich und nachvollziehbar sind.

UPS verfügt über ein weiteres Instrument, Wertvorstellungen und Grundsätze des Unternehmens zu vermitteln: Die „Charta" ist ein Dokument, das an jeden einzelnen Mitarbeiter adressiert ist und diesem als Richtschnur dienen soll. Die UPS Charta, die zuletzt Anfang 1999 aktualisiert wurde, enthält zentrale Aussagen zur Position und zur weiteren Entwicklung des Unternehmens. Neben der Formulierung der **Grundwerte** basiert die Charta auf der **Zielsetzung** des Unternehmens „Wegbereiter für weltweiten Handel" zu sein.

Dies gilt als die entscheidende Aussage der Charta, dass UPS nämlich die Wandlung von einem Paketdienstleister zu einer wesentlich komplexeren Organisation mit weitgefächerten Aufgaben vollzogen hat. Umgesetzt wird diese Formel in den **Aufgaben**, die mit einigen der Grundsätze des Policy Book übereinstimmen. Aus dieser Handlungsorientierung für die Mitarbeiter lässt sich schließlich die **Strategie** ableiten, die in komprimierter Form lautet: „Den Kern bewahren. Die Zukunft gestalten". Während die Erhaltung und Stärkung des Kerngeschäfts „Paketdienst" als Grundlage der UPS Aktivitäten anzusehen sind, nennt die Strategie des Weiteren die bereits oben genannten Bereiche, in denen sich die Zukunftsgestaltung bei UPS vorrangig abspielen wird.

Die Charta ist gedacht als Richtschnur für geltende Standards bei UPS, nicht jedoch im Sinne einer konkreten Hilfestellung bei der täglichen Arbeit. Ihr Nutzen liegt darin, den verschiedenen Aufgaben der 340.000 Mitarbeiter weltweit einen Rahmen zu geben, in dem sich jeder wiederfinden kann.

Beide unternehmensinterne Instrumentarien zeigen, dass Qualitätssicherung in allen Bereichen der Unternehmensstruktur als primäre Aufgabe angesehen und als solche transparent und kontinuierlich bewusst gemacht wird.

2.3 Qualitätsorientierte Strategieausrichtung

Der Paketdienstleister UPS begreift Qualitätsmanagement als fortlaufenden strategischen Prozess, der sich an einer perfektionierten Dienstleistung ausrichtet und die höchstmögliche Kundenzufriedenheit ansteuert. Jeder Fehler, der in der Transportkette auftreten kann – Verspätungen, Beschädigungen der Pakete, Fehlleitung der Sendungen – zieht messbare negative Konsequenzen nach sich, die einen unmittelbaren Wettbewerbsnachteil darstellen können. Die Unternehmensstrategie hinsichtlich der Qualitätssicherung ist folglich **kundenorientiert**. Die Kundenerwartungen hinsichtlich Produkt und Service gilt es, in jedem Moment zu erfüllen. „Denken wie ein Kunde“ ist die Handlungsmaxime der Unternehmensführung und richtet sich an die Mitarbeiter. Denn jeder von ihnen gilt als „interner Kunde“ der vorangegangenen Operation innerhalb der Dienstleistungskette, und er kann erwarten, dass die Tätigkeit seiner Kollegen die Realisierung seiner eigenen Arbeitsaufgabe ermöglicht. Wenn dies durchgängig bis zur Zustellung der Sendung gewährleistet ist, gilt für die Unternehmensführung die Zufriedenheit des UPS Kunden als gesichert.

Die Qualität der Dienstleistung ist für UPS wesentlicher Maßstab für den Erfolg des Unternehmens. Die Qualitätssicherung richtet sich, neben der Orientierung an **Kundenerwartungen**, an drei weiteren Faktoren aus: **Finanzen**, **Mitarbeiter** und **betriebsinterne Abläufe**. Wenn in einem dieser vier Bereiche Störungen auftreten, werden die übrigen davon in unterschiedlichem Maße betroffen. Zur Qualitätsstrategie bei UPS gehört es, die Unternehmensbereiche in einen größeren Kontext zu stellen, um sie in ihrer Effizienz zu beurteilen und Aussagen über Möglichkeiten zur Optimierung zu treffen.

3. Qualitätsmanagement bei United Parcel Service

3.1 Anforderungen an die Dienstleistungsqualität aus Unternehmenssicht

Der erste Schritt im Qualitätsmanagement besteht darin, die Qualitätsanforderungen an die verschiedenen **Einheiten der Dienstleistungskette** festzulegen. Die Qualität der Dienstleistungen wird zum einen durch die innovativen, auf die Kundenbelange zugeschnittenen Dienstleistungen geprägt, zum anderen an der Gesamtheit der Faktoren, die im Dienstleistungsprozess mit dem Kunden involviert sind, gemessen. UPS definiert für die in den einzelnen Gliedern der Dienstleistungskette angebotenen Leistungen jeweils Qualitätsanforderungen, deren 100prozentige Erfüllung angestrebt wird.

Der Eigenanspruch des Unternehmens ist es, den Kunden in Bezug auf Distribution, Logistik und Handel gerecht zu werden, indem stets erstklassige und hochwertige Leistungen geboten werden. Tagtäglich lässt sich die Dienstleistungsqualität an der erfolgreichen Durchführung des so genannten „Paketkreislaufes" messen (vgl. Abbildung 1).

Nach der Abholung beim Kunden erreichen die Sendungen im **„Hub and Spoke"-Verfahren** von der Abholniederlassung über eine oder mehrere Hauptumschlagsbasen die Zustellniederlassung. Von dort erfolgt die Zustellung beim Empfängerkunden. Dieses Netzwerk sieht grafisch dargestellt einer Radnabe ähnlich, daher die Bezeichnung „Hub and Spoke". Bei internationalen Sendungen kommen im Paketkreislauf die „Air Hubs" bzw. Flughäfen mit ins Spiel. Der deutsche Flughafen Köln/Bonn ist für UPS das europäische Drehkreuz für internationale Sendungen.

Eine Dienstleistung, die UPS seinen Kunden anbietet, ist das so genannte „**Tracking**", die Sendungsverfolgung. Es ermöglicht, den Status einer mit einem Barcode versehenen Sendung abzufragen. Diese Information ist für Kunden mittlerweile so wichtig geworden wie die pünktliche Zustellung. Für UPS ist der Service unvollständig, solange keine Information über eine Sendung angeboten werden kann. Informationen über eine Zustellung sind bereits wenige Minuten nach erfolgter Zustellung abrufbar – telefonisch im UPS Call Center oder online über die UPS Internetseite oder per E-Mail. Voraussetzung für den Erfolg des Paket- und Datenkreislaufes, der das Tracking erst ermöglicht, ist, dass sich auf allen Sendungen Barcodes befinden. Diese können durch einfach handhabbare, automatisierte Versandsysteme von den Kunden selbst gedruckt werden.

Abbildung 1 **UPS Paketkreislauf**

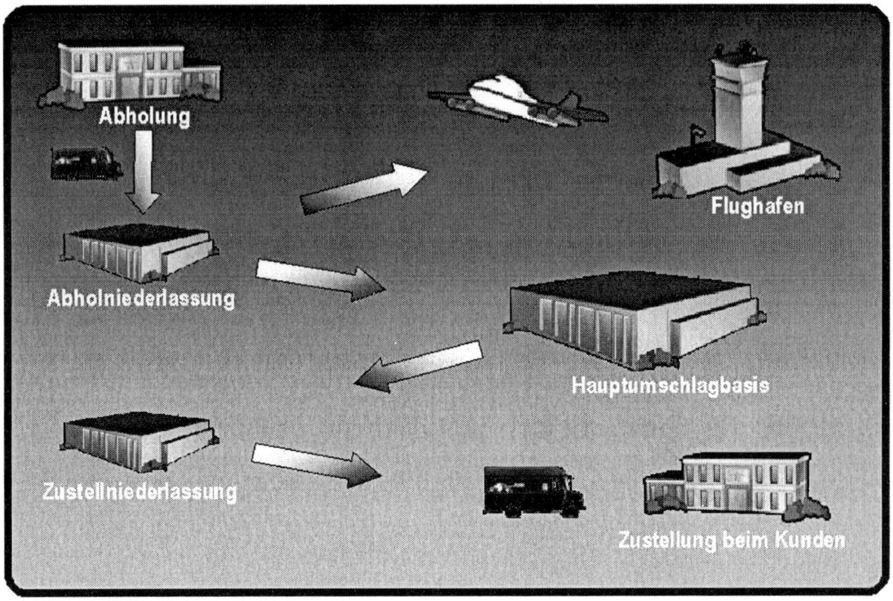

GABLER GRAFIK

Des Weiteren werden die Express-Sendungen auf ihrem Weg durch die Transportkette „gescannt", d.h., datenmäßig erfasst. Dies erfolgt in den UPS Paketoperationen – automatisierte Paketumschlagplätze, die die Operationen optimieren und der Kundenanforderung nach einer lückenlosen Sendungsverfolgung gerecht werden.

Computergesteuerte Bandanlagen garantieren in vielen Sortieranlagen einen kontrollierten Paketfluss, wodurch mögliche Fehlsortierungen oder Beschädigungen vermieden werden können. Schließlich kommt der Kostenvorteil einer automatisierten Anlage mittels der angebotenen Servicetarife dem Kunden zugute.

Das „Scanning" ermöglicht einen ständigen Abgleich des aktuellen Paketkreislaufes mit dem aufgrund der Eingabe der Sendungsdaten geplanten Paketkreislaufes.

In Abbildung 2 wird der Paketkreislauf beispielhaft an einer einmaligen Sendung von Leipzig, Deutschland, nach New Jersey, USA, dargestellt.

Abbildung 2 **UPS Paketkreislauf Leipzig- New Jersey**

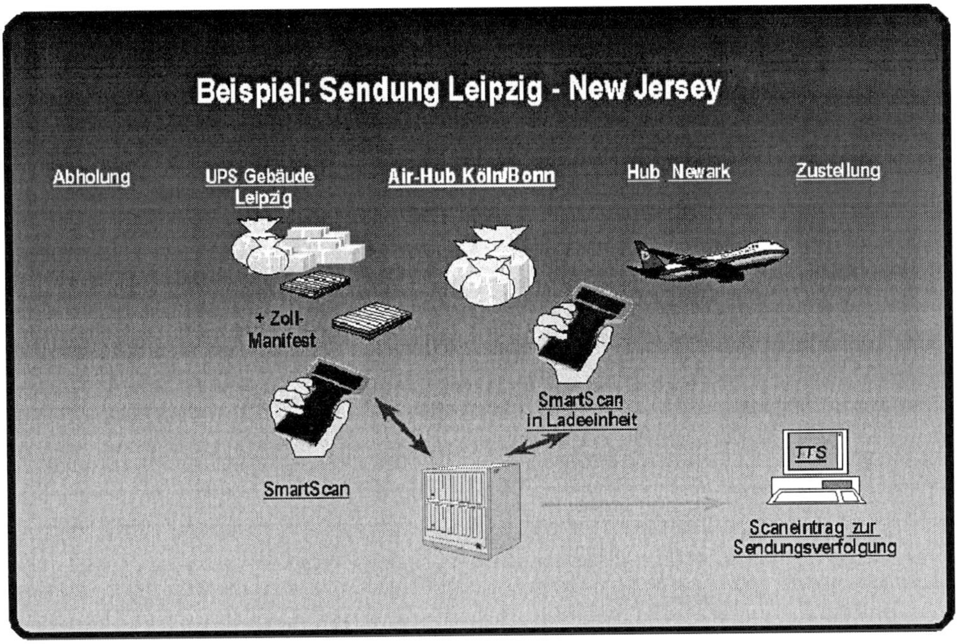

GABLER GRAFIK

In jeder der aufgeführten Tätigkeiten zeigt sich der **Servicegedanke**, dem sich UPS verpflichtet hat und der täglich von den Mitarbeitern realisiert wird. Nach erfolgtem Anruf eines Kunden im UPS Call Center wird der Abholauftrag systemmäßig erfasst. Die Daten werden an die Abholniederlassung in Leipzig übertragen und als Abholauftrag an einen UPS-Fahrer weitergegeben. Der jeweilige Mitarbeiter holt die Sendung bei dem Kunden ab und bringt sie in die Abholniederlassung. Hier wird sie zum ersten Mal gescannt. Anschließend wird die Sendung zum Air Hub Köln/Bonn transportiert, wo die Exportverzollung als UPS Dienstleistung durchgeführt wird. In der automatisierten Sortieranlage erhält die Sendung einen weiteren „Scan". Über Nacht geht es mit einem UPS Transportflugzeug weiter zum Hub in Newark, wo die Importverzollung erfolgt. Ein drittes Mal wird die Sendung gescannt. Von Newark aus erfolgt die Zustellung beim Empfängerkunden und wird mit der Zulieferung abschließend datenmäßig erfasst. Dem Kunden ist, wie vorgesehen, seine Sendung zum vereinbarten Zeitpunkt zugestellt worden, und er hatte die Möglichkeit einer lückenlosen Sendungsverfolgung.

Die Scan-Informationen ermöglichen bereits am Tag nach der Zustellung eine Qualitätsübersicht aller europäischen Operationen. Unternehmensintern werden die

Ergebnisse für die angebotenen Dienstleistungen, wie die Zustellungen bis 08:30, 10:30, 12:00 oder „End of Business Day", in Frequenzen ausgewiesen.

3.2 Anforderungen an die Dienstleistungsqualität aus Kundensicht

Anforderungen an die Qualität von Zustelldiensten stellen Empfänger und Versender der Ware. Der Empfänger von Paketsendungen erwartet zunächst die **termingerechte Zustellung** der Ware. Ebenso wichtig ist es für ihn, die Ware **unbeschädigt** zu erhalten. **Flexibilität bei der Zustellung** wird von dem Paketdienstleister erwartet – mehrfache Zustellversuche – und **kostengünstige, leistungsgerechte Tarife**. Der Versender erwartet **pünktliche Abholung** der Pakete oder Dokumente, **Schnelligkeit des Transportes** und bei Großaufträgen **individuelle Preisvereinbarungen**.

Um diesen Anforderungen gerecht werden zu können, ist es für UPS wesentlich, im **Kommunikationskontakt mit den Kunden** zu bleiben. Dies gilt auch und insbesondere für Kundenbeschwerden. UPS tritt dafür ein, Beschwerden als Gelegenheit zu erkennen, um Probleme zu beseitigen. Auf keinen Fall sollte es der Kunde bereuen müssen, sich beschwert zu haben. Beschwerden, die aus Laufzeitverzögerungen oder Beschädigungen resultieren können, werden in der Regel von Mitarbeitern in den UPS Call Centern entgegengenommen. Von dort aus werden die Anliegen der Kunden in den zuständigen Distrikt und dort in die entsprechende Fachabteilung zum Beschwerdeverursacher weitergeleitet. Nachdem die Beschwerde geprüft und bearbeitet ist, nimmt das Unternehmen Kontakt zu dem Kunden auf und gibt eine Stellungnahme zu dem jeweiligen Fall ab, klärt gegebenenfalls über die korrektive Maßnahme auf. Idealerweise wird dann zusammen mit dem Kunden versucht, eine Lösung für die Zukunft zu erarbeiten, um es bei einer einmaligen Beschwerde zu belassen. In dem Bestreben, einen Kunden nicht zu lange in einem „unzufriedenen" Zustand zu lassen, ist das Unternehmen bemüht, Beschwerden umgehend zu bearbeiten und dem Kunden schnellstmöglich, je nach Beschwerdegrund in wenigen Stunden, ein Feedback zu geben. Die Professionalität in der Paket- und Dokumentenbeförderung muss sich auch in professioneller Beschwerdebearbeitung widerspiegeln. Diese ist ein überaus wichtiges Kriterium in der stabilen Beziehung zwischen UPS und seinen Kunden.

3.3 Aufgaben des Qualitätsmanagements

Das Qualitätsmanagement ist dazu berufen, die vom Dienstleistungsunternehmen definierte Qualität permanent sicherzustellen. Die schnellen Veränderungen im Transportmarkt, speziell in dem Markt der Kurier-, Express- und Paketdienste, sowie die Erwartungshaltung für zukünftige Jahre – sie alle veranlassen UPS, ständig seine Qualitätsstandards anzupassen. Was gestern den Kunden zufrieden stellte, zum Beispiel die schnelle, pünktliche Paketzustellung, ist heute ohne die Möglichkeit einer elektronischen Sendungsverfolgung nicht mehr denkbar. Ein herausragendes Qualitätselement bei UPS ist die definierte Laufzeit, d.h., Abholung, Transport und Zustellung einer Sendung. Systemtechnisch im sogenannten „Time in Transit" verankert, wird die Laufzeit per Dateneingabe und Datenerfassung (Scanning) weltweit verfolgt. Laufzeitverzögerungen können so jedem Mitarbeiter zugänglich gemacht werden. Das Ziel ist eine kontinuierliche Verbesserung des Service.

3.4 Struktur und Instrumente des Qualitätsmanagements

Erfolge des Qualitätsmanagements werden bei UPS mit der **Balanced Scorecard** gemessen. Die klassischen Perspektiven von R. S. Kaplan und D. P. Norton, den geistigen Vätern dieses Instruments, werden weltweit angewandt, um die Unternehmensstrategien in konkrete Aktionen umzusetzen (vgl. Abbildung 3).

Bevor jedoch die Anwendung der Balanced Scorecard näher beschrieben wird, soll die Entwicklung der strategischen Unternehmensführung von UPS erläutert werden.

Bereits seit 1929 dokumentiert das Unternehmen so genannte „Policies", die weltweit als Leitfaden für die tägliche Arbeit von Management-Mitarbeitern angewandt werden (vgl. Abschnitt 2.2). Für das Unternehmen ist es wichtig, dass alle Management-Mitarbeiter den Grund für jede „Policy" kennen und den Inhalt logisch zu erklären und zu interpretieren wissen.

Die **Policy-Gruppen** sind:

- das Unternehmen oder die Organisation,
- die Mitarbeiter,
- der Service,
- die wirtschaftliche Stabilität.

Die Prinzipien und Ideale des Unternehmens haben sich im Laufe der Jahre geringfügig verändert. Parallel dazu hat sich die Art und Weise, wie die Ansichten in die Tat umzusetzen sind, stetig weiterentwickelt. Das Policy Book ist demnach keine „Bedienungsanleitung" für die „korrekte" Anwendung von Policies.

Ein Instrument, um die Unternehmensstrategien in die Tat umzusetzen, war von 1980 bis 1995 das **„Management by Commitment"-Konzept** (MBC). UPS benutzte dieses Instrument zu einer Zeit, in der sich die inhaltlichen Schwerpunkte der strategischen Unternehmensführung in der Phase der „Market Based View of Strategy" befanden. Diese wurde hauptsächlich durch die Arbeiten von M. Porter geprägt. Ausgangsbasis war der Gedanke, dass die Branchenstruktur und das eigene

Strategieverhalten gegenüber den Wettbewerbern grundlegende Faktoren für den Erfolg eines Unternehmens sind.

Mit der „**Resource Based View of Strategy**" zeichnete sich ab 1985 eine neue Phase ab. Bei dieser Strategie wurde davon ausgegangen, dass der Unternehmenserfolg auf der Einzigartigkeit der Unternehmenspotenziale basiert. Den internen Ressourcen von Unternehmen wurde eine größere Bedeutung beigemessen: Es galt, die Kernkompetenz zu identifizieren und weiterzuentwickeln.

Zur Planung von messbaren Ergebnissen benutzte UPS im Zeitraum von 1980 bis 1995 kontinuierlich ein Werkzeug: das „Management by Commitment"-Konzept (MBC). Dadurch war es möglich, Qualitätsverbesserungen anhand detaillierter, operationaler Vorgaben nachzuprüfen und konkrete Ergebnisse darzustellen. Im Rahmen des MBC-Konzepts wurden für sämtliche Führungskräfte bestimmte Tätigkeiten festgeschrieben. Kurzfristig gesetzte Ziele für jeden Verantwortungsbereich unterstützten die langfristigen Unternehmensziele **Service**, **Mitarbeiter**, **Kosten**, **Management** und **Operation**. Es wurden maximal 25 so genannte Elemente definiert und dabei die Ergebnisse, die die Unternehmensbereiche und Abteilungen in den jeweiligen Elementen erzielten, gemessen und verglichen. Als Jahresvorausplanung lagen für jedes Element Ziele fest, die Mindestanforderungen enthielten. Die Überprüfung und Besprechung erfolgte in der Regel quartalsmäßig, um etwaige Angleichungen vorzunehmen. Fünf der Elemente galten als Prioritätselemente, die als absolut vorgegebene Elemente auf verschiedenen Unternehmensebenen wie Land, Distrikt und Region bearbeitet wurden.

Für solche Elemente, die Handlungsbedarf erkennen ließen, wurden so genannte „**Commitments**" (Zielsetzungen) erarbeitet, die in Arbeitsplänen dokumentiert wurden. Monatliche Profile stellten angestrebte Ziele und tatsächlich erreichte Resultate vergleichend gegenüber. Abweichungen und Toleranzen wurden statistisch ermittelt und kontinuierlich in Aktionsschritte umgesetzt. Wöchentliche Statistiken ergänzten das MBC-Konzept. Das Management verpflichtete sich, bei sämtlichen Aktivitäten verantwortungsbewusst, zielorientiert und – in kontinuierlicher Absprache mit dem Topmanagement – selbstständig zu handeln, um die Qualität innerhalb der Dienstleistungskette permanent sicherzustellen.

UPS begann 1995, in der Phase der „Value Based View of Strategy" (wertorientierte Unternehmensführung), die **Balanced Scorecard** (Kaplan/Norton 1996) als Instrument zur Unternehmensführung einzusetzen.

Im Mittelpunkt der Balanced Scorecard stehen die Kundenperspektive, die finanzielle Perspektive, die Prozessperspektive und die Mitarbeiterperspektive (vgl. Abbildung 3). Die **Kundenperspektive** erfasst Elemente, die die Kundenzufriedenheit steigern. Der Grad der Zufriedenheit wird durch Umfragen externer Berater ermittelt und als Customer Satisfaction Index (CSI) dargestellt. Um den Nutzenvorteil der Zusammenarbeit mit UPS für den Kunden zu ermitteln, werden Qualitätselemente, wie die bereits erwähnten Zustellzeiten oder auch Beschädigungsraten, erfasst. Die Kundenperspektive dient somit der Erfüllung der klassischen Aufgabe des Marketingmanagements, die darin besteht, die so genannte Erfolgskette zu initiieren:

Kundenorientierung → Kundennutzen → Kundenzufriedenheit → Kundenbindung → ökonomischer Erfolg (Bruhn/Homburg 2000).

Abbildung 3 **Balanced Scorecard**

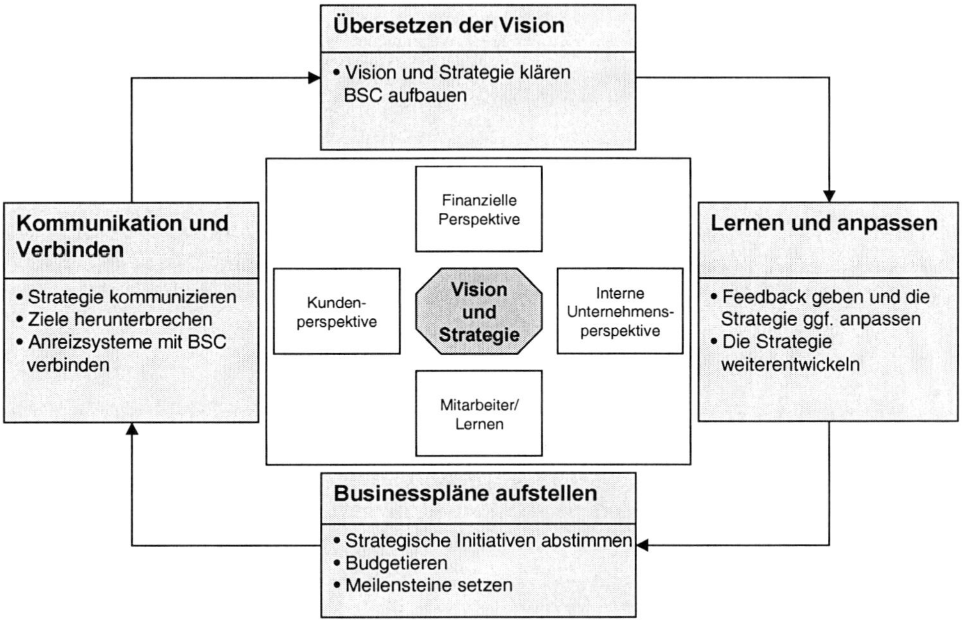

Quelle: Kaplan/Norton 1996, S. 77

GABLER GRAFIK

Bei der **Mitarbeiterperspektive** werden Elemente gemessen, die die Mitarbeiterzufriedenheit steigern. Dazu gehören Trainings- und Schulungseinheiten, mit denen der Nutzenvorteil des Mitarbeiters, bei UPS zu arbeiten, gesteigert wird. Der Employee Relation Index (ERI) wird in regelmäßigen Abständen durch Umfragen ermittelt. Diese für UPS unabdingbare Ausrichtung der Balanced Scorecard auf die Qualität des Service führt bei entsprechend erhöhter Kunden- und Mitarbeiterzufriedenheit zu positiven finanziellen Ergebnissen. Davon profitieren sowohl Aktionäre als auch Mitarbeiter von UPS.

Bei der **Prozessperspektive** liegt der Focus auf der Optimierung von internen Betriebsprozessen mit Schwerpunkten wie z.B. Laufzeiten, Prozesskosten und Fehlerquoten. Fachabteilungen werden hierbei von der Abteilung „Industrial Engineering" unterstützt, die wie eine unternehmensinterne Unternehmensberatung agiert. Auch hier ist die Steigerung des Kundennutzens vorrangiges Ziel.

Im Rahmen der **finanziellen Perspektive** erfolgt die Messung der eingesetzten Unternehmensstrategie und demnach die Messung des Unternehmenserfolg in ökonomischen Größen. Zu den finanziellen Zielen gehören hier beispielsweise Umsatz, Gewinn, Return on Investment oder Cash Flow.

Die Perspektiven der Balanced Scorecard sind systematisch miteinander verbunden. Veränderungen einer Perspektive führen zu entsprechenden Veränderungen in den anderen Bereichen (vgl. Abbildung 4).

Abbildung 4 **Die vier Perspektiven der Balanced Scorecard**

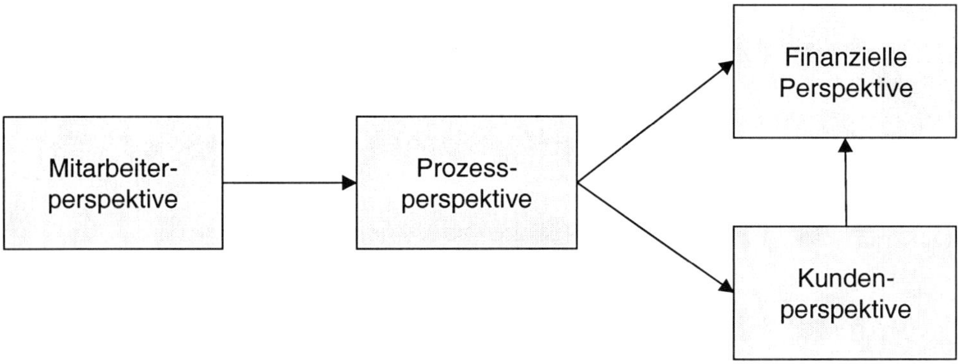

GABLER GRAFIK

Das Verständnis dafür, wie die einzelnen Perspektiven miteinander verknüpft sind, erleichtert es den Managementmitarbeitern festzulegen, welche Perspektive für ihren Verantwortungsbereich – ob Abteilung oder Niederlassung – die größte Bedeutung hat. Ein Beispiel der oben genannten Beschädigungsraten soll diese Verkettung verdeutlichen. Verbesserte Methoden bzw. Qualifikationen innerhalb der Mitarbeiterperspektive führen direkt zu einer Reduzierung der Beschädigungsrate. Dies führt indirekt zu einer Erhöhung der Kundenzufriedenheit und zu positiveren finanziellen Ergebnissen.

Jede einzelne Perspektive beinhaltet drei bis fünf Elemente (Steuerungsgrößen). Jedes dieser Elemente ist einem „**Element Owner**" aus dem gehobenen Managementbereich zugeordnet. Diese Unterstützung aus dem gehobenen Management ist als Notwendigkeit anzusehen, um die Balanced Scorecard langfristig als Managementsystem am „Leben" zu erhalten.

Die Balanced Scorecard wird im Unternehmen weltweit als strategisches Werkzeug eingesetzt und dient der Umsetzung der Unternehmensstrategie. Sie wird auf allen Hierarchieebenen kommuniziert, nachdem die Schwerpunkte von der Unternehmensführung festgelegt worden sind. Die Festlegung der Elemente erfolgt jährlich aufs Neue, wobei nicht zwingend jedes Jahr alle Elemente neu definiert werden müssen. Elemente, wie z.B. die Kundenzufriedenheit, können generisch sein, d.h., sie erlauben Fachabteilungen und Niederlassungen innerhalb der Organisation, ihre eigene auf dieses Element ausgerichtete Balanced Scorecard zu erstellen. Auch hierbei werden wiederum die vier oben genannten Perspektiven berücksichtigt. Elemente können jedoch auch spezifischen Charakter haben. Hier ist der Spielraum kleiner und eine gezielte Ausrichtung der gesamten Organisation auf dieses Element beabsichtigt.

Die Balanced Scorecard, ihre Perspektiven und Elemente, werden in der Unternehmensorganisation kaskadenförmig von oben, von der Geschäftsleitung aus, nach unten bis in die kleinste Operationseinheit („Top down“) vermittelt, so dass jeder Mitarbeiter in seinem Arbeitsumfeld als Bestandteil des Gesamtprozesses an den gesetzten Unternehmenszielen mitwirkt. Die Prozessperspektive der Balanced Scorecard hilft somit, sich einen Überblick über die Unternehmensstrategie zu verschaffen und aktiv an ihrer Umsetzung zu arbeiten. Dabei ist es sinnvoll, auch individuelle Balanced Scorecards für Mitglieder des Managements einzusetzen, die im Rahmen eines „Quality Improvement Process“ helfen, sich auf relevante Zielgrößen zu konzentrieren und damit direkten Einfluss auf die Umsetzung der Strategie zu nehmen.

Das Verständnis aller Beteiligten für die Zielgrößen und das Bestreben, diese zu verbessern, fördert auch die Kommunikation im Unternehmen. Diese beginnt bei der Ausrichtung der Strategie und der Festlegung der Elemente, sie setzt sich fort bei der Vermittlung der Inhalte der jährlichen Balanced Scorecard im gesamten Unternehmen, und trägt wesentlich zu Verbesserungen innerhalb der gesetzten Zielgrößen bei. Kontinuierliche Diskussionen über die Inhalte der Elemente und die zur Zielerreichung durchgeführten Aktivitäten helfen, zukünftige Strategien zu definieren.

Die Balanced Scorecard wird international unter anderem eingesetzt, um strategische Geschäftseinheiten, z.B. Länder, miteinander zu vergleichen. Um dies zu gewährleisten, werden die Elemente so gewählt, dass sie einen Vergleich zulassen, d.h., sie werden nach einheitlichen Standards ermittelt und ausgewertet. Dies erfolgt systemunterstützt an zentralen Stellen. Die Implementierung der jährlichen Balanced Scorecard in Europa und die Vermittlung der möglicherweise geänderten Elemente erfolgt durch den „Region Quality Manager“ (vgl. Abschnitt 5). Seine Rolle als Koordinator wird unter anderem durch die Teilnahme an Meetings auf verschiedenen Unternehmensebenen und in unterschiedlichen Unternehmensbereichen wahrgenommen.

Eine Anerkennung der erzielten Ergebnisse erfolgt durch die jährliche Verleihung des „UPS Chairman Award“ durch den CEO, der jeweils dem Land zugute kommt, welches im direkten Vergleich der Balanced Scorecard die besten Ergebnisse („most improved“), aufzeigen kann.

Zusammenfassend ist festzuhalten, dass die Anwendung der Balanced Scorecard bei UPS unter anderem deshalb so erfolgreich ist, weil ihre Perspektiven von der Grundidee her bereits seit 1929 im Policy Book verankert sind und das „Management by Commitment“-Konzept über ein Jahrzehnt die Unternehmensziele unterstützend begleitet hat. Die Balanced Scorecard ist ein weiterer Meilenstein in der Entwicklung der strategischen Unternehmensführung von UPS.

3.5 Erfolgskontrolle im Rahmen des Qualitätsmanagements

Im Rahmen eines Qualitätsmanagements ist es von zentraler Bedeutung, zum einen die vom Unternehmen durchgeführten Qualitätsaktivitäten, zum anderen die Entwicklung der Qualitätskosten zu kontrollieren. Durch die computergestützte Kontrolle der operationalen Qualität werden Berichte angefertigt, die die Analyse von Entwicklungen und Überwachung von Korrekturmaßnahmen ermöglichen. Die Kontrolle hat den Charakter eines permanenten Systemaudits, wobei das Gewicht allerdings auf der Motivation aller Unternehmensbereiche zur Selbstkontrolle liegen muss.

Dem Firmennamen sich verpflichtend, ist UPS kontinuierlich bemüht, seiner Serviceverpflichtung nicht nur nachzukommen, sondern seinen Service auch ständig zu verbessern. Die daraus resultierende Qualität kommt sowohl den Kunden als auch dem Unternehmen zu gute, da Fehlerbeseitigungskosten reduziert werden und in Fehlervermeidungsinitiativen investiert wird.

Als das interne Bemessungsinstrument bei UPS fungiert das **Service Quality Reporting** (vgl. Abbildung 5). Es erfasst Fehler, die aus einer zu späten Zustellung resultieren. Es wird jene Stelle ermittelt, an der es zu einer Laufzeitverzögerung gekommen ist. Dabei unterscheidet man zwischen **Origin**, **Transit** und **Destination**. Hier nun wird zwischen dem Ursachentypus unterschieden; je nachdem, ob der Fehler bei UPS gelegen hat oder außerhalb der Einflusssphäre des Unternehmens.

Ein **Beispiel** hierfür ist „höhere Gewalt“, wie z.B. Erdbeben. Diese Werte sind als Reports auf dem internen Netz verfügbar und können von jedem Mitarbeiter eingesehen werden. Die einzelnen Reports können zudem für jede der weltweit 1.713 Niederlassungen aufgerufen werden. Im laufenden Tagesgeschäft wird darauf hingearbeitet, entstandene Fehler, z.B. Fehlflüsse, zu korrigieren. Anschließend werden korrektive Maßnahmen ergriffen, um diese Fehler künftig zu vermeiden, wobei auf das klassische Fehlerbeseitigungskostenmodell 1:10:100 zurückgegriffen wird. Dies besagt, dass die Beseitigung eines Fehlers in erster Instanz geringere Kosten verursacht als den Fehler im Prozessablauf durchzureichen und die Kosten zur Fehlerbeseitigung damit in die Höhe zu treiben.

Das **Service Quality Reporting** gibt dem Unternehmen die Möglichkeit, Soll-Vorgaben zu erstellen. Diese Form des Qualitätsmanagements erfordert ein Prozessmanagement, da innerhalb der Prozesskette lokal nicht alle Einflussfaktoren der Qualität beeinflusst werden können, sondern das Unternehmen hier von der Rückmeldung der vorhergehenden und nachfolgenden Prozessteilnehmer abhängig ist. Eine Ausrichtung aller Beteiligten auf die Qualität in der Transportkette führt UPS in die Richtung des **Total Quality Management**.

Abbildung 5 **UPS Service Quality Reporting**

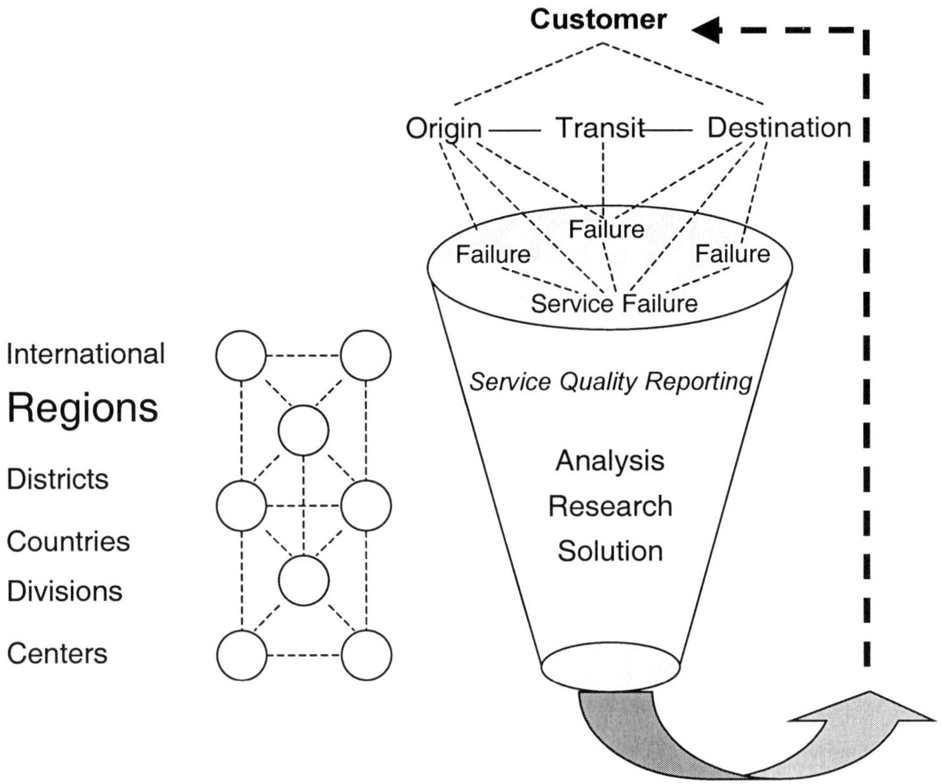

GABLER GRAFIK

4. Umsetzung der Qualitätsstrategie durch Marketing- und Personalmaßnahmen

Das Qualitätsmanagement von UPS sieht seine Aufgaben nicht nur in der Erfolgskontrolle, sondern findet seine Anwendung darüber hinaus in der Umsetzung von Unternehmensstrategien.

4.1 Umsetzung der Qualitätsstrategie im Rahmen der Angebotspolitik

Das **Kerngeschäft** von UPS ist die Paket- und Dokumentenbeförderung, von und zu sämtlichen Adressen in mehr als 200 Ländern und Regionen für Sendungen bis maximal 70 kg Gewicht. Die Qualitätsstrategie des Unternehmens im Rahmen der Angebotspolitik stützt sich auf die Breite seines **Dienstleistungsportfolios**, kombiniert mit der Fähigkeit und Flexibilität, sich auf Kundenwünsche schnell und professionell einzustellen. Um Kundenwünschen durch Innovationen optimal entgegenzukommen, hat UPS zum Beispiel sein Serviceangebot für eilige Sendungen Anfang des Jahres 2000 neu strukturiert: Die Zustellung am Vormittag des folgenden Tages findet zu drei verschiedenen Zeiten statt:

Zustellung bis

08:30 h UPS Express Plus,

10:30 h UPS Express,

12:00 h UPS Express Saver.

Die Tarife für die Expressdienste werden der Schnelligkeit entsprechend differenziert. Zudem bietet UPS Serviceoptionen für die planmäßige Zustellung weniger eiliger Sendungen an.

Qualität bedeutet für die Angebotspolitik auch, dem Kunden weitere **Value Added Services** zur Verfügung zu stellen. Falls ein Empfängerkunde nicht angetroffen werden kann, unternimmt UPS bis zu drei Zustellversuche. Falls eine Sendung zurück an den Versenderkunden gehen soll, kann auf schriftlichen Wunsch des Versenderkunden eine Rückholung durch UPS erfolgen.

4.2 Umsetzung der Qualitätsstrategie im Rahmen der Kommunikationspolitik

Die Strategie des Unternehmen UPS ist es, seinen Mitarbeitern, vom Management bis zum Paketsortierer, ein Umfeld an Informationen zu schaffen, in dem jeder Mitarbeiter sich selbst und seine Tätigkeit in dem Unternehmen wiederfindet. Über die eigenen Arbeitsbereiche hinaus werden UPS-Mitarbeitern Informationen zum Unternehmen, über seine Mitarbeiter, über den Markt für Zustelldienste und seine Entwicklungen mittels verschiedener Medien kommuniziert. Die nachfolgende Beschreibung der Abteilung „Interne Kommunikation" soll verdeutlichen, wie UPS seinen **Qualitätsansprüchen in der Kommunikationspolitik** nachkommt.

Hauptaufgabe der Internen Kommunikation (Internal Communications = IC) ist die Unterstützung der Unternehmensziele. Dabei orientiert sie sich an einem jährlich neu zu entwerfenden **strategischen Kommunikationsplan**, der auf den Geschäftsprioritäten basiert. IC will zu einem Arbeitsumfeld beitragen, in dem sich jeder Mitarbeiter fundiert mit dem Unternehmen auseinandersetzen kann und bietet Foren für die Kommunikation zwischen Mitarbeitern und Management. Indem die UPS Mitarbeiter rechtzeitig und umfassend über aktuelle Entwicklungen im Unternehmen informiert werden, schafft IC die Grundlage für gute Mitarbeiterbeziehungen und Verständnis für die Zielsetzungen des Unternehmens.

Die hierbei eingesetzten Medien wenden sich an unterschiedliche **Zielgruppen**. Um etwa das Management bei seiner Führungsaufgabe zu unterstützen, gibt die Abteilung „Interne Kommunikation" bei Bedarf eine so genannte Infoline heraus; via E-Mail werden wichtige Nachrichten an die Management-Mitarbeiter herausgegeben, um diesen einen Informationsvorsprung zu verschaffen, den sie in der direkten Kommunikation mit ihren Mitarbeitern nutzen können. Neben dem Grundsatz der „Offenen Tür" und der persönlichen Kommunikation, die von IC in Form von Gesprächsleitfäden zu strategischen Themen unterstützt wird, ist das UPS-Mitarbeitermagazin „Das Päckchen" ein wichtiger Bestandteil der Kommunikation mit allen Mitarbeitern. Hierin wird nicht nur über die UPS-Strategie und „das große Bild" informiert, sondern es bietet auch eine Identifikationsmöglichkeit, wenn vorbildliche Mitarbeiter porträtiert und die Aufgaben Einzelner im großen Zusammenhang dargestellt werden.

Poster für die in jeder Niederlassung und Abteilung vorhandenen Schwarzen Bretter unterstützen strategische Aussagen oder etwa die Einführung neuer Dienstleistungen. Denselben Zweck verfolgen Kommunikationsprogramme, die jeden einzelnen UPS-Mitarbeiter erreichen – den Teilzeitmitarbeiter in der nächtlichen Umschlagsortierung ebenso wie das lokale Management.

Ein handlicher Leitfaden, der an alle Zusteller ausgegeben wird, informiert umfassend über das Dienstleistungsangebot von UPS; so können diese Mitarbeiter an der Schnittstelle zum Kunden jederzeit Fragen zu einzelnen Produkten und Dienstleistungen beantworten.

4.3 Umsetzung der Qualitätsstrategie im Rahmen der Preis- und Konditionenpolitik

Das Unternehmen UPS setzt seine Qualitätspolitik im Rahmen der Preis- und Konditionspolitik dahingehend um, dass dem Kunden die Instrumente für eine übersichtliche und einfache Preisermittlung zur Verfügung stehen. Bei UPS stehen in erster Linie die angebotenen Zustellzeiten mit differenzierten Tarifen im Vordergrund für die Preisvereinbarung mit dem Kunden. Eine nach Gewichten und Entfernungen systematisierte Tariftabelle ermöglicht dem Kunden die Ermittlung des Beförderungspreises. Mit Großversendern werden auch individuelle Preisverhandlungen geführt. UPS bietet bei Express-Sendungen eine Geld-Zurück-Garantie auf den Versandtarif, wenn das Unternehmen die Regellaufzeit einer Express-Sendung nicht einhält.

4.4 Umsetzung der Qualitätsstrategie im Rahmen der Distributionspolitik

Die zunehmende Globalisierung und der damit einhergehende, möglichst kurzfristige interkontinentale Austausch von Waren ist ohne den Einsatz von Flugzeugen undenkbar. Um Kundenanforderungen an immer kürzere Laufzeiten in allen Teilen der Welt, zum Beispiel Abholung am späten Nachmittag in Europa und Zustellung am Vormittag des folgenden Arbeitstages in den USA, gerecht zu werden, setzt UPS seine Qualitätsstrategie im Rahmen der Distributionspolitik durch den Nachtumschlag von Gütern um.

Um einen weltweiten, zuverlässigen Service zu bieten, bedient sich UPS der Transporttechnik des „Hub and Spoke"-Systems. Hierbei werden Paketniederlassungen und Paket-HUB's (Hauptumschlagsbasen) durch optimierte Transportwege verbunden: die „Spokes". Das „Hub and Spoke"-System, inzwischen Industriestandard, wird sowohl auf dem Boden per LKW oder interkontinental per Flugzeug eingesetzt. UPS spricht dabei auch von Ground- bzw. Air-Netzwerken.

Die **Standortentscheidung** für die HUB's ist ein wettbewerbentscheidendes Kriterium für die Transportbranche geworden. Berücksichtigt werden die Standortkosten, aber viel wichtiger noch die langfristige Planungssicherheit. Eine für UPS entscheidende Strategie in der Distributionspolitik, den Flughafen Köln/Bonn in Deutschland als europäische Drehscheibe für internationale Sendungen zu wählen, soll hier beispielhaft erläutert werden.

Ein weltweites Servicenetz erfordert **Interkontinentalverkehr**. Daher war eine grundlegende Voraussetzung für diesen Standort die Verfügbarkeit interkontinentaler Start- und Landebahnen. Der Flughafen Köln/Bonn verfügt über eine entsprechende Bahn und war damit bestens gerüstet für die UPS eigene Flugzeugflotte, die auch Flugzeuge des Typs Boeing 747 und 767 beinhaltet. Um eine Drehscheibenfunktion im Integratorverkehr wahrnehmen zu können, muss ein Flughafen nachts durchgehende Start- und Landemöglichkeiten bieten. Dabei müssen lokale Anforderungen hinsichtlich der Lärmzulassung von Flugzeugen von den Transportunternehmen berücksichtigt werden. UPS setzt Flugzeuge ein, die über die international gültigen Standards hinaus diesen Anforderungen entsprechen. Außerdem muss ein Flughafen langfristige Planungssicherheit bieten, damit sich getätigte Investitionen amortisieren und zukünftige Wachstumspotenziale realisiert werden können. Eine internationale Hauptumschlagsbasis ist ein sehr sensibler Punkt in einem weltweiten Netzwerk, da hier Sendungsströme gebündelt werden. Einschränkungen der Wachstumsmöglichkeiten an diesem Knotenpunkt wirken sich daher besonders negativ auf das gesamte Netzwerk und Qualität der Distributionspolitik aus.

Für die Standortentscheidungen des Unternehmens UPS für den Flughafen Köln/Bonn fiel außer den bisher erwähnten Kriterien die zentraleuropäische Lage ins Gewicht (vgl. Abbildung 6). Die europäische Drehscheibe inmitten der Wirtschaftsregion Deutschland – Frankreich – Benelux errichten zu können und damit direkte Anbindung an die Hauptwarenströme Europas zu haben, bedeutet für das UPS Air-International-HUB enorme wirtschaftliche Vorteile. Die Transportwege sind in allen Richtungen gleichermaßen kurz – ebenso die Laufzeiten.

Abbildung 6 **UPS Air Network**

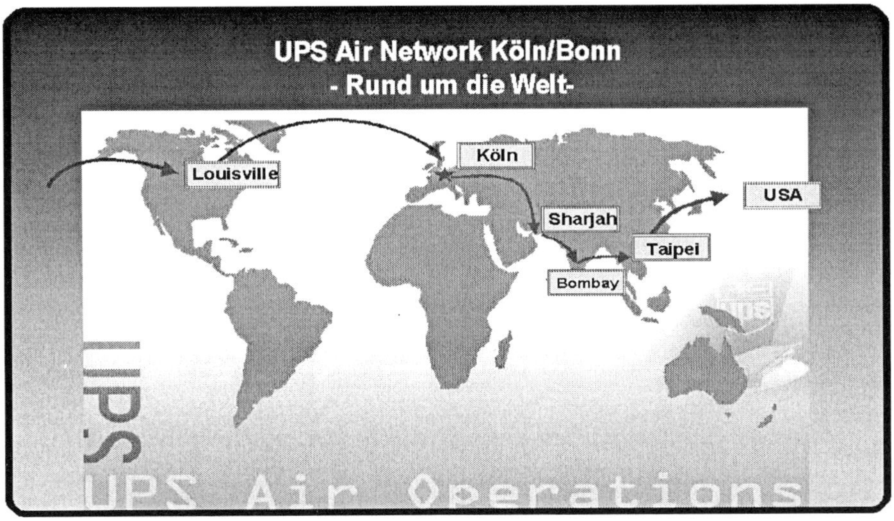

GABLER GRAFIK

4.5 Umsetzung der Qualitätsstrategie im Rahmen der Personalpolitik

Zu den personalpolitischen Maßnahmen von Unternehmen zählen grundsätzlich die Bereiche „Personalauswahl“ und „Training“.

Für ein Dienstleistungsunternehmen sind gut ausgebildete und informierte Mitarbeiterinnen und Mitarbeiter als kompetente Ansprechpartner gegenüber dem Kunden unverzichtbar.

Neben den Mitarbeitern der „Call Center“, den „freundlichen, hilfsbereiten Stimmen am Telefon“ sind es bei UPS die Paketzusteller, die ein direktes Bindeglied zwischen UPS und den Kunden darstellen.

Das zustellende Personal in dem markanten pullmannbraunen Paketfahrzeug ist ein Markenzeichen von UPS, das jedem bekannt und nicht mehr aus dem täglichen Straßenbild wegzudenken ist. Sein Auftreten und seine Professionalität sollen hier als Beispiel für die personalpolitische Umsetzung der Qualitätsstrategie aufgeführt werden.

Der Arbeitsbereich des klassischen UPS-Fahrers hat sich in den letzten Jahren stark verändert. Als ein persönlicher Kontakt zum Kunden tauschen sie mit dem Kunden Informationen aus, die das frühere Anforderungsprofil ergänzen. Dazu gehören zum Beispiel Informationen über das Angebot der Dienstleistungen, welche automatisierten Versandsysteme angeboten werden oder auch nur die Weitergabe der Telefonnummer der „Call Center“. Es erfolgt in der Regel eine direkte Kundenbetreuung vor Ort. Fragen, die nicht vor Ort geklärt werden können, werden an das Niederlassungsteam weitergeleitet, so dass der Fahrer die Antwort am nächsten Tag dem Kunden übermitteln kann , sofern sie nicht dringlich am selben Tag erfolgen muss. Das Erscheinungsbild des UPS-Fahrers hat sich vom „Zusteller“ zum „Service-Experten“ gewandelt.

Schon bei der **Personalauswahl** ist eines der Auswahlkriterien, ob die potenziellen UPS-Fahrer in die Unternehmenskultur passen. Dabei kommt es unter anderem auf freundliches, selbstbewusstes Auftreten und die positive Einstellung zur Teamarbeit an. Nach der Anstellung erfolgt ein spezielles Ausbildungsprogramm, das zur Orientierung dient. Dieses Programm dauert mehrere Wochen. Besonderen Stellenwert nehmen dabei die folgenden **Ausbildungsschwerpunkte** ein:

- Sicheres Fahrtraining,
- Zustellmethoden,
- Arbeitsmethoden,
- Ortskenntnisse.

Zu den Arbeitsmethoden gehören auch spezielle auf Sicherheit ausgerichtete Arbeitsmethoden mit den Schwerpunkten „richtiges Heben“ und „Tragen von Lasten“.

Zusammen mit dem Fahrtraining wird so gewährleistet, dass weder die eigene Gesundheit noch andere Straßenverkehrsteilnehmer unnötig gefährdet werden. Darüber hinaus werden die Fahrer auch auf „Stresssituationen“ vorbereitet, die zum Beispiel durch unerwartet hohe Verkehrsdichte – sei es durch Wettereinflüsse wie Schnee oder aber auch Baustellen – entstehen können. Auch die Besonderheiten bei der Abholung und Zustellung von Paketen in Innenstädten werden trainiert.

Ein weiterer Schwerpunkt des Trainings ist die Handhabung des DIAD, des „Handcomputers“, den jeder Zusteller mit sich führt und der für die Sendungsverfolgung unerlässlich ist.

Ein ideales **Anforderung- und Aufgabenprofil** für UPS Fahrer in Deutschland sieht wie folgt aus:

Alter	24 – 30 Jahre
Ausbildung	Hauptschulabschluss Abgeschlossene Berufsausbildung
Fahrpraxis	Mindestens 3 Jahre Fahrpraxis, davon die letzten beiden Jahre unfallfrei Nicht mehr als 6 Punkte in Flensburg
Sonstiges	Abgeleisteter Wehr- oder Ersatzdienst Polizeiliches Führungszeugnis ohne Eintragungen Positive Referenzen vorheriger Arbeitgeber Gesundheitliche Eignung
Stellenbeschreibung	Be- und Entladen seines Fahrzeuges Verantwortung für termingerechte Abholung/Zustellung von Paketsendungen Sicheres Führen des Fahrzeugs Sorgfältige Abwicklung der Arbeiten mit DIAD, korrektes Abrechnen von kassierten Nachnahmebeträgen Verantwortung für die Sauberkeit des Fahrzeuges
Arbeitszeit	Nach Tarifgebiet (zwischen 38 und 39 Wochenstunden) Bereitschaft zu Mehrarbeit muss vorhanden sein
Vergütung	Übertarifliche Bezahlung Urlaubs- und Weihnachtsgeld Vermögenswirksame Leistungen Spesen bei längerer Abwesenheit von der Niederlassung Überstundenzuschläge Dienstkleidung wird gestellt Einarbeitung durch Trainingsprogramm

5. Organisatorische Verankerung des Qualitätsmanagements

Ziel des Qualitätsmanagements ist es, qualitätssichernde Maßnahmen optimal in schon bestehende Abläufe einzugliedern.

Um dies zu erreichen, verzichtet UPS auf die zentrale Lösung einer **eigenständigen Abteilung für Qualitätssicherung**. Statt dessen sind die einzelnen Länder und Fachabteilungen selbst für das Erreichen der gesetzten Maßstäbe verantwortlich.

Koordiniert wird die Qualitätssicherung in der europäischen „UPS Region" von einem **Quality Manager**, der im Unternehmensbereich „Industrial Engineering" verantwortlich ist für Quality Process Management. Seine Rolle des Qualitätskoordinators versteht sich innerhalb des Unternehmens als „crossfunctional".

Erfahrungen und Informationen, die mit dieser Strukturierung gewonnen werden, kommen auch dann zum Tragen, wenn das Unternehmen sich durch externe Firmen „auditieren" lässt, zum Beispiel bei der ISO-Zertifizierung. Die Tayloristischen Ursprünge, nach denen die Abteilung „Industrial Engineering" nur mit Arbeitsbemessungen und Zeitvorgaben beauftragt wurde, liegen bei UPS schon weit zurück.

6. Erfolgsfaktoren und Erfolgspotenziale des Qualitätsmanagements

Erfolgsfaktoren sind dann gegeben, wenn sie in hohem Maße den langfristigen Unternehmenserfolg beeinflussen. Die erfolgreiche konsequente Ausrichtung sämtlicher Unternehmensaktivitäten von UPS besteht in der tagtäglichen Erfüllung der Serviceversprechen gegenüber seinen Kunden. Ziel ist es, optimale Kundenzufriedenheit zu erzeugen. Dabei greift das Unternehmen auf erfolgreich eingesetzte Werkzeuge zur strategischen Unternehmensführung wie der Balanced Scorecard zurück. Zusammenfassend sollen drei Aspekte besonders hervorgehoben werden:

Qualität ist, was der Kunde erwartet

Flexibel auf neue Erfordernisse zu reagieren und mittel- bis langfristigen Marktveränderungen vorausschauend zu begegnen sind die Fähigkeiten, die den Markterfolg von UPS bestimmen. Vor allem vor dem Hintergrund weltweit wachsender Kundenbedürfnisse in den Bereichen Distribution, Logistik und Handel sieht UPS die Herausforderung in der Identifizierung und Erfüllung solcher Dienstleistungen, die den Nutzen des Kunden erhöhen.

Mitarbeiter involvieren

Um ein umfassendes Total Quality Management zu verwirklichen, baut das Unternehmen UPS auf eine Führungsmethode, die darauf beruht, dass sämtliche Mitarbeiter an der Qualitätssicherung mitwirken und die Qualität sowie die Zufriedenstellung der UPS Kunden in den Mittelpunkt gestellt wird. Mit dieser Methode sieht UPS einen langfristigen Geschäftserfolg gewährleistet.

Den Kern bewahren – die Zukunft gestalten

Das Unternehmen UPS ist im immer schärferen Wettbewerb sehr gut positioniert. UPS wird sein erfolgreiches Konzept des Qualitätsmanagements weiterentwickeln mit dem Ziel, die exzellente Position auf dem internationalen KEP-Markt auszubauen und weltweit die Führungsposition in der Paketdistribution einnehmen zu können.

Literatur

Kaplan, R.S./Norton, D.P. (1996), Using the Balanced Scorecard as a Strategic Management System, in: Harvard Business Review, Vol. 74, Januar/Februar, S. 75-85.

Bruhn, M./Homburg, C. (Hrsg.) (2000), Handbuch Kundenbindungsmanagement, 3. Aufl., Wiesbaden.

Konzepte für das neue Jahrtausend

State of the Art mit Service-Teil

Das Jahrbuch 2003 beantwortet vielfältige Fragen zum Themenbereich „Dienstleistungs-Netzwerke“: Wie kann die komplexe Aufgabe der Gestaltung von Netzwerken im Dienstleistungsbereich optimal gelöst werden? Welche Gestaltungsfaktoren, wie z.B. Strukturen von Netzwerken, Kommunikationssysteme, Informationssysteme, bieten sich an? Wie sieht ein Management von Netzwerken und die Gestaltungen von Beziehungen in Netzwerken aus? Nach welchen Kriterien erfolgt die Auswahl von Netzwerkpartnern und wie gestaltet sich eine Markenpolitik in Netzwerken? U.a.m.
Darüber hinaus wird wieder ein umfassender Service-Teil rund um das Thema Dienstleistungen geboten.

Manfred Bruhn/
Bernd Stauss (Hrsg.)
Dienstleistungs-Netzwerke
Dienstleistungsmanagement
Jahrbuch 2003
2002. ca. 700 S.
Geb. ca. € 68,00
ISBN 3-409-12014-9

Dienstleistungsmanagement aktuell

Welches sind die Besonderheiten elektronischer Services? Wie kann eine Verbindung elektronischer mit konventionellen Services erfolgen?
Welches sind Faktoren, die den Grad der Standardisierung vs. Individualisierung bestimmen? Wie können elektronische Services vermarktet werden und welche Rolle spielt der Kundenkontakt-Mitarbeiter? Wie kann ein Kapazitätsmanagement elektronischer Services gestaltet werden? U.a.m.
Darüber hinaus wird wieder ein umfassender Service-Teil rund um das Thema Dienstleistungen geboten.

Manfred Bruhn/
Bernd Stauss (Hrsg.)
Electronic Services
Dienstleistungsmanagement
Jahrbuch 2002
2002. XIV, 896 S. mit 178 Abb.
Geb. € 78,00
ISBN 3-409-11836-5

Erfolgreiches Dienstleistungsmanagement

Im Jahrbuch 2001 beschäftigen sich renommierte Autoren mit folgenden Fragen: Wie kann die komplexe Aufgabe der Gestaltung von Interaktionen im Dienstleistungsbereich optimal gelöst werden? Welche Einflussfaktoren – wie etwa Einstellungen und Kommunikationsverhalten von Kunden und Mitarbeitern, das physische Umfeld, die Rahmenbedingungen des Managementsystems usw. – determinieren das Interaktionsverhalten? Welche Bedeutung haben Vertrauen und Commitment für Kundeninteraktionen? U.a.m.
Darüber hinaus wird wieder ein umfassender Service-Teil rund um das Thema Dienstleistungen geboten.

Manfred Bruhn/
Bernd Stauss (Hrsg.)
Dienstleistungsmanagement
Jahrbuch 2001
Interaktionen im Dienstleistungsbereich
2001. XII, 660 S.
Geb. € 59,00
ISBN 3-409-11639-7

Änderungen vorbehalten. Stand: August 2002.

Gabler Verlag · Abraham-Lincoln-Str. 46 · 65189 Wiesbaden · www.gabler.de

GABLER

MEFFERT Marketing Edition

Heribert Meffert
Marketing
Grundlagen marktorientierter Unternehmensführung.
Konzepte – Instrumente – Praxisbeispiele.
Mit neuer Fallstudie VW Golf
9., überarb. u. erw. Aufl. 2000.
XXIV, 1472 S. Geb. € 39,90
ISBN 3-409-69017-4

Heribert Meffert/Christoph Burmann
Strategisches Marketing-Management
Analyse – Konzeption – Implementierung
2., vollst. überarb. u. erw. Auflage 2003.
ca. 600 S. Br. ca. € 37,00
ISBN 3-409-33613-3

Heribert Meffert/Manfred Bruhn
Dienstleistungsmarketing
Grundlagen – Konzepte – Methoden. Mit Fallstudien
3., vollst. überarb. u. erw. Aufl. 2000.
XXVIII, 619 S. mit 212 Abb. Geb. € 43,00
ISBN 3-409-33688-5

Manfred Bruhn/Heribert Meffert
Exzellenz im Dienstleistungsmarketing
Fallstudien zur Kundenorientierung
2002. X, 391 S. Geb. € 39,90
ISBN 3-409-11923-X

Heribert Meffert/Christoph Burmann/Martin Koers (Hrsg.)
Markenmanagement
Grundfragen der identitätsorientierten Markenführung.
Mit Best Practice – Fallstudien
2002. XX, 680 S. mit 218 Abb. Geb. € 39,00
ISBN 3-409-11821-7

Heribert Meffert
Marketing Arbeitsbuch
Aufgaben – Fallstudien – Lösungen
8., akt. u. erw. Aufl. 2001.
VIII, 527 S. Br. € 29,00
ISBN 3-409-89086-6

Änderungen vorbehalten. Stand: August 2002.

Gabler Verlag · Abraham-Lincoln-Str. 46 · 65189 Wiesbaden · www.gabler.de GABLER

Konzepte für das neue Jahrtausend

Dienstleistungen erfolgreich managen

Auch in den nächsten Jahren wird die Bedeutung klassischer und produktbegleitender Dienstleistungen weiter zunehmen. Zugleich besteht nach wie vor ein erheblicher Nachholbedarf an Managementwissen in vielen Dienstleistungs- und traditionellen Industrieunternehmen.

Manfred Bruhn und Heribert Meffert liefern mit diesem umfassenden und kompakten Grundlagenwerk den State of the Art zum Dienstleistungsmanagement.

In 39 Beiträgen beziehen renommierte Experten aus dem In- und Ausland Stellung zu:
- Märkte, Leistungen und Erstellungsprozesse,
- Informationsgrundlagen,
- Strategische Ausrichtung und operative Umsetzung,
- Führungs- und Organisationsaspekte,
- Implementierung und Erfolgskontrolle,
- Entwicklungstendenzen und Forschungsfelder.

Die 2. Auflage wurde um Beiträge zu Kapazitätsplanung, Standortentscheidungen, Einsatz nationaler Kundenbarometer, Strategische Bedeutung des E-Commerce, Controlling u.v.a.m. im Dienstleistungsbereich erweitert.

Das Handbuch Dienstleistungsmanagement wendet sich mit innovativen Konzepten, wertvollen Denkanstößen, aktuellen Beispielen und konkreten Handlungsempfehlungen an Führungskräfte aus den klassischen Dienstleistungsbranchen und aus Sachgüterunternehmen, die eine Serviceprofilierung anstreben, sowie an Wissenschaftler und Studierende.

Manfred Bruhn/
Heribert Meffert (Hrsg.)
Handbuch Dienstleistungsmanagement
2., überarb. u. erw. Aufl. 2001
XVIII, 1007 S.
Geb. mit SU € 99,00
ISBN 3-409-23593-0

Änderungen vorbehalten. Stand: August 2002.

Gabler Verlag · Abraham-Lincoln-Str. 46 · 65189 Wiesbaden · www.gabler.de

GABLER